牛津国际关系手册

The Oxford Handbook of
International Relations

国家出版基金项目
NATIONAL PUBLICATION FOUNDATION

The Oxford Handbook of
International Relations

牛津
国际关系
手册

[澳] 克里斯蒂安·罗伊-斯米特
[英] 邓肯·斯尼达尔 / 编

方芳 范鹏 詹继续 詹朱宁 / 译

译林出版社

牛津学术前沿译丛

“牛津学术前沿译丛”主编序言

翻译的玄妙在于它能使一种思想、知识有序地进入另一异质的体系，能促进异质文明间的流动乃至交融。通过翻译，观念的、制度的、器物的文化能够在新的时间及空间内获得重生。一代又一代中国人从翻译作品中汲取了创作的灵感、前进的方向、爱的勇气和生命的力量。

回顾改革开放40年，翻译界始终与时代同步。40年来，中国翻译界几乎迻译了整个世界。在各大出版社林林总总推出的作品中，不少汉译名著已成为经典。目下，虽然有不少学者具备了直接使用外语展开学术研究的能力，但阅读汉译著作仍不失为师生了解知识情报最经济、最有效的方式。翻译作品无疑仍是中国知识界放眼全球、了解国际学术前沿、对话国际同行最重要的渠道。在这个意义上讲，即便到改革开放100年，翻译作品在知识传播与知识生产链上一定还会保有其独特的地位。

诚然，一套译丛能否为读者接受，除了译者的匠心外，选择翻译什么样的作品实际上至关重要。选择好书，靠的是译丛策划人和出版人共同的学术眼光和判断力。本着这样的看法，我同译林出版社王笑红编审同时将目光投向了“牛津手册”(*Oxford Handbooks*)——牛津大学出版社近年来陆续推出的一套为全球学术界所共知的学术丛书。该书系主题涵盖人文学科、社会科学和自然科学的各个分支，以权威性、时代性、原创性而著称于学术界，迄今已出版1 000余部，其每部书的主编几乎都是在全球范围内邀请顶级学者加盟，每位合作者至少贡献一章（Book Chapter）。这种编写方式的妙处在于，全球范围内的顶级学者几乎都成了“牛津手册”的作者。

我们要做的，就是希望把这套极具权威性、思想性和前沿性的学术作品渐次引介进来，并希冀这些“牛津手册”经我们精心翻译后，能在汉语世界获得新的生命（life after life）。

作为万里长征的第一步，我们首先遴选的是《牛津国际关系手册》（*The Oxford Handbook of International Relations*）、《牛津国际法理论手册》（*The Oxford Handbook of the Theory of International Law*）、《牛津美国宪法手册》（*The Oxford Handbook of the U.S. Constitution*）等三部作品。为此，我们邀请了若干位严谨务实的新锐译者，并组建了一支以教育部青年长江学者为主的编委会队伍，他们多来自法学、政治学、国际关系、历史学、语言学、哲学、文学等学科，而这些学科也是本译丛最希望去涉足的领域。

本套丛书是我们为迈向跨学科研究而做的切实努力。我们将这套书的出版，理解为新一代学人突破学科壁垒的尝试，坚持自我和坚守学术的拼搏与努力。

翻译任何一部“牛津手册”都不容易。说到底，译者的寂寞是为了读者的狂欢。

是为序。

屈文生

于华东政法大学明镜楼

推荐序

面对《牛津国际关系手册》(*The Oxford Handbook of International Relations*) 这本重量级著作的中译稿，颇能感受到不断创新的国际关系理论的学术魅力以及青年学者投入其中的热情。华东政法大学方芳博士带领的团队历时三年译成这本兼具系统性和前瞻性的学术著作，这项任务的意义是值得认可的。因此，当翻译团队邀请我为这本译著作序时，想到他们为推动国际关系学科发展不畏艰难、奋力耕耘的精神，我欣然同意。

《牛津国际关系手册》编者克里斯蒂安·罗伊–斯米特和邓肯·斯尼达尔两位教授在编写思路上极为用心。克里斯蒂安·罗伊–斯米特教授现任昆士兰大学国际关系学院教授。他是国际关系学界建构主义学派的领军人物之一，关注国际关系伦理的政治性。邓肯·斯尼达尔现任牛津大学纳菲尔德学院国际关系专业教授，关注国际关系理论、国际合作等议题。两位具有深厚专业背景的学者为本书确立了科学系统且逻辑严密的章节间衔接编排方式。如此的编排既便于读者“按图索骥”迅速找到所需的知识信息，又向读者提供了“浓缩”的知识，引起读者更强的探索欲。具体而言，本书具备三大特点：

首先，本书具有较强的系统性。本书兼顾国际关系理论和国际关系学科的研究方法。本书的第三部分是篇幅最长的一部分，探讨了国际关系学科中的九种实体理论：现实主义、马克思主义、新自由制度主义、新自由主义、英国学派、批判理论、后现代主义、女性主义以及强调范式间对话优势的折中主义。与理论一样，研究方法也是推动学科发展必不可少的部分。持有“方法是实证主义者专属品”此种成见的学者们将国际关系视为建立在自然科学模型基础上的一门社会科学。然而，方法始终服务于研究问题，它是为有意义的研究问题寻找最佳答案而做出的选择。因此，没有“放之四海而皆准”的研究方法，不同的问题需要不同的方法。本书在第四部分探讨了国际关系研究的代表性研究方法，如理性选择法、社会学方法、诠释法、心理学方法、定量方法、定性方法以及历史学方法等。值得注意的是，从二战结束至今，虽然战争与和平问题依然是国际关系学科关注的主旋律，但是人口迁移、恐怖主义、气候变暖、全球金融、数据安全等全球性问题层出不穷，国际关系学科的主流学派对新出现的国际问题的阐释力也略显捉襟见肘，这势必会产生两种趋势：一是国际关系学者正在走进其他学科寻找更贴近现实、能“自圆其说”的解释形成新的分支学科，其中最主要的是经济学和法学两大学科，并形成了颇为强大的分支学科——国际政治经济学和国际法。另一种则是在“国际关系”大旗下有些分支领域自成体系，逐渐出现了战略研究、对外政策研究及国际伦理学等分支学科。本书第五部分探究了上述新兴领域的动态，兼顾国际关系学科的主流方向与分支领域，力图对当前国际关系的发展图景予以全方位的展示。

其二，本书的编撰注重理论在经验与规范双重维度之间以及“主流”与边缘之间的平衡性。一方面，本书不仅专注于理论，而且突出理论兼具经验性和规范性。长期以来，国际关系学科重经验研究、轻规范研究的分割性视角对学科发展及现象阐释并无益处。偏好此范式的学者多半认为，国际关系研究是为了进行解释而做出的努力，与之相关的是世界政治的“实然”，而非“应然”。然而，国际关系理论同时具备经验性和规范性两个维度，它们在深层次上存在不可割裂的联系。国际关系理论一直以来都是一种“实践性”话语，不论其形式如何，其关注点是什么，在某种程度上都与“我们应该如何行为”这一问题有关。而这在本质上恰好解释了理论兼具经验性和规范性。如果对我们行为所处的世界不加以审视和解释（经验性），同时又对我们试图实现的目标不加以了解和厘清（规范性），我们则无法回答“应该如何行为”这一问题。因此，本书在介绍每一种实体理论之后都紧跟一章介绍该理论的伦理观，以此突出此书编者们看重国际关系作为一门学科对当下政治行为产生指导性、实践性的影响。另一方面，本书还注重平衡“主流”学派和“边缘”学派的“声音”。如果说国际关系学科缺乏多样性，那此种批评多半是针对该学科受美国学界主导性的影响。在很长一段时期，该学科对美国学者重视的问题及他们采取的分析视角和研究方法“青睐有加”，使得国际关系成为一门“美国的社会科学”。虽然，美国学界对该学科具有不容否认的“向心力”，但作为学术研究，国际关系研究的多样性应该得到充分发展。本学科的“异质性”应该来自第三世界学者们以及女性学者们的观点。女性学者的声音对于学术研究百家争鸣的必要性不可被忽视，尽管国际关系学科在很长一段时间甚至至今仍是一个男性占统治地位的学科。本书的部分章节呈现了来自第三世界学者们和女性学者们的多样性观点。

其三，本书的内容选择具有发展性。对学科发展的评估并不容易，因为暂且没有公认的标准用以衡量我们对世界的认知，或检验该认知在现实行为中的应用。国际关系作为研究对象或是研究领域均呈现动态发展，而本书的编排设计恰好体现了该学科动态的特征。作为研究对象的国际关系，本书的内容从纵向反映了相关思想争论及其发展的脉络。本书第二部分的开篇章节表达了国际关系的核心关切是主权国家这样的观点，而此种观点在第三部分的数章中多次受到批驳，不少学者认为，跨国行为体和次国家行为体的出现及其对国际事务的参与度对国家中心主义的假设直接构成挑战。国际关系的发展性体现在新方法与老问题的整合、新研究领域的开放、新问题的出现或再次关注曾被忽略的问题上。冷战后和“9·11”后的安全研究已经转而探讨有关民族冲突和恐怖主义问题。当这些问题进入人们视野后，安全保障和威慑的逻辑也相应发生调整。人们逐渐拓宽了对安全的概念和边界的认知，认为它们关涉社会安全甚至个人安全的更深层因素。而国际政治经济学的关注点也已超越了贸易机制等传统议题，扩展到标准设定、跨国金融监管、数据保护等新问题。本书的编者们在组织内容时采用了纵横两线、“拨云见雾”的方式逐渐呈现学科的发展性。

《牛津国际关系手册》是“牛津政治科学手册”丛书系列中的一册。“牛津政治科学手册”由政治科学领域的十本巨著组成，均为牛津手册。该丛书系列中的两本中译本《牛津比较政治学手册》《牛津政治行为研究手册》已由人民出版社于2016年、2018年相继出版。本书由牛津大学出版社于2008年出版，中译本将由译林出版社出版。本书有助于我们构建中国特色国际关系理论。在冷战结束后，国际社会开始吹起“历史终结论”之风，不少国家效仿西方的民主模式开始进行国内改革以寻求发展。当世界进入全球化进程加速的阶段，大部分国家都进行了不同程度的国内改革。其中，中国、越南等国家改革成功，中国可谓是成功的典范。相比之下，更多受西方影响、进行“休克疗法式”改革的苏联地区在转型进程中遇到不少的挫折。这一反差导致了国际社会对“华盛顿共识”的深刻反思，以及对中国发展模式的“好奇”和“青睐”。究竟何为“中国模式”，纵观中国改革开放四十年，是否可以找到深层次的学理性阐释？

本书有助于我们审视百年变局之下国际秩序的变迁及发展趋势。无论在全球经济治理还是新疆域的国际治理进程中，全球治理的“天平”都在向新兴经济体倾斜。中国提出的“一带一路”倡议正是为国际社会提供的、不将自身国家利益置于中心的全球公共产品。正如知名学者帕拉格·康纳 (Parag Khanna) 所说，亚洲人正在构筑自己的世界秩序。此书有助于我们更好地理解世界秩序当下走向的“实然”形态，并探索其未来发展的“应然”形态。

当前，百年大变局下的中美以及站在十字路口的欧盟都面临着困惑和挑战，学者们不得不对一些基本范畴进行深刻反思，比如发展的原动力、多边与多极的问题、政治与经济的基本关系等。《牛津国际关系手册》

由全球多所著名大学的近50位国际关系领域的专家合著而成，相信本书一定会为此提供不少宝贵的智识。《牛津国际关系手册》的翻译出版正逢其时，为中国国际关系学界的学者们提供了解难释疑、探索思考的路径。感谢译者们为推动国际关系学科发展做出的努力！

翻译是一个再创作和创新的工作。方芳博士和她的团队历经三年的艰辛努力，完成了这一非常有意义但异常困难的翻译任务。在这个过程中，这个优秀团队显示出学术道路所需要的坚定、坚毅、坚强、坚持，我对他们取得的成绩表示高度的赞扬。

我喜欢用“高远存志，天地为怀”这句格言来勉励我自己和我的学生。这里，我想把这句格言送给方芳博士和她的团队，希望他们在学术的道路上不断前行，勇攀高峰。

祝贺《牛津国际关系手册》中译本出版！是为序。

倪世雄

于上海世雄国际关系研究中心

致　谢

编辑如此鸿篇巨制让我们感恩良多。我们与各位朋友和同事的交流促进了本《手册》的成形，但因人数太多，请恕难以逐一表示感谢。在此，我们谨对几位对本《手册》做出卓越贡献的朋友表示特别的感谢。我们一定要感谢罗伯特·古丁，他是“牛津政治科学手册”这一系列丛书的发起人，让我们能够聚在一起成为本册的编者。一直以来，他就相关知识以及内容编辑提出了极具建设性的建议，引领之路也让我们受益匪浅。如果没有琳恩·萨弗里（Lynn Savery）和玛丽-路易丝·希基（Mary-Louise Hickey）的帮助，难以成就这部著作。琳恩承担了早期的管理重担，她的工作对于本书编辑工作的启动十分宝贵。接下来则是玛丽-路易丝承担了后续艰巨的组织及编辑工作。毫不夸张地说，如果没有她的努力，这一《手册》就不会有今天的定稿。最后，我们要特别感谢各位作者。我们当时给他们的纲要相当有挑战性，而且绝大多数情况下还要求他们对自己的章节反复修订。他们欣然接受了这一任务并积极工作，他们的奉献令人难忘，更令人感激。

克里斯·罗伊-斯米特

邓肯·斯尼达尔

目录

作者简介

罗伯特·艾森，澳大利亚国立大学（Australian National University）战略与国防研究中心主任，高级研究员。

迈克尔·巴奈特，汉弗莱公共事务学院（Humphrey Institute of Public Affairs）国际事务哈罗德·史塔生讲席教授（Harold Stassen Chair），明尼苏达大学（University of Minnesota）政治学教授。

安德鲁·贝内特，乔治城大学（Georgetown University）政府管理学教授。

贾尼丝·彼埃里·马特恩，利哈伊大学（Leihigh University）国际关系学副教授。

戴维·布莱尼，马卡莱斯特学院（圣保罗）（Macalester College, St Paul）政治学教授。

安东尼·伯克，新南威尔士大学澳大利亚国防学院（Australian Defence Force Academy, UNSW）政治学和国际关系学副教授。

迈克尔·拜尔斯，不列颠哥伦比亚大学（University of British Columbia）全球政治和国际法系加拿大研究讲席教授（Canada Research Chair）。

莫莉·科克伦，佐治亚理工学院萨姆-努恩国际事务学院（The Sam Numm School of International Affairs at the Georgia Institute of Technology）副教授。

罗伯特·考克斯，约克大学（York University）政治学荣休教授。

菲利普·达比，墨尔本大学（University of Melbourne）政治学、犯罪学和社会学学院首席研究员，后殖民研究所（墨尔本）（The Institute of Postcolonial Studies）所长。

杰克·唐纳利，丹佛大学（University of Denver）国际问题研究院安德鲁·麦伦教授（Andrew Mellon Professor）。

蒂姆·邓恩，国际关系学教授，埃克塞特大学（University of Exeter）高级国际研究中心主任。

罗宾·埃克斯利，墨尔本大学政治学、社会学及犯罪学学院教授。

柯林·埃尔曼，亚利桑那州立大学（Arizona State University）政治学副教授。

托妮·厄斯金，亚伯大学（Aberystwyth University）国际政治学讲师。

詹姆斯·戈尔德吉尔，乔治·华盛顿大学（George Washington University）政治学与国际事务教授、美国对外关系委员会资深研究员。

伊恩·赫德，西北大学（Northwestern University）政治学助理教授。

纳伊姆·伊纳亚图拉，伊萨卡学院（Ithaca College）政治学副教授。

彼得·卡赞斯坦，康奈尔大学（Cornell University）小卡朋特国际关系学教授。

罗伯特·基欧汉，普林斯顿大学（Princeton University）国际事务学教授、美国政治学会（American Political Association）前任主席、美国国家科学院（National Academy of Sciences）院士。

弗里德里希·克拉托奇维尔，欧洲大学学院（European University College）国际关系学教授。

安德鲁·基德，威斯康星大学（University of Wisconsin）政治学副教授。

戴维·莱克，加利福尼亚大学圣迭戈分校（University of Califonia, San Diego）政治学教授。

彼得·劳勒，曼彻斯特大学（University of Manchester）国际关系学资深讲师。

理查德·利特尔，布里斯托大学（University of Bristol）政治学系国际政治学教授。

爱德华·曼斯菲尔德，宾夕法尼亚大学（University of Pennsyvania）政治学哈姆·罗森（Hum Rosen）教授、布朗国际政治中心（Christopher H. Browne Center for International Politics）主任。

安德鲁·莫拉维斯克，普林斯顿大学政治学与公共事务学教授。

特里·纳尔丁，新加坡国立大学（National University of Singapore）政治学教授。

亨利·诺，乔治·华盛顿大学艾略特国际事务学院政治学与国际事务学教授。

约瑟夫·奈，哈佛大学肯尼迪政府学院（John F. Kennedy School of Government, Harvard University）阿曼苏丹（Sultan of Oman）国际关系教授、哈佛大学"杰出贡献"教授。

乔恩·佩弗豪斯，芝加哥大学哈里斯公共政策学院（Harris School of Public Policy, University of Chicago）副教授。

理查德·普赖斯，不列颠哥伦比亚大学政治学副教授。

乔尔·夸克，赫尔大学（University of Hull）法律系、威伯福斯奴隶制与奴隶解放研究所（Wilberforce Institute for the Study of Slavery and Emancipation）英国研究基金会（RCUK）研究员。

约翰·雷文希尔，澳大利亚国立大学亚太研究院国际关系学系国际关系学教授。

尼古拉斯·伦格尔，圣安德鲁斯大学（St Andrews University）政治理论和国际关系学教授。

克里斯蒂安·罗伊-斯米特，澳大利亚国立大学亚太研究院国际关系学系主任、教授。

詹姆斯·理查森，澳大利亚国立大学荣誉教授。

理查德·罗斯克兰斯，哈佛大学肯尼迪政府学院兼任教授。

理查德·沙普科特，昆士兰大学（布里斯班）（University of Queensland, Brisbane）政治学与国际问题研究学院国际关系学资深讲师。

凯瑟琳·辛金克，明尼苏达大学董事教授、麦克奈特杰出政治学教授。

鲁德拉·希尔，宾夕法尼亚大学政治学副教授。

格里·辛普森，伦敦经济学院（London School of Economics）国际法教授。

史蒂夫·史密斯，埃克塞特大学副校长（Vice-Chancellor）、国际政治学教授。

邓肯·斯尼达尔，芝加哥大学政治学院政治系、哈里斯公共政策学院副教授。

阿瑟·斯坦，芝加哥大学政治学教授。

道格拉斯·斯图尔特，狄金森学院（卡莱尔）（Dickinson College, Carlisle）首位威廉和斯图亚特（J. William and Helen D. Stuart Chair）国际问题研究讲席教授、美国陆军战争学院（US Army War College）兼任教授。

本诺·特施克，萨塞克斯大学（University of Sussex）国际关系学系资深讲师。

菲利普·泰特洛克，加州大学伯克利分校（University of California, Berkeley）米歇尔讲席教授（Mitchell Endowed Chair）。

雅基·特鲁，奥克兰大学（University of Auckland）国际关系学资深讲师。

桑德拉·惠特沃思，约克大学（多伦多）（York University, Toronto）政治学和妇女研究学教授。

威廉·沃尔福斯，达特茅斯学院（Dartmouth College）政府管理系教授、系主任。

第一部分

引　言

第一章
乌托邦与现实之间：国际关系的实践性话语[1]

克里斯蒂安·罗伊–斯米特/邓肯·斯尼达尔

这本《手册》究系何类？一本参考书？一本入门书？一本评论性文集？一本研究类著述？它是描述作为一种政治实践的国际关系还是阐释作为一门研究学科的国际关系？如系后者，它是描述学科的现状还是指明其发展方向？

本书既兼而有之又不属其中任何一类。我们希望本书能够成为学习国际关系和全球政治的一个实用的切入点，加深年轻学者以及资深学者对本学科多种理论视角和分支流派的认识。因此，从一定意义上讲，它既 3
是一本入门书，又是一本参考书。但是，我们对本书的设想远不止如此。我们希望它触及国际关系学科领域内的争论，并带着批评和反思参与其中。鉴于我们的目标在于推动而非陈述争论，因此，本书远非一本评论性文集。作为学者，我们的研究内容及动机决定了我们的成果，因此，我们将本书视为探讨作为政治实践的国际关系和全球政治的研究类著述。

1 感谢格雷格·弗里 (Greg Fry)、罗伯特·古丁 (Robert Goodin)、理查德·普赖斯 (Richard Price)、希瑟·雷 (Heather Rae) 以及亚历山大·温特 (Alexander Wendt) 对本章前一稿提出的深刻评论。

上述目标在两个层面指导了这本《手册》编写的构思。首先，作为编者的我们更加清楚如何对本书的中心主题和整体结构进行取舍。我们认为这本《手册》不仅仅是一份调查，而且是一种介入，我们试图以一种特别的视角来审视整个学科。正如下文所述，本书内容围绕两大主题展开：一是经验性（和/或实证性）(empirical and/or positive）理论与规范性理论之间的关系；二是不同理论、方法及分支学科之间的动态关联。另外，对本书的目标定位也让我们尝试对这本《手册》的内容进行拓展。在写作过程中，我们除了要求诸位作者对上述主题予以回应，还请求他们超越简单的评论或解释，以求"立新"，并提出启发性的论点和阐释。

本章阐述了这本《手册》设计的大致思路，并就国际关系学科的本质提出了一系列观点。这也是我们通读后续章节后得出的观点。我们尤其关注互相关联的三个问题：国际关系中的理论研究本质是什么？经验性理论与规范性理论的互动如何塑造了各个理论并影响它们之间的争论？最后，国际关系研究是否有所进展，如果有的话，取得了怎样的进展？

尽管上述问题没有一个特定答案，但是我们仍然可以得出许多一般性的结论。首先，本书各章节帮助我们对国际关系理论形成一个明晰的理解。本书章节涉及面广泛，足以涵盖盛行于本学科的各种理论化的形式。我们认为国际关系领域的理论包含三个组成部分：问题、假定及逻辑论证。其次，可以将国际关系理论理解为相互竞争的实践性话语。尽管理论学派差别明显、相互争鸣，但它们的形成在不同程度上都被"我们应该如何行为"这一问题所推动。国际关系理论这一不变特征能够解释为什么它们兼有经验性和规范性两方面。最后，本书作者对国际关系中各种理论、方法和问题的探讨，希望能引发人们推动该学科的进步和拓展。他们所著章节的内容包含更成熟的理论和方法，包含跨越范式和传
4 统的更频繁的交流和互动，并且更巧妙地借用了其他学科的思想。然而，推动不同领域内部进展，主要依靠不同理论视角之间的争论。如驾驭得当，这种争论能促进相互间的了解，甚至可以同时解释为什么有时候该学科整体上看起来发展停滞。

1 我们的方法

关于国际关系和全球政治的概述和总览的文献可以说是汗牛充栋。这些著述或将其作为一门学科，或将其作为一种政治实践。虽然深度有所参差，但每年都有新的概论出版，本书绝非该领域的第一本《手册》。然而，除个别外，这些书籍的编写均采用共同的方法，差异仅限于形式。作者和编辑们选定值得探讨的若干话题（我们也做了选择），再由各作者紧扣话题精心编写各章节。不过，这些“卷册”很少有自己独特的、超越书内各章节的“声音”。例如，最近要出版的一本手册既没有导入性框架章节，也没有总体结论（Carlsnaes, Risse, and Simmons 2002）。虽然那本书写得很好，但它对其审视的领域并未做出评论或总结。我们的目标在于跨越这一惯常方法以期发出这本《手册》自己的声音。

首先，这本《手册》值得关注的地方在于其所强调的一些东西。它强调理论、国际关系作为学科的概念、理论进展中的争鸣、不同的理论视角以及世界政治研究的方法论。对上述内容的强调并非因为我们重视理论胜过经验分析，或重视抽象理念胜过“实用的”学术形式；而是因为我们相信理论假定（及相关争论）决定了该学科的轮廓，即便对最重视经验分析的研究也有影响。对国际关系学科的探究首先应当探析那些令其充满活力的理念，即那些将国际关系（或全球政治）凸显为一个社会政治生活领域的理念、决定该政治领域知识构成的理念、决定哪些问题值得回答的理念以及塑造该学科与其他学科关系的理念。否则，国际关系这一学科将失去其身份、发展脉络以及生命力。

鉴于这本《手册》强调这些东西，这就决定了我们不会在特定章节专门探讨经验性问题，如大国竞争、武器扩散、环保、人权、民族主义以及国际贸易和金融等。需要再次强调的是，我们并非对这类问题不感兴趣，实际情况正好相反。恰恰是我们相信本书所提出的这些理念和争论贯穿并
支撑了对这些问题的分析。理论和方法论思想决定了对于国际关系学者 5

来说哪些问题是真正的研究重点，而且也提供了学者们在求知过程中所采用的知识工具。当然，特定问题尤其是新问题的复杂性确实充当了理论创新的催化剂，对这些问题的探究往往促使国际关系学者们从其他研究领域引入新思想。不过，我们的策略是专注于以国际关系为思想和理论的背景，要求作者们利用其不同的经验知识各抒己见。当下文献资料中考察新、旧问题范畴的篇章如此之多，再多一本此类问题的汇编没有必要，这一考虑也促使我们选择目前的策略。

这本《手册》最突出的特点并不在于我们专注于理论，而在于我们的理论**兼具**经验性和规范性。绝大部分国际关系理论书籍都专注于经验性（或实证性）理论，即使规范性理论被提及，也仅被放在最后一两个有关“伦理与国际事务”的章节里面。耐人寻味的是，该情况在美国以及其他国家的著述中均有出现（见 Carlsnaes, Risse, and Simmons 2002; Baylis and Smith 2005; Burchill et al. 2005）。由此得出的假定似乎是经验研究可以与规范研究分割开来，而国际关系理论近乎成为一种排他的经验性（或实证性）研究课题。虽然人们（在有限的程度上）承认，在此之外还存在一套将国际社会视为研究对象的理论体系（即规范性理论），但它只是哲学家或政治理论家的专有之物，其默认的观点是国际关系研究是为了进行解释而做出的努力，与之相关的是世界政治的“实然”，而非“应然”。

这种分割性视角不能持续，亦无益处。所有的国际关系理论和全球政治理论都具有重要的经验性**和**规范性维度，它们在深层次上存在不可割裂的联系。现实主义者批评国家政府的行为不符合国家利益，面对国际秩序的不稳定，其批判的基础是利益和秩序这两种价值，在这方面，只有规范性理论可以支撑。后现代主义者基于解构的学术立场，提出无情批判时，并非是为了进行现实阐释（尽管这是他们的部分动机），而是因为这对权力和统治结构构成了某种对抗。确实，正如这本《手册》各章的作者们所呈现的，每一种国际关系理论都同时探讨世界的“实然”形态和“应然”形态。该学科多样性的一个核心在于学者们及其因应的理论传统对于理论的规范性和经验性之间的关系所持的不同取向。有些人热衷于二者的交叉，有些人试图抹掉其理论的规范性特质，其他人则相反，重视哲学反思胜于经验知识。然而，所有的理论家都或深或浅地踏足过经验分析与规范分析的交叉地带。 6

对于为何我们的理论同时兼具经验性和规范性，传统的解释是认识论使然。一直以来，批判理论家认为，当我们就这个世界提出问题并决定以哪种方式、做何研究来寻找问题答案时，我们的价值观就融入了我们的探索之中（经典说法见 Taylor 1979）。在此，我们不挑战这种观点，但我们的解释与此不同。

从最初起，国际关系理论一直是一种实践性话语。我们说的"实践"一词不是哈贝马斯所指的深奥含义，也并非为了鼓噪实践胜过理论的简单化思想。相反，我们指的是所有的国际关系理论，不论其形式如何，在某种程度上与"我们应该如何行为"这一问题有关。现实主义者、自由主义者、马克思主义者以及女性主义者，概莫能外。它适用于那些寻求用理论解决问题的学者，同样也适用于那些聚集于批判理论旗下的学者。关于这一问题，不同的视角关注的问题领域不同，就采取何种行为达成的结论也不同。因此，不论这些理论关注的是促进和平、秩序、制度建设、经济福祉、社会赋权还是消除全球范围内各种形式的歧视，不论他们是否主张权力制衡、贸易自由、社会矛盾的激化还是对抗所有社会权力的机构和话语，它们都能被"我们应该如何行为"这一问题所激发和推进。[1]

国际关系理论是一种实践性话语，这一不变的本质解释了（远远超出认识论的原因）为何所有的理论都**兼具**经验性和规范性。如果对于我们行为（经验性）所处的世界不加审视，对于我们试图实现的目标（规范性）不加了解，我们则无法回答"该如何行为"这一问题。这是爱德华·哈勒特·卡尔（E. H. Carr）所著《二十年危机》的中心观点，即纯粹的现实主义或者理想主义，如果成为一种实践性话语，它们就无法在国际关系领域中幸存。没有了理想主义，现实主义则一片荒芜，毫无目的可

1 当然，对于公共政策领域来说同样如此。见 Goodin, Rein, and Moran (2006)。

言；没有了现实主义，理想主义则不谙世故，对于行为所处的世界全然无知。对于卡尔来说，国际关系必须成为一门将“实然”与“应然”相结合的政治科学，“由此，乌托邦与现实是政治科学的两个方面，只有在二者并存的地方才会有健全的政治思想和政治生活”（Carr 1946, 10）。

卡尔做出此番言论，试图呼吁国际关系能够往某种特定的形式或趋势发展。我们认为并非他的愿景引导了该领域的发展和走势。但是，他传递的这一信息从未被误读。相反地，我们认为，卡尔发现了一个真相，
7 即所有话语均带有实践性的抱负。然而，一旦有了这种抱负，不论怎样隐藏或否认，理论家都被迫夹在经验性和规范性之间。对部分学者而言，情况就是如此，他们希望自己的成果能够以政策建言或者政治对抗的形式直接影响“该如何行为”这一问题。不过，要应对与现实问题有内在关联且无法割离的议题时，即便是那些纯粹的理论派学者们，他们在面对经验性或规范性的理论边界时也会束手束脚。该学科从未落入纯经验研究或纯规范研究的范围内，这一状况注定仍将继续。

本书力求突出并完全展现国际关系理论的这一双重性，而不是将其压制。这并非仅仅因为理论的双重性将成为一种有趣的、启发性的了解该学科的方式，尽管事实也确实如此。更为重要的是，国际关系学者对国际关系理论作为实践性话语的定位及其对政治行为产生的影响进行的反思。正如本书的很多作者（来自该学科不同分支）所强调的，即便我们的声音不同、视角不同，但我们希望国际关系能成为一门学科，直面当下政治行为所涉及的最严峻的问题。然而，这种期望意味着国际关系学者的探索必须游走于经验理论与规范理论之间的交叉地带。到目前为止，现实主义者、后现代主义者、马克思主义者以及建构主义者们在这个交叉领域的探索具有一定启迪性。此外，强调所有理论兼具经验性和规范性的双重性，也是对学者们提出挑战，促使他们对该学科已建立的假定和假想进行思考和质疑，以不同的眼光、不同的视角、不同的方式重新思忖学科理论。

贯穿本《手册》的第二个主题是不同理论和方法论视角之间的动态互动。这也是本书别具一格之处。绝大部分的总览、概论和纲要都把视

角作为单独的思想主体，类似于“这是现实主义”“这是自由主义”“这是建构主义”等。单个章节几乎总是对照“其他”理论来塑造自己的主题理论，通常来说，其首要目的是为了突出某个理论的独到之处，其次才将该理论的演进与更大的理论背景联系起来。当然，将该学科的演进作为探讨对象的尝试也屡见不鲜，其中最常被援引的是那些层出不穷的大辩论：现实主义对理想主义，古典主义对科学主义，反思主义对理性主义（Lapid 1989）。但是，不管前一种介绍理论的思路有何种优点（多年来它们帮助很多学生融入该学科），它们都是在宏观层面发挥作用，而模糊了不同视角之间的互动、对话和争论。我们感兴趣的恰恰在于理论之间的互动层面。现有方法的局限性如何引发了新方法的出现？现有视角对新的挑战者做出了何种回应？随之而来的辩论和论争怎样塑造了相互竞争 8
的流派的本质呢？各理论之间如何彼此借鉴，增强自身理论的阐释力，引发对其他理论更多启发性或批评性的思考？该学科最终是各学派相互交流、互相构成，还是各自为政、互不理解？

上述两个编写主题贯穿整本《手册》。这既是本书作者们的组织策略，也启发其思考。本书的编排范围广泛，这反映了我们对相关思想争论的脉络及其发展的判断。国际关系领域的核心关切是什么，本书就此问题从一系列不同视角的争论作为开篇：国际关系的核心关切是主权国家间的关系（莱克，本书第二章），还是全球层面的更为广泛的政治关系（巴奈特和辛金克，本书第三章）？更加激进地看，“国际关系”或“全球政治”这样的理念本身是否就是一种不恰当地将某些立场置于优先地位的本体论框架（考克斯，本书第四章；达比，本书第五章）？

思考了上述问题后，我们的注意力转移到本书篇幅最长的一部分，探讨该学科主要的实体理论及其伦理：现实主义、马克思主义、新自由制度主义、新自由主义、英国学派、批判理论、后现代主义以及女性主义。[1]我

1 这些分类十分复杂且存有争议，在此我们无意对它们勾画一番。读者可以在这本《手册》各章节中得以了解。下文的表1.1根据与本章直接相关的三个关键维度对不同流派的特征进行了描述。

们对于理论的经验性和规范性的关注在此部分体现得最为明显。与每一章探讨一种理论的惯例不同，这本《手册》每两章探讨一种理论：一章概述和探讨相关理论，另一章则致力于挖掘其潜在的伦理立场和观点。我们在第三部分安排的第一篇文章是彼得·卡赞斯坦和鲁德拉·希尔对折中理论优点的论述（本书第六章）。当下人们似乎对于该学科不同理论传统间的沟通产生了更大的兴趣，因此，在这部分的开始放置一篇系统性研究范式间对话优势的文章恰逢其时。

下一部分探讨了有关研究方法的一些思想。本书关于方法的概念十分宽泛且包容。对某些人而言，方法是实证主义者的专属品，这只是他们的成见，这些人将国际关系视为建立在自然科学模型基础上的一门社会科学。但是，与理论一样，方法不可回避。目录中的每一章都表明了一种方法，这些方法都是作者为有意义的研究问题寻求最佳答案而做出的选择。这些选择，有时候是作者进行系统性思考的结果，有时候则是作者的直觉。但是，正如无法绕开方法一样，也不存在“放之四海而皆准”的方法，因为不同的问题需要不同的方法。要找到问题的最佳答案，有的要通过定量方法，有的要通过定性方法，有的要通过历史学方法，有的则要通过哲学的、解构的以及谱系的方法，而有的则需要巧妙地通过两种或多
9 种方法的组合。我们的作者探讨了若干主要的方法：理性选择法（基德，本书第二十五章）、社会学方法和诠释法（克拉托奇维尔，本书第二十六章）、心理学方法（戈尔德吉尔和泰特洛克，本书第二十七章）、定量方法（曼斯菲尔德和佩弗豪斯，本书第二十八章）、定性方法（贝内特和埃尔曼，本书第二十九章）以及历史学方法（夸克，本书第三十章），本书前一部分探讨过的众多学派业已彰显了这些方法的重要性。但不可否认，我们的选择仍未能穷尽所有方法。

之后，本《手册》涉及该学科的边缘领域：国际关系学科分支间的内部边界以及国际关系与其近邻学科间的外部边界。由于令学术界活跃的“国际”问题大量增加（从最初集中于战争与和平问题到如今囊括从全球金融到人口迁移等各种问题），学界出现了两个十分明显的趋势。一方

面，在“国际关系”大旗下的独立学科骤增。其中有些自成体系，以至于它们与这面大旗的关系成为人们争论的话题：战略研究、对外政策研究或国际伦理学是国际关系的子领域还是一个独立的研究领域呢？另一个趋势是国际关系学者正在走近其他学科，其中最主要的有经济学、法学以及欧陆社会理论。在某些情况下还涉及在国际关系学科形成之初曾被视为一门完整学科的学术领域。国际法就是最典型的例子。本《手册》的第五部分探究了上述边缘领域的动态，尤其关注国际政治经济学（雷文希尔，本书第三十一章）、战略研究（艾森，本书第三十二章）、对外政策分析（斯图尔特，本书第三十三章）、国际伦理学（纳尔丁，本书第三十四章）以及国际法（拜尔斯，本书第三十五章）等的发展。

围绕国际关系学科的实质性关注点、理论演进的本质、各种“主义”的相关优点、特定方法的妥适性以及各分支的完整性等方面展开争论的同时，人们对学者与政策制定者之间的合适关系亦充满了疑虑。对某些人来说，学者的“角色”就是“将真相告知当权者”，罗伯特·基欧汉在本书的一个章节中强调了这一立场（本书第四十二章）。对其他人来说，政策相关性以及与政府互动才是对学术的真正考验。对另外一部分人来说，假装说出真相使得国际关系学者们极易与权力及统治有牵连。这些争论的若干核心问题包括学术研究的身份定位、权力与知识之间的关系、社会参与和政治参与的本质以及“科学”与客观性的关系等。在这本《手册》的不同部分，许多学者都谈到了这些问题。在第六部分，亨利·诺（本书第三十六章）和约瑟夫·奈（本书第三十七章）对这些问题进行了专门探讨。 10

第七部分探讨了该学科的多样性问题或者说缺乏多样性的问题。在美国国内，人们往往认为（而且往往是下意识地认为）美国学者关注的理论、方法论以及实际性的问题界定了作为一个政治研究领域的国际关系的本质，且框定了其轮廓——“美国的国际关系就是整个国际关系学科”。在美国之外，人们经常会注意到这种沙文主义并对此表示担忧：美国学界对该学科产生了主导性的影响。该学科对美国学者和出版商青睐有加的问题、他们的分析视角及采用的研究方法特别重视，使得“国际关系成为一门美国的社会科学”。虽然美国学界对该学科具有不容否认的“向心力”，明确的权力关系便是这一向心力的特征。但是，全球范围内国际关系研究的多样性应该得到认可。英国、加拿大、澳大利亚、中国、印度、法国以及德国的国际关系研究彼此迥异，它们当中没有任何一个与美国学界的国际关系研究完全相同。我们的作者要探讨的就是该学科同质性或异质性（在霸权内部寻求多样性的可能）的这些问题，他们尤其关注的是“来自南半球”或“第三世界”的国际关系观点（布莱尼和伊纳亚图拉，本书第三十八章）以及前霸主内部的国际关系视角（利特尔，本书第三十九章）。

本《手册》最后部分包括五篇篇幅较短的文章，每一篇对该学科的现状以及（更为重要的）未来方向的理解都不尽相同。历史上很长一段时间，国际关系都是一个男性占统治地位的学科，从某种程度上讲，当前依然如此。不过，在过去的二十年当中，从事该学科的男女比例已经发生了重大变化。从事该领域研究的女性本科生、研究生以及研究人员急剧增加。女性的声音对于该学科的百家争鸣至关重要，在概念、理论以及分析创新方面她们常常处于领先地位。我们承认并力图反映出这一男女人数比例的变化。因此我们不仅安排了三位杰出男性的成果，他们的观点对该学科的发展颇有影响——罗伯特·基欧汉（本书第四十二章）、理查德·罗斯克兰斯（本书第四十三章）和史蒂夫·史密斯（本书第四十四章），还挑选了两位杰出女性的著述——美国的贾尼丝·彼埃里·马特恩（本书第四十章）和英国的托妮·厄斯金（本书第四十一章），这两位女性的声音在该学科也占据十分重要的位置。

2 国际关系中的理论化

我们对该学科领域的理解体现在对国际关系理论的组织上。本《手
11 册》探讨的广泛而又彼此争鸣的理论流派也体现了我们理解的多样性。其中一些流派彼此紧密相关，而且大多具有互补性（例如，理性主义与自

由制度主义；女性主义与批判理论），而其他流派则通常被认为是彼此对立乃至敌视的（例如，现实主义与自由主义；理性主义与后现代主义）。国际关系进一步容纳了范围广泛的实质性的主题和议题，其中有一些主题和议题有针对性地与特定的理论流派相关联。理论流派的这一杂音体现了其多样性，对于人们理解该学科的嬗变十分关键。

国际关系学者一向对理论化过程、理论的本质以及特定理论的思想存有分歧。国际关系学科的领域划分较为清晰，因此，界定范畴成了一门看家手艺。但是，本书的作者们鼓励人们以更宽广的思路思考理论，所从事的研究可涉及种类繁多又不同质化的各种理论项目。大部分作者们不仅提倡理论间的交流与互鉴，而且他们的成果和而不同。

有关理论的定义存在争议，而（即便有可能）消除争议将背离人们探究理论间互动、推动该学科发展的初衷。因此，本书关注国际关系的理论化进程，而不是理论的本质。不论其表象如何不同，我们提出国际关系的理论化表现为三个主要方面，而且它们之间存在动态互动。

第一，理论化因应我们所提出的“国际”政治领域的（经验性的和规范性的）问题而发生。一方面，我们构建理论以回答问题。这些问题可能是高度抽象的（比如那些非常活跃的形式理论化），或者是经验性的。它们可能涉及范围宽泛，或者关注点聚焦。不过，国际关系理论总是预先假定一个参照问题，而这个问题与我们所处的这个世界或者我们可能生活的世界有关。另一方面，理论化经常引发问题和思考。例如，假定无政府状态会引发相似的政治活动的理论，同时也促使人们对超越无政府体系的政治变动（political variations）加以思考（Reus-Smit 1999）。第二，理论化依赖于我们对“国际”政治领域的重要问题（经验性的和规范性的）做出的假定：比如“国家是最重要的行为体”“代理人追求理性的效用最大化”“规范建构了身份和利益”“话语是一种政治性建构”“讲述真理是对权力关系的约束”“人权是普世性的”“共同体是一切价值的来源”等。本体论的、规范性的以及认识论的假定之间常常出现差异（Price and Reus-Smit 1998）。但是，在现实中它们往往紧密交织。后现代主义者不

12 接受国家是最重要的行为体这一本体论假定以及人权是普世性的这一规范性假定，并非因为它们在经验上是错误的，而是因为它们在认识论上站不住脚（George 1994）。第三，理论化必然涉及逻辑论证。只有通过论证才能将与问题相关的假定组织起来，从而推断出新的结论。论证是一种创造性的媒介，在回答问题的过程中通过论证对假定进行组合，让其更有趣；对其划分层级，并赋予其意义。

与启发式或演绎式能力保持逻辑上的一致性是所有理论流派的共识，也是其引以为傲的标准：女性主义者与新自由制度主义者都无法容忍逻辑上的矛盾和不合逻辑的结论。好的理论，其内部逻辑能够很好地引领人们获得新的洞见和结论。就像一个好故事，理论也有一个能够驱动论证的内部逻辑。一旦明确某些因素，人们就能得出结论并拓展出新的论点，而作为该理论逻辑上的备选因素也随之出现。这一内部动态变化促使人们形成关于世界的新理解和新观点。确实，如果某个理论的逻辑特别强大，它不仅能够推动该研究，进而能够重塑问题并形成内向性的理论"世界"。好的理论还能够发掘人们对恒量和变量的假定和理解，其处于理论之中并成为我们的行为指南。

对理论研究的这一设想囊括了国际关系领域内大多数的理论流派。它既适用于所谓的规范理论，也适用于经验理论。查尔斯·贝茨（Charles Beitz）关于普世伦理的经典论断的中心问题是，在全球范围内应该适用何种正义原则，其基本假定是现实中的相互依赖（他从基欧汉和奈那里借用的经验思想，1977）必然导致道德上的相互依赖。它适用于批判理论，也同样适用于解决问题。安德鲁·林克莱特（Andrew Linklater 1998）专注于世界政治中包容与排斥的模式，其有关全球范围内道德共同体扩张的观点是基于有关交往行为逻辑的假定。同样，基欧汉（1984）以相互依赖条件下国家行为理性的假定为基础，对国际制度合作模式进行阐释。最后，理论研究的这一设想既适用于针对"如何"等阐释性问题的理论，也适用于针对"为什么"等解释性问题的理论。学者会质疑化学武器为何受到如此高度的道德认可，同时也质疑国家为什么维持权利政治的平衡，显然他们在逻辑上都以国际政治领域的假定为基础（Kaplan 1957; Waltz 1979; Mearsheimer 2001）。

因为国际关系理论解决的是有关这个世界的问题，它必然包含经验现象。即便是规范性问题，也具有经验现象作为参照物——国家之间使用武力的本质，全球范围内不平等的形式，女性的从属地位，文化等级体 13
系，等等。虽然国际关系的边界是动态的，且存有争议，该学科在很大程度上取决于不断演变的经验现象以及人们对经验现象的质疑。有关安全和秩序的问题持续存在，但从跨国主义到相互依赖，在全球层面不断变化的互动关系已经拓宽了这一持续性问题所涉及的范围，也包括繁荣与发展问题（Risse-Kappen 1995; Gilpin 2001），以及权利与自由问题（Risse, Ropp, and Sikkink 1999）。在此过程中还发生了一些重大事件，如世界大战、去殖民化、石油危机、冷战结束及“9・11”事件等。这些事件塑造并指引了国际关系学术研究的方向。当然，国际关系学科的不同理论和领域关注的是经验领域的不同方面，甚至是“同一”经验现象的不同方面。安全和国际政治经济学根据彼此不同但又部分重叠的实体性问题来界定自己，导致这两个领域的学者们对世界政治以及未来可能性的理解争执不休。甚至在它们内部，差异也随处可见。人们对于“安全”一词的含义与来源的理解存在争议（Wæver 1995），政治经济学领域的重大问题及理论概念，比如相互依赖、依赖、全球化等，也同样存在争议（雷文希尔，本书第三十一章）。人们甚至对特定的经验性“事实”也有争议——这个世界是单极的吗（Brooks and Wohlforth 2002）？全球化意味着同质化还是碎片化（Scholte 2005）？自由贸易减缓了还是加剧了全球不平等现象（Rodrik 1997）？这些分歧往往提出了需要加以解释的谜题，并促使人们在理论中引入新的要素。

大多数的国际关系理论化都依赖于经验证据以区分合理的观点和过激的想法。人们多把这种情形认定为实证主义，它推进了绝大部分的国际关系学术研究。下面看一个看似可靠的例子，后现代主义者的标志性论断，即文本具有开放性，可予以多种解读，不存在用于判定某种解读是真实的阿基米德支点。但是，他们对于各种日益复杂化的政治话语的分析，却要立足于假定，即文本和事件接受更好或更差的解读（Price and Reus-Smit 1998; Hansen 2006）。然而，指出各种国际关系理论依赖于经验证据以支撑观点，与将证伪当作最重要任务，这两者不是一回事。只要实证主义草率地将证伪放在首位，或者仅呈现理论与经验结果相关，这就等于无视理论的重要性，即便理论无法通过经验证据来证实或证伪。它同样适用于实证性的理论化，如阿罗不可能性定理（Arrow theorem）（1951）
14 指称，所有的国际性投票或决定都无法满足某些民主愿景。[1]它同样适用于规范性的理论化，如人权是普世性的（Donnelly 2003）。上述二者均无法通过经验证据来证实或证伪。概念的理论化同样至关重要，但也无法通过经验证据进行验证。那么，尽管理论化绝不能独立于经验现象，国际关系理论还是有独立于经验分析的自主性，且必须优先于经验分析。

虽说众多不同派别的国际关系理论能够和平共处，但该学科最突出的特征却是分歧。其中，两个核心分野尤为突出。第一个核心分野存在于批判理论和解决问题理论之间。罗伯特·考克斯（Robert Cox）提出过一个著名的观点，即解决问题理论“接受自己所认识的世界现状，以主流社会权力关系、政治权力关系和他们所处的制度作为既定的行为框架”，而批判理论“涉及一个规范性选择，他们支持与现行秩序不同的社会和政治秩序，但限制了现存秩序向其他秩序转型的选择范围”（Cox 1986, 208, 210）。这样的区分十分重要，一种理论专注于“作为一个整体的社会和政治复合体”的解放式转型，而另一种理论专注于该复合体在特定方面的技术性管控（technical management）。这二者之间有本质差别。但是，从后面几章看，这种差别也许不能用于区分特定的国际关系理论。正如理查德·沙普科特（本书第十九章）所阐释的，批判理论对

1 阿罗不可能性定理同样也是一个能证明实证主义理论极具规范性的典型例子。阿罗的某些条件（例如，非独裁原则、帕累托原则）完全立足于规范基础之上，而其他条件［例如，不相关的独立性、一般定义域（universal domain）］对于我们在“民主”社会选择过程中的期待提出了潜在的规范性问题，而期待本身就是一个规范性问题。

该学科的贡献之一在于，关注世界政治的规范化转型不再是那些自称为批判理论家们的专属领地：建构主义者、自由主义者以及英国学派学者都以各自不同的方式进入这一领域。同样重要的是，传统上与这一批判工作无关联的理论方法却可以带来卓有成效的帮助。此处值得注意的是，方法论的个人主义者对于理解当代主权国家体系的来源做出了贡献（Spruyt 1994; 2007）。

第二个核心分野存在于言语理论和形式化数学理论（formal mathematical theory）二者之间。形式化方法（the formal approach）的支持者视其为理论的最高形式，而批评者则认为它极具抽象性和不相关性。上述两种立场都有所偏颇。一个能够以数学方法建模的理论涉及强有力的演绎推理形式。这种情况下，即便理论推导基于“建模对话”（Myerson 1992），仍然同时牵涉模型论证和对实体的追求。此外，很多无法通过数学进行有效建模的问题却可以通过言语理论提升对理论的理解力。以技术层面界定研究问题会失去理论发展的意义，理论发展是与人们关注的世界直接相关的。如将该学科降格为一个可以通过数学方法建模的学科，该学 15
科将萎缩为一片荒地。反之，如在条件允许的情况下不利用形式演绎，则意味着有可能错失重要的理论见解，而且有可能出现前后矛盾的争辩。[1]

人们经常声称，不同的国际关系理论从根本上是互不兼容的。后现代主义和自由主义这两种流派常被认为不可调和，而其他流派，比如社会学（克拉托奇维尔，本书第二十六章）和心理学（戈尔德吉尔和泰特洛克，本书第二十七章）则可能没有共同语言。不幸的是，该学科有一种夸大甚至崇尚这些差异的趋势：理论的目的之一在于明确哪些是根本差异，哪些是非根本差异，并且在可能的情况下求同存异。例如，这一现象一

1 相关例子不胜枚举。有些涉及技术性较强的数学展示（Downs and Rocke 1995; Powell 1999; Kydd, 本书第二十五章），但技术性分析中萌生的许多其他理念已经通过更易理解的转化进入了国际关系。后面这一类别的例子包括詹姆斯·费伦（James Fearon）对于理性战争的探讨（1995），被广泛应用的曼瑟·奥尔森（Mancur Olson）的集体行动的分析［1965，基于保罗·萨缪尔森（Paul Samuelson）针对公共产品的十分专业的技术性分析］或托马斯·谢林（Thomas Schelling）对于可信性与威慑的探讨（1960）等。

直存在于理性主义与建构主义之间反复而又夸张的大辩论中。在理念和战略理性(建构主义者逐渐将这两者整合吸收; Keck and Sikkink 1998)的角色方面,这两派已经渐趋一致(理性主义者更加重视)(Goldstein and Keohane 1993; Snidal 2002)。理性主义的因果理论与建构主义的建构理论之间所谓的差异其实也被夸大了。理性选择中的核心——均衡概念是一个建构性的表述,即一系列因素和谐并存。当某一因素被替代后,和谐被打破,此时审视发展脉络才能让均衡分析具备因果性。相反,有关规范的建构主义理论越来越多地被用作因果关系论证和经验检验的理论基础(Checkel 1999; Ruggie 2005)。即便不存在共同之处,不同视角之间经验也可供借鉴,例如批判理论挑战实证主义者关于价值中立的理想。这并不是说,不同理论在深层次上可以兼容,只是想表明,国际关系理论化的最佳状态足以明确哪些是根本性差异,哪些是可以弥合的差异。

3　理论的经验性与规范性

一直以来,安全研究的发展都是为了了解战争从而控制和减少战
16 争; 人权研究是为了停止种族灭绝、奴隶制度以及虐待等暴行; 国际政治经济学从根本上是为了促进国家、企业及个人之间互利的经济互动; 研究世界卫生组织、联合国粮食和农业组织等机构旨在了解如何改善全球卫生或食品状况。尽管很多国际关系理论常常标榜自身的科学性和客观性,其背后对假定的选择从来不是客观的,推动理论发展的价值观也不是客观的。所有的理论都包含重要的规范因素,它体现在理论提出的问题、使用的概念、排除或固守的元素以及力图推广的价值观之中。然而,由于担心该派理论思想的进步会受到阻碍,当下不少国际关系理论忽视甚至否认自身的规范性基础。在本部分我们提出相反的立场——只要国际关系学科仍然是一种实践性话语,最终(虽然经常是间接的)涉及“我们应该如何行为”这一问题,学者们就不得不踏上经验与规范之间的这块模糊地带。此外,密切关注该学科伦理基础的多样性能够加深对自身行为

的理解，而且在恰当的引导下，这种关注能够促进学术研究进展，因为它提升了个人或集体对当今世界政治中最迫切问题的探究能力。

出于实质问题的、方法论的以及理论方面的原因，在国际关系中，“规范”这一组成部分一直受到错误的压制。传统的现实主义者强调国家安全是一个看似无可争议的目标，而国家则是无可争议的行为体，彻底排除了将行为目标作为问题本身进行探讨的必要性。早期的英国学派（科克伦，本书第十六章）和美国的自由主义流派（理查森，本书第十二章）分别强调了秩序和效率都是不可置疑的追求目标，二者同等重要。在此过程中，他们也忽视了对规范的关注。诚然，正如杰克·唐纳利（本书第八章）表示，即使最强硬的、以安全为目标的现实主义也包含某些伦理内容。英国学派重视规范的理论化，自由主义者也日益认识到以效率作为唯一的规范性概念的不足之处。长久以来，正义战争、外国人待遇以及公平交易等问题一直伴随着我们。目前，国际政治问题变幻不定，而且问题种类不断增加，它们包括像恐怖主义和民族冲突等安全问题的新形势、长期存在的南北问题的新态势、诸如管制等会影响国内职场和家庭的政治经济领域的新问题，以及引发人们深刻担忧的，诸如人权、全球环境等令大国也束手无策的问题。对于所有呈现的新问题，人们对其研究目标都存有争议，也无法达成规范性的共识。

行为主义、实证主义以及要创建一门国际关系“科学”的努力再一次使人们忽视了伦理考量。虽然绝大部分实证主义者都认可，规范考量与提出的问题及解决问题的效果有关，但“科学”仍被视为看似价值中立的 17
知识生产过程的中间阶段。[1]然而，规范考量深深地植根于这一被认为科学性的阶段，只不过其方式往往不太显眼。如今，国际关系定量研究十分重视其分析内部的选择偏差。然而，受可测量性和数据可及性的影响，定量分析本身就是选择偏差的一种重要形式（曼斯菲尔德和佩弗豪斯，本书第二十八章）。深层次的价值判断必然嵌入一些颇具争议的概念定义

1 感谢亚历克斯·温特（Alex Wendt）建议我们采用这种说法。

之中，比如权力、自由、和平等概念。这些规范性的假定必定存在，只因概念化过程和衡量方法的不同而有差异。有学者固执地将研究限定于问题本身，因为他们（错误地）认为这样的研究可以不受价值判断的影响。令人遗憾的是，这种做法会限制所提的问题，这本身就隐含着价值判断。20世纪30年代经济学领域的“序数主义革命”对国际关系具有深远的影响。经济学家们发现，在不涉及基数个人效用或人际效用比较（这两种理论都会造成十分棘手的规范性问题）的情况下，能够导出关键的市场结果（Blaug 1985）。这一转向使经济学获得了重大的根本性发展，但付出的代价是基本上放弃了对社会福利问题的考虑；在此之前，社会福利问题在该学科一向具有核心地位。这一方法论的转向在国际关系学科中也有所反映，国际关系学界开始强调帕累托效率，而不是自由制度主义理论中的分配，这无形中赋予了规范性以重要地位。自由主义者对这一偏见心知肚明，但由于他们对此的分析工具不如处理其他价值观的那么强大，于是将其轻忽。当然，科学的程序，尤其是努力做到系统性、可比性以及透明性，提供了强调这些规范性因素的途径，并有可能评估它们的影响。但是，他们最多只能阐明而不是消除规范性因素。

人们完全以逻辑替代价值观，这种有误导性的做法更使伦理考量被束之高阁。这一趋势越发明显，体现在理性选择将“应然”和“实然”作为“规范”理论和“实证”理论的区别。实证理论分析一系列行为体的互动之后产生的逻辑结果，假定它们的目标和能力，而对那些目标不做评估或判断。当然，这些关于行为体本身及其目标和能力的假定一部分本身就是规范性的主张，而关于预测的规范性内容则是那些最初激发我们分析兴趣的东西。更为重要的是，理性选择否认其规范性传统及可能性，
18 这是自欺欺人的。除了源自明显的功利主义传统外，理性选择可以被视为有关行为体在特定条件下应该如何行为的一个规范性理论（即理性行为是什么）。这与经验主义对于行为体行为的预测一样。重要的是，理性常常会变得薄弱，人们不能认定行为体可以完全达成自己的目标（Levy 1997）。此外，多数的理性选择是为了减轻个人理性产生的不利后果（因

徒困境、集体行为或委托—代理关系等问题就是明证)，或者通过例如事先承诺(Martin 2000)和声望(Tomz 2007)等个人救济手段，或者例如军备控制和制度设计(Koremenos, Lipson, and Snidal 2001)等集体救济手段以实现更好的结果。上述解决方案是合理的，因为理性选择中的首要规范性价值在于效率，且效率这一规范性价值被认为是中性的，甚至是“科学的”。但是，对效率这一价值的重视可能会忽视其他价值，比如分配和权利等(Gruber 2000)。安德鲁·基德(本书第二十五章)的说法更加笼统，他认为理性选择以自由主义的规范性价值为前提，包括尊重个体在内，倾向于诸如自由交流和地方分权等具体的实体性成果。可以说，理性选择是一个半规范性理论，而非一个纯逻辑性理论。它是一个以规范性前提为基础的逻辑性理论，为如何进一步推进我们的规范性目标做出指引。

有些学者看重规范性因素，以脱身于社会科学流派，这一趋势加剧了经验分析与规范分析的脱钩问题。对此论述最多的当属那些专注于哲学问题的学者，他们从全球范围的对外援助到人道主义干涉等一系列国际形势中判定什么是正确的行为。关于伦理推理的过程，很多情况下人们对其定义十分狭窄，认为它仅包含伦理准则的逻辑判定。但现实中，伦理推理的范畴要广泛得多，融合了经验性主张与哲学性思考的假定(Reus-Smit 2008)。然而，对伦理推理的狭义定义促使人们更加忽视经验分析及其所需的理论和方法。同时，尽管程度略浅，另一种趋势也很明显。有些研究流派非常重视规范性因素，而规避那些对经验研究来说更为“科学的”方法。这一直是英国学派的一个软肋。该学派在探讨国家间社会和制度关系的本质时采用非系统性方法，这一方法限制了该学派关于秩序与正义的关系的研究(Reus-Smit 2005)。人们没有看到规范性立场与科学性立场之间合理的融合，通常都是充耳不闻，相互漠视或批评。其结果就是导致了分裂,“科学”与“规范”各占一边。

这一分裂严重损害了国际关系应对现实问题的能力。一方面，“科
学家”们不愿意触及伦理问题以及看似非科学性的问题，这意味着他们 19
对于当今很多重大问题无话可谈。另一方面，当经验知识不充分时，规范

性的国际关系研究无法指导具体行为。例如，面对是否干预下一个卢旺达或达尔富尔问题，我们既需要分析可能的举措（制裁有用吗？军事干涉有效吗？），又需要判断谁有权利或义务采取这样的行为。为了将国际关系理论与相关的现实问题进行重新串联，需要规范和经验两条腿并行。这是批判理论家们长期以来的论调，比如考克斯和林克莱特，对于“现实主义的”、与全球体系的经验性动态一致的国际秩序，他们追求一种规范性导向的强制转型（Cox 1986, 208; Linklater 1998）。这也是基欧汉最近提倡的主张（2001；另见Buchanan and Keohane 2004），他呼吁国际关系学者们努力提出新的国际制度和秩序，而这一尝试需要经验理论与规范理论的整合。

不过，我们的目的不仅在于鼓励经验理论与规范理论二者实现更密切的互动和整合，更是为了说明所有的国际关系理论已经具备经验和规范的维度。这一点十分必要，原因有二：第一个，也是人们最为熟知的原因，我们作为学者永远无法背离我们的价值观，因为它们浸润在我们所提的问题、我们试图看透的迷局、我们所做的假定以及所采纳的方法之中。不过，这里我们希望强调的还有另一个原因。正如我们在第一部分已经解释过的，国际关系一直以来是一种实践性话语，某种意义上，“我们应该如何行为”这一问题已经对该学科的学者提供了支持和启迪。现实主义学者关心在无政府状态下如何有效实现国家利益，后现代主义学者同样关心如何回应支配结构。由于实践性问题的存在对他们就是一种动力，因此不论怎么规避，他们都不得不进入经验和规范之间的模糊地带。要依据我们力图实现的价值观来回答“我们应该如何行为”这一问题，我们就需要依据我们所处行为的情境对“我们能够如何行为”有充分认识。

经验理论与规范理论之间的互动不仅体现在提出问题和理论分析这两个阶段，而且还存在于知识生产这一中间阶段。此前我们讨论过，这一阶段离不开规范性考量。但是，在知识生产过程中，因为实践性话语的存在，经验和规范更为复杂且紧密地交织。回答“我们应该如何行为”这一问题会产生经验性知识，考察的是因果关系、构成关系、话语结构以及塑造政治行为的过程。同时，这也会产生规范性知识，它考察的是作为行为主体的"我们"是谁、以何原则采取行为以及实现目标准备牺牲什么资源 20
(比如为了拯救陌生人要失去同胞)(Reus-Smit 2008)。因此，实践性话语使得知识生产不能囿于经验理论的"科学"范畴，它需要更为广阔的范畴，包含同样重要的规范性研究。

本《手册》的一个核心目标即是突出国际关系理论中经验的和规范的维度。这一点在我们对主要实体理论的审视中已经做得非常系统。在余下篇幅中，我们将借助众作者们的洞见勾勒出这些理论的经验性和规范性层面，希望以此引领人们了解该学科的特征，并得出与众不同的认识。我们发现，以三条经验性轴线和两条规范性轴线介绍这些理论颇具启发性。当然，选择其他轴线也完全可行。

在经验—理论方面，我们着重探究它们对于能动性—结构、理念—物质性以及权力的本质这三个方面的假定。利用第一个方面的假定，我们可以区分能动性理论(强调个人选择在决定政治结果时的作用)、结构理论(强调社会结构赋予个人选择的机遇与限制)、结构化理论(强调施动者与结构之间的相互建构关系)以及后结构主义理论(强调通过表意系统和意义系统建构主体性的方式)。利用第二个方面的假定，我们对观念论(将构成性权力归因于主体间的观念和意义)、理性制度主义(强调观念在协调物质或其他利益与政治结果之间关系的作用)和物质主义(强调物质因素的因果力)进行了区分。利用第三个方面的假定，我们可以区分不同国际关系理论就"权力"给出的四种不同概念。正如迈克尔·巴奈特和雷蒙德·杜瓦尔(Raymond Duvall)的类型学理论(2005, 3, 强调源流)中提到的：

> **强制性权力**指允许一个行为体对其他行为体拥有直接控制力的互动关系……**制度性权力**事实上指行为体对他人实施间接控制……**结构性权力**关注的是在彼此的直接关系中行为体的社会能力和利益的构成……**生产性权力**关注的是意义和表意系统中扩散性社会关系对主体性的生成或改造。

至于规范—理论方面，我们着重探究两条变动轴线：价值承诺和变动导向。[1]前者指理论试图实现的价值或目标（无论以公开的或隐晦的
21 方式）。从编者的各章节中，我们发现五种明显的价值承诺：（1）对于国家利益审慎的追求；（2）国际合作（从以主权作为基本规范构建的秩序，到通过国际治理实现更高层次的社会价值观）；（3）个人自由（既包括通过保护个人的基本权利所体现的积极自由，也包括通过消除对个人自由的限制所体现的消极自由）；（4）包容性和反身性；以及（5）对他者的责任。我们的第二条轴线即变动导向，指理论家对道德和现实变化问题所持的整体倾向：（隐晦地或明示地）他们持乐观的还是怀疑的态度？国际关系理论的规范方面不仅取决于学者们所持的价值观，还在于他们对于道德可能发生变化的接受程度。我们用此作为勾画理论的一条独立轴线，因为不同理论的变动导向不仅仅源于他们对经验的理解或对实体价值的承诺。例如，现实主义者会因为自己的经验假定对道德变化持怀疑态度吗？或是由于他们是道德的悲观主义者而倾向这些假定？

表1.1列出的是根据经验和规范的维度划分的国际关系的九种实体理论。在此，我们的目的不是为了使这些理论具体化，使它们的复杂性简化为单一的、同质的形式。[2]我们的目的也不是为了说明我们所选的用于比较的轴线是唯一贴切的、可展现相似性或差异性的维度。我们的目的是为了说明：（1）所有的国际关系理论确实都需要经验的和规范的维度；（2）如果以这种方式来审视理论，就会出现大量有趣的模式和重叠。这表明大量被用于划分该学科的传统方法被过于滥用。其中最显著的就是现实主义者和理想主义者之间、科学主义者和乌托邦主义者

---

1 这两个并非唯一可选的变动轴线。例如，我们也许可以将价值承诺分解成道义论和结果论两个分类，我们也可以增加一条轴线，根据对待手段和目的二者关系的方式将理论进行分类。

2 这种分类必然十分粗线条而且会掩盖不同流派内部很多重要的变量。例如，有些现实主义者是乐观主义者，而有些建构主义者却是悲观主义者。部分英国学派比结构化主义者更讲究结构，而制度主义有时候既研究制度性权力又研究强制性权力。虽然我们的分类肯定做不到尽善尽美，但我们相信它们能够捕捉到总体趋势。一些例外也说明了不同视角之间有重叠和交叉。

之间的截然区分，这种边界划分是因为所谓的可以将经验理论与规范影响相分离。此外，它还说明该学科从根本上被认识论的差异所割裂，具体而言，即对“什么构成真知”的认识差异。尽管这些差异显而易见，但对我们如何开展学术研究却有深刻影响，它们掩盖了不同的理论流派之间许多重要的趋同点。

从比较中我们发现三种值得重视的模式。第一种是看似互相对立的理论之间价值观的共鸣。这一点在批判理论和新自由主义之间可能最为明显。正如罗宾·埃克斯利（本书第二十章）在其有关批判理论的伦理章节所阐释的，在“规范伦理”层面，“批判理论的最高伦理目标 22
是为了通过更包容、更直接的对话来促进解放或解除对人类自主的枷锁”。人们很清楚这一规范性立场和新自由主义者赋予个人自由以优先性这二者之间具有相似性。人类个体的福祉在伦理上具有至高地位，而解开个人自由的枷锁也具有优先性。这并非模糊这些理论的伦理立场之间的重要差别，考虑到它们共同起源于启蒙运动，它们之间的相似性并不足为奇。英国学派社会连带主义者和建构主义者之间的价值共鸣同样十分明显，二者都明确专注于厘清在何种条件下主权国家能更好地做出让步以促进个人的积极自由，尤其是国际人权形式的积极自由。我们再次声明，重要差异尤其是方法论的差异以及赋予哲学探索以优先性方面的差异，这些都不应该被掩盖，但是不同理论在价值观层面的趋同实在是太明显了。

表 1.1　理论的经验性和规范性

理　论	实证性方面			规范性方面	
	能动性—结构	理念—物质性	权力概念	价值承诺	变异导向
现实主义	结构性的（无政府状态）	物质的	强制性的	国家利益	怀疑的
马克思主义	结构性的（资本主义）	物质的	结构性的	个人自由（消极—解放）	怀疑的

（续表）

理　论	实证性方面			规范性方面	
	能动性—结构	理念—物质性	权力概念	价值承诺	变异导向
新自由制度主义	能动（国家）	理性制度主义的	制度性的	国际合作	乐观的
新自由主义	能动（个人）	理性制度主义的	制度性的	个人自由（消极自由）	乐观的
英国学派（英国学派多元主义者）	结构主义的（无政府状态）	理性制度主义的	制度性的	国际合作	怀疑的
（英国学派社会连带主义者）	结构化主义的	理念的	结构性的	个人自由（积极—普世人权）	乐观的
建构主义	结构化主义的	理念的	结构性的	个人的积极自由/国际合作	乐观的
批判理论	结构化主义的	理念的/物质的	结构性的	个人自由（消极—解放）	乐观的
后现代主义	结构化主义的	理念的	生产性的	对他者的责任	怀疑的
女性主义	结构化主义的	理念的	生产性的	包容性/反身性	怀疑的

23

其二，我们的比较发现，坚持强制性权力概念的理论与信奉生产性权力概念的理论，其变动具有强烈的相关性。其中最主要的例子就是现实主义与后现代主义之间的关系。这两种理论对于国际关系中道德变化的可能性都持怀疑态度。对于现实主义者来说，道德政治总是逊色于权力政治；对于后现代主义者来说，权力的产生离不开道德话语：所有的道德赋意过程都会产生支配关系。彼得·劳勒（本书第二十二章）注意到，后现代主义者对于道德普世主义的批判并没有使他们走向现实主义者的“道德绝望”，只是使他们倾向于“对伦理方面存有争议的情形做出不全面的、或然的回应”。然而，热衷于强制性或生产性权力观念的理论均认为国际关系中权力无所不在。现实主义者以权力争斗界定政治；后现代主义者认为，所有的示意过程都生成权力。最终，即便未致绝望，但都促成了二者的道德怀疑论的立场。

第三种值得重视的模式是，结构主义理论与怀疑论之间、能动性理论或结构化理论与乐观主义之间一致的相关性。现实主义者、马克思主义者以及英国学派多元主义者都属于结构主义者，它们或者把无政府状态，或者把资本主义视作结构，为社会行为体提供动力和强加限制。相对而言，它们忽视了行为体在社会结构构成中所扮演的角色。毫无疑问，这也基本否定了国际关系中道德变化的可能性，也有部分例外，马克思主义学派的观点认为结构自身从长期来看是不稳定的（特施克，本书第九章）。反之，能动性理论或结构化理论，如新自由主义、英国学派中的社会连带主义或建构主义，为个人或集体能动性的创造力留下了更多空间，为有关道德和实践变化方面更为乐观的立场提供了社会理论基础。当然，能 24
动性同样也可能导致不好的结果。新自由制度主义者认为合作可能针对第三方，而建构主义者也意识到恶性规范可能导致无法控制的后果（Rae 2002）。最后，在结构化理论和怀疑论方面，后现代主义和女性主义属于例外，可能是因为它们对于生产性权力的重视盖过了结构化主义的影响，从而促成怀疑论而不是乐观主义。

4　学科发展问题

上文的比较揭示出，在国际关系领域中，当下理论化的多样性以及不同理论在跨越经验主义与规范主义时所采取的不同方式。那么，这种多样性促进了该学科的发展吗？谈论国际关系学科的发展有些老套，但进展的观念对于所有的学术研究确实有所启发。如果我们不认为这一工作对人们理解世界政治做出了贡献、为国关学术共同体创造并收获了知识，那么我们的研究师出何名呢？为此，我们认为国际关系的发展可以从两个方面予以评估。一方面，是否拓展了人们对于主题的理解（从广义上来讲，包括解释性的、阐释性的、规范性的以及其他理解方法）；另一方面，是否提高了我们在国际事务中采取有效行动的能力。简单地说，我们目前在这两个有关方面是否比以前做得更好？这里有一个重要的区分，即该学科整体的进展与国际关系各分支内部的进展，学科内各分支由实体话题、方法论或理论流派所界定。我们认为，该学科整体上貌似缺乏进展，这与其各分支内部进展的性质紧密相关。

出于各种原因，对进展的评估并不容易。我们没有一个共同认可的标准用于衡量我们的所知或其在现实行为中的应用情况（或可以如何应用）。国际关系的动态特征使它成为一个移动标靶，既可以是研究对象，又可以是一个研究领域。虽然某些问题持续存在，但其他问题正随着国际大事和学术潮流的变化而变化。最重要的是，该学科与生俱来就充满了政治性和争议性，因此任何对进展的衡量从来都带有价值取向，而且严重依赖于人们对可能性的认知以及对理想性的信念。

然而，作者们在本书中的论述显然记录了很多理论取得进展的方式。
25 从概念上来说，该学科更具活力；即便在那些缺乏共识的方面，人们对于其差异也有更加清晰的了解。像权力这样的基本概念从根本上来说仍然“充满争议”，但在权力类型的分野（Barnett and Duvall 2005）问题上，我们对其不同方面的理解已经取得重大的进步。同样地，整合了跨国行为体和次国家行为体的相关分析对国家中心主义的假设构成越来越大的挑战（莫拉维斯克，本书第十三章），同时，国家中心主义流派及其反对者提出的理论也更加复杂了。沃尔福斯（本书第七章）阐述了现实主义的兴起和发展之路以及与之同步的争论，比如在进攻性现实主义和防御性现实主义之间的论争；伊恩·赫德（本书第十七章）和弗里德里希·克拉托奇维尔（本书第二十六章）指出，建构主义整合了哲学和社会学的观点，发展一种新的观念论，做出基于规范的解释。它成为单纯以权力和利益为基础的、固执地坚持唯物主义的传统理论的对照。尽管对进展持有怀疑立场，后现代主义同样也发展了更为复杂的解构、话语分析和谱系研究法，为冷战后国际关系的话语建构带来了重要见解（伯克，本书第二十一章）。

本学科进展的其他重要方面体现在：新方法与老问题的整合、新研究领域的开放、新问题的出现或再次关注曾经被忽略的问题。上述转变有些萌生于现实中新问题的滋生，有些萌生于不同理论方法的内在逻辑，有些萌生于学术场域的变化，而通常这些转变是以上各种原因共同作用的结果。例如，冷战后和“9·11”后的安全研究已经转而探讨有关民族冲突和恐怖主义问题，这些问题提出了新的挑战，安全保障和威慑的逻辑也相应发生调整。人们对于安全的概念和边界（Buzan, Wæver, and de Wilde 1998）一直存有争议，认为它们关涉个人安全的更深层因素，而不仅仅与军事或国家利益有关。尽管贸易和金钱仍是十分重要的议题，但国际政治经济学的关注点已经超越了这些传统问题，扩展到设定标准、跨国经营监管和洗钱等新问题（Abbott and Snidal 2001; Mattli and Büthe 2003; Drezner 2007）。人们对很多制度的概念进行了重组，人们更加重视制度的不同形式和特定属性（Koremenos, Lipson, and Snidal 2001）。同样，全球变暖问题以及全球范围对人权问题的重新关注冲击了许多传统理论，而且激发了人们对新理论更浓厚的兴趣。

该学科，或者说至少该学科的某些部分，面对人们提出的问题时已经不那么自满了。人们更清楚地认识到，问题的提出从来不是中性的，其背 26
后总是隐藏着价值和权力的关系。这一现象促使问题和学派的剧增。批判学派和女性主义已经对“主流”的现实主义和自由主义由来已久的偏见发起了挑战，而阐释性研究和更多历史导向型的研究也对实证主义更为普世性的野心提出了挑战。具有讽刺意味的是，现实主义因其假定国际政治的本质不变而被批评缺乏进取心；自由主义者注意到有待加以说明的系统内部发生变化的可能性，更为极端的学派对现存国际体系提出质疑以提升对大规模系统变化进行阐释的必要性。

如今，北半球国家和西方国家仍主导着国际关系学界。一直以来，第三世界受到一定程度的忽视，这说明我们学界的偏见仍在影响国际关系学科，至少在某些领域束缚了该学科的发展。菲利普·达比（本书第五章）对于国际关系学科的批评，安东尼·伯克（本书第二十一章）对后现代主义的论述以及戴维·布莱尼和纳伊姆·伊纳亚图拉对“自下观点”（view from below）的探讨（本书第三十八章）都认为国际关系理论把针对第三世界最相关问题的探讨和分析排除在外，而且仍在以西方话语来定义发展。目前学界普遍关注的是国家、主权，对非西方文化和诸如全球不平等这种问题视而不见，而北半球国家对这些问题只不过是做做表面文章而已。后殖民主义、后现代主义以及女性主义则对上述现象都发起了挑战。布莱尼和伊纳亚图拉（本书第三十八章，另见Gilroy 2006）建议这些学派研究时要“超脱于国际关系”（international relations from above）以揭示其隐藏的假定和政治目的。

衡量日益复杂化的研究方法是否取得进步，并不困难。研究国际关系实体问题的统计学和形式化的数学方法使用更为广泛，而且设计更为精巧（曼斯菲尔德和佩弗豪斯，本书第二十八章）。针对包括人权（Hathaway 2002; Hafner-Burton 2005）、环境（Sprinz 2004）、国内制度（Howell and Pevehouse 2007; Mansfield, Milner, and Rosendorff 2002）以及民主（Russet and Oneal 2001; Pevehouse and Russett 2006）等越来越多的问题进行的数据采集工作日益完善。形式化模型（Snidal 2004）更为常见，也更加复杂，诸如对抗和合作等领域推动了理论发展。人们更加注意定量研究中的变量选择和变量确定问题（Drezner 2003; Vreeland 2003; von Stein 2005），或者更加重视使用代理模型来解决闭式数理分析所无法处理的问题（Cederman 2003），这反映出这些学派对自身局限性的认识，且应对更为自如。

重要的是，方法论方面的进展并不限于对这些技术性更强的方法的使用。案例研究方法已经取得了重大进展，人们不仅采用历史的和阐释的方法，而且还使用诸如过程追踪这样的技巧，将严谨的因果分析与对底
27 层机制的密切关注相结合（贝内特和埃尔曼，本书第二十九章）。后现代主义在论证方面也得到了发展，这体现在该学派对安全话语和实践的谱

系分析(Hansen 2006),以及其更为笼统但更具争议的对历史事件和同时期政策的密切关注(伯克,本书第二十一章)。不同方法的互动让彼此获益。关于变量选择问题的统计学分析使人们特别重视定性研究中的变量选择问题,因而人们对超越单纯的统计学模型的变量选择问题和研究设计的理解更加全面(Signorino 2002)。案例研究与大样本分析相结合得以广泛运用,在某些领域几乎已经成为公式化的套路,这也显示出不同方法之间的互补性。按照这种思路,早期的建构主义研究被实证主义者斥为不可验证,而建构主义者不仅证明自己能够采用更严谨的研究方法开展经验研究(新近案例见 Acharya and Johnston 2007),而且实证主义者也能将建构主义者提出的某些因素纳入自己的研究中(Tierney and Weaver 2007)。

不过,因研究方法的进步而取得进展具有较大局限性。对方法的明智使用提升了对国际关系问题的经验和理论分析,但方法只是手段而不是目的。对方法论标准的过度重视可能会阻碍特定领域的研究,因为有些研究并不适用技术性较强的研究方法。在人们开发大数据并将其用于定量分析之前,对战争的研究同样很难有价值。即便我们无法对规范性行为进行形式化建模或我们的统计数据有限,我们研究人权这类问题也很有意义。对重大研究课题的研究不能总是等到方法具备时才开始。

如果一项研究要符合经验分析和理论分析的多重标准,那相关问题就产生了。研究工作不必面面俱到也能达到顶级水平。例如,归纳研究能够增进我们对世界形势以及我们关切的重要关系的理解,即使这些关系的理论化程度还不高,归纳研究也是非常有用的。诚然,理论方面的进展必然需要经验事实的支撑,即便这些事实尚未被高度理论化,情况仍然如此。反之,即便该领域的某些假定未经验证,或在某些情况下无法被验证,理论分析也能提高假定的质量:好的理论常常能够引领我们超越当下的经验知识。简而言之,有所侧重也有助益,并非所有的文章都要面面俱到,有些文章应该重理论而轻经验,其他文章应该重归纳而轻理论,还有一些应该重规范甚至重方法论。这一明确分工导致一个必然结果,即没什么研究是完整无缺而且自给自足的。单个研究的意义和价值有赖于它们与整体的国关研究的互动联系。

那么，发展又是从何而来呢？将单个研究领域的发展与该学科整体的发展进行区别十分有益。尽管《手册》的作者们有时对自己所探讨领
28 域的发展进度或方向有所不满，但是他们在对特定的学派或问题的探讨中都提到各自领域的发展和进步。[1]看起来，如果国际关系学科所有领域都取得了发展，我们似乎就可以推断该学科也取得了发展。不过，就该学科是否推进人们对国际政治达成共识的问题，各方看法不一。如今国际关系学科仍然门派分立、争论纷纷，人们认为其不同领域之间往往互不兼容，有时情况可能的确如此。为了协调各领域内部的发展与该学科整体上看似发展不前之间的矛盾，我们需要对各领域内部发展和跨领域间发展的不同方式进行考察。

各领域内部的发展往往源于对某理论假定的内部逻辑的思考，或对该假定指向的经验领域的探索。在某些情况下，一个关键的理论难题（例如，合作从何而来？）或经验事实（例如，民主国家之间不会发生战争）就会促使人们开展大量的研究工作并取得重大进展。无名氏定理关于无政府状态下合作可能性的相关论断发展成围绕合作而展开的丰富论述；有关民主和战争关系的一些经验事实（Doyle 1986）引发了多达千篇文章对国内机制与国际格局关系的论述（相关讨论见曼斯菲尔德和佩弗豪斯，本书第二十八章）；这些更为内向性的研究逻辑也许能够带来大量研究成果，但单独来看也造成了各领域内部的相对窄化，有时会导致各领域内部的碎片化。典型的例子可见沃尔福斯（本书第七章）关于现实主义理论的论述，他详细阐述了现实主义理论的演进如何丰富了现实主义学者阵营的多样化。

如果发展以吸纳外部思想为基础，就出现极端反例。国际关系是一

1 尽管这一标准存在明显的选择偏见，但我们恳请作者以此作为标准，这一标准也被作者们所接受。总的来说，作者们就自己所探讨的领域的发展和进步（至少按照该领域的标准评判）提出了令人信服的论据。

个跨学科性极强的领域，该学科发展最为重要的源泉之一就在于借助他山之石。本《手册》的许多章节都记载了从其他学科兼收并蓄的情况：社会学（赫德，本书第十七章；克拉托奇维尔，本书第二十六章）、历史学（夸克，本书第三十章；贝内特和埃尔曼，本书第二十九章；布莱尼和伊纳亚图拉，本书第三十八章）、经济学（基德，本书第二十五章；斯坦，本书第十一章）、哲学（伯克，本书第二十一章）、心理学（戈尔德吉尔和泰特洛克，本书第二十七章）以及政治学（唐纳利，本书第八章；莫拉维斯克，本书第十三章）。除此之外，还有一些理论吸收了跨越社会科学和人文学科的理论范式的思想，如女性主义、批判理论和后现代主义。尤其值得注意的是，本书将国际关系对政治理论的借用重新发扬光大。这一现象其 29
实并不新鲜，正如唐纳利所指出的，很多国关学界的"鼻祖"，如修昔底德（Thucydides）、托马斯·霍布斯（Thomas Hobbes）、雨果·格劳秀斯（Hugo Grotius）和伊曼努尔·康德（Immanuel Kant），绝不仅是国际关系学界的理论家。近期以来，国际关系学科开始倚重大批更具时代特征的政治理论家，如尤尔根·哈贝马斯（Jürgen Habermas）、卡尔·施密特（Carl Schmitt）、米歇尔·福柯（Michel Foucault）、吉奥乔·阿甘本（Giorgio Agamben）、朱迪斯·巴特勒（Judith Butler）和阿克塞尔·霍耐特（Axel Honneth）。

向外部借鉴是促进国际关系学科发展的重要方式，但也带来了自身的问题。第一个问题是，在必要情况下人们会对国际关系问题进行调整以迎合该理论，而不是相反。在其他背景下所发展的理论可能无法很好地与国际关系问题匹配：我们没有理由相信国家交往的方式与个人交往的方式相同，或者理性的国际行为体跟市场竞争中的消费者相似，又或者以个人心理行为模拟领导人和官僚机构面临国际危机时的行为方式。那么，向外部借鉴必须针对国际关系情境进行精心设计才有价值。虽然这种借鉴难以衡量好坏，针对特定情境所做的设计或许也有"削履"之嫌，但从事实上看，通过借鉴外部进行研究已取得较大成效。原因可能是国际关系学者对于自己所借鉴的特定学术领域驾轻就熟。然而，这导致了第二个问题，这种借鉴将导致国际关系作为一个学科的碎片化，因为借鉴学科外的思想，使得国际关系学科各分支与其相对应的外部学术领域密切关联，导致本学科内各分支相对疏离。即使我们不在意国际关系能否黏合成为一个“学科”，但我们所研究问题的共性要求不同学派之间开展富有成效的交流。幸运的是，国际关系内不同的学术共同体之间一直存在广泛的互动。其中一些通过借鉴其他分支学派的思想，让自身学派得以更好地发展，进而形成对其他学派更深刻的理解。在其他情况下，借鉴实质上已经充满竞争和争论。自由制度主义利用了现实主义的前提，提出有关合作的非理想主义论述，这就是一个鲜明的例子。这导致两个领域在有关诸如相对收益或制度的重要性等议题上产生竞争乃至冲突，因为它们对“相同”现象做出了不同的，甚至完全相反的阐释。

论争可能既有创造性，又有破坏性。在哪些问题重要以及针对这些问题的回答方面，论争最富有创造性。不同学派之间的交流能够揭示不
30 足，挑战假设，强化论点，并提出新的问题。理论间的相互论辩还能激发它们的活力，并就研究范式内“自鸣得意”之处提出挑战和质疑。如果论争成为一种自辨性的讨论，妨碍不同理论之间的沟通，论争则无创造性。有关本体论和认识论的争论有时确实十分重要，但它们通常落入上述情形。如果人们认为证明理论比理解世界更为重要，论争也会变得具有破坏性。正如在范式竞争中，不同的国际关系研究传统在学术争鸣中更关注自身视角的“脱颖而出”，而不是对世界事务的解释。[1]论争是否具有创造性取决于学界如何共同引导学者们的努力。学派分支之间相互批评和借鉴必然给各自的发展带来不确定性和暂时的停滞，但目的还是为了推动发展而不是阻止发展。针对“权力”相关概念的争论如何推动国际关系的发展，彼埃里·马特恩（本书第四十章）对此进行了有趣的评估。一方面，概念的争论使该学科的外延得以拓展；另一方面，争论对各分支

1 哈森克勒费尔（Hasenclever）、迈尔（Mayer）和里特贝格（Rittberger）（1997）就新现实主义者、新制度主义者和建构主义者之间的互动进行了很好的回顾，强调这一互动的积极之处（合作理论和制度）、更为消极之处（相对收益）以及各理论互相促进发展（理念）仍不明朗之处。

学派划分界限，各归各位。正如她指出的，只有争论建立在广泛的、共同的基础之上，（非）/本学科的各种要素相互挑战，争论才会有创造性。

其中的一个关键问题在于，不同的国际关系学派（或哪些学派）之间能否相容以至于它们之间的争鸣能够产生创造性？就相对收益问题，现实主义与自由主义之间的互动说明，即便两个研究传统均以理性主义为基础，二者的相互兼容性也有限。出人意料的是，理性主义与建构主义之间的互动情况更加乐观。它们之间的争辩有时聚集在这两个学派（它们自身内部十分多样化）在认识论或本体论方面能否相互兼容以支持两者间的积极正向的沟通。近来的研究显示二者之间有大量的共同基础，包括双方都成功地吸纳了对方的关键理念。前文的表1.1显示出，在非常广义的层面上看似各自独立的理论传统之间具有很多交叉点。从当前研究的具体细节中，我们也能看到这种交叉。建构主义者已经将集体行动和委托—代理关系整合在理论分析中（Keck and Sikkink 1998; Nielson, Tierney, and Weaver 2006）；理性主义者更加注意使用规范来深化其对制度的分析。也许某种程度上受早期批评的影响，第二代女性主义学派的成果具有更强的经验导向性，而且与国际政治的其他影响元素更密切关联。这种现象在桑德拉·惠特沃思（本书第二十三章）的著述中被充分体现，该章通过考察从世界银行到军事应用等进而探究各种国际制度的生成方式；雅基·特鲁（本书第二十四章）则探究了女性主义理论与其他国际关系理论的相互兼容性。当然，更为激进的后现代理论家和批判理论家们认为，主流国际关系理论“不明就里”而且也不可能弄明白。 31
然而，即便如此，此类批评仍然有助于我们了解那些隐藏的假定和假设，并可能促使它们在其他研究中发生转变。当然，这样的转变可能也不会让批评者满意，这些批评者们可能永远也不会满意。琳娜·汉森（Lene Hansen）（2006）呼吁“后结构主义应该从理性主义中找回其方法论”，伯克（本书第二十一章）对此表示赞同，这显然是一个要求在认识论层面实现更多整合的挑战。

国际关系理论就此产生一个悖论：单个领域的进步不会拓展整个学

科的发展，至少在针对主题达成统一的、全面的认识方面是如此（Kitcher 1981）。各理论分支间的争论采用了多重逻辑，而不是基于单个研究逻辑的大综合。尽管人们把理论分支间广泛存在的争论视作国际关系领域的败笔，但我们也可以认为它是成功的一个动因。争论为国际关系学科注入了活力，使其对不断变化的问题保持开放，并为新理念进入该学科提供了入口。本《手册》的宗旨在于以建设性的方式聚合这些不同的争论点，从而使该学科得以进一步发展。尤其是，通过强调所有国际关系理论以规范性论据为基础，我们在看似不同的学派之中找到了共同点，并对这些造成我们之间差异的、更为根本性的原因进行阐述。

5　结语

后现代主义的一个核心主张是，行为体通过建构极端的他者进而建构自我身份，即通过界定另外一个与我们完全不同的他者来界定我们是谁。可悲的是，在国际关系学术界，身份政治一直是一个过于明显的特征。我们的理论已经成为我们的社会身份，在建构这些理论身份的过程中，为了突出差异、抑制趋同，我们将其他理论立场具体化。我们设计编写这本《手册》的目的，就是为了突破身份政治的藩篱。我们并未忽视真正的差异点，事实上我们使先前未被人们充分承认的差异得到了人们的关注，而且我们也从未淡化这些差异的重要性。我们确实认为差异可能很有创造性。不过，我们强调所有理论之间有两大共同点：各派理论共有的开放形式，它整合了问题、假定和逻辑论
32 证；所有理论都具有经验性和规范性。虽然这些共同点跨越了现有理论之间的差异，它们并未使国际关系理论同质化。相反，它们使之前被掩盖的差异和趋同之处更为凸显。

所有国际关系理论都有经验性和规范性的两面，这一点对于理论作为实践性话语的本质来说是根本，与我们应该如何行为这一问题有千丝万缕的关系。只有凭借实践性话语，国际关系学者们才能应对当

代全球体系中复杂的政治行为问题。而且，如果我们以此作为国际关系学科的一个目标，我们就必须认可我们需要穿越经验和规范二者之间的交叉地带，而且要系统地展开这一工作。正是经验与规范二者之间的互动给国际关系带来了活力。这是国际关系学科所研究问题的源头，而且也是该学科对问题的答案从未满意的原因所在。这个世界上不断发生的变化既源于国际问题的变化，又源于人们关注点的变化。学界对规范问题的屏蔽从根本上来说是有误导性的，而规范性理论化对经验研究的弃置同样如此。

这并不意味着，相对于被有关认识论的论争充斥其中，国际关系学科必须专注于有关规范性的论争。这也不意味着任何一项研究工作都要（都能）不断地对所有的经验性和规范性问题进行研究。国际关系已经得到充分发展并成为一个专业领域，不是每一位学者都要面面俱到，也不是每一项研究都必须将重要考量“囊括”，这并不是说可以忽略它们，或对它们浑然不知。经验导向型的学术研究可能会确定其研究问题和有关行为体的假定，并且对问题结果的评估要相对完整、准确，其研究焦点则会落在对互动的进展进行阐释。反之，规范导向型的研究则可能会确定有关世界运行规则的特定“事实”以及可能的情况，以此作为对实际情况以及“我们应该如何行为”进行评估的前提。学者重视自己观点的内部逻辑，参与学界争论为自身观点辩护，这种基础研究是促进国际关系学科发展的一种重要方式。对于国际关系学科极其复杂而且变动不居的问题来说，这种劳动分工既不可避免又极具创造性。

不过，重要的是，个人意识到其研究在本质上是片面的，承认他们的理论化融入了经验性和规范性两种因素，并承认理论的各个部分必须进行互动和沟通，这种劳动分工才不会碎片化而成为单独的生产线。即便单个理论研究者无法始终专注于这种相互关联，后面一项任务也可经作为共同体的国际关系学科加以实施。当然，单个研究者时不时关注理论间互动也是十分重要的，这正是一个多元的、互动的国际关系共同体能够做到的，也是这本《手册》要强调的。 33

参考文献

Abbott, K. W., and Snidal, D. 2001. International "standards" and international governance. *Journal of European Public Policy*, 8: 345–70.

Acharya, A., and Johnston, A. I. (eds.) 2007. *Crafting Cooperation: Regional International Institutions in Comparative Perspective*. Cambridge: Cambridge University Press.

Arrow, K. J. 1951. *Social Choice and Individual Values*. New York: Wiley.

Barnett, M., and Duvall, R. 2005. Power in global governance. Pp. 1–32 in *Power in Global Governance*, ed. M. Barnett and R. Duvall. Cambridge: Cambridge University Press.

Baylis, J., and Smith, S. 2005. *The Globalization of World Politics: An Introduction to International Relations*, 3rd edn. Oxford: Oxford University Press.

Beitz, C. R. 1979. *Political Theory and International Relations*. Princeton, NJ: Princeton University Press.

Blaug, M. 1985. *Economic Theory in Retrospect*, 4th edn. Cambridge: Cambridge University Press.

Brooks, S. G., and Wohlforth, W. C. 2002. American primacy in perspective. *Foreign Affairs*, 81: 20–33.

Buchanan, A., and Keohane, R. O. 2004. The preventive use of force: a cosmopolitan institutional proposal. *Ethics and International Affairs*, 18: 1–22.

Burchill, S., Linklater, A., Devetak, R., Paterson, M., Donnelly, J., Reus-Smit, C., and True, J. 2005. *Theories of International Relations*, 3rd edn. New York: Palgrave Macmillan.

Buzan, B., Wæver, O., and de Wilde, J. 1998. *Security: A New Framework for Analysis*. Boulder, Colo.: Lynne Rienner.

Carlsnaes, W., Risse, T., and Simmons, B. A. (eds.) 2002. *Handbook of International Relations*. London: Sage.

Carr, E. H. 1946. *The Twenty Years' Crisis, 1919–1939: An Introduction to the Study of International Relations*, 2nd edn. London: Macmillan.

Cederman, L.-E. 2003. Modeling the size of wars: from billiard balls to sandpiles. *American Political Science Review*, 97: 135–50.

Checkel, J. T. 1999. Social construction and integration. *Journal of European Public Policy*, 6: 545–60.

Cox, R. 1986. Social forces, states and world orders: beyond international relations theory. Pp. 204–54 in *Neorealism and its Critics*, ed. R. O. Keohane. New York: Columbia University Press.

Donnelly, J. 2003. *Universal Human Rights in Theory and Practice*, 2nd edn. Ithaca, NY: Cornell University Press.

Downs, G. W., and Rocke, D. M. 1995. *Optimal Imperfection? Domestic Uncertainty and Institutions in International Relations*. Princeton, NJ: Princeton University Press.

Doyle, M. W. 1986. Liberalism and world politics. *American Political Science Review*, 80: 1151–69.

Drezner, D. W. 2003. Bargaining, enforcement, and multilateral sanctions: when is cooperation counterproductive? *International Organization*, 54: 73–102.

—— 2007. *All Politics is Global: Explaining International Regulatory Regimes*. Princeton, NJ: Princeton University Press.

Fearon, J. D. 1995. Rationalist explanations for war. *International Organization*, 49: 379–414.

George, J. 1994. *Discourses of Global Politics: A Critical (Re)Introduction to International Relations*. Boulder, Colo.: Lynne Rienner.

Gilpin, R. 2001. *Global Political Economy: Understanding the International Economic Order*. Princeton, NJ: Princeton University Press.

Gilroy, P. 2006. Multiculturalism and post-colonial theory. Pp. 656–74 in *Oxford Handbook of Political Theory*, ed. J. S. Dryzek, B. Honig, and A. Phillips. Oxford: Oxford University Press.

Goldstein, J., and Keohane, R. O. 1993. Ideas and foreign policy: an analytical framework. Pp. 3–30 in *Ideas and Foreign Policy: Beliefs, Institutions, and Political Change*, ed. J. Goldstein and R. O. Keohane. Ithaca, NY: Cornell University Press.

Goodin, R. E., Rein, M., and Moran, M. 2006. The public and its policies. Pp. 3–35 in *Oxford Handbook of Public Policy*, ed. M. Moran, M. Rein, and R. E. Goodin. Oxford: Oxford University Press.

Gruber, L. 2000. *Ruling the World: Power Politics and the Rise of Supranational Institutions.* Princeton, NJ: Princeton University Press.

Hafner-Burton, E. M. 2005. Trading human rights: how preferential trade agreements influence government repression. *International Organization*, 59: 593–629.

Hansen, L. 2006. *Security as Practice: Discourse Analysis and the Bosnian War.* London: Routledge.

Hasenclever, A., Mayer, P., and Rittberger, V. 1997. *Theories of International Regimes.* Cambridge: Cambridge University Press.

Hathaway, O. A. 2002. Do human rights treaties make a difference? *Yale Law Journal*, 111: 1935–2042.

Howell, W. G., and Pevehouse, J. C. 2007. *While Dangers Gather: Congressional Checks on Presidential War Powers.* Princeton, NJ: Princeton University Press.

Kaplan, M. A. 1957. *System and Process in International Politics.* New York: John Wiley and Sons.

Keck, M., and Sikkink, K. 1998. *Activists beyond Borders: Advocacy Networks in International Politics.* Ithaca, NY: Cornell University Press.

Keohane, R. O. 1984. *After Hegemony: Cooperation and Discord in the World Political Economy.* Princeton, NJ: Princeton University Press.

—— 2001. Governance in a partially governed world. *American Political Science Review*, 95: 1–13.

—— and Nye, J. S. 1977. *Power and Interdependence: World Politics in Transition.* Boston: Little, Brown.

Kitcher, P. 1981. Explanatory unification. *Philosophy of Science*, 48: 507–31.

Koremenos, B., Lipson, C., and Snidal, D. 2001. The rational design of international institutions. *International Organization*, 55: 761–99.

Lapid, Y. 1989. The third debate: on the prospects of international theory in a post-positivist era. *International Studies Quarterly*, 33: 235–54.

Levy, J. S. 1997. Prospect theory, rational choice, and international relations. *International Studies Quarterly*, 41: 87–112.

Linklater, A. 1998. *The Transformation of Political Community: Ethical Foundations of the Post-Westphalian Era.* Cambridge: Polity.

Mansfield, E. D., Milner, H. V., and Rosendorff, B. P. 2002. Why democracies cooperate more: electoral control and international trade agreements. *International Organization*, 56: 477–513.

Martin, L. L. 2000. *Democratic Commitments: Legislatures and International Cooperation.* Princeton, NJ: Princeton University Press.

Mattli, W., and Büthe, T. 2003. Setting international standards: technological rationality or primacy of power? *World Politics*, 56: 1–42.

Mearsheimer, J. J. 2001. *The Tragedy of Great Power Politics.* New York: W. W. Norton.

Myerson, R. B. 1992. On the value of game theory in social science. *Rationality and Society*, 4: 62–73.

Nielson, D. L., Tierney, M. J., and Weaver, C. E. 2006. Bridging the rationalist–constructivist divide: re-engineering the culture of the World Bank. *Journal of Interna-*

tional Relations and Development, 9: 107–39.
Olson, M. 1965. *The Logic of Collective Action: Public Goods and the Theory of Groups*. Cambridge, Mass.: Harvard University Press.
Pevehouse, J., and Russett, B. 2006. Democratic international governmental organizations promote peace. *International Organization*, 60: 969–1000.
Powell, R. 1999. *In the Shadow of Power: States and Strategies in International Politics*. Princeton, NJ: Princeton University Press.
Price, R. 1997. *The Chemical Weapons Taboo*. Ithaca, NY: Cornell University Press.
—— and Reus-Smit, C. 1998. Dangerous liaisons? Critical international theory and constructivism. *European Journal of International Relations*, 4: 259–94.
Rae, H. 2002. *State Identities and the Homogenisation of Peoples*. Cambridge: Cambridge University Press.
Reus-Smit, C. 1999. *The Moral Purpose of the State: Culture, Social Identity, and Institutional Rationality in International Relations*. Princeton, NJ: Princeton University Press.
—— 2005. The constructivist challenge after September 11. Pp. 81–95 in *International Society and its Critics*, ed. A. J. Bellamy. Oxford: Oxford University Press.
—— 2008. Constructivism and the structure of ethical reasoning. In *Moral Limit and Possibility in World Politics*, ed. R. Price. Cambridge: Cambridge University Press.
Risse, T., Ropp, S. C., and Sikkink, K. (eds.) 1999. *The Power of Human Rights: International Norms and Domestic Change*. Cambridge: Cambridge University Press.
Risse-Kappen, T. (ed.) 1995. *Bringing Transnational Relations Back In: Non-State Actors, Domestic Structures, and International Institutions*. Cambridge: Cambridge University Press.
Rodrik, D. 1997. *Has Globalization Gone Too Far?* Washington, DC: Institute for International Economics.
Ruggie, J. G. 2005. What makes the world hang together? Neo-utilitarianism and the social constructivist challenge. Pp. 120–6 in *Foundations of International Law and Politics*, ed. O. A. Hathaway and H. H. Koh. New York: Foundation Press.
Russett, B., and Oneal, J. R. 2001. *Triangulating Peace: Democracy, Interdependence, and International Organizations*. New York: Norton.
Schelling, T. C. 1960. *The Strategy of Conflict*. Cambridge, Mass.: Harvard University Press.
Scholte, J. A. 2005. *Globalization: A Critical Introduction*, 2nd edn. New York: Palgrave Macmillan.
Signorino, C. 2002. Strategy and selection in international relations. *International Interactions*, 28: 93–115.
Snidal, D. 2002. Rational choice and international relations. Pp. 73–94 in Carlsnaes, Risse, and Simmons 2002.
—— 2004. Formal models of international politics. Pp. 227–64 in *Models, Numbers, and Cases: Methods for Studying International Relations*, ed. D. F. Sprinz and Y. Wolinsky-Nahmias. Ann Arbor: University of Michigan Press.
Sprinz, D. F. 2004. Environment meets statistics: quantitative analysis of international environmental policy. Pp. 177–92 in *Models, Numbers, and Cases: Methods for Studying International Relations*, ed. D. F. Sprinz and Y. Wolinsky-Nahmias. Ann Arbor: University of Michigan Press.
Spruyt, H. 1994. *The Sovereign State and its Competitors: An Analysis of Systems Change*. Princeton, NJ: Princeton University Press.
—— 2007. War, trade, and state formation. Pp. 211–35 in *Oxford Handbook of Comparative Politics*, ed. C. Boix and S. Stokes. Oxford: Oxford University Press.
Taylor, C. 1979. Interpretation and the sciences of man. Pp. 25–72 in *Interpretive Social Science: A Reader*, ed. P. Rabinow and W. M. Sullivan. Berkeley: University of California Press.
Tierney, M. J., and Weaver, C. (eds.) 2007. The politics of international organizations:

bridging the rationalist–constructivist divide. Unpublished typescript, University of Kansas.
Tomz, M. 2007. *Reputation and International Cooperation: Sovereign Debt across Three Centuries.* Princeton, NJ: Princeton University Press.
von Stein, J. 2005. Do treaties constrain or screen? Selection bias and treaty compliance. *American Political Science Review*, 99: 611–22.
Vreeland, J. R. 2003. *The IMF and Economic Development.* Cambridge: Cambridge University Press.
Wæver, O. 1995. Securitization and desecuritization. Pp. 46–86 in *On Security*, ed. R. D. Lipschutz. New York: Columbia University Press.
Waltz, K. 1979. *Theory of International Politics.* New York: McGraw-Hill.
Wendt, A. 1999. *Social Theory of International Politics.* Cambridge: Cambridge University Press.

第二部分

学科未来猜想

第二章

国家与国际关系

戴维·A. 莱克

国家在国际关系研究中处于中心地位，而且在可预见的未来也会依然如此。国家政策是国际关系分析中最常见的对象。国家决定是否参战，设置贸易壁垒。国家选择是否及在何种层次上制定环境标准。国家选择加入或不加入国际协定，是否遵守其条款。通常偏重国内利益或非国家行为体的学者关注的是理解或改变国家实践。国际关系学科主要关注国家在世界舞台上的行动及其如何影响其他国家。

相应地，国家是国际关系理论中常见的分析单位。很多分析人士都专注于研究国家及国家间的互动从而对他们所观察到的世界政治格局进行解读。国家对新现实主义（Waltz 1979）和新自由制度主义（Keohane 1984）来说至关重要。国家对很多建构主义和英国学派理论（Bull 1977; Reus-Smit 1999; Wendt 1999）来说也非常关键。本书其他章节对批判理论、后现代理论或女性主义理论进行了讨论，而即便这些发端于批评现有社会权力形式的理论也常常聚焦对国家和国家实践的解构。

既然国家既是分析对象又是分析单位，那么国际关系就主要与国家有关。如此，国家就是世界政治理论中一个不可或缺的组成部分。本章 41

对以国家为中心的国际关系理论背后的基本原理进行了回顾。本章第二部分对有关批评进行了探讨并研究了以国家为中心的国际关系理论的局限性。本章第三部分指出了以国家为中心的国际关系理论内部三个富有前景的研究领域。

1 为什么要对国家进行研究?

所有理论都建立在简化的假定之上,而这些假定都旨在使复杂的现实变得可以解释。通常人们依据理论所共有的假定将它们归入不同谱系或范式。[1]在进行简化假设时,分析人士将方法论的"赌注"加在对抓住他们所希望阐释现象的本质最有用的方法上面。之所以说它们是赌注,原因在于他们必须在该理论的影响得到充分阐述和验证之前就做出这些假设。[2]从做出一系列假设到对自己所希望出现的现象做出强有力的解释从而获知自己的下注能否带来回报,学者们可能要努力数年甚至几代人的时间。

以国家为中心的国际关系理论假定国家是在世界政治中处于首位的行为体。秉承这一传统的理论家并不否认其他政治单位的存在。正如肯尼斯·沃尔兹(1979,93–94)所说:"国家不是而且从来也不是唯一的国际行为体……非国家行为体和跨国活动范围的重要性显而易见。"然而,他们都认为国家,尤其是大国,是极其重要的行为体,任何实证性国际关系理论都必须将它们置于核心位置。

做出这一假定的学者们坚信以国家为焦点的国际关系理论能够对世界政治做出简约但实证性很强的阐释。该赌注的核心是这样一种预感,即源于对国家的强调的简约或理论上的简练,将比损失一些因广纳行为体而获得的实证方面的富足更为重要。某人对国家中心理论的评估部分

---

1 有关假定和范式,参见Kuhn (1970)。有关国际关系中的范式,参见Elman and Elman (2003)。

2 有关方法论赌注,参见Lake and Powell (1999, 16–20)。

依赖于他如何评估理论上的简练与实证具有的影响力之间不可避免的权衡。这是一种主观性的选择，偏重理性的学者可能不会认同。

一些学者预计以国家为中心的国际关系理论值得下注，除了其解释的简约性之外，至少还有其他三个理由。首先，国家可能或者似乎被认为确实拥有一种国家利益。如果社会上存在相对同质化的政策偏好或已将某些规范适当地内化，我们就有理由认为这个国家拥有一种国家利益。 42
或者，尽管个人或者群体之间在政策偏好和规范上有所不同，如果国家具备将个人或群体的属性聚合到一种一致的集体秩序中的制度，我们也仍有理由认为存在一种国家利益。[1]在上述两种情况下，分析人士都可以轻松地从国内政治的风云变幻中抽象出并假定国家是一个具有集体偏好或认同的单一实体，而且它与其他类似的单一实体存在互动。

在现实主义理论中，国家利益被认为就是国家权力（Morgenthau 1978）。在新现实主义理论中，国家利益则被认为在最低层面是国家生存而在最高层面是国家权力（Waltz 1979）。生存被认为是追求其他政治目的所必需的初始目标。人们追求权力的动力源自人类天性（Morgenthau 1978, 36–38）或国际体系的自然状态（Mearsheimer 2001, 32–36），但这两种情况都有助于在政治舞台上实现其他目标。既然生存或权力产生于国家或社会层面，这些有关政治目标的假定就使人们进一步做出“国家是世界政治理论中合适的分析单位”的假定。同样地，建构主义者认为规范是被国内公众广泛认可或被一系列国内制度所吸纳的东西，而后者又决定了一个国家的社会目标（Reus-Smit 1999; Ruggie 1996; 1998; Katzenstein 2005）。虽然建构主义者大体上只是对规范进行简单陈述，但正是人们普遍接受规范这一事实使人们认为这些看法是出于历史的偶然，而国家利益却并非如此。其他理论对国家利益的假定则更具情景特异

1 国内制度不能保证将个人偏好聚合成一种稳定的集体偏好。如果个人偏好无法在社会上进行传递，任何非专制制度都无法确保找到一个稳定的平衡点（概述，参见 Schwartz 1987）。即使这些非专制制度能够找到一个平衡点（Shepsle 1979），它们也是有争议的，因为行为体是在偏重某种结果的不同制度之间来回穿梭的（Riker 1980）。尽管集体选择面临上述困难，多数国家在大多数时候都不会在不同选项之间摇摆。

性。核威慑理论假定所有人都希望避免被灭绝，此言不虚。同样地，我们也可以假定几乎所有人都会因航海自由或打击恐怖主义而受益。[1]如果假定公民具有相对同质化的利益或规范是合理的，那么，将国家作为单一行为体来探讨就成了十分省事的分析捷径。

其次，即使缺少令人信服的国家利益，国家也是权威的行为体，其适时实施的政策对其公民具有约束力，从而对个人和集体与其他类似的受约束社团之间的互动进行监管。作为主权实体，国家对其疆界及其居民拥有最终的或最后的权威。国家一旦实施某项政策，该政策就对其所有公民具有约束力。如果某个国家提高关税，不管其公民是否支持这一税收，他们都会因为进口商品价格的上涨而受到影响。如果一个国家对
43 他国宣战，不论其公民个人是否支持这场战争，该国所有公民都会被卷入战争。正如国家制定法律以约束其国内公民一样，国家也对自己公民与其他国家之间的关系实施权威性的约束。这就是“政治止于水边”这一格言的分析基础。考虑到国家的内部等级制度，在国家与其他具有类似层级结构的国家的互动中将国家作为单一行为体来探讨同样也是合理的。

威斯特伐利亚主权观的一个关键假定是权威不可分割而且在某个点达到顶峰（Hinsley 1986, 26; Krasner 1999, 11）。不论主权被赋予世袭君主还是人民，每个国家都具有最终的或最后的权威。这并不是说国家有能力对所有公民的所有可能行为进行规范（见下文），而是说有那么一刻，套用哈里·杜鲁门总统那句名言，“责任止于此”。当然，在如何整合其公民的利益和规范方面各国可能有所不同。在专制政权中，一小群精英可能替所有人做决策。在更加民主的国家，代表制度将选民的利益和规范纳入国家大政方针。但是不论处于何种政体之中，公民都要受到其政府所制定政策的约束。

正是这一约束其社会的能力让国家在国际关系中事实上独一无二。

1 正如这些例子所示，公共产品影响个人的方式大致相似（视个人偏好情况而定）而且公共产品往往带有“国家利益”的特征。

不论一个非政府组织多么活跃，它可以宣称只为其成员或有关正义和人权的普世性原则代言，它却不能通过其行动对包括那些自愿归附的成员在内的其他人进行约束。由于其权威行为体的独特地位以及其代表公民行事的能力，国家就成为比其他行为体更为核心、更加重要的行为体，国家也因此常常成为国际政治中合适的分析单位。

最后，系统层面进程理论自然假定国家为其分析单位，当这种进程影响到国家身份时尤其如此。有些国际演化进程选择某些单位属性或以某些单位为依据对一些行为给予有区别的、合乎逻辑的和务实的回报，囊括这些进程的理论就假定那些单位是核心行为体（Kahler 1999）。沃尔兹（1979）假设：那些面对权力上升国家无法取得均势的国家，将被清除或“淘汰”出国际体系。目前，系统建构主义者极大地发展了系统层面进程理论，他们假定社会化或合法化发生于由国家组成的社会中的国家层面（Wendt 1994; 1999; Finnemore 1996; 2003）。对以国家为相对同质化或权威性行为体实现超越后，他们对一个扩散和互动的系统层面进程进行了理论化，这一进程塑造了人们对由国家组成的社会本质的规范性理解。[1]按照这种观点，如同温特（1992）的著名论断所言，无政府状态是由国家而不是个人、群体或跨国倡议网络造成的。由于人们对国家的存在没有进行明确的理论化，系统建构主义者成为理查德·阿什利（Richard 44
Ashley）批评新现实主义（1986）时的批评对象，被指首先是中央集权论者然后才是结构主义者。[2]但是在对这些系统层面进程的关注和强调之中，国家被理解成是受自身物质和观念环境塑造和再塑造的国家。正如任何系统进程理论一样，国家由此就成为对系统层面进程理论有用的分析单位。

更为重要的是，就系统层面进程的重要性来说，国家及其行为不能被还原成其国内属性的总和。对始于个人或群体偏好或规范并将这些愿望

1 推崇整体主义的建构主义者认可社会化会在系统层面发生但并不认为社会化的发生仅局限于该层面（Price and Reus-Smit 1998, 268–269）。

2 温特（1987）也做过此种批评，不过他在后期作品中仍将国家视为本原。

集结到某种国家利益中的理论采取一种“自下而上”或还原主义方法，将无法恰当或全面地捕捉到系统对国家的影响。个人或群体未必对国家被呼吁开展的令系统满意的行动有直接的兴趣。因此，作为整体的国家具有某些无法还原成其内部组成部分的“利益”。这是沃尔兹（1959）有关第三种设想中的无政府状态的论点最为核心的洞见，不过其适用范围其实更为宽广，它适用于包括选择和社会化在内的任何真正的系统结构或进程。对于新现实主义者来说，无政府状态需要人们注意安全问题，且注意的方式可能与特定国内群体的利益或通过某些国内制度所集结的集体利益有所不同（见 Krasner 1978）。相似地，对所有的建构主义者来说，由国家组成的社会的规范可能是独立的，并与特定国家内部存在的规范明显不同，在由国家组成的社会中的单个国家都是社会化的，即使在表达一个基于国内政治的社会目标时也是如此。[1]这样，不仅国家是核心行为体这一假定自然源自对系统进程的重视，而且这种进程对行为而言就是重大束缚，在此意义上，如果要全面了解国际政治，关注国家及其互动绝对是必要的。如果国家系统确实超出其组成部分相加之和，那么仅将国家的内部或国内属性相加总会有所不足，而采用一种专注于以国为国的系统方法将永远都是必要的，即使系统的影响极少具有决定性。

这三种理论依据都对理论采取了一种实用主义的方法。国家中心主义不是对经验世界的一种陈述。研究这一传统理论的人谁也不会天真地将国家中心理论中所讲的国家像台球一样相互作用，当成对真实世界中国家关系的描述。所有人都意识到国家的内部或国内政治生活丰富多彩而且有时候会造成严重后果。同样地，所有人都接受跨国力量能够对国际政治造成重大影响。有人指出，国内或跨国政治是存在的，并且不受制
45 于国家中心理论，但这种批评用处不大；绝大部分国家中心主义理论家当然会认可。不过，问题在于与所获得的简约相比我们失去了多少经验

---

1 这就是规范化陷阱问题。大国在国际层面设立规范，往往这些规范也是其国内治理规范的反映，不过接下来大国发现自己受到了这些规范的束缚。见 Ruggie (1993) , Price (1998) , and Reus-Smit (2004) 。

力量，以及对于何时国家中心理论很可能在一定程度上更加有用和更加有必要，我们能否找到一些准则。

2　国家中心主义理论的局限性

国家中心主义一向饱受攻击。从根源上看，绝大部分批评人士只是下注在其他方法论上。虽然他们可能也相信其赌注背后的理论依据更加合理，但他们的这些观点都有待证实。在本部分，笔者将探讨两种针对国家中心理论的批评，对它们所发现的该理论的局限性以及此类有根据的批评本身的局限性进行评估。其目的都是为了指出我们需要更加语境化的国际关系理论。

2.1　国内政治

对于国家中心主义理论的批评最初的或许也是最多的批评在于："国家利益"这种东西并不存在。五十多年前，阿诺德·沃尔弗斯（Arnold Wolfers）就曾做出著名的论断，他指出：国家利益的同义词国家安全是一个模棱两可而且可能十分危险的概念，更像是那些为特殊论政策寻求支持的人使用的一个修辞手段，而不是该国家整体上真实的、具体的属性。绝大部分政策并非对每个人的影响方式都一样，这些政策都具有可再次分配性，或者说即使对同一个国家的不同群体也有不同的影响。例如，虽然全球气候变化让所有人都觉得天气变暖了，因此这一问题可能会被当成典型的国家利益，但这一问题对不同国家的不同群体的影响方式并不相同。同样，旨在减缓全球变暖的政策会让某些人的利益受损，但会让其他人受益。气候变化以及任何旨在延缓或扭转这一变化的政策，在每个国家内部都会带来赢家和输家。在再分配政治中，所有人平等分享国家利益这样的概念是不存在的。

这一批评无疑是正确的。克拉斯纳（Krasner 1978）就令人信服地认为，很多国家看起来确实都在追求并不反映特定群体或阶层意愿的长期利益，甚至在具有高度再分配性的原材料政策领域也是如此。今天很多学者都在关注国内政治利益和制度，目的是为了确定国家希望从国际政治中获得什么东西并对此做出更具现实性的解释（综述，参见 Gourevitch 2002）。不同的问题在不同的社会所造成并推动的政治分歧也有所不同。各国因国内分歧在实质和规范方面四分五裂，这一情况在不同背景下对
46 个人的触动也是不同的（Moravcsik 1997）。不同的政治制度在整合不同的国内利益时都带有不同程度的偏见（Rogowski 1999）。这一新研究认为，要了解各国希望获得什么，分析人士必须全力关注那些向来彼此竞争、完全不同的群体是如何被动员加入这一政治进程，以及接下来制度如何将利益转变成政策的。

然而，这一批评本身有三个方面的局限性。首先，如前文所述，只要国家具有权威，它们的决策就对所有公民具有约束力。尽管人们对该问题的看法存在分歧，但政策一旦实施就对所有个人具有同样的权威。要揭开国家利益的神秘面纱，不能拉低以国家为分析单位时国家权威的分量。

其次，在很多国际政治问题上，国内政治只对各国想要什么进行了解释，但并没有对它们做了什么进行说明。也就是说，它可能对某个社会在某个国际问题上的偏好进行解释，但无法对为什么该社会会采取这一政策或因其行为导致的后果进行解释。国际政治中最有趣的难题来源于各国不同群体之间以及各国之间的战略互动（Morrow 1999）。例如，在某些国家，其国内利益和制度可能令其对扭转全球变暖产生兴趣，但对大多数国家而言其自身政策的改变只会对全球气候产生微不足道的影响。了解了这一点后，每个国家都有动机在国际舞台上对其他国家的努力坐享其成。结果就是，实际的减排努力更少而温室气体的排放量更大，这都不是集体所认为最理想的或最希望看到的。对任何关于世界政治的解释而言，各国之间的战略互动仍然十分重要。

国际关系学者渐渐接受了一种被杰弗里·勒格罗（Jeffrey Legro 1996）称为“合作两步走”的劳动分工概念，即一些人专注于研究国内政

治以期对政策偏好做出解释，另一些人则以国内内生利益作为“既定条件”，专注于发展国家间战略互动理论。[1]在后者中，国家之所以被假定是分析单位，并非因为像国家利益基本原理中所说国家生来如此，而是因为理论家们希望借国家这一分析单位在自己所研究的问题上获得某些解释性成果。或许因为经济政策具有更为明显的再分配效应，国际政治经济学家们倾向于强调国内政治的重要性，他们认为加深对政策偏好的理解才能实施更多的解释性“行动”，国际安全学者们则倾向于更加重视各国之间的战略互动，因为对于和平和战争来说，讨价还价、信息和可信承诺看起来更加关键（Fearon 1995; Powell 1999）。但是，像所有理论一样，这些只是我们在将一片原本黑暗之地置于聚光灯下，认为最有可能在某处获得一些有意义的且可能非常重要的见解时，在方法论方面的赌注。如此，即使我们接受了国家利益很少存在这一批评的有效性，国家中心主义 47
理论可能仍然十分有用。当各国之间的战略互动对于了解国家偏好如何转化成国际政治后果非常重要时，情况尤其如此。

再次，有些国家中心主义理论家反过来质疑这一“两步走”的劳动分工是否恰当。如前文所述，还原主义理论和系统理论并非仅仅是两个从相同的一系列属性出发、最终得到相同的总和的不同起点，而是确立了以非常不同的方式叠加而成的两个独立而不相称的进程。就其重要性而言，系统进程无法出自这两步走之中。更笼统地讲，将“第二种设想”逆转的理论暗示“合作两步走”至少在某些时候能够造成不精确的预测（Gourevitch 1978）。上文对系统理论的探讨集中在那些能够影响国家继续作为国家的进程上。但是，显然国际因素也对个人或群体如何定义自己接下来将在国内政治舞台上寻求的利益具有影响。在一个“开放性经济政治”学派中，决定群体需求的不是它们相对于其他国内群体的地位，而是它们在国际经济中的相对富足程度或富有竞争力的地位（Gourevitch 1977; Frieden 1988; Rogowski 1989）。相应地，包括参加联

1 有关整合该劳动分工的研究，参见Milner (1997)。

盟在内的群体战略可能不仅受制于群体的地位，还受制于其他国家的政策选择(James and Lake 1989)。整体性建构主义理论表现出的局限性与此类似。规范倡导者总是位于某国领土范围内，他们不仅以能够改变规范环境(各国进行互动的地方)的方式进行跨国组织和行动，而且国际规范自身也制定了政治日程表，对这些倡导者能做什么不能做什么加以限制，塑造他们的政治战略并决定规范性变化的成与败。例如，去殖民化和反种族隔离运动从根本上来讲受到了此前民族自决这一国际规范的影响，并在某种程度上取得了成功，原因在于其起因可以与这一现存的规范性信念相联系(Klotz 1995; Crawford 2002)。无论何时国内行为体的利益和能力本身受到了国际结构、进程和规范的影响，起自国内政策偏好而后加入国际互动的这一"两步走"都将不足以捕捉到世界政治的现实。

2.2 跨国关系

对于国家中心主义理论的第二种也是更具实质性的批评在于：不论是世界主义者个人、跨国公司还是跨国倡议网络，国家已经失去了对这些能够跨越国界进行组织和活动的私人(非国家)行为体的控制。[1]即
48 使国家中心主义理论也许曾经是人们为了解释国际政治而下的一个合理的赌注，但它对主权和跨国力量增长的侵蚀已经让这一赌注魅力不再(Keohane and Nye 1972; 1977)。

20世纪70年代初跨国行为体开始进入国际关系研究领域。虽然有一些跨国行为体，如天主教教堂，自现代国家体系诞生起就已经存在了，但威胁要将主权"逼入绝境"(Vernon 1971)的跨国公司跨国倡议网络(Keck and Sikkink 1998; Smith and Wiest 2005)的崛起让很多人开始对国家中心主义理论的持续效用提出质疑。当然，更多不同的行为体出现后，国际政治舞台变得更加熙熙攘攘。

面对这一批评，一些学者只是重申了自己的赌注，认为国家中心主

1 有关该文献综述，见Barnett and Sikkink，本书。

义理论将保持其阐释能力（Waltz 1979, 93–97）。另一些学者认为，各国并没有受到非国家行为体的挑战，现在它们仍然是主权国家且事实上允许这些行为体存在并对世界政治产生影响。对这些分析人士来说，问题是为什么各国会默许甚至鼓励跨国家行为体的发展（Gilpin 1972; 1975; Krasner 1995）。不过，国家中心主义理论的阐释能力和各国对跨国行为体的控制能力都不可能是恒定的。相反，我们必须对主权和有效控制加以理论化进而进行阐释。这样做有助于我们了解在什么情况下国家中心主义理论有可能保持其价值和相关性，以及在什么情况下必须对它们进行扩充或彻底转型。

主权是一个可变量。在国际关系中，学者们倾向于关注主权的外部面孔，即该国家被国际社会承认这一地位。[1]近来的研究显示，“主权”一词的含义及其实践随着时间的推移在发生变化。[2]不过，主权还有一张“内部”面孔，它与这里有关跨国行为体的讨论更具相关性。对所有国家而言，主权的外部面孔可能都十分相似，即使在这一外部面孔内部，各国对其公民拥有的权威彼此相去甚远。“自由国家”依据其法律或传统对权威的范畴进行了高度限制。它们仅仅有权对其选民的某些行为进行监管，这些行为主要是那些会造成市场失灵的行为。同时，除了一些特殊情况之外，它们对其他行为——如言论、集会或新闻出版——的监管也受到限制。人们对这种国家的权威一直有争议，至少在其边缘领域的确如此，当前有关政府是否有权对与全球反恐战争有关的手机通话进行监听和资金转移进行监视的辩论就是一个例子。很多“强国家”的自主性可能不会超过那些自由国家，但是它们对更多的行为具有更大的权威，其中最为
典型的就是它们拥有对经济制高点的直接控制权。[3]虽然各国可能彼此 49
相对拥有主权，但它们对本国社会具有的权威显然各不相同。

1 这就是“司法”或“国际法”主权。参见Jackson (1990) and Krasner (1999)。

2 有关主权不断变化的实质内容，参见Biersteker and Weber (1996), Krasner (1999; 2001), Reus-Smit (1999), and Osiander (2001)。

3 这是对前文有关国家实力观点的一种重新阐述。参见Katzenstein (1978) and Lake (1999b, 42–48)。

因此，不足为奇的是，跨国关系在自由国家之间的发展看似最为充分也最为重要（Keohane and Nye 1977; Risse-Kappen 1995）。从部分意义上讲，这是互相依赖的功能之一，互相依赖为行为体带来了额外的“外部选项”，但它同样也是自由民主国家更广阔的私人活动领域的一个产物。在这些国家，把私人行为体当作其国家权威的逃避者，还不如认为它们十分享受这一宪法保护下的自主行动领域。然而，这一理解就毫不掩饰地认可了“如有需要，国家可以重申对私人行为体的控制”这一主张。国外主权与国内主权不同，前者暗示的是对跨边界流动进行监管的权威，后者是公共权威与私人自由之间的分界线，由国家和社会经谈判而来。要获取对公司等的新权威，需要就使自由国家保持自由的宪法契约进行重新谈判。在决定跨国行为体的自主程度方面，国家外部主权没有内部主权那么重要。

技术也是一个能对跨国关系的范围造成影响的变量。人们一般认为，新的通信和交通技术有利于跨国群体并使它们能够逃脱国家的控制。虽然国家可能有权对其行为进行监管，但这种看法暗示跨国行为体可以利用技术获得更大的自主。如此，新技术使跨国公司可以研发能够削弱国家对生产活动进行监管或征税能力的全球网络。同样地，跨国倡议网络可以利用通信技术对某些政府希望保密的人权问题和在环境问题上的做法进行揭露。

然而，各国面临技术变化并非没有对应策略。由于互联网本身的设计要求流量通过特定的“节点”，而且各公司为了保住其市场准入而愿意与政府合作，各国一向都有能力对其公民所能获取的内容施加限制（Cowhey and Mueller即出）。同样地，“9・11”事件后美国政府极大地扩张了其权威和能力，对全球任何地方的电话、互联网流量和资金流动进行监听/视。拥有了对每天拦截的大量通信进行筛查的能力后，政府一直在利用技术手段对跨国群体和激进分子重新施加控制。更广泛地说，国
50 家对于哪些技术得到了发展、如何使用以及因何目的受到监管等都在施加广泛的影响。因此，技术是把双刃剑。平衡状态下，新技术最有可能有

利于跨国行为体,但时间久了这一平衡就会起起落落。

跨国行为体的自主性越强,它们对国际政治的影响就会越大,而国家中心主义理论的价值就会越小。这并不意味着国家中心主义理论已经沦为明日黄花。相反,非国家行为体何时可能对理论家们所希望加以阐释的结果更加重要,以及何时只关注国家的行动和互动也具有合理性,理论家们现在必须对此更加了然于胸。答案可能因问题、时间和国家不同而不同。过去那种国家中心主义理论的方法论赌注可能无法带来同样的回报,但它们也并非一无是处。

3 国际关系中国家中心主义理论的前沿

国家是世界政治中重要的行为体。无论是作为一件实用主义工具,还是因为它能够捕捉到脱离于高度国内化或第二种设想理论的系统效应,国家中心主义理论都仍有其用武之地。如果国家或国家中心主义理论仍然不可或缺,那么,对于其未来发展而言最有希望的领域是什么?其研究前沿何在?既然国家如此重要,对国家的研究可能就相当于对整个国际关系学科的研究。在本章最后部分,我特别指出了三个研究领域,国家在这些领域中既是研究对象也是分析单位。

3.1 国家结构

如前所述,国家结构限制了跨国关系的可能性和政治。全球公民社会的力量更容易渗透到自由国家之中,而相对难以渗透到强国之中。全球化可能正使国家能力以及国家与社会的整合方式发生转型。二十年前,国家结构是一个生机盎然的研究主题,如今,它该复兴了。

国家结构因权威在不同政治机构之间分配的方式(从权力下放到中央集权)的不同以及国家和社会之间的差异度(从低到高)的不同而产生变化。彼得·卡赞斯坦(Peter Katzenstein 1978; 1985)曾使用这一概念来定位对外经济政策中的“弱”国家和“强”国家以及后来的自由主义和社会统合主义政权。此概念被拓展到东欧（Comisso and Tyson 1986）的非民主国家以及欠发达国家（Migdal 1988）。这一方法被另外一个更为
51 狭义的制度主义研究项目所取代，后者利用美国政治以及比较政治的洞察力，按照总统制对议会制、单一政府对联合政府、中央集权政府对分治政府及其他形式，来研究否决者的人数对政策选择的影响方式（Rogowski 1999）。通过更为精确地具体说明政治权威的分配方式，这一制度主义文献是一大进步，但它大体上忽视了有关人们如何区分国家和社会的第二个维度。国家结构更为完整的愿景在各种各样的资本主义文献中继续存在（Hall and Soskice 2001），但这方面的研究基本上都局限于对发达国家。

全球化促使人们重新关注国家结构问题，尤其是国家和社会如何区分的问题。某个学派视全球化为迫使各国家结构实现趋同，目的是为了竞争到底或成为盎格鲁–撒克逊式的自由国家。据此观点，全球竞争使经济和政治同质化成为大势所趋。[1]从各种资本主义文献中浮现出的另外一个学派认为，不同的国家结构不一定更好或更差，只是其运作方式不同，它们与特定形式的经济和社会组织在协同演进。这里，全球化的最主要特点不是竞争而是特殊化，它与差异化相兼容甚至能够促进差异化（Gourevitch 2003; Gourevitch and Shinn 2005; Rogowski 2003）。然而，如前所述，在这两种观点中，国家结构是一种全球化和跨国主义力量，同时也是这一长期历史进程的产物。

全球化可能不是现代世界当中最深刻的转型进程，但我们对其进展、影响和未来的了解少得可怜。虽然全球化产生于各国在过去半个世纪当中对自身经济有计划地自由化，其效用主要通过个人、公司、部门及其他非国家群体来实现，其中也包括因新技术而兴起、基于市场开放性而开放边界的跨国倡议网络。这些社会力量转而对各政府及其政策产生不同的影响，影响的方式取决于它们受国家结构调节的程度（Kahler and Lake

1 该观点在有些流行的有关全球化的作品中非常盛行。参见 Friedman (2000; 2005)。

2003, 24–28)。笔者认为，要揭示全球化的原因和效应，我们必须更好地了解国家结构的变化。

不过，我们缺少一个完整的对国家结构的分类法，尤其是融入了新制度主义见解的分类法。反之，很多分析几乎完全集中在发达的民主国家上，将国家结构的变化范围掐头去尾，使人们对其效应的估计减弱或更加难以确定(King, Keohane, and Verba 1994, 128–138)。要全面理解这一驱动当代政治的转型力量以及各国可能如何回应，分析人士需要拓宽眼界，将国家结构的整个连续体纳入其中。位于其一端的是一些“失败” 52
国家或脆弱国家，它们保留了外部主权，但由于它们没有中央政府(如索马里)或政府令状无法传达到境内所有地区(如巴基斯坦的部落地区)而缺乏对本国内部的权威。就国家结构而言，这样的国家具有高度分权式的政治权威，而其国家和社会之间近乎完全脱节。专制国家可能是这一连续体当中的一环，它们相对集权但没多少渗透其社会的能力，与那些跟它们关系亲近的脆弱国家一样，其国家和社会之间也是脱节的(Herbst 2000; Boone 2003)。在其另外一端的是极权主义国家，它们想要规范所有形式的社会行为，尽管这样一种极端目标在实践中很少能实现。在极权主义国家中，权威高度集中，且国家和社会是融合在一起的。前文论述过的自由国家和强国家采取的是此连续体中的中间形式。全球化对国家结构连续体极端的效应可能极其深刻，也极其醒目，而对学者们长期以来关注的连续体中部的效应却并非如此。

3.2 单位的异质性

很多国家中心主义理论都认为，所有的单位都是具有领土主权的国家，这是在与城邦国家、同盟、帝国以及其他为了在威斯特伐利亚之后统治世界的“前现代”国家组织的达尔文主义斗争中幸存下来的一种独特的政治组织形式(Tilly 1990; Spruyt 1994)。[1]这些理论秘而不宣的

1 有关对单位异质性问题的更多论述，参见Kahler (2002, 66–74)。

假定还有：首先，具有领土主权的国家由相邻领土构成；其次，尤其在更接近当代的时期，具有领土主权的国家成为民族国家，其公民具有相对类同的政治权利和责任，而且某个徒有虚名的群体并不统治其他有身份的群体。

然而，有关所有国家都是相邻民族国家的假定的存续，靠的只是国际关系学者们一种集体失聪的行为。构成具有领土主权的国家模型基础的现代欧洲国家也是帝国，它们拥有大片的海外领土长达几个世纪。帝国主义常常被指是造成19世纪晚期大国敌对并导致第一次世界大战爆发的可能原因之一，这次大战也是20世纪头50年里发生的一件关键大事。[1]相应地，20世纪后50年里所发生的最具震撼性的事件也许不是冷战，因为看起来冷战来了又去并没有造成国际关系本质上的根本改变，而是欧洲帝国的瓦解，但是这一历史性的断裂在国际关系教科书对之进行呈现
53 时却往往是一笔带过。

更近些时候，包括苏联解体在内的常常被称为多民族国家的瓦解打碎了后冷战时代，在这些多民族国家中某个有身份的群体统治着其他群体。如今反思历史，更确切地说，苏联当时应当称作俄罗斯（内陆性）帝国，自然，它从来也不是一个完整意义上的民族国家（Dawisha and Parrott 1997; Esherick, Kayali, and van Young 2006）。如今国际社会面临的失败国家和内部叛乱问题同样根源于某时被随意划定边界的国家中一些群体之间的种族和宗教竞争，而跨越这些边界的民族或有身份的群体常常使这些问题恶化。本文写作之时，美国正陷入伊拉克内部由逊尼派对什叶派以及库尔德人数代以来的支配引发的宗派斗争的深渊。

今天，具有领土主权的国家从很多方面来说就像一个谜，或者说最多算是另一个便于分析的虚构之物。然而，它在国际关系理论中仍有持续影响。20世纪的大趋势在继续对各政治单位进行塑造和重塑。不过，如果各国并非在所有方面都相似且不符合具有领土主权的国家模型，我

1 最经典的案例见Hobson (1965)。近代以来Doyle (1986) 和Snyder (1991) 对此有过探讨。

们就还是缺少一组可以用以排列不同政体类型的通用维度。同样地，我们也缺少可以用来解释变化，更重要的是能够以清晰、可测试、可检验的方法串联不同单位的异质性的理论。如果认真对待世界政治史，我们就可能怀疑不同类型的单位会对国际关系造成深远影响，例如，我们可能会怀疑19世纪的帝国主义世界在某种程度上与20世纪晚期的多民族国家世界确有不同，只是我们没有对这一直觉进行深入探究的工具可用。如果我们打算对我们在当今世界所面临的这一政治组织的转换形式进行阐释，我们确实需要更加关注这一领域。

3.3 国际等级制

国家中心主义理论还假定作为主权实体的所有国家在由国家组成的社会中在形式上是平等的。沃尔兹（1959）有个著名的观点，即国际关系学家们在从部分（国家）出发探讨整体（国际体系）时犯了合成谬误，因而将无政府状态概念置于国际关系学科的中心。但是，如今学者们接受了这一批评之后，又在从整体出发探讨部分时犯了相反的分解谬误。国际体系的无政府状态并不暗示该体系中所有的国与国之间的关系同样地处于无政府状态。相反，正如帝国的存在本应该已经明示的，国家和包括其他明显的主权国家在内的其他政体之间存在各种等级关系。[1] 54

大国在世界政治中一向占有特殊地位，不仅因为它们的物质能力，而且还因为其他国家给予它们的威望（Gilpin 1981, 30–31），它们的这种地位在欧洲协调机制、国际联盟，尤其是联合国安理会中已经制度化（Simpson 2004; Hurd 2007）。跟随瑞士各州、美国立国最初的十三个州、澳大利亚最初独立各州以及其他联邦的脚步，今天的欧盟正形成一个新的联邦政体，其中的主权国家在有些问题领域已经把权威让渡给了一个新的等级中心（Rector即出）。欧盟不像人们经常所认为的那样独

---

1 论述国际体系内等级体系的重大成果，参见Bull and Watson (1984)。同样地，依附理论以国家结构上的不平等为前提条件。参见Galtung (1971)，Cardoso and Faletto (1979)，等等。

特，但对于那些认为各国最珍视自己作为国之地位的人来说却是一个挑战（Grieco 1997, 184–186）。此外，在国际社会层面，新的国际托管问题正跻身于国际议事日程之上（Bain 2003; Fearon and Laitin 2004; Krasner 2004; Lake 2007b）。

同样地，各国也对他国施加权威。除正式的帝国之外，现代历史上还一直存在着不同形式的保护国、附属国、势力范围、经济区和非正式帝国。非正式帝国中一国对另一国多多少少的行动进行管理，但止步于推翻后者的正式主权。自20世纪起美国一直将中美洲作为一个非正式帝国进行统治，第二次世界大战后将欧洲和东北亚作为其势力范围，而全球都成为其经济附属地（Lake即出）。最富戏剧性的是，今天美国已经主张拥有这一权利，并事实上颠覆了阿富汗和伊拉克这两个主权国家的政府，占领了其领土，建立了听命于华盛顿的新政府，即便这两国回归正式主权国家后美国对其制度和政策仍保留实际否决权。俄罗斯对其“国门外”若干主权国家继续施加类似的权威（Cooley 2005; Hancock 2006）。等级制度并未随着海外帝国的终结而消弭于国际关系之中，而是继续存活于如今一系列式微的非正式权威关系之中（Dunne 2003）。

今天人们对这些国际等级制度的系统研究只不过是刚刚起步（见Lake 1999a）。然而，等级制似乎对于各国是否以及如何彼此制衡（Weber 2000）、国防支出水平（Lake 2007a）、经济和政治改革的可能性（Cooley 2005）乃至它们是否选择彼此争斗具有重大影响（Wimberley 2007）。二战期间被德国以更加等级化的方式统治的国家对于执行“最终解决方案”更加卖力，在大屠杀期间杀害了本国更多的犹太人（Hollander
55 2006）。等级制还可能对主导国具有重大限制，包括为了说明它们野心有限而自缚手脚、约束自身权力的需要（Lake 1999a, 62–63; Ikenberry 2001）。学者们进一步挖掘理论及其实证预期，很有可能出现更多后果。正如有关新的美帝国的辩论所暗示的，等级制度可能对当代外交政策的执行造成真正影响（Lake 2007c）。

上述三个研究前沿都将焦点放在了作为行为体的国家上，但允许它们的内部属性或外部关系以与那些专门研究国家中心主义理论的研究不同的方式发生变化。即使我们将焦点放在作为国家的国家上，现实世界中的变化还是要比我们目前的理论所允许的多。国家是更为复杂的实体，而国家之间的关系比我们通常意识到的更加形式多样。掌握这一更加丰富、更加复杂的世界将大大完善和深化国际关系的国家中心主义理论。

4 结语

发展或应用国家中心主义理论不是为了在国家问题上以伦理立场作为一种政治组织形式。国家中心主义理论家不一定支持以国家为一种社会机构。相反，国家中心主义理论家只是试图利用国家的中心角色来解释世界政治的格局和趋势，包括什么时候更加可能或不可能出现暴力，什么时候经济的相互依赖会增加或减少，以及各个社会是否能够以集体方式解决对其共同未来施加的威胁。问题不在于国家是好是坏，而在于我们是否可以依靠聚焦国家及其行动以极其简约的方式对关键的国际关系问题进行有效解释。

国家很可能在世界政治中继续充当核心行为体。如果这样的话，对于国际关系的任何解释都需要国家。国家中心主义理论的批评者提出了非常重要的观点。如果国内利益高度分化，国家内部主权高度受限，国家中心主义理论就可能会产生误导。学者们在明确提出何时国家可能十分重要时要谨慎，而不是主张它们在现实世界和我们的理论中的角色是一以贯之的。然而，考虑到国家在国际政治中的关键角色以及开发简约但有力解释的现实需求，国家中心主义理论仍将继续担当学者们寻求对我们所生活的这个世界的理解时一个有价值的、不可或缺的工具。无视国家的学者要自担后果，因为任何国际关系分析都离不开国家。即便如此，这一研究议程仍然令人兴奋并有望以新的、可能十分重要的方式改善我们对世界政治的理解。 56

参考文献

Ashley, R. K. 1986. The poverty of neorealism. Pp. 255–300 in *Neorealism and its Critics*, ed. R. O. Keohane. New York: Columbia University Press.

Bain, W. 2003. *Between Anarchy and Society: Trusteeship and the Obligations of Power*. New York: Oxford University Press.

Biersteker, T. J., and Weber, C. (eds.) 1996. *State Sovereignty as Social Construct*. New York: Cambridge University Press.

Boone, C. 2003. *Political Topographies of the African State: Territorial Authority and Institutional Choice*. New York: Cambridge University Press.

Bull, H. 1977. *The Anarchical Society: A Study of Order in World Politics*. New York: Columbia University Press.

—— and Watson, A. (eds.) 1984. *The Expansion of International Society*. New York: Oxford University Press.

Cardoso, F. H., and Faletto, E. 1979. *Dependency and Development in Latin America*. Berkeley: University of California Press.

Comisso, E., and Tyson, L. D'A. (eds.) 1986. *Power, Purpose, and Collective Choice: Economic Strategy in Socialist States*. Ithaca, NY: Cornell University Press.

Cooley, A. 2005. *Logics of Hierarchy: The Organization of Empires, States, and Military Occupations*. Ithaca, NY: Cornell University Press.

Cowhey, P., and Mueller, M. forthcoming. Delegation, networks, and internet governance. In *Networked Politics: Agency, Power, and Governance*, ed. M. Kahler. Ithaca, NY: Cornell University Press.

Crawford, N. C. 2002. *Argument and Change in World Politics: Ethics, Decolonization, and Humanitarian Intervention*. New York: Cambridge University Press.

Dawisha, K., and Parrott, B. (eds.) 1997. *The End of Empire? The Transformation of the USSR in Comparative Perspective*. Armonk, NY: M. E. Sharpe.

Doyle, M. W. 1986. *Empires*. Ithaca, NY: Cornell University Press.

Dunne, T. 2003. Society and hierarchy in international relations. *International Relations*, 17: 303–20.

Elman, C., and Elman, M. F. (eds.) 2003. *Progress in International Relations Theory: Appraising the Field*. Cambridge, Mass.: MIT Press.

Esherick, J., Kayali, H., and van Young, E. (eds.) 2006. *Empire to Nation: Historical Perspectives on the Making of the Modern World*. Lanham, Md.: Rowman and Littlefield.

Fearon, J. D. 1995. Rationalist explanations for war. *International Organization*, 49: 379–414.

—— and Laitin, D. D. 2004. Neotrusteeship and the problem of weak states. *International Security*, 28: 5–43.

Finnemore, M. 1996. *National Interests in International Society*. Ithaca, NY: Cornell University Press.

—— 2003. *The Purpose of Intervention: Changing Beliefs about the Use of Force*. Ithaca, NY: Cornell University Press.

Frieden, J. 1988. Sectoral conflict and foreign economic policy, 1914–1940. *International Organization*, 42: 59–90.

Friedman, T. L. 2000. *The Lexus and the Olive Tree: Understanding Globalization*, updated and exp. edn. New York: Anchor.

—— 2005. *The World Is Flat: A Brief History of the Twenty-First Century*. New York: Farrar, Straus and Giroux.

Galtung, J. 1971. A structural theory of imperialism. *Journal of Peace Research*, 8: 81–117.

Gilpin, R. 1972. The politics of transnational economic relations. Pp. 48–69 in Keohane and Nye 1972.

——1975. *US Power and the Multinational Corporation: The Political Economy of Foreign Direct Investment*. New York: Basic Books.
——1981. *War and Change in World Politics*. New York: Cambridge University Press.
Gourevitch, P. 1977. International trade, domestic coalitions, and liberty: comparative responses to the crisis of 1873–1896. *Journal of Interdisciplinary History*, 8: 281–313.
——1978. The second image reversed: the international sources of domestic politics. *International Organization*, 32: 881–912.
——2002. Domestic politics and international relations. Pp. 309–28 in *Handbook of International Relations*, ed. W. Carlsnaes, T. Risse, and B. A. Simmons. Thousand Oaks, Calif.: Sage.
——2003. Corporate governance: global markets, national politics. Pp. 305–31 in Kahler and Lake 2003.
——and Shinn, J. 2005. *Political Power and Corporate Control: The New Global Politics of Corporate Governance*. Princeton, NJ: Princeton University Press.
Grieco, J. M. 1997. Realist international theory and the study of world politics. Pp. 163–201 in *New Thinking in International Relations Theory*, ed. M. W. Doyle and G. J. Ikenberry. Boulder, Colo.: Westview.
Hall, P. A., and Soskice, D. (eds.) 2001. *Varieties of Capitalism: The Institutional Foundations of Comparative Advantage*. New York: Oxford University Press.
Hancock, K. J. 2006. The semi-sovereign state: Belarus and the Russian neo-empire. *Foreign Policy Analysis*, 2: 117–36.
Herbst, J. 2000. *States and Power in Africa: Comparative Lessons in Authority and Control*. Princeton, NJ: Princeton University Press.
Hinsley, F. H. 1986. *Sovereignty*, 2nd edn. New York: Cambridge University Press.
Hobson, J. A. 1965. *Imperialism: A Study*. Ann Arbor: University of Michigan Press.
Hollander, E. J. 2006. Swords or shields: implementing and subverting the final solution in Nazi-occupied Europe. Ph.D. dissertation, University of California, San Diego.
Hurd, I. 2007. *After Anarchy: Legitimacy and Power in the United Nations Security Council*. Princeton, NJ: Princeton University Press.
Ikenberry, G. J. 2001. *After Victory: Institutions, Strategic Restraint, and the Rebuilding of Order after Major Wars*. Princeton, NJ: Princeton University Press.
Jackson, R. H. 1990. *Quasi-States: Sovereignty, International Relations, and the Third World*. New York: Cambridge University Press.
James, S., and Lake, D. A. 1989. The second face of hegemony: Britain's repeal of the Corn Laws and the American Walker Tariff of 1846. *International Organization*, 43: 1–29.
Kahler, M. 1999. Evolution, choice, and international change. Pp. 165–96 in Lake and Powell 1999.
——2002. The state of the state in world politics. Pp. 56–83 in *Political Science: State of the Discipline*, ed. I. Katznelson and H. V. Milner. New York: W. W. Norton.
——and Lake, D. A. (eds.) 2003. *Governance in a Global Economy: Political Authority in Transition*. Princeton, NJ: Princeton University Press.
Katzenstein, P. J. (ed.) 1978. *Between Power and Plenty: Foreign Economic Policies of Advanced Industrial States*. Madison: University of Wisconsin Press.
——1985. *Small States in World Markets: Industrial Policy in Europe*. Ithaca, NY: Cornell University Press.
——2005. *A World of Regions: Asia and Europe in the American Imperium*. Ithaca, NY: Cornell University Press.
Keck, M. E., and Sikkink, K. 1998. *Activists beyond Borders: Advocacy Networks in International Politics*. Ithaca, NY: Cornell University Press.
Keohane, R. O. 1984. *After Hegemony: Cooperation and Discord in the World Political Economy*. Princeton, NJ: Princeton University Press.
——and Nye, J. S. (eds.) 1972. *Transnational Relations and World Politics*. Cambridge, Mass.:

Harvard University Press.
——— 1977. *Power and Interdependence: World Politics in Transition*. Boston: Little, Brown.
KING, G., KEOHANE, R. O., and VERBA, S. 1994. *Designing Social Inquiry: Scientific Inference in Qualitative Research*. Princeton, NJ: Princeton University Press.
KLOTZ, A. 1995. *Norms in International Relations: The Struggle against Apartheid*. Ithaca, NY: Cornell University Press.
KRASNER, S. D. 1978. *Defending the National Interest: Raw Materials Investments and US Foreign Policy*. Princeton, NJ: Princeton University Press.
—— 1995. Power politics, institutions, and transnational relations. Pp. 257–79 in Risse-Kappen 1995.
—— 1999. *Sovereignty: Organized Hypocrisy*. Princeton, NJ: Princeton University Press.
—— (ed.) 2001. *Problematic Sovereignty: Contested Rules and Political Possibilities*. New York: Columbia University Press.
—— 2004. Sharing sovereignty: new institutions for collapsed and failing states. *International Security*, 29: 85–120.
KUHN, T. S. 1970. *The Structure of Scientific Revolutions*, 2nd enl. edn. Chicago: University of Chicago Press.
LAKE, D. A. 1999*a*. *Entangling Relations: American Foreign Policy in its Century*. Princeton, NJ: Princeton University Press.
—— 1999*b*. Global governance: a relational contracting approach. Pp. 31–53 in *Globalization and Governance*, ed. A. Prakash and J. A. Hart. New York: Routledge.
—— 2007*a*. Escape from the state of nature: authority and hierarchy in world politics. *International Security*, 32: 47–79.
—— 2007*b*. International trusteeship: rebuilding authority after civil wars. Unpublished typescript, University of California, San Diego.
—— 2007*c*. The new American empire? Unpublished article, University of California, San Diego.
—— Forthcoming. *Hierarchy in International Relations*. Ithaca, NY: Cornell University Press.
—— and POWELL, R. 1999. *Strategic Choice and International Relations*. Princeton, NJ: Princeton University Press.
LEGRO, J. W. 1996. Culture and preferences in the international cooperation two-step. *American Political Science Review*, 90: 118–37.
MEARSHEIMER, J. J. 2001. *The Tragedy of Great Power Politics*. New York: W. W. Norton.
MIGDAL, J. S. 1988. *Strong Societies and Weak States: State–Society Relations and State Capabilities in the Third World*. Princeton, NJ: Princeton University Press.
MILNER, H. V. 1997. *Interests, Institutions, and Information: Domestic Politics and International Relations*. Princeton, NJ: Princeton University Press.
MORAVCSIK, A. 1997. Taking preferences seriously: a liberal theory of international politics. *International Organization*, 51: 513–53.
MORGENTHAU, H. J. 1978. *Politics among Nations: The Struggle for Power and Peace*, 5th rev. edn. New York: Alfred A. Knopf.
MORROW, J. D. 1999. The strategic setting of choices: signaling, commitment, and negotiations in international politics. Pp. 77–114 in Lake and Powell 1999.
OSIANDER, A. 2001. Sovereignty, international relations, and the Westphalian myth. *International Organization*, 55: 251–87.
POWELL, R. 1999. *In the Shadow of Power: States and Strategies in International Politics*. Princeton, NJ: Princeton University Press.
PRICE, R. 1998. Reversing the gun sights: transnational civil society targets land mines. *International Organization*, 52: 613–44.
—— and REUS-SMIT, C. 1998. Dangerous liaisons? Critical international theory and con-

structivism. *European Journal of International Relations*, 4: 259–94.
RECTOR, C. forthcoming. *Federations*. Ithaca, NY: Cornell University Press.
REUS-SMIT, C. 1999. *The Moral Purpose of the State: Culture, Social Identity, and Institutional Rationality in International Relations*. Princeton, NJ: Princeton University Press.
—— 2004. *American Power and World Order*. Malden, Mass.: Polity.
RIKER, W. H. 1980. Implications from the disequilibrium of majority rule for the study of institutions. *American Political Science Review*, 74: 432–46.
RISSE-KAPPEN, T. (ed.) 1995. *Bringing Transnational Relations Back In: Non-State Actors, Domestic Structures, and International Institutions*. New York: Cambridge University Press.
ROGOWSKI, R. 1989. *Commerce and Coalitions: How Trade Affects Domestic Political Alignments*. Princeton, NJ: Princeton University Press.
—— 1999. Institutions as constraints on strategic choice. Pp. 115–36 in Lake and Powell 1999.
—— 2003. International capital mobility and national policy divergence. Pp. 255–74 in Kahler and Lake 2003.
RUGGIE, J. G. (ed.) 1993. *Multilateralism Matters: The Theory and Praxis of an Institutional Form*. New York: Columbia University Press.
—— 1996. *Winning the Peace: America and World Order in the New Era*. New York: Columbia University Press.
—— 1998. *Constructing the World Polity: Essays on International Institutionalization*. New York: Routledge.
SCHWARTZ, T. 1987. Votes, strategies, and institutions: an introduction to the theory of collective choice. Pp. 318–45 in *Congress: Structure and Policy*, ed. M. D. McCubbins and T. Sullivan. New York: Cambridge University Press.
SHEPSLE, K. A. 1979. Institutional arrangements and equilibrium in multidimensional voting models. *American Journal of Political Science*, 23: 27–59.
SIMPSON, G. 2004. *Great Powers and Outlaw States: Unequal Sovereigns in the International Legal Order*. New York: Cambridge University Press.
SMITH, J., and WIEST, D. 2005. The uneven geography of global civil society: national and global influences on transnational association. *Social Forces*, 83: 1279–85.
SNYDER, J. 1991. *Myths of Empire: Domestic Politics and International Ambition*. Ithaca, NY: Cornell University Press.
SPRUYT, H. 1994. *The Sovereign State and its Competitors: An Analysis of Systems Change*. Princeton, NJ: Princeton University Press.
TILLY, C. 1990. *Coercion, Capital, and European States, AD 990–1990*. Cambridge, Mass.: Blackwell.
VERNON, R. 1971. *Sovereignty at Bay: The Multinational Spread of US Enterprises*. New York: Basic Books.
WALTZ, K. N. 1959. *Man, the State, and War: A Theoretical Analysis*. New York: Columbia University Press.
—— 1979. *Theory of International Politics*. Reading, Mass.: Addison-Wesley.
WEBER, K. 2000. *Hierarchy amidst Anarchy: Transaction Costs and Institutional Choice*. Albany, NY: State University of New York Press.
WENDT, A. 1987. The agent–structure problem in international relations theory. *International Organization*, 41: 335–70.
—— 1992. Anarchy is what states make of it: the social construction of power politics. *International Organization*, 46: 391–425.
—— 1994. Collective identity formation and the international state. *American Political Science Review*, 88: 384–96.
—— 1999. *Social Theory of International Politics*. New York: Cambridge University Press.
WIMBERLEY, L. 2007. Pyrrhic peace: governance costs and the expected utility of war. Ph.D. dissertation, University of California, San Diego.
WOLFERS, A. 1952. "National security" as an ambiguous symbol. *Political Science Quarterly*, 67: 481–502.

第三章

从国际关系到全球社会

迈克尔·巴奈特/凯瑟琳·辛金克

从历史上看，国际关系研究主要关乎国家和无政府状态对国家外交政策的影响、国家互动模式以及世界政治的组织方式。在过去几十年中，世界的发展和理论创新缓慢但无疑削弱了国际关系研究中无政府状态和国家主义的吸引力。虽然国际关系学者们仍然承认这个世界处于形式上的无政府状态，而且各国保留了相当大的权力和特权，但是他们越来越强调国际领域，该领域的结构取决于物质和规范因素，国家与为数众多的其他行为体共享这一舞台，塑造其全球政治态势的不仅有国家，而且还有这些行为体和力量。简单地说，国际关系学科正走出“国际关系”研究而走向“全球社会”研究。我们采用这一名称的转变，为的是显示过去20年中有关我们在研究什么、研究谁以及我们为什么、如何开展研究方面国际
62 关系学科所经历的一系列转型。

这些转型的累积效果就是国际关系学科的总体叙事从国家体系的无政府状态变成了全球社会的内部治理。我们给予全球社会的概念与英国学派的论点及其世界社会的概念并行不悖，尤其是日益坚实的国际法、规范和规则架构促进了不同形式的关联和团结形式、关乎多层治理结

构的生成和改良日益坚实的国家和非国家行为体网络的作用越来越大，以及为方便确认“人类”共同价值观而设计的实现不同对话形式的运动（Buzan 2004; Linklater and Suganami 2006）。从“国际关系”到“全球社会”的这一转变反映了几个方面的重要发展，而它们则是本章的焦点。

首先我们探讨无政府状态这一主题以及约翰·阿格纽（John Agnew）（1994）所说的“领土陷阱”并研究了若干促使国关学者们摆脱这一陷阱的关键力量。然后我们探讨了国关研究中关于什么、谁、如何以及为什么等方面的转变。关于无政府状态的假设以及领土陷阱有助于我们确定国际关系学科的议程，使我们将视线转移到追求自保和利己的国家如何实现安全和追逐财富，以及这些国家如何在无政府状态下实现合作。虽然这些问题还在议程之中，它们逐渐与其他话题共享空间，这些话题包括环境政治与人权，国际变化源头，决定国家身份、利益和实践的力量，规范性国际关系以及国际伦理等“国际”问题。我们所研究内容的转变也会影响我们所研究的人。主导国际政治生态的不再是国家，像非政府组织、跨国公司、国际组织以及在一个再生的“全球公共领域”中与国家共同运行的各种跨国网络等非国家行为体日益成为主导（Ruggie 2004）。世界政体本体论的变化也引起了世界政治认识论（即我们如何开展研究）的变化，促使学者们超越狭隘的“科学”事业概念，接受认识论立场的多元化。人们也对我们为什么要研究全球（而非国际）政治进行了再思考，促成这一发展的元素有很多，其中包括人们对理论及方法驱动型研究日益不满和对难题驱动型研究和实际参与的排斥。

这一全球政治学中的新兴领域越来越集中于对全球治理的研究。一般来说，治理可以被理解为“集体秩序的维护、集体目标的实现以及寻求秩序和目标所需要的集体管辖过程”（Rosenau 2000, 175）。从最初20世纪早期对国际组织的研究一直到二战后对一体化、跨国主义、国际机制、国际制度以及“无政府治理”的研究，国际关系学科一向关心治理问题 63
（Rosenau and Czempiel 1992）。传统上，国际治理研究专注于国际如何确立规范、法律和制度以助其从事集体行动和建立秩序。不过，过去的

20年中一直存在着从**国际**治理到**全球**治理这一术语学方面的转变，其理由是如今全球治理的目标所反映的已经不局限于国家利益，还包括国际组织、跨国公司、非政府组织和新型网络等其他行为体。全球治理产生于不同类别的行为体之间网络化的关系之中，这些行为体所具有的不同权威和权力根植于不同的正式和非正式安排之中。我们需要以概念上创新、知识多元化的方式来理解那些决定全球目标的全球规则的生成、维护及转型以及它们的实现手段。在结论部分，我们对为什么治理而不是无政府状态可能成为国际关系研究叙事的备选项进行了思考。

我们的研究借鉴了国际关系中的建构主义理论并对这些理论有所贡献，部分原因是这些理论对于我们了解全球关系不断变化而根本上具有社会性的特点发挥了更大的杠杆作用。不过，建构主义理论并不是国际关系学科的万能药，我们意识到了其局限性、其他理论的优势，以及为了应对全球社会研究所面临的挑战所需要的理论发展和理论综合。尽管如此，我们的立场还是受到了社会建构主义的深刻影响，我们认为它提供了一些关键的知识性工具，这些工具能让我们了解过去几十年全球关系所发生的关键变化以及未来可能的变化。

1　走向全球化

人们普遍认为国际关系学科已经经历了翻天覆地的变化。布莱恩·施密特（Brian Schmidt 2002）有个颇有说服力的论断，他指出，国关学科围绕无政府状态概念进行组织，对国际关系的概念化、学科边界及其研究议程进行塑造。[1]国际关系成为国家研究。按照国家中心主义的极端形式，即领土陷阱（Agnew 1994），国际关系将世界切割成了互相
64 排斥的领土国家，而国际关系研究成为对这些单位之间关系的研究。人们认为国家对其政治空间拥有权威，从中心向其领土边界辐射权力，并

1　然而，威廉·沃尔福斯（William Wohlforth）（本书）认为现实主义可以脱离无政府状态假设而运行。

止于领土边界。主权原则对这一根据地理位置确定的（基本）相邻空间的权威予以强化和强调，各国认可彼此在该空间的权威，否认国外对空间所做的任何权威诉求。这些情况揭示了国际关系理论中外部的无政府状态、法纪不存、高压政治和排他主义与内部的等级制度、合法权威、对话和社群之间的典型区分。国家、领土和权威在国际关系理论中紧密相连。

国关学科的无政府状态叙事塑造了二战后的研究议程，该议程专注于在无政府状态使合作可遇不可求的情况下追求利己主义的各国如何追求安全和福祉。在冷战阴影之下，国关学者们专注于战争模式、各国如何管理其安全关系、核时代的影响以及危机管理。曾遭忽视的国际政治经济研究终于得到应有的重视后，无政府状态叙事对国关学者所采用的框架以及所应对的问题进行了塑造：一个决定性的主题在于资本逻辑与无政府状态逻辑之间的紧张状态、国家如何不断试图干预市场以保护国民经济和国家安全，以及全球公司的崛起对国家自主和主权的损害（Gilpin 2003）。20世纪80年代，学者们开始探讨“无政府状态下的合作”这一问题，以及国家在各种问题领域开展可持续性协调和协作的条件（Keohane 1984; Oye 1986）。

无政府状态叙事尽管说明了某些问题，同时也搁置和模糊了很多其他问题。人们很少注意国内政治。伊恩·克拉克（Ian Clark 1999）称其为国际关系中的“大分裂”：假定国内和国际是由不同的组织原则所界定的两个不同领域。人们对于分权的全球治理体系日益受规则约束的实质，以及国内和国际领域中规则的相互渗透不甚了解。很少有人能意识到国家外部的权威形式即分解的权威（Rosenau 2000）。人们对重大的全球趋势——如以下出人意料的发展：出于国内政治发展的部分原因，某些地区变得更为平静，而其他地区则因对其平民的可怕影响而遭到毁灭——也很少注意（不过，见Buzan 1983）。

自20世纪80年代起，继之以90年代，很多秉持不同学科视野的学者开始瞄准领土陷阱，以及与之关联极其密切的理论，即新现实主义和新自由制度主义。此处不宜重温对这些理论的批评或者建构主义的崛起，65 但我们还是应该注意到对这一发展来说十分关键的两个维度。其中一个是学者们剖析无政府状态（Wendt 1992）、主权（Bierstekeer and Weber 1996）、权威（Rosenau and Czempiel 1992）以及对国家、领土和权威的绑定（Ruggie 1992）时找到领土陷阱出口的愿望。另一个是现有理论未能对重大国际变化进行解释，相关预测则更为稀少。各种全球变化造成了现有理论与世界发展之间的反差，最出名也最具震撼性的就是冷战非常平静的终结以及苏联的解体。正如彼得·卡赞斯坦（Peter Katzenstein）（1996）所说，现有国关理论在预测方面的无力，更不用说对冷战终结的轻忽，对于国关理论来说就如同"泰坦尼克号"的沉没之于海事工程业。其后10年呼啸而来的全球化对新的理论创新带来了更多的挑战和烦扰。

新型的理论化，加之快速的全球变化，对国际关系这一标签的精确性提出了质疑。众所周知，国际关系是国家之间的而从来不是国际性的，但很少有人对这一障眼法提出挑战。然而，20世纪90年代发生的大事，如全球化、民族冲突和认同政治，让学者们认识到国际政治这一术语掩盖的东西要比它揭示得多。学者们更加了解那些影响国家间关系并有助于确定全球社会构成的跨国网络、关系及其关联。对很多人来说，如今国际关系这一标签不再是一个便利符号，而是一个妨碍分析的矫揉造作之物。相应地，很多人着手寻找能更准确地代表这一主题的标签，如国际研究、全球研究等。虽然国际关系一直具有明显的续存能力，国关学者们对于这领土陷阱之外的操作更加适应，因此他们也已经走向国际化。

最后一点，领土陷阱对第三世界的国关学者的吸引力与对全球化的北方国家的学者不同，因为相应的分析假设与经验现实相去甚远。看起来等级制度而不是无政府状态才是决定性的组织原则。殖民主义的终结没有把南北关系从等级制度变成无政府状态（及平等），因为经济、安全和政治结构仍继续将第三世界国家置于附属地位，继续在各个领域挑战它们的权威，并在它们的形式主权和实际主权之间制造大分裂。相关的是，国家在全球化的北方是一种成就，在全球化的南方国家是一项需要加固其领土基础、独占强制手段、清除所有挑战其权威对手的工程。为了捕捉这一现实，学者们开始改变自己对第三世界国家的理解，称之为影子、外来的、虚弱的、虚假的、半正式的。全球化的南方国家的学者发展了一
系列理论，包括依附理论、后殖民理论、世界体系理论和帝国理论等；对 66
他们来说，国际关系一直是全球化的。或许第三世界的学者看到的是国际等级制度而不是无政府状态，他们仍然更致力于以主权为一项政治工程加以强化和保卫，而不太会乐见威胁到这一工程的跨国进程。如此，举例来说，全球公民社会的好处在全球化的南方所受到的质疑往往比北方批判性的国关学者的质疑要大。

2 全球社会中的什么、谁、如何以及为什么

2.1 我们研究什么？

一旦学者们开始放松无政府状态假设，超越了国家中心主义理论，一个新的世界就映入眼帘了。此后在两个方面出现了决定性的发展（第三个，即我们研究谁，将在下文予以讨论）。其一在于议题不再是经典的安全和国际政治经济的崛起。学者们开始研究一系列其他问题，包括人权、环境、性别、文化、宗教、民主、法律等。即使有些学者仍聚焦政治经济和安全的研究，他们追踪的也是非常不同的专题。人们越来越多地观察到全球化正带来资本主义的全球组织、国家和国家—社会关系特征以及国际经济关系方面的质变，作为回应，政治经济研究经历了一次快速转型。

从历史上看，安全学者们专注于国家以及国家间关系，其追随的假设是安全的目标是国家（代表了民族共同体），而国家安全的（因而也是"民族"的）主要威胁来自另外一个国家。然而，随着冷战的结束，学者们越来越愿意探究安全的意义和实践（Katzenstein 1996）。然而，一旦安全意味着国家的安全，安全的目标渐渐成为被纳入日渐流行的人类安全概念之中的群体或个人。对于安全目标的改变意味着对于威胁构成内容的再次审视。一旦国家被看作保护单位，在世界上很多地方国家就会被渐渐

当作不安全的一个主要源头（Buzan 1983）。事实上，在20世纪被自己政府杀死的个人比死于国际战争的个人加起来还要多。很多国家未能尽责保护自己的公民这一事实意味着，人权研究与安全有关，而并非一个与国
67 际关系中的“真实”问题无关的边缘学科分支。不过，个人也并非仅仅是其政府的被动受害者，他们也更加主动地参与制定新的人权规则和制度，其中一些制度允许他们对自己的政府进行指责。学者们和政策制定者呼吁人们注意某些地区的饥荒、环境恶化和传染病等“非传统”安全威胁。在其他地区，国际关系学者们指出各国已经建立了太平的关系，而且，重要的是，它们认为战争不会再次发生，也停止了备战（Adler and Barnett 1998）。

另外一个理论和实证方面的突破在于，人们对于国际规范结构的存在和影响有了更多的认同。主流理论中的个人主义和物质主义所展示的国际生活不具备任何社会性。作为对这些原理和各种全球发展的回应，很多学者主张权力和利益不能完全解释全球结果和变化，他们提出了规范结构的概念，对于概念如何塑造国家的认同、利益以及何为合法行动进行了很多猜想。既然国际关系学者承认全球政治带有一种社会性，我们就有可能重新使用那些与各种政治命令具有不可分割的关联但又一度被摒弃的概念。尤其是，合法性和权威性这两个概念对于全球社会的研究来说至关重要。

众所周知，合法性和权威性这两个概念极其不可靠，难以定义或衡量，与社会控制理论密不可分，因此与权力问题紧紧联系在一起。出于这些原因，国际关系学者们抵制这两个概念，如今再次纠缠于其因果关系的重要性，尤其是在服从、合作和治理方面的重要性，纯属无奈之举。国家和非国家行为体同意遵守规则，不仅因为是强者的强加或自身利益，而且也是因为它们相信这些工作是合法的或者说值得去遵守（Kratochwil and Ruggie 1986; Hurd 1999; 2007; Bukovansky 2002; Clark 2005）。鉴于行为体向规则和制度授予了合法性，它们获得了权威，即我们经常听说的“合法权威”。学者们逐渐承认在全球社会中拥有不同形式的合法权威

的是行为体而非国家，而且这种权威来自包括专业知识在内的各种源头。授予不同类别行为体的不同权威的存在，削弱了无政府状态叙事以及国际领域中主权国家独占权威这一假设。凭借自身力量，国际组织已经成为特别重要的当权者，经常与国家和非国家行为体共同发挥新的杂交式的权威作用（Barnett and Finnemore 2004; Conca 2005）。

一项相关但有些姗姗来迟的发展在于人们对于国际规范理论和国际伦理的兴趣逐渐增加。几十年前对于国际关系的“科学”研究和规范性国际关系分道扬镳，各行其道，二者没多少机会也没多少动机进行杂交 68
（Price 2008; Reus-Smit 2008）。然而，出于各种原因这一隔离开始崩塌。规范被定义为合适行为的标准，这样，为了对规范进行实质研究，建构主义者不得不努力探究行为体如何开始相信某个行为是适当的或合法的及其原因（Finnemore and Sikkink 1998）。这促使人们对国际伦理进行了些许研究，不过其研究规模正在增大，包括对行为体用以判断什么行动算是合法行动不断变化的伦理标准的研究，以及对于国际安排中伦理制度化的原因和后果的研究。建构主义对于国家政策和国际社会的研究据称受到了一些坚定信仰的塑造，包括有关国家目标、人道主义和正义的伦理或道德信仰等（Lumsdaine 1993; Reus-Smit 1997）。

虽然某些有关规范的建构主义研究表明了世界政治中规范和道德变化可能性的重要性，但是对于随之倡导的有关变化绝大部分建构主义者最初并未清楚地表明自己的规范性立场（Price 2008）。只有极少数学者对全球大同主义、社群主义和责任的形式等国际政治理论问题感兴趣（Held 1995; Linklater 1998）。除了这一例外，学者们往往致力于批判很多全球社会进程中所使用的隐性进展概念而非明言其自身伦理或规范愿景。

有关全球治理的研究反映了世界政治研究中的上述变化。尽管全球治理一度局限于拥有既定利益的各国如何创立规范、规则、法律和制度以对其关系进行监管，近年来这一范围有了一些重要拓展。首先，人们对于治理内容的社会建构即某个问题如何被定义并置于议程之中更感兴趣。此外，人们更加注意考量通过自我概念和适当性逻辑发挥作用的国际和国内结构如何塑造治理结构。例如，如今多边主义研究纳入了对于民族认同如何塑造了多边形式的出现继而该多边形式如何被视为合法的考量（Ruggie 1993）。除了制度的理性设计，还可以有整合了合法性逻辑的“社会学”设计（Wendt 2001）。人们也更加愿意将公平、正义、可问责性和代表性等经典规范问题与治理研究和合法性来源相关联（Kapstein 2005; 2006）。虽然政治理论家们长期以来一直担心国际化时代的民主问题（Held 1995），不过现在有此担心的还有许多专注于可问责性、权力和合法性等问题的国际关系理论家（Slaughter 2004; Grant and Keohane
69 2005; Hurd 2007）。

2.2 我们研究谁？

显然，我们研究什么与我们研究谁有关。国际关系学者们认为国际关系学科的国家中心主义焦点是正当的，其依据是非国家行为体要么为国家所控制，要么在因果关系上互不相关。我们认为，这一立场属于一种备受围攻的正统观念，因为只靠国家无法解释重大的国际结果或全球政治的构造。

有两项发展值得提及。第一项在于人们更加注意以国内政治尤其是国内政权类型为解释全球结果的一个重要元素。某个版本的自由主义理论以微观经济分析为基础，对个人如何构成群体从而塑造该国外交政策进行了探究（Slaughter 1995; Moravcsik 1997）。双层博弈模型展示了为了理解国家间谈判、条约和政策协作而对国内和国际政治之间的互动进行分析的重要性。在确立了民主国家不会对其他民主国家发动战争这一实证规律后，学者们开始专注于可能造成不可预料结果的民主国家的特点。新自由制度主义者也越发转而注意国内政治，目的既是为了建立全球研究的模型，也是为了建立有助于整合国内政治以促进对全球结果理解的互动模型（Milner 1991）。建构主义者也促使人们对国内和国际结构之间的关系更加感兴趣（Risse-Kappen 1995）。如今我们远远不止担心会犯下简化主义的罪过，我们正准备接受挑战，对这些不同“层面”之间的关系进行剖析（Gourevitch 2002）。不过，学者们回应这一挑战之时，他们应该当心重新跌入领土陷阱，即将“国内”和“国际”视为必然是两个明显不同的本体论领域并以此对其相互关系和共同构成加以考量。

另外一项重要的发展在于，人们更加了解正在塑造全球关系的类别更多的行为体。确切地说，有两种行为体，即国际组织和跨国行为体受到的关注更多，因为它们在因果关系上十分重要，而且对于全球治理来说十分关键。虽然人们对于国际组织的研究历史与国关学科的研究历史几乎一样长，过去几十年当中相关理论研究热潮起而又落（本部分内容较多引自Barnett and Finnemore 2007）。第一次世界大战后出现的国关学科对国际组织相当关注；二战后，由于欧洲的区域一体化实验和战后国际组织的创立，人们对国际组织的兴趣得以延续。虽然20世纪70年代和80年代国关学者对国际组织兴趣不再，还是出现了一系列有关国家在何种情况下创立国际制度以及人们赋予它们何种功能的有力论述（Keohane 1984）。
简单地说，国家设定若干关键任务并将它们分配给国际机构或组织，因为 70
后者有很多基本功能，如提供公共产品、收集信息、建立可信承诺、监控协议以及广泛地帮助各国克服与集体行动有关的问题并改善集体福祉等。

尽管制度主义者的视野使人们对国际治理问题有了重要的认识，其国家主义和功能主义还是掩盖了一些重大主题。首先，功能主义把国际机构和国际组织简化为技术性成就，淡化了其政治性和政治工作。它还假定国际组织唯一有趣或者说重要的功能在于它们能促进合作和解决互赖选择问题。其次，很多时候当代国家主义对国际组织的处理将它们简化成了纯粹的国家工具，这与多元论者对国家的处理方式类似。国际组织是他人（通常情况下指国家）借以采取行动的机制或舞台。有关政权的文献对此论述尤其清晰明了。各政权并不是合目的性行为体。由此，国际组织是被动性结构，依此观点，国家是行使权力的能动者。

对于国际组织的新研究声称国际组织具有权威性、自主性和能动性，是与其他包括国家在内的具有权威的行为体效用相似的政治生物。国际组织的影响并不限于国家分配给它们的功能和对现存国家利益的监管。国际组织还构建了社会世界，合作和选择在此世界上演。它们有助于人们定义需要治理的问题，并对治理应该采取的方式提出建议（Barnett and Finnemore 2004）。它们有助于人们定义国家和其他行为体的利益，不仅是说服的论坛也是参与社会化进程的行为体（Checkel 2005）。事实上，由于人们越发认为国际组织可能拥有权威和权力，学者们开始担心失去控制的国际组织可能会变成现代版的科学怪人，其发明者再也无法控制自己的发明之物。后果就是，人们对于国际组织因决策权增加而拥有比以往大的自主性和更大权力后会发生什么更加感兴趣，这一问题不仅关乎有效性而且关乎合法性和责任性（Barnett and Finnemore 2004; Grant and Keohane 2005）。

此外，一直以来跨国关系研究也在快速发展。与国际组织研究类似，但跨国主义研究来得更早，不过在国家中心主义的阴影之下黯然失色，如今又重新焕发了活力。20世纪70年代，罗伯特·基欧汉和约瑟夫·奈（1972）引进了跨国政治研究，但这一特定研究议程并未在短期内得以繁荣，只不过使人们更加注意到了世界政治中的跨国公司问题。厄恩斯特·哈斯（Ernst Haas）和约翰·鲁杰（John Ruggie）探讨了各种知识共同体和跨国网络以获得对国际交流与合作的了解（Ruggie et al. 2005）。
71 事实证明，这些文献是超前的。

不过，到了20世纪90年代初，国关学者们开始对跨国主义和跨国行为体进行重新发掘。其中重要的初步构想之一在于对认识共同体的研究，该研究专注于具有相同专业知识、跨国互联的专家们如何在高度复杂、高度不确定情况下影响国家政策（Adler and Haas 1992; Haas 1992）。有关跨国倡议网络、全球公民社会和跨国社会运动的新文献将这些行为体认定为全球政治的参与者，对其创立规范和对制度形成和实施做出贡献的能力进行了详细记录（Sikkink 1993; Keck and Sikkink 1998; 2003; Thomas 2000; Tarrow 2005）。与围绕科学知识和专门知识而形成的认识共同体形成对比的是，这些群体主要围绕共同的原则性观念而形成。在任何一种情况下，跨国共同体都能够创造新的问题领域，将这些问题呈现在国际舞台上，督促各国去“发现”它们的利益，确定新的政策选项并帮助它们构成除国家系统之外的独立的全球公共领域或公有领域（Wapner 1995; Ruggie 2004）。

整体来说，很多20世纪90年代后有关跨国主义的研究工作中都存在一种“自由主义”偏见，即人们认为这些发展十分必要，并有助于权力多元化、推进基本的人类自由。另一波文献审视了跨国主义的“暗面”，指出全球公民社会的本质令人存疑，缺少能离开北方主导国家世界观和资金来源的自主性，以及其可问责性和代表性问题等。另外一部分文献研究了包括恐怖主义团体以及围绕毒品和非法交易的犯罪网络在内的所谓的暗网（Kahler 2007）。不管有人认为跨国主义总体上是好的发展还是可疑的发展，人们一致认为跨国行为体能够对全球事务的进程造成影响。

很多这些跨国行为体都具有一个鲜明的特点，即它们都是按照网络的形式组织的。[1]也就是说，尽管国家和国际组织都是围绕等级制度组织的而且都具有科层制特性，网络都具有自愿、互惠以及横向沟通和交换的特征（Keck and Sikkink 1998）。组织理论家沃尔特·鲍威尔（Walter Powell）把它们称作“第三种组织模式”，与市场和等级制度明显不同。“网络比等级制度‘步伐更为轻盈’”，因此“特别适合于那些需要有效可靠信息的情况”（Powell 1990, 303–304）。国关理论家直到现在才开始将网络“视为”组织的一种替代形式，对其中世界事务中的存在、凸显和因果关系上的重要性进行评估并考量其规范性含义。全球政治中的主要沟通形式（电子邮件和万维网）具有逐渐摆脱国家完全控制的网络形式。 72
人们认为恐怖主义组织是围绕网络建立的，这使各国更难以对它们进行监视、定位和监禁。全球公司正在发现和采纳网络的形式。

---

1 并非所有的跨国行为体都是按照网络进行组织（如梵蒂冈实行教阶制）而且并非所有的网络都由非国家行为体构成。正如安–玛丽·斯劳特（Ann-Marie Slaughter）(2004)所注意到的，政府间关系也常常采用互动网络形式。

网络具有各种正面和负面属性。它们灵活、快速、不拘形式，更有可能带来百家争鸣，甚至能够改善实施能力（Slaughter 2004; Weber 2004）。然而，它们缺少“进行仲裁和解决争端的合法组织权威”（Podolny and Page 1998），它们无法为完备的全球治理提供必要的合法权威。不过，混合的治理网络形式越来越多，它们可能将国家和非国家行为体结合在一起执行关键的治理任务。

最后，也许有关全球社会兴起具有说服力的证据是非国家行为体甚至个人具有直接参与全球政治而不受国家调解的能力。这一能力在各种人权制度中得到了正式认可，个人越发能够根据国际人权制度对自己的国家进行指控，原本应由国家负责的行动（反人类罪或种族灭绝）现在可以由个人来负责。正如人权审判数量的增加证实了个体罪犯问责在全球体系中的兴起，这一变化可被视为一种更为广泛的隐喻，暗指个人作为全球社会的直接参与者。30多年前赫德利·布尔（Hedley Bull）（1977，152）对此了然于胸，他写道：“如果人们能够在世界政治舞台上超越和对抗国家的权利诉求来主张个人的权利，不考虑其从属或公民身份而清楚表明其责任……人们就可以放手以世界社区另外一种组织原则的名义去颠覆主权国家社会。”与某些研究全球公民社会的学者相反的是，我们认为世界社区并未出现，但我们附和布尔的论点，即这种变化暗示我们已经跨越了一个只包含主权国家的全球社会。

2.3　我们如何进行研究？

研究什么和研究谁必然促使我们考量如何进行研究。如今，认识论意义上的折中主义和方法论多样性比以前更为显著。尽管认识论多样性背后的原因很多，也许其中最重要的是人们承认国际关系背后具有社会性格。早些时候弗里德里希·克拉托奇维尔（Friedrich Kratochwil）和鲁杰（Ruggie）（1986）注意到了认识论与国际制度研究之间的脱节，这一观
73 察对于上述认识意义重大。他们认为，尽管制度的定义天生关涉主体间规范和原则，但国际关系中盛行的实证主义认识论使人们难以对生活中

的社会性方面进行解释、评估或捕捉。

一门真正具有社会性的科学不能只按照自然科学自我塑造，全球社会的国际关系学者必须接受适合于任务的认识论。不存在单一路径。有些人被诠释性社会科学所吸引，经常借鉴马克斯·韦伯和其他经典社会学理论家的学说，为的是了解行为体如何赋予其行为重要性和意义，以及常常构成社会行动的主体间的理解。其他人被不同的科学现实主义和话语理论形式所吸引，希望能够识别出作为和不作为的广泛模式。在此方面，人们对“可能性条件”、什么使某个行动成为可能、什么备选项绝对正确而无须反思或讨论，以及哪些备选项被视为难以想象产生了兴趣（Wight 2006）。在此重大意义上，后实证主义学者研究时所秉持的对于因果关系的理解比实证主义者更为广泛；那些使某个行动有可能、困难重重或难以想象的潜在的难以察觉的结构发挥了重要的解释作用。

与认识论立场的多样性不断增加并存的还有一系列方法论的增加。利用备选方法论来解决相同的问题深化了我们的理论认识，并完善了我们的实证分析。这里，我们探讨一下全球治理研究中两个突出的领域。第一个是服从。规范研究的行为方法往往试图衡量行为对于正式条约和协议中的明文规定的遵守情况（Simmons 2000; Raustalia and Slaughter 2002）。换句话说，服从或不服从的情况，被学者定义为对分析人士所做出的某种衡量的背离情况，后者衡量的是，什么构成了符合条约所规定的预期的行为。阐释方法超越了行为。它们志在揭示行为体如何阐释什么行为算是服从或背叛；是否存在有关服从对社会状况所要求的主体间认识；不服从行为所采用的不同辩解理由，以及行为体服从或不服从的动机和原因（Kratochwil and Ruggie 1986; Koh 1997; Kingsbury 1998）。

另外一个领域是合法性研究。当然，任何略具合法性的国际秩序都将在符合决定该秩序的国际规范的行为中有所反映。因此，应该存在可以通过比较统计而被观察和捕捉到的行为效应。在此方面，在服从等级和各国自愿共同支持服从方面的变化中，有关国际组织、条约或协议合法性增加或减少的主张都应当一目了然，从而对那些违反其规范者加以惩

罚并提供各种资源（Clark 2005; Clark and Reus-Smit 2007）。然而，我们
74 应该还希望了解为什么要授予合法性，针对合法国际秩序构成有哪些论争以及哪类实践被视为合适的结果。

不仅特定的主体领域从不同方法论路径的应用中受益，由于使用了多元方法，各位学者也展现出了更大的灵活性。渐渐地，有些采用定量方法的学者被要求以精选案例对其大数据研究进行补充，而那些采用定性方法的学者也转而采用某些定量方法或形式模型。这一发展的原因在于人们希望对每种方法的优缺点加以平衡：大数据研究的优势在于能够帮助人们确定跨时空的广泛模式，但精心设计的案例研究对于识别和探究对自变量和因变量之间的关系进行解释的因果机制来说可能非常关键。

2.4 我们为什么进行研究？

研究什么、研究谁和如何研究就我们为什么研究全球政治提出了一些根本性问题。或者更为确切地说，我们为什么要研究世界政治？一个充满生机的国际关系学科依赖于一个集体致力于对具有全球意义的议题提出创新型解释和见解的学者共同体的存在，而这些议题的潜在相关性超出了该学术共同体。理论发展和方法论创新对该任务来说非常关键，但有时候国关理论家会为了自己而迷恋于理论和方法，结果使手段变成了目的。这可能导致毫无结果的范式之争以及研究与全球关系问题和实践的脱节。正如卡赞斯坦（Katzenstein）和鲁德拉·希尔（Rudra Sil）所说，我们应该根据“社会科学家之间对话的质量和范畴，以及这一对话与具有重要社会意义的规范性和政策性问题的贴近程度”来判断国际关系的进程。

我们绝大部分人从事这一行业是为了探究和解释特定难题。对全球政治的发展和变化进行了解和解释以及与这个经常使我们感到惊讶和震惊的世界保持同步的需要激励着我们。对全球社会中的变化加以了解和解释的需要尤其使我们备受激励。早在1983年，鲁杰（1983）就指出，现实主义的最大弱点是不能解释变化。他们认为，现实主义无法解释国际

体系中的关键变化，是因为它既缺少变化维度又缺少变化决定因素。其他作者还宣称现实主义同样无法解释20世纪末21世纪初所发生的最重大变化，尤其是欧盟的强化、冷战的结束、反恐战争的打响，以及国际组织、国际法和网络的爆发式发展。新理论对于理解全球社会中的具体变
化做出了一些重大贡献，但仍未提出一个全面的变化理论。人们逐渐达 75
成的共识在于对大的理论综合可能性的排斥。在这一方面，我们同意卡赞斯坦和希尔（见本书）的观点，即可用于对世界性问题进行解释的折中性理论的开发更有前途，这一理论将折中主义能否有助于更广泛的理论争论纳入了考量。

其次，我们很多人之所以决定以国际关系为自己的事业，不仅因为我们希望置身远处观察和解释，而且因为我们希望自己的知识能够改善全球政治的行为和品格。社会科学建立之初期望自己能够解决一些社会性问题并对“公共品”进行定义。脱胎于这一传统的国际关系学科希望对战争进行科学的严谨研究能让充满暴力的世界实现安定。有关社会科学怎样、为什么以及什么时候大致放弃了实际参与理念说来话长，这一故事围绕对客观性的诉求以及实际参与将玷污单纯的科学的观点，对理论建设和方法的沉溺，以及学院对研究生进行终身培训并放弃对可能在公共与非营利部门从业的年轻职业人员进行教育的愿望（Anderson 2005）。其后果是学者们再也不积极参与现实政治。当然，学者们有时候试图以各种方式对当下争议发表评论，但整体激励结构是为了将学者们导向学术共同体而非政策相关研究。

国际关系学者们需要想清楚怎样将其理论和知识与实际行动相关联，其中一种可能性关乎将国际伦理与实证分析相结合过程中一种更具实质性的利益。由于根植于批评理论和批判性社会科学，批判性国际关系理论一直关注理论与实践的关系，尤其是关于理论如何能带来解放。对很多人来说，罗伯特·考克斯（Robert Cox 1981）对揭示权力关系以期对之加以改变的批评理论和承认现实的问题解决理论所做的区分一直是一个临界点。人们试图揭示造成不同形式的压迫并妨碍个人控制自身命

运能力的结构，我们非常赞同这一尝试是非常重要的。然而，这一构想促使很多将自己与批判性国际关系理论相联系的人摒弃那些被认为不够激进的、草率的政治干预。但是，确切地说，志在对他人的生活造成微小但影响巨大的变化的研究在伦理上有什么问题？能实现小的改良并促成更彻底变化的现实政治可能存在吗？激进的变化带来激进的、解放的证据
76 在哪里呢？[1]

对于伦理的实证研究强调道德判断，不仅需要对原则进行评估，也需要对后果进行评估。为了回答“要做什么”这一问题，我们不仅需要思考“什么是正确的”，还需要思考“什么可能有用”，以促成符合我们原则的结果。[2]我们研究这个世界，部分原因是相信我们的研究确实能够带来有关人类行为后果的信息，这些信息可能对于我们的伦理判断和在世界上的行动十分重要。解决有关后果的实证问题对于做出理想决策的规范判断来说十分重要。这不仅是判定决策好坏的问题，而且是明确在哪些条件下不同决策可能导致更好或更坏结果的问题。

由于有关后果的理论化天生就是比较性的和实证性的，实证导向的学者们可以做出重大贡献（Nye 1986; Sikkink 2008）。所以伦理判断就需要我们做出最佳实证研究，将所有的研究工具为我所用。该研究将常常涉及费解的反事实、复杂的研究设计以及严苛的证据。出于好意的研究者会对结果提出异议。但是，我们能够通过更加明确我们的伦理推理进程，以及更加明确地将我们的研究发现与其规范性意义相联系来完善我们的讨论。

由范式驱动或痴迷方法的学科在知识和专业意义上都行不通，因为它允许学者们满足于随之而来的知识碎片化和与世界的脱节。将这些被分割的联系重新黏合起来的可能途径很多，本书若干章节暗示了在学者

1　我们承认这与实用主义有潜在关联，尤其是参与实际问题和将批评理论的不同形式与社会学方法结合时存在实用主义利益，但我们愿意将这一点留给那些更熟悉实用主义的人去提炼这些联系。

2　有关该特定构想，非常感谢理查德·普赖斯。

中展开更广对话以及参与实际政治的不同可能性。并非所有学者都需要参与对话或实际政治，我们有很多理由培育知识分子的劳动分工。但是，这一分工需要以下共识为背景：这一共同体成员彼此之间的部分责任（以及对于这个世界更多理解的追求）在于公开仔细倾听，接受其他观点和视野继而考虑这类视野怎样培育理论发展、实证分析和实际行动。

3 结语：从无政府状态到全球治理？ 77

所有希望具有某种连贯性的学科都必须具有包罗一切的叙事。无政府状态主题已经促使国际关系学科具有了连贯性。它提供了一个专注于以国家为行为体的共同叙事，其中，这些行为体正为了维系其安全而在一个并不友好的环境中制造财富。它有助于定义该学科的边界，并将国关研究与比较政治研究进行区分。它使学者们关注一系列可能受到理论修正和实证分析的可控问题。它提供了对该学科连贯的描述，这一描述可能会代代相传。无政府状态主题在许多方面都发挥了有价值的作用。

但这一单一叙事也导致了理论、知识和实证方面的短视。出于各种理由，从领土陷阱脱身的很多理论陷入边缘化或被摒弃，其理由包括它们没有对该学科中的核心争论做出贡献。导师们建议学生在写博士论文时避开特定议题（例如，人权、性别等），因为这些议题将使他们在该学科处于边缘化境地。存有争议的不仅有为了多样化而多样化，而且还有构建能够为现有研究议程提供新认识、为研究确定新议题的其他理论的能力。该学科多元化的出现不是因为学界主流领会了商议民主道德观，而是因为需要新方法来应对全球议程上的理论不足、实证异常和新增项目。结果，很多曾经认为自己是站在该学科外审视该学科的学者，都乐见无政府状态主题的式微以及领土陷阱的消亡。

此外，不管其受欢迎度有多高，这一正在扩大的多样性还冒着导致学科碎片化的风险，因为单一的总体叙事已经不存在了。人们要求我们就另外一种叙事给出确切的建议时，我们会有所顾虑，因为不存在某种奇思妙想能够避免过早阻止多样化视野和声音。然而，治理概念出现以来一直都是无政府状态的一个有价值替代物，因为它能够使人们对此前被忽视的国际关系理论和实践中的长期问题和新问题进行仔细研判。治理关注的是行为体如何共同维护秩序和实现集体目标。相应地，全球治理研究最终关注的是规则的创立、生成、维系和改进，这些规则如何有助于定义集体行动的目标，以及这些规则如何控制国际性、跨国性和日益国内化的行动。

然后，全球治理的叙事将不得不考虑治理的集权和分权形式。国际关系学者倾向于专门研究集权性规则，尤其是那些存在于国家间协议、条约和会议中的规则。但是，我们必须更加了解那些全球治理赖以实施的不同种类的组织形式和结构。特别是，我们必须注意通过分权来进行统治的可能性，包括通过连接公私领域的网络所实施的治理（Chimni 2004;
78 Ruggie 2004）。这暗示我们要少关注特定的国际组织这样的行为体而多关注“统治体系”（Rosenau 2000），并经常关注治理确实实施的多层结构（Conca 2005; Khagram 2005）。

全球治理过去主要关乎国家，如今已经将一系列行为体纳入其中（虽然国家仍然保留了相当多威望和特权）。全球规则制定日益出自全球公司和债券评级机构等私人权威，公民运动和土著群体等跨国行为体、联合国难民事务高级专员公署等国际组织以及无国界医生等非政府组织。一般说来，国家并没有穷尽再生产和转型机制，只是由于追踪国家，我们忽略了其他作为国际变化的源头和管理者的可疑因素。

对于全球治理的任何考量都必然既关乎集体行动和国际合作又关乎权力问题。但是，要看到全球治理的权力需要看到其多重维度所具有的权力，其中包括强制性权力，即某个行为体对另一个行为体的直接控制；制度性权力，即行为体通过普及制度安排对其他行为体间接实施的控制；结构性权力，即主体能力的结构性构成；以及生产性权力，即主体性的话语生产。这些不同的概念化对行为体什么时候在哪些方面能够控制自己的命运这一根本问题给出了不同的答案，并指明了全球治理中不同形式的权力(Barnett and Duvall 2005)。

全球治理叙事还必须与理论和规范相结合。确实,近来有关全球治理的很多文献从为了改善集体行动和将市场失灵最小化(均为未曾明示的理想结果)而对治理的需要进行考量,转为更详细考量不同形式的治理之间的关系以及它们与合法性、责任性和民主等基本问题的关系。例如,某些治理形式可能有效但非法;如果人民认为它们非法,它们可能存在内在不稳定性。其他形式可能合法但无效。这已经促使学者们设想能够带来有效而且合法结果的其他治理形式的可能性,一个最突出的例子就是,理论分析和实证分析与实际政治实现了结合。

总的来说,我们认为如今国际关系是一个专注于全球社会治理的学科。这已经使我们在研究谁、研究什么、如何研究以及为什么研究国际政治等方面发生了转变。现在我们所研究的公共行为体和私人行为体的范围更大,我们意识到这些行为体都参与治理任务而且有时候具有合法性权威。我们不会在范式和方法方面付出无谓的努力,我们需要掌握所有
的理论和方法论工具以捕捉全球社会和全球治理复杂而又具有社会性的 79
本质。这些工具必须能帮助学者们理解全球变化的进程和源头,不仅是为了解释全球社会的动态而且也是为了使学者们能够直接促进这一变化
的塑造。 80

参考文献

Adler, E., and Barnett, M. (eds.) 1998. *Security Communities*. Cambridge: Cambridge University Press.

—— and Haas, P. 1992. Conclusion: epistemic communities, world order, and the creation of a reflective research program. *International Organization*, 46: 367–90.

Agnew, J. 1994. The territorial trap: the geographical assumptions of international relations theory. *Review of International Political Economy*, 1: 53–80.

Anderson, L. 2005. *Pursuing Truth, Exercising Power: Social Science and Public Policy in the Twenty-First Century*. New York: Columbia University Press.

Barnett, M., and Duvall, R. (eds.) 2005. *Power in Global Governance*. New York: Cambridge University Press.

—— and Finnemore, M. 2004. *Rules for the World: International Organizations in Global Politics*. Ithaca, NY: Cornell University Press.

——— 2007. Political approaches. Pp. 41–57 in *The Oxford Handbook on the United Nations*, ed. T. G. Weiss and S. Daws. Oxford: Oxford University Press.

Biersteker, T., and Weber, C. (eds.) 1996. *State Sovereignty as Social Construct*. Cambridge: Cambridge University Press.

Bukovansky, M. 2002. *Legitimacy and Power Politics: The American and French Revolutions in International Political Culture*. Princeton, NJ: Princeton University Press.

Bull, H. 1977. *The Anarchical Society: A Study of Order in World Politics*. London: Macmillan.

Buzan, B. 1983. *People, States, and Fear: The National Security Problem in International Relations*. Columbia: University of South Carolina Press.

—— 2004. *From International to World Society? English School Theory and Social Structure of Globalisation*. Cambridge: Cambridge University Press.

Checkel, J. 2005. International institutions and socialization in Europe: introduction and framework. *International Organization*, 59: 801–26.

Chimni, B. S. 2004. International institutions today: an imperial global state in the making. *European Journal of International Law*, 15: 1–37.

Clark, I. 1999. *Globalization and International Relations Theory*. Oxford: Oxford University Press.

—— 2005. *Legitimacy in International Society*. New York: Oxford University Press.

—— and Reus-Smit, C. (eds.) 2007. Resolving international crises of legitimacy, special issue. *International Politics*, 44: 153–339.

Conca, K. 2005. Old states in new bottles? The hybridization of authority in global environmental governance. Pp. 181–206 in *The State and the Global Ecological Crisis*, ed. J. Barry and R. Eckersley. Boston: MIT Press.

Cox, R. 1981. Social forces, states and world orders: beyond international relations theory. *Millennium: Journal of International Studies*, 10: 126–55.

Finnemore, M., and Sikkink, K. 1998. International norm dynamics and political change. Pp. 247–78 in *Exploration and Contestation in the Study of World Politics*, ed. P. Katzenstein, R. Keohane, and S. Krasner. Cambridge, Mass.: MIT Press.

Gilpin, R. 2003. *Global Political Economy: Understanding the International Economic Order*. Princeton, NJ: Princeton University Press.

Gourevitch, P. 2002. Domestic politics and international relations. Pp. 309–28 in *Handbook of International Relations*, ed. W. Carlsnaes, T. Risse, and B. Simmons. Thousand Oaks, Calif.: Sage.

Grant, R., and Keohane, R. O. 2005. Accountability and abuses of power in world politics. *American Political Science Review*, 99: 29–43.

Haas, P. 1992. Introduction: epistemic communities and international policy coordination. *International Organization*, 46: 1–35.

Held, D. 1995. *Democracy and the Global Order: From the Modern State to Cosmopolitan Governance*. Stanford, Calif.: Stanford University Press.

Hurd, I. 1999. Legitimacy and authority in international politics. *International Organization*, 53: 379–408.

—— 2007. *After Anarchy: Legitimacy and Power in the United Nations Security Council*. Princeton, NJ: Princeton University Press.

Kahler, M. 2007. Political networks: power, legitimacy and governance. Unpublished typescript.

Kapstein, E. 2005. Power, fairness, and the global economy. Pp. 80–101 in Barnett and Duvall 2005.

—— 2006. *Economic Justice in an Unfair World: Toward a Level Playing Field*. Princeton, NJ: Princeton University Press.

Katzenstein, P. (ed.) 1996. *The Culture of National Security: Norms and Identity in World Politics*. New York: Columbia University Press.

Keck, M., and Sikkink, K. 1998. *Activists beyond Borders: Advocacy Networks in International*

Politics. Ithaca, NY: Cornell University Press.
KEOHANE, R. O. 1984. *After Hegemony: Cooperation and Discord in the World Political Economy*. Princeton, NJ: Princeton University Press.
—— and NYE, J. S. (eds.) 1972. *Transnational Relations and World Politics*. Cambridge, Mass.: Harvard University Press.
KHAGRAM, S. 2005. *Dams and Development: Transnational Struggles for Water and Power*. New York: Oxford University Press.
KOH, H. 1997. Why do nations obey international law? *Yale Law Journal*, 106: 2599–659.
KINGSBURY, B. 1998. The concept of compliance as a function of competing conceptions of international law. *Michigan Journal of International Law*, 19: 345–72.
KRATOCHWIL, F., and RUGGIE, J. 1986. International organization: a state of the art on an art of the state. *International Organization*, 40: 753–75.
LINKLATER, A. 1998. *The Transformation of Political Community: Ethical Foundations of the Post-Westphalian Era*. Cambridge: Polity.
—— and SUGANAMI, H. 2006. *The English School of International Relations: A Contemporary Assessment*. New York: Cambridge University Press.
LUMSDAINE, D. H. 1993. *Moral Vision in International Politics: The Foreign Aid Regime, 1949–1999*. Princeton, NJ: Princeton University Press.
MILNER, H. 1991. The assumption of anarchy in international relations theory: a critique. *Review of International Studies*, 17: 67–85.
MORAVCSIK, A. 1997. Taking preferences seriously: a liberal theory of international politics. *International Organization*, 51: 513–53.
NYE, J. S. 1986. *Nuclear Ethics*. New York: Free Press.
OYE, K. (ed.) 1986. *Cooperation under Anarchy*. Princeton, NJ: Princeton University Press.
PODOLNY, J. M., and PAGE, K. L. 1998. Network forms of organization. *Annual Review of Sociology*, 24: 57–76.
POWELL, W. 1990. Neither market nor hierarchy: network forms of organization. *Research in Organizational Behavior*, 12: 295–336.
PRICE, R. 1998. Reversing the gun sights: transnational civil society targets land mines. *International Organization*, 52: 613–44.
—— 2003. Transnational civil society and advocacy in world politics. *World Politics*, 55: 579–606.
—— (ed.) 2008. *Moral Limit and Possibility in World Politics*. Cambridge: Cambridge University Press.
RAUSTIALA, K., and SLAUGHTER, A.-M. 2002. International law, international relations and compliance. Pp. 538–58 in *Handbook of International Relations*, ed. W. Carlsnaes, T. Risse, and B. Simmons. Thousand Oaks, Calif.: Sage.
REUS-SMIT, C. 1997. The constitutional structure of international society and the nature of fundamental institutions. *International Organization*, 51: 555–89.
—— 2008. Constructivism and the structure of ethical reasoning. In Price 2008.
RISSE-KAPPEN, T. 1995. *Bringing Transnational Relations Back In: Non-State Actors, Domestic Structures, and International Institutions*. Cambridge: Cambridge University Press.
ROSENAU, J. 2000. Change, complexity, and governance in a globalizing space. Pp. 169–200 in *Debating Governance: Authority, Steering, and Democracy*, ed. J. Pierre. Oxford: Oxford University Press.
—— and CZEMPIEL, E.-O. (eds.) 1992. *Governance without Government: Order and Change in World Politics*. New York: Cambridge University Press.
RUGGIE, J. 1983. Continuity and transformation in the world polity: toward a neorealist synthesis. *World Politics*, 35: 261–85.
—— 1992. Territoriality and beyond: problematizing modernity in international relations. *International Organization*, 47: 139–74.

—— 1993. *Multilateralism Matters: The Theory and Praxis of an Institutional Form.* New York: Columbia University Press.

—— 2004. Reconstituting the global public domain: issues, actors, and practices. *European Journal of International Relations*, 10: 499–531.

—— Katzenstein, P., Keohane, R., and Schmitter, P. 2005. Transformations in world politics: the intellectual contributions of Ernst B. Haas. *Annual Review of Political Science*, 8: 271–96.

Schmidt, B. 2002. On the history and historiography of international relations. Pp. 3–22 in *Handbook of International Relations*, ed. W. Carlnaes, T. Risse, and B. Simmons. Thousand Oaks, Calif.: Sage.

Sikkink, K. 1993. Human rights, principled issue-networks, and sovereignty in Latin America. *International Organization*, 47: 411–41.

—— 2008. The role of consequences, comparison, and counterfactuals in constructivist ethical thought. In Price 2008.

Simmons, B. 2000. International law and state behavior: commitment and compliance in international monetary affairs. *American Political Science Review*, 94: 819–35.

Slaughter, A.-M. 1995. International law in a world of liberal states. *European Journal of International Law*, 6: 503–58.

—— 2004. *A New World Order.* Princeton, NJ: Princeton University Press.

Tarrow, S. 2005. *The New Transnational Activism.* Cambridge: Cambridge University Press.

Thomas, D. 2000. *The Helsinki Effect: International Norms, Human Rights, and the Demise of Communism.* Princeton, NJ: Princeton University Press.

Wapner, P. 1995. Politics beyond the state: environmental activism and world civic politics. *World Politics*, 47: 311–40.

Weber, S. 2004. *The Success of Open Source.* Cambridge, Mass.: Harvard University Press.

Wendt, A. 1992. Anarchy is what states make of it: the social construction of power politics. *International Organization*, 46: 391–425.

—— 2001. Driving with the rearview mirror: on the rational science of institutional design. *International Organization*, 55: 1019–49.

Wight, C. 2006. *Agents, Structures and International Relations: Politics as Ontology.* New York: Cambridge University Press.

第四章
重要的是要改变世界，而不仅仅是解释世界

罗伯特·W. 考克斯

30多年前，我在美国政治学会（American Political Science Association）的年会上参加了一个专题讨论。当时，会议的主题是："未来会像过去一样吗？"会议试图从学术上对一个无论何时何地都能为世界政治分析提供一个有效框架的基本世界政治结构进行定义。对该问题回答"会"的人设想了一种对这个世界上的国际关系进行解释的方式，人们认为这个世界就是一束开放性的数据，与行动保持距离的分析人士对这些数据进行观察，这一方法后来被称为新现实主义。这一虚拟的世界被始终如一地分成很多具有不同层次物质能力的硬实体（"国家"），它们之间的关系（和平或战争或介于二者之间的关系）受制于"均势"，而"均势"本身具有其实践的内在规律。人们设计出这一基本方法是为了解释由于军事和经济能力水平的变化各国家实体之间会发生什么。物质能力的变化发生于体系之内，但体系的本质或基本结构从不发生变化。

事实证明新现实主义很受欢迎，尤其很受美国分析人士的欢迎。只
要它看起来还适合自己栖身的这个世界，这一点就不会变。事实证明，它 84
能够适应冷战的两极。如此孕育的这一体系结构是否确实适合于其他时

间和地点这一问题在当时看似非常具有学术性。在任何情况下，历史都没受到过“新现实主义者”的青睐。在最好的情况下，历史也只是用来挖掘数据以测试该体系的采石场。“新现实主义”的意义在于对这个基本特征不变的世界上所发生的权力关系的变化进行解释。

1 变化：历史上的一种潜在力量

“新现实主义”遇到了另外一个学派，而该学派的确对世界权力结构中的基本变化进行了设想。就其当代的形式而言，这一学派被称为马克思主义，但马克思主义已经脱离了一种根深蒂固的人类思想倾向，进而设想出了人类历史的美好结局。它可能起源于一神论。如果这个世界以及这个世界上现在和未来所有的一切都是一位无所不能的上帝创造的，我们自然就可以假定其具有某种终极目的，而这一目的最终也是好的。当然，人类历史展开中的这一内在目的（一个主观概念）观点对于实证科学进而对新现实主义而言是十分陌生的。历史上的个人或集体行为体（即国家）可能都有自己的目的，但对于实证观察家而言，在互动本身的进程中可能不存在内在的终极目的。

宗教意识注入了这样一个目的：神学家将其原始形式称为末世学，即万物终结学说，个人最终上天堂或下地狱而历史终结于神的王国。犹太人期待弥赛亚降临并开辟通向人间天堂之路，基督教则继承、调整和美化了这一期待。

没有受到一神论影响的文明对历史的看法更为自然，认为历史是一个类似于春夏秋冬四季轮回和生老病死的生态循环进程。面对破坏帝国这一指控，为了维护基督教，圣奥古斯丁不得不与古典文明的假设进行辩论，他谴责了柏拉图有关这一循环进程的学说。奥古斯丁认为，上帝化身耶稣基督降临人世的那一刻改变了一切。从那时起历史就有了一个目标：上帝之城。12世纪，来自卡拉布里亚区（Calabria）的修士弗罗里斯的约阿希姆（Joachim of Floris）将奥古斯丁的见解细分成包含三个部分的历史进程：圣父时代，上帝为人类制定的律法写进《旧约》；圣子时代，耶稣基督的启示使人类(men,注意其父权制性别蕴涵)能够通过服从教会和国家制度并在其指引下跨越罪恶障碍;最终是圣灵时代,其先驱是一些反对教会世俗性的方济各会的修士,在这个时代人类将生活于充满神秘的和谐之中而不再需要那些强制性或指导性制度。 85

18世纪,当欧洲进入启蒙时代后,宗教放松了其禁锢,但这一历史三段论在欧洲意识中仍然根深蒂固,只是已经披上了世俗的外衣。格奥尔格·黑格尔口中的历史是三段式的理性自由进程。随后卡尔·马克思将黑格尔的唯心主义转换成了唯物主义,其历史观看起来像弗罗里斯的约阿希姆的历史观的翻版。阶级斗争,而非宗教启示或圣灵和理性,就是他所说的历史动态。他解释说,社会矛盾使封建主义变成了资本主义,并将继续使资本主义变成历史的最终形式即共产主义社会,而且,由于国家强制性的制度的"消亡",在共产主义社会矛盾将被和谐所取代。

宗教和世俗的历史观都是关于变化的,但这些变化只是人类行为的间接后果。这些线性"进步"理论中的变化来自一种潜在的非人类力量:对圣奥古斯丁及其追随者来说是天命;对黑格尔来说是"理性的狡黠"(我们可能会联系到亚当·斯密的"看不见的手");对马克思来说是唯物主义历史观。对于变化的解释在于进程本身;人类活动在进程的辩证法指引下向着最终的美好结局前进。

我们最好别忘了,历史受制于自然法则这一现代概念来自三个世纪的欧洲历史,其间欧洲思想传遍了全世界。旧一点的视野把世界看作一个不存在终极状态(不存在"历史的终结")的、连续而动荡不安的领域。现代主义假定作为观察者的主体与作为被观察者的客体之间是分离的。与现代主义相反,古老的视野认为观察者和被观察者在不可预测的变化进程中互相作用。目的与事实是不可分割的。

2 混乱和自我组织带来的变化 86

在公元前6世纪的希腊,前苏格拉底哲学家以弗所的赫拉克利特对这个永恒变化或永恒生成（becoming）的世界进行了深入思考。他宣称，所有的变化都来自对立双方动态性的循环性的相互作用。大约在同一个时间，传说中道教的创始人，即中国的老子，则认为转换和变化是自然之根本特征，变化则是阴和阳对立两极之间相互作用的结果，不可分割的阴阳就是终极现实或“道”。

当然赫拉克利特和老子对彼此的学说都一无所知，但他们都进一步说明人类智慧可能永远无法理解这一终极现实而且人类头脑中形成的用以表达这个世界内在意义的那些概念只不过是幻想。再近些时候，法国哲学家亨利·柏格森（Henri Bergson）曾对进化做过深入思考，他谈到的是“能人”（homo faber）而非“智人”（homo sapiens），前者是人们根据其制造东西和做事情的能力所定义的人类，而后者据说能够理解宇宙的意义（Bergson 1944, 153–154）。

如今在考虑世界政治和社会中的“变化”的时候，我们考虑的是为了确保人类的生存以及缓和民族之间的冲突必须要做什么。国际关系研究以及其他有关人类事务的知识部门的首要任务，就是为了促使人们组织起来以实现上述目标。

为此目标，社会科学应该搁置过去那种力求对持久性结构和法则进行定义的方法，而采用新物理和生物学那种不太讲究决定论的方法，这就需要对历史结构的兴衰和社会、政治关系中的自我组织的运动保持敏感。社会科学应该搁置有关“历史的终结”的幻想，专注于动荡世界中的有目的的变革。

3　有目的的变革

国际关系研究首先应该专注于影响人类生物性生存的关键问题；然后才是人民生存状况中对正义的追求，后者对于维护他们对于可存续世界秩序的支持非常关键。

如果要列一个简短的优先事项表，它会包括：

- 生物圈的生存；
- 核战争的避免；
- 缓和贫富差距；
- 确保对最弱势群体的保护；
- 有关冲突解决方案谈判的有效安排。

现在对我们来说重要的是，要设法理解这个由人们自己正在创造的世界以对其走向有所把控，要放弃对那些注定成为幻想的内在历史逻辑的猜想。 87

20世纪，人们对普遍法则的现代主义信念在物理学和生物学领域开始褪色，曾经被各种社会科学争相效仿的模型遭到削弱。相对论和量子理论对物理学提出了根本性的理论挑战。其中的无限大（天体物理学）和无限小（粒子物理学）表明古典力学中明显的确定性在这些领域并不适用（Prigogine 1996）。物理学遭遇的进一步挑战还包括热力学第二定律，即熵增趋势，根据该定律能量的损失会导致解体。生物学方面，大脑神经元解体倾向可能遭到"自我组织"的自治运动的抵制。法国生物学家雅克·莫诺（Jacques Monod 1970）的著作《偶然性与必然性》使其对非决定论、混乱和机遇的发现得以普及。

这些发现在物理和生物科学中开发了一种被称为"复杂性"的新方法（Waldrop 1993）。它对于巨大互动网络的设想使其背离了因果关系的机械观念，控制论的发展对这一方法起到了促进作用。法国哲学家埃德加·莫兰（Edgar Morin 1973）对他所说的"超复杂性"进行了深入思考，这一系统减少了约束而增加了其自我组织的能力，或者说自发变化的能力。

科学思维中的这些发展对于人们对人类事务变化的思考有很多暗示，对社会科学的暗示有：

- 从存在到演化、从强调先天结构到强调进程、从因果关系（就像台球游戏中击球那种直接因果关系）到复杂性（互动网络性的复杂性）的转变。

- 放弃对基础原因的诉求；变化发生于不存在任何单一决定性力量的复杂网络中的互动。
- 进程是不可逆的，也就是说，熵增和解体趋势可能被自我组织抵消，这意味着未来不会确定不移地复制过去。
- 人们抛弃了对科学命题中绝对确定性的追求，代之以确定其"有效性域"，将这类命题转变成一些探索性假设而非普遍法则。
- 观察者和被观察者平等参与变化，这意味着抛弃所谓客观科学中的主体/客体二分法，青睐志在追求特定的短暂性范式内部发现的"认知"科学。

这一新科学方法的特点在于术语混乱、复杂性和不确定性，而现代主义科学的特点在于秩序、单纯和确定性。自然科学正远离其自身的目标，是为了推动人类对自然的统治和控制这一观念，转而依据一个正在兴起
88 的有关有生命的、自我组织系统的理论，将人类理解为自然的一个组成部分。此前社会科学一直构建于启蒙运动时期的物理学模型之上，这些变化对社会科学的影响注定要受到职业保守主义的抵制和阻碍，但新的范式也在此时以更具整体性的、更讲究相对论的、更注意历史导向的方式现身了。

这意味着要寻找人类周期性的"自我组织"，以识别出人们为了回应人类社会一系列的挑战而集体创立的重组模式。在此进程中出现的结构是人类自创之物，不是据称恒定不变的"人性"和"自然秩序"中的内在之物，也不是一个极其广阔的历史进程中的内在之物。我们此处谈论的是历史结构，即集体组织的形式以及适于它们的心态，这二者既因人类群体生存的物质条件而做出反应又适应于这些条件。[1]

---

1 法国的历史学年鉴学派对这一方法进行了开发。见Braudel (1980)。

这里数据和事实这两个术语的区别非常重要。二者在拉丁语系中的区别比在英语中更为清晰。“数据”一词源于“给”(dare,datum)这一动词，而“事实”一词源于“做”(facere, factum)这一动词：给出的东西就在那里；一桩事实则以做事的人及其目标为先决条件。实证科学涉及的是给出的东西。历史涉及的是事实；或者，正如科林伍德(R.G. Collingwood 1946)所说，历史既涉及事件的内部又涉及事件的外部，不仅有那些可以观察到的东西还有参与制造事实的行动的意图和目标。对事实和历史来说，合乎伦理的东西与可观察到的东西是一体的。

4 历史结构中的变化

行动始于对现实状况的评估。如果行动的目标是为了纠正某种异常或机能失调，那么现实状况就被视为给定事实；但如果这一目标是某种根本方式的变化，即当地或全球性社会结构的变化，那么行动必须也以改变现实状况为目标。这些情况就再也不能被视为给定物，必须以批判的眼光将它们视为历史产物。只有这样我们才能理解它们是如何形成的以及我们怎样才能努力改变它们。根本性的变化意味着为日常活动创立框架的历史结构的变化。

黑格尔(1967, 13)写道：“密涅瓦的猫头鹰在黄昏起飞。”这个世界不是由理论来塑造的。理论来自人们对世界上所发生的事情的反思；近来刺激人们对正在兴起的持久性历史结构进行思考，需要人们进行反思的东西着实不少： 89

- 苏联的崩溃，随之而来的两极世界的崩塌以及法国外交界所称的美国超级大国的出现；
- 人们对于生态不稳定性及其对生态圈影响更大的担心；
- 资本主义扩大贫富差距的持续趋势；

- 对种族的、民族的、宗教的或文化等认同复兴的断言；
- “恐怖主义”和有组织犯罪等非法或法外活动的新突起；
- 人们对各种形式公认权威越来越多的质疑。

笔者认为在21世纪初的这些变化的背景下，有三种权力配置，三种互动性历史结构约束了国际政治和世界秩序的所有问题。

5 现存历史结构

第一种权力配置被人们称为“美帝国”，或者人们现在常常简称的“帝国”。“帝国”跨越形式上主权国家的边界，通过公私领域顺从的精英们从内部控制其行动。它首先渗透进美国的主要盟国，但同时也渗透进很多美国利益发挥其影响力的其他国家。跨国公司对它们的运营所在国的国内政策具有影响；其经济联系对当地商业精英具有影响。盟国之间的军事合作促进了不同军事力量在“帝国”的核心领导下的整合。各情报服务部门之间的合作将帝国领导的安全考量放在首位。媒体将传播帝国价值观并为“帝国”扩张张目的意识形态概括为对世界有益。“帝国”部分地区的经济体系被重组为一个巨大的资金、商品和服务市场。在“帝国”想象的未来中，军事优势和经济胁迫这一“硬实力”既由吸引力和仿效这一“软实力”维系又被后者所超越。[1]“帝国”发起了一场倾向于将整个世界纳入**一个文明**的运动，其指导原则是统一和同质。

第二种权力配置是17世纪在欧洲创始并在欧洲主导时代传遍全世
90 界的威斯特伐利亚国际体系。主权国家虽然被“帝国”削弱，但仍然是一个强大的结构。主权包含两个方面。一个方面是每个主权国家在民族社会中的自治。另一个方面是每个国家在内部对自己领土和人口的权威。

1 “软实力”这一概念来自奈（1990，32）。

这两个方面都受到了不干涉他国内政原则的保护。外部主权和内部主权都对被吸纳进“帝国”有所提防。

威斯特伐利亚世界结构的残留抗衡“帝国”影响的两条战线包括：第一，国际体系的防御及其创造，即国际法和联合国；第二，强化了的联系公民和政治权威的纽带。这些东西保护经济和社会组织中的民族自治，因而维系一个不同文化和文明并存的多元世界。国际体系内部的多边主义是中等强国的实力政策。威斯特伐利亚世界的指导原则是多元主义多样性以及对共识的不懈追求。

第三种权力配置即人们常说的“市民社会”。它存在于国家以及“帝国”内部而且也以跨国形式存在。这一配置维护了环境以及女性权利，为和平做动员，同贫困做斗争。近几十年来“市民社会”尤其活跃，起初体现为一种替代跨国公司权力的经济全球化的运动，后来在反对英美入侵伊拉克的广泛动员中体现为与“帝国”的正面对抗配置。

它还以所谓人民权力的形式在某些国家引发了“政权更迭”，最近则是在塞尔维亚、格鲁吉亚和乌克兰。在上述案例中，外部意识形态的影响以及来自“帝国”的资金与内部不满联合起来以创立一种非暴力革命方案。在一定程度上，“市民社会”被利用为“帝国”渗透进东欧和中亚的一种工具。

“市民社会”与“帝国”和国际体系的不同在于它是一种去中心化的网络，而非一个循规蹈矩的等级结构。互联网和手机所代表的现代信息技术促进了“市民社会”的发展并促使它动员起来采取行动。这一松散的、有弹性的特征是一种优势，使它能够让很多不同的群体围绕某个中心问题而聚集起来。这也是一种缺点，因为正是这一多样性令其难以提出一个清晰的行动纲领，使其运动容易受到特工煽动者的干扰或者被资金雄厚、组织严密的国家或国内外意识形态利益所利用。“市民社会”天生反对“帝国”的集权和同质化力量而又向来容易被颠覆或操控。

躲在这三种敌对的权力配置背后或下面的是一个隐蔽的世界，里面包括有组织犯罪、所谓恐怖主义网络、非法资金流通、情报间谍、军火商、毒品交易和性交易以及各种邪教组织等，它们都可以跨国实施或行动。
91 这一隐蔽的世界存在于上述三种公开的权力配置的交叉地带。其中一些像“恐怖主义”网络一样的组成因素阴谋颠覆或摧毁现存大国。其他一些组成部分，如有组织的犯罪，寄生于现存大国并与之共生。这一隐蔽的世界总是以某种方式存在着。其扩张对既定秩序来说代表了麻烦，即人们对秩序本应为人民予以保障的安全正失去信心。

当今世界上的这三种权力配置在地缘上相互重叠，不受领土边界之限。它们具有地理意义上的集中点但彼此之间又处处争斗，它们声称的合法性主张彼此对立，而隐蔽世界在颠覆性和寄生性两个方面的扩张又随处对合法性造成破坏。

6 合法性与变化

如果我们从动态的角度认为这个世界容易发生变化，那么权威的合法性就成了有效行动的前提条件。合法性使权威能够在行动中得到可持续的支持和公众的默许。革命性的行动或帝国入侵可能会导致变化，但变化只会持续到合法性被接受之时。如果人们接受权威的制度和程序及其产生的决策，即便人们并不喜欢这些东西，该政府也是合法的。如果这一普遍接受受到侵蚀，或者人们对于有关决策的制定是合理的缺乏普遍接受，这一关系就是非法的。

统治者以及臣服于权威者的恐惧都是至关重要的元素。专制统治者始终害怕自己会被推翻；而那些被统治者也是由于恐惧才顺从统治者。合法性同时减轻了统治者和被统治者双方的恐惧。当公众陷入一种权威看似无力安抚的恐惧中时，就轮到强权或者“命定之人”登上舞台了。当政府在公众当中引发恐惧时——当前的“反恐战争”就具有这样一面——他们就要准备采取压迫手段了。同以往一样，恐惧与合法性之间的反向关系对今天的公众与社会秩序问题来说非常关键。这也许是唯一的永恒真理。合法性的建立是变革的伦理追求的首要条件。

如此，全球治理的合法性问题成为世界秩序的中心问题。“帝国”宣称自己知道组织社会的唯一最佳方式（即“帝国”的代理人所说的“民主”和“资本主义”），希望借此获得全球范围的合法性。然而，“帝国”压倒性的军事力量、经济胁迫的能力以及其通信资源和思想资源等并未 92
能获得人类广泛的支持或默认。在全球范围层面“帝国”主张仍然是非法的。确实，“帝国”的压倒性“硬实力”已经使那些彻底拒绝“帝国”的人以“恐怖”作为其回应。

全球治理的另外一个概念，即全球治理是在“市民社会”繁多示威的反复性压力下国家之间的持续谈判进程，这一概念在树立对自身功效的信心方面一向步履蹒跚。“市民社会”是合法性的终极之锚。这是当今的国际关系面临的主要困境。

单个文明对抗现存文明的多元世界：人们对这一基础性全球治理问题的判定将影响人类未来对其面临的主要问题的处理。就其范围而言，这些问题都是全球性的：保护生态圈；缓和贫富之间的极端不平等；保护弱势群体以及将人民内部和人民之间的暴力行为最小化。对这些问题的有效应对需要人们对其背后的合法权力达成广泛共识。世界政治以及国关研究所面临的挑战就是建立这一共识。要建立这一共识，其前提取决于目前“帝国”、国家体系和“市民社会”这三种相互敌对的权力配置之间正在开展的合法性论争。其结果仍不确定——道德信念、意志、技巧和机遇等暂时性历史产物。这就是赫拉克利特式世界的生活。 93

参考文献

Bergson, H. 1944. *Creative Evolution*, trans. A. Mitchell. New York: Modern Library.

Braudel, F. 1980. History and the social sciences: the *longue durée*. Pp. 25–54 in *On History*, F. Braudel, trans. S. Matthews. Chicago: University of Chicago Press; originally published (in French) 1958.

Collingwood, R. G. 1946. *The Idea of History*. Oxford: Clarendon Press.

Hegel, G. W. F. 1967. *Hegel's Philosophy of Right*, trans. T. M. Knox. Oxford: Oxford University Press; originally published (in German) 1821.

Monod, J. 1970. *Le Hasard et la nécessité: Essai sur la philosophie naturelle de la biologie moderne*. Paris: Seuil.

MORIN, E. 1973. *Le Paradigme perdu: La Nature humaine*. Paris: Seuil.
NYE, J. S. 1990. *Bound to Lead: The Changing Nature of American Power*. New York: Basic Books.
PRIGOGINE, I. 1996. *The End of Certainty: Time, Chaos, and the New Laws of Nature*. New York: Free Press.
WALDROP, M. 1993. *Complexity: The Emerging Science at the Edge of Order and Chaos*. New York: Touchstone.

第五章

一门正在失能的学科?

菲利普·达比

本章标题可能看似有悖常理,因为从某些视角来看,国际关系似乎正春风得意。如今国际关系学科横跨全球并提供了人们分析世界政治的一门共同语言。近些年来,该学科拓宽了视野,将从文化到生态在内的新研究领域纳入其中。正如本书所述,这个学科内一直存在一种欢迎变革政治的态势并为此任由各种方法论大行其道。尤其是自“9·11”以来,学生对该学科的兴趣使本科生注册人数激增并使研究生课程大大增加。国际危机连续发生,人们不断要求国际关系学科的学者们在媒体上发文以表达相关看法,而电台和电视节目也不断请他们进行评论。以这种标准为基础的话,该学科看起来确实十分繁荣。

不过,事情还有另外一面。很多年来,人们一向对该学科的解释能力充满焦虑,伴随冷战的结束,以及未能对苏联共产主义的崩溃做出预测,人们开始怀疑该学科是否失去了意义。近来,人们已经把注意力转向了在帝国的继承国内部和继承国之间爆发的混乱和暴力。越来越多的位于国际关系边缘的学者认为,这些社会内部的进程对西方所想象的正被市场机制所校正的世界、民主的推广以及对发展的承诺等发起了挑战。对 94

于“紧急情况”的构想表明，被摒弃的固有学者思维是多么脱离世界上大部分地区的日常生活，这一构想将周期性的破裂描述为例外而不是常态（Calhoun 2004）。人们似乎更加认识到：现有的学科知识，不仅包括国际关系知识而且包括像发展和安全研究这种相邻话语的知识，面对这一问题都束手无策，另外由于国际关系学科横贯了不同知识构成的边界，情况就更是这样了。此类批评与一种存在时间更长的谴责存在交集，后者声称国际关系仍然坚守着某种殖民主义世界观，这一世界观对于南方国家的现状的理解是扭曲的，也偏离了其规范性视野。

本章将集中论述国际关系学科在历史上绝大部分时间里都没有就欧洲以外的世界进行研究，相关研究也不过被当作对照第一世界所开发的思想主体的附属部分。然后本章将探讨这一状况的变化情况以及如今国际关系是否准备开启一段对自身思维去殖民化的进程。笔者在结论部分将针对该学科的知识进程再做一些总体评论。该进程压制了其他政治议程的发展。

在很大程度上，人们一直把国际关系的历程描述为兴起于欧洲、以《威斯特伐利亚和约》的签订为基础事件的思想和实践体系的国际化过程。这是一种对于进步的叙事：一种（或者更精确地说几种不同的解读）对于起于世界上某个地方继而覆盖全球的政体之间关系进行重新安排的解读。这一几乎已成为经典的理论化一向受到以下主张的侵害：1648年所达成的和解并非现代国家体系出现的标志点。相反地，威斯特伐利亚体系的特征是明显的非现代地缘政治关系，植根于绝对主义式的前资本主义产权关系（Teschke 2003, ch.7）。更为重要的是，这一自诞生之时起就特立独行的叙事由于人们对在现代主权（Hardt and Negri 2000, 70, 103; Barkawi and Laffey 2002）和现代经济（Mitchell 2002, 80–119）形成中，欧洲与其殖民地居民的关系所扮演的关键角色认识的加深而深受挑战，在某种程度上萨米尔·阿明（Samir Amin 1989, 89）有关“永恒欧洲”这一迷思的揭示就对此有所预示。很久以来这一点都被国际关系学所忽视，其主要原因可能在于人们非常不情愿研究欧洲帝国主义国际政治。

近来有关国际关系史学的研究暗示，帝国主义是20世纪最初几十年中国际关系学科中的一个普遍主题（Long and Schmidt 2005）。对于某些开创性学者所理解的帝国与国际之间的关联以及此类观点的接受范围，人们还需要开展大量的研究。然而，二战后欧洲对热带世界的征服在国关学科中是被遗忘或被压制的，这一点非常明显。结果，这些塑造了世界三分 95
之二人口的未来、为宗主国的国内政治打上不可磨灭烙印的进程被留给了其他知识形态，后者（其中最著名的就是帝国主义历史学）以各自方式推进这些进程（Darby 1997, 3）。这表明一代学者，其中更多的是国际关系学者，似乎乐于接受赫德利·布尔（Hedley Bull）和亚当·沃森（Adam Watson）对欧洲殖民主义的概括，即“国际社会的扩张”，这一表述抑制乃至粉饰了其中有关暴力、种族主义和经济掠夺的情况。

研究有关殖民主义档案的某些方式可能已经令国际关系学科获得了对于南北关系更好的掌握，如今和当时一样，我们都有必要对此进行简单探讨。现代殖民主义对于人员、理念、价值观和商品流通的建制负有责任，而我们认为这些建制是当今全球化的内在之物。因此，我们可以认为它极大地造成了第三世界在当代的动荡。例如，对于人们通常认为的具有内生性原因的暴力问题，仅靠当地的文化形态或国家失败现象来解释是不够的。其根源可以追溯到殖民主义征服和统治，后者造成了传统社会内部新的分裂并加剧了其原有分裂。这里，尤为重要的是人们十分重视宗教和民族认同以及不平衡发展的进程，后者有利于某些当地民众而不利于其他民众。它们都集中关注殖民主义对其海外受害者的破坏性后果，当然这也无可厚非。但是，殖民主义对胜利者也具有破坏性后果。阿西斯·南迪（Ashis Nandy）对事情的这一方面进行过深入思考。在其有关性别和性（这两者当时都不是国关学科的研究对象）的著述中，南迪（1983）对英国在印度的殖民经历如何提升了其男性化价值观，如何拉低了英国政治文化中柔软的、人性化的以及与女性有关的方面予以了说明。他的某些观点颇具争议，但他从对性别的分析中暗示共同遭罪的经历有可能使主要文明体更加接近，这与今天很多西方思维仍然采用的单一文化的“共同世界”方法形成鲜明对比。上文所述及其他部分论述都提醒我们，虽然殖民主义打的是现代性的旗帜，它还具有植根于绝对主义和权力估价的黑暗一面。知道了这些，我们就可能看到这一阴暗面在近来国际干预主义中的共鸣以及其普世主义的伪装如何掩盖了它们与西方统治的共谋。不过，我们还有望通过像南迪这样富于想象力的对殖民时期的研究找到摆脱当前这种僵局的方法。

欧洲外世界的边缘化延续到了帝国终结之后。必须指出，西方大国
96 对于一个极其不平等的世界秩序的根深蒂固负有主要责任，但国际关系与其附属话语持续的批评成果寥寥而且非常抗拒其他思维。当时的问题是，面对来自第三世界的挑战，决策者和国际关系学者们所依据的传统学说大致相同。虽然对民族主义领导人来说去殖民化提供了建立新政治学的希望，然而从西方视野来看冷战的重要性确保了任何有关前殖民地的重新思考都从属于权力算计以及志在维系中心平衡的战略。这样，冷战所引发的暴力的全球化隐藏了一种对于资源、贸易以及基于权力和种族的国际等级制度持续的帝国主义兴趣。

民族主义领导人试图利用自己掌握的资源推进其主张。这意味着对于志在获得在世界理事会中的影响力的非传统战略的追求，从某些方面看这类似于游击战，从其他方面看则预示了约瑟夫·奈的软实力思想（2004，1–32）。大体上，它们并不属于既有国际关系中的惯用伎俩。这些战略包括推动不结盟运动及相关的以和平区作为一种沟通方式的计划；像1955年的万隆会议那样以及通过不结盟运动、77国集团以及非洲统一组织等机构在集体行动中加入第三世界国家的数量权重；对源于殖民主义历史并为主要西方大国利益服务的国际法的某些主要方面提出挑战；以依附理论为一种政治武器；在联合国系统内部开展鼓动性外交，尤其注重联合国大会上的经济问题。事实上，阿里·马兹瑞（Ali Mazrui）曾经说过，西方大国是《联合国宪章》的主要制定者，根据《宪章》，和平与安全被视为首要目标，而促进人权则次之。他认为亚非国家致力于将这一优先顺序反转（Mazrui 1967, 135）。

当然，第三世界的挑战以失败告终。配置散漫的力量根本不是西方经济影响力的对手，不论怎样，西方总有办法更有效地传播自己的说辞，他们至少在自己国内可以做到这一点。在第三世界之外，人们一直认为不结盟没多少可信度，1963年中印边界之战后，即使在第三世界不结盟的吸引力也大大降低了。事实证明，集体行动不过是雷声大雨点小，因为第三世界各国追求的都是自己独特的利益。私有领域不断巩固的新帝国主义经济关系使改写国际法的企图基本破灭，第三世界国家的主权也因而受损（Anghie 2005, 226–244）。被西方经济学家摒弃之后，依附理论被宣告死亡，在国际关系中也只能得到十分有限而又姗姗来迟的认可。20世纪六七十年代那些激进的思想家们，像迈克尔・曼利（Michael
Manley）和安德烈・冈德・弗兰克（Andre Gunder Frank）这样声名显赫 97
的人，一个接一个地开始加入西方队列并接受有关发展的正统观念。尽管联合国发布了很多宣言，新的国际经济秩序并未成形。

阻击了来自三个大陆的外交攻击后，西方国家找到了新的盟友并安心追求自己的议程。这一最新的篇章涵盖了20世纪80年代的结构性调整时期、90年代的新自由主义的全球化以及"9・11"的余波，人们对该篇章的理解可能非常不同。不过，鉴于大家对主要的问题都不陌生，我们的陈述可以简化，可以直奔主题。随着"强国家"雄风不再，西方开始更广泛地干预第三世界社会的内政。它们经常与世界银行和国际非政府间组织结合在一起，其目标则变成了以能够进一步将其社会整合进国际体系的方式重组第三世界国家。最初的问题，而且也是绝大多数情况下的首要考虑因素，即关乎私有化、福利的削减以及更为自由的外资准入的国内经济结构的"改革"（有关这一点对世界经济政治学的威胁的精辟分析，见Ruggie 1994）。然后，其他因素被逐渐移植到这一主要问题上来。首先是良好治理，人们对它的理解从根本上依据的是西方术语。民主、"市民社会"以及社会资本不仅被视为重要术语，它们还被逐渐当作发展的前提条件。接下来，"9・11"之后，西方对有些国家（绝大多数都是穆斯林国家）施压要求它们彻底革新其安全措施以符合美国的新战略范式。我们也可以说有关反恐战争的用语，“先发制人防御”、“无赖国家”以及对其他国家的妖魔化威胁了第三世界国家的主权。正如我们在有关复杂的政治突发事件的文献中可以看到的，以人道主义救援作为国家重建基础的趋势以及更为紧迫的以民主和市场为导向的伊拉克重建的企图等，我们正在见证帝国主义政治的重生。然而，我们认识不到位的地方在于，如今在原殖民世界正在推行的政策比曾经的帝国时期所追求的政策更具有干涉主义色彩。

在这段时期的绝大部分时间内，国际关系学界并未注意到中心权力的重构和延伸的实际情况。可能当时国际关系学科中面对国际范畴的扩张、互相依赖的崛起以及全球化的影响时，过于沉浸于厘清自己的语料库。其时，现实主义也正面临来自建构主义、批判理论和女性主义的挑战。当时人们也强烈地要求反思对南方带来影响的世界政治。除了
98 约翰·鲁杰的著述以及复杂应急理论家们的见解，《千禧年：国际问题研究》(1996)的编者们也注意到了贫困问题。然而，这些启示性的思想在民主和平理论面前黯然失色，更不必说还有弗朗西斯·福山(Francis Fukuyama)的“历史终结论”，当然这一学说所指的方向是相当错误的。同样重要的是，本可以提供一些批评线索的知识遭到了人们的轻视：第三世界有关国际法主要原则的批评没有得到应有的重视；而很少有人认为通常在国际关系读者中占据一席之地的发展问题是对国关学科理论化的反思。斯蒂芬妮·纽曼(Stephanie Neuman)所著《国际关系理论与第三世界》(1998)是对该学科进行批评的著述之一，该书曾有所建树但随后又陷入迷思。

在此诠释性调查中有两个关键点。这两点对于后殖民主义研究都具有至关重要的意义，而且如今在国际关系边缘地带正获得不少认可。第一点，在相当长时期内，欧洲外世界的构成依据的都是其所缺乏的东西(Doty 1996, 162)。尽管早些时候它缺乏的是衣物、耕作和文明，如今它缺乏的却是现代市场经济以及良好治理。似乎其指导原则仍然是国际联盟(League of Nations)的托管制原则：对于“在现代世界艰苦条件下尚

无法自立的”人民进行托管必须委托给“先进国家”。然而，从女性主义思想对我们的启示来看，缺乏可以被重置为赋利而造就其他准则和政策。第二点是识别和应对差异的需要。在某一方面来说，这并不太关乎“对‘西方’的排斥”，它关乎的是“自我重塑”（Inayatullah and Blaney 2004, ix; 另见Salter 2002; Yew 2003）。

国际关系面临的挑战在于对这些相关问题的解决。总的来说，它们构成了一项方案，既需要对该学科进行去殖民化，又需要对了解这个世界的不同方法进行研究。对于当下国际关系是否准备好了实施这一方案，人们的看法可能有所不同。不容置疑，差异正摆在这一议程表之上，而人们对于去殖民化的需要更为认同（见Jones 2006）。本书这一章证明了国际关系学科已经脱离了国家主义—现实主义这一模型。一方面，人们更加关注“国内政治”；另一方面，人们更加关注“全球社会”。人们还对试验方法和政治行动主义产生了新的兴趣。不过，也有迹象表明这一再思考进程可能被压缩，正如民族主义领导人相信二战后的去殖民化也可能被压缩一样。也许现实主义正走向衰亡但自由主义则不然。我不希望在措辞方面过分含糊其词，但有些用语带有连贯性或相似性。考虑到早些时候在国际关系中的使用情况，“国内政治”一词具有暗指的被排除内容而且未纳入准政治内容。“全球社会”一词养育了“世界大同主义”这一幽灵，自然需要一些减速带。在这一点上，我们大概可以从帕沙·查特吉（Partha Chatterjee）的著作《被治理者的政治》中获得一条线 99
索。虽然该书与此类国际关系无关，但它却是所有国关学生都应该读的一本书。正如查特吉所说，在世界上绝大部分地方政府事务都把政治剔除干净。“市民社会”是现代精英集团这一封闭式的联合体。如今进行真正的政治斗争的是底层群体，这些斗争大部分都发生于西方强加的或促成的政治体系之外，为此查特吉提出了“政治社会”这一短语。他暗示，真正处于危险之中的是非欧洲社会的性质以及它们如何与国际体系发生关联。

也许有人认为，北方的国际关系从南方国际关系的实践中找到未来方向是上策。然而，现实情况没那么简单。眼下该立场正在发生变化，但通常南方跟北方对于传统的执着一样强烈(有关安全问题，见Darby 2006, 457-458)。尽管第三世界的学者在指责人们继续坚持欧洲中心主义思想方面一向走在前列，谈到有关学者我们会立刻想到阿明(Amin)、爱德华·萨义德(Edward Said)、马兹瑞、阿希尔·姆本贝(Achille Mbembe)、马哈茂德·马姆达尼(Mahmood Mamdani)、南迪(Nandy)、迪佩什·查卡拉巴提(Dipesh Chakrabarty)等，然而国际关系所扮演的角色并未引起人们多少兴趣。结果，该学科有关著述大多无人问津。一直以来，不仅新加坡(人们可能对其有所期待)，而且德里和北京(人们可能对它们无所期待)都在援引其权威；许多非洲的博士论文自始至终不离汉斯·摩根索(Hans Morgenthau)有关国家利益的论述。像依附性或附属性这种有影响的另类路线经常出现在教学大纲上并始终渗透于人们的口头交流之中，但在某种程度上并未扰乱学科思想的大结构。我们可以以此作为该学科普世性的标志，但笔者认为它构成的是一个基本未经验证的案例，查特吉称之为"衍生话语"(1985)。因此，我们也可以说该学科的突出要旨正在加倍失能，因为它使南方国关学者的思想被殖民化，致使他们的优先选择和对关键问题的理解失去关联。

就此而言，我们专注于国际关系对非欧洲世界边缘化的政治问题。这里我想根据认知这个世界的不同方式进行研究这一任务，对该学科既有的知识常规进行一下反思。就算人们的视野正在发生变化，我们仍然必须牢记学科沿袭的分量。正如俗话所说，孤燕不成夏。我们有充分的理由说明该学科的内部学术程序屏蔽了看似退化的、难以应付的或碎片化的知识，以及那些深入人们的生活方式但很少被当作知识的知识(例外情况，见Keck and Sikkink 1998; Sylvester 2000; Shaw 2002; Magnusson and Shaw 2003)。一直以来，国际关系中的主要论争主要是一些内部事务，而且它们具有将国际关系与其他观察国际社会的方式相隔离的效果。将不同学派知识进行组织并争论的过程过于针对新鲜的和有想象力的范
100 畴。因此与熟悉的参考点、往往枯燥的词汇乃至写作风格相关联的需要，

也抑制了对于既有学科落脚点的背离(Bleiker 1997)。有关这一方面,并非不存在差异空间,而是差异倾向于固化为固定立场,它象征的是一种封闭形式,似乎对于学术传统的坚持充当了对抗脆弱性的堡垒。

也许在此我们可以做两个补充说明。第一个与研究有关,不仅适用于国际关系而且适用于各种学科。随着学院的全球化以及大学之间为了资金而展开的竞争的加剧,那些在国际上著书立说的人会得到嘉奖,但人们普遍认为"国际上"就意味着要使用英语写作并在第一世界期刊上发表。第二,我们需要记住学说是国际关系实践的一个组成部分,谁的知识被传播到了全世界尤其重要。有大量的证据暗示我们,非欧洲知识的传播情况不太乐观(Nossal 2001; Hovery 2004)。

这一切都是更为严重的问题,因为就其历史上绝大部分时间而言,国际关系政治学一向受到空间的局限。传统上,国际关系学科关心的是"高政治",以"自上而下"的方式研究这个世界。即使是现在,仍有人抵制有关国际进程对普通百姓生活影响的研究。政治在草根层面与顶层表现不同,这一点对于有序世界来说令人不安。桑卡兰·克里希纳(Sankaran Krishna)对于国际关系如何成功地脱离这一困境颇有见地。对种族这一案例进行研究之后,他指出,"该话语对于抽象化的价值增值甚或崇拜是以逃脱历史的欲望为前提的"(Krishna 2001, 401)。也许还可以加上一点,不仅是为了逃脱历史,还是为了逃脱此时此刻的政治。因而,人们开始钟情于像自然状态或和平时期这样的抽象概念,而且还钟情于建模和博弈理论、理性选择的计算以及体系的权力。立足于这些方面,我们也许能够更好地回答那些人们应该提出但很少提及的问题。为什么人们对那些掌握了其他社会有关知识的国关学者的兴趣如此之少呢?为什么关于国际和日常生活的学说如此之少呢?

这些问题引导人们关注此地与彼处以及自我与他者之间政治的分野。茨维坦·托多罗夫的大作《征服美国》的出版是对他者及其危机进行理论化方面的一个重要里程碑。他以一位道德家以及面向未来的视角审视了15世纪和16世纪西班牙人和印第安人之间的对决,称之为"历史上最令人瞠目结舌的对决”(Todorov 1984, 4)。据他所言,仅仅理解或认同他者是不够的。有关他者的知识必须用于更好地了解自我,从而揭
101 示自我知识的相关性(Todorov 1984; 另见 Todorov 1995)。其他学者,有时以托多罗夫为基础,更多时候靠借鉴其他不同的思想传统,提出了很多鲜明的主张,比如揭示了胜利者与受害者之间的连续性,发现了二者具有受害和脆弱性这样的共同点,强调所有文化内部传统的多样性和开发隐性声音的需要以及研究发挥作用的心理进程等(尤其是,Nandy 1987; Kristeva 1991; Das 2002)。这些叙事的重要性在于,厘清与不同文化之间的碰撞有关的历史唯物的以及类似的当代经历后,人们就可能以一种并非仅仅围绕强者的自我形象的方式来思考未来。对于自我之中的他者加上与之并存的所有的自反性的意识,是实现不同文化之间对话所需要的第一步。然而,正如托多罗夫(1984, 247)所暗示的,在欧洲处于支配地位的绝大部分时期内,西方已经同化了他者。

笔者认为,这并非是对于自我/他者这一分类的过度使用以暗示它既适用于话语也适用于人和文化。如果是这样,我们就要直面该学科未能对他者进行研究的另外一个方面:它不愿意与关涉国际的其他知识形式开展持续性对话。如今,优先对待自身的知识专业化、分析语言以及行动方式是学科思想的本质所在。我们有理由质疑各种形式的交叉学科能否在不经整体“简化”情况下进一步推进不同知识的整合,更不必说成功绕过人们所接受的知识生产伦理了(Klein 1990; Coles and Defert 1998)。此外,学科对外封闭与交叉学科之间还存在一系列可能性:选择性的跨界、利用其他来源的资料和方法论、萨义德的折中主义、像佳亚特里·斯皮瓦克(Gayatri Spivak)的“打破规则”这样的反学科动向、开始实施可能减少学科依附性的短期协作性方案(Readings 1996)。如果在某些情况下这种倡议力有不逮,它们还是能够挑战人们的心态,记住犯错误可能具有创造性这一点是有价值的,虽然值得商榷,依附理论的情况同样如此。

然而,除了边缘地带有零星几个持异议者外,这种动向在国际关系

中并不常见，因为该学科对于国际政治的主要问题能够在自己的著作内得以解决的信念过于坚定。姑且不提全球化中大多具有选择性的非法交易问题，国际关系认为与其他有关国际的话语进行对话尚无必要。然而，人们几乎无法怀疑跨界具有的实现潜力，其中绝大部分都与其他知识有关。例如，一项有关研究对穷人日常如何看待和参与国家事务进行了探讨（Corbridge et al. 2005）；另外一项研究探讨了亚洲和非洲的绩效政治（Strauss and Cruise O'Brien 2007）。通过回溯到国际关系与发展研究之间盛行的互相"对峙"，我们看到回避的代价是惊人的。笔者想说，其 102
基本结果就是，发展没有被视为国际秩序的一个核心组成部分。不过，如果没有发展所抱持的救赎承诺，新自由主义可能永远不会成为国际意识形态。

我们仍面临一个问题，即学科性国际关系批评者对自身的定位在哪里？致力于变革需要针对主流国际关系领域，因为这里是权力的归宿。一方面，最有效的战略可能在于识别出能揭示该学科的不自信和不确定性的话语中的裂隙并对之进行探究（Marcus 1999, xi）。然而，一旦置身于国际关系的领地，就很难抵抗该学科的俘获能力。风险在于新的视野可能被整合进原有知识秩序，从而令其锋利的棱角钝化（见Weber 1999）。还有一种在国际关系内部建立另外一个学派的可能性，但这是否是人们所需要的东西至少是值得怀疑的。考虑到本章为了探讨克里希纳"后殖民主义国际关系是一个自相矛盾的说法，一个有待商榷的矛盾。将国际关系去殖民化也就意味着在该学科支配性的表现方面自我脱离于该学科"这一观点时所详细论述的观点，这一点是有益的。

另外，该批评者可能将自己定位在该学科边缘或外部，偶尔会进到其中心地带。处于这种位置的批评的问题不仅在于它们不可能接受多少正统思维，而且在于将该学科带回正途的机会将被大大缩减，因为它们的内部知识基础将更为贫瘠。当然，批评人士不可能以这种理性的方式决定自己的关系结构。相反，根据他们的兴趣所在、他们的写作方式以及他们与什么人为伍，他们会向各个方向倾斜。也许这是最好的一种情况，因为国关学科既需要来自内部的批评也需要来自外部的批评。此外，由于国际日益居于社会内部（这也确系大势所趋），无论人们以某个学科的名义提出什么样的主张，有关国际政治的知识性辩论局限于单一学科的情况
103 会越来越少。

参考文献

Amin, S. 1989. *Eurocentrism*, trans. R. Moore. London: Zed Books.

Anghie, A. 2005. *Imperialism, Sovereignty and the Making of International Law*. Cambridge: Cambridge University Press.

Barkawi, T., and Laffey, M. 2002. Retrieving the imperial: empire and international relations. *Millennium: Journal of International Relations*, 31: 109–27.

Bleiker, R. 1997. Forget IR theory. *Alternatives*, 22: 57–85.

Bull, H., and Watson, A. (eds.) 1984. *The Expansion of International Society*. Oxford: Clarendon Press.

Calhoun, C. 2004. A world of emergencies: fear, intervention, and the limits of cosmopolitan order. *Canadian Review of Sociology and Anthropology*, 41: 373–95.

Chatterjee, P. 1985. *Nationalist Thought and the Colonial World: A Derivative Discourse?* New Delhi: Zed Books.

—— 2004. *The Politics of the Governed: Reflections on Popular Politics in Most of the World*. New York: Columbia University Press.

Coles, A., and Defert, A. (eds.) 1998. *The Anxiety of Interdisciplinarity*. London: BACKless Books in association with Black Dog.

Corbridge, S., Williams, G., Srivastava, M., and Véron, R. 2005. *Seeing the State: Governance and Governmentality in India*. Cambridge: Cambridge University Press.

Darby, P. (ed.) 1997. *At the Edge of International Relations: Postcolonialism, Gender, and Dependency*. London: Pinter.

—— 2006. Security, spatiality, and suffering. *Alternatives*, 31: 453–73.

Das, V. 2002. Violence and translation. Pp. 205–9 in *Sarai Reader 02: The Cities of Everyday Life*, ed. R. Vesudevan, R. Sundaram, J. Bagchi, M. Narula, G. Lovink, and S. Sengupta. Delhi: Centre for the Study of Developing Societies.

Doty, R. L. 1996. *Imperial Encounters: The Politics of Representation in North–South Relations*. Minneapolis: University of Minnesota Press.

Hardt, M., and Negri, A. 2000. *Empire*. Cambridge, Mass.: Harvard University Press.

Hovey, R. 2004. Critical pedagogy and international studies: reconstructing knowledge through dialogue with the subaltern. *International Relations*, 18: 241–54.

Inayatullah, N., and Blaney, D. L. 2004. *International Relations and the Problem of Difference*. New York: Routledge.

Jones, B. G. (ed.) 2006. *Decolonizing International Relations*. Lanham, Md.: Rowman and Littlefield.

Keck, M. E., and Sikkink, K. 1998. *Activists beyond Borders: Advocacy Networks in International Politics*. Ithaca, NY: Cornell University Press.

Klein, J. T. 1990. *Interdisciplinarity: History, Theory, and Practice*. Detroit: Wayne State University Press.

Krishna, S. 2001. Race, amnesia, and the education of international relations. *Alternatives*, 26: 401–24.

KRISTEVA, J. 1991. *Strangers to Ourselves*, trans. L. Roudiez. New York: Columbia University Press.

LONG, D., and SCHMIDT, B. C. (eds.) 2005. *Imperialism and Internationalism in the Discipline of International Relations*. Albany, NY: State University of New York Press.

MAGNUSSON, W., and SHAW, K. (eds.) 2003. *A Political Space: Reading the Global through Clayoquot Sound*. Minneapolis: University of Minnesota Press.

MARCUS, G. 1999. Foreword. Pp. vii–xv in *Cultures of Insecurity: States, Communities, and the Production of Danger*, ed. J. Weldes, M. Laffey, H. Gusterson, and R. Duvall. Minneapolis: University of Minnesota Press.

MAZRUI, A. A. 1967. *Towards a Pax Africana: A Study of Ideology and Ambition*. Chicago: University of Chicago Press.

Millennium: Journal of International Studies. 1996. Special issue on poverty. 25: 521–779.

MITCHELL, T. 2002. *Rule of Experts: Egypt, Techno-Politics, Modernity*. Berkeley: University of California Press.

NANDY, A. 1983. *The Intimate Enemy: Loss and Recovery of Self under Colonialism*. Delhi: Oxford University Press.

—— 1987. *Traditions, Tyranny, and Utopias: Essays in the Politics of Awareness*. New Delhi: Oxford University Press.

NEUMAN, S. G. 1998. *International Relations Theory and the Third World*. London: Macmillan.

NOSSAL K. R. 2001. Tales that textbooks tell: ethnocentricity and diversity in American introductions to international relations. Pp. 167–86 in *International Relations—Still an American Social Science? Toward Diversity in International Thought*, ed. R. M. A. Crawford and D. S. L. Jarvis. Albany, NY: State University of New York Press.

NYE, J. S. 2004. *Soft Power: The Means to Success in World Politics*. New York: Public Affairs.

READINGS, B. 1996. *The University in Ruins*. Cambridge, Mass.: Harvard University Press.

RUGGIE, J. G. 1994. At home abroad, abroad at home: international liberalisation and domestic stability in the new world economy. *Millennium: Journal of International Studies*, 24: 507–26.

SALTER, B. 2002. *Barbarians and Civilization in International Relations*. Sterling, Va.: Pluto Press.

SHAW, K. S. 2002. Indigeneity and the international. *Millennium: Journal of International Studies*, 31: 55–81.

STRAUSS, J. C., and CRUISE O'BRIEN, D. B. (eds.) 2007. *Staging Politics: Power and Performance in Asia and Africa*. London: I. B. Tauris.

SYLVESTER, C. 2000. *Producing Women and Progress in Zimbabwe: Narratives of Identity and Work from the 1980s*. Portsmouth, NH: Heinemann.

TESCHKE, B. 2003. *The Myth of 1648: Class, Geopolitics, and the Making of Modern International Relations*. New York: Verso.

TODOROV, T. 1984. *The Conquest of America: The Question of the Other*, trans. R. Howard. New York: Harper and Row.

—— 1995. *The Morals of History*, trans. A. Waters. Minneapolis: University of Minnesota Press.

WEBER, C. 1999. IR: the resurrection or new frontiers of incorporation. *European Journal of International Relations*, 5: 435–50.

YEW, L. 2003. *The Disjunctive Empire of International Relations*. Aldershot: Ashgate.

第三部分

主要理论视野

第六章

国际关系研究与实践中的折中主义

彼得·卡赞斯坦/鲁德拉·希尔

直接源于(国际关系的)单个意象的政策是不完整的,因为它们都是基于局部的分析。每个意象所具有的局部性制造了一种张力,驱使一种意象包容其他意象。……人们被引导着去寻找包容多种意象的原因汇合点。

(沃尔兹1959,229-230) 109

在过去30年的绝大多数时间内,国际关系研究基本上是根据相互独立的研究传统展开的。每一传统的追随者都声称自己的传统具有根本的优越性,或者足以灵活到容纳其他传统。当然,不同研究传统之间的竞争是这些传统保持学术活力的动力之一。但是,某些传统的活力未必能为整个国际关系领域的进步奠定基础(Elman and Elman 2003)。正如冈瑟·赫尔曼(Gunther Hellmann 2002, 3)所指出的,“沃尔兹派‘现实主义者’和温特派‘建构主义者’给国际关系带来的某种专业化受到了广泛认可,广为传颂,这当然没有错,但是不能将其误认为学术进步”。

美国政治学会主办的两大期刊之一《政治学视角》的编辑论及国际关系学科时的视角极有见地：

> 写一篇标准的国际关系学论文，就是先将一块理论的巨石推上陡峭的险峰，再将其滚下砸碎山脚下几块事实的鹅卵石。具体来说，一篇这样的文章模版首先要介绍一下三大标准理论——现实主义、自由主义和建构主义（有时候还细分为新现实主义、新自由主义等）。随后，不同的文章可能略有差别：有些文章试图证明这些看似不同的理论实际上整合起来可以解释某个问题；另一些文章试图通过解释某一问题证实某个理论，而推翻其他两个理论；少数文章声称这三大理论都不足以解释这一问题，因此我们需要新的理论（更多的时候是某一旧理论的改头换面）。
>
> （霍奇柴尔德2015，11）

以往，一位好编辑会建议作者抛弃范式，聚焦一个核心问题，就该问题进行充分讨论，也就是说进行问题导向的研究，而不是范式导向的研究。实际上，虽然仍属于少数，但越来越多的学者有意识地超越元理论和方法论方面的争论，他们尝试探索在看似不可通约的研究传统所涵盖的不同现实问题和理论分析之间的关联性（Bernstein et al. 2000; Makinda 2000; Sil and Doherty 2000; Dow 2004; Suh, Katzenstein, and Carlson 2004; Zürn and Checkel 2005）。

一般而言，研究传统根植于相互竞争性的元理论原则。每种研究传统本质上有一套独特的基本原则，包括研究问题的选择和界定，在这种范式框架内所表现的经验观察和因果逻辑。由于不同范式衍生的核心观点都有其自身的道理，本章提出一种比较折中的分析方式，有意识地、自由地跨越不同范式，目的是通过创造性的方式界定和探索实质性问题。跨越竞争性范式的折中主义有选择地借鉴现有和新兴的范式研究，有助于加深对关键问题的理解，从而推动整个国际关系领域的理论进展。我们
110 所说的分析折中主义的不同之处在于以下事实：人们能够将最初深植于

独立研究传统的理论分析的特征与人们刻意解释成的它们的各自基础相分隔，并重新融合为一系列原创的概念、方法、分析和经验研究的一部分。

我们认为，分析折中主义以务实为基础，避免元理论上的争论，鼓励学术实践培养创新形式的知识，使得坚持某种范式的学者能够就国际社会中的实质性问题进行有意义的对话。分析折中主义也是一个反思的过程，激发产生超越学术意义的新理论视角，影响涉及国际关系各行为体的行为规范和政策辩论。这并不意味着摒弃或无视以范式为导向的研究成果。相反，在阿尔伯特·赫希曼（Albert Hirschman）之后，我们注意到有意识地“超越”不同的研究传统，可以更好地理解在各个特定的研究传统内关注重要的研究问题，提出的相关假定和阐释，并基于此做出的创新性和创造性的分析。运用比较折中的研究方式的著述在分析上是连贯的，学识上值得关注，也回应了围绕解决实际问题的规范性行为和政策辩论。

接下来，我们将首先介绍社会知识的实用主义观点，这种观点认为学术进步就是尽可能地扩大对话并拓展创新实验。在下文中，我们将详细讨论分析折中主义的定义，确立其与众不同的特点，以及与现有的研究传统相比的优点。然后，我们将以国际关系研究中的小样本为例，参考国际安全领域和全球政治经济学领域的具体问题，证明分析折中主义的意义和价值。最后，我们将得出结论：通过与特定研究传统中发展的学术研究共存和对话，分析折中主义所具备的必要性及价值，能够推动国际关系学科超越不断重复的元理论辩论，并发挥学术意义和实际意义。

1 实用主义的进步观 111

实证主义社会知识概念是许多国际关系研究的基础。实证主义者普遍赞同一种社会研究观：假定人类行为模式反映了某些客观原则、原理或规则，后者超越了各行为体和学者的主观取向，并可在一定范围内的案例中，通过严格运用可复制的方法和逻辑加以演绎、推断或证伪。一般来说，科学进步的实证主义意象会体现出某种有关客观现实的共同概念，通过运用日益先进的研究技术以及对现实更具阐释力的理论，人们可以形成对这些规律和规则更为精确的认知（Laudan 1996, 21）。故人们认为知识积累是可能的，而且实际上也是不可避免的。

但是，实证主义学派有很多不同变体，它们的差异非常大，已经无法在学术进步的指标上达成共识。例如经验主义者偏重于观察和衡量之后做出推理，期望通过对可重复方法标准化的运用逐渐为具体现象做出更好、更详尽的描述和解释。虽然定性和定量学者通常会形成具有独特实践的独立共同体（Mahoney and Goertz 2006），但是这两个阵营的经验主义者都鼓励使用标准化的研究技巧，通过重复运用这些技巧后的经验观察和经验发现（King, Keohane, and Verba 1994; Brady and Collier 2004; Bennett and Elman 2006; Klotz and Lynch 2007）的一致性来衡量所取得的进展。相反，伊恩・夏皮罗（Ian Shapiro）和亚历山大・温特（Alexander Wendt）所说的"逻辑主义"（2005, 24–28）来源于卡尔・亨佩尔（Carl Hempel）构建的演绎—自然法则模型（1966），强调从公理化的规律推理出可检验的因果命题。从社会科学的逻辑主义观点来看，经验世界构建概念和提出假定，形成具有一致性的公理，由此在逻辑上得出（Bueno de Mesquita 1985）可预测的和具有解释力的主张。因此，即使是实证主义者也无法在特定研究领域就衡量学术进步最根本的问题达成共识。

与实证主义的各个研究传统不同，从各行为体赖以理解其体验和社会关系的特定视角来看，其他传统的主观主义社会现实概念是不固定的。这种立场将一般的解释理论一概排除在外。相反，他们更青睐那些受情景约束的阐释方法，专注于各行为体赋予其当时社会环境中的普通做法的意义，这一点在克利福德・格尔茨（Clifford Geertz）的"深度描写"（1973）概念以及汉斯・伽达默尔（Hans Gadamer）所阐述的解释学（1976）中非常明显。即使有"理论"，通常也是批判理论，与寻求解释相比，它将批判和实践置于优先的位置，法兰克福学派的赫伯特・马尔库塞（Herbert Marcuse）和尤尔根・哈贝马斯的著作（参见 Held 1980）就是例
112 证。在国际关系领域，在试图将实证研究与规范性的反思重新联系起来

(Reus-Smit 2008; 另见Luke 2003; Haacke 2005)的批评视角以及强调话语分析的各建构主义流派(Hopf 1998; Neumann 2002; Wæver 2004; 另见Checkel 2007)之中明显存在着不同程度的主观主义。在此,对我们的观点来说,重要的不是非实证主义立场之间的差异,而是事先对解读和解释(Shapiro 2005, 2)区别的明确否认,以及对社会科学分析是否可以累积进步的深刻怀疑。

在实证主义和主观主义的各个流派中,实用主义可以视为一个理想型中心(Sil 2000b; 另见Hellmann 2002)。实用主义绝不是某个流派的残留物,其基础是何种知识值得探索,以何种方式、带着何种目的进行探索的、自洽的哲学原则。实用主义可追溯到19世纪晚期和20世纪早期哲学家查尔斯·皮尔斯(Charles Pierce)、威廉·詹姆斯(William James)和约翰·杜威(John Dewey)等学者的著述以及乔治·赫伯特·米德(George Herbert Mead)的社会行为符号互动观点。实用主义在行为革命和对宏大理论的追求的冲击下,曾经一度被边缘化。理查德·罗蒂(Richard Rorty 1982; 1999)和其他同时代的哲学家将实用主义发扬光大,他们对实证主义进行细致批判的同时,也没有沦为相对主义者或主观主义者(例如Bernstein 1983; 1992; Putnam 1981; 2002)。虽然实用主义从不同学术背景和哲学角度(Joas 1993)产生了不同流派,但是它们对社会研究的性质、局限和运用具备一些共识。这些见解体现了一种与实证主义研究传统所假定的进步不同的进步概念,它强调社会科学家之间对话的质量和范围以及这一对话贴近具有重要社会意义的规范行为和政策问题。

这一对话中的一个共同主题是反对过于抽象或刻板的基础性理论原则,提倡能用于处理具体问题的有益阐释。在詹姆斯(James 1997, 94)之后,实用主义者试图避开"可能无休止的形而上争论",而在实际情况下"通过追踪各个观点在具体情境中的意义来对其进行诠释"。鉴于社会生活的复杂性和社会环境的多样性,对于杜威这样的实用主义者来说,包罗万象的原理或一般性理论只不过是为了将"控制"实施于现实世界的短暂努力(Cochran 2002, 527)。与此同时,与主观主义者不同,实用主义者关心的是解决社会问题（Bohman 2002）的各种真理主张的后果。形成合乎实践的知识不能等到人们就什么是“最终”真理达成确定共识之后再进行研究。正如赫尔曼（Hellmann 2002, 8）所说：“出于当下行动的必要性，我们不能等到‘获知’真理之后。”因此，人们需要在依据知识探讨
113 非连续情景中的具体实证和认知问题的直接实际后果时的固定时间框架内对知识加以规划和评估（Johnson 2006, 227）。[1]

与此有关的还有一个主题，其中知识生产被视为一个通过创造性的实验，整合不同方面的“知”与“行”的过程。对杜威（Dewey 1920, 121）而言，实验科学“意味着某种智慧的做事方式，它不再是冥想，而是真正的实用”。实用主义者鼓励的实验并非科学家用来证实或证伪因果关系的控制实验，而是通过以往知识逐步适应并整合不同形式的新知识以解决问题的创造性探索。“我们将所需知识中的一项运用到具体情境中，于是我们便会孕育出一样全新的知识，我们又将这个新知识带入我们所遇到的下一个场景。”（Dewey 1926; 参见Menand 1997, xxiii）赫尔曼认为（2003b, 149），其目的就是采用“整体性”的手段，“通过创造性地结合经验和智力，找到解决面前难题的办法”。这里并没有排除理论知识，而是要求理论知识与现实世界行为体的经历保持足够的密切联系。现实世界行为体则努力使其语汇及解读可以匹配它们的规范性承诺及不断遭遇的现实问题。

第三个主题是关于对话在日益包容和结构日益民主化的学术共同体中的核心地位。实用主义者将知识生产视为社会活动，强调对某个问题感兴趣的人士都能参与流变、开放的讨论（Joas 1993; Menand 1997）。罗蒂（Rorty 1982, 165）就持这一观点，他认为实用主义“作为一种学说，在日常沟通范畴之外，对问题探索没有限制。也就是说，没有源于事物、头脑或语言本质的整体限制，而只有探究者的评论所带来的具体限制”。

1 因此，对于那些采用历史方法研究国际关系但遇到矛盾的历史话语，实用主义的观点主张与不同的史学视角融合与碰撞，从中确定哪些历史性“事实”可以暂时达成一致，用于构建解决当前问题的办法（Isacoff 2006）。

实用主义者认识到知识主张是在学术共同体中提出和探索的，但是他们强调更加公平、包容、平等的共同体，促进就具体问题达成共识，并使其合法化。此外，公平、包容的思考方式不仅仅是在程序上保证决策者获得高 114
质量的知识；其意图是减少道德上的分歧，促进共识规范出现，以支持规范人类行为的制度的合法化（Buchanan and Keohane 2006）。

第四个人们达成共识的主题是个人与其所处的不同社会背景之间的关系。米德的符号互动论认为，在与环境中的他者不断的对话中，"自我"得到建构和重构，这为辩证地理解行为者与结构、个人与结构化社会关系之间的多重关系奠定了基础。因为这个特征，当代学术研究一直援引实用主义，特别是米德的著述，为完全不同的学术视角提供支持。对一些人来说，在自我与社会进行的辩证交流中，理性和明智的行为者所处的角色不仅使得理性选择理论与实用主义研究之间保持一致，并且弥补了侧重根据制度本身进行分析的弱点（Knight and Johnson 1999）。乔希·惠特福德（Josh Whitford 2002）否认实用主义与理性选择理论存在联系，认为理性选择理论中手段和目的二元对立，与实用主义强调思想和行动以及知识和经验的结合是不相符的。在彼得·哈斯（Peter M. Haas）和厄恩斯特·哈斯（Ernst B. Haas）看来（2002, 586），实用主义的重大意义恰恰在于，它强调制度在促成集体学习甚至是新的共识话语产生中发挥作用。温特（Wendt 1999）认为，米德的符号互动论关注到了与行为者身份、行动和社会环境相关的集体身份形成过程。对我们而言，实用主义与这些不同视角的联系体现了对过程和机制所采取的开放式方法，这种方法横跨不同层面的分析，将行为者个体的自我认识和共同的世界观与不断演变的社会制度联系了起来。[1]

这些原则说明，虽然实用主义者和实证主义者在发现（Chernoff 2005）为决策者所用的"真理"上存在广泛的共识，实用主义者拒绝将

1 实用主义这一层面与结构化主义（structurationism）有许多相似点，结构化主义的本体论较灵活，认为个人行动和选择可以通过一整套进程塑造、转变，进而顺应物质和理想结构（Giddens 1984; Sewell 1992; Sil 2000a）。

标准化的方法和技术应用于最终证实或证伪真理假说。因为他们认为，这样的假说都是暂时性的，至多提供“对问题探索的暂时性的栖身之所”(Cochran 2002, 527)。与此相类似，一些理论批评家拒绝接受科学具有结构严谨的、价值中立的制度化知识体系(Bohman 2002; White
115 2004)。实用主义者和他们原则上都拒绝明晰地区分事实判断和价值判断(Putnam 2002)。但是，批评理论进而得出结论：鉴于其政治影响，学者们应该对所有知识假说持怀疑的态度。相反，实证主义者呼吁不同学者共同体之间应展开对话，逐步减少道德争议及不确定性，为国际关系制定共识性规范和标准，艾伦·布坎南(Allen Buchanan)和罗伯特·基欧汉(Robert Keohane)就曾呼吁(2006)为全球治理机制合法化制定“复杂的标准”。

总而言之，实用主义者以温和、非线性的视角审视进步，进步取决于通过广泛的对话而相互联系的开放的共同体在解决问题过程中运用各种知识的实效。对实用主义者而言，学术进步的标志不是理论积累的程度，技巧的复杂水平，或者在某个研究共同体眼中复制努力的成功。真正重要的是，就某个问题感兴趣的学者之间沟通的质量，对于知识创造性地重新框定、重新组合、重新配置，以更好地理解和解决现实世界中的问题。因此，实用主义对学术进步的认知，为更深入地理解分析折中主义对国际关系研究和实践的影响做出贡献。

2　什么是分析折中主义，什么不是分析折中主义？

我们赞同罗伯特·达尔(2004)的观点：由于政治包含异常复杂的现象，涉及通过各种关系相互连接的多种类型的单元，要理解这种复杂性，首先需要理解具体的要素、制度和行为者。范式导向的研究依赖于提出的基本假定、词汇、标准和技巧等，强调对某个问题的特定方面进行深入分析。这种范式导向的研究传统简化了社会现象，也因此产生了优秀的研究成果。此外，不同学术传统的追随者之间进行辩论，学者就其他传统提出的批评和不同知识假说进行回应，传统的研究范式就得以进步和发展。

但是，除非努力突出不同研究传统提出的问题、解读和机制之间的联系和互动，完全从不同研究传统的视角看待社会现象可能对知识生产具有局限性。正如夏皮罗（Shapiro 2005, 184）所指出的，根植于单一视角的学术可能反映了该视角的重点，对社会现象的探索本质上局限于利 116
用某视角偏好的认知模式、工具方法解决问题。因此，研究范式之间的辩论使得每个范式内得以进步，但同时也阻碍了沟通、有损学术多样性，从而无法认识不同范式内的分析之间存在的可能的相关联系。例如，在安全研究中，《冲突解决期刊》（*Journal of Conflict Resolution*）和《国际安全》（*International Security*）这两大期刊所发表的文章很少认可对方刊物所取得的学术成果，哪怕是在同一问题上也是如此（Bennett, Barth, and Rutherford 2003）。此外，形成和发展一个研究范式需要大量学术、经济、专业和心理等方面的投入，而对于在该范式认知工具和分析框架中无法反映和解决的问题，人们投入的关注往往不足。正如克拉托奇维尔（Friedrich Kratochwil 2003, 125）所言："大多数的时候，比起真正找到可接受的问题解决方案的想法，维护自身立场或观点的想法可能更强烈，这也许并不令人奇怪。"

为了克服这些学术交流上的障碍，从观察中获得深刻的洞见并提高观察的精确性，特别是使得研究与现实世界行为者的关切联系在一起，"社会研究的多视角模式"在学术上是有益的（Bohman 2002, 502）。热衷于某个研究范式的学者认为：该范式得以发展的优势恰恰会在探索现实世界难题时成为**劣势**，这些难题迫使学者直面实证的精确性问题，以及他们工作与实践、规范的相关性，而不是让他们主要在方法论或认识论上证明自己工作的合理性（Grofman 2001）。将学术根植于研究传统的益处在于可识别专业身份的培养，根据所共享的知识和技巧进行高效的沟通，与明确的方法论假说相联系的一整套评估标准，以及其他成员所提供的心理和体制上的支持。但是，当为了以更加贴近复杂的现实世界的方式识别和界定问题，为了能从不同研究传统中获取不同形式的概念、数据、方法和解读逻辑来摸索识别和界定这些问题的方法，这些培养、沟通、标准和支持都必须放弃。当特点鲜明的学术共同体试图使自己的学术成果更贴近决策者和其他行为者的时候，学术上的折中促使这些共同体认识到一个问题的相关方面，迈向更加丰富的解读框架，有选择地将最初在各个研究传统中设计的、人为分割的计划和逻辑整合起来。由此而来的理论框架，哪怕在简洁性和复制性等科学理想上存在局限，也构成了“解决
117 问题，而不是生产真理的工具”（Hellmann 2002, 7）。

的确，不同理论范式是依据不同本体论和认识论假定所建构起来的，在这些研究范式之间折中可能会导致认知模糊。但是，正如西奥多·霍普夫（Ted Hopf 2007）所言，不同研究范式的分析基础之间的差异通常可能没有假定的那么大，可以对这些基础进行调整和限制，使从不同研究范式中发展起来的实质性理论和话语可以转换、比较和融合。只要概念和定义清晰，元理论假定上的差异并不会在本质上否认国际关系的各种进程间的互补性和关联性，即使它们通常出现在不同的理论词汇和不同的分析层面上（Sil 2000a; 2004; Katzenstein and Sil 2004; Parsons 2007）。折中的方法不能忽略或取代不同范式内产生的学术成果。但是，通过拓展假定、分析工具、理论概念、方法论和实证数据，分析折中主义可以提供复杂的解释，说明不同的因果机制和进程是如何关联的。

分析折中主义不应与理论合成或构建统一理论混为一谈。虽然在与分析折中主义有关的不同方法上，有学者曾使用“合成”表达“实用的范式融合”（Hellmann 2003a, 149），真正的合成理论框架首先要与现有不同研究传统的核心本体论和认识论假定断然决裂，并构建包含概念、假设和分析原则在内的一套新的统一系统，用于范围广阔的一系列问题之上。相反，分析折中主义以问题为导向。折中主义承认相互竞争的研究范式会继续存在，并在此基础上进行融汇统合。与此同时，分析折中主义不仅仅是安德鲁·莫拉维斯克（Andrew Moravcsik 2003）所理解的理论合成中的假说叠加版。莫拉维斯克认为，合成理论（contested by Hellmann 2003b）通过严格地使用标准化数据组和可复制的方法可以测试复杂理

论的不同组成部分。这种可以分解为各个部分并分别检验的合成理论，并非没有价值。分析折中主义旨在阐明某个具体问题上进程和机制的复杂互动，与合成理论是两回事。

折中主义学术的增值并不是忽略目前的研究范式，而是有意让这些研究范式探索并认识到国际关系中复杂的实证和认知联系，这是任何单一的研究范式所无法做到的。实际上，分析折中主义要求对不同研究范式的优点、局限及其之间的互补性均有了解，否则在各个研究共同体内开展更加系统性的工作也无益。与目前的研究范式**确实**有交互的折中主义 118
有助于产生一大批不同以往的分析和实证要素的组合，这些要素可用于重新定义和解决具有重要实际和规范意义的问题，哪怕这些要素最初是在不同的研究范式中形成的。社会科学若想取得学术进步，开展确定性或概率性分析，与意识到各类可能性同样重要。分析折中主义旨在认识在目前研究范式构筑的理论框架之外的实证和道德可能性；与此同时，继续认可目前的范式并与其交互融合，希望能就国际关系的实际问题扩大对话的范围和质量。[1]

3 国际关系学术研究中的折中主义

有必要用不同的方法理解国际关系中的问题这一理念并非是全新的，即使传统上被认为属于某个研究范式的学者也早已意识到这一点。我们已经引用了沃尔兹在《人、国家与战争》(1959)一书中的观点。很久以前，汉斯·摩根索从现实主义的角度，指出了学术在界定具体视角的边界时有其局限性。他认为，大多数国际关系理论：

---

1 经济学理论最近也出现了这一学术动向，呼吁鼓励“结构化的多元主义”(Down 2004)：不同的流派为研究共同体内的交流提供临时的框架和话语，同时在不同的共同体之间创造新的交流方式。在学术界之外，类似的逻辑还可以在商界中找到，最有活力的公司其成果取决于“在组织内部和组织之间就最贴近具体问题的认识加强对话”(Helper, MacDuffie, and Sabel 2000, 484)。还可以观察到，与依靠现有知识加强能力的企业相比，追求“整合能力”(Kogut and Zander 1992,391)的公司更能融汇各种类型的知识，抓住不断变化的市场机遇。

> 为学术共同体的成员提供了宝贵的屏障，使他们能够开展没有争议的学术研究。我们这一历史时代的国际关系从本质上来说就是存在争议的。国际关系所要求做出的决定，事关国家的目的甚至是存亡。如果关于这一主题的理论不涉及这些决定背后的深层次议题，那么它看似为决定的合理性提供了支持，实际上则没有。
>
> 119 （摩根索 1970，247）[1]

冷战结束之际，国际关系学者们再次陷入以前的一番争议。即便摩根索也不会对此感到奇怪。这场新现实主义（或结构现实主义）与新自由主义（或制度自由主义）之间的争论吸引了大多数学者的关注，但是这两种范式都没有预见到世界政治的革命性转变，也无力就转变前、后世界之间耦合性的关系提供一致的建议。在历史的关键时刻，范式之争掩盖了专注于问题的研究。

接下来，我们将回顾国际关系研究中关于安全和政治经济学的小样本，我们认为这一样本避免了范式之争，并提出了更加折中的视角。我们并不认为这些例证全面代表了国际关系的折中研究，也不假定这些研究中的实质性话语或假说一定是“正确的”。但我们可以肯定，这些例证都是折中的典范，可以防止我们陷入如元理论议题、无法找到解决方案等方面的口诛笔伐。这样的折中有望使得学术对话产生更多成果，以及帮助解决国际关系的具体问题的行为出现。

3.1　国家安全的折中主义视角

最近现实主义发生的变化为利用折中主义解决国家安全问题创造了空间。国家安全曾被认为完全属于现实主义的范畴。亨利·诺（Henry Nau 2002）将均势理论和身份平衡理论相结合，就美国对外政策本质及长期保持均势的趋势提出观点。美国作为“新世界”卓尔不群和独一无

1　感谢伊多·奥伦（Ido Oren）提醒我们注意到了这段话。

二部分的自我形象，使其与其他国家形成了巨大的反差，由于权力、财富和其他众多的原因，美国寻求与全世界更紧密的关系。回顾美国对外政策历史，不难得知：美国既是国际主义者，同时又是孤立主义者，它不停地摇摆于两个身份之间，同时又陷于现实主义和自由主义的矛盾中。结果就是在相互竞争的联盟之间不断摇摆，或出现某个阵营取得暂时性的胜利，或两个阵营之间出现不稳定的同盟。因此，很少情况下，美国与世界的关系会长时间不出问题。因此，亨利·诺将传统的均势逻辑与国家身份的平衡理论相结合之后，阐释了一系列新问题，这是新现实主义或新自由主义理论无法做到的。

康灿雄（David Kang 2007, 11–12）在分析中国崛起时，也在寻找“偶然因素的相互连接，而非忽视其他因素，孤立看一个因素”。康灿雄提出，除了日本之外，为什么东亚地区大多数国家顺应中国崛起，而非采取 120
抗衡措施？这个问题直指现实主义者的核心关切，但是要回答好这个问题需要考虑各种因素，包括偏好、意图、信念、规范、身份和对世界的判断。康灿雄一方面考虑了绝对和相对能力以及国内政治，另一方面强调中国与东亚地区的关系在过去和未来都有共同的利益。历史上，一个虚弱和分裂的中国给邻国带来的是问题，一个繁荣的中国通常会使邻国受益。几百年来，东亚地区已形成共识：中国在本地区占据着特殊的位置。目前，中国的政策取向是与邻国一道实现繁荣，而不是牺牲它们。这一分析的现实意义就是把中国理解成国际关系中的“维持现状国家”，而不是“修正主义国家”。不论对错与否，康灿雄的复杂解读挑战了现有的理论（包括现实主义、自由主义或建构主义），这些理论忽略一些因素而专注于另一些因素，将中国崛起描绘成威胁东亚稳定的因素。

这种处理方法与杰森·莱尔（Jason Lyall 2005）对后共产党时代俄罗斯的分析形成了强烈的共鸣。莱尔试图对兰德尔·施韦勒（Randall Schweller 1998; 2006）的研究进行改进。施韦勒遵循现实主义研究的悠久传统，强调修正主义国家的意义。莱尔认为，维持现状国家和修正主义国家之间的本质区别，实际是做出准确预测所依据的固定身份。换句话说，现实主义理论框架下的分析是依据隐藏的身份变量。莱尔的观点并不是要否认施韦勒著作中绝对和相对能力的重要性，而是要揭示其研究中不被承认的折中主义性质。归根到底，“修正主义国家”和“维持现状国家”这两个类别表明了国家在国际社会中的角色。换句话说，身份的界定表明了国家之间重要的互动关系，这种互动关系在现实主义的认知框架中无法体现。在康灿雄和施韦勒的分析中，若没有事先对修正主义国家及其对国际体系冲突或稳定的重大意义有所认知，就无法做出解释。与此同时，他们没有追求简约性原则，考虑分析了诸多概念和事实后提出了原创性的观点，而这些概念和事实对更全面理解问题有至关重要的作用。

罗伯特·杰维斯（Robert Jervis 2005）对他认定的或许是当代世界政治安全观最令人瞩目的变化，即世界上最发达国家之间不可能发生战争这一事实，进行了研究。虽然他承认三大研究传统都存在各自的缺陷，但是他的阐释还是结合使用了三大研究传统（Jervis 2005, 16–26）：建构理
121 论所强调的非暴力规范和资本主义民主国家之间的共有身份；自由主义所强调的民主、经济互赖以及国际组织中的共同成员资格三个要素产生的和平效应；以及传统现实主义所强调的外在威胁、美国霸权和核威慑三个要素促成的合作。随后，他建构了（Jervis 2005, 26–29）自己所说的“合成互动理论模式……重新提出了几个因素”，具体来说是三个因素：相信领土征服非常困难；承认战争的代价高昂；民主扩散引发的身份变化，表现为尚武精神、领土争端和民族主义一齐衰弱，以及最发达大国之间不断增强的价值认同。杰维斯并不认为这些变化能够解释所有的国际政治问题，确实远远不够。但是，他对他所认为的国际政治中最惊人变化做出的分析，以及对新型安全共同体兴起的阐释，都具有折中主义的取向。这种折中的方法认识到了不同研究范式内以典型方式概念化的机制和实践运用的机制之间的互动。

3.2 国际政治经济学的折中视角

折中主义也为国际政治经济学（IPE）领域的学术发展做出了贡献。

在罗伯特·吉尔平（Robert Gilpin）的重要著作（1975）发表之后，一代学者认为国际政治经济学可以分为三个不同的研究范式：现实主义—重商主义、自由主义和马克思主义。最近的研究不仅跨越了这三个阵营，而且吸收了通常被这三大传统忽略的新概念和变量，三大传统的概念因此现在已经过时。这一点在政治经济学的处理上尤为明显，对传统上重视国家权力的现实主义思想和传统上重视经济激励的自由主义思想明显地增加了概念因素。

艾儒蔚（Rawi Abdelal 2001; 另见Helleiner and Pickel 2005）的分析是采取折中方法的一个案例。苏联解体后的各继承国在经济严重依赖俄罗斯的情况下，采取了截然不同的经济战略。在艾儒蔚看来（2001, 13–18），现实主义和自由主义的解释虽然有助于全面理解这些新独立国家的选择，但无法据此理解这些国家的经济战略，因为这两大研究传统的理论框架认定行为者身份是外生的。艾儒蔚从经济民族主义的概念出发，以理解这些国家经济战略中明显不同的政治选择。民族主义使得国内政策具备根本性的社会目的，即维护和加强国家认同。它使人们为了实现社会目的而做出了一些必要牺牲，同时延伸了国家和社会的时间范畴（Abdelal 2001, 2）。艾儒蔚将这些影响考虑在内，不仅能够理解具体的国家选择，而且还能解释苏联国家在参与国际经济体系方面所经历的不 122
同进程。

伦纳德·西布鲁克（Leonard Seabrooke 2006）对国家金融权力的社会根源所做的探讨是折中主义分析的另一种案例。西布鲁克的关注不局限于国家和大企业之间的互动，更关注边缘经济行为体的理解和实践，特别是通常被排除在“富人阶级”之外的低收入群体。强调要素禀赋以及制度逻辑的理论过于静态，无法把握这一动态关系的复杂性，因为这些理论忽略了赋予信贷和金钱意义的社会共识的重要性。他还认为，那些强调国家能力或各种资本主义的理论忽视了政治和社会反应对国家使用金融权力的能力及国际金融秩序的重大意义。西布鲁克随后重点关注了经济活动中合法性的重要性。经济活动指的是包括低收入群体在内的政治和经济实践，合法性赋予政治秩序公平和公正。因此，针对低收入群体的、积极的政府政策具有重大意义，包括降低税负、放宽授信、增加财富等方面，因为低收入群体为国家的金融权力奠定了重要的社会基础。积极的政府政策深化和扩大国内资本储备，鼓励增加资本回流的金融实践，对国内金融体系的能力和国家塑造国际秩序的能力都产生了巨大影响。对20世纪初英国和德国以及20世纪后期美国和日本的案例研究，为这一新的折中方法提供了有说服力的支持。

在强调全球金融的社会性时，蒂莫西·辛克莱（Timothy Sinclair 2005）对于评级机构政治的分析对现有的国际政治经济理性主义理论起到了补充作用。理性主义者认为，在当今金融全球化的时代，是评级机构而不是银行决定信誉，国家和企业现在都受自我监管的评级机构的判断。在高度不确定和充满风险的环境中，评级机构向经济主体提供透明公正的判断，供后者决定如何有效地分配稀缺资源。辛克莱并不否认这一理性主义的分析，而是试图通过这种评估知识的创造和监督，从更深入的、政治的角度理解该问题。评级机构并不仅仅做技术工作，向其客户和公众提供自然市场发展的、经过提炼的海量数据。这些机构还提供了诠释性框架，旨在说明什么是合适的经济行为，而这些行为会因此获得额外的私人投资作为回报。评级机构提供权威的专业知识，但是这些并非传统
123 意义上正确或不正确的专业知识。主要的国际评级机构都在美国，从一个侧面反映了它们所代表的深层次的知识网络的特征。

最后，越来越多的文献提及地区在国际事务中的重大意义，这类文献明显可以看到将安全和政治经济学相结合的折中视角。至少有三个不同的研究范式（Katzenstein 2005, 6–13）对地区进行了定义和分析。地缘政治的经典理论强调地区的物质基础：例如，有一种观点认为，地形的性质或者陆权或海权的必要性决定了地区政治的发展态势。地理的观念理论认为，地区并非给定的，而是通过政治和文化塑造的。地区不仅受到经济中心与边缘分离进程的影响，而且地区符号可表示特定人群在世界上特定地方占据的主导地位。根据观念理论，空间是一种社会创造和实践。

地理学的行为主义理论也对地区进行了分析，提出不同地区的空间距离变量被认为对这些地区行为者的行为存在直接、可证明的重要影响。上述每一种研究方式都提供了一部分重要的见解，但都不能独立地为国际关系中的行为体如何界定和理解地区、解释行为体在地区的位置做出令人满意的解释。在地理学科的内在跨学科的支持下，折中方法可以提供更为全面的分析框架，揭示上述三种研究方式各自偏好的机制或进程之间的联系。当卡赞斯坦（2005）在探讨美国“统治权”背景下的欧亚差异时，他正是采取了折中主义的分析方法。

4　结语

分析折中主义对学术进步的贡献并不依赖任何具体的严格标准，而是在于扩大了就某个给定问题相关的概念、要素、机制互动的范围，鼓励做出创造性的努力去认识、定义、连接和解决国际关系中的实质性问题。这些问题通常以不同形式分散在不同的研究范式之中，并且这些问题往往以更“纯净的”国际政治科学的名义被剔除在外（Reus-Smit 2008）。我们并不主张将研究随意扩大到任何范围，或者忽视目前研究范式中的有关观点。我们也并不认为折中是两面下注的谨慎之举。在我们看来，折中主义是有的放矢，因为它试图在一定的时间内尽可能找到某个问题的最佳答案；折中主义又是富有勇气的，因为它敢于同多样化风格的思想进行学术交流，是一种完全对话式的科学（Therborn 2005, 325–326）。此外，由于分析折中主义也有意识地接触不同的研究范式，因此它能够 124
扩大研究共同体之间交流的范围并提升交流质量，揭示不同的实证难题、规范性关注和理论解释之间的关联性和互补性。在更广范围的国际关系领域内，“大多数进步的取得都依靠在我们所有人之间不断进行的对话”（Haas and Haas 2002, 587）。

坚持分析折中主义的方法确实需要付出成本并承担风险。第一，折中主义的方法缺乏“保护带”（Lakatos 1970），无法保护使用折中方法的学术研究免受核心认识论和形而上假定的质疑。折中主义的方法也缺乏标准和规范，研究共同体因此无法以某种标准评估学者的贡献和评判他们学术成果的质量。第二，折中主义的方法可能会在更广的范围内受到质疑和批评，这类质疑和批评来源于各个研究范式中相关的标准和实践，而各研究共同体的成果被融合应用于不同类型的折中主义分析。第三，与对理论合成的尝试一样，折中分析也面临着认知模糊的危险，因为分析折中主义研究人员需要熟谙各种范式的研究人员所使用的评价标准，在更加广泛的范围内进行经验研究（Johnson 2002）。第四，跨越不同研究传统往往需要花费大量时间和精力，要求学者不仅阅读广泛，熟悉不同理论话语，参与和不同学术共同体之间的多元话语交流，每一个共同体都会使用某一种理论语言，这个共同体成员的大部分职业生涯是与之联系在一起的。面对分析折中主义所涉及的风险及质疑，我们不得不提出疑问：在研究未显示出价值和所循标准的时候，是否应当将有限资源应用于分析折中主义研究？史蒂芬・桑德森（Stephen Sanderson 1987, 321）对折中主义做了如下批评：“由于绝大部分思路不会创造任何价值，采用这种战略会浪费大量的时间和精力。更好的替代办法……就是采用时下最实用的理论传统，并最大限度地根据这种传统来进行研究。”

无论如何，特别是考虑到国际关系的几大研究传统过往的情况，这些关切并不意味着有理由将折中主义边缘化。如果有什么影响的话，与研究传统内部的学术生产相伴随的利益往往导致学术研究与现实世界需要关注的问题有越来越大的鸿沟。正如夏皮罗（Shapiro 2005, 2）所言：“在一个又一个学科，学者们完全逃避现实，几乎都忘记了他们所声称的研究
125 对象。”为整个社会科学制定衡量“进步”的标准化指标这一根本性问题依然没有解决。将资源投入被不同研究传统的假定和实践规范的学术中去，只会使得这一问题更加严重。虽然分析折中主义没有解决这一问题，但是它绕过这一问题，认识和评估不同研究传统对某些问题关注的不同方面，从经验来看，这些问题的不同方面是紧密联系的。此外，分析折中主义认识到现实世界问题的复杂性以及解决这些问题的不同战略所带来

的实际后果，因此公开直接地关注往往未受认可、能够激发学术研究的问题（Reus-Smit 2008）。仅凭这一原因，就值得投入至少部分的资源——分析的折中模式可以加强我们在不同研究共同体之间对话的整体能力，逐渐为国际关系中遇到的复杂问题的各种概念、理论和经验创造更大空间以解决问题。与相互冲突的教条主义所存在的缺陷相比，分析折中主义的缺陷小得多，值得尝试（Hoffmann 2006, 11）。 126

参考文献

Abdelal, R. 2001. *National Purpose in the World Economy: Post-Soviet States in Comparative Perspective*. Ithaca, NY: Cornell University Press.

Bennett, A., Barth, A., and Rutherford, K. R. 2003. Do we preach what we practice? A survey of methods in political science journals and curricula. *PS: Political Science and Politics*, 36: 373–8.

—— and Elman, C. 2006. Complex causal relations and case study methods: the example of path dependence. *Political Analysis*, 14: 250–67.

Bernstein, R. 1983. *Beyond Objectivism and Relativism: Science, Hermeneutics, and Praxis*. Philadelphia: University of Pennsylvania Press.

—— 1992. The resurgence of pragmatism. *Social Research*, 59: 813–40.

Bernstein, S., Lebow, R. N., Stein, J. G., and Weber, S. 2000. God gave physics the easy problems: adapting social science to an unpredictable world. *European Journal of International Relations*, 6: 43–76.

Bohman, J. 1999. Democracy as inquiry, inquiry as democratic: pragmatism, social science, and the cognitive division of labor. *American Journal of Political Science*, 43: 590–607.

—— 2002. How to make a social science practical: pragmatism, critical social science and multiperspectival theory. *Millennium: Journal of International Studies*, 31: 499–524.

Brady, H., and Collier, D. (eds.) 2004. *Rethinking Social Inquiry: Diverse Tools, Shared Standards*. Lanham, Md.: Rowman and Littlefield.

Buchanan, A., and Keohane, R. O. 2006. The legitimacy of global governance institutions. *Ethics and International Affairs*, 20: 405–37.

Bueno de Mesquita, B. 1985. Toward a scientific understanding of international conflict: a personal view. *International Studies Quarterly*, 29: 121–36.

Checkel, J. 2007. Constructivism and EU politics. Pp. 57–76 in *Handbook of European Union Politics*, ed. K. E. Joergensen, M. Pollack, and B. Rosamond. London: Sage.

Chernoff, F. 2005. *The Power of International Theory: Reforging the Link to Foreign Policy-making through Scientific Enquiry*. London: Routledge.

Cochran, M. 2002. Deweyan pragmatism and post-positivist social science in IR. *Millennium: Journal of International Studies*, 31: 525–48.

Dahl, R. 2004. Comments on the confluence of American and comparative politics. *APSA-CP Newsletter: Organized Section in Comparative Politics of the American Political Science Association*, 15: 4–6.

Dewey, J. 1920. *Reconstruction in Philosophy*. New York: Henry Holt and Company.

—— 1926. *Democracy and Education: An Introduction to the Philosophy of Education*. New York: Macmillan.

Dow, S. C. 2004. Structured pluralism. *Journal of Economic Methodology*, 11: 275–90.

Elman, C., and Elman, M. F. 2003. Introduction: appraising progress in international relations theory. Pp. 1–20 in *Progress in International Relations Theory: Appraising the Field*, ed. C. Elman and M. F. Elman. Cambridge, Mass.: MIT Press.

Elster, J. 1998. Introduction. Pp. 1–18 in *Deliberative Democracy*, ed. J. Elster. New York: Cambridge University Press.

Gadamer, H. 1976. *Philosophical Hermeneutics*. Berkeley: University of California Press.

Geertz, C. 1973. *The Interpretation of Cultures: Selected Essays*. New York: Basic Books.

Giddens, A. 1984. *The Constitution of Society: Outline of the Theory of Structuration*. Cambridge: Polity.

Gilpin, R. 1975. *US Power and the Multinational Corporation: The Political Economy of Foreign Direct Investment*. New York: Basic Books.

Grofman, B. 2001. Introduction: the joy of puzzle solving. Pp. 1–11 in *Political Science as Puzzle Solving*, ed. B. Grofman. Ann Arbor: University of Michigan Press.

Haas, P. M., and Haas, E. B. 2002. Pragmatic constructivism and the study of international institutions. *Millennium: Journal of International Studies*, 31: 573–601.

Haacke, J. 2005. The Frankfurt School and international relations: on the centrality of recognition. *Review of International Studies*, 31: 181–94.

Held, D. 1980. *Introduction to Critical Theory: Horkheimer to Habermas*. Berkeley: University of California Press.

Helleiner, E., and Pickel, A. (eds.) 2005. *Economic Nationalism in a Globalizing World*. Ithaca, NY: Cornell University Press.

Hellmann, G. 2002. Creative intelligence: pragmatism as a theory of thought and action. Presented at the *Millennium* Special Issue Conference on Pragmatism in International Relations Theory, London, Oct 12.

—— 2003*a*. In conclusion: dialogue and synthesis in individual scholarship and collective inquiry. Pp. 147–50 in Hellmann 2003*b*.

—— (ed.) 2003*b*. The forum: are dialogue and synthesis possible in international relations? *International Studies Review*, 5: 123–53.

Helper, S., MacDuffie, J. P., and Sabel, C. 2000. Pragmatic collaborations: advancing knowledge while controlling opportunism. *Industrial and Corporate Change*, 9: 443–88.

Hempel, C. G. 1966. *Philosophy of Natural Science*. Englewood Cliffs, NJ: Prentice Hall.

Hirschman, A. O. 1981. *Essays in Trespassing: Economics to Politics and Beyond*. New York: Cambridge University Press.

Hochschild, J. 2005. Symposium I: Ian Shapiro's *The Flight from Reality in the Human Sciences* (Princeton University Press, 2005). *Qualitative Methods: Newsletter of the American Political Science Association Organized Section on Qualitative Methods*, 3: 11–13.

Hoffmann, S. 2006. *Chaos and Violence: What Globalization, Failed States, and Terrorism Mean for US Foreign Policy*. Lanham, Md.: Rowman and Littlefield.

Hopf, T. 1998. The promise of constructivism in international relations theory. *International Security*, 23: 171–200.

—— 2007. The limits of interpreting evidence. In *Theory and Evidence in Comparative Politics and International Relations*, ed. R. N. Lebow and M. I. Lichbach. New York: Palgrave Macmillan.

Isacoff, J. 2006. *Writing the Arab–Israeli Conflict: Pragmatism and Historical Inquiry*. Lanham, Md.: Lexington.

James, W. 1997. What pragmatism means. Pp. 93–111 in *Pragmatism: A Reader*, ed. L. Menand. New York: Vintage.

Jervis, R. 2005. *American Foreign Policy in a New Era*. New York: Routledge.

Joas, H. 1993. *Pragmatism and Social Theory*. Chicago: University of Chicago Press.

Johnson, J. 2002. How conceptual problems migrate: rational choice, interpretation, and

the hazards of pluralism. *Annual Review of Political Science*, 5: 223–48.
—— 2006. Consequences of positivism: a pragmatist assessment. *Comparative Political Studies*, 39: 224–52.
KANG, D. 2007. *China Rising: Peace, Power, and Order in East Asia*. New York: Columbia University Press.
KATZENSTEIN, P. J. 2005. *A World of Regions: Asia and Europe in the American Imperium*. Ithaca, NY: Cornell University Press.
—— and SIL, R. 2004. Rethinking Asian security: a case for analytic eclecticism. Pp. 1–33 in Suh, Katzenstein, and Carlson 2004.
KING, G., KEOHANE, R. O., and VERBA, S. 1994. *Designing Social Inquiry: Scientific Inference in Qualitative Research*. Princeton, NJ: Princeton University Press.
KLOTZ, A., and LYNCH, C. 2007. *Strategies for Research in Constructing International Relations*. Armonk, NY: M. E. Sharpe.
KNIGHT, J., and JOHNSON, J. 1999. Inquiry into democracy: what might a pragmatist make of rational choice theories? *American Journal of Political Science*, 43: 566–89.
KOGUT, B., and ZANDER, U. 1992. Knowledge of the firm, combinative capabilities, and the replication of technology. *Organization Science*, 3: 383–97.
KRATOCHWIL, F. 2003. The monologue of "science." Pp. 124–8 in Hellmann 2003*b*.
LAKATOS, I. 1970. Falsification and the methodology of scientific research programmes. Pp. 91–196 in *Criticism and the Growth of Knowledge*, ed. I. Lakatos and A. Musgrave. New York: Cambridge University Press.
LAUDAN, L. 1996. *Beyond Positivism and Relativism: Theory, Method, and Evidence*. Boulder, Colo.: Westview.
LUKE, T. 2003. Real interdependence: discursivity and concursivity in global politics. Pp. 101–20 in *Language, Agency, and Politics in a Constructed World*, ed. F. Debrix. Armonk, NY: M. E. Sharpe.
LYALL, J. 2005. Paths of ruin: why revisionist states arise and die in world politics. Ph.D. dissertation, Cornell University.
MAHONEY, J., and GOERTZ, G. 2006. A tale of two cultures: contrasting quantitative and qualitative research. *Political Analysis*, 14: 227–49.
MAKINDA, S. M. 2000. International society and eclecticism in international relations theory. *Cooperation and Conflict*, 35: 205–16.
MENAND, L. 1997. An introduction to pragmatism. Pp. xi–xxxiv in *Pragmatism: A Reader*, ed. L. Menand. New York: Vintage.
MORAVCSIK, A. 2003. Theory synthesis in international relations: real not metaphysical. Pp. 131–6 in Hellmann 2003*b*.
MORGENTHAU, H. J. 1970. Common sense and theories. Pp. 241–8 in *Truth and Power: Essays of a Decade, 1960–70*, H. J. Morgenthau. New York: Praeger.
NAU, H. R. 2002. *At Home Abroad: Identity and Power in American Foreign Policy*. Ithaca, NY: Cornell University Press.
NEUMANN, I. 2002. Returning practice to the linguistic turn: the case of diplomacy. *Millennium: Journal of International Studies*, 31: 627–51.
PARSONS, C. 2007. *How to Map Arguments in Political Science*. New York: Oxford University Press.
PUTNAM, H. 1981. *Reason, Truth and History*. New York: Cambridge University Press.
—— 2002. *The Collapse of the Fact/Value Dichotomy and Other Essays*. Cambridge, Mass.: Harvard University Press.
REUS-SMIT, C. 2008. Constructivism and the structure of ethical reasoning. In *Moral Limit and Possibility in World Politics*, ed. R. Price. Cambridge: Cambridge University Press.
RORTY, R. 1982. *Consequences of Pragmatism: Essays, 1972–1980*. Minneapolis: University of Minnesota Press.

—— 1999. *Philosophy and Social Hope*. Harmondsworth: Penguin.
Rose, G. 1998. Neoclassical realism and theories of foreign policy. *World Politics*, 51: 144–72.
Sanderson, S. K. 1987. Eclecticism and its alternatives. Pp. 313–45 in *Current Perspectives in Social Theory: A Research Annual*, vol. viii, ed. J. Wilson. Greenwich, Conn.: JAI Press.
Schweller, R. L. 1998. *Deadly Imbalances: Tripolarity and Hitler's Strategy of World Conquest*. New York: Columbia University Press.
—— 2006. *Unanswered Threats: Political Constraints on the Balance of Power*. Princeton, NJ: Princeton University Press.
Seabrooke, L. 2006. *The Social Sources of Financial Power: Domestic Legitimacy and International Financial Orders*. Ithaca, NY: Cornell University Press.
Sewell, W. 1992. A theory of structure: duality, agency, and transformation. *American Journal of Sociology*, 98: 1–29.
Shapiro, I. 2005. *The Flight from Reality in the Human Sciences*. Princeton, NJ: Princeton University Press.
—— and Wendt, A. 2005. The difference that realism makes: social science and the politics of consent. Pp. 19–50 in Shapiro 2005.
Sil, R. 2000*a*. The foundations of eclecticism: the epistemological status of agency, culture, and structure in social theory. *Journal of Theoretical Politics*, 12: 353–87.
—— 2000*b*. Against epistemological absolutism: toward a "pragmatic" center? Pp. 145–75 in Sil and Doherty 2000.
—— 2004. Problems chasing methods or methods chasing problems? Research communities, constrained pluralism, and the role of eclecticism. Pp. 307–31 in *Problems and Methods in the Study of Politics*, ed. I. Shapiro, R. Smith, and T. Masoud. New York: Cambridge University Press.
—— and Doherty, E. (eds.) 2000. *Beyond Boundaries? Disciplines, Paradigms, and Theoretical Integration in International Studies*. Albany: State University of New York Press.
Sinclair, T. J. 2005. *The New Masters of Capital: American Bond Rating Agencies and the Politics of Creditworthiness*. Ithaca, NY: Cornell University Press.
Suh, J. J., Katzenstein, P. J., and Carlson, A. (eds.) 2004. *Rethinking Security in East Asia: Identity, Power, and Efficiency*. Stanford, Calif.: Stanford University Press.
Therborn, G. 2005. In lieu of conclusion: more questions. Pp. 321–32 in *Welfare Politics Cross-Examined: Eclecticist Analytical Perspectives on Sweden and the Developed World from the 1980s to the 2000s*, ed. E. Carroll and L. Erickson. Amsterdam: Aksant.
Wæver, O. 2004. Discursive approaches. Pp. 197–216 in *European Integration Theory*, ed. A. Wiener and T. Diez. Oxford: Oxford University Press.
Walt, S. M. 2003. The progressive power of realism. Pp. 58–67 in *Realism and the Balancing of Power: A New Debate*, ed. J. A. Vasquez and C. Elman. Upper Saddle River, NJ: Prentice Hall.
Waltz, K. N. 1959. *Man, the State, and War: A Theoretical Analysis*. New York: Columbia University Press.
Wendt, A. 1999. *Social Theory of International Politics*. New York: Cambridge University Press.
White, S. 2004. The very idea of a critical social science: a pragmatist turn. Pp. 310–35 in *The Cambridge Companion to Critical Theory*, ed. F. Rush. New York: Cambridge University Press.
Whitford, J. 2002. Pragmatism and the untenable dualism of means and ends: why rational choice theory does not deserve paradigmatic privilege. *Theory and Society*, 31: 325–63.
Zürn, M., and Checkel, J. T. 2005. Getting socialized to build bridges: constructivism and rationalism, Europe and the nation-state. *International Organization*, 59: 1045–79.

第七章
现实主义

威廉·C. 沃尔福斯

若说国际关系的学术研究就是一场有关现实主义的争论，也不算十分夸张。现实主义为其他学术流派进行自我界定和自我评价提供了参照标准。现实主义国际关系理论的提出与发展促成其他理论派别的边界清晰，观点明确，成果丰富。可以说，如果国际政治学科没有现实主义国际关系理论作为基础，那么该领域的学术研究就会缺乏强有力的解释依据。

然而，形成这一基本认识并非像人们看上去的那么简单。确切地说，是因为现实主义理论的影响非常大，而且人们对现实主义的误解是全面性的。无论是支持现实主义的学者，还是批评现实主义理论的学者，都有强烈的动机将现实主义变成别的什么东西。结果就是，大部分最为常见的对于现实主义的批评都不得要领。因此，本章的目的就是正本清源。（本章部分内容与笔者于2007年发表的内容重叠。）

最重要的是，"现实主义"一词若被准确定义，那么它从来就不是一个单一的理论。不幸的是，学者所说的"理论"指的是三个特征鲜明的事物：现实主义（一个宏大而复杂的治国和学术传统）；诸如新现实主义等现实主义的一些分支学派(现实主义传统内的诸多分支学派);特定的现实主义理论,如均势理论、安全困境或进攻—防御平衡理论(有关国家间关系模式或特定国家所面临压力的某些议题)。本章将厘清上述问题,同时仍使用“理论”这一术语指称特定议题或主张。这样的区分并非学术上的吹毛求疵。认为现实主义这一具有数百年历史的基本学派概念可以并必须被简化为某种单一的、内部一致的、逻辑自洽的理论正是人们对现
131 实主义最大误解的根源所在。

1 什么是现实主义?

政治现实主义通常声称自己属于某个可追溯到过去的传统,它可追溯至托马斯·霍布斯、尼科洛·马基雅维利,甚至是修昔底德。[1]国际关系学术研究的历史只有不过一个世纪的时间,经历了四个主要时期:两次世界大战之间及战争期间,代表人物是莱茵霍尔德·尼布尔(Reinhold Niebuhr)和爱德华·哈勒特·卡尔;战后或冷战时期初期,以《国家间政治》(1954)的作者汉斯·摩根索、乔治·凯南(George Kennan)和雷蒙·阿隆(Raymond Aron)为突出代表;[2]冷战缓和期,代表人物有肯尼思·沃尔兹(Kenneth Waltz)(《国际政治理论》,1979)、斯蒂芬·克拉斯纳(Stephen Krasner)和罗伯特·吉尔平(Robert Gilpin);后冷战时代,代表人物是约翰·米尔斯海默(John Mearsheimer)(《大国政治的悲剧》,2001)、斯蒂芬·沃尔特(Stephen Walt)、兰德尔·施韦勒(Randall Schweller)和查尔斯·格拉泽(Charles Glaser)。[3]

1 本部分是与杰克·唐纳利合著的,作为本章和下一章的介绍。

2 虽然《国家间政治》的第一版于1948年面世,但该书于1954年第二版之时其第一章才广为传诵,该章阐述了摩根索的政治现实主义理论的六项基本原则。

3 不同时代的划分标准是基于内在的重大分歧。例如,米尔斯海默、格拉泽和施韦勒分别代表了现在通常所说的进攻性现实主义、防御性现实主义和新古典现实主义。此处提及的人物并不全面,还包括罗伯特·舒曼(Robert Schuman)、尼古拉斯·斯皮克曼(Nicholas Spykman)、赫伯特·巴特菲尔德(Herbert Butterfield)、亨利·基辛格(Henry Kissinger)、罗伯特·塔克尔(Robert Tucker)、肯尼思·汤普森(Kenneth Thompson)、约翰·赫茨(John Herz)和格伦·斯奈德(Glenn Snyder)。

现实主义最好被看作是“一系列观点的集合体”“而不是某个有着明确定义的固定的焦点”（Haslam 2002, 249）；“一种特色鲜明、具有辨识度的思想方法”（Garnett 1984, 110）；“一种哲学立场”（Gilpin 1986, 304）；“一个包含诸多理论分支的‘大家族’”（Elman 1996, 26）。科迪（C. A. J. Coady）（2005，122）将现实主义与宗教做了形象的类比，将现实主义理解为“一组既相互独立又相互关联的信念，一种思考和回应的方式，或好似一种向异教徒传教的狂热情绪，或是那些思想生活与现实生活都不尽相同，却又有着共同宗教信仰的圣徒们的圣殿”。

虽然现实主义的诸定义[1]在细节上有较大不同，但却有明显的共通之处。现实主义思想主要有四个核心议题。本章与下一章均以此为基础界定并探讨现实主义这一传统理论。 132

（1）**群体主义。**政治发生在同一群体内部和不同群体之间。群体内部的团结对国内政治至关重要。政治实体之间的冲突与合作是国际政治的本质。为了确保基本生存，群体的凝聚力至关重要，但是同一群体内的凝聚力会滋生与其他群体之间产生冲突的潜在危险。最重要的人类群体是民族国家，民族主义是凝聚力的最重要来源。为了便于理解，本章在下文将使用“国家”一词。但需要强调，现实主义不对政治实体的本质做出假定。它可能适用于群体间互动的任何社会环境。[2]

（2）**自利主义。**根植于人性，个人和群体的政治行为均受狭隘的自我利益所驱动。但是，自利主义的外在行为受国内政治和国际政治的结

1 除了摩根索（1954，4–13）、沃尔兹（1979，117）和米尔斯海默（2001，30–31）的标准定义，还可参见卡尔（1946，63–64）、基欧汉（1986，164–165）、弗兰克尔（Frankel）（1996，xiv–xvii）、吉尔平（1996，7–8）、格里科（Grieco）（1997，164–168）、克瑞恩（Crane）（1998，64–71）、尼克尔森（Nicholson）（1998，67）、哈斯拉姆（Haslam）（2002，12，17，250）和施韦勒（2003，322–329）。

2 国家是国际政治的主要行为体。这种说法是错误的。如果“国家”指一种特殊的政治实体（例如由领土主权定义），那么对于现实主义来说这显然不必要。相反，现实主义派学者不认为该理论仅适用于一种特定形式的政治实体。但是，如果“国家”一词是指政治实体或群体，我们应该直接说明以避免混淆。

构、制度和价值观影响，可能被加剧或是被缓和，甚至暂时被抑制。

（3）**无政府状态**。无政府社会极大地塑造了国际政治的本质。国际无政府状态是一个“自助”体系，它显然限制了国际社会各个行为体实现其目标的能力，同时使得群体主义和自利主义的表现更加突出。

（4）**权力政治**。遗憾的是，群体主义和自利主义在国际无政府状态下会共同发生作用，这使得国际关系在很大程度上是一种权力和安全的政治。在狩猎采集时代之后，人类活动一直在这两个方面体现出权力的不平等：社会影响或**控制**（一些群体和个人对政治产生巨大的影响）和**资源**（一些群体和个人以不合理的手段获得他们想要的东西）。任何领域当中政治的关键点都是社会力量与物质力量的相互作用，这种相互作用潜藏着物质力量用以威胁他人的风险。正如沃尔兹（1979，186）所说：“社会生活和政治行为是一张由意愿和动机，威胁和惩罚共同编织的网。除去后两者，社会秩序完全取决于前者——乌托邦式的想法在伊甸园的这一边是不切实际的。”[1]其必然结果是，现实主义者对国际关系中追求道
133 德持怀疑态度，下一章将对此进行讨论。

群体主义和自利主义同时适用于国内政治和国际政治。事实上，权威的现实主义者，如修昔底德和马基雅维利没有对二者做实质区分。在20世纪，尼布尔和卡尔将现实主义作为研究政治的一种一般性理论。在过去的一个世纪，大多数学者认为现实主义主要与国际政治相关。按照这种理解，无政府状态，或更确切地说，政府的存在与否本质上改变了政治，[2]权力政治成为国际关系的主要特征。在不否认现实主义可用于分析国内政治的前提下，鉴于本书的重点，本章和下一章将现实主义作为理解国际政治的一种学术理论。

---

1 理性是另一个最常见的假定前提（例如Keohane 1986，164；Frankel 1996，xviii；Mearsheimer 2001，31）。所有国际政治理论都以理性假定为前提（除了某些心理学理论），涉及该前提的程度不同而已；但现实主义理论是以理性的假定前提为基础（参见Schweller 2003，324–325）。

2 赫伯特·巴特菲尔德（1950，31）以十分显著的方式提出了这一点：“文明和野蛮之间的差异揭示了，在不同环境下，人性的本质是相同的。”

2 现实主义的统一：标志性论点

如果人们认为国际社会大体上遵循以上四项规则，那么继而会产生国际政治领域的一系列重要观点：人们认同的主要群体，比如部落，城邦国家，帝国或民族国家，会影响人类活动，因此任何时候都关注最强大的群体，即资源最丰富和最有影响力的国家；无论如何定义其利益，它都是群体的政治行为的核心，而非其对外政策中声称的目的；群体对利益的需要会胜过普遍的道德说辞，重视群体的实力而非口头说辞，因为现实主义者认为实力一直是群体制定对外政策的基础。在分析国际关系时，现实主义者总是关注权力和利益，以及权力在调和利益冲突时的作用。

某些类型的思想家就世界如何运行持有相近的观点。批评者往往认为，那种最可能接受现实主义核心假定的人是先天的悲观主义者和愤世嫉俗者。现实主义者反对这种观点，他们认为这些假定是基于历史经验的，基于对人类活动的客观观察，而不是基于他们的愿望。这两种观点都有一定程度的真实性，它们将不同思想家的各种著述综合在一起，共同造就了一种统一的现实主义思想，它们将现实主义者奉为圭臬的高度分化的思想家们的著述关联了起来。 134

对国际关系理论来说，使现实主义传统保持其连贯性最重要的智识线索就在于以下现实主义的标志性论点：如果人类活动以群体主义、自利主义和权力中心主义为主要特征的话，除非有中央权威维持秩序，否则政治冲突极易产生。当缺乏权威的执行机制时，即“无政府状态”，任何国家都可以诉诸武力获得它想得到的。即使一国可以确定他国当下不会采取武力，也不能确保其以后不会动武。由于没有任何国家可以确保自身安全，因此所有国家都倾向于加强军备，以防止被武力攻击的情况发生。在所有国家都加强军备建设的情况下，国际政治则呈现出另一种形式。如果国家之间可以依赖某个更高的权威进行裁决，那么争端就容易解决；如果不存在这种权威，争端则有可能演变为战争。因此，现实主义的核心论点是，国际无政府状态使国家处于安全困境之中，并且该种状态成为引发战争的一个潜在重要原因。

现实主义学者提出的这四个重要议题及其相关观点使现实主义传统保持了其连贯性，但是学者们对各个议题的重要性、优先性、基本内涵和它们的适用条件都存在观点上的分歧。例如，关于战争爆发的原因，一些现实主义者更强调自利主义因素，认为人性是最基本且最重要的原因，而其他一些学者认为无政府状态是首要因素（Spirtas 1996）。由这四个议题衍生的著述声称，国家总是追求更多的权力，而另一种观点则认为国家追求权力的情形各异。一些学者认为强国家倾向于维持现有的国际政治秩序及权力分配，但另一些学者则分析了此种可能性的制约因素。一些学者强调国家代理人的作用，认为开明能干或是技巧娴熟的国家领导人可以降低强权政治的潜在破坏性。而另一些学者强调结构的重要性，认为自利主义和群体主义在无政府状态下共同作用形成制约。

简而言之，对现实主义的核心前提拥有共识的学者们借由这些前提提出了一系列令人困惑的观点、理论和争鸣。要对这一多元性进行梳理，我们还需要同时探讨现实主义的分支学派和特定的现实主义理论两个维度。

3 现实主义的多样性：各分支学派

135 通常，学者们会把现实主义思想的最新发展描绘成一系列为了塑造有关国际政治，或“大理论”或“研究项目”的综合理论的尝试。细看其发展脉络，早在20世纪60年代，摩根索率先试图将有关古典现实主义思想整合为这种理论，但人们普遍认为他没有取得成功。在20世纪70年代后期，沃尔兹再次进行了尝试，提出一种新的、复兴的现实主义理论，后来人们将其称为“新现实主义”。在20世纪80年代的一段时期，新现实主义主导了国际关系理论。然而，面对来自理论界的各种批评，以及对现实的解释力捉襟见肘，它的影响力日益式微。到20世纪90年代，曾一度在理论界独占鳌头的新现实主义走向衰落，同时新的现实主义分支学派出现：进攻性现实主义，防御性现实主义，以及最后出现的新古典现实主义。

大体上来说，上述说法有些不太真实。但学界一直是这么认为的，其中一部分原因在于，现实主义派学者们相信，现实主义理论的不断演变使思想和观点在现实主义传统内以融合、连贯的方式被丰富和延续。[1]事实上，对现实主义理论的研究一直很多元化，即便在新现实主义盛行的时期也是如此。现实主义理论内部一直都存在各种分支学派，现在这些分支学派都已被赋予特定名称，有利于学者们理解。

3.1 从古典现实主义到新现实主义

在20世纪80年代新现实主义发展之后，学者开始把两次世界大战期间和冷战前期的所有现实主义著述都归在古典现实主义思想框架内（Ashley 1986）。近年来，学者甚至将从修昔底德到摩根索的所有现实主义著述也并入其中（如Lebow 2003）。因此，古典现实主义并不是一个分支学派；它就是沃尔兹于1979年出版《国际关系理论》之前，包括各种相关理论思想的现实主义传统。之后，国际关系理论得以发展，其中有一个古典现实主义文本最为突出：摩根索的《国家间政治》。这本书开启了新的实践，寻求将学术研究和治国之术的现实主义传统转化成“现实主义的国际关系理论”——摩根索在其书的第一章中如是说。[2]

从某种意义上说，摩根索比任何后来者都更接近国际政治现实主义理论的最高目标。他在其主要著述中提出的现实主义国际关系理论广泛涉及了国际政治的各个方面：战争、和平、合作、国际法、外交、伦理、国际组织、国际舆论等。即便摩根索遗漏了国际关系的一些重要领域，尤其是

1 或者，正如沃尔兹（1991）自己着重描绘的，用新现实主义“理论”取代古典现实主义“思想”。

2 卡尔的《二十年危机》（1946）的确试图促进国际关系成为一门科学，但他并没有明确阐述一个全面的理论。

136 今天我们所称的国际政治经济学，就全面性而言，后继学者也难以望其项背。然而，其理论的不足之处也显而易见，该理论的合理性及其内在逻辑的连贯性无法让学界信服。即使现实主义的同门学者也认为摩根索的理论“明显自相矛盾、模棱两可且含糊其词”(Tucker 1952, 214)。诸如，“国家利益”或“权力平衡”等关键概念没有能够被准确定义，或者不同定义之间自相矛盾。因此，在不同问题领域中适用的概念的内涵及由其产生的论断不一致。

学者们对摩根索现实主义的批评渐增，而此时学界对使用科学方法研究政治的兴趣日益浓厚(特别是在美国)，沃尔兹试图将摩根索现实主义的一些核心思想转化为自上而下的、系统的理论框架，进一步拓展古典现实主义，他的思想被称为新现实主义。沃尔兹(1959)认为，古典现实主义者的国际政治著述未能辨析人性、国家内部特性和国家体系等概念。其《国际政治理论》一书集合了早期的现实主义思想，提出国际体系结构影响国家单元互动模式的观点。

总体上，沃尔兹的著述对国际关系的学术发展产生了深远而广泛的影响，尤其是拓展了现实主义理论。但它不是一种真正的国际政治理论。这是由于它并未以一种明确的方式解释大量的国际事务，尽管这个理论清楚地重述了现实主义的标志性论断，即在无政府状态下，无论不同群体内部政治如何，都会促使群体之间产生强大的竞争压力和引发战争。沃尔兹提出的理论回答了国际政治中一些重要且普遍的问题：为什么强国称霸的情况下现代国家体系仍然能够维持；为什么几个世纪以来大国间战争不断爆发；为什么无政府状态下国家间合作的可能性较低。此外，他的著作还提出了一个更具体的理论：多极体系(由三个或更多主要国家的权力塑造的国际体系)发生大国间战争的可能性比两极体系(两个主要国家的权力塑造的国际体系，或是超级大国)更大。

对于其他一些国际政治领域的问题，沃尔兹并没有给出解释，而这些任务落在了其他学者身上，这些问题包括一般性问题(例如同盟、军备竞赛、敌对、国际机构等)和具体性问题(例如，为什么冷战会爆发，为什么超级大国的竞争此消彼长）。在寻求对这些问题阐释的过程中，绝大多数学者发现沃尔兹的理论解释力不足，其理论更适用于解释一般性的问题。多数学者以沃尔兹的思想为出发点，逐渐发展自身观点，从非现实主义的角度解释具体问题，有些甚至形成新的理论学派，众所周知的是自由制度 137
主义（Keohane 1984）和建构主义（Wendt 1999）。然而，有些学者基于沃尔兹的理论在现实主义传统内进一步形成自身理论。例如，在阐释同盟行为时，沃尔特（1987）吸收了沃尔兹的观点并形成一个相关且明显不同的新理论——“威胁均衡论”（下面会讨论）。格伦·斯奈德（1997）将其他理论与沃尔兹的理论相互补充。约瑟夫·格里科（1988）将博弈论与沃尔兹的理论相结合解释国际合作。在阐释具体问题和事件上，不少学者们将沃尔兹的理论作为更宏大复杂的解释框架的一部分。

和摩根索一样，沃尔兹将他的现实主义思想作为独立的国际关系理论。但是，学术发展使得新现实主义仅成为现实主义的一个复杂的分支学派，该分支也包括许多基于沃尔兹思想衍生的理论。这些研究有个共同点，即均以沃尔兹对现实主义重构的思想作为研究起点。然而，这些研究之间的关联性并不明晰，因此新现实主义的边界也存在争议。不过，“新现实主义”这一术语已展现了沃尔兹给其他学者的思想和研究带来的深远影响。

即使在20世纪80年代新现实主义盛行的时期，它也未包括所有的现实主义研究。沃尔兹及他理论的支持者过于强调现实主义的一些核心观点，尤其是关于国际体系演变及延续的阐释。他们低估或忽略了国际体系变革的意义，而变革也是古典现实主义核心内容的一部分。在沃尔兹《国际政治理论》出版两年后，吉尔平（1981）出版了《世界政治中的战争与变革》。该书系统地将现实主义理论关于霸权和战争的思想与国际政治中关于变革的思想相结合。这本书的构思和成书都独立于沃尔兹的理论，不可能被看作是沃尔兹理论的衍生著述。由此可见，现实主义是一个极具生命力且包容性广泛的学术传统，而新现实主义仅是其中的一部分。由于现实主义学者们一直努力让现实主义主导国际关系理论或者研究范式，他们及该理论的批评者中的一部分人将吉尔平的成果并入新现实主义分支，另一部分人则低估了此项成果的意义。

3.2 进攻性现实主义和防御性现实主义

新现实主义的出现引发学者们对推动国际关系进程的根本力量的思考。现实主义者从沃尔兹理论发现，根据对核心假定的不同看法，以及对现实世界不同的期待，新现实主义可能导致完全不同的推断。沃尔兹的
138 新现实主义高度抽象，忽视了国际关系的一些重要变量，比如地理和技术因素。基于对这些因素的不同理解，同样的新现实主义思想可能导致对于国家间行为动因的不同理解。基于对新现实主义深入的思考，两个新的理论分支出现了。

防御性现实主义者认为，在通常的情况下，无政府状态导致战争的可能性被削弱（Taliaferro 2000–2001）。从群体主义这一现实主义的核心假定出发，他们认为，集体认同越强——如在现代民族主义时代——战胜和征服其他集体就越难（Van Evera 1999）。征服他国越困难，各个国家也就越安全。同样，技术可能使得征服更加困难——例如，征服具备核能力的国家难度很大。因此，即使接受了沃尔兹关于国际无政府状态易导致冲突和战争的观点，在这样的条件下，国家仍可在不威胁他国的情况下保障自身安全，或是表明它们的和平意愿，从而生成一个内部更加稳定的国际体系，其稳定性超出许多现实主义者之前的想象（Glaser 1997）。这样的论断促使学者从国内因素和观念角度深入探寻导致战争与和平的原因。

相反，**进攻性现实主义者**更相信无政府状态结构本身就容易导致冲突。他们认为，如果没有权威进行裁决，各国就永远不能保证今天促成和平的任何条件将来仍然可行。即使由于地理、技术或集体认同等因素，征服他国变得困难，但是极为可能的是，他国会制定相应策略克服这些因素。由于这种不确定性，国家担忧他国力量的强大会对自身安全造成威胁。于是，国家会忍不住频繁扩张或加强自身武装，并且/或者削弱他国实力以确保自身安全。这进一步印证了古典现实主义论点，即无政府状

态是引发各国相互竞争的本质，无论国家内部特性如何。

防御性现实主义和进攻性现实主义出现在20世纪90年代，是沃尔兹新现实主义的衍生物。为了与沃尔兹和摩根索所建立的传统保持一致，这些理论的提出者们都认为他们是对现实主义理论的拓展。学者们认为防御性现实主义是对沃尔兹新现实主义进一步发展。在《大国政治的悲剧》中，米尔斯海默认为，与防御性现实主义一样，进攻性现实主义继承了沃尔兹新现实主义。尽管如此，现实主义理论已呈现出一种多样化发展的趋势。其多样性体现在，除防御性现实主义和进攻性现实主义两个不同的分支学派外，还存在若干个分支学派。 139

3.3 新古典现实主义

新古典现实主义是现实主义传统中以问题为导向的一个分支学派，它的出现恰恰体现了现实主义理论的多样性。该学派的学术成果有两个特点：关注具体事务或问题的阐释；专注挖掘现实主义重要的核心要义以复兴现实主义，因为新现实主义者在试图建立一个包罗万象的现实主义国际关系理论的同时，略有"顾此失彼"，弱化了其理论解释力。虽然新现实主义及其衍生的相关理论都清晰简洁，但它们仍无法清楚解释与对外政策相关的任何问题。现实主义者致力于用最好和最普适的表述阐明自己的理论，而不是专注分析对外政策。沃尔兹（1996）本人明确地辩驳称"国际政治不等同于对外政策"，这意味着理论发展和对外政策分析是两个不同且不相干的事情。

新古典现实主义试图兼顾考虑国际事务的一般情形和特殊情形。它既吸收了新现实主义及其衍生的相关分支学派中关于国际体系的部分，又认识到不同于国际体系的国家内在因素的特殊性和重要性（Rose 1998）。新古典现实主义者谨慎评估国家面临的特定国际环境，同时考虑既定情境下的特定因素，提供更完整的解释。受益于新现实主义严谨的理论思维，他们以古典现实主义关注的对外政策为分析对象。

新古典现实主义者并不想建立一个普适的国际关系理论。他们关心的是：针对特定时间与空间下的对外政策问题，哪个现实主义的分支学派或理论更适用？从某种程度上来说，理论的适用依赖于具体情境。例如，进攻性现实主义简略描绘了从18世纪至20世纪的一段较长时期内，欧洲一部分国家对外交往的动机与约束。针对其他时期欧洲的一些国家集团，防御性现实主义给出了关于国际环境的更准确的模型。对于某些问题和议题，吉尔平在《世界政治中的战争与变革》中提出的理论与之高度相关。

国际体系的理论框架是否适用是取决于分析者对情境解读的一种判断。新古典现实主义者不确定哪个理论或分支学派可以适用；他们仅把被认为相关的理论汇集起来。尽管他们对于理论假定能否适用并不确定，但他们都认为理论有助于加强分析。从现实主义角度来看，一系列基
140 本问题反复出现在对外政策的分析中。例如，国家的某项政策在多大程度上是对外部压力和激励的反应，而非受国内因素影响？如果新的政党上台，政策会在多大程度上发生改变？激励还是威胁会引发国家做出更积极的反应？人们必须置身于上述情境之中才能回答这些问题。新现实主义、进攻性现实主义和防御性现实主义，它们的主要贡献正是对这些问题的严肃思考。对于新古典现实主义者，进攻性现实主义和防御性现实主义的理论构架并不总是正确或错误。相反，新古典现实主义有助于分析人士评估国家面临的外部制约和激励，使人们开展国家对外政策分析中核心的关键心理实验变得更为便捷。

4　现实主义的多样性：各种理论

现实主义的分支学派并没有完全体现其多样性。关于影响行为体行为和结果的外部约束和激励的理论也同等重要。各分支学派可帮助了解各学者的思想有何关联，各种论证之间如何相互佐证，以及学术研究如何被推进。但是，当遇到某一问题需要被解释时，比如，令人费解的对外政策取向，那么则需寻求相关的具体理论。

或许可以说，国际关系最著名的理论是**均势理论**。均势理论以如下假定为出发点，即国际无政府状态下任何国家可以诉诸武力得到它想要的。国家防止出现这种情形，即一国调动一切可能资源，强迫他国屈从它的意志，甚至可能消灭它们。该理论假定各国通过增强自身实力（“内部制衡”）或通过与他国结盟（“外部制衡”）以遏制权力的过度集中。国家总是预测未来可能出现的情况。即使一国或同盟与其他行为体在力量对比上占据绝对优势，仍可能发生制衡。19世纪中叶，英法联合对抗俄国，在克里米亚爆发了战争，主要原因并不是英法认为俄国当时对它们构成了直接威胁，而是它们当时预测，如果不加以制衡，俄国的力量日益增长后有朝一日会构成威胁。无论明智与否，英法当时的思想在历史学家看来完全符合均势理论的逻辑。

威胁均衡论给这一图景增加了一定的复杂性。顾名思义，这个理论预测，国家会对自身所受威胁加以制衡。反过来，威胁受三个关键变量共同影响：综合实力（即其总体军事和经济实力），地理位置和对扩张意图 141
的认知。如果一国综合实力日益强大，而它的地理位置和行为让他国感到威胁，那么制衡战略将会主导他国的对外政策。因此，尽管苏联对美国在许多领域的力量对比均处于绝对性劣势，美国还是在二战后对苏联进行外部和内部制衡。根本上以美国为首的西方阵营与以苏联为首的社会主义阵营相比，前者几乎在每个领域都占有压倒性优势。威胁均衡论认为，位于欧洲中心的苏联军事力量、行事秘密的政府带来的内在威胁和被西方同盟感知到的威胁共同作用导致了美国对苏联的制衡。

安全困境论。“安全困境”是约翰·赫茨（1950）发明的一个术语，他认为一国为了自卫而武装可能会使他国感到不安全，引发他国加强武装，从而降低自身安全。罗伯特·杰维斯（Robert Jervis 1986）在一篇极具影响力的文章中表示，国际无政府状态导致追求安全的国家间越发出现严重的不信任和敌对。他认为，安全困境的严重程度取决于两个变量：攻击和防御之间的平衡，以及区分攻击与防御的能力。因此，从理论角度讲，虽然无政府状态是常量，“合作或竞争手段的吸引力，对高级别安全的期待以及战争的可能性都是重要的变量”(Glaser 1997, 172)。这篇文章引发了现实主义者之间的一场重大争论，进而产生了进攻性现实主义和防御性现实主义。

攻防理论是杰维斯安全困境理论的分支，由格拉泽(Glaser)、斯蒂芬·范·埃弗拉(Stephen Van Evera)和其他学者提出。该理论是关于技术、地理和其他因素是如何影响进攻和防御的，以及对攻击和防御进行了区分。

霸权稳定论的基础是，大国倾向于追求全球范围或区域的霸权，进而在国际无政府状态体系下建立等级。它试图解释主要大国之间如何合作，以及国际秩序、规则、规范和体制如何出现并维持。这个理论的核心假定是，国际秩序的稳定取决于体系内大国间关系，而大国间关系因力量对比的改变而变化。根据该理论，当前由美国维持的“全球化”秩序可能随着像中国这样的挑战者实力日益强大而消失。

权力转移理论是霸权稳定论的一个分支，旨在解释秩序如何被“瓦解”进而爆发战争。从霸权稳定论的假定出发，该理论推断，主要大国倾向维持现有的国际秩序，伴随小国与大国的实力此消彼长，小国争夺体系
142 主导权的想法日益强烈。当双方的能力不相上下时，冲突一触即发。该理论解释了当时的国际环境，认为随着中国实力的逐渐强大，有可能对美国主导的全球秩序感到不满。该理论预测，除非中国的增长放慢或者美国适应中国的偏好，美中之间的战争，或至少是冷战形式的对抗，将有可能发生。

其他现实主义或与现实主义相关的理论还有很多。本章上述列举的这些内容已经足以印证笔者的主要观点：现实主义理论多样化，存在多个理论分支解释国际事务。安全困境论、霸权稳定论和权力转移理论都不能在沃尔兹的新现实主义理论中找到原型。防御性现实主义的形成与发展大大得益于沃尔兹的新现实主义理论与杰维斯的进攻性现实主义。若将现实主义内的任意分支学派等同于现实主义传统，那就遗漏了重要且有用的理论。

5 迷思引发的误解

从上述讨论可见，许多对现实主义的最常见的批评都不得其要，部分原因在于人们对一种“普适”的、“大一统”的现实主义的迷信，也就是很多自称的现实主义者刻意纵容、大肆鼓噪的那种迷信。

对“大一统”现实主义的迷信导致了现实主义的多样性被曲解为该理论的衰落。许多学者愿意将国际关系的学术研究视为大理论或范式之间一种“简化”的竞争，而每个范式内前后连贯、逻辑一致，专注于对比鲜明的核心假定，并突出一系列彼此排斥的解释性变量（例如，见Vasquez 1998; Legro and Moravcsik 1999）。然而，现实主义中的多样性使得上述“愿景”落空，学术研究的世界更加多样、不易厘清。现实主义也因此被认为“走向衰落”。这个“愿景”涉及的是一个规范性问题，而非事实性问题。这取决于学者如何看待他们的职业。一些学者思考他们的职业应该做什么，而不是实际上怎么做。这具有严重的误导性。

对“普适”的迷信导致现实主义理论的或然性被忽略（尤其见Brooks 1997）。没有一个分支学派或理论总能提供恰当的解释，且优于其他学派可提供的解释。对于不同的问题和案例，现实主义的各种分支在不同程度上都能对各种问题和案例进行解释。当前的问题是针对一个特定的问题和案例，哪一个分支或具体的理论适用？答案在于将各种理论的不同部分如何清晰地融合。 143

前文提及的现实主义的标志性论点：群体主义、自利主义和权力中心主义共同塑造了冲突成为无政府状态下的政治。许多现实主义者及批评者都犯了一个错误，即将上述论点的单个或多个部分普遍化。例如，一些学者断言冲突是现实主义的前提。这是错误的，并进而导致支持和反对现实主义理论的学者们在分析中出现更严重的错误。现实主义理论并不以冲突为前提。相反，现实主义包含了承认国家间互动可能导致冲突的理论。以下是两个简单但常见的错误。

否认核心概念的可变性。为了使其理论清晰化，学者寻求纯粹、明晰的概念模块。换句话说，他们试图将理论中的核心观点以最清晰的方式呈现，使其中的逻辑一目了然。“无政府状态”这一概念就是典型的例子。学者们需要一个被明确定义的“无政府状态”概念以构建一个逻辑连贯的理论，用以解释无政府状态下的国际政治。专注理论构建的学者某种程度上拒绝接受“无政府状态”这一概念的可变性。因此，现实主义学者为防御性或进攻性现实主义所使用的无政府主义逻辑是否具有普遍性而发起争论。而现实主义的批评者常以此争论作为现实主义理论走向衰落的铁证。

如果认为无政府状态确实是常量，那么人们就可能认为强调无政府状态的现实主义理论可以适用于所有国家以及所有情境。但现实中，无政府状态是一个可变量。国家对权威的依赖有强弱之分。例如，域内大国维持地区秩序，此时对于周边小国而言，该地区的无政府状态滞缓。这些小国也许会合理地期待域内大国在某些问题上执行协议。强调无政府状态的现实主义理论则并不恰当适用于上述情形。例如，美国在美洲中部，欧盟在巴尔干，也许还有俄罗斯在中亚，都可能影响所在地区的无政府状态(尽管以不同的方式)。唯有深入了解具体国家和地区的情形，才能了解无政府状态会影响哪些区域，以及影响的程度，进而分析哪些现实主义理论可以适用。

第二个谬误之处在于混淆假定与预测。如果错误地认为冲突是现实主义的关键性前提，很可能会得出这样的结论，即现实主义理论无法解释体系内出现的国家间的和平。然而，并非如此。因为现实主义理论关注的是战争与和平现象。对现实主义者来说，当造成战争的关键性因素不存在时，和平才会出现。因此，域内大国维持地区秩序，使得无政府状态发生改变，区域和平得以维持。或者国家因共同利益达成合作，
144 联合对抗域内的其他国家。对于上述两种情况，现实主义理论预测，特定的力量分布可能导致冲突消失，当力量分布发生改变时，可能冲突再起。

6 今天的现实主义

如上文所说，现实主义从来不是一个普适的、大一统的“国际政治理论”。即便不从名字，而仅从如此宏大的理论所涉及的范围来看，现实主义理论也一直十分多样化。在过去十五年，人们更加深刻地认识到现实主义理论的多样性及多样性可能致使曾主导理论界的现实主义走向衰落。在美国，追求新的普适方法在很大程度上转向了创立正式的理论，这已经成为美国顶级期刊的主导议题，而这也是现实主义派学者从未经历过的。随着新古典现实主义的到来，现实主义研究已经多以问题为导向，与其他学术传统的研究进行更复杂的互动，成果亦更丰富。可以肯定的是，米尔斯海默的《大国政治的悲剧》深入阐述了进攻性现实主义，成为继沃尔兹新现实主义之后主导国际关系理论的又一重要著述。但是，由于学科内及现实主义传统内部的变化，它不可能像沃尔兹《国际政治理论》一样引发那般热情和幻想，再次掀起国际关系理论界的一阵高潮。

结果，学界出现了三个明显的主要趋势。第一，范式间竞争减少。与所有学者一样，现实主义者往往对现有解释（通常是由非现实主义者提出）感到不满，但是他们已不再热衷于证明现实主义理论提供的解释优于其他理论。相反，他们越发关注现实主义理论对问题解决和现象分析的贡献。近期的现实主义研究试图阐释一般性的实证问题、特定的事件或某种行为模式，关注的焦点仍然是原因和影响。

范式间竞争减少引发第二个趋势：与其他理论学派形成更高质量的互动。学界中各个理论和思想流派之间相互竞争。对某种理论的调整及承认其或然性，可能被其他理论派学者们指出该理论的缺陷或其解释力不足。现实主义通常是这些学术争论的支点。大多数其他学派的思想和理论都是在以不同方式回应现实主义理论之后产生。对此，现实主义派学者非常不愿意承认他们理论的或然性，或需要借鉴其他不同传统的理论流派解释重要现象。与此同时，范式间的竞争产生了这样的想法，即特 145

定的解释性变量仅属于某个特定的理论方法,比如,国内政治因素专属自由主义理论,观念因素专属建构主义理论,权力概念专属现实主义理论,等等。学者甚至会认为,吸收其他范式的变量做出的任何解释均不具有说服力。这种想法不利于学术的发展和进步。

学术研究中的竞争是不可避免的,亦是必要的,但是对最优的普适理论的争论和对特定现象解释的争论这两者之间是不同的。随着越来越多的学者倾向于后者,学派间高质量的交流更加频繁。在实践中,现实主义派学者和其他研究传统的学者们都寻求对复杂世界的阐释,承认所有理论的或然性,以及对不同研究传统中相关论点和变量的整合。尤其明显的是,新古典现实主义者和建构主义者之间的想法和推测相互受益(例如,Sterling-Folker 2002; 2004; Jackson and Nexon 2004)。此外,那些自称现实主义学派的著述越来越多地包含来自其他学科的理论和发现,特别是心理学(Wohlforth 1993; Taliaferro 2004)。

最后也是最重要的是,秉承现实主义传统的学者所做出的最新的、重要的学术研究的积累。这包括许多对一般现象进行阐释的著述成果,例如战争的起源(Copeland 2000);国家安全的次优条件(Schweller 2006);大国军事干预(Taliaferro 2004);威胁评估(Lobell 2003);修正国家偏好的起源(Davidson 2006);战争后和平条约的受限因素(Ripsman 2002);单极结构的动力(Wohlforth 1999; Pape 2005),仅举几例。这些研究还包括解释不相干的事件或行为,例如美国在冷战时的对外政策(McAllister 2002; Dueck 2006);冷战的结束(Schweller and Wohlforth 2000);朝核危机的美、日、韩战略(Cha 2000);布雷顿森林体系消亡后美国货币政策的演变(Sterling-Folker 2002);布什政府时期对外政策取向和发动伊拉克战争的原因(Dueck 2006; Layne 2006);等等。

这些成果是折中主义的典型例子。站在现实主义的立场上,大多数人都避免过分宣扬现实主义。然而,如果非要把这些研究定性为某个理论学派,那么它们都可以归为现实主义派。它们对以下三个方面都十分敏感,即现实主义的核心观、界定现实主义的四个关键议题的核心角色,以及对新现实主义及其衍生分支对处于国际现象因果解释核心的心理实验有所助益的欣赏。同时，大多数研究受古典现实主义的影响，并没有刻板地附属于某种理论。虽然这些成果难以代表它们各自领域的定论，总 146
体来说，它们证明了现实主义对于本学科经久不衰的贡献。

7 结语：温和现实主义的发端

在国际关系领域建立一个大一统的、普适的现实主义理论的热情有所减退可能是因为位居理论界中心的现实主义走向了衰落。此后，正如本章开篇所提到的，在国际关系学界各种关于现实主义的争论是一个时代错误。坚定的现实主义派学者可能会对这种趋势感到遗憾，并怀念新现实主义主导国际关系理论的时期。同样，不依不饶的现实主义批评者也会怀念那段时期，因为现实主义涉猎广泛，总是招致老套落后的观念的批判，这在批评者看来是他们的主要贡献。但是，如果追求的是有创造性的学术研究的话，那么这并不应该被称为遗憾。现实主义的多样性日益显现，现实主义的研究越发以问题为导向，运用更成熟的方法，更具经验性和历史观色彩，对其他研究传统和学科更加开放，甚至超出经典现实主义或新现实主义盛行时期。可以说，坚持现实主义研究传统的学者对他们各自议题所做的贡献超过了以往任何时候。 147

参考文献

Ashley, R. K. 1986. The poverty of neorealism. Pp. 255–300 in *Neorealism and its Critics*, ed. R. O. Keohane. New York: Columbia University Press.

Brooks, S. G. 1997. Dueling realisms. *International Organization*, 51: 445–77.

Butterfield, H. 1950. *Christianity and History*. New York: Charles Scriber's Sons.

Carr, E. H. 1946. *The Twenty Years' Crisis, 1919–1939: An Introduction to the Study of International Relations*, 2nd edn. New York: St Martin's Press.

Cha, V. 2000. Abandonment, entrapment, and neoclassical realism in Asia: the United States, Japan, and Korea. *International Studies Quarterly*, 44: 261–91.

Coady, C. A. J. 2005. The moral reality in realism. *Journal of Applied Philosophy*, 22: 121–36.

Copeland, D. 2000. *The Origins of Major War*. Ithaca, NY: Cornell University Press.

Crane, G. 1998. *Thucydides and the Ancient Simplicity: The Limits of Political Realism*.

Berkeley: University of California Press.
DAVIDSON, J. W. 2006. *The Origins of Revisionist and Status-Quo States*. New York: Palgrave Macmillan.
DUECK, C. 2006. *Reluctant Crusaders: Power, Culture, and Change in American Grand Strategy*. Princeton, NJ: Princeton University Press.
ELMAN, C. 1996. Horses for courses: why *not* neorealist theories of foreign policy? *Security Studies*, 6: 7–53.
FRANKEL, B. 1996. Restating the realist case: an introduction. *Security Studies*, 5: ix–xx.
GARNETT, J. C. 1984. *Commonsense and the Theory of International Politics*. London: Macmillan.
GILPIN, R. G. 1981. *War and Change in World Politics*. Cambridge: Cambridge University Press.
—— 1986. The richness of the tradition of political realism. Pp. 301–21 in *Neorealism and its Critics*, ed. R. O. Keohane. New York: Columbia University Press.
—— 1996. No one loves a political realist. *Security Studies*, 5: 3–26.
GLASER, C. L. 1997. The security dilemma revisited. *World Politics*, 50: 171–201.
GRIECO, J. 1988. Realist theory and the problem of international cooperation: analysis with an amended prisoner's dilemma model. *Journal of Politics*, 50: 600–24.
—— 1997. Realist international theory and the study of world politics. Pp. 163–201 in *New Thinking in International Relations Theory*, ed. M. W. Doyle and G. J. Ikenberry. Boulder, Colo.: Westview.
HASLAM, J. 2002. *No Virtue Like Necessity: Realist Thought in International Relations since Machiavelli*. New Haven, Conn.: Yale University Press.
HERZ, J. H. 1950. Idealist internationalism and the security dilemma. *World Politics*, 2: 157–80.
JACKSON, P., and NEXON, D. 2004. Constructivist realism or realist-constructivism? *International Studies Review*, 6: 337–41.
JERVIS, R. 1986. Cooperation under the security dilemma. *World Politics*, 30: 167–214.
KEOHANE, R. O. 1984. *After Hegemony: Cooperation and Discord in the World Political Economy*. Princeton, NJ: Princeton University Press.
—— 1986. Theory of world politics: structural realism and beyond. Pp. 158–201 in *Neorealism and its Critics*, ed. R. O. Keohane. New York: Columbia University Press.
LAYNE, C. 2006. *The Peace of Illusions: American Grand Strategy from 1940 to the Present*. Ithaca, NY: Cornell University Press.
LEBOW, R. N. 2003. *The Tragic Vision of Politics: Ethics, Interests, and Orders*. Cambridge: Cambridge University Press.
LEGRO, J. W., and MORAVCSIK, A. 1999. Is anybody still a realist? *International Security*, 24: 5–55.
LOBELL, S. E. 2003. *The Challenge of Hegemony: Grand Strategy, Trade, and Domestic Politics*. Ann Arbor: University of Michigan Press.
MCALLISTER, J. 2002. *No Exit: America and the German Problem, 1943–1954*. Ithaca, NY: Cornell University Press.
MEARSHEIMER, J. J. 2001. *The Tragedy of Great Power Politics*. New York: Norton.
MORGENTHAU, H. J. 1954. *Politics among Nations: The Struggle for Power and Peace*, 2nd edn. New York: Alfred A. Knopf.
NICHOLSON, M. 1998. Realism and utopianism revisited. Pp. 65–82 in *The Eighty Years' Crisis: International Relations 1919–1999*, ed. T. Dunne, M. Cox, and K. Booth. Cambridge: Cambridge University Press.
PAPE, R. 2005. Soft balancing against the United States. *International Security*, 30: 7–45.
RIPSMAN, N. M. 2002. *Peacemaking by Democracies: The Effect of State Autonomy on the Post-World War Settlements*. University Park: Pennsylvania State University Press.

Rose, G. 1998. Neoclassical realism and theories of foreign policy. *World Politics*, 51: 144–72.
Schweller, R. L. 2003. The progressiveness of neoclassical realism. Pp. 311–47 in *Progress in International Relations Theory: Appraising the Field*, ed. C. Elman and M. F. Elman. Cambridge, Mass.: MIT Press.
—— 2006. *Unanswered Threats: Political Constraints on the Balance of Power*. Princeton, NJ: Princeton University Press.
—— and Wohlforth, W. C. 2000. Power test: evaluating realism in response to the end of the Cold War. *Security Studies*, 9: 60–107.
Snyder, G. H. 1997. *Alliance Politics*. Ithaca, NY: Cornell University Press.
Spirtas, M. 1996. A house divided: tragedy and evil in realist theory. Pp. 385–423 in *Realism, Restatements and Renewal*, ed. B. Frankel. London: Frank Cass.
Sterling-Folker, J. 2002. Realism and the constructivist challenge: rejecting, reconstructing, or rereading. *International Studies Review*, 4: 73–97.
—— 2004. Realist-constructivism and morality. *International Studies Review*, 6: 341–3.
Taliaferro, J. W. 2000–1. Security seeking under anarchy: defensive realism revisited. *International Security*, 25: 128–61.
—— 2004. *Balancing Risks: Great Power Intervention in the Periphery*. Ithaca, NY: Cornell University Press.
Tucker, R. W. 1952. Professor Morgenthau's theory of political "realism." *American Political Science Review*, 46: 214–24.
Van Evera, S. 1999. *Causes of War: Power and the Roots of Conflict*. Ithaca, NY: Cornell University Press.
Vasquez, J. A. 1998. *The Power of Power Politics: From Classical Realism to Neotraditionalism*. Cambridge: Cambridge University Press.
Walt, S. M. 1985. Alliance formation and the balance of world power. *International Security*, 9: 3–43.
—— 1987. *The Origins of Alliances*. Ithaca, NY: Cornell University Press.
Waltz, K. N. 1959. *Man, the State, and War: A Theoretical Analysis*. New York: Columbia University Press.
—— 1979. *Theory of International Politics*. New York: Random House.
—— 1991. Realist thought and neorealist theory. Pp. 21–37 in *The Evolution of Theory in International Relations: Essays in Honor of William T. R. Fox*, ed. R. L. Rothstein. Columbia: University of South Carolina Press.
—— 1996. International politics is not foreign policy. *Security Studies*, 6: 54–7.
Wendt, A. 1999. *Social Theory of International Politics*. Cambridge: Cambridge University Press.
Wohlforth, W. C. 1993. *The Elusive Balance: Power and Perceptions during the Cold War*. Ithaca, NY: Cornell University Press.
—— 1999. The stability of a unipolar world. *International Security*, 24: 5–41.
—— 2007. Realism and foreign policy. Pp. 31–48 in *Foreign Policy: Theories, Actors, Cases*, ed. S. Smith, A. Hadfield, and T. Dunne. Oxford: Oxford University Press.

第八章

现实主义的伦理观

杰克·唐纳利

本章和第七章都将政治现实主义[1]界定为一个围绕以下四个议题的松散而明确的国际理论传统。

1. 无政府状态　政府的缺失使国际关系成为定性独特的政治行为领域。

2. 自利主义　个体和群体趋向于谋求狭义上的自我利益。

3. 群体主义　政治发生于群体内及群体间。

4. 权力政治　自利主义群体在无政府状态下的互动导致强权与安全政治。“国际政治从来都是权力政治”（Carr 1946, 145）。

对权力追求的优先性使所有其他目标被边缘化。本章着重讨论现实主义的典型观点，即国际政治“是实践行为而非道德行为”（Kennan 1954, 48），“伦理标准不适用于国家间关系”（Carr 1946, 153）。“普遍的道德规范不适用于国家行为”（Morgenthau 1954, 9）。国际政治的“现

1　政治现实主义与道德现实主义或科学现实主义均无明显关联。道德现实主义认为道德判断意指或基于世界的自然或客观属性。科学现实主义认为有可能获得关于不可观察实体的独立于理论的知识，原则上使获得关于现实的“真实”本质的精确科学知识成为可能。

实”“使政治政策具备了合理性和必要性，这使纯粹的个人伦理始终倍感尴尬”（Niebuhr 1932, xi）。 150

笔者认为，虽然根源于某些重要的深刻认识，这种对于国际关系领域的道德维度类属的否定描述不够准确而且也不合乎规范。然而，老练的现实主义者都承认权力政治的“现实”只不过是完备的国际关系理论或实践的一个方面。最初情况正好相反，绝大多数最重要的现实主义者都认为伦理在国际关系中虽然处于从属地位但该地位不可或缺，不过整体来说，他们都无法克服这一说法与他们更为人们所熟知的、与道德无涉的对外政策诉求之间的矛盾。

现实主义与这本《手册》这部分的结构非常吻合。通常来说，现实主义的支持者和批评者都将该理论视为既是一种对实然世界的解释（前一章节的主题），又是一系列基于对政治“现实”这一解读而开出的用于指导各国政府及其领导人应当如何开展国际关系实践（本章的主题）的“处方”。不过，由于实质焦点的不同，本章将探讨的相关现实主义文献与前章非常不同。前一章节重点关注社会科学家（主要是美国的）近期的研究成果，而本章基本上关注更早期的研究成果；部分原因在于，现在的社会科学家较其前辈，在其专业研究中对道德问题关注度大为下降。尽管如此，这些现实主义学者的“经典”论述，其无与伦比的说服力与活力毫不逊色。

1　道德相对主义

有现实主义者称，道德与特定共同体有关，而并非各国、各社会或文化所共有之物。例如，爱德华·哈勒特·卡尔（1946，2，8）称“道德只能是相对的，而不是普遍的”。“所谓的绝对普适的原则根本称不上原则，而是对基于特定时期特定国家利益阐释的国家政策的一种无意识反应。”乔治·凯南（George Kennan 1954, 103, 47, 36）也认为“我们自己的国家利益是我们能够确实知道、理解的所有东西”，反对“我们的道德价值……必然对所有人都有效力”的说法。凯南甚至称“与个人关系中的对错问题相比，大部分国际事务中的对与错于局外人而言难以分辨，当然国际关系是否有对错之分仍不得而知”。

实际上，我们能够而且确实可以了解他人的价值观和利益。许多国际问题的确涉及是非对错。例如，在当代国际关系中已经达成的共识
151 有：禁止发动侵略战争；种族灭绝引发合理的国际关切与行动。

此类共同价值观的广度、深度以及政策影响必然会引发激烈的争论。然而，政治价值观仅具有国家性这一说法是虚假的。人们已普遍接受，个人价值观具有普遍性这一观念是错误的。然而，这一错误观念被过度简化，因而产生另一种错误理念，即“不具有普适的共同价值观”。

凯南（1985—1986，206）称国家利益属于“无法绕开的必要问题”，因此“无所谓‘好’与‘坏’之分”；这一说法明显是错误的。任何“必要性”都不是自然而然或无法避免的。除非国家利益在某种程度上是好的，否则没有明显的理由一定要遵循。

大部分现实主义者反对道德相对主义尤其是较为极端的道德相对主义，这并不足为奇。莱茵霍尔德·尼布尔（Reinhold Niebuhr，如1932；1941；1953）与赫伯特·巴特菲尔德（Herbert Butterfield，如1960；1953）是现实主义者中最为知名的两位基督徒。在无宗教信仰的现实主义者中，汉斯·摩根索（Hans Morgenthau 1979，10）提出“存在客观的且有待发现的道德准则”（参看Morgenthau 1946, 178–180, 195–196; 1962b, 43, 237）。就连尼科洛·马基雅维利（Niccolò Machiavelli 1970; 1985）这样的激进派也持类似观点。

马基雅维利的“合理作恶”论断认为，“被认为是‘合理’的恶（如果可以这样形容邪恶的话），可以当即实施。‘合理作恶’的目的是多样的，出于自身保护之目的是必要的，为了保存臣民也可以将‘恶’物尽其用”（《君主论》第8章第4段；参看第17章第1段）。尽管道德准则无法直接适用于政治，马基雅维利仍然强调“只要有可能，就不应将善抛于脑后，但在不得已时，也应该知晓如何作恶”（《君主论》第18章第5段）。我们

应该注意到马基雅维利对于善与恶的理解非常传统。不道德的方式本质上是坏的，因此应该控制在最低限度——即便是在“保护臣民”、为了广泛的公众利益的不得已之时。

大部分现实主义者不是否认道德与公正的传统属性，而是坚持认为此类标准或是不适用于（国际）政治，或是让步于其他原则或考虑。现实主义者以人性、国际无政府状态以及国家和领导人的特性为主要依据，主张其他“更加悲观、限制性更强、更实用的标准必须胜出”（Kennan 1954, 49）。

2 人性的冲动

早在修昔底德的《米洛斯对话》（1982，第五册，第85—111章）中，雅典使节就已表明了对国际事务中伦理问题的否定态度。这可谓是现实主 152
义派对国际事务中道德规范最熟知、最彻底的否定。“世界的正义仅存在于力量相当的各方之间。强者依其权力为所欲为，弱者忍气吞声。”（第五册，第89章）“神明在上，治人者在前，统治者遵循其本性施治。”（第五册，第105章）正如一些佚名的雅典人在战争爆发之际宣称，他们建立和保护自己的王国，并应对“三大压力：恐惧、辉煌与利益。这并非我们首开先河，自古以来就是弱者臣服于强者”（第一册，第76章；参看第一册，第72章）。

且将建立“事实”与“法则”的桎梏以及将“是这样”变为“应这样”的种种阻碍置于一旁，此类论述仍存严重错误。如果征服的冲动的确是无法抗拒的本性，那么按照“理应即能够”的道德通则，征服者和暴君则可能会凌驾于公正之上。然而，修昔底德所说的雅典人并非因无法抗拒的本性而冲动行事。在强者统治的法则之下，雅典人声称他们已经善待盟友，且程度高于雅典人须恪守的标准（第一册，第76章）。在米洛斯时，雅典人很可能思考过正义的做法。然而，他们选择了不正义的做法，并非被迫为之——由于米洛斯人拒绝投降，雅典人最终屠杀了所有的（米洛斯）男人，将妇孺贬为奴隶。

即便“所有人都渴求权力”（Morgenthau 1962a, 42），大部分现实主义者还是认为，这种内在冲动并非无法抗拒。例如，托马斯·霍布斯（Thomas Hobbes 1986）在《利维坦》第13章中强调：暴力冲突的根源在于竞争欲、胆怯和荣誉，以及由此产生的对于利益、安全和名望的追求。然而，霍布斯在该章结尾指出：人类本性也热切渴望和平与理性，因此，人类可以寻求战争以外的其他方式。虽然尼布尔强调“出于利己的堕落具有普遍性”（1953，13），但他同样坚持，我们处于且将一直处于一种道德责任，即与自身堕落的本性抗争。“基督教的原罪教义看似矛盾，一方面认为原罪是人类与生俱来的，另一方面认为每个人都须为自身的原罪负责。其实，这是真理的辩证性质，也恰恰反映了人类同时具有自爱和自我中心的两面性，但天性使然并不具备辩证的两分法”（1941，263）。

人们在“人性为单一性还是两面性”这两种观点间莫衷一是，这种情况反映出现实主义观点中一直存在的争论。一部分现实主义者过度强调关于“制约政治道德的‘事实’”的本质与重要性，这种过度解读有时不免尺水丈波。然而，另一部分现实主义者——通常为更具反思精神的学者——认为此类“事实”至少无法证明权力政治是“无关道德的”，这些
153 “事实”更称不上会对权利政治的道德产生影响。

3　无政府状态

国际无政府状态是指没有凌驾于国家单元之上的中央政府存在。现实主义者通常认为“个人道德准则与国际社会道德规范间的差别就像社群中与无政府状态下社会关系间的不同”（Schwarzenberger 1951, 231）。然而，国际关系并非都奉行“丛林法则”（Schuman 1941, 9）。一些说法是错误的，比如，“无政府状态下的国家无法追求道德。道德行为完全依靠有实力阻止并惩戒非法行为的政府”（Art and Waltz 1971, 6）。正如在政

府没有强制执行道德准则时，个人可以遵照道德行事，同理，国际关系中也可以存在道德行为。

现实主义者再次别出心裁，提出了该理论学派的典型观点：缺乏规范和协定的中央执行机构将增加不道德或违法行为的发生概率。但一切国家利益和目标都产生在无政府状态下。不会有人建议国家应该放弃经济利益或承诺与敌国永不宣战，因为在无政府状态下，若想实现这些目标，只怕会更加举步维艰。同样，无政府状态并未要求各国政府放弃对外政策的伦理目标。虽然在无政府状态下追求特定的伦理、经济、军事或政治目标不易实现，但这不是政府不作为的理由。

4 国家理性

也许，最有力的现实主义论述才会关注国家和治国方略的本质。国家理性学说的学者们认为“国际关系中，国家利益高于其他一切利益与价值观”（Haslam 2002, 12）。国际关系中某一政治群体的自身利益总是高于其他群体的利益，亦优先于其他规范准则。因为任何政府“对其代表国的国内社会利益都负有根本责任”，“相应的道德理念对其不再适用”（Kennan 1985–1986, 206; 1954, 48）。

然而，上述观点涉及伦理性层面。人们关注国际关系中什么是合理的价值观，而非对外政策是否合理地服从于规范性评估。“权力政治是一个由各群体构成的国际关系体系，各群体均将自身定为该群体的最终目标”（Schwarzenberger 1951, 13）。因此，摩根索（1951，33）谈到了“国家 154
利益的道德价值”，海因里希・冯・特赖奇克（Heinrich von Treitschke 1916, 54）认为国家“自身是集各种道德规范的整体”。

遗憾的是，现实主义者鲜会为上述价值观辩护，当它们与其他价值观发生冲突时。国家理性学派通常仅关注国家及其他政治群体的道德行为。其他理性行为及规范标准往往被置于一旁。追求国家利益过程中受到的其他价值观的影响及制约往往被忽略。

5　生存

此外，还有另一种更强有力但更具局限性的现实主义观点：先发制人的价值观，即（国家）生存论。例如，亨利·基辛格（1977，46）认为“政治家操控现实；生存是其首要目标”。罗伯特·塔克尔（Robert Tucker）同样称“政治家的最高道德是保护其所治之国”（Osgood and Tucker 1967, 304 n.71）。一旦生存受到威胁，其他一切均要退居其后；就像国内法律及大部分道德理论都允许公民个体使用致命武力进行自卫。

然而，生存受到威胁的情形鲜有发生。故“权力争夺完全等同于生存斗争”（Spykman 1942, 18）这种说法有误。“国家只能被动地遵循现实主义的命令行事，否则就会冒被摧毁的风险”（Mearsheimer 1995, 91），这种情形亦较少出现。

而其他的国家利益，无论多么“重要”，都无法与自身的生存相提并论，而必须与政治、法律、道德及其他迫切事项相平衡。利益间的相互平衡产生诸多的现实困境。但现实主义者通常忽略此类问题。而且最糟糕的是，他们还不断推崇极端错误的观念，即国家利益在政治家决策时应当且一直优先于其他一切考量。

6　政治家

155 从国家再到国家领导人，现实主义者通常认为对国家领导人的公众行为和公民的个体行为应施以不同标准（比如Carr 1946, 151; Kennan 1954, 48; Thompson 1985, 8）。和其他专业人员一样，政治家需优先考虑“客户”的利益。正如辩护律师在道德上需要（在一定限度内）为有罪的客户积极辩护，医生（在一定限度内）应做出对治疗病人最有利的方案而不是考虑整体的社会，因此政治家就其职业性质来说，应对其国家和国家利益做出最有利的决策。“个体以普遍性道德准则评判政治行为，而政治

家总是以国家利益作为其决策的基础。”(Russell 1990, 51)

这就会导致所做出的决策难以公平对待本国与他国国民的生命与利益。1994年4月，卢旺达发生种族屠杀，西方国家使馆仅组织本国国民撤离。虽然这样的行为有一定的道德争议，但大多数人不仅会欣然接受，通常还会要求(政府做出)此类行为。国家领导人是承担特殊**道德**责任的代理人，应保护作为被代理人的本国公民的权利和利益。

这样的对外政策可能“与道德无涉”，它既不受普通道德原则的影响，也不以这些原则对其评判。不过，这样的政策既非“价值中立”，亦没有超越伦理或其他规范性界限。就像代理律师不得泄露客户的犯罪计划或是医生不得为病人购买器官，政治家在为公民合理追求利益时也有一定限度。

某些界限源自国际法以及各国社会[1]的伦理(及其他)规范。今天，各国仅在出于自卫目的且战争法及人道法允许的范围内，方可正当使用武力。

然而，**国家**利益与价值观可能会限制一国的对外政策。比如，国家在饥荒灾害救济、民主推进、发展援助或保障人权等问题上做出的承诺。“以本国为整体的利益”才是“国家利益”这一术语指涉的意义，即民族国家所涉及的利益及所持有的价值观。某些现实主义者[如摩根索(Morgenthau 1954, 5, 10)]坚持认为，国家以权势界定利益，这样的观点体现了一种极具争议的、含义不明确的关于对外政策的规范性理论。

并无有力的理论依据规定，国家在抵制共产主义、伊斯兰法西斯主义或消除全球贫困时不能有其价值观。国家理性学说和关于政治家的论述都无法界定该国具有或应该具有何种利益。此类的价值观问题已超出现实主义理论的解释范围。 156

---

1 若某国际社会具有共同的规范和价值，这属于该国际社会的经验事实，而非国际关系领域的普遍理论特点。

7 审慎

"与道德无涉的"对外政策牵涉到一个更具伦理性的争议——"审慎"。马基雅维利将"审慎"定义为"分辨好与次的特性，并将不太次的特性作为好的部分"(《君主论》第21章，第6段)。因为"人们发现善与恶难分开"，马基雅维利建议效仿罗马人，"总是将不太坏的情形作为更好的选择"(《论李维》第三册第37章，第1段；第一册第38章，第2段)。

摩根索提出了相似的观点："审慎——衡量不同政治行为的后果——[是]政治的最高美德。抽象意义上的伦理评判行为是否符合道德法则；政治伦理评判行为的政治后果。"(1954，9)"政治伦理确实是关于各种'恶行'的伦理……鉴于政治之恶无法避免，就只能从众多'恶行'中择其善者。"(1946，202；参看Thompson 1985, 13)这是马克斯·韦伯著名的终极目标伦理与责任伦理两分的变体。[1]

然而，一国的公众利益并不是评判政治家行为的唯一合理标准。审慎经常与道德、宗教和其他价值观发生冲突。没有强有力的理由让人相信，审慎总是优先于其他一切价值观和考量。关于如何平衡出现的竞争性规范、需求和价值观，大部分现实主义论述都明显缺乏这方面的讨论。

值得怀疑的是，大部分现实主义著述存在夸张之嫌，因为这些学者尚未理解权力、道德与治国方略之间复杂却又不可避免的互动关系。现实主义者执着于讨论追求道德、法律和人道主义目标过程中(重要性无可否认的)的限度，通常无法对权力政治的限度予以系统性反思。如何平衡现实中各种竞争性的价值观是治国方略的关键性问题。现实主义理论强调负责任的治国方略。然而，该派学者不仅没有解决这一关键性的问题，他们过度或夸张的陈述反而忽略了对此问题的探讨。这对于现实主

1 见韦伯1919年的文章《以政治为志业》。该文多次重刊，如韦伯(1958；2004)；又参看Williams (2005，第5章)。见Smith (1986，第2章)对现实主义者韦伯的精准、扼要的介绍。

义传统而言是莫大的悲哀。

8 现实主义与道德主义

最合理的现实主义伦理观或许是警惕“国际政治行为中道德准则的不当运用”。“现实主义反对的不是道德，而是道德主义，它是对道德的 157
扭曲。”（Acheson 1958；参看 Thompson 1985, 5；Lefever 1998，第9章；Coady 2005, 123）因此，卡尔、尼布尔和凯南等主要学者称自己的研究是在批判“理想主义”；“理想主义”可理解为理性主义、道德主义和律法主义的融合。

同样，某种重要的、谨慎的观点在此处被不合理地夸大。比如，卡尔（Carr 1946, 153）称：“关于国际社会中道德适用的思想分为两大类。现实主义者……认为国家间关系仅受制于权力，道德不起任何作用。与此对立的观点认为，同一道德标准既适用于个人，也适用于国家。大部分乌托邦主义的学者支持后一种观点。”而实际上，关于这个问题还存在多种其他立场，而且鲜有人真正持上述任一种观点。无论普通民众还是专业人士，人们都清楚，政治家不得不同时兼顾多种价值观。仔细观察后我们发现，大部分重要的现实主义者承认道德伦理，如肯尼思·汤普森（1985，22）所说，“发挥作用但不处于主导性地位”。

卡尔（1946，235）曾以很克制的方式谈道：“虚谈高论的现实主义才会忽略国际秩序中的道德元素。”摩根索谈到了“道德与政治的辩证对立，政治无法逃脱道德评判与规范性指导”（1946，177），并且承认“国家意识到一种道德义务，避免其在特定条件下遭受死亡与痛苦，即便从国家利益考量，（死亡与痛苦）的这些行为可能具有一定正当性”（1948，177）。尼布尔（1932，233，xxiv）不仅坚称“合理的政治道德必须合乎道德主义者与政治现实主义者双方的观点”，并且强调现实主义分析中的“终极目标”“是寻找最有可能达成社会伦理目标的政治途径”。

现实主义者恰恰提醒人们不可忽视群体主义与自利主义在无政府

状态下塑造的各种“现实”。争论一国对外政策的目标时，“以权力界定国家利益”(Morgenthau 1954, 5, 10)的这一狭小视野当然也有其一席之地。但是，诸如“伦理标准不适用于国家间关系”(Carr 1946, 153)以及“普遍的道德标准不适用于国家行为”(Morgenthau 1954, 9)等观点不仅经不住审视和批判，甚至无法反映出大部分自认的现实主义者的深思熟虑——即便他们倾向于重复和强调站不住脚的、言过其实的论断。[1]正如
158 约翰·赫茨(John Herz 1976, 11)提到的那样，“权力政治中，权力的削弱、施加、平衡和掌控等情形远比人们想象的更不可避免”。

9 现实主义的贡献与局限

上述评价的意义在于，可将现实主义看成是以政治审慎为中心的小心翼翼伦理观，政治审慎是在对国际政治狭义且深刻的理解中形成的。[2]然而，只有认真对待卡尔提出的(Carr 1946, 89)“我们在纯粹的现实主义中终究无法获得安宁”这一观点，我们才能够避免严重扭曲的对外政策的出台。“只有在(现实与乌托邦、权力与道德)两者各安其位时，才能看到明智的政治思想与健康的政治生活。”(Carr 1946, 97; 参看Schwarzenberger 1951, xv)[3]

我们也必须警惕另一种夸大。无论是启发性的想法还是实践性的适用，并非所有涉及无政府状态、自利主义或群体主义的观点都属于现实主

---

1 乔尔·罗森塔尔(Joel Rosenthal)的一书《正直的现实主义者》(*Righteous Realists*)(1991)是关于战后美国现实主义者的社会史。该书准确抓住了这些道德主义批判者的救赎精神。这些批判者对自己的洞见与正直深信不疑，异常容易夸大现实主义的力量和其他学派的短处。比如，“理想主义者”和“空想完美主义者”这样不准确、不公正的标签，通常用来抹黑那些认真对待国际关系中道德、法律或理性需求的分析家。

2 我在其他文章中(Donnelly 2005, 52–54; 2000, 第9章)提出了平行论点，将现实主义视为某种社会科学理论。除前章内容外，对现实主义的其他评价，见Gilpin (1986)、Keohane (1986)、Doyle (1997)、Grieco (1997)、Guzzini (1998)、Jervis (1998)、Vasquez (1998)及Walt (2002)。

3 尼布尔(1944, 14–15)同样强调将“黑暗之子”与“光明之子”的见解结合起来，即：明显邪恶但聪明的“除却自己的意愿与利益外，目无法律的道德怀疑者”，以及被尼布尔描述为典型的高尚但愚蠢的“坚信自身利益应被置于更高层级法则规范之下的人”。

义学派。实际上，所有研究传统与理论流派的学者们都认为：无政府状态是国际关系的本质特征。只有激进的世界主义者、自由论者和无政府主义者才会挑战群体主义假定。大部分伦理传统和道德理论将与自利主义的抗争视为道德行为问题的核心。这类解释性变量不属于现实主义学派特有的，更何况冲突问题。

然而，自利主义、群体主义与无政府状态共同作用塑造了引发冲突的权力政治，这种演变的确使得现实主义学派的分析具有辨识性的风格与特征——以及价值观。现实主义理论在学科中理应占据中心位置，只要该派学者不过度强调其贡献。但是，无法像该派的某些支持者所坚持的那样，现实主义不是，亦不可能是国际政治或国际伦理的普适理论。

威廉·沃尔福斯（William Wohlforth）在前一章末强调了现实主义 159
者保持谦逊姿态的重要性。虽然笔者对此认同，但对其所说的整体性改变却没有那么乐观。例如，在我看来，约翰·米尔斯海默的理论主张或论断很难称得上是谦逊之辞；斯蒂芬·沃尔特（Stephen Walt）的观点（2002；1997）——“现实主义传统具有持续性的重要意义”以及“现实主义具有进步性的力量”——也不比其老师肯尼思·沃尔兹（Kenneth Waltz）的论调谦逊多少。相反，近期的现实主义者，诸如查尔斯·格拉泽（Charles Glaser）或是兰德尔·施韦勒（Randall Schweller）等人，虽然一贯比较谦逊，但也不比尼布尔、赫茨、塔克尔或是格伦·斯奈德等人更谦逊。我看到的更多是延续和重复，而非改变，尤其是谦逊与夸大的奇特混合，以及一种众目具瞻之势——忘记或隐瞒自己“知道”的可适用的限
度——这在未来数年内仍将是现实主义传统的特性。 160

参考文献

Acheson, D. 1958. Morality, moralism, and diplomacy. *Yale Review*, 47: 481–93.

Art, R. J., and Waltz, K. N. 1971. Technology, strategy, and the uses of force. Pp. 1–25 in *The Use of Force: International Politics and Foreign Policy*, ed. R. J. Art and K. N. Waltz. Boston: Little, Brown.

Butterfield, H. 1953. *Christianity, Diplomacy and War*. London: Epworth Press.

—— 1960. *International Conflict in the Twentieth Century: A Christian View*. New York: Harper.

CARR, E. H. 1946. *The Twenty Years' Crisis, 1919–1939: An Introduction to the Study of International Relations*, 2nd edn. New York: St Martin's Press.

COADY, C. A. J. 2005. The moral reality in realism. *Journal of Applied Philosophy*, 22: 121–36.

DONNELLY, J. 2000. *Realism and International Relations*. Cambridge: Cambridge University Press.

—— 2005. Realism. Pp. 29–54 in *Theories of International Relations*, 3rd edn., S. Burchill, A. Linklater, R. Devetak, J. Donnelly, M. Paterson, C. Reus-Smit, and J. True. London: Palgrave.

DOYLE, M. W. 1997. *Ways of War and Peace: Realism, Liberalism, and Socialism*. New York: Norton.

GILPIN, R. G. 1986. The richness of the tradition of political realism. Pp. 301–21 in *Neorealism and its Critics*, ed. R. O. Keohane. New York: Columbia University Press.

GRIECO, J. M. 1997. Realist international theory and the study of world politics. Pp. 163–201 in *New Thinking in International Relations Theory*, ed. M. W. Doyle and G. J. Ikenberry. Boulder, Colo.: Westview.

GUZZINI, S. 1998. *Realism in International Relations and International Political Economy: The Continuing Story of a Death Foretold*. London: Routledge.

HASLAM, J. 2002. *No Virtue Like Necessity: Realist Thought in International Relations since Machiavelli*. New Haven, Conn.: Yale University Press.

HERZ, J. H. 1976. *The Nation-State and the Crisis of World Politics: Essays on International Politics in the Twentieth Century*. New York: D. McKay.

HOBBES, T. 1986. *Leviathan*. Harmondsworth: Penguin.

JERVIS, R. 1998. Realism in the study of world politics. *International Organization*, 52: 971–91.

KENNAN, G. F. 1954. *Realities of American Foreign Policy*. Princeton, NJ: Princeton University Press.

—— 1985–6. Morality and foreign policy. *Foreign Affairs*, 64: 205–18.

KEOHANE, R. O. 1986. Theory of world politics: structural realism and beyond. Pp. 158–201 in *Neorealism and its Critics*, ed. R. O. Keohane. New York: Columbia University Press.

KISSINGER, H. A. 1977. *American Foreign Policy*, 3rd edn. New York: Norton.

LEFEVER, E. W. 1998. *The Irony of Virtue: Ethics and American Power*. Boulder, Colo.: Westview.

MACHIAVELLI, N. 1970. *The Discourses*, trans. L. J. Walker. Harmondsworth: Penguin.

—— 1985. *The Prince*, trans. H. C. Mansfield. Chicago: University of Chicago Press.

MEARSHEIMER, J. J. 1995. A realist reply. *International Security*, 20: 82–93.

MORGENTHAU, H. J. 1946. *Scientific Man versus Power Politics*. Chicago: University of Chicago Press.

—— 1948. *Politics among Nations: The Struggle for Power and Peace*. New York: Alfred A. Knopf.

—— 1951. *In Defense of the National Interest: A Critical Examination of American Foreign Policy*. New York: Alfred A. Knopf.

—— 1954. *Politics among Nations: The Struggle for Power and Peace*, 2nd edn. New York: Alfred A. Knopf.

—— 1962*a*. *Politics in the Twentieth Century*, vol. i. *The Decline of Democratic Politics*. Chicago: University of Chicago Press.

—— 1962*b*. *Politics in the Twentieth Century*, vol. iii. *The Restoration of American Politics*. Chicago: University of Chicago Press.

—— 1979. *Human Rights and Foreign Policy*. New York: Council on Religion and International Affairs.

NIEBUHR, R. 1932. *Moral Man and Immoral Society: A Study in Ethics and Politics*. New York:

Charles Scribner's Sons.
—— 1941. *The Nature and Destiny of Man: A Christian Interpretation*, vol. i. *Human Nature*. New York: Charles Scribner's Sons.
—— 1944. *The Children of Light and the Children of Darkness: A Vindication of Democracy and a Critique of its Traditional Defence*. New York: Charles Scribner's Sons.
—— 1953. *Christian Realism and Political Problems*. New York: Charles Scribner's Sons.
Osgood, R. E., and Tucker, R. W. 1967. *Force, Order, and Justice*. Baltimore: Johns Hopkins University Press.
Rosenthal, J. H. 1991. *Righteous Realists: Political Realism, Responsible Power, and American Culture in the Nuclear Age*. Baton Rouge: Louisiana State University Press.
Russell, G. 1990. *Hans J. Morgenthau and the Ethics of American Statecraft*. Baton Rouge: Louisiana State University Press.
Schuman, F. L. 1941. *International Politics: The Western State System in Transition*, 3rd edn. New York: McGraw-Hill.
Schwarzenberger, G. 1951. *Power Politics: A Study of International Society*, 2nd edn. London: Stevens.
Smith, M. J. 1986. *Realist Thought from Weber to Kissinger*. Baton Rouge: Louisiana State University Press.
Spykman, N. J. 1942. *America's Strategy in World Politics: The United States and the Balance of Power*. New York: Harcourt, Brace.
Thompson, K. W. 1985. *Moralism and Morality in Politics and Diplomacy*. Lanham, Md.: University Press of America.
Thucydides 1982. *The Peloponnesian War*, trans. R. Crawley, rev. edn. New York: Modern Library.
Vasquez, J. A. 1998. *The Power of Power Politics: From Classical Realism to Neotraditionalism*. Cambridge: Cambridge University Press.
von Treitschke, H. 1916. *Politics*, 2 vols. London: Constable.
Walt, S. M. 1997. The progressive power of realism. *American Political Science Review*, 91: 931–5.
—— 2002. The enduring relevance of the realist tradition. Pp. 197–230 in *Political Science: The State of the Discipline*, ed. I. Katznelson and H. V. Milner. New York: W. W. Norton.
Weber, M. 1958. *From Max Weber: Essays in Sociology*. New York: Oxford University Press.
—— 2004. *The Vocation Lectures: Science as a Vocation, Politics as a Vocation*. Indianapolis: Hackett.
Williams, M. C. 2005. *The Realist Tradition and the Limits of International Relations*. Cambridge: Cambridge University Press.

第九章

马克思主义

本诺·特施克

在成为一门正式的独立学科之前，马克思主义就已对国际关系问题提出诸多思考。然而20世纪共产主义与资本主义的竞争，极大地影响了社会科学的格局，也阻碍了马克思主义国际关系思想及时、完整地融入西方国际关系理论的经典。两次世界大战之间以及“第一次冷战”期间，马克思主义国际关系理论一直处于边缘地位。在国际关系学科经历了较长一段“活跃期”之后，马克思主义国际关系理论重获重视，加之美国的绝对霸权地位、南北冲突加剧、后实证主义兴起，以及20世纪80年代理论界的重大转折，共同催生了该理论的自身发展，其内部不断细化，整体日益增强，逐渐成为国际关系学科中不容忽视的一个研究传统。如今，马克思主义国际关系已经摆脱源于两极对立地缘政治和狭隘党派教义的认知限制，成为颇具生命力和丰富内涵的学科分支，能够向主流国际关系理论乃至整个社会科学体系提出一些最有力的挑战。

1 马克思、恩格斯评论国际关系

马克思主义国际关系理论的复兴，不仅挑战了国际关系理论，而且通过国际关系理论的问题意识也对马克思主义本身，尤其是理论创建者所提出的核心概念提出挑战。卡尔·马克思和弗里德里希·恩格斯从 163
未系统地论述过全球范围内、较长时期的社会进程中的空间和间际维度问题，更谈不上成功解决此类问题（Berki 1971; Soell 1972; Kandal 1989; Harvey 2001）。对于时空发展差异化的政治共同体间的关系缺乏明确的理论化阐述，暴露了马、恩二人对世界历史的整体认知中存在着重大缺陷，这一点尤其反映在他们对资本主义的相关论述中。尽管马克思和恩格斯的思想历经发展嬗递和整合分化，但从未解决这个缺陷。

受自由的世界主义理念的影响，马、恩二人早期思想笃信资本主义的跨国权力和基于国际贸易中的“相互依赖普适性”。此类假定最终都指向一个结论，即世界在经历资本主义之后从历史进程来看最终得以融合。此类观点的雏形最早出现在1846年的《德意志意识形态》中，而更清晰的版本则出现在1848年的《共产党宣言》中：

> 不断扩大产品销路的需要，驱使资产阶级奔走于全球各地。它必须到处落户，到处创业，到处建立联系。资产阶级，由于开拓了世界市场，使一切国家的生产和消费都成为世界性的了……旧的、靠本国产品来满足的需要被新的、要靠极其遥远的国家和地带的产品来满足的需要所代替了。过去那种地方的和民族的自给自足和闭关自守状态，被各民族的各方面的互相往来和各方面的互相依赖所代替了。……资产阶级，由于一切生产工具的迅速改进，由于交通的极其便利，把一切民族甚至最野蛮的民族都卷到文明中来了。
>
> （Marx and Engels 1998, 39）

背后驱动这一进程的核心机制是持续推进的资本主义的普世化。市场化再生产条件下，雇工和资本家之间的冲突关系将社会生产的规模以竞争和累积的方式在全球范围扩大，继而导致在非资本主义地区发生一系列社会变革。尽管存在阶级剥削和敌视，国家仍被视为社会的总担保人，只是随着阶级的日益崛起，阶级固化和极化不断发展，国家间军事冲突将逐渐让位于全球性的阶级斗争，最终全世界无产阶级同时爆发革命。这里，“全世界规模的同步发展”的概念统领全篇（Soell 1972, 112）。该原创性概念提供了一个分析工具，即资本主义在纵向深化和横向拓宽两个维度的持续发展，推进了世界范围的地理联结、国家社会政治同质化以及阶级关系极化的普遍化。这个分析工具最终将废除民族国家历史叙事，为世界历史的宏大叙事铺平道路（尽管Geschichte这个集体概念当初是有意设计出来描述后资本主义时代的世界）。然而，马克思和恩格斯从
164 未明确说明资本主义经由贸易的全球扩张是如何按照资本主义方向转变新扩张地区的阶级关系和国家形态的。相反，他们向这一转型进程中注入了某种自动性，自动削弱了国内阶级冲突（抵抗）与地缘政治（战争）的作用。这一新颖概念直接将国家性外扩至普世性，而省略了两者当中的国际性。但是，国际性时至今日仍然限定着国家性，分解着普世性并使其失效。

此类超历史抽象，是逻辑推理的结果，有待历史实践的检验。1848年革命失败后，这个概念经历多处发展，修正了马、恩二人对资本主义发展、革命以及战争三者之间关系的看法。1848年之前，马克思和恩格斯曾期待通过国家间战争，尤其是当时民主、统一的德国与没落、专制的国家（丹麦、俄国和奥地利）的对立，推动革命的国际化进程。马、恩设想，德国资产阶级革命成功将终结“神圣同盟”，使欧洲力量平衡向有利于西方进步国家的方向转变。如此，欧洲将被分割为革命与反革命的两个阵营。这样的新格局曾被描述为自由主义与专制主义之间的斗争，而其表现方式是“世界大战”。1848年革命失败之后，“国内革命加战争等于国际进步”的等式被逆转，变成“战争加革命等于国内进步”。现在推动世界历史滚滚洪流向共产主义前进的，更多的不再是国内阶级斗争的国际溢出，而是国家间战争的失败。战败带来的欧洲旧制度合法性丧失，将加速在特定国家发生革命的趋势。但是，这里又出现了第三个难题：对比早前对国际工人阶级形成所持的自信判断，马克思，尤其是恩格斯，开始

设想工人阶级并入各自民族国家的前景，最直接的是通过“社会帝国主义”和战争的方式用民族国家忠诚取代国际阶级团结。

总体而言，对各国解决本国社会与地缘政治冲突方案之差异性的认知，导致了“全世界规模的同步发展”抽象概念向“不均衡”（Soell 1972, 113–115）实证性认知的转变，承认由于社会—时空条件差异，国家之间发展轨迹有所不同。然而，将“不均衡”和武力视作资本主义世界市场扩张（印度、中国、美国内战、奥斯曼帝国等）的内在组成部分，只带来一系列观念上的背叛，而从来不曾产生可以恰当解释世界市场形成、革命与地缘政治之间实际关系的指导性理论。从更深层来说，向“不均衡”概念的转变完成有赖于一个想当然的先验判断，即国家体系的存在是地区性多样化差异发展的前提，因此也是“不均衡”的前提。但是，鉴于总的历史进程中的空间碎片化仅表现为一种结果，即孤立存在的实体间的差异，“不均衡”作为一种分析方法的核心概念，既削弱了理论对地缘政治多元 165
世界的阐释力，也削弱了跨地区地缘政治动态间的因果关系。马克思和恩格斯曾认为，“资产阶级社会构成……某一阶段的全部贸易和工业活动，并在这一方面超越各自国家和民族之上，尽管它需要对外作为民族、对内作为国家而代表自己”（Marx and Engels 1976, 50）。但是，由于“不均衡”概念存在以上理论缺陷，这个论断恰恰也对这其中的需要的准确构成提出疑问，也因此国家体系的地理碎片化不可能是国际资本主义资产阶级形成的结果。

这一“地缘政治缺陷”在马克思和恩格斯的新闻与历史文章中已经陆陆续续得到了关注（不管如何不尽如人意），但是全面的质疑却出现在三卷本的《资本论》中——马克思主义理论性的巅峰代表作，而这也是最具戏剧性的地方。这本书研究的核心概念是抽象的“资本”。“资本”逐层展开其内部矛盾（“积累法则”），完成辩证的自我运动。在这个过程中，施动者与历史因素被边缘化处理，而仅仅被视作是“资本逻辑”的例证。在该书中，尽管“资本”点缀着维多利亚时代英国的环境背景，但它仍然超越了历史，只是在政治和经济真空条件下的理想化概念抽象。在

1857年版的《资本论》序言写作计划中，马、恩设想了一个关于国家和国际关系的理论（最终未完稿），但是却从未考虑将以下问题列入研究范围，即政治力量为何以领土实体形式存在于主权国家构成的世界体系内以及这些政治辖区如何与资本主义在国家和国际层面的再生产进行互动。马、恩二人对地缘政治的兴趣主要在于世界政治变化带来的战术后果对共产主义战略的影响，因此虽然观察颇具洞察力，却多是临时性的思考，并非出于对大历史进程下地缘政治和跨社会关系的持续关切。

2　经典帝国主义理论

马克思主义的经典帝国主义理论代表了一种更为系统和持续的努力，尝试用资本主义发展流变的视角来解释地缘政治的动态变化与世界秩序的危机和失败。第二代马克思主义者认为1873—1898年世界经济危机导致各资本主义经济体的投资收益回报率大幅下跌，资本主义本质随之发生深刻转型，出现“新帝国主义”、“争夺非洲”和军备竞赛，以至最终滑入世界大战的深渊。基于新的形势发展，社会主义者的战术和战
166 略也都经历了重新定义（Mommsen 1980; Brewer 1990; Chilcote 2000）。

这个转型被鲁道夫·希法亭（Rudolf Hilferding 1981）、尼古拉·布哈林（Nicolai Bukharin 1972）和弗拉基米尔·列宁（Vladimir Lenin 1973）等人概念化，尽管他们的侧重点各有不同。在这个转型进程中，自由竞争不断转向资本集聚，最终催生出国家垄断（托拉斯和卡特尔）。在垄断资本主义时代（Luxemburg 1951），人们的看法有所变化，帝国主义被视为是资本主义的固有组成部分。“金融资本”的概念，反映出工业资本和银行资本的融合，将此前分裂的资本主义利益统一到国家层面，通过利用国家对垄断利益的政治推进来实现扩大再生产的目的。资本积聚和国家依赖都植根于过度生产和过度积累（消费不足）的倾向之中。后者被认为是资本主义长期动态的一般属性，在工业时代尤为如此。在国内，保护主义（高关税和配额）限制了外国竞争，允许在国内市场和海外控制

区的定价高于世界市场水平。国际上，获取更多原材料、探寻新出口市场和资本输出等，要求对殖民地实施领土化和政治军事控制。这个要求导致了帝国形成、世界市场区域化以及国家阵营对峙等结果。布哈林和列宁认为，工人阶级持有更高薪酬和更好社会福利的期许融入“祖国”（社会帝国主义），殖民剥削产生的“超级利润”将发挥至为重要的作用。这样的“贿赂”将工人培育为国家语境下的都市“劳工贵族”，却将国际主义事业背弃在后。国家在推动“金融资本”在国内外发展过程中发挥直接作用。这表明，竞争已经从企业间的私有经济竞争转型为国家间的公共政治军事竞争，即“帝国主义间的竞争”。帝国主义间重新划分世界领土的战略竞争愈演愈烈，势必导致世界大战，增加了资本主义国家链条上“最薄弱环节”战败的可能，而该国资产阶级破产的概率也显著增加。换言之，经典观点认为社会主义革命会首先发生在最发达的资本主义国家，现在却发现（革命）在地理上偏移去了最不发达的国家，尤其是俄国。对马、恩早期观点的反转，使得资本主义的发展趋势相应地从国际化回归国家化，世界市场与国家间冲突的关系被重新定义，资本主义强国的工人阶级之所以相对软弱就具有了合理性，而社会主义革命在俄国爆发也获得了理论解释。

马克思主义的经典帝国主义理论，就其对某一特定时期的假说来说，可以以实证的方法予以检验；而就其作为马克思主义一般国际关系理论而言，则可以从较为宽泛的理论角度予以评判。在现实生活中，鲜少有真正能决定价格、扭曲市场的垄断存在，而卡特尔只是企业间松散的协定，
早晚要崩解。 167

消费不足曾被认为是资本逻辑的内在现象，但在“社会帝国主义”理论中这一论断也被看作是可推翻的。19世纪的最后25年，工人的实际工资持续上涨。有关“金融资本”的论述主要以德国和奥地利的银行业为例，而与英、法两国当时较为分散却竞争强劲的银行业形成鲜明对比。对殖民地的资本输出尽管在第一次世界大战前增长迅猛，却仍然大大低于帝国主义国家之间的资本输出（投资组合加直接投资）。帝国主义国家

间的贸易量也远高于帝国主义国家与殖民地间的商业往来。相比于国内投资，对殖民地资本输出的绝对值很小，投资回报率没有优势，风险却更高。“所有证据都表明，帝国对于帝国主义中心国家长期发展的影响很小。”(Brewer 2000, 83)尽管使用加总结果并不能解释为是要消解帝国存在的经济根据，因为利润预期或许曾经为经济和政治的帝国主义提供了初始动机(但是他们仍会提出这种作用的持续性的问题)，而且简单的成本—收益分析并不足以说明其中所有的复杂性。特殊利益集团可能已经在国家层面获取了特权优势，将利益私有化，而将维持帝国的军事、政治等重大公共开支成本分摊给社会。但是，在这方面，历史数据也一样含糊不清。

从更广泛的理论视角来看，马克思主义的经典帝国主义理论具有自我局限性，仅试图解释特定时间节点(1873—1917年)的资本主义国际关系，而未能扩展成为资本主义国际关系的一般理论。帝国主义理论的偏见特点也招致了一系列有力的理论批评。发达资本主义国家内部、它们与各自殖民地之间关系、殖民地内部发展程度以及帝国之间关系都存在非常显著的差异。把某个具有以上各方面生动差异性的特定现象理解为资本主义特定阶段运动的必然产物，将阻碍对资本主义兴起、再生产与衰落的具体分析。突出例子是，列宁将帝国主义解释为“资本主义的最高阶段”，认为这个时间节点是资本主义整体发展进程中所固有的明确而必然的阶段(即垄断阶段)，而不是不同发展程度的发达国家间冲突导致的特定(而且可逆)结果。

卡尔·考茨基(Karl Kautsky 1970, 45-46)对此也持有类似异见，认为“帝国主义……只代表资本主义各种扩张模式中的一种”。他提出了“超级帝国主义”的设想，认为国家资本间存在合作即结成“帝国主义者神圣同盟”的可能性。这个设想强调了资本主义变动不居的阶级(地缘)政治，因而绝不会沦落为仅仅是一种资本主义的经济必然逻辑。以此观之，希法亭、布哈林和列宁对国家的国内和国际角色的理论化不仅失之简单，而且还是机械和功能主义的。外交、国际同盟模式和地缘政治危机都成为国家多元社会政治利益推理演绎而不是以此为参照进行历史分析的结果（正如仔细阅读1885年“柏林会议”或1914年“七月危机”所要求做到的那样）。先具体分析各国发展情况，继而又将其一般化概括为整个资本主义国家体系的支柱，这种做法既简化了帝国主义核心国家内部社会力量与政治局势的差异化发展，也矮化了它们对帝国主义国家之间以及核心—外围之间关系的影响作用。殖民地的社会力量通常被塑造为被动接受者，而非结果各异的具体地缘政治冲突的主动参与者，由此引发了对欧洲中心论的指控。这些批评最终的落脚点都在于该理论未能将更广泛的社会和政治施动者纳入讨论。

尽管没有再次出现当初马克思定义世界市场时从“国家”到“全球”的直接转向（跳过了“国家间”），但是将“帝国主义间”的抽象推断限定性地具象为势力范围战略竞争和战争，也只强调了单一体系逻辑而忽略了国家间不均衡的发展道路差异。而之所以未能揭示“帝国主义间”政治与地缘政治（而非逻辑）的多样性和互动性，背后的原因正是对国家间体系——军事冲突的前提缺乏研究。经典帝国主义理论以社会关系理解民族国家的多元表象，而将国家体系视为既定条件，因而未能就民族国家是世界经济“关联部分”（Brewer 1990, 123）这一事实提出研究议题，更遑论理论化。

3　世界体系理论

以伊曼纽尔·沃勒斯坦（Immanuel Wallerstein）为最知名代表的世界体系理论，融合了马克思主义的经典帝国主义理论、安德烈·冈德·弗兰克（Andre Gunder Frank）的依附理论以及《年鉴》史学家费尔南·布罗代尔（Fernand Braudel）的作品（Wallerstein 1974a; 1974b; 1983; Chase-Dunn 1991），试图为阐释资本主义世界体系的整体历史提供一个理论框架。该理论的主要研究对象是作为完整、单一联合体的世界经济，即基于不同国家间的“劳动控制机制”（雇佣劳动、佃农制、农奴、奴隶制）差异而形成的一个国际劳动分工体系。国家在世界经济中的权力和地缘政治位置（核心区、半外围区、外围区）与它们各自的劳动控制机制呈现负相关关系。各国按各自权力能力，确定垄断贸易条款，形成并维持不平等贸易
169 的层级结构体系。不平等贸易将剩余产品由外围区转移至核心区，进而强化了体系内的政治等级与发展差异。世界经济体通常会被拿来与以前的世界帝国做对比，后者拥有单一领土疆域，权力中央从地方汲取贡赋。现代世界体系产生于欧洲"漫长的16世纪"（1450—1640）[布罗代尔认为是13世纪（1982，433）]，其最初的发端是被概括为弱技术决定论的地区专业化和劳动分工（"西欧"的高技术制造业、"东欧"的低技术农业以及海外的原料生产）。这样的分工体系使欧洲核心区国家能够按照它们设定的条件将半外围区/外围区纳入世界体系，导致这些地区持久的经济不发达与对外政治依附。由于核心国家外的经济活动也通常被看作是为世界市场生产的逐利行为，因此尽管各地区的劳动制度不尽相同，现代世界体系仍总是被描述为是资本主义性质的。

国际资本主义在世界范围内的网络建构呈现出一个很强的体系维护自我强化的趋势。具体说来，由于不必支付维护世界帝国所需的难以承受的政治军事成本就能积累全球资本，世界经济体系不会倒退回世界帝国。事实上，国家体系是资本主义兴起和再生产持续的前提条件，通过多个主权国家间的竞争剩余产品可以实现由外围区向核心区的转移，而不是被一个中央帝国组织直接吸收。霸权国家（热那亚/威尼斯、荷兰、英国和美国）的循环交替，周期性地改变核心区内国家间等级关系，继而重新安排、调整核心区与（半）外围区的地缘商业关系（Arrighi 1994）。现实主义霸权稳定理论认为霸权来源于军事政治能力，比较而言，这里所说的霸权却与资本密集型生产体系（外溢至商业和金融优越）的创新能力紧密相关，使得霸权国能够占领国际劳动分工的制高点。核心区内新兴的挑战者和衰落的现状大国间的霸权战争将决定霸权转移的结果。

世界体系理论持续进化，经历多次重大变异与部分修正。然而，该理论的中心概念，即将资本主义看作是一个将剩余产品由外围区向核心

区转移的世界商业网络，也是有问题的。这一概念从未考虑资本主义的阶级关系的起源和资本主义经济发展的具体动态（马克思所说的“原始积累”首先完成于17世纪的英格兰，关于此点还有争议），导致了一个错误的时间认定——以意大利人和伊比利亚人在“漫长16世纪”的“大发现时代”为现代世界体系的起源，以及一个清晰的以商业霸权的连续交替来定义现代世界史的完整叙事（Brenner 1977; Brewer 1990, 161–178; Teschke 2003, 129–139）。马克思主义的帝国主义理论倾向于将垄断性 170
和地区间属性概括为资本主义的特征，结果等同于把历史上所有四个霸权无差别视为资本主义国家，而低估了这些经济体之间在社会关系与国家形态方面的差异（商业资本主义、重商主义、自由贸易资本主义、国家调节资本主义）。意大利、西班牙、荷兰等国所经历的是结构性垄断商业资本主义。继之而起的英国和美国则奉行植根于马克思所提出的资本主义阶级关系的竞争性资本主义。显然，这两种类型之间存在着关键性差异。该理论也未能具体说明不同霸权力量在社会政治发展、管理核心区国家间（竞争或合作）及核心区与外围区国家间关系的战略，还有对各自控制地区的领土化政策（Gowan 2006）等方面所存在的深刻差异。对各霸权力量间的性质差异的无视，导致了对现代世界体系的较严重的、静止性的描述。事实上，现代世界体系由持续交替变化的霸权力量主导，本身又围绕着剩余产品的地理再分配而持续演化。

按照沃勒斯坦的定义，资本主义仅在流通领域内，将技术上适应国际商业要求并接受国际专门化分工的不同地区劳动制度相互连接起来。当面临并融入基于贸易的世界劳动分工时，阶级与阶级冲突也延伸进入具体地区的“劳动制度”构建（劳动制度和阶级关系已被弱化为产品专门化以满足出口世界市场之需求）。因此，世界体系理论无法解释这些地区在遭遇和融入体系时表现出有显著差异性的阶级冲突形式和结果：有的地区先前存在的劳动制度反而被强化（如东易北河地区的“第二次农奴制”）；有的地区则实施了全新的前资本主义的劳动制度（南、北美洲的奴隶制种植园体系或委托监护制），还有的则向资本主义方向转型。各地区劳动制度的出现绝不仅仅是对世界市场产品专门化迫切的技术性需要而做出的被动性、功能性适应，也是对外部压力的主动反应，反映了高度政治化的阶级竞争。世界体系理论将地区差异化解决方案归因为统一的阶级力量平衡的结果，这是一种过度简化，忽略了地区间经济发展路径差异、发展与不发展区别，以及某些地区转型成功进入资本主义国家核心区的可能性。

在与此相关的其他方面，沃勒斯坦的国家理论也是站不住脚的。国家利益被直接缩减至依赖于贸易的统治阶级的利益，而没有反映在一个国际力场（force field）内各类阶级不同的再生产战略。而这个国际力场也允许其他替代性的地缘战略项目的构建。看一个国家主导性的劳动制度，即可直接推断出其在世界体系中的实力与位置。核心区国家的“实
171 力”以高技术/高资本的劳动制度为前提，该制度同时生成资源以帮助国家组织剩余产品从外围区的转移，从而强化地区间的等级关系。外围区国家的“弱小”则表现为低技术/低资本制度。对力量差异的纯粹的定量概念化无助于理解具体国家形态的定性特征与超越地区的阶级政治之间的相关性（Brenner 1977; Skocpol 1977）。

国家体系本身又被视作资本主义世界经济的一个结构性特征。“资本主义和世界经济（指单一劳动分工但具有多种政体和文化）是一枚硬币的两面。”（Wallerstein 1974b, 391; Chase-Dunn 1991, 107）因此，国家体系对资本主义而言不仅是一种功能性补充，也构成了资本主义扩张与剩余转移的必要条件。然而，世界体系理论没有应对或回答国家体系本身，是否是资本主义随意制造而非与之简单遭遇的结果。“国家间体系是资本主义世界经济的政治上层机构，是现代世界刻意发明的产物”（Wallerstein 1995, 141）的论断过于武断，尚待证据证明。这里还缺一个对世界经济“正面”的解释。无论是被定义为商业交换或是特定的生产关系，资本主义都起源于多主权国家结构化体系所构成的地缘政治环境。这一多元统一世界的地缘政治以及所伴生的战略压力需要的是一个理论性、历史性的说明，而不仅仅陈述其对资本主义的功用（Teschke 2003;

Lacher 2006)。国家体系与资本主义间的基因断裂，解释了各地区在资本积累与政治管辖的结合方式中所表现出的深刻的历史多样性。自“漫长的16世纪”以来，世界历史地缘政治的特征是资本主义和非资本主义政体的成功帝国构建——尽管帝国并不普世，而且内部也存在着空间秩序的极大多样性(Teschke 2006, 136)。相比之下，即便是世界体系理论中最具活力的部分，即霸权更迭，也反复陷入对更迭霸权同质性的循环描述：建立霸权秩序在于不断扩张地理规模，然而秩序内的国家以及国家间的剩余产品转移却都维持着性质相同的国际秩序/等级机制。与此相似，世界体系理论对霸权转移中的霸权战争的叙述也与历史记录相左。威尼斯/热那亚未与荷兰发生冲突；荷兰与英格兰间也只是不完全战争(法国才是更大的挑战者)；英国也不是在军事上败于美国。过分强调霸权能动性将导致理论无法完全匹配地缘政治环境。

总体上，世界体系理论建立在深刻的结构性功能主义的基础之上，一个国家在核心—半外围—外围的谱系中所占据的功能、实力与位置，取决于这些国家通过贸易融入国际劳动分工经济结构的程度。这将强化既有的经济(“不发达地区的发展”)和政治等级(“依附”)。按照崛起、扩张、挑战、战争和灭亡的一般法则去归纳和概括非常不同的历史事件，不 172
仅抹平了历史事件的各自特征，也落实了资本主义世界史的循环模式。僵化理论与历史发展实际不符，却为未来的历史趋势描述了决定性的理论期望。由于“美国霸权衰落”预期的长期延迟，这些描述也经历了反复修正(Arrighi 2005a; 2005b; Wallerstein 2006)。

4　新葛兰西国际政治经济学

新葛兰西国际政治经济学(IPE或“跨国历史唯物主义”)是当代国际关系论述中最具影响力的马克思主义理论。以意大利共产主义者安东尼奥·葛兰西的非经济学著作为基础的霸权概念，是理解历史上的世界秩序以及设计未来反霸权秩序的核心分析工具。

新葛兰西思想主要通过罗伯特·考克斯(Robert Cox 1987, 1–15; 1996, 124, 135)的著作而引进到国际关系领域。考克斯从葛兰西的著作中“推导”分析概念,并将它们“应用”于国际关系分析(又见van der Pijl 1984; Gill and Law 1988; Gill 1990, 33–56; 1993; Arrighi 1994; Rupert 1995, 14–38)。霸权力量被概念化为主导观念、制度与物质能力之间的不可再分割的组合,赋予其被普遍接受的合法性。社会力量、国家与世界秩序是相互关联的辩证整体,统一于世界霸权。“积累结构”,作为一个主导性概念,被定义为不同的“社会生产关系模式”在具体时空情景下的特定组合,是所有霸权的核心所在。考克斯区分出了12种社会生产关系的模式(生计维持、农民地主、原始的劳动力市场、家庭生产、个体经营、企业劳动力市场、两党制、企业联合体、三党制、国有企业、公社制、中央计划制)。不同的“单子模式”,既是莱布尼茨所说的自我封闭实体,又是相互关联的实践;既在不同的社会中并存,又经国家协调指挥而等级化分布,最终构成由一个“单子模式”扮演霸权的“积累结构”。这一“积累结构”随后通过霸权阶级的跨国代理以及霸权国家的国际机构实现向国外的投射。实践霸权的机制包括国际上的特定国际组织(世界银行、国际货币基金组织、八国集团、联合国)。这些国际组织与来自非霸权国的
173 外国精英合作,一定程度上允许底层国家参与共同决策并且向底层国家做出让步。传统上,霸权阶级会通过民间的国际会社(三边委员会、扶轮社、彼尔德伯格集团、智库)实现自身的普世化,培育全球“市民社会”,一个具有历史性的跨国集团(van der Pijl 1984; Gill 1990)。霸权的国际化对底层国家产生压力,迫使其通过“消极革命”或转型(国家领导的改革进程)协调本国“积累结构”,以保持与霸权国家相一致。此类国家逐渐国际化并扮演霸权与它们本国国内秩序间的“传送带”角色(Cox 1992, 30),最终融入世界霸权体系。

现实主义所提出的国际霸权概念是以某一主导国的物质积聚能力为基础的。与之相对,新葛兰西主义者声称,自由主义的国际霸权建立在特殊的国家—社会复合体的普世化基础上,以霸权国与非霸权国间的共识

形成（尽管其中潜藏着胁迫因素）为主要维持手段而非粗暴的权力政治。世界霸权中心更迭所呈现出的不同国家—社会复合体的具体特性，使我们能够辨别具有不同冲突和合作形态的国家间体系，而非将它们的多样性统统压缩进一个以周期循环解读世界霸权盛衰的现实主义（或世界体系的）扁平叙事当中。现代世界历史分为两个连续的霸权时期，即英国强权下的和平期与美国强权下的和平期，两者之间是无霸权的国家间对抗期。乔万尼·阿瑞吉（Giovanni Arrighi 1994）等其他新葛兰西主义者列出了四个世界霸权，即热那亚、荷兰、英国与美国。按照考克斯最初的预想，反霸权的构建在国际组织或国际“市民社会”领域都不可能实现而必须首先在国家层面成功，但他后来又放弃了这一立场，转而提倡“跨文明对话”。

核心概念方面以考克斯的“积累结构”替代马克思的“生产方式”，引发了新葛兰西主义传统中的深刻问题。“积累结构”理论的绝大部分都只涉及资本主义生产方式的历史变化，与此同时又将资本主义生产方式视为既定，而从未对其进行理论化分析。也因此，与资本主义转型有关的社会冲突以及资本主义现代性带来的创新与活力，也都付之阙如了（Lacher 2002, 150）。由于将资本主义的跨地区地理扩张视作当然而未予追溯，对于原先存在的国际间体系则仅以前《威斯特伐利亚条约》时代并称之，强调统治阶级间关系——对精英间行为体和意识形态的形成（Scherrer 1998）而非阶级冲突与“原始积累”（Shilliam 2004）的过分关注——就变得更加激进（Cox 1987, 111）。对考克斯来说，国家体系不断
地向跨国化/国际化方向迈进。而阿瑞吉则追随沃勒斯坦的脚步，认为 174
国家体系也即“资本与国家的融合”，持续生产着国家间对剩余产品的竞争，从而促进资本主义的持续繁荣。然而，正是资本关系在国际化方面旷日持久的持续推进与特定地区内原先的社会力量结构之间发生碰撞，才促成了地区性国家—社会关系的具体解决。这样看来，“单子模式”间在不同国家的具体组合不能被预先决定，因为它们并未被当作“单子模式”而经历“发展或（在某些实例中）退化，而是出于资本主义社会扩张

与强化的迫切需要，在‘地缘政治’中发生暂时性的相互联系”(Shilliam 2004, 83)。

基斯·范德·皮杰尔(Kees van der Pijl 1998; 2006)填补了资本主义不均衡扩张的政治地理学缺失。他设想在一个周期为三个世纪的循环中，自由资本主义国家联盟持续扩张构成“洛克式中心地带”，“霍布斯式竞争国家”则一波波地连续发起挑战，反复冲击中心地带。对抗的结果不仅取决于军事力量平衡，还受制于竞争国家/社会复合体对人类生产力的动员能力差别，失败一方往往被吸收进洛克式中心地带。中心地带发源于英国向其殖民地输出洛克式国家/社会复合体，逐渐在其整合性区域内产生一个跨国社会。在中心地带之外的地区，政治自主和发展的条件均严重受制于世界经济扩张，因此地区国家往往倾向于由国家领导的后发工业化“追赶战略”以避免沦为外围国家，这些“消极革命”经常导致资本主义的导入。这种社会动员以威权手段推动，出于改变“相对落后”状况的必要，结果产生了迥异的国家/社会复合体(“市民社会”被“霍布斯式竞争国家”汲取资源并支配控制)，在有些案例中还爆发了与自由的中心地带之间一系列的世界霸权竞争，以世界战争的方式最终化解地区间的紧张关系。尽管仍然存在对中心区域领导权的竞争，但每一个新霸权都会协调“国家功能的国际社会化”，将失败的竞争国家纳入中心地带，在不断扩张的地理规模上维持资本整体利益，最终形成一个以无须政府的治理为特征的“内在世界国家”。在中心地带，现实政治被搁置，但是国际政策规划部门及国际事务管理干部，为中心地带的跨国社会化扩张设置日程以成功推进整合、再生产以及持续扩张等目标，包括建立“全面控制概念”。这样的解读开启了对资本主义横向扩张的实质性和生成性的叙事传统，相较于考克斯对国家形态与单子模式的抽象类型学
175 (并没有以“上承”霸权的名义将资本主义空间同质化处理)具有巨大的优势，因为它将与具体时空和地缘政治紧密相关的资本主义崛起和转型纳入不均衡扩张的整体框架之下。由此，基斯也开创了一个综合理论视角，用以分析霸权内外关系长期动态，以及具备同样特征的社会、地缘政

治进程以及转型冲突危机的地理轨迹。

然而，从更广的视角看，作为世界历史的一个基本类别，世界霸权概念的应用性非常有限。在资本主义定义及历史源头上含糊其词，与此相对的是对以下方面的夸大其词，包括强调特定历史阵营的资本主义特征和国际化成功，以及在此过程中由霸权国主导并为其服务的国际秩序重构。阿瑞吉的“荷兰霸权”就是一个商业霸权受到限制的反例。当时专制—重商主义的欧洲国家体系将其具体的国际关系竞争模式强加于荷兰共和国，而不是按照荷兰的社会模型纳入荷兰霸权体系（Teschke 2003, 133–136）。即使对第一个资本主义世界霸权——英国治下的世界和平来说，其历史记录也是模糊不清的。尽管在海外，19世纪的英国扮演了至为关键的角色，但在欧洲大陆却未能称霸。在欧洲，它的中心目标被消极地定义为通过均势策略（维也纳会议和欧洲四国同盟）防止主导性的欧陆挑战者崛起，而非通过推广协商共识积极追求其自身国家—社会关系的国际化（Lacher 2006, 123）。

新葛兰西主义国际政治经济学，就其概念框架的理论配置来说，只适合解读一个特定的世界秩序，即美国主导的世界和平。尽管阶级政治是马克・鲁伯特重要著作（Mark Rupert 1995）的核心，但是对将美国霸权分析简化为精英间关系的指责此处亦同样适用（见Bieler et al. 2006）：将霸权秩序中的政权描述为全球与国家之间的“传送带”，削弱了它们的相对自主性，将它们等同于全球力量间的被动中介（Panitch 1996）；协商一致是否有相对于武力胁迫或反对武力胁迫的特权，无论在核心国家间内部或者在霸权与非霸权国家间的关系中都是存疑的；对霸权秩序的过度聚焦掩盖了跨国性历史阵营内部矛盾与断层线的重要性，包括反霸权运动分析的被边缘化（Drainville 1994）。新葛兰西主义的国际政治经济学最终滑向了“多元实证主义”，远离了马克思最初对政治经济学的严密批判（Burnham 1991）。

新葛兰西主义国际政治经济学开创了强势的研究领域，但受限于霸权中心范畴，最终也不能为研究资本主义国际关系动态提供一个更具包

176 容性的视角。葛兰西最初被诟病的两个漏洞是，缺乏国家间视角以及削弱阶级政治与社会关系因素以突出共识意识形态的形成。一样地，由国家/霸权向跨国/霸权的跳跃则再次将“国家间”场域（除了范德菲尔的部分著作外）从社会政治与地缘政治冲突和转型的研究中剔除。

5 回归经典马克思主义和政治马克思主义的国际关系

弗雷德·哈利迪（Fred Halliday 1994）关于历史唯物主义与国际关系间“必要碰撞”的纲领性呼吁，引发了回归经典马克思主义的潮流。这激发了马克思主义国际关系理论的重建工作，通过历史性视角持续反思资本主义、国家以及国家体系间的相互关系，该理论被重新认定为一种国际历史社会学。贾斯廷·罗森伯格（Justin Rosenberg 1994；另一个类似但结构主义色彩较少的观点，见Bromley 1994; 1999）在他的早期著作中展示了在不同地缘政治系统——经典希腊城邦制、意大利复兴城邦制、早期现代帝国和现代主权国家体系，以及在不同生产方式/社会结构之间存在的结构相似性。尽管绝大多数地缘政治体系都具有无政府状态的特点，但是经济与政治在资本主义条件下的分离导致“结构性间断”的出现，凸显了前资本主义生产关系下个人主导与取消个性化的现代主权国家之间的区别（Wood 1995），也将所有前资本主义体系与现代资本主义国际秩序区别开来。这一结构性间断还解释了宪法相通、相邻（但可渗透）主权国家系统相融以及跨国国际经济的现象，即“市民社会”帝国。从这个视角看，资本主义市场无政府状态不仅与国际社会无政府状态之间具有相似性，而且还互为变化的条件，只是前者由价格机制调控而后者由权力平衡来调节，但是两者都强调去除主观性。也因此，在资本主义经济和政治分野的基础上产生的抽象国家概念又成为现代权力政治及其现实主义表述的基础和前提。

罗森伯格的研究特色表现在以结构主义理解马克思主义与关注历史发展之间的紧张对立方面（Lacher 2002; Teschke 2003, 39–41）。欧洲历史基本上被重构成为一系列连续、分离、自足的地缘政治秩序，而略去了这些不同秩序间的转型变迁，以及转型所固有的危机，包括社会冲突、革 177
命和战争等。能动作用，特别是阶级冲突并未受到恰如其分的关注。此外，宣称地理上分隔的多个国家系统与一个私有的跨国世界市场之间的结构性关联和功能性兼容，也过度简化了资本主义、现代国家以及现代国家体系之间共同发展的复杂历史动态。现代国家和现代国家体系本来在逻辑上是资本主义的衍生品，但是在这里三者被认为是资本主义现代性同时出现的三个原因和不同方面。这一命题夸大了资本主义的解释力，对资本主义、国家和国家体系的历史共同发展（不是共同起源）的探讨则稍嫌不足。

此类批评对本诺·特施克来说也至关重要。他以历史辩证方法重新阐释自加洛林王朝结束至17、18世纪英国资本主义国家—社会复合体崛起并扩张这段长时期内欧洲政治地理和地缘政治的动态发展，形成了一个承认阶级和国家在地区间差异构建的积累性叙事（Teschke 2003）。按照这一叙事逻辑，社会财产关系的转型反映为阶级竞争和政治关系形成，阶级力量间的差异平衡将产生新的再生产的地缘政治战略，并由此定义领土所有权和地缘政治关系模式。本诺从以下几个方面发展了“政治马克思主义”的传统（Brenner 1985）：检视了封建地缘政治独一无二的特点（Teschke 1998），重构了中世纪地缘政治多元世界的兴起，也追溯了中世纪末和现代早期在法国与英格兰出现的阶级与国家之间日渐分离却仍相互关联的发展趋势。由于法国和欧洲大陆的“专制政体”仍远未摆脱前资本主义的社会财产与权威关系，因此王朝主权和存留在欧洲大国的“地缘政治积累”就基于“威斯特伐利亚体系”生成了前现代国际关系的具体实践（王朝联姻、共主联邦、继承战争、重商主义贸易战、掠夺平衡、帝国形成）（Teschke 2002）。尽管此类实践促进了多领土主权的体系，然而王朝专制主权下的社会关系构成了这些实践的最主要方面。《威斯特伐利亚条约》奠定现代国家体系下国际关系基础的地位由此被根本性改写。相较之下，16世纪英格兰农业资本主义的兴起加上革命后不列颠去个性化资本主义主权形态，催生了一个独一无二、充满活力的国家/社会复合体。不列颠诉诸均势策略，积极调整欧洲大陆内部王朝间的关系，向欧洲大陆施加经济和地缘政治压力，迫使欧陆政体在结合时空差异与地缘政治的发展进程中，通过“自上而下的革命”设计出多样化的阶级与国家构建的反向战略（Teschke 2005）。国家体系不是资本主义的“另一面”，而是从中世纪到现代早期延续一个世纪的对土地和人口控制权
178 和剥削权的阶级冲突积累的结果。这场阶级冲突最终演变为众多王朝之间关于领土主权的军事竞争。鉴于此，政治马克思主义没有按照恒定不变的资本主义的结构功能主义去理论化资本主义与国家体系间的相互联系，而是以进程性视角，关注资本主义在一块预设为地缘政治的多元世界内所经历的多重变化，包括旷日持久的扩张、转型以及偶尔对自身的否定。资本主义扩张并不是一个超越国界“照着自己模版”制造世界的均衡过程，而是不同政体在不同地区发生的、结果各异的一系列地缘政治角力冲突的折射。这样也就开启了一个观察再生产地缘政治战略历史变化以及资本主义国家之间领土秩序构建和变更的非决定性的视角。

汉内斯·拉切尔（Hannes Lacher）追溯了以空间化战略观念为前提的国家与国际/全球间关系表述的变化，提炼出多种领土形成方式与资本主义之间历史分离的理论意义。无论是马克思主义或非马克思主义，流行的看法均假定，资本主义与国家体系同时产生并拥有相同的构成，它们之间的相互联系不可被视为恒定不变的“资本逻辑”，后者或者永远重复着制造资本主义统治的领土分割状态（如世界体系理论），或者通过资本主义的跨国扩张持续推进对国家的去领土化和同质化（和马克思、恩格斯以及其他当代全球化理论家最初所预想的一样）。考虑到国家间体系的固有性质，全球资本积累的空间和统治的领土形式并不一致。世界市场上的竞争不是私人公司间的竞争，而是受国家疆界的影响。国家可通过多样的空间化战略向外投射本国的国家和阶级利益。从长期来看，国家居于中心位置对任何治理形式和全球资本积累之间相关性的作用及发展趋势都具有负面影响。国家工程中去领土化和再领土化（合作与竞

争）的历史辩证变化受到高度关注，后者反映了资本主义现代性不同进程的特点。确定支撑“资本主义地缘政治”的稳定结构基础或者是线性进化的发展轨迹——比如所谓的由“国际”向“全球”的当代转向并不足取，因为时间上自1648年至今都不存在一个基于领地内竞争的“国际”领域，同样地理上也不存在一个遵循单一清晰逻辑的“资本主义国际关系”空间。

基于从“生产方式”这个马克思的中心概念到利昂·托洛茨基（Leon Trotsky）作为“一般抽象”的“不均衡混合发展”概念的范式转变，罗森伯格在其晚近著作（1996; 2006）中将“国际”设为研究问题。不同于马克思认为资本主义按照自身的样子持续制造世界，托洛茨基将注意力转向多种历史发展类型共存中的普遍不均衡性。即使遭遇资本主义 179
的拓展，这些不同的地区性发展轨迹也会强化自身，而非通过融合新旧的“混合发展”抹掉自身特色。这一见解被广泛认为将产生关于“国际间”的社会学而不仅仅是地缘政治的理论，因为该观点不仅源自发展不均衡，而且调和着社会长期发展中的多线性与互动性关系，而不是完全被这些维度因素牵着走。

这就引发了一个更严格限定的问题：社会经济不均衡是否是一个足够强大的标准，可以单独解释或维持地缘政治多样性以及更为宽泛的认识论问题，即“国际间”能否被当作“一般抽象”来建构理论。不均衡状态不仅从未停止，实际上还通常是欠发达地区融入较发达实体的前提，不管途径是征服、契约、联姻、割让或者迁移。相反，帝国沿着漫长的多样断层线（民族、战略、政治、语言）发生解体和碎裂；所有这些断层线中，国内地区间差异性发展只是其中之一。不均衡发展状态仅与领土多样性相关，却很少能反映实际政治地理上的领土规模和社会情态。更主要的是，像任何历史语义学所表明的，“社会”、“国家”、“国际”和“发展”等罗森伯格使用的这些基本词汇，本身属于历史范畴，指在特定时空限制下所发生的具有严格历史生命周期限定的现象。因此，抽象化的方法引发了将“国际间”具体化的趋势，使其一方面同时成为不均衡发展的表现形式和变化条件，但另一方面又超越了历史的限定。将“国际间”本体化为“空间范畴”（Rosenberg 2006, 318）阻碍将其理解为经历了无限变化的“社会历史实践”，就像对千年“封建”领土权的分析所展示的那样。更加具体来说，该理论对于解释资本主义现代性的国家间问题并未提出任何提示，而后者据说是任何马克思主义“国际间”理论的最核心的待解释项，尽管“不均衡混合发展”只有在其先前基础上才可操作。此外，混合和不均衡发展理论没有在理论层面上明确一个清晰的解释原则来说明不均衡与混合的动态，因此看起来有点脱离社会。最后，一般抽象的方法与马克思辩证历史观看待人类具体实践现象的做法相互冲突，而且也导致马克思背弃其“永远不变的只有抽象的运动——不死之死”（Marx 1976, 166）。“不均衡混合发展”理论提供了有力的启发，可以避免差异性轻易落入（资本主义的）同一性，然而当理论被提升为过度抽象、内容空洞的“一般性法则”和公式时，也就在普世性与特殊性之间撕开了一个口子，要求在理论而非单纯历史层面予以充实，以重新拉开抽象化和具体化之
180 间的距离。

6　全球化、帝国与新帝国主义

自20世纪70年代晚期以来，马克思主义者和非马克思主义者已经就不断加剧的“全球化”现实达成广泛共识，加上“9·11”事件之后美国的“单边主义转向”，充分凸显了对经典主权和“威斯特伐利亚体系”的认识之严重不足，以至于无法捕捉到当代国家与国际/全球间关系重组的趋势。民族国家的政治自主性相对衰落——即使还不算完全终结，导致其他竞争性概念数量激增，涵盖谱系从国家的国际化到全球国家再到帝国和新帝国主义（有关马克思主义对主流全球化理论的批判，参见Rosenberg 2000; 2005）。

由国家—国际关系向全球化转型的主导性趋势，最初被概念化为“国家的国际化”（Palloix 1977）。由国际贸易转变为跨国生产及“金融

资本”的结合，导致具有跨国性倾向的资本利益的合流，产生了一个超越国家边界的“跨国商业阶级”。与此同时，民族国家也做出响应，转型为服务跨国商业阶级利益“传送带”（Cox 1992; van der Pijl 1998），以协调并整合国家间政策。威廉・鲁宾逊（William Robinson 2002; 2004）的“全球国家建构”概念加强和发展了上述这种观点。在战后，国家的国际化有了定位。后布雷顿森林体系经济全球化将民族国家置于国际机构之下，而民族资产阶级也蜕变为新兴的跨国资产阶级的地区（民族）部分，国家间对抗进一步退潮。“经济全球化的另一面是跨国阶级形成和跨国国家的兴起……产生了一个全球统治阶级的集体权威。”（Robinson 2002, 210）这一观点经由迈克尔・哈特（Michael Hardt）和安东尼奥・内格里（Antonio Negri）的“帝国”概念发展而变得更加激进。“全球市场与全球生产循环孕育出一种全球秩序、一种新的统治逻辑与结构；简言之，是一种新的主权形态。”在米歇尔・福柯的去主观化的权力概念中，帝国被视为一种“去中心化、去领土化的统治工具”以“实现……某种恰当的资本主义秩序”，即使“美国也无法……成为某个帝国主义计划的中心”（Hardt and Negri 2000 xi, xii, 9, xiii–xiv，原始重点；评论见 Balakrishnan 2003; Bromley 2003）。

此类关于全球化的有力论述的支撑基础是深刻的经济功能主义和工具主义，表现为目的论叙事，认为全球统治结构尽管过去失之于领土分散， 181
如今却已经历不可避免和不可逆转的结构重组、标准调校和比例重调，以配合展现资本所固有的普世性潜力。然而，削弱国家取向转而拥抱跨国精英或跨国阶级派别（而非转向阶级力量的多样平衡）的功利主义做法，掩盖了在各自国家/阶级表述以及竞争性外交政策中包含的地区属性。此类差异持续造成再生产资本主义国家间的矛盾与对抗，破坏任何“帝国”或“全球国家”概念的完整性。很难在全球层面看到阶级利益与政治权威的连贯一致的聚合，即使有也很难与民族国家的制度能力相比较。

更具体地说，美国的指挥角色——实际上美国自身就是一个压倒性的组织机构，在此类论述中都少有详细说明。利奥・帕尼奇（Leo

Panitch）和萨姆·金丁（Sam Gindin）认为，当前全球地缘政治已经不符合全球治理多边体系或全球国家的特征，而更像是美国的非正式帝国，尽管形式上仍然保留着多个主权国家，却取消了权力制衡，也超越了帝国主义间的各种对抗，以组织全球规模的资本主义（Panitch and Gindin 2003）。彼得·高恩（Peter Gowan 1999; 2006）和佩里·安德森（Perry Anderson 2002, 20–21）同样反对战后美国国家利益可以直接等同于或扩展至包含跨国资本利益的观点，即所有国家的资产阶级合并将带来一个全球资本主义帝国的诞生，或者是一个美国善意霸权。高恩认为（2006, 216），美国是一个“独一无二的霸主”，力量强大远超之前所有的霸权国，掌握的经济与政治军事实力（单极核心、在核心区国家间关系中的不可撼动的主导地位、压倒性的政权建构能力、打破周期的反馈机制）超越霸权与“全球资本主义帝国”的词汇表达力，应该称之为“美国世界帝国”。高恩和安德森强调美国领导的全球结构调整具有重商主义属性，把对普世性的共识与推行特定的靠胁迫支撑的国家经济和战略利益结合起来。从这个意义来说，尽管还不是一个全球国家，但借由纯粹的地缘政治体量，而非捏造赞同意见，美国就已经有效解决了在多个资本主义权力中心间协调国家间无政府状态的问题。美国“例外主义”打破了最初由列宁的帝国主义间对抗以及考茨基的超帝国主义构成的二元对立概念。

相较于强势的“全球主义者”，国家体系的反对者认为，以国家形式进行的持久的过度投资会抹杀政治领土结构重组中的真正变化。艾伦·伍德（Ellen Wood）指出，由于全球资本积累需要一个可靠的国家体系来充分保护和监管资本主义的社会财产关系，全球化和国家体系已经
182 进入相互强化的关系阶段。“全球化的政治形态不是某个全球国家，而是多个国家构成的全球体系。”（Wood 2003, 6）因此，美国的帝国主义霸权主要被视为经济帝国主义，经由多个资本主义国家构成的可靠体系运行。矛盾的是，美国的国家间帝国是一个“资本帝国”。由于只有在两种情境下才需要使用胁迫手段——将资本主义的财产关系和国家结构植入前资本主义地区时，以及在资本主义市场与霸权建立之后管控市场支持机构

时；帝国主义间的对抗渐趋式微。在这个意义上，美国的帝国主义转向是无目的的，属于“过剩帝国主义”。伍德这一观点的前提是将资本主义理解为一种社会关系，其中所有的经济行为体都依赖于市场，经济力量与政治力量分离，使得资本主义可以跨越疆界扩张而不会导致被渗透国的政治屈服；也就是实现了经济帝国主义。与世界体系理论类似，这个概念从资本主义全球再生产的功能性角度定义多国体系，赋予不均衡性以政治—领土集团的特点，意指一块固定的多领土地域可以为资本主义提供足够的地缘政治外壳；但是这个概念却不能给出一个理论推导或者历史说明来解释资本主义阶级关系在政治上以多个相互竞争的主权国家的形式出现的条件。由于这种对“经济帝国主义”本质的去政治化解读，美国当前的军事—政治帝国主义转向并没有被理论化为其国内具体社会政治动态的正面宣言，而是经济资本主义积累导致的“体系必要性”，某种意义上过剩产生的要求。

最后，戴维·哈维（David Harvey）提出新自由主义“新帝国主义”的概念，以解读过度积累导致营利能力下降和随后发生的自20世纪60年代以来的资本积累问题。在长期衰退开始前，美国的霸权政策是通过布雷顿森林体系确立国际框架，以“协调发达资本主义大国间的增长”，并且“将资本主义风格的经济发展模式推广到其他非共产主义的世界”（Harvey 2003, 54–55）。协商一致盖过了武力胁迫。1973年之后，美国重构霸权，特别是直接控制产油国领土，以实现一个更激进的新自由化计划，而该计划也一直运行到新千年转换之际。从此，武力胁迫成为维护美国主导权的唯一可行的退出选项，也使得帝国主义间的对抗再次成为可选项。这一论述从两个相互独立、截然不同又相互竞争的理论中获得支持：其一，国家管理者奉行的“权力领土逻辑”；其二，企业追求的跨国“权力的资本主义逻辑”。二者各不退让，却又以多种方式交叉（Harvey 2003, 26–30）。然而，哈维对“两种逻辑”的解读中存在两个矛盾之处：其一，沿用汉娜·阿伦特（Hannah Arendt）对帝国主义的定义，认为无限的资本积累在功能上需要一个地理上的共存范围以实施直接的政治—

183 领土控制，并且假定国家与资本间利益相互兼容，即便不是完全重合；其二，认为国家管理者与资本主义者各自奉行的逻辑相互独立又竞争，而它们之间也可能相互抵触。如果第一个解读成立，则很多美国的战后外交政策无法解释；如果第二个解读成立，则当前美国在阿富汗和伊拉克的惨败，即“领土逻辑”，也无法从资本主义者的利益角度加以解释。无论哪种情况，要对国家的永久性政治—领土（帝国）积累逻辑或者资本的跨国资本积累逻辑进行理论合理性归因，都缺乏历史事实的支撑，而且充满具体化的危险（不必要地倒退回现实主义原则）。权力二元概念与哈维所支持的辩证法之间尖锐对立。

7　结语

由于忽略了国家间关系以及社会再生产过程中的政治地理变化，马克思、恩格斯留下的国际关系理论化遗产问题重重。这种“地缘政治缺乏”仍然困扰着马克思主义的集体想象。即使在修正这一缺陷上已经取得了重大进步，马克思主义传统仍然需要设计一个内涵广泛、结果开放的理论框架，用以概念化整个人类历史的社会再生产、权力和间际关系之间的联系。鉴于人们对地区间发展不均衡、地缘政治和跨国关系对国内作用以及厘清内政外交关系所涉及的复杂性等因素的认知不断增强，现在已经出现了一个试图摆脱历史目的论、经济还原论以及结构决定论等概念的强烈倾向——这些遗产传统被挤出，取而代之的是日益增强的对历史特殊性和历史施动者的关注。那些不同类型与模式的地缘政治竞争与合作突破结构功能主义的解释框架，因此用去社会化的“无政府状态逻辑”或者去政治化和去地缘政治化的“资本逻辑”去理解它们，仍然是个挑战。依据其批判性使命，马克思主义需要重新概念化，即社会力量的平衡以往是如何影响政治共同体在内外方面的历史演进的；重建政治共同体之间互动与互相渗透的关系；需要具体而完整地描述政治共同体所构建的（资本主义时代以及之前）空间秩序，以便重新提出支配与剥削间的变量关系问题以及抵制它们的可能性。这项重大研究议程最终进入马克思主义批判性反思人类处境的中心，也印证了马克思主义是志存高远、活力持久的传统。 184

参考文献

Anderson, P. 2002. Force and consent. *New Left Review*, 17: 5–30.

Arrighi, G. 1994. *The Long Twentieth Century: Money, Power, and the Origins of our Times*. London: Verso.

—— 2005*a*. Hegemony unravelling—1. *New Left Review*, 32: 23–80.

—— 2005*b*. Hegemony unravelling—2. *New Left Review*, 33: 83–116.

Balakrishnan, G. (ed.) 2003. *Debating Empire*. London: Verso.

Berki, R. N. 1971. On Marxian thought and the problem of international relations. *World Politics*, 24: 80–105.

Bieler, A., Burnham, P., Bonefeld, W., and Morton, A. 2006. *Global Restructuring, State, Capital and Labour: Contesting Neo-Gramscian Perspectives*. London: Palgrave Macmillan.

Braudel, F. 1982. *The Wheels of Commerce*. New York: Harper and Row.

Brenner, R. 1977. The origins of capitalist development: a critique of neo-Smithian Marxism. *New Left Review*, 104: 25–92.

—— 1985. The agrarian roots of European capitalism. Pp. 213–327 in *The Brenner Debate: Agrarian Class Structure and Economic Development in Pre-Industrial Europe*, ed. T. H. Aston and C. H. E. Philpin. Cambridge: Cambridge University Press.

Brewer, A. 1990. *Marxist Theories of Imperialism: A Critical Survey*, 2nd edn. London: Routledge.

—— 2000. Imperialism in retrospect. Pp. 65–83 in Chilcote 2000.

Bromley, S. 1994. *Rethinking Middle East Politics: State Formation and Development*. Cambridge: Polity Press.

—— 1999. Marxism and globalisation. Pp. 280–301 in *Marxism and Social Science*, ed. A. Gamble, D. Marsh, and T. Tant. London: Macmillan.

—— 2003. Reflections on *Empire*, Imperialism and US Hegemony. *Historical Materialism*, 11: 17–68.

Bukharin, N. 1972. *Imperialism and World Economy*. New York: Monthly Review Press; originally published 1915.

Burnham, P. 1991. Neo-Gramscian hegemony and the international order. *Capital and Class*, 45: 73–93.

Chase-Dunn, C. 1991. *Global Formation: Structures of the World-Economy*. Oxford: Blackwell.

Chilcote, R. H. (ed.) 2000. *The Political Economy of Imperialism: Critical Appraisals*. Lanham, Md.: Rowman and Littlefield.

Cox, R. 1987. *Production, Power, and World Order: Social Forces in the Making of History*. New York: Columbia University Press.

—— 1992. Global perestroika. Pp. 26–43 in *Socialist Register 1992*, ed. R. Miliband and L. Panitch. London: Merlin Press.

—— 1996. Gramsci, hegemony, and international relations: an essay in method (1983). Pp. 124–43 in *Approaches to World Order*, R. Cox with T. J. Sinclair. Cambridge: Cambridge University Press.

Drainville, A. 1994. International political economy in the age of open Marxism. *Review of International Political Economy*, 1: 105–32.
Gill, S. 1990. *American Hegemony and the Trilateral Commission*. Cambridge: Cambridge University Press.
—— (ed.) 1993. *Gramsci, Historical Materialism and International Relations*. Cambridge: Cambridge University Press.
—— and Law, D. 1988. *The Global Political Economy: Perspectives, Problems, and Policies*. New York: Harvester.
Gowan, P. 1999. *The Global Gamble: Washington's Faustian Bid for World Dominance*. London: Verso.
—— 2006. Contemporary intracore relations and world-systems theory. Pp. 213–38 in *Global Social Change: Historical and Comparative Perspectives*, ed. C. Chase-Dunn and S. J. Babones. Baltimore: Johns Hopkins University Press.
Halliday, F. 1994. A necessary encounter: historical materialism and international relations. Pp. 47–73 in *Rethinking International Relations*, F. Halliday. London: Macmillan.
Hardt, M., and Negri, A. 2000. *Empire*. Cambridge, Mass.: Harvard University Press.
Harvey, D. 2001. The geopolitics of capitalism. Pp. 312–44 in *Spaces of Capital: Towards a Critical Geography*, D. Harvey. New York: Routledge.
—— 2003. *The New Imperialism*. Oxford: Oxford University Press.
Hilferding, R. 1981. *Finance Capital: A Study of the Latest Phase of Capitalist Development*. London: Routledge and Kegan Paul; originally published 1910.
Kandal, T. R. 1989. Marx and Engels on international relations, revolution and counterrevoluton. Pp. 25–76 in *Studies of Development and Change in the Modern World*, ed. M. T. Martin and T. R. Kandal. New York: Oxford University Press.
Kautsky, K. 1970. Ultra-imperialism. *New Left Review*, 59: 4–6; originally published 1914.
Lacher, H. 2002. Making sense of the international system: the promises and pitfalls of contemporary Marxist theories of international relations. Pp. 147–64 in *Historical Materialism and Globalization*, ed. M. Rupert and H. Smith. London: Routledge.
—— 2006. *Beyond Globalization: Capitalism, Territoriality and the International Relations of Modernity*. London: Routledge.
Lenin, V. I. 1973. *Imperialism: The Highest Stage of Capitalism: A Popular Outline*. Peking: Foreign Languages Press; originally published 1917.
Luxemburg, R. 1951. *The Accumulation of Capital*. London: Routledge and Kegan Paul; originally published 1913.
Marx, K. 1976. The poverty of philosophy. In *Collected Works*, vol. vi, K. Marx and F. Engels. London: Lawrence and Wishart; originally published 1847.
—— and Engels, F. 1976. *Collected Works*, vol. v. London: Lawrence and Wishart.
—— —— 1998. *The Communist Manifesto: A Modern Edition*. London: Verso; originally published 1848.
Mommsen, W. J. 1980. *Theories of Imperialism*. London: Weidenfeld and Nicolson.
Palloix, C. 1977. The self-expansion of capital on a world scale. *Review of Radical Political Economics*, 9: 3–17.
Panitch, L. 1996. Rethinking the role of the state. Pp. 83–13 in *Globalization: Critical Reflections*, ed. J. H. Mittelman. Boulder, Colo.: Lynne Rienner.
—— and Gindin, S. 2003. Global capitalism and American empire. Pp. 1–42 in *Socialist Register 2004*, ed. L. Panitch and C. Leys. London: Merlin Press.
Robinson, W. I. 2002. Capitalist globalization and the transnationalization of the state. Pp. 210–29 in *Historical Materialism and Globalization*, ed. M. Rupert and H. Smith. London: Routledge.
—— 2004. *A Theory of Global Capitalism: Production, Class, and State in a Transnational*

World. Baltimore: Johns Hopkins University Press.
Rosenberg, J. 1994. *The Empire of Civil Society: A Critique of the Realist Theory of International Relations*. London: Verso.
—— 1996. Isaac Deutscher and the lost history of international relations. *New Left Review*, 215: 3–15.
—— 2000. *The Follies of Globalisation Theory: Polemical Essays*. London: Verso.
—— 2005. Globalization theory: a post mortem. *International Politics*, 42: 2–74.
—— 2006. Why is there no international historical sociology? *European Journal of International Relations*, 12: 307–40.
Rupert, M. 1995. *Producing Hegemony: The Politics of Mass Production and American Global Power*. Cambridge: Cambridge University Press.
Scherrer, C. 1998. Neo-gramscianische Interpretationen internationaler Beziehungen. Pp. 160–74 in *Gramsci-Perspektiven*, ed. U. Hirschfeld. Hamburg: Argument-Verlag.
Shilliam, R. 2004. Hegemony and the unfashionable problematic of "primitive accumulation." *Millennium: Journal of International Studies*, 33: 59–88.
Skocpol, T. 1977. Wallerstein's world capitalist system: a theoretical and historical critique. *American Journal of Sociology*, 82: 1075–90.
Soell, H. 1972. Weltmarkt–revolution–staatenwelt: zum problem einer theorie internationaler beziehungen bei Marx und Engels. *Archiv für Sozialgeschichte*, 12: 109–84.
Teschke, B. 1998. Geopolitical relations in the European Middle Ages: history and theory. *International Organization*, 52: 325–58.
—— 2002. Theorizing the Westphalian system of states: international relations from absolutism to capitalism. *European Journal of International Relations*, 8: 5–48.
—— 2003. *The Myth of 1648: Class, Geopolitics, and the Making of Modern International Relations*. London: Verso.
—— 2005. Bourgeois revolution, state formation and the absence of the international. *Historical Materialism*, 13: 3–26.
—— 2006. Imperial doxa from the Berlin republic. *New Left Review*, 40: 128–40.
van der Pijl, K. 1984. *The Making of an Atlantic Ruling Class*. London: Verso.
—— 1998. *Transnational Classes and International Relations*. London: Routledge.
—— 2006. *Global Rivalries from the Cold War to Iraq*. London: Pluto Press.
Wallerstein, I. 1974*a*. *The Modern World-System: Capitalist Agriculture and the Origins of the European World-Economy in the Sixteenth Century*. New York: Academic Press.
—— 1974*b*. The rise and future demise of the world capitalist system: concepts for comparative analysis. *Comparative Studies in Society and History*, 16: 387–415.
—— 1983. The three instances of hegemony in the history of the capitalist world-economy. *International Journal of Comparative Sociology*, 24: 100–8.
—— 1995. *Historical Capitalism with Capitalist Civilization*. London: Verso.
—— 2006. The curve of US power. *New Left Review*, 40: 77–94.
Wood, E. M. 1995. The separation of the "economic" and the "political" in capitalism. Pp. 19–48 in *Democracy against Capitalism: Renewing Historical Materialism*, E. M. Wood. Cambridge: Cambridge University Press.
—— 2003. *Empire of Capital*. London: Verso.

第十章

马克思主义的伦理观[1]

尼古拉斯·伦格尔

国际关系政治理论研究里有众多令人开怀的出乎意料之处，其中之一就是发现思想史上反常的组合。比如，现实主义与马克思主义通常被视为不相关的概念，而且在广义上，两者完全对立。至少在某种程度上，它们确实相互对立。前者悲观，后者空想；后者是决定论者的观点，前者相信人类事件具有多种可能性。而两派思想中敏锐的学者都已经看到两种思想流派表面之下潜藏的共通性。其中最为令人瞩目的一点就是二者对伦理这一概念的态度，即便不能说是完全反对，但至少也同样持有怀疑。据说，现实主义根本没有在政治生活中为伦理留有空间，而马克思主义貌似同样对于道德观点持怀疑态度；据传，卡尔·马克思"每当有人使用'道德'一词时，都会放声大笑"（Brown 1992, 228）。

鉴于本章所要讨论的是国际关系中的马克思主义伦理观，这样的怀

1　感谢克里斯蒂安·罗伊–斯米特和邓肯·斯尼达尔。也感谢克里斯·布朗 (Chris Brown)、帕特里克·海登 (Patrick Hayden)、托尼·朗 (Tony Lang)、安德鲁·林克莱特 (Andrew Linklater)、奥利弗·里奇蒙德 (Oliver Richmond)、贾斯廷·罗森伯格 (Justin Rosenberg) 和伊恩·泰勒 (Ian Taylor) 对本文之前版本给出的意见。

疑态度似乎会对本文的讨论造成很多困难。现实主义伦理观已在本书先前的章节中有所论述，我在此处不再提及。然而，与现实主义的情况一样，马克思主义与伦理的关系比表面上呈现的状态要复杂得多；因此，下面主要展开探讨这一关系的特点，着重强调与国际关系伦理相关的马克思主义思想的主要特征——它们并非完全一致，最后指明我所认为的马 188
克思主义思想传统在对国际关系伦理这一特殊领域，以及对社会世界的伦理进行整体思考当中的根本问题。坦白地说，我想探讨马克思主义作为一种独立的思想传统是否、能否或将会成为国际关系伦理反思的重要创新，并在本章临近收尾处，我给出了否定的结论。然而，在论述过程中，我希望表达出的是，马克思主义作为国际关系伦理反思的一部分，确实有着某些重要的、令人印象深刻的洞见。

1 马克思主义与伦理

不过，首先要简要说明我对后文的“马克思主义”的理解，并且从一开始，就要明白无误地指出，马克思主义应被视作高度多样化的对社会世界进行思考的思想传统，它从多种思想渊源中汲取了精华，时至今日已有150余年历史。莱斯泽克·科拉科夫斯基（Leszek Kolakowski 1978）在其马克思主义思想史经典著作中，将马克思主义思想史分为三个阶段，即“创立者”阶段，由马克思本人及其伙伴弗里德里希·恩格斯主导，始于19世纪中期；“黄金时代”，大致相当于所谓的第二国际阶段，跨越1914年第一次世界大战爆发前30年，其间有各类运动从马克思的思想中汲取灵感；最后是俄国布尔什维克革命之后的所谓“破裂”阶段，马克思主义不再作为单一整体而存在，大量各立门户的“马克思主义”之间彼此竞争。或许我们可以在科拉科夫斯基的三阶段之上增加第四阶段，可称其为“失势”阶段，始于苏联及其卫星国内“真实存在的社会主义”在1989年的土崩瓦解，尽管马克思主义作为一种思想教义比其政治实体要顽强得多。

在各个阶段的各种层面上，由于都存在深层次的阐释、解读问题，导致这个主题进一步复杂化。此处仅举一例说明这一点：尽管马克思对于道德持怀疑态度，但很多人指出，至少在马克思的早期著作中，特别是在所谓的1844年手稿以及《大纲》中，马克思对源自让-雅克·卢梭等思想家的伦理观表现出极为明显的支持，认为人类“生而”自由自主，只是目前受制于将人类“异化”、使其偏离真实自我的生产方式。然而问题是，
189 这一论述呈现的是一种“看重伦理的”马克思与“看重科学的”马克思间的对比，抑或仅仅是呈现出了贯穿马克思理论始终的模棱两可呢？的确，在马克思的很多知名论断中都可以明显看到这一窘境；正如我们所知，马克思认为哲学迄今为止一直在寻求如何理解世界，可重点却是改变世界；然而，改变世界（当然，总是默认你能够改变世界）就引出了一个问题，你是将世界变得更好还是更糟？

或许，这就是我们探讨马克思主义与伦理的出发点。尽管马克思主义内部确实存在多种不同的思想脉络，但都属于两大思想假设的范畴，即自然主义和唯物主义；正是这两种假设共同作用，才产生了马克思主义所涉及的伦理探讨的广泛范围。正是由于社会结构当中的物质性力量建构了道德层面的要求，马克思才对道德语言如此不屑。如斯蒂芬·卢克斯（Steven Lukes 1991, 181）援引《德意志意识形态》时所说，“（道德）就像宗教、形而上学……所有其余的意识形态及其相应的观念形态一样”，“没有历史、没有发展，但人类改变了物质生产与物质交换，与这些一道，改变了真实的存在以及思维和思维的产物”。

然而，此种唯物主义的基础是为人类识别出“善”的自然主义；它是一种并非以道德语言，而是以利益语言表述的“善”（此处再次强调唯物主义与现实主义的相似之处）。然而，对这种“善”的最佳理解或许是“幸福论”概念，它最初源自马克思对希腊思想，尤其是亚里士多德思想的潜心研究。马克思终其一生都在寻求理解人类如何能够获得“真正的幸福”，从而让“道德”变得没有存在的价值；他还寻求理解这一目标实

现过程是如何贯穿于“道德条件”的废止之中的。卢克斯(1991,187)指出:“马克思对道德所持的观点……与他对宗教的观点如出一辙,对此他写道,‘取消作为人类虚幻幸福感来源的宗教,是人类实现真正幸福的必然要求。呼吁放弃幻觉的条件,就是呼吁放弃需要幻觉存在的条件’。”

正如克里斯·布朗(Chris Brown 1992, 234)对卢克斯的回应所说,这表明在很大程度上,主流的马克思主义完全以结果好坏作为伦理判断的标准。道德要求也许经常出现,但是是作为利益博弈中的战略手段而出现的;如果能够提升工人阶级的利益,则被马克思主义视为正当;如果不能,则被视为不正当。但是,从马克思主义赋予其的意义层面来说,因为所有的“道德术语”本质上都是意识形态的(此处“意识形态”一词被马克思赋予了特殊的含义),因此也就没有道德这一说了。不过,这些道德要求至少关心的是现实世界当中(物质的)的“伦理”问题,所以这些道德要求也是政治行动结构的一部分。有鉴于此,以及“破裂”之后出现的各种不同版本的“马克思主义”,我们可能称之为正统马克思主义伦理立场的“纯洁性”随着时间的推移而变得模糊不清也就不足为奇 190
了。在20世纪20年代以前的正统(即苏联式的马克思列宁主义)马克思主义与所谓的“西方马克思主义分裂”以及在“西方马克思主义”不同形态出现的过程中,这一情形尤其明显。然而,更多的思想流派不过是转瞬即逝。

当然,在20世纪大部分时间里,较能体现马克思主义学派关于伦理问题思考的方面是宣称坚持马克思主义道路的政府及其他参与者的实践。在探讨马克思主义伦理的早期文章中(1992,240–244),针对“真实存在的社会主义”的实践如何映射在世界政治的伦理争论之中,布朗做出了精妙的全面分析,勾勒出其整体轮廓;但布朗也指出,此类伦理论述实际上可以简单视为马克思主义自诞生之日就业已存在的标志性的唯结果论走向极致后的产物,或是由地缘政治冲突时代无法避免的国际政治凌乱无序的情形所导致的一种结果。然而,无论是哪种情况,都没有改变我们已经看到的马克思主义自确立之日起在处理伦理问题时就面临两难境地的大致景象。

当然，也有与此相左的意见。比如，劳伦斯·怀尔德(Lawrence Wilde)的《马克思主义的伦理思想者们》[*Marxism's Ethical Thinkers*(2001)]，追溯了自修正主义争论至今的马克思主义对伦理的敏锐，提出在马克思主义之中是肯定蕴含着伦理诉求的。或许，卢克斯的开创性著作(1985; 1991, chs. 8–10)是准确探讨伦理引发的问题及其背后困境的最精妙的作品。鉴于我将在接下来的小节中回顾马克思主义如何被应用于国际伦理当中，此处或许不妨提及卢克斯的观点。卢克斯明确区分了两种道德，即他所说的法权道德和解放道德。法权道德“包含……具有某些特征的特殊道德领域(法律道德)……包括公正、公平、权利与义务等特征”(Lukes 1985, 198，引自Hart 1955)。相比之下，解放道德“表示从人类束缚的初期解放出来，对人类的束缚在奴役和剥削中达到顶峰；因此，它是指‘独立个体的利益……与相互关联的所有个体的共同利益间的矛盾已被消灭’的、公开透明的社会团结与个人自我实现的理想”(Lukes 1985, 198，引自Marx and Engels 1975, 46)。卢克斯的观点为马克思以及纯粹形式的马克思主义传统摒弃了法权道德，而寻求将解放道德纳入自己的体系，而且正是因为马克思主义通常支持的是解放道德，才正说明马克思主义是唯结果论的。

卢克斯本人对此的看法是，由于解放道德不允许马克思主义对以解
191 放为名义的犯罪和不公做出实质回应，因此这成为马克思主义内的一个严重缺陷；实际上，解放道德指出，由于“犯罪或不公”属于意识形态构建的法权术语，因此，此类行为不可视为“犯罪或不公”，这样的说法简直就是反常到了极致。马克思主义的第二个缺陷与第一个有所联系，也就是理查德·诺曼(Richard Norman 1986, 272)在对《马克思主义与道德》(*Marxism and Morality*)的评论里所说的“马克思主义未能实质性地、详细地清楚说明可以代表解放理想的政治共同体形态”。尽管如此，卢克斯还是认为马克思主义确实包含重要的伦理价值。“它提出了自由的概念，以及自由所面临的限制或障碍的概念，这远比消极自由主义、古典自

由主义的观点来得深远、丰富……（而且它）对法权道德提出了有待非马克思主义者回答的深刻而未决的问题。”（Lukes 1985, 198）

现在，暂作一小结：所有马克思主义的思想分支都具有相当清晰的马克思主义的主流伦理立场，即大体上支持决定论、以利益为基础、追随自然主义，但在其众多分支中，一些分支流派更加青睐法权道德，而且这些流派本身也很有影响力。那么，接下来的问题就是上述这些与马克思主义伦理有关的内容与国际关系的联系是什么。

2 马克思主义“伦理”与国际关系

马克思主义思想对待国际关系的方式大体上与其对待伦理的态度同样复杂。如果按照传统思路去理解国际关系的话，马克思确实没有形成国际关系“理论”，而是确立了对社会组织的国际维度具有影响的社会形成理论。多位国际关系学者已对此着重强调，其中最为知名的或许是马丁·怀特（Martin Wight 1966），一般的马克思主义学者也对此有所关注，比如罗伯特·南多·伯尔基（R. N. Berki 1971）。当然，“黄金时代”中的马克思后继者们确实提出了更为完整的国际关系思想，或者说至少涉及了其中某些方面，比如帝国主义，但这些思想仍然未能形成完整的理论方法。最近，一些受到马克思主义影响的学者修补了马克思主义理论建构中的这一缺陷，在我看来，他们的工作或多或少取得了成功（Rosenberg 1994; Halliday 1999; Teschke 2003）。不过，鉴于此类尝试属于本书其他章节的主题，我在此处不做着墨。

马克思主义不是唯一一支没有严肃对待国际关系中“伦理”问题的学派。整个20世纪，很多最具影响力的政治科学潮流以及一般性的国际 192
关系研究同样避免进行直言不讳的伦理反思，这种情况至少到近期才有所改观。当然，这其中原因众多，在此无法一一展开（更加详细的探讨，见Rengger 2000）。在转向对马克思主义——及前文所述的马克思主义内部困境——对其论述之前，我首先要谈论一下国际关系与我所称的

"大规模伦理反思"之间逐步发展起来的又一次相互联系。

许多事件都对国际关系规范性理论建构的复兴产生了影响，这当然已经屡见不鲜了。首先就是普遍的、整体层面的、强有力的规范性理论的复兴的推动，这股复兴的力量既来源于如越南战争这样的政治事件，也来源于像约翰·罗尔斯(John Rawls)的著作《正义论》[*A Theory of Justice*(1971)]出版这样的学术活动。前者与国际关系长期存在的中心议题——武力使用的合法性，当然有重要联系。后者之所以出现，是因为学者们逐渐认识到，全球化等问题既引发规范性问题，也引发解释性问题，也与对罗尔斯做出的第一波回应紧密结合，由此产生了我们可以称之为全球正义事业的事物；全球正义事业在过去三十年中已经成为对世界政治进行伦理反思的极为重要的场域。同样，由人类科学的其他领域(以"批判理论"、后结构主义以及女性主义方法兴起为标志，仅举三例)向国际关系学科中输入的假设、方法以及问题，均具有规范性意义，即使是分析性更强的伦理反思方法，也对政治科学与国际关系传统解释性假设具有规范性意义，比如在20世纪90年代呈指数发展的大量形形色色的"建构主义"方法。

因此，现今的国际关系面临多种越来越广为争论的规范性问题。这一讨论受到学术与政治发展双方面的推动，围绕两极使用武力与武力所扮演的角色以及我们如何对此评估而展开(这一方面在"9·11"袭击及其后续事件之后已经被过度关注了)，简单地说，还有或许不易被察觉但同样重要的当代国际关系的正义问题(即程序正义以及产品、资源、财富和福利的分配正义)。然而，整体上而言，马克思主义在这些方面非常令人失望。尽管马克思主义或准马克思主义反应敏锐，这在世界政治中非常突出，比如在各类反全球化运动中马克思主义都颇具影响力，但对当代世界政治境况的伦理反思而言，它们有何作为呢？

我要指出的是，在此类讨论背景下的马克思主义思想有两大发展轨迹，每一轨迹都代表了对于国际关系伦理方面严肃而重要的一系列反思，
193 一部分原因是这些方面无法与很多人(包括很多马克思主义者)所认为

的那样与“严格意义上的国际关系”分离开来。第一种轨迹以我上文所说的马克思主义伦理观的“纯粹”形态出现，主要采用了以解放道德为基础的结果论伦理。第二种轨迹追随卢克斯的观点，尽管在表述方面不尽相同，但也指明需要在法权道德与解放道德之间搭建起某种形式的桥梁，以此，马克思主义可以就上述的规范性讨论提供重要的视角。

我首先来谈一下后一种观点，这样做仅仅是因为该观点或许是目前最具影响力的马克思主义思想与国际伦理的表述，部分原因在于其与大受马克思主义影响、现在却通常被认为不属于马克思主义的较有影响力的国际关系理论的思维相重合。比如，受到法兰克福学派影响的批判理论肯定是日益高涨的国际政治理论与伦理讨论中的重要声音，其中，安德鲁·林克莱特（Andrew Linklater）的作品尤为重要。在林克莱特的作品中会看到对卢克斯所提建议的深度尝试，即在重要方面将法权道德与解放道德结合起来，当然，不是以卢克斯的方式（Linklater 1982; 1997）。

但是此类尝试不是自称为“批判理论家”这一群体的独占，他们在汲取马克思主义传统的同时，也或多或少地对这一传统做出了重大修改。很多其他植根于、有时是深深植根于马克思主义各个流派的政治与国际关系学者们，明显遵循相似的道路发展着自己的思想。比如，弗雷德·哈利迪（Fred Halliday）在《重新思考国际关系》（*Rethinking International Relations*）和《革命与世界政治》（*Revolution and World Politics*）中明显关注相似的问题，认为对世界政治现象的解释无论多么重要，“规范性都不应消失”（Halliday 1994, 236）。

此类作品趋向于关注的重点领域或许正是“正义”或者资本主义问题。当然，这一问题与资本主义是什么及其发展演变（现在就是全球化一类的问题），并与资本主义将由谁代替（或者甚至资本主义是否可取代）的讨论同时出现。杰弗里·雷曼（Jeffery Reiman 1991）在其对马克思与一般性道德的关系的重要概述中指出，这是马克思主义对道德哲学的两大杰出贡献之一（另一个是提出了意识形态概念），就其定义来看，这是当代国际关系的中心议题，在此，全球化世界经济的结构、轨迹和影响是争论的主要领域。当代马克思主义哲学家领军人物之一、所谓的分194 析马克思主义的创立人之一杰拉德·阿兰·科恩(G. A. Cohen 1978)或许是最努力主张马克思主义确实具有(或者说能够具有)正义理论的人。科恩称马克思只是对正义感到困惑,所以别人才会认为马克思主义没有对正义的论述,招致误解。菲利普·范·帕里斯(Phillipe van Parijs)和凯·尼尔森(Kai Nielson)等人持相似观点。这些观点明显与亨利·苏(Henry Shue)、奥诺拉·奥尼尔(Onora O'Neill)、查尔斯·贝茨(Charles Beitz)以及托马斯·博格(Thomas Pogge)等自由主义者和世界主义者对更普遍的分配正义观点有所关联,但是保留了马克思主义对剥削和消灭作为社会形态的资本主义的重点关注,这一点在世界主义的自由主义论点中是缺失的;同时,马克思主义(至少在很多情况下)对全球再分配的必要性和范围做出了激进得多的主张。

这与马克思主义颇具影响力的另一条道路有所关联,即马克思主义对拉丁美洲解放神学的影响。古斯塔沃·古铁雷斯(Gustavo Gutiérrez)、安立奎·杜塞尔(Enrique Dussel)和科罗多维斯/雷奥纳多·波夫兄弟(Clodovis/Leonardo Boff)等神学家发展出了关注穷人与被剥削者的神学行动主义,大部分都取材于经典的马克思分析(C. Boff 1976; L. Boff 1978; Dussel 1978; Gutiérrez 1978)。古铁雷斯或许是所有解放神学家中最有影响力的一位,也是最贴近经典马克思主义的一位。他对解放神学的描述所基于的历史哲学与经典马克思主义类似,同时他大量运用马克思主义词汇,比如巩固了"解放"穷人中心地位的"实践"一词。解放神学也尝试将传统的道德概念(然而并不是法权中经常用到的权利或义务概念)融入解放道德之中;不过,解放神学的解放前景仍然具有浓厚的基督教色彩。但即便如此,它已经对剥削和不公的议题形成了影响,并且深入当代多个反全球化运动当中。

然而,无论此类思想多么具有吸引力,无论其与从马克思主义思想中汲取灵感的其他当代国际理论多么合拍,不得不说,这些思想中仍然存在一些问题。范·帕里斯(1993, 1)在为其已经经过重大改动的马克思主义方案做辩护时指出："对于马克思主义传统这样的庞然大物来说，正确态度并不是尽职尽责的保持，而是坚决彻底的重新利用……只有心地坦然地持有这种态度，才能保持马克思主义传统作为左派政治文化核心部分的活力。"但有人可能会说，如果对事物重新利用，它们经常会变得面目全非。对于马克思主义思想圈的很多人来说，这种"坚决彻底的重新利用"只是将此类马克思主义者完全排除在马克思主义范畴之外，(他们会说)就像尤尔根·哈贝马斯的批判理论与受到哈贝马斯影响但被排除在批判理论之外的人那样。

因此，如果采取了更加"纯粹的"马克思主义立场，是否就意味着马克思主义没有任何与国际关系伦理有关的内容存在？或许会有些出乎意料，我对这个问题的回答是否定的。首先，比较传统的马克思主义伦理观点为批判那些国际政治当中相当重要的伦理概念奠定了坚实基础，这些 195
概念，即便不是现实存在于当代国际政治之中，也至少是当代国际政治口头所宣扬的。这一点又很强烈地体现出了马克思主义与现实主义的相似之处。正如艾伦·伍德(Allen Wood 1991)在某篇重要文章中指明的那样，传统马克思主义对伦理的解读使其将马克思与弗里德里希·尼采(Friedrich Nietzsche)、西格蒙德·弗洛伊德(Sigmund Freud)以及(或许是更加激进的)西奥多·阿多诺(Theodor Adorno)等明确以马克思为灵感来源的后继思想者一道，成为"怀疑大师"；他对传统欧洲思想的道德/伦理的反思引发了十分深刻的问题，他对我们延续至今、一脉相承的伦理传统提出了难以回答的问题。马克思主义有关这方面的伦理在当代得到了强有力的支持，而且这一点所包含的远远不止对于剥削或经济正义的反思，还包括了对于世界政治、地缘政治与军事方面的全方位批判，而在这些方面，往往可以从尤以恩格斯为代表的经典马克思主义作家的有关军事问题的论述中汲取深厚的养分(Neumann 1943)。这种全方位的批判也可见于马克思主义色彩相对淡一些的著述中，比如雷蒙德·戈伊斯(Raymond Geuss)的近作《伦理之外》[*Outside Ethics* (2002)]就展示了此种敏锐的批判性(尽管戈伊斯很难被看作是传统的马克思主义者)。这种批判已经对年轻一代的国际伦理与政治理论学者产生了影响,他们对哈贝马斯式的对话体广泛渗透进国际关系批判理论当中感到不满。[1]

然而,除去上文所述内容之外,更加传统的马克思主义分析方式确实能对国际关系规范性分析产生影响,即便这种影响主要是负面的而不是正面的。目前围绕全球经济体系依附理论或世界体系分析的大量文献确实具有规范性意义,即便此类文献并非总是由做出分析的人士拟就,然而弗兰克与伊曼纽尔·沃勒斯坦等学者的确并不羞于从他们的分析中提炼出某些规范性结论,尽管这些分析主要还是结果论的,并且依赖于诉诸解放道德(Kubálková and Cruickshank 1985)。

或许由罗伯特·考克斯(Robert Cox)确立并由多位学者继承发扬的"新葛兰西主义"是最具影响力的当代马克思主义国际关系分析理论,尤其是在国际政治经济与国际组织领域之内,同样具有真正的规范性力量,并可从不同的角度看待。最具影响力的新葛兰西主义者之一克雷格·墨菲(Craig Murphy 2007)在最近的一篇文章中强调了新葛兰西主义研究的规范性和改良主义性质的两个方面。他承认很多人会认为他的观点改良主义色彩太强(而且这也隐含着葛兰西主义或马克思主义色彩不够之意),同时也指出在当代国际关系的语境下,正是如此多元的、
196 改良主义的、包容的激进政治,才最有可能产生影响、创造不同;毕竟,所有马克思主义思想的目标不仅仅是理解这个世界,更是改变这个世界。厄尼斯特·拉克劳(Ernesto Laclau)和尚塔尔·穆芙(Chantal Mouffe)(1985)创立的极有影响的普遍性政治理论,以及斯蒂芬·吉尔(Stephen Gill 1990)创立的国际政治经济思想等其他新葛兰西主义思想,被批评为恰恰缺乏墨菲所强调的规范性元素。因此,在新葛兰西主义方法内部似乎存在着争论,而这种争论是对更广义层面,即马克思主义思想内部的争论。

1 如见 www.st-andrews.ac.uk/intrel/pgcourses/students/ks.html 上目前尚未发表的文章。

或许，我们可以简要评论一下最具影响力的当代新马克思主义世界政治的反思，以迈克尔·哈特（Michael Hardt）和安东尼奥·内格里（Antonio Negri）的《帝国》（*Empire*）[2000；又见（我认为）哈特与内格里二人比较不成功的2004年版]为本部分作结。哈特与内格里在书中使用了除马克思之外的多种来源，叙述了全球化以及与书同名的帝国的产生过程，但他们清楚表明自己将此书视为在当代对马克思的重塑（其他人确实也是如此看待两位作者；该书书封上的一条评论称两位作者是"互联网时代的马克思与恩格斯"）。在哈特和内格里看来，由于帝国的出现所带来的那些邪恶结果，有望在"群众"中激发起"战斗精神"（以相当巴洛克风格的描述作为该书的结语）。我们在哈特和内格里的观点中看到了另外一种扩大、增强马克思主义伦理范围的尝试，然而并非按照卢克斯建议的轨迹，而是带有团结起很多左派的有关社会运动、公民行动与赋权的观点（比如，哈特和内格里强烈支持反全球化运动）。但重要的是，在对二人观点的很多批评中，很多最严厉的批评都是来自其他马克思主义者。比如拉克劳（2001）严肃批评哈特、内格里二人已经为了普世内在论的主张（实际上）放弃了政治。因此，马克思主义伦理思想长期以来的窘境再次自我呈现了出来。

3　马克思主义伦理在国际关系中的未来？

我希望上述内容已经能够说明，马克思主义至少具有解释某些在国际关系当中日渐重要的、不断扩展的伦理争论的能力。就此而言，正如我在开篇时所说的，"真实存在的社会主义"的消亡或许能够帮助马克思主义认清自身作为针对政治特别是针对国际政治的理论性、规范性方法所存在的优势与弱点。 197

但同样明显的是，在马克思主义内部有关马克思主义规范性能力的争论几乎不会消失。毕竟，争论从最初即已存在。在很多马克思主义者看来，危险之处在于，任何按照卢克斯建议的行动以及将法权道德与解放道德相联系的尝试，实际都意味着让马克思主义向更为或许是略为简单激进的左派自由主义靠拢。他们或许会说，看看哈贝马斯和批判理论的当前轨迹；如果未来是哈贝马斯和批判理论的天下，其中又到底有多少马克思主义的成分呢？（Callinicos 1986）然而，很多马克思主义者也看到了卢克斯观点的重要性；正如伍德所说（1991），现代人对一股脑地排斥"道德"感到不适，而且也很难做到；然而，伍德认为马克思却可以做到，因为看上去马克思主义已经十分接近会引起不适的、"万事皆允"的道德观了。当然，马克思坚信马克思主义已经找到了人类历史与人类发展的密钥，因此才不再坚持宣称这一点；事实上，这是有科学性的。确实，有人可能会说只有该主张确保了马克思主义在摒弃传统伦理与道德的同时又维护了解放这种话语。因为如此一来，人类和人类历史就不是将要按照某种方式发展，而是能够（或许是应该）这么做，由此就需要有理由说服人们那样去做，这也就被在更大程度上回到法权道德之中，尽管这种法权道德未必是义务式的。

在我看来，这是马克思主义对任何与马克思主义传统近似之物都必须做出的根本性赌注。因此我们不得不问的是，既然马克思主义宣称对人类历史的过去、现在和将来都已了解，那么这样的宣称合理程度如何，最重要的是，过去、现在和将来之间的必然联系是什么？人们，包括我自己都可以认为，从马克思以及其他马克思主义者那里可以学到很多隐藏于人类社会关系表面之下的东西；当然人们也可以承认，马克思主义被20世纪某些支持者解读、实践的方式所遭受的谴责，与宗教裁判所或是扭曲了历史的猖獗的反犹主义对基督教的声讨相似。但是为了让马克思主义能够成为对社会世界的有逻辑的解释，尤其是（在当前语境下）能够为任何以独立形式存在的体制提供道德指导，我们必须相信马克思主义提供的不仅是一种对过去、现在和未来间关系概念化的恰当方式，而且也是唯一一种方式。尽管我在此处无法详细展开，但在我看来，这种观点无论是出于认识论还是本体论的角度，都是不足为信的。如果我的观点正确的话，那么马克思的思想遗产能够在国际关系伦理语境下继续存活，并对国际关系伦理做出解释的唯一途径，就是它作为其他思想的支流存在，辅助那些整体问题没有马克思主义那么严重的思想传统的发展。在此种意义上，马克思主义在国际关系中的前景或许就在于其对批判理论等发展方向的贡献，但在这种语境下，这种贡献也就不再会被当作“马克思主义”对国际关系伦理的贡献了。那么如此一来，问题的关键就改变了，那就是不仅仅要理解马克思主义，而且要改变马克思主义了。 198

参考文献

Berki, R. 1971. On Marxian thought and the problem of international relations. *World Politics*, 24: 80–105.

Boff, C. 1976. *Theology and Praxis: Epistemological Foundations*. New York: Maryknoll Press.

Boff, L. 1978. *Jesus Christ Liberator: A Critical Christology for our Time*. New York: Maryknoll Press.

Brown, C. 1992. Marxism and international ethics. Pp. 225–49 in *Traditions of International Ethics*, ed. T. Nardin and D. R. Mapel. Cambridge: Cambridge University Press.

Callinicos, A. 1986. *Marxism and Philosophy*. Oxford: Oxford University Press.

Cohen, G. A. 1978. *Karl Marx's Theory of History: A Defence*. Princeton, NJ: Princeton University Press.

Dussel, E. 1978. *Ethics and the Theology of Liberation*, trans. B. F. McWilliams. New York: Maryknoll Press.

Geuss, R. 2002. *Outside Ethics*. Princeton, NJ: Princeton University Press.

Gill, S. 1990. *American Hegemony and the Trilateral Commission*. Cambridge: Cambridge University Press.

Gutiérrez, G. 1978. *A Theology of Liberation: History, Politics, and Salvation*. New York: Maryknoll Press.

Halliday, F. 1994. *Rethinking International Relations*. London: Macmillan.

—— 1999. *Revolution and World Politics: The Rise and Fall of the Sixth Great Power*. London: Palgrave.

Hardt, M., and Negri, A. 2000. *Empire*. Cambridge, Mass.: Harvard University Press.

—— —— 2004. *Multitude: War and Democracy in the Age of Empire*. Cambridge, Mass.: Harvard University Press.

Hart, H. L. A. 1955. Are there any natural rights? *Philosophical Review*, 64: 175–91.

Kolakowski, L. 1978. *Main Currents of Marxism: Its Rise, Growth, and Dissolutions*, 3 vols., trans. P. S. Falla. Oxford: Clarendon Press.

Kubálková, V., and Cruickshank, A. A. 1985. *Marxism and International Relations*. Oxford: Oxford University Press.

Laclau, E. 2001. Can immanence explain social struggles? *Diacritics*, 31: 2–10.

—— and Mouffe, C. 1985. *Hegemony and Socialist Strategy: Towards a Radical Democratic Politics*, trans. W. Moore and P. Cammack. London: Verso.

Linklater, A. 1982. *Men and Citizens in the Theory of International Relations*. London: Macmillan.

—— 1997. *The Transformation of Political Community: Ethical Foundations of the Post-Westphalian Era*. Cambridge: Polity.

Lukes, S. 1985. *Marxism and Morality*. Oxford: Oxford University Press.
—— 1991. *Moral Conflict and Politics*. Oxford: Clarendon Press.
Marx, K., and Engels, F. 1975. *Marx and Engels Collected Works*, vol. v. *April 1845–April 1847*. London: Lawrence and Wishart.
Murphy, C. N. 2007. The promise of critical IR, partially kept. *Review of International Studies*, 33: 117–33.
Neumann, S. 1943. Engels and Marx: military concepts of the social revolutionaries. Pp. 155–71 in *Makers of Modern Strategy: Military Thought from Machiavelli to Hitler*, ed. E. M. Earle. Princeton, NJ: Princeton University Press.
Norman, R. 1986. Review of *Marxism and Morality*. *Philosophy*, 61: 272–4.
Rawls, J. 1971. *A Theory of Justice*. Cambridge, Mass.: Belknap Press.
Reiman, J. 1991. Moral philosophy: the critique of capitalism and the problem of ideology. Pp. 143–67 in *The Cambridge Companion to Marx*, ed. T. Carver. Cambridge: Cambridge University Press.
Rengger, N. 2000. Political theory and international relations: promised land or exit from Eden? *International Affairs*, 76: 755–70.
Rosenberg, J. 1994. *The Empire of Civil Society: A Critique of the Realist Theory of International Relations*. London: Verso.
Teschke, B. 2003. *The Myth of 1648: Class, Geopolitics, and the Making of Modern International Relations*. London: Verso.
van Parijs, P. 1993. *Marxism Recycled*. Cambridge: Cambridge University Press.
Wight, M. 1966. Why is there no international theory? Pp. 17–34 in *Diplomatic Investigations: Essays in the Theory of International Politics*, ed. H. Butterfield and M. Wight. London: George Allen and Unwin.
Wilde, L. (ed.) 2001. *Marxism's Ethical Thinkers*. New York: Palgrave.
Wood, A. 1991. Marx against morality. Pp. 511–24 in *A Companion to Ethics*, ed. P. Singer. Oxford: Blackwell.

第十一章
新自由制度主义

阿瑟·A.斯坦

今日之国际政治既是制度的，也是政府间的。在每一个功能领域和世界各处，国际制度无处不在。现实世界就是由这些纷繁多样的制度构成的，它们包括联合国（UN）、世界贸易组织（WTO）、国际货币基金组织（IMF）、《不扩散核武器条约》（NPT）、国际原子能机构（IAEA）、与贸易有关的知识产权协定（TRIPS）、导弹及其技术控制制度（MTCR）、欧洲联盟（EU）、上海合作组织（SCO）、东南亚国家联盟（ASEAN）、石油输出国组织（OPEC）、北大西洋公约组织（NATO）、北美自由贸易协定（NAFTA）和海湾阿拉伯国家合作委员会（GCC）等。

即使人们在对这些看似无关紧要的制度进行讨论时，讨论本身也假定了这些制度存在的意义。只有基于国家不应采取单边行动的假定时，对美国单边主义的抱怨才说得通。如果这个世界真像自由主义所描述的那样，即独立自主的国家在无政府主义状态下根据自身利益采取行动，那么单边主义就成为常态，也不会有什么人对单边主义发表看法或总结其特征了。

随着国际组织数量不断增加，对国际制度的研究也不断增多。这

些研究借鉴了各种研究传统，对更大范围内的国际关系研究产生了
201 影响。

1 词汇和历史介绍

1.1 制度主义

“新自由制度主义”这个名字是学术包装和产品差异化的产物，也是本文作者希望避免的。就像每个人都使用计算机但却一般不是为了计算，讨论博弈论却不是因为它是关于游戏的理论，本章会使用新自由制度主义这一说法。讽刺的是，使用新自由制度主义这一标签的人士却从未考虑，“自由”的制度主义是否意味着还有“非自由的制度主义”，或者非自由主义者有没有可能讨论制度。可惜的是，这一领域的学术文献都在围绕各类标签和“主义”打转。因此，本章将使用这一国际关系中的常见用语，尽管它实质上指的是国际政治中的制度。

1.2 在被动的领域中发现国际组织

国际关系是回应现实世界发生的事件。纵观历史后可见，国际关系的研究重点已从对现象的深度关切转向对动态现实的反思。一战后，随着国联成立和国际法崛起，国际关系领域必然关注国际组织。此时期的文献大体是描述性和规范性的。随着国联无力阻止20世纪30年代的侵略以及二战的爆发，那些重视国际组织和国际法的人开始遭到抨击。批评家将那些推崇国际组织、认为国际合作可能达成的人士称为理想主义者，将他们与强调权力和冲突的现实主义相比较(Carr 1940)。

然而，二战后出现了一波创建国际组织的热潮(Ikenberry 2001)，联合国、世界银行(最早被称为国际复兴开发与发展银行)和国际货币基金组织等机构相继成立。此外，为实现欧洲一体化采取的举措，尤其是欧洲经济共同体的成立，也是国际组织建设浪潮中的大事。学者必然会关注，

国际组织和区域融合已经成为国际政治中重要的分支。[1] 202

欧洲一体化的出现意义尤其重大。在欧洲大陆，国家体系早已建立，见证了欧洲大陆几个世纪的大国竞争和战争，一些国家通过新的国际组织在某些方面整合治理。欧洲一体化进程在过去50年里历经沉浮，但是这一进程本身意味着超越无政府的自然状态，而现实主义者正是假定国家在这一无政府的自然状态中发现了自己存在的意义。

1.3 从组织到机制，再到制度

在二战结束之后50多年的时间内，国际组织领域经历了重大变化，过去描述国际组织的术语所发生的改变尤其说明问题。一般而言，与政治科学的广泛变化相一致的是，这一分支的规范性不断淡化，理论性趋势凸显。国际组织和区域一体化的研究在20世纪80年代初期突然转向，发展成为所谓的机制理论，随后又改称为新自由制度主义。这种转向包括扩大关注范围和建立因果逻辑。

二战后，最早的研究重点是国际组织，也就是拥有名称、地址等有形存在的实体。当时提出的一个典型的定义是“一种超越国家间边界的正式安排，并规定建立制度机器以利于成员国之间在安全、经济、社会或其他领域的合作”（Plano and Olton 1979, 288）。这一狭义的定义之后得以扩展，重点关注机制，并被定义为“行为体的期望在某一特定议题领域达成共识所具备的原则、规范、规则和决策程序”（Krasner 1982, 185）。

这一学术转向的第二个关键特征是，它将国际制度的存在根植于现实主义理论的核心要素：国家、权力和利益。机制理论家们没有争论机制在某种程度上是国际社会中的一个不同特点，也没有坚称它是思考国际政治的另一种角度，而是接受了现实主义的观点，认为国家是国际政治的主要行为体；他们还接受了现实主义的一个中心前提：国家行为基于

---

1 讽刺的是，现实主义攻击理想主义，最大的受害者并不是国际组织研究，而是国际法研究。二战之前，国际法是国际关系核心课程之一；二战之后，国际法研究被放逐到法学院，被政治学家彻底忽视达半个世纪之久。

203 权力和利益。[1]此外，他们使用了诸如博弈论这类冲突分析的工具，得出国际制度的存在是出于利己的目的。

很快，“机制”这一术语就被“制度”所取代。出现这种变化最关键的理由在于，这一概念使得国际关系中的制度与经济、政治学和社会学制度研究的复兴相联系。在这些领域以及其他不同的分支，“旧制度主义”关注正式的制度。它被含义更为广泛的“新制度主义”所取代。“制度”是“社会博弈的法则，或更正式地说，是人为制定的、促成人类交往的限制因素”（North 1990），这一定义也能被各个领域和分支的学者所接受。

此概念所关注的内涵范围扩大，这使人们认识到国际政治在更广的一个范围内具有可比性、相似性的部分。以各国阻止核武器扩散及其运载系统的实践为例。20世纪60年代，绝大多数国家签署了《不扩散核武器条约》，并成立了国际原子能机构以监督条约履行。几年后，为了处理运载系统这一相关问题，有能力出口导弹的国家共同成立了导弹及其技术控制制度（MTCR）。尽管都是为了处理类似的问题和防止特定武器系统的扩散，但这两个安排的构建却十分不同（Rasmussen and Stein 2001）。国际原子能机构是国际组织，但导弹及其技术控制制度却不是，尽管《不扩散核武器条约》和导弹及其技术控制制度均可被视为国际机制或国际制度。随着关注范围的扩大，学者可以在国际组织实际成立之前就评估国际制度发挥的作用。

1.4 自由主义

研究二战后国际组织的人士即被称为自由派。这或许是因为他们关注合作，而合作又是二战后新的国际安排的基础。毕竟，现实主义者关注冲突，看轻国际合作的前景和性质。此外，学者在关注国际合作和新的制

1 这一构想所暗示的理论交汇充分体现在1982年的《国际组织》特刊上。由著名现实主义学者斯蒂芬·克拉斯纳担任编辑的这本特刊充分展现了理论融合对机制理论的关键贡献。更多关于机制的讨论，参见Young (1986)；Rittberger and Mayer (1993)；Hasenclever, Mayer and Rittberger (1997)。

度安排时，认为改变和改善是可能的（两者均为自由主义的经典观点），而现实主义者强调国际无政府状态这一现实的持续性和稳定性，以及战争随时爆发的可能性。

虽然的确有些学者试图通过这种强调规制的学术转向来缩小现实主义者和制度主义者之间的鸿沟，但基于两个理由，这种转向仍然被认为是自由主义的。虽然现实主义者当时已将他们的论断植根于关于寡头垄断的微观经济学论点，但是，国际制度促成了互惠互利的国际安排这一核心 204
观点，反映针对从事互惠互利交易的个人和企业，经济学家们所持的古典自由主义观点。此外，这种全新的制度转向也借鉴了经济学家关于公司合并的观点。在一个有效的市场内，大量的生产者和消费者进行交换，这是经济学赖以建立的逻辑。在经典的经济学理论中，公司的规模只能用规模经济来解释——规模越大，效率越高。但是，很明显，公司的发展已经远远超出了规模效率所能解释的范畴。因此，经济学家不得不解释为何公司代替了市场交易，并将这些交易内化为企业结构的一部分，例如在不同地点建立生产设施。经济学家提出一个关于市场交易成本的观点：在某些情况下，企业发现等级结构比市场更加有效。这种观点被国际关系专家借用来解释国际制度（Keohane 1984; Lake 1996; Weber 2000）。因此，尽管这些关于制度主义的新研究与现实主义者一样强调利己，一样借鉴微观经济学的方法，一样运用博弈论，但因为对合作和制度的重视而被贴上了新自由主义和新自由制度主义的标签。

1.5 理性主义：大联盟

利用博弈论并从独立行为体的权力和利益出发可以解释制度化合作，不仅促成现实主义和新自由制度主义者之间的和解，还能促使人们从所谓的理性主义角度出发建立一个知识联盟。博弈论使得冲突和合作能够在一个统一的框架内整合，而不是使得研究冲突（尤其是危机和战争）的学者与研究合作和制度的学者相互对立。同时，博弈论使得关注安全（尤其是强调国际政治的冲突本质）的学者与研究国际政治经济（尤其是关于不同国家之间的合作）的学者也有可能融合。人们或许会认识到，在冲突中存在合作，在合作中存在冲突。

到20世纪90年代末，可以发现两种不同的观点。一方面，一些学者同意新现实主义和新自由制度主义之间的差异非常有限，并提及理性主义这一单一视角（Katzenstein, Keohane, and Krasner 1998）。另一方面，仍会发现很多将现实主义和自由主义彼此对立的研究（Baldwin 1993; Kegley 1995），并探究两者之间的微妙差异（Schweller and Priess 1997;
205 Jervis 1999）。

2 冲突的模式和视角

2.1 边缘和附属制度

国际政治充斥着制度看似是显而易见的现实，承认这一点的学者不得不面对这一现实所带来的影响。面对国际制度的出现和不断发展，那些相信自己自始至终有一套解释国际政治的概念和理论的人不愿舍弃这些概念和理论，这也是情有可原的。现实主义者将其学术来源上溯至修昔底德，视国家为首要行动者，还强调权力在国际政治无政府主义下发挥的决定性作用。同时，现实主义者认为国际制度不过是国际关系中相对较小且无关紧要的部分，而且在任何情况下都可以化约为权力和利益这两个现实主义者坚守的信念（Stein 2001b）。

现实主义者出于两种普遍的理由淡化了制度在国际政治中的作用。一方面，尽管现实主义者无法否认当前存在大量的制度这一现实，但是他们认为，这些制度主要存在于“低政治”领域，诸如交通、电信、医疗等不那么重要的部门，而非存在于“高政治”领域，诸如国家安全和国防等。在这些领域，这些制度成了“虚假的承诺”（Mearsheimer 1994–1995）。

另一方面，现实主义者提出了第二个批评意见，认为制度的出现是一种附属现象，仅仅是权力和利益的映射。制度没有独立的地位，也没有独立的因果作用，构成了现实主义者所熟知的同样的权力政治世界。制度也许存在，但它们不会改变国际体系的无政府状态。制度是有权势之人创造出来为他们的利益服务的，一旦权力和利益发生改变，制度就会消散。现实主义者提出了究竟为什么需要制度来实现权势之人的利益这一问题。

因此，后冷战时代为检验制度的韧性和持续性提供了可能性。苏联解体明显改变了国际权力分配。美苏争霸的两极格局被美国主导的一极格局所取代，现实主义者因此认为诸如北约这类以遏制苏联为其唯一目的的制度注定会失败。失去了敌方，这一组织已经没有继续存在的理由了（Mearsheimer 1990）。然而，北约不仅继续发挥作用，而且还扩大了成员国规模以及自己的使命。对于现实主义者来说，只有苏联卫星国和独立的苏联共和国对沙俄帝国主义回归的担心才可以解释北约东扩。然而，让现实主义者更难以解释的是北约行动范围的扩大，例如在南斯拉夫和阿富汗开展的“域外行动”。 206

2.2 网撒得有多大？

研究重点的扩大引出了如何界定这一研究领域的问题。如果制度仅仅是规则，如果所有往复行为遵从某种规则的指引，那么整个国际政治的研究可以简单地被重新定义为国际制度的研究。即便这一定义要求这些规则必须是“人为制定的限制”，也不足以界定某一个研究领域的范围。在某种意义上，所有的社会现实都是人为的。既然实际发生的事件总是能够与众多可能性相比较，那么这些事件可被视为这些限制的产物。在一套无政府主义体系下互动的各国也遵循某种规则（即便是“战争中人人平等”这样的规则），那么这种无政府主义也可以被再定义为一种制度。因此，对制度的关注并没有确定任何范围，因为所有的国际政治都是制度的。

这一领域仍然有些混乱，因为它无法就一个定义达成共识，而这个定义限定了国际制度研究中一些明确定义的分支领域。我曾经做出的关于规制的定义也可以很容易地应用到今日制度的定义：“学者们陷入了术语使用的……巨大分歧中，既有人认为它涵盖了整个国际关系，也有人将其几乎等同于国际组织。”（Stein 1982, 299）一项评估国际制度的历史变化的研究就关注以下议题：国家地位、领土权、主权、国际法、外交、国际贸易、殖民主义和战争（Holsti 2004）。有人将边界作为制度加入其中（Simmons 2005）。关键是，这些议题是否能够从概念化中受益，并从制度角度来研究？

有两个经常被分开讨论的学派都张开了一张大网，它们实际上都以制度为线重新界定整个国际政治。一个学派是社会建构主义。该学派认为所有的社会现实均是通过互动进行主体间性建构的。国家，这一国际政治的基本单位，乃至国家互动所在的主权国家体系，都是社会建构的产物。考虑到社会和政治现实均是社会建构，再结合广义上的制度的观点，我们会产生这样一种观点：主权国家体系本身也是国际政治生活中的一种制度。就此而言，整个国际政治均受制于一套人类建构的规则，而身处其中的国家行为体也随之被社会化。

第二个学派在很多方面与社会建构学派是相似的；这就是英国学派，它强调国际社会的存在。尽管该学派承认仅仅包含国家之间互动的国际体系是存在的，并且受制于权力政治，但该学派仍然认为，一般而言，国际社会而非国际体系构成了国际现实。英国学派提出的国际社会的定义似乎十分明确：“如果一些国家由于意识到它们具有共同利益和价值观
207 念而组成一个群体，并认为它们在这一群体中相互关系受到一套共同规则的制约，并分担共同制度的运转”（Bull 1977, 13），就存在一个国际社会。但是这一概念也出现在一本名为《无政府社会》的著作中，而这本书的主要观点认为，国家并非在一个无政府状态的国际体系，而是在一个由规则和行为规范指导的无政府状态的社会中互动。关系既创造又反映了博弈的一些规则，而这些关系是社会建构的，构成了国际社会的基础。

社会建构主义和英国学派对国际制度研究的广泛描述（如果不是定义的话），使得整个国际关系制度化了。通过此举，他们实际上认为近期的进展并没有什么新的东西，只不过是过去的延续或发展（这一点他们

与现实主义相同)。尽管这两个学派都为理解国际关系提供了不可或缺的见地,但他们并没有界定制度在国际关系中发挥的角色。

3 作为解决自利困境的制度

正如前文已经提及,新自由制度主义的核心是认为国际制度是国家出于自利目的而创建的。各国认为自主的自利行为可能存在问题,他们更愿意建立国际制度来解决这些担忧。

各国经历了很多协调上的问题,它们的利益导致多重均衡,需要为所谓的均衡选择建立某种机制。在有些情况下,不存在什么利益冲突,容易建构国际制度。而在另外一些情况下是存在利益冲突的,制度解决方案也可能比协调失败的危险更好(Stein 1982; 1990; Snidal 1985a; Martin 1992)。

各国还可能面临协作问题,导致自主的自利行为没能带来良好的效果,"囚徒困境"是一个典型的例子。在这种情况下,制度可以解决集体行为的问题,允许各国达成彼此追求的结果。从贸易到军备竞赛,很多情况都可以归之为"囚徒困境",有关国家或已经建立或尝试建立国际制度。 208

这种制度解决方案类似于政治理论家关于国家创立的社会契约论观点。他们将国家解释为一种解决自然状态下的自主选择问题的制度化解决方案。他们认为,个人会出于自利考虑主动放弃某些行动自由以获得比自然状态下更好的结果。如果使用现代博弈论的方法来分析他们的观点,那么可以认为他们为"囚徒困境"提供一个国家主义的解决方案。[1]

最后,国家可能还会为了减少与自主决策关联的治理成本而建立制度。为解决每个具体问题和情况而组建自愿的联盟会产生较高的成本。

1 值得指出的是,如果国家间互动不停止,并对未来的收益给予足够的重视,"囚徒困境"的无政府主义解决方案仍会出现。讽刺的是,在一个"市民社会"中,国家主义提出的解决方案无所不在。在国际政治中,国家主义和无政府主义的解决方案同时存在。

正如企业认为外部的公平交易纳入公司治理架构中更加有效，国家也发现可以通过建立国际制度来减少交易成本。

4 力量的暗面

现实主义者针对合作和集体行为的观点做出了回应。[1]他们批评对国际制度的前景和性质的看法过于乐观了。国际合作和国际制度比制度主义者所预想的更加难以建构。此外，不仅国际制度本身反映了其创建国家之间的权力关系，而且其创建本身也蕴含了这种权力的角力，尽管制度本身是各国的自愿和自主选择的结果。

4.1 相对收益和制度问题

现实主义者在批驳时强调，国际关系中的制度合作比想象中更加困
209 难，因为各国关切不同，并非仅仅是为了利益最大化。也就是说，他们认为，即使各国意识到与另一国合作可能会使它们处于更好的境地，这些国家仍然担忧从合作中获得的相对收益。简而言之，合作之所以难以达成和持续，是因为如果合作意味着其他国家得到更多收益的话，有关国家可能会放弃潜在收益（Grieco 1988）。国家不仅仅关注自身的回报，也关心从各种合作安排中获取的相对地位和相对收益。

伴随相对收益问题出现了一个小学派，而该学派的观点仍然有不同的解读（Stein 1990, ch. 5; Powell 1991; Snidal 1991a; 1991b; Busch and Reinhardt 1993）。但是，明显地，关心相对收益问题并不意味着排除合作的可能性，尤其在某个体系内大国数量增加的时候更不可能排除。

必须指出的是，尽管存在相对收益，但制度化合作大量存在，多数合作带来的收益也大为不同。在过去半个世纪里，国际权力和财富等级发生了很多变化，国际制度的运行既是这些变化的部分原因，当然也是变化

---

1 本小节标题是向杰克·赫舒拉发（2001）致敬。赫舒拉发一直强调经济学自愿性领域中的强制因素。

发生的背景。

4.2 强制合作：大国俱乐部和先行者

第二种批评观点认为,国际制度反映了大国的行为,并没有像描绘得那么好。各国使用它们各自的不同权力创建各种国际制度。它们运用各自的权力和议价能力为其他人在制度构建过程中建构选择。现实主义者认为,这损害了他们对世界的看法。

斯蒂芬·克拉斯纳(Stephen Krasner 1991)认为,当存在一系列可接受的结果时(帕累托边界),大国使用自身的议价能力获取它们最想得到的结果。我曾经把这一观点看作是“为大国所做的协调”(Stein 1982, 311),只有在多重均衡态势和各国意愿出现冲突时才会出现。但是,这些情况的存在绝没有降低制度和自愿协议的重要性,只能提醒我们在互惠交流中存在强制性的一面。国家行为体的禀赋、机会和议价能力千差万别,而这些都决定了最终的结果。但从国家的权力和利益出发,可以推断国际制度的作用,这是新自由制度主义者的观点。这些结果是合作取得的,但并不意味着权力乃至强制威胁就完全不存在了。 210

还有一类情况(特别是当一些大国聚集在并非各国普遍参与的集团中),其他国家是加入还是游离在外,这让它们面临着艰难的抉择。国家间组织的建立改变了这一现状,它意味着不可能有其他更好的选择。其他国家面临着一项选择：它们可以加入这一俱乐部,但是在这个主动的选择之中潜藏着一大强制因素。创建这一组织的国家行使了某种权力(Gruber 2000)。

自由贸易秩序的出现始于双边贸易协议将最惠国条款纳入其中(Stein 1984; 1990),这点早已为人所知晓。受这类协议约束的国家创造了一种“俱乐部商品”,该组织的成员享有集体利益,即成员国之间协商达成的最低关税税率。没有加入这一俱乐部的国家被排除在外,按标准或更高的费率支付关税。这类组织为成员国提供福利而排除非成员国,其存在改变了对未来潜在加入者的激励。这些“俱乐部”是大国集聚的产物，构成了“通过集聚创设机制（regime）”（Rosecrance and Stein 2001, 225–226）。相比最初全盘接受会员国申请的策略，根据合作偏好按照顺序吸纳成员国的这种机制凸显了更多的合作可能（Downs, Rocke, and Barsoom 1998）。俱乐部之外的这些国家或许不愿意在参与或游离在外之间做选择。它们可能甚至希望从一开始就加入进来，这样能在规则制定中发挥更大作用。但是，这样行使权力已不是传统现实主义中的胁迫了（Rosecrance 2001）。

4.3 制度失灵

国际组织受到批评，还因为它们也会失灵。国家创建国际组织的目的是为了自己获得更好的结果，但并无法保证这一目标一定能实现。其理由与国家和国内政策的关系相类似。如果市场失灵，国家干预是令人满意的结果。但是，国家并不能确保在市场失灵时实现更好的结果。相反，政府失灵也是有可能的。因此，民主社会的公民就何时市场失灵、政府干预是否可以改善失灵展开了辩论。

国际组织在这一问题上也存在类似的争论。独立自主行为可能确实会失败，国际协调和协作也确实有可能改善。但是，建立国际制度可能不会带来预期改善的效果，因为国际制度本身也是国际组织失灵的一种表
211 现形式（Gallarotti 1991; Barnett and Finnemore 1999）。

5 新制度自由主义的智识议程

5.1 制度重要吗？

对制度的研究中，一个中心的看法认为制度是重要的，它影响国家的行为和国际政治的性质。否则，制度就是现实主义者所认为的那样无关紧要。

在众多领域，有许多文献专门评估国际制度的影响力或有效性。有许多研究（主要是经济学家）评估地区和全球贸易安排的影响（Goldstein, Rivers, and Tomz 2007），还有许多研究关注国际环境机制的有效性。

学者们还一直在关注国家是否遵守国际制度这一问题，并发现各国总体上遵守各自所签署的各类协议。他们的研究证明，很难保证国家遵守国际制度（Chayes and Chayes 1993），是否遵守与制度设计有关（Mitchell 1994）。早期关于制度遵守的研究一般认为，即使在没有强制执行机制的情况下，制度仍然会得到遵守。小部分研究探讨，作为遵守基础的强制执行，在管理上是否存在替代手段。

然而，是否遵守国际制度的实证分析受到了选择偏差的困扰。在讨论第一波有关“遵守”的研究时，乔治·唐斯（George Downs）、戴维·洛克（David Rocke）和彼得·巴尔苏姆（Peter Barsoom 1996, 380）认为问题在于遵守最低限度的执行是“由于大多数的条约只要求各国与没有协议规定的情况相比有些许不同”。更多近期开展且范围广泛的统计研究也印证了这一观点（Simmons 2000; von Stein 2005）。尽管我们很难从分析的角度来评估制度的影响，各国利用制度来达到预期的结果，这一点仍然十分突出。

5.2 它们如何产生？

国际制度为国家服务，这一点仅为制度如何产生提供了一个解释，但却没能说明其过程。有一个答案奇妙地将制度主义和现实主义的观点结合起来，即认为是霸权国家创建了制度。然而，强迫遵守只是机制之一（Young 1982），霸权国家经常为创立制度而提供种种诱因（Stein 1984; Snidal 1985b）。它们提供了多种领导方式，对规制的形成过程而言至关重要（Young 1991）。 212

5.3 制度设计

国际制度在成员国和规模等诸多维度上存在较大差异。一些国际制度具有普适性，包含几乎国际体系内的所有国家；而另一些国际制度仅仅是区域性的，只包含很少国家。一些国际制度关注较小范围内的话题，而另一些国际制度关注的话题十分广泛，目的也多种多样。正如前文所讨论的，有些国际制度体现在正式的组织上，而另一些没有实体、地址和秘书处等。在监督和执行问题的关注度上，在争端解决机制和如何应对国家不守约的问题上，这些制度都不同。它们还在程序规则——如何进行集体决策上——存在不同。

这些问题与一国国内制度建设中存在的根本性问题和宪法安排的核心问题相同（Rogowski 1999）。在国内，我们说的是公民权而不是成员资格，但问题是相同的：谁是这项事业的一部分，谁不被纳入其中。与在国家内部一样，在国际组织中，代表机制和决策规则决定了各国偏好如何综合成集体选择。

在解决寻求制度回应出现问题的过程中，各国通过谈判解决所有这些问题。为何选择某些具体的制度设计，越来越多的文献对这一问题的关注将带来哪些后果。

作为应对集体行动问题的解决方案，国际组织最初包含了广泛的含义，即国际制度的设计与它们打算解决的问题性质有关。例如，进行协调的制度是自我执行的，不需要大量的监督和执行机制。因此，它们不可能高度制度化和正式化。与此相反，解决囚徒困境的协作易受到背叛和欺骗，因此非常关注监督和执行（Stein 1982; 1990）。

一直以来，学者都对制度设计十分感兴趣，2001年《国际组织》为此发行了一本专刊即可说明这一点。这本专刊阐释了制度设计的五个方面：成员、关注问题的范围、任务的集中化、制度控制规则以及处理新问题和不可预知问题的灵活性。此外，该专刊认为，如何遵循上述五个方面的制度设计进行选择，由分配问题、执行问题、行动者数量及行动者之间的不对称和不确定性而定。

这些设计特征并未穷尽所有可能性。若将国际制度视为治理的形
213 式并将政府做类比，我们可以说国际制度的结构包含立法、行政和司法特征。上述所列仅包含前两个特征，但是有些国际制度甚至还包含司法职能。这些制度还为心怀不满的国家设计了退出机制。例如，国家可以偏离其制度义务，准司法程序的存在是为了区分可接受的偏离行为和机

会主义行为。此外，一些制度还设立了包含不同特点的争端解决机制（Smith 2000）。

国际制度在设计上的另一个特征与如何处理和提供物品有关。国际制度只处理公共物品，这种认识是错误的。其实，它们既处理私人物品，也处理公共物品。

一些国际制度建立的目的是为了改变所提供物品的性质。清洁空气等环境问题是典型的公共物品问题。然而，清洁空气的国际制度并不是建立全球空气质量监管制度，而是建立了一个排放交易市场。另一方面，国际贸易本质上是一种私人物品，只有将最惠国条款纳入双边协议才使其具有集体性质（Stein 1984; 1990; Rosecrance and Stein 2001）。在有些情况下，国际制度本质上将私人物品变成了集体物品。

就描述国际制度的设计特征而言，我们还有许多工作要做，如不同设计特征之间的平衡及其依据和后果。

5.4　国内政治和国际制度

国际关系研究中一个重大的发展趋势就是隔离国内政治和国际政治的这面墙坍塌了。学者逐渐意识到，国际关系与国内政治之间互相影响。

国内政治和国际政治的联系也适用于制度研究。一方面，国内政治制度通常必须支持获得成员国资格，因此我们可以讨论加入国际制度的国内政治条件。再者，必须有国内的支持才能确保后续的遵守（Dai 2005）。

但是，国际制度也会影响国内制度。首先，加入某一国际制度通常需要具备国内条件，成员国资格条件对国内政治安排会产生重要影响（Skålnes 1998; Kelley 2004）。其次，因为一项制度中的成员资格会对成 214
员国产生持续性的限制性影响，加入某项国际制度，国内相关领域的变化既受该项国际制度的约束，同时国内对某项特定政策会做出更加可信的承诺（Pevehouse 2002; Grigorescu 2003）。最后，国际制度可能会带来一定程度的合法性（Franck 1988; Hurd 1999），将受阻的国内变革披上政治保护的外衣，使其更易被人接受（Vreeland 2003; Allee and Huth 2006）。在这些例证中，国内行为体从国际制度出发提出了自己的论据。

国内政治和国际制度之间的关系是一个需要更进一步研究的重要话题。下一小节描述了国际制度介入国内生活的趋势愈加明显，说明了两者之间的关系是不断演进的，还展示了不断增加的主权之上的限制如何与国内政治相互作用。

5.5 迈向历史制度主义

在社会科学领域，随着新制度主义的不断发展，历史制度主义随之出现。历史制度主义强调制度变迁的方式。一些制度兴起、衰亡而后消失，而另一些制度则兴起、发展和繁荣（Shanks, Jacobson, and Kaplan 1996）。制度会变得越来越复杂（Holsti 2004），它们接受新的成员甚至承担新的任务。

更广泛地说，制度本身可以大大改变其被创建的环境。尽管早期关于规制的文献强调制度反映权力和利益，但也留下了一个问题：如果权力的分配和利益发生改变，那么制度将会发生什么改变？有人认为，制度创建本身有可能会改变利益的性质和随后的考量（Stein 1982; 1990）。

上述讨论主要关注制度是如何从一小群国家开始起步和发展的，表明累计和聚集在制度发展的过程中的作用。大多数的国际制度的规模增加了；即便北约及其他专注于安全问题的国际组织，也接收了新成员。

制度也可以经过发展逐渐正式化和有组织化。“七国集团”经济峰会开始只是非正式的，但随着时间的推移，这一会议逐渐常规化。在北约创立之初的安排中根本无法预见其目前的制度架构（Wallander 2000）。

制度也会改变，并随着情况变化承担新的任务。例如，早期的国际货币基金组织无法发挥当初成立时预期的作用，因此所承担的工作非常有限。直到20世纪50、60年代，国际货币基金组织才发挥出预想的作用。随着主要国家抛弃固定汇率制，它又焕发出新的活力。今天，国际货币基金
215 组织发挥的作用已经远远超出其创始者的预期和想象（Pauly 1999）。

在国际制度发展过程中，最重要的进展可能就是这些制度随着时间的推移变得越来越具有穿透力和限制性。为了应对构建国际制度所带来的挑战，各国可以接受因此给国内事务造成的前所未有的干扰（Stein 2001a）。在安全和经济问题的安排上，各国接受并期待国际制度更多介入国家内部事务。外方现场监督曾经是达成各种安全协议上的一大障碍，如今也更多地被接受。现在，根据一系列过去无法接受，也与经济管理无关的政治变量，国际经济制度对成员国提出批评并给它们打分。国际组织在内部选举时邀请外部观察员的行为也越来越常见（Santa-Cruz 2005; Hyde 2006）。在欧洲，国家仍然存在并发挥作用，但是重要的治理工作是在国家之上进行的，没有一个地区的主权衰落比欧洲更为明显（Mattli 1999; Wallace 1999）。

5.6 多层次治理

国际制度的数量之庞大，已经足以让学者们开始关注相互竞争并重叠的国际机构产生的影响以及各国就国际制度做出的选择了。面对新的问题，各国可以扩大现有国际制度的范围或创建新的制度。随着制度的数量激增，各国可以选择一些机构处理它们的问题、回应它们的关切。

在一个丰富的制度环境中，为了应对各种新问题，国家可以在创建新制度或改革现有制度之间做出选择。如前文所述，与其扩大现有处理核武器扩散的国际机构的范围，不如建立一个与其性质不同的机构来解决导弹技术扩散问题（MTCR）。另一方面，如前文所述，国家在面临新挑战时会改变现有制度的性质，如北约和国际货币基金组织。

诸多领域的众多制度，要么相互交织，要么存在重叠（Aggarwal 1998; Rosecrance and Stein 2001）。例如，在国际贸易领域，双边贸易协定和区域贸易协定与全球性的世界贸易组织共存。在这种情况下，各国有机会选择管辖制度，决定在何处解决纠纷以实现自己的利益和关切（Alter and Meunier 2006; Busch 2007）。

国际制度纷繁众多，一些是区域性的，一些是国际性的；范围也有大有小。对国家来说，它们需要在多层级治理的、更加复杂的世界中进行探索。

5.7 理念

理念是上述许多议程的核心。正如社会建构，制度本质上反映了治理的理念，前文许多阐释也从侧面证明了这一点（Goldstein and Keohane 1993）。如前文所述，贸易从私人物品到集体物品这一转变取决于无条件的最惠国条款这一贸易理念。排污权交易市场这一理念是将公共物品转变为私人物品的制度设计的关键基础。制度设计的其他因素也能找到对应的类似案例。此外，制度变化也与理念变化相关。

216

6 结语

国际制度遍布世界。对国际制度的不同定义、国际制度出现的时间及其确切的影响，可谓众说纷纭，但这并不能掩盖国际制度数量会更多且作用会更大这一事实。这些国际治理制度将如何以及是否能够驯服无政府状态仍可商榷，超国家治理在世界上不断发展，而这种超国家治理正是国家造成的，同时也是各国逐渐接受的。理解并解释国际政治（甚至国内政治的许多方面）越来越要求将国际制度的作用纳入其中。国际制度
217 研究也相应地发展壮大。

参考文献

Aggarwal, V. K. (ed.) 1998. *Institutional Designs for a Complex World: Bargaining, Linkages, and Nesting*. Ithaca, NY: Cornell University Press.

Allee, T. L., and Huth, P. K. 2006. Legitimizing dispute settlement: international legal rulings as domestic political cover. *American Political Science Review*, 100: 219–34.

Alter, K. J., and Meunier, S. 2006. Nested and overlapping regimes in the transatlantic banana trade dispute. *Journal of European Public Policy*, 13: 362–82.

Baldwin, D. A. (ed.) 1993. *Neorealism and Neoliberalism: The Contemporary Debate*. New York: Columbia University Press.

Barnett, M. N., and Finnemore, M. 1999. The politics, power, and pathologies of international organizations. *International Organization*, 53: 699–732.

Bull, H. 1977. *The Anarchical Society: A Study of Order in World Politics*. New York: Columbia University Press.

Busch, M. L. 2007. Overlapping institutions, forum shopping, and dispute settlement in international trade. *International Organization*, 61: 735–6.

—— and Reinhardt, E. R. 1993. Nice strategies in a world of relative gains: the problem of cooperation under anarchy. *Journal of Conflict Resolution*, 37: 427–45.

Carr, E. H. 1940. *The Twenty Years' Crisis, 1919–1939: An Introduction to the Study of International Relations*. London: Macmillan.

Chayes, A., and Chayes, A. H. 1993. On compliance. *International Organization*, 47: 175–205.

Cortell, A. P., and Davis, J. W. 1996. How do international institutions matter? The domestic impact of international rules and norms. *International Studies Quarterly*, 40: 451–78.

Dai, X. 2005. Why comply? The domestic constituency mechanism. *International Organization*, 59: 363–98.

Downs, G. W., Rocke, D. M., and Barsoom, P. N. 1996. Is the good news about compliance good news about cooperation? *International Organization*, 50: 379–406.

—— —— —— 1998. Managing the evolution of multilateralism. *International Organization*, 52: 397–419.

Franck, T. M. 1988. Legitimacy in the international system. *American Journal of International Law*, 82: 705–59.

Gallarotti, G. M. 1991. The limits of international organization: systematic failure in the management of international relations. *International Organization*, 45: 183–220.

Goldstein, J., and Keohane, R. O. (eds.) 1993. *Ideas and Foreign Policy: Beliefs, Institutions, and Political Change*. Ithaca, NY: Cornell University Press.

—— Rivers, D., and Tomz, M. 2007. Institutions in international relations: understanding the effects of the GATT and the WTO on world trade. *International Organization*, 61: 37–67.

Grieco, J. M. 1988. Anarchy and the limits of cooperation: a realist critique of the newest liberal institutionalism. *International Organization*, 42: 485–507.

Grigorescu, A. 2003. International organizations and government transparency: linking the international and domestic realms. *International Studies Quarterly*, 47: 643–67.

Gruber, L. 2000. *Ruling the World: Power Politics and the Rise of Supranational Institutions*. Princeton, NJ: Princeton University Press.

Hasenclever, A., Mayer, P., and Rittberger, V. 1997. *Theories of International Regimes*. New York: Cambridge University Press.

Hirshleifer, J. 2001. *The Dark Side of the Force: Economic Foundations of Conflict Theory*. New York: Cambridge University Press.

Holsti, K. J. 2004. *Taming the Sovereigns: Institutional Change in International Politics*. New York: Cambridge University Press.

Hurd, I. 1999. Legitimacy and authority in international politics. *International Organization*, 53: 379–408.

Hyde, S. 2006. Observing norms: explaining the causes and consequences of internationally monitored elections. Ph.D. dissertation, University of California, San Diego.

Ikenberry, G. J. 2001. *After Victory: Institutions, Strategic Restraint, and the Rebuilding of Order after Major Wars*. Princeton, NJ: Princeton University Press.

Jervis, R. 1999. Realism, neoliberalism, and cooperation: understanding the debate. *International Security*, 24: 42–63.

Katzenstein, P. J., Keohane, R. O., and Krasner, S. D. (eds.) 1998. *International Organization* at fifty: exploration and contestation in the study of world politics, special issue.

International Organization, 52: 645–1061.
KEGLEY, C. W. (ed.) 1995. *Controversies in International Relations Theory: Realism and the Neoliberal Challenge*. New York: St Martin's Press.
KELLEY, J. 2004. International actors on the domestic scene: membership conditionality and socialization by international institutions. *International Organization*, 58: 425–57.
KEOHANE, R. O. 1984. *After Hegemony: Cooperation and Discord in the World Political Economy*. Princeton, NJ: Princeton University Press.
KOREMENOS, B., LIPSON, C., and SNIDAL, D. (eds.) 2004. *The Rational Design of International Institutions*. New York: Cambridge University Press.
KRASNER, S. D. 1982. Structural causes and regime consequences: regimes as intervening variables. *International Organization*, 36: 185–205.
—— 1991. Global communications and national power: life on the Pareto frontier. *World Politics*, 43: 336–66.
LAKE, D. A. 1996. Anarchy, hierarchy, and the variety of international relations. *International Organization*, 50: 1–33.
MARTIN, L. L. 1992. Interests, power, and multilateralism. *International Organization*, 46: 765–92.
MATTLI, W. 1999. *The Logic of Regional Integration: Europe and Beyond*. New York: Cambridge University Press.
MEARSHEIMER, J. J. 1990. Back to the future: instability in Europe after the Cold War. *International Security*, 15: 5–56.
—— 1994–5. The false promise of international institutions. *International Security*, 19: 5–49.
MITCHELL, R. B. 1994. Regime design matters: intentional oil pollution and treaty compliance. *International Organization*, 48: 425–58.
NORTH, D. C. 1990. *Institutions, Institutional Change, and Economic Performance*. New York: Cambridge University Press.
PAULY, L. W. 1999. Good governance and bad policy: the perils of international organizational overextension. *Review of International Political Economy*, 6: 401–24.
PEVEHOUSE, J. C. 2002. With a little help from my friends? Regional organizations and the consolidation of democracy. *American Journal of Political Science*, 46: 611–26.
PLANO, J. C., and OLTON, R. 1979. *The International Relations Dictionary*, 2nd edn. Kalamazoo, Mich.: New Issues.
POWELL, R. 1991. Absolute and relative gains in international relations theory. *American Political Science Review*, 85: 1303–20.
RASMUSSEN, G., and STEIN, A. A. 2001. Non-proliferation regimes. Pp. 181–202 in *The New Great Power Coalition: Toward a World Concert of Nations*, ed. R. Rosecrance. Lanham, Md.: Rowman and Littlefield.
RITTBERGER, V., with MAYER, P. (eds.) 1993. *Regime Theory and International Relations*. Oxford: Clarendon Press.
ROGOWSKI, R. 1999. Institutions as constraints on strategic choice. Pp. 115–36 in *Strategic Choice and International Relations*, ed. D. A. Lake and R. Powell. Princeton, NJ: Princeton University Press.
ROSECRANCE, R. 2001. Has realism become cost–benefit analysis? A review essay. *International Security*, 26: 132–54.
ROSECRANCE, R., and STEIN, A. A. 2001. The theory of overlapping clubs. Pp. 221–34 in *The New Great Power Coalition: Toward a World Concert of Nations*, ed. R. Rosecrance. Lanham, Md.: Rowman and Littlefield.
SANTA-CRUZ, A. 2005. Constitutional structures, sovereignty, and the emergence of norms: the case of international election monitoring. *International Organization*, 59: 663–93.

SCHWELLER, R. L., and PRIESS, D. 1997. A tale of two realisms: expanding the institutions debate. *Mershon International Studies Review*, 41: 1–32.

SHANKS, C., JACOBSON, H. K., and KAPLAN, J. H. 1996. Inertia and change in the constellation of international governmental organizations, 1981–1992. *International Organization*, 50: 593–627.

SIMMONS, B. A. 2000. International law and state behavior: commitment and compliance in international monetary affairs. *American Political Science Review*, 94: 819–35.

—— 2005. Rules over real estate: trade, territorial conflict, and international borders as institution. *Journal of Conflict Resolution*, 49: 823–48.

SKÅLNES, L. S. 1998. From the outside in, from the inside out: NATO expansion and international relations theory. *Security Studies*, 7: 44–87.

SMITH, J. McC. 2000. The politics of dispute settlement design: explaining legalism in regional trade pacts. *International Organization*, 54: 137–80.

SNIDAL, D. 1985*a*. Coordination versus prisoners' dilemma: implications for international cooperation and regimes. *American Political Science Review*, 79: 923–42.

—— 1985*b*. The limits of hegemonic stability theory. *International Organization*, 39: 579–614.

—— 1991*a*. International cooperation among relative gains maximizers. *International Studies Quarterly*, 35: 387–402.

—— 1991*b*. Relative gains and the pattern of international cooperation. *American Political Science Review*, 85: 701–26.

STEIN, A. A. 1982. Coordination and collaboration: regimes in an anarchic world. *International Organization*, 36: 299–324.

—— 1984. The hegemon's dilemma: Great Britain, the United States, and the international economic order. *International Organization*, 38: 355–86.

—— 1990. *Why Nations Cooperate: Circumstance and Choice in International Relations*. Ithaca, NY: Cornell University Press.

—— 2001*a*. Constrained sovereignty: the growth of international intrusiveness. Pp. 261–81 in *The New Great Power Coalition: Toward a World Concert of Nations*, ed. R. Rosecrance. Lanham, Md.: Rowman and Littlefield.

—— 2001*b*. Realism/neorealism. Pp. 12812–15 in *International Encyclopedia of the Social and Behavioral Sciences*, ed. N. J. Smelser and P. B. Baltes. New York: Pergamon Press.

—— 2008. Incentive compatibility and global governance: existential multilateralism, a weakly confederal world, and hegemony. Pp. 1–68 in *Can the World be Governed?*, ed. A. Alexandroff. Waterloo: Wilfrid Laurier University Press for the Centre for International Governance Innovation.

VON STEIN, J. 2005. Do treaties constrain or screen? Selection bias and treaty compliance. *American Political Science Review*, 99: 611–22.

VREELAND, J. R. 2003. Why do governments and the IMF enter into agreements? Statistically selected cases. *International Political Science Review*, 24: 321–43.

WALLACE, W. 1999. The sharing of sovereignty: the European paradox. *Political Studies*, 47: 503–21.

WALLANDER, C. A. 2000. Institutional assets and adaptability: NATO after the Cold War. *International Organization*, 54: 705–35.

WEBER, K. 2000. *Hierarchy amidst Anarchy: Transaction Costs and Institutional Choice*. Albany, NY: State University of New York Press.

YOUNG, O. R. 1982. Regime dynamics: the rise and fall of international regimes. *International Organization*, 36: 277–97.

—— 1986. International regimes: toward a new theory of institutions. *World Politics*, 39: 104–22.

—— 1991. Political leadership and regime formation: on the development of institutions in international society. *International Organization*, 45: 281–308.

第十二章

新自由制度主义的伦理观[1]

詹姆斯·L.理查森

当代自由制度主义理论源于20世纪70年代国家之间相互依存意识的增强。这一理论摆脱了早期自由主义思想，否定了现实主义学说的一些核心假设，仅依靠经验下定义。尽管在当代自由制度主义理论里可以发现规范性假设或含义，但这些假设或含义仍然是隐性的。本章重点关注最知名的学派：新自由制度主义。新自由制度主义据说减少了自由主义传统的规范性承诺，其对经验假设的削减也不遑多让。本章还注意到制度理论的某些表述、近十年制度理论化的范围扩张，以及对规范性的重新重视。新自由主义学派的中心人物基欧汉（Robert Keohane）的规范性著述需要特别注意：这些著述在某些方面特点鲜明，但还是可以被认为是广受认可的美国自由主义价值观的代表作。可以说，这些自由制度主义的变体所倡导的价值观受限于它们共同的视角，即当今的主导大国
222 及其独特的政治文化。[2]

---

1 我要感谢乌尔苏拉·福勒通和各位编辑，感谢他们的评论和发人深省的问题，这篇文章因此受益良多。

2 美国之外的制度主义理论，尤其是在德国，深刻受到美国理论家的影响。限于篇幅，此处不再展开。

1 历史背景

为了应对第一次世界大战造成的破坏，自由制度主义者追求的最主要目标就是建立和平。最初，人们通过创建“国际联盟”直接实现这一目标，体现了新的自由主义秩序取代早已名誉扫地的现实主义“强权政治”。但是，国联并未实现这一目标，导致更为激进的重构，通过功能主义的新方式间接实现这一目标。功能主义认为，管理国际关系特定领域的专门机构组成的网络将会有助于养成合作的习惯，逐渐缓和各种冲突，防止战争爆发。西欧早期的一体化进程令人鼓舞，但是在冷战背景下的学界，功能主义从未作为一般性理论赢得信任。

到20世纪70年代，经济相互依赖愈加突出，促使制度主义进一步重构，在基欧汉与奈合著的《权力与相互依赖：转变中的世界政治》一书出版之际到达顶点。这本书预示了新自由制度主义的核心观点。基欧汉与奈并没有打算取代现实主义，而是限制其范围：他们认为在安全问题成为重中之重时，现实主义是有效的。但是，他们引入了“复合相互依赖”这一术语来确定另一种逻辑下的国际关系——通过合作机制（regime）达成管制。为了进一步与传统的制度主义思想分道扬镳，两人并没有明确提及推动和平这一规范性目的。尽管实现和平仍然是最终目的，但是制度（institutions）已经不再具有之前赋予它的转变体系的潜力了。

到目前为止，制度主义理论的变化主要是由于“世界”发生的变化。制度主义向新自由制度主义的转变可能主要是由理论驱动的。以经济学为基础的、“理性主义”为特色的新自由制度主义取代《权力与相互依赖》中的比较社会逻辑风格，这是因为一部分自由主义学者接受理性选择理论的元理论假设和主流现实主义假设，他们认为国家仍然是国际政治中核心行为体，国家追求自利目标，尤其是在安全和物质利益方面的目标。新自由制度主义与新现实主义的主要区别在于，与新现实主义相比，新制度主义宣称存在更为广阔的国际合作空间，制度对合作促成发挥重要作用（可参见 Keohane 1989, 1–20, 101–131 等）。

对霸权稳定理论的批判为制度主义的主张提供了强有力的支持。现实主义认为维持合作经济机制（regime）需要有一个霸权国家才能执行体
223 系规则；然而，理论和实证证明并非如此：自利的国家行为体为扩大共同利益会寻求合作方式（Keohane 1984; Snidal 1985）。这一论点很快就被扩大：同样的博弈理论逻辑可以为整个国际关系提供共同的分析框架，包括冲突与合作、国际安全和政治经济。这些领域并非没有关联，而冲突也不总是最重要的（Oye 1986; Stein 1990）。可是，相比权力能力这一现实主义认为最具决定性的因素，合作范围多大、制度如何重要这类问题仍然有待解答。就相对收益和绝对收益展开的论战在某种程度上澄清了这些问题，但是这些问题依然是两大理论分歧的症结所在（Keohane and Martin 2003）。

20世纪90年代，制度主义者力图通过理性主义分析加上系统理论来弥补批评人士指出的某些漏洞，特别是思想的作用及其与内部政治的关联（Goldstein and Keohane 1993; Keohane and Milner 1996）。但是，可能除了合法化研究之外（Goldstein et al. 2000），制度主义没有出现更多的标志性理论。此外，作为与新现实主义紧密联系的对立面使得制度主义无法吸收其他的理论传统，与现实主义的论战似乎也已经开始了。到了20世纪90年代，基欧汉在回顾中将制度主义视为“昨日的争议”，开始了新的研究。新研究与其说是理论难题形成的，不如说是感知的世界变化塑造的（Keohane 2002, 27–38, 193–287）。

在这之后，基欧汉的制度主义研究范围更加宽广，提出了新自由制度主义是具有继承性还是一个全新的理论分支这一问题。在与奈的再次合作中，他又回到了社会学的分析方式，力图定义国际体系变化的性质和范围：国家行为仍旧重要，但是理论需要考虑新的行为体和网络（networks）的作用。与民主问责制相关的规范性问题如今愈加突出（Keohane 2002, 193–244）。在解决“部分全球化世界的治理”这一重大的新问题时，基欧汉（2002, 245–271）保留了理性选择理论，但是结合了社会学、历史学和规范性等其他方法。基欧汉保留了新自由制度主义的关键要素，但是已

经突破了原有理论的范畴。

其他一些理论学家对自由制度主义理解完全不同：自由制度主义并非是一种关于合作或制度的理论，而是描述当代制度秩序特征的理论。我们尤其需要关注向建构主义靠拢的约翰·鲁杰(John Ruggie)和吸收理性选择理论等方法的约翰·伊肯伯里(John Ikenberry)。

鲁杰的贡献主要在概念方面。他的理论出发点并不是认为世界是由自利的国家行为体组成，而是提出了历史背景下的国家—社会关系这一认知。国家秩序及其主要制度并非是国际社会主要行为体的权力运作而产生的，而是“权力和合理的社会目的相互结合”的结果(Ruggie 1982, 382)。自1945年以来，美国作为占据主导地位的行为体(但并不是通常认为的霸权国家)倡导建立了一种与其规范身份一致的制度秩序。这种秩序具有某种“建构 224
形式”，以非歧视、不可分割和扩散互惠为原则所定义的多边主义(Ruggie 1993, 8–16)。类似地，在美国的激励下建立的二战后经济秩序具有独特的规范特征，即“内嵌自由主义”(某些政治的中心目标所限定的经济自由主义)，其“脱嵌”也引起了人们的重点关注(Ruggie 1982; 1996, 135–156)。

约翰·伊肯伯里(2001)发现了一种历史趋势：霸权战争中的胜利国建立了日益制度化的国家秩序。但是伊肯伯里关注的是审视和解释美国在二战后建立的秩序，并为国际政治提供框架。他认为这种秩序部分具有霸权性质。但是考虑到这种霸权的性质，伊肯伯里认为它是一种自由、强调制度的秩序：权力通过规则和制度得以行使，霸权国家受到制度约束，其决策过程也相对公开，因此体系内次级伙伴享受到便利和“发言”机会。这些自由主义特征解释了二战后这一秩序为何可以持久且相对稳定，以及这一时期内该体系进一步的制度化：北约扩张，世界贸易组织、北美自由贸易区和亚太经济合作组织纷纷成立。

2 伦理维度

尽管价值判断可能为学者选择研究主题提供动力，新自由制度主义理论家并没有质疑价值判断在社会科学中没有地位这一通行假定。这一假定以前从未受到挑战，而现在备受质疑；但现在并没有就价值判断的作用达成新的共识。本节探讨在何种程度上当代制度主义包含隐性的规范承诺（即对什么是有益的、可取的、合法的、义务的等判断）。这些承诺分别是什么？这些承诺是不是真的符合自由主义，符合哪一种自由主义？虽然本章的重点是新自由主义学派，但将一些其他的理论纳入进来能够听到更多不同的声音。

尽管没有识别隐性价值判断的权威手段，但许多理论的若干方面将会得以检视：评价性语言的使用、隐含或被排除在概念框架内的价值观念、研究议程、沉默、是否可以发现某种模式，以及在何种程度上这种模式是自由主义的。我们现在只能在有限的空间暂时勾勒出这些问题的答案，希望未来会有进一步的研究。

一些实证概念明显具有规范内涵：种族灭绝、恐怖主义或极权主义
225 等消极词汇就是典型的例子，但是类似于和平、安全或秩序等具有积极内涵的词汇同样传达了理所当然的价值判断（参阅如 Putnam 2002）。合作也是一个这样的概念。尽管基欧汉（1984）坚称合作并非都是善意的，且合作具有剥削性，但它还是经常与积极的含义联系在一起，例如，阿瑟·斯坦（Arthur Stein, 1990, ix）写道："一个希望的时代，一个充满国际合作可能的时代"；或如基欧汉（1989, 160）将"脆弱的合作"与"持续的零和冲突和战争"做对比。新自由主义学派研究的机制通常被认为可以促进福利，而非剥削性的。

即便是现实主义理论中的霸权稳定观点也并非是价值中立的。这一学说宣称霸权国提供了具有价值的公共物品，对于维持自由的国际经济秩序十分有益。《霸权之后》这本书的吸引人之处在于它提出了这些公共物品同样可以通过非霸权主义的机制获取这一具有说服力的观点。"互惠"意味着平等交易；这类评价性概念是非常普遍的表达赞赏的词汇，更多具体的价值观念体现在描述机制运行的语言中：提供可靠信息、阻止作弊、提供协调焦点或降低交易成本（更为概括

的说法是“效率”）。这些都是管理导向，采用的是经济学家的管理视角。

鲁杰和伊肯伯里在描述自由主义的理想形式时使用了温暖的语言，而上文的表述可以被视为是“冷静的”评价，这更加增添了自由主义价值观的多样性。与他们眼中消极的理想形式进行对比更突出了这种多样性：纳粹德国或苏联设想的那种世界秩序就是鲁杰眼中消极的理想形式；而大国平衡或霸权就是伊肯伯里认为的消极形式。

评估性语言无非提出了一个总体方向，而理论的概念框架对价值观的提倡或否定能够产生更强烈的影响。正如查尔斯·泰勒所说，一个框架“隐藏了某种价值取向”：它指出了所讨论对象的地理位置和可能的变化范围。“一幅给定的地图……有自身的价值斜率。”在某些结果排除的情况下，这个框架“通常为自身决定了可能最好的状态”（Taylor 1973, 153–154）。[1]

或许我们可以从这个角度来解读新自由制度主义理论中所采用的功利主义。功利主义框架并没有预设有价值的结果——因为行为体决定了各自的效用；而是人们认为国家和相关行为体必然是自利，并在物质上确定自己的利益，这一假设和功利主义的结合才预设了这些有价值的结果。[2]如果这就是世界的本来面目，那最可能实现的就是为了获得自身利益以一种理性的方式合作：效益最大化而损失最小化。似乎不存在其他相关的伦理框架。经济学家眼里的帕累托最优（Pareto 226
optimality），指没有任何一个行为体的福祉能得到增加，除非有其他行为体的福祉损失。这一普遍的框架更为清晰地说明了这一点。如果制度被认为可以帮助行为体达到“帕累托边界”或者可以在“帕累托最优均衡”中选择，那么就已经预先假定了存在高水平的福利。更为重要的是，这种特殊的福利概念其定义就排除了重新分配的问题，因为这会让

1 泰勒指的是西摩·马丁·李普塞特、哈罗德、拉斯韦尔、阿尔蒙德等人的著名研究。
2 尽管基欧汉（1984, 125）接受除“狭义的自利”之外的解释，但他认为这种自利仅限于“相对小范围的活动”。

某些个人行为体的福祉受损。[1]基欧汉也在其他场合表明允许自由主义倾向于适应主导利益，采纳政府而非弱者的视角（1990，192–193），以生动的语言将当前的制度说成是“为特权所拥有的，被特权所制定的，为特权而服务的”（of the privileged, by the privileged and for the privileged）（2002，256）。

新自由制度主义者处理分配问题的方式清晰阐释了框架如何缩小规范性议程。在机制理论化早期的20世纪70年代，“分配”可能指机制产生的更大社会后果：例如，雷蒙德·霍普金斯（Raymond Hopkins）和唐纳德·J.帕查拉（Donald J. Puchala）针对国际粮食机制联合开展了一项研究，分析分配对“财富、权力、自治、社区、营养福址……有时候还有生存”等的影响。该项研究得出的结论是这种机制在广义和具体项中都存在不足（转引自Martin and Simmons 1998, 737）。在新自由制度主义理论中，机制并非通过“效率高或效率提升”来判断：这一理论认为分配问题就是不同国家行为体之间通过讨价还价而就收益和成本分摊产生的冲突问题（Martin and Simmons 1998, 744–746）。

博弈理论框架为解释此前被忽视或轻视的若干重要制度问题（包括与信息、激励、承诺和遵守相关的疑问）开辟了一个新议程。但是，为这一研究议程所排除的问题也绝非无足轻重。以（或多或少）平等条件的谈判为前提的框架既不利于研究极端不平等为特征的各类关系，例如“南北”关系等议题；也不利于研究等级制度，例如主要西方国家控制的国际金融领域。新自由制度主义者选择相对平等主体之间的谈判作为其典型例证就不奇怪了。比如，欧盟和国防贸易机制，而后者是从其主要成员国的角度来讲的。基欧汉（1984，7）建议这一分析范围扩大到包含南北关系，但这一建议并没有得到支持。这确实为应用这一框架制造了很多难题，或许也会让人质疑它的普遍性。

这个框架进一步沉寂，其规范后果也更难为人所知。美国真的可以

1　关于帕累托公式，参见Martin and Simmons (1998, 744–745)，尤其是克拉斯纳 (1991)。

像其他国家一样仅仅被视为一个行为体吗？本质上类似的自利国家行为 227
体的基本模式是当前国际体系理论的一个有效出发点吗？美国可能不是霸权主义国家，但它占据了优势，它的影响力不仅高于其他国家，也在性质上有所不同；国际体系理论并不存在这样一种行为体。美国的规范性后果缺失这一问题将在下文予以讨论。

基欧汉的机制规范性讨论为上文增加了一个新维度。这个维度不同于他的实证理论，从一个不同的角度对理论展开诘问（Keohane 1984, 10–11, 247–257）。基欧汉绝对没有为各种合作性机制提供有力的辩护。相反，在提及功利理论和罗尔斯理论时，他发现现有的机制存在严重缺失，无法有效地满足最贫穷群体的需求。尽管如此，他认为现有的机制相比政治上可行的替代方案更加为优：如果有权势之人不能受到规则的限制，那么现有机制下的弱势群体可能面临更加糟糕的处境。他的分析是彻底的，但结论并不能令人满意：基欧汉不承认政治可行是存在问题的，也不允许理想世界和实际机制之间存在潜在的替代方案。事实上，他的结论不符合多年后他在勾勒自由主义时的认知；他是追求改进的渐进主义者（Keohane 1990, 194）。

上述讨论纠正了对南北关系的沉默态度，但并没有被纳入随后关于制度主义理论进程中。虽然没有提及美国的作用，但是有一条线索说明了这一遗漏可能意味着什么。为何政治上可行如此受限？可以说是由于里根政府完全拒绝任何在20世纪70年代讨论过的南北倡议，随后提出了“华盛顿共识”，导致改革派的替代方案变得无关紧要。而不是任何系统性制约因素。通过排除主要行为体这一概念，新自由制度主义理论阻止了对该理论潜在负面影响的探究。

正如我们看到的那样，这一理论的作用是鲁杰和伊肯伯里制度主义理论化的中心议题。两人都对此给予了积极评价。尽管伊肯伯里高度批判单边主义的转向，但仍然紧随美国主流外交政策话语；鲁杰关注的重点概念让我们对美国发挥作用的方式提出了更多尖锐的疑问。两人均不参与规范性理论化，但是他们的直言评价可能有助于美国一直以来推动的关于美国的作用及其制度化类型的规范性辩论。

新自由制度主义发现的规范性承诺是否形成了一种模式，这种模式是否符合自由主义理念？可以认为这些规范性承诺与福利相关。福利是自由主义理论中一个广为接受的价值观，但并非为自由主义独有。规范性承诺也与效率相关；效率是当代自由主义经济学十分推崇的价值观。以现状为导向的保守主义也是明显的。新自由制度主义没有提到自由主义的核心价值理念，即个体的自由和权利。但是，鉴于这种基本的“分析
228 水平”框架，我们或许不能期待国际体系层面的理论能包含这些价值观念。[1]新自由制度主义可被视为是商业自由主义和规制自由主义这两种国际自由主义理论中的主要传统的发展和融合。这两种传统本质上是系统的（Keohane 1990），而新自由制度主义的价值观也具备这两种传统的特征。

国际关系理论尚未关注自由主义内部的分歧，即形成对比的哲学基本思想和相互矛盾的政治取向构成了自由主义“传统”。[2]保守派和激进派之间的矛盾一直存在。新自由制度主义的观点基本上为当今主要国家的政府所采纳，显然靠近政治光谱的保守一端，其福利和分配的有限性观念是美国政治文化的标志。在规范性政治理论中突出的激进分子在国际关系学科中的代表性不足。[3]

鲁杰和伊肯伯里的规范性承诺也陷入同样的普遍化模式中：以体系（秩序）为导向，相对保守，更明确的美国自由主义特征。伊肯伯里的宪政主义指明了一些经典的自由主义价值观，如对权力行使的制度限制的优点；伊肯伯里是制度主义者中对现有秩序最为支持的学者。鲁杰的社会导向将框架扩展到政府以外，意味着向社会自由主义而不是功利主义的自由主义传统靠近。他对内嵌自由主义的关注本可以对政治经济秩序展开更加激进的分析，但是无论是鲁杰本人还是其他自由制度主

---

1 关于没有做出类似妥协的新自由制度主义完整的规范性批评，参见Long (1995)。
2 关于自由主义内部的区别，可参见Gray (2000)；Richardson (2001)。
3 存在一些重要的例外，如理查德·法尔克 (1999)。

义者都没有这样做。[1]

3 基欧汉的规范性转向

正如前文所暗示的那样，自20世纪90年代末，基欧汉提出了更广泛的自由制度主义理论，以解决当前世界政治新变化提出的各种问题。选取的研究问题与显性的、以理论为基础的规范性前提相关，而这些前提来源于自由主义的独特视角（Keohane 1990）。这一独特视角或许可以被称为如同詹姆斯·麦迪逊、亚当·斯密和朱迪思·夏克勒（Judith Shklar）等思想家秉持的自由悲观主义传统（Keohane 2002, 246–247）。 229

这是一种谨慎的自由主义，它认为人类的进步是可能的，但并非是必然产生的；只有在考虑人与社会局限性的情况下，人类才能进步。基欧汉认为自由主义是一种首先强调人类行动和选择的范围的理论，但他认为必须重视现实主义和马克思主义等理论所强调的制约因素，哪怕这些因素确实被过于强调了。因此，尽管基欧汉拒绝不顾后果地追求不切实际的理想，但他赞成渐进主义式的改革随着时间的推移能够突破政治选择的限制。就标准的自由主义假定而言，基欧汉的理论是令人不舒服的。他质疑自由主义与和平之间的关系。激进的批评人士宣称开放的资本主义经济需求往往会导致干涉和战争，基欧汉认为激进的批评人士所持这一观点可能正确（Keohane 1990, 186–190）。对于那些深切关注侵犯人权的人士，或者关心生活条件极度糟糕的边缘化群体的人士来说，这种清醒而似乎又冷静的自由主义无法给予他们指导。

基欧汉关于全球治理的讨论涉及这种一般理解的自由主义的一些实际意义。他与奈合作，批评了主要国际机构为少数关键成员非正式控制的“俱乐部模式”决策，说明了这种决策方式为何逐渐不被人接受，还勾勒了对加强民主问责制的要求所提出的实践和规范性问题（Keohane

---

1 斯特佛克(2006)提出了潜藏于内嵌自由主义中的保守主义，主要是为了迎合相对富裕的西方社会的需要和利益，而非那些处于不利地位的社会。

2002, 219–244)。他们试图减少不切实际的期望，寻求渐进的改善，而不是激进的体制改革。

基欧汉在美国政治学协会发表的主席演讲中对“部分全球化世界中的治理”问题的探索提出了一个总体框架。他对目标进行规范性定义，并借鉴了理性选择理论等实证理论，以指导研究这些理论如何在制度实践中实现（Keohane 2002, 245–271）。他引用了阿马蒂亚·森（Amartya Sen）提高人的能力的概念和约翰·罗尔斯的正义概念，但他讨论的主题限于民主合法性所提出的议题：问责、参与和说服。尽管如此，这里所说的探索包括大幅扩大制度研究议程，而吸收森和罗尔斯主义的争论所提出的问题要求进一步扩大研究范围。不过，从美国以外的角度看，基欧汉的这一讨论是十分典型的西方视角，只回应了西方公众和非政府组织的关切。他并没有提及非西方视角下的治理问题，例如增加国家或民族的代表性的问题。

基欧汉近期的其他文章，如关于人道主义干涉后重建政治制度背景
230 下“无疆界主权”的看法（Keohane 2003），这种西方视角，有时毋宁说独特的美国式视角，就更加明显了。不过，无论逻辑如何严密，他的观点并没有触及主权为何在西方世界之外如此受到重视的原因。此外，就像几乎所有关于人道主义干涉的文献，基欧汉的讨论仍然是西方学者间的对话。

基欧汉与艾伦·布坎南共同提议，如果联合国安理会无法采取预防措施防止严重的安全威胁或无法制止大规模侵犯人权的话，要建立一种新的制度流程授权预防性使用武力，这一提议充分反映了美国的世界观。依据严格定义的条件，民主国家联盟（不仅仅是西方国家）可以授权预防性行动（Buchanan and Keohane 2004）。这位谨慎的改革家难道主动投向了激进主义，而置长久以来确立的规则和程序而不顾吗？不论是否激进，这一观点——尤其是民主的神化——可以被视为新干涉主义观点的代表，而后者是自冷战结束以来美国外交政策界的典型态度。希望基欧汉这一充满争议的观点能够在该学科引起真正的国际辩论，而不仅仅局

限于西方学术界。[1]

4 结语

当代制度主义理论可能来自不同的自由主义传统，如功利主义、社会自由主义和宪政主义；基欧汉发展出了一种别具一格的自由主义，是悲观主义和现实主义的杂糅。然而，无论这些理论如何多样，它们都有一个共同的视角：美国是“领导”大国，具有独特的政治文化。

不论具有多少自由主义的优点，这一视角并不能唤醒对处于国际体系中弱势地位或秉持不同文化或价值观的国家的关注。“南北”关系提出了重大的政策问题，但是并没有对制度主义理论提出新的挑战，而这些理论问题可以追溯到19世纪末关于社会自由主义的辩论（Richardson 2001）。西方与非西方之间的关系，准确地说是前者与非自由主义社会的关系提出了更多更加棘手的问题：普遍主义的自由主义规范和尊重多样性与自决（如Gray 2000）之间的冲突可能会被证明无解。政治理论家正在激烈地讨论着这些问题，但这些问题仍然处于国际关系理论的边缘。

明确的规范性这一趋势很好地体现在基欧汉的理论中，为国际关系
学科带来了更光明的前景。在指导研究中，规范性推理肯定比假定更为 231
可取。如果规范性推理最初只是用来提出当代国际关系研究的国家视角，那么它可能在某种程度上与自身政治文化假定产生距离，成为辩论的
催化剂，从而克服分离各国学术共同体的无形障碍。 232

参考文献

Buchanan, A., and Keohane, R. O. 2004. The preventive use of force: a cosmopolitan institutional proposal. *Ethics and International Affairs*, 18: 1–22.

Falk, R. 1999. *Predatory Globalization: A Critique*. Cambridge: Polity.

---

1 罗伊-斯米特 (2005) 可能预言了类似的这种争论。

GOLDSTEIN, J., KAHLER, M., KEOHANE, R. O., and SLAUGHTER, A.-M. (eds.) 2000. Legalization and world politics, special issue. *International Organization*, 54: 385–703.

——and KEOHANE, R. O. (eds.) 1993. *Ideas and Foreign Policy: Beliefs, Institutions, and Political Change*. Ithaca, NY: Cornell University Press.

GRAY, J. 2000. *Two Faces of Liberalism*. Cambridge: Polity.

IKENBERRY, G. J. 2001. *After Victory: Institutions, Strategic Restraint, and the Rebuilding of Order after Major Wars*. Princeton, NJ: Princeton University Press.

KEOHANE, R. O. 1984. *After Hegemony: Cooperation and Discord in the World Political Economy*. Princeton, NJ: Princeton University Press.

——1989. *International Institutions and State Power: Essays in International Relations Theory*. Boulder, Colo.: Westview.

——1990. International liberalism reconsidered. Pp. 165–94 in *The Economic Limits to Modern Politics*, ed. J. Dunn. Cambridge: Cambridge University Press.

——2002. *Power and Governance in a Partially Globalized World*. London: Routledge.

——2003. Political authority after intervention: gradations in sovereignty. Pp. 275–98 in *Humanitarian Intervention: Ethical, Legal and Political Dilemmas*, ed. J. L. Holzgrefe and R. O. Keohane. Cambridge: Cambridge University Press.

——and MARTIN, L. L. 2003. Institutional theory as a research program. Pp. 71–107 in *Progress in International Relations Theory: Appraising the Field*, ed. C. Elman and M. F. Elman. Cambridge, Mass.: MIT Press.

——and MILNER, H. (eds.) 1996. *Internationalization and Domestic Politics*. Cambridge: Cambridge University Press.

——and NYE, J. S. 1977. *Power and Interdependence: World Politics in Transition*. Boston: Little, Brown.

KRASNER, S. D. 1991. Global communications and national power: life on the Pareto frontier. *World Politics*, 43: 336–66.

LONG, D. 1995. The Harvard school of liberal international theory: a case for closure. *Millennium: Journal of International Studies*, 24: 489–505.

MARTIN, L. L., and SIMMONS, B. 1998. Theories and empirical studies of international institutions. *International Organization*, 52: 729–57.

OYE, K. A. (ed.) 1986. *Cooperation under Anarchy*. Princeton, NJ: Princeton University Press.

PUTNAM, H. 2002. *The Collapse of the Fact/Value Dichotomy, and Other Essays*. Cambridge, Mass.: Harvard University Press.

REUS-SMIT, C. 2005. Liberal hierarchy and the licence to use force. *Review of International Studies*, 31: 71–92.

RICHARDSON, J. L. 2001. *Contending Liberalisms in World Politics: Ideology and Power*. Boulder, Colo.: Lynne Rienner.

RUGGIE, J. G. 1982. International regimes, transactions, and change: embedded liberalism in the postwar economic order. *International Organization*, 36: 379–415.

——1993. *Multilateralism Matters: The Theory and Practice of an Institutional Form*. New York: Columbia University Press.

——1996. *Winning the Peace: America and World Order in the New Era*. New York: Columbia University Press.

SNIDAL, D. 1985. The limits of hegemonic stability theory. *International Organization*, 39: 579–614.

STEFFEK, J. 2006. *Embedded Liberalism and its Critics: Justifying Global Governance in the American Century*. New York: Palgrave Macmillan.

STEIN, A. A. 1990. *Why Nations Cooperate: Circumstance and Choice in International Relations*. Ithaca, NY: Cornell University Press.

TAYLOR, C. 1973. Neutrality in political science. Pp. 139–70 in *The Philosophy of Social Explanation*, ed. A. Ryan. Oxford: Oxford University Press.

第十三章
新自由主义[1]

安德鲁·莫拉维斯克

全球化是世界政治的一般趋势。不论是过去还是现在，国家都被内嵌到一个既包含国内又涉及跨国的社会中，这种社会激励其成员参与跨国经济和社会及文化交流活动。在这个社会里，个人和团体的需求通过国内代表机构对“国家偏好”下定义——根本性、实质性的社会目的界定了身处国际事务中的国家的根本利益。为了激发冲突、合作或任何其他成本高昂的政治外交政策行动，国家必须拥有足够强烈的国家偏好。若没有这些超越国界的社会关切，国家将根本没有参与世界政治的理性激励因素，而只会将自身的资源用于自给自足的孤立存在。国家内嵌的这种同时涉及国内和跨国两个层面的社会背景随着时空的变换也大有不同。全球化导致社会需求和国家偏好的不同，这是世界政治中国家行为产生的根本原因。这是自由主义国际关系理论的中心观点。

自由主义理论的三种特定变体由国家偏好的具体类型、其变化及其对国家行为的影响所界定。观念自由主义（ideational）理论将国家行为

1 更详细的分析和文献综述，请参阅莫拉维斯克（1997；2003）。本文亦参考了这篇文章。

234 与对文化、政治和社会经济秩序理想形式的认知联系起来。商业自由主义理论，包括“内生政策理论”的诸多变体，强调经济上的相互依存。共和自由主义理论重视国内代表机构、精英和领导层动态关系，以及行政与立法关系的作用。康德、亚当·斯密、约翰·密尔、约翰·霍布森、伍德罗·威尔逊和约翰·凯恩斯等有先见之明的自由主义者最早提出了这些理论的设想，这些比他们所强调的独立变量（民主化、工业化、民族主义和福利）广为流传要早得多。[1]

自由主义关注社会决定国家偏好的变化，这将自由主义理论与其他理论传统区分开来，如现实主义（强调强制性权力资源）、制度主义（关注信息）和最不理性的路径（关注合适的目的—手段关系的信念模式）。[2]例如，在解释战争模式上，自由主义者并没有强调国家之间权力的不平衡、不完整信息条件下讨价还价的失败或特别不理性的信念，但是强调彼此冲突的国家偏好来源于互相敌视的民族主义或政治意识形态、对可占用的经济资源的争夺或对无代表的政治选区的剥削。对于自由主义者来说，战争发生的一个必要条件是这些因素导致一个或多个“侵略者”国家拥有极端的“修正主义”偏好，而其他国家不愿意屈从。类似地，在解释贸易保护主义时，自由主义者关注的不是霸权转移、次优国际制度和对经济理论的错误信念，而是经济激励、利益集团和与市场自由化相反的分配联盟。

相比现实主义、制度主义或建构主义等理论范式，自由主义理论是一种与众不同的范式，至少在经验性方面具有同等地位，而在某些方面的分析更为根本。本章将介绍自由主义理论三大核心理论假定，详细阐述自

1 从拉卡托斯的意义上来看，这应当提高我们对自由主义预测的信心（Moravcsik 2003）。

2 一些人采用前科学时代的方法按照“乐观主义”和“悲观主义”来划分理论，或按照政治血统将国际组织划分为自由主义（尽管实际上在19世纪和20世纪初期，国际制度经常受到富裕的保守主义者的拥护）。但是，对现代国际关系理论家们而言，核心假定才是真正重要的。现代机制理论取决于一系列独特的假定，这些假定与本文所讨论的自由主义理论有显著的不同。机制理论关心的是信息的分配，认为国家偏好是外生的。本文讨论的自由主义理论力求将国家偏好内生化。更多此类讨论，参见Moravcsik（1997，536–538）；参见Keohane（1990）。

由主义理论的三种变体，并分析了一些更为广泛的影响。自由主义理论最重要的优势，可能就在于为国家工具主义行为的共享多因果模型奠定了理论基础——从而使该学科超越单因果的范式之争（Lake and Powell 1999 勾勒出类似的观点）。 235

1 自由主义理论的核心假定

来自国内和跨国社会压力的国家偏好对国家行为产生了至关重要的影响，这是自由主义国际关系理论的根本前提。这一前提可以通过三个核心假定予以重申。

假定 1：社会行为体的性质

全球化造成社会个人和团体在国际事务上产生了差异化的需求。

“自上而下”或者说多元化的政治视角是自由主义国际关系理论的基础。在不受政治影响的情况下，功能上存在差异的个人和团体确定物质和观念目标，其后通过政治手段实现这些目标。[1]社会行为体偏向某些经济、社会、文化和国内政治安排，而非其他的安排，尤其是经济生产和交换的结构、社会关系、文化习俗或国内政治统治的结构等。在世界政治的研究中，社会利益的关键来源是全球化，这意味着从事跨国经济、社会和文化活动的机会和激励因素在不断变化，从而改变了实现国内目标的前景。假设没有全球化，如国家这样的社会行为体就没有关注世界政治的理性动机。这些动机可能是对荣誉或掠夺的追求（如亚历山大大帝时代），也可能是为了维护跨国生产、移民和文化话语的复杂网络（更多是在我们的时代）。自由主义国际关系理论最根本的理论任务是确定经济、社会和文化全球化所带来的变化及其对社会行为体的影响，以及它们对国家提出的彼此冲突的各种要求。

1 此处的关键区别并不是“分析层次”——自由主义理论提供了一个“国内的”解释角度（“分析层次”是一个过时而又易误导人的概念；参见 Fearon 1998；Lake and Powell 1999，第一章）。重要的是，自由主义者重视沃尔兹的“功能分化”观，将其作为国内和跨国社会的基础，而非肆意打压（Ruggie 1983）。

我们可以做一番简单的分析：首先假设跨国社会交流产生的总体收益越大，参与这种交流的需求就越大。在实现这些目标的过程中，可以假定个人在一般情况下是厌恶风险的。也就是说，他们一方面维护自己现有的投资机会，另一方面对追求新收益的过程中所带来的成本和风险持更为谨慎的态度。这些都有利于和平共处，催生倾向于维持现状的政策。由于这一出发点，批评人士（不仅仅是现实主义者）经常讽刺自由主义者怀有一种乌托邦式的信念，认为社会行为体之间会自动实现利益的和谐。

实际上，正如自由主义哲学家和社会科学家身上体现出来的那样，自
236 由主义理论存在的前提恰恰相反。社会需求是一个变量，随着技术、地理和文化等因素的变化而变化。与自由“乌托邦主义”关联的、和谐的利益模式不过是一种理想的终点。在几乎所有的社会情形下，物质资源、权威价值观和社会的权力操控会对国内和国际分配产生影响，也几乎无可避免地创造赢家和输家。此外，尽管一般人可能会厌恶风险，但是特定的个人或许愿意为潜在的巨大利益冒高昂的冲突风险。因此，任何自由主义理论必须列明更加具体的条件，说明与其他社会相比，某个社会中社会行为体的利益汇集的特定模式。

广义上，在管理全球化过程中，彼此冲突的社会需求往往与三个因素有关。第一，国家、政治和社会身份的核心信念存在自相矛盾或不可调和的差异会激化冲突，而互补的信念则有利于和谐与合作。第二，由于社会行为体愿意承担成本或风险、为自身牟利，易于被侵吞或垄断的资源往往会加剧冲突。第三，国内社会或政治影响中的巨大不平等可能导致某些群体逃脱高昂的冲突或寻租行为成本，即便其结果对整个社会造成效率低下。我们将在下一节详细讨论这些一般趋势，并将其与自由主义理论的三大主要流派联系起来。

假定2：国家的性质

国家代表着一部分国内个人和社会团体的需求，他们依据自身利益诉求定义“国家偏好”并协助管理全球化进程。

为了分析国际政治，国家的一个基本特征可以说就是其拥有一系列

基本偏好：潜在实质性结果之间的排序或可能由国际政治互动所形成的“世界状态”。在世界政治中，国家发挥有益作用，代表个人实现特定目标；而个人的行为是无法有效地达成这些目标。国际上，自由国家是一个有目的的行为体；在国内，国家是一个代表性机构，不断被各种社会利益联盟所争夺、建构和重构。国家构成了一条重要的“传送带”，通过它将个人和群体的偏好和社会权力转化为对外政策。在自由主义的国内政治观念中，国家在管理全球化上的偏好反映了社会需求的变化，也相应地反映了国内社会和国际社会的结构变化。因此，从社会偏好中发现国家偏好是自由主义理论的核心理论使命。

国家偏好是对外政策行为的终极目标，与“战略”截然不同。战略一般包括国家在日常国际政治中采用、推崇或接受的、具体的政策目标、谈判主张、体制安排、战术立场和军事或外交原则。从理性选择理论到建构 237
主义，分析人士如今意识到这种区分是缜密的国际政治分析的必要先决条件。例如，当一个政府增加军费开支、公开宣称有意与敌人发生正面冲突时，就有必要做出区分：究竟是对世界状态的偏好出现了调整（例如这场冲突本质上是由致力于领土扩张的新兴统治精英挑起的），还是固定偏好下的战略发生了变化（比方说处于“安全困境”中的两个国家针对彼此的军事扩张）。即便是对主权、国防和开放市场等显然是“根本性的”政治战略的支持，也因与“世界状态”相关的国家偏好的根本形式而存在巨大差异。现代国家很少是斯巴达式国家。大多数国家在安全或主权问题上做出妥协，以求达到其他目的，或仅仅是为了省钱。现代国家也不寻求建立理想的自由市场，而是在经济目标中采取复杂和多样的折中手段。至于这种结果的影响有多大，只需看看德国在国际关系大格局中的演进就可以知道了：从追求好战的国家主义、法西斯统治和肆意掠夺生存空间的希特勒，到战后联邦德国达成社会妥协，以此支撑国家统一、资本主义民主和扩大出口（Katzenstein 1987），就清楚地说明了这一点。

上面这个例子突出了在自由主义观念下，国内代表性机构本质上是选择性的。代表性制度是决定国家想要什么，并因此决定做什么的关键因素（还有社会需求本身的基本性质）。没有一个政府依靠的是普遍或不偏不倚的政治代表性。在一个理想的极端情况下，代表性制度可能平等地赋予每个人平等的权利。在另一种极端情况下，它可能仅仅将权力赋予理想典型的波尔波特或斯大林。在这两种极端之间，存在各种各样体现代表性的做法，每种做法赋予某些要求以特权。有权势的个人和团体可能完全“身处”国家之外，官僚客户（bureaucratic clients）和官员则“位居”国家之内，或者位于两者的结合体内（如军事工业复合体）。代表性制度可以根据或强或弱的理性条件被集中、协调或分解，根据对待风险和责任态度的不同而被社会化，并辅以直接代表的不同替代品（Achen 1995; Grant and Keohane 2005）。

值得注意的是，国家拥有先于战略的偏好这一假定存在一个条件。当然，从长期来看，更难将偏好视作是先于战略的。国家的根本偏好会根据战略情势做出调整。举一个简单的例子，当一位征服者灭绝了一个语言群体，建立了一种新的政治秩序或重塑了国内的经济，目标国家的偏好在后续的迭代中是不同的。同样，经济合作协议的结果也经常彻底地改变了经济结构，而且经常以自我强化的方式改变，鼓励朝着相似的方向前进。事实上，个人参与国际政治往往就是要诱导这样的反馈。然
238 而，对作为有益行为的国际政治进行任何有意义的分析，至少要求我们在**任何既定的迭代中**区分“先于战略的”偏好［类似于经济学的分析风格（tastes）］和战略考量的差别。即使在解释长期的动态变化中，分析者经常忽略不断演变的外部因素引起的变化与政策反馈引起的变化的差异，这不利于他们做出准确的分析。[1]

假定3：国际体系的本质

国家偏好之间互相依存的模式塑造了国家行为。

政策相互依存是连接国家偏好与国家行为之间的理论关键。政策相

1　例如，新功能主义的融合理论中存在一个重要的缺陷，即它缺乏任何自由主义理论的强烈偏好，导致厄恩斯特·哈斯一直将政策看作是“反馈”或“溢出”(spillover)。实际上，“反馈”或“溢出”都是外生因素转变的结果 (Moravcsik 2005)。

互依存是指偏好的分配和互动。也就是说，追求国家偏好在多大程度上必然对其他国家带来成本和收益，这独立于国家选择达成偏好所采取的具体战略手段所带来的“交易成本”（transaction costs）。

自由主义者认为，相互依存的偏好模式是影响国家行为最根本的结构之一。在现代生活中，政策外部性仍然很低，单边政策对于大多数国家仍然是最优选择，因此主权国家仍然有动力维持原状，各国在低冲突和低政治化的状态下共存。如果政策一致（policy alignment）能够互利互益，并能够降低分配影响，那么国际政策协调或融合就有了动力。净收益越少，分配冲突就越多，一个国家占主导的社会群体为了实现其利益必然将成本施加于其他国家占主导的社会群体，那么就越有可能出现国家间的紧张局势和冲突。如果动机混杂，不仅政策协调将会产生高收益，而且单方的背叛行为也会产生高收益，那么就会存在强烈的激励社会合作的预先承诺，以限制欺骗行为。协调、保障、囚徒困境和劝说都具有明显的动力，各方的精确成本、收益和风险也同样如此（Oye 1986）。当然，这些战略激励受到权力、信息、信念和其他非自由主义变量的影响，尽管如此，这些激励因素更为经常地、根本地受到跨国之间相互依存结构本身的影响，也就是受到基本国家目标兼容程度的影响。

通过描绘国家偏好之间的相对强度或“非对称的相互依存关系”，自由主义强调了国家间权力这一独具特色的概念（Keohane and Nye 1977）。有鉴于此，国家耗尽资源或在谈判中妥协的意愿与偏好有关，而与（现实主义认为的）一系列独立的“政治”权力资源无关（Baldwin
1979）。事实上，很少有国家愿意为追求某个外交政策目标，而押上自 239
己整个经济或军事实力。全面战争很少出现，而和平也很少是迦太基式的。相比现实主义观点，制约因素往往是“决心”或“偏好程度”，阿尔伯特·赫希曼（Albert Hirschman）等人一起提出了这个观点，也更为根本地与通常意义上的纳什的议价理论相一致（Hirschman 1945; Raiffa 1982）。

即便在最不可能的情形中，如果为了维护政治独立和主权完整而使用军事手段，“对所涉及问题的偏好……可以弥补能力上的劣势”。例如，在布尔战争、希特勒对莱茵兰的重新军事化，以及越南和阿富汗战争中，国家偏好的相对强度可以说是朝着对弱势一方更有利的方向塑造了结果（Mack 1975; Morrow 1988, 83–84）。这些例子意味着，如果理解正确的话，自由主义对权力政治的看法似乎合理地解释了国际合作和共存，以及包括战争在内的、在世界政治研究占据中心位置的各种系统性现象。

2 自由主义的理论变体

上文简要勾勒出的自由主义三大核心假定，与制度主义、现实主义或其他任何广义的范式假定类似，不免相对单薄或脱离具体内容。对偏好变化而非自主能力、信念或信息的关注，的确排除了大多数的现实主义、制度主义和非理性的理论。但是，仅有这些是不足以确定一组定义明确的理论或猜想。事实就应该是这样的。[1]相反，一种范式应该明确定义一个理论领域，问题在于是否会出现一个内在连贯、内容丰富和重点突出的研究项目。尽管对管理全球化进程中的国家偏好分析可能在理论上极为丰富，但正如许多学者认为的那样，可行的自由主义理论已经在实践中被证明是聚焦的，在实证上也是富有成果的。这些变体已经出现在最近的理论化过程中，它们分别强调身份、利益和制度。

2.1 身份和合法的社会秩序

一系列核心的国内社会身份是国家偏好的来源之一。按照自由主义的理解，社会身份规定了谁属于社会及其被赋予的责任。自由主义者对
240 这些身份的最终起源并没有明确的立场，它们或许是起源于历史传统或通过有意识的集体或国家行为建构；对身份是否“最终”反映了观念或物质因素这一问题，自由主义者也没有表明态度，只是身份不被认为是短

1 对“范式”的拉卡托斯式理解导致我们认为核心假定和概念可以定义一种范式，但是我们需要附属命题才能将这一种范式具体化（Moravcsik 2003）。

期国家间互动的内生因素（如果不算建构主义者的猜想，国际关系理论家"一直以来"在偏好的最终来源这个问题上没有什么比较优势）。但是，自由主义者一直认为身份对国家偏好至关重要，这是自威廉·格莱斯顿（William Gladstone）、密尔、朱塞佩·马志尼（Giuseppe Mazzini）、威尔逊和凯恩斯等人延续的传统。需要更多的研究来分辨精确的因果机制。自由主义者侧重于从三个维度关注合法的国内秩序，即国家认同、政治意识形态和社会经济秩序。[1]

第一类社会身份涉及对政治意义上"国家"的合理范围和在此范围内公民权分配的信念。自由主义者认为，尽管政治认同和现有国家边界的基本模式之间存在不一致，但是国家间冲突的可能性提高了。如果政治认同和现有国家边界一致，那么和平共处就更有可能。如果认同不断变化，那么可能会有更多复杂的安排。这两点已经为现实所证实。从19世纪中叶的民族主义起义到20世纪下半叶的民族解放斗争，围绕民族自治的呼声和反对声是战争和干涉的最常见原因：欧洲协调（Concert of Europe）和神圣同盟（Holy Alliance）下的反民族主义干涉、一战前的巴尔干冲突以及冷战，以及今日的民族冲突都是例证（Van Evera 1990; Holsti 1991）。[2]中美冲突情景分析（scenario planning）的焦点几乎完全集中在台湾，这也绝非偶然。在台湾问题上，边界和民族认同（以及政治意识形态）存在着竞争性的诉求（Christensen 2001）。近来，很多关于内战的文献越来越多侧重社会认同、政治机制和国家的政治经济上的冲突（Walter 1997; Fortna 2004; Kaufman 2006）。讽刺的是，在当今这个

---

1 传统的自由主义理论与近期的建构主义作品在某一点上出现了交叉，倾向于强调特定偏好社会化的社会来源而非国家间来源（Risse-Kappen 1996）。然而，公共物品中的偏好概念明显比鲁杰的"合法的社会目的"或卡赞斯坦的"集体身份"重点更为突出（1982）。

2 即便在解释民族主义冲突模式时强调国内可信承诺机制或理念和社会经济变量互动缺失的学者，也承认基本身份的重要性（Fearon and Laitin 2000）。这些反对人士包括现实主义者约翰·米尔斯海默（John Mearsheimer 1990, 21），他坚称民族主义是"世界政治的二等力量"，承担着"大体……是国际的"任务，即多极化。自1989年以来在东欧和苏联发生的更严重的问题证明米尔斯海默的预测是错误的。在东欧和苏联，彼此重叠的国家诉求要比资本主义的西欧国家更多。

边界固定的时代，内战可能会蔓延和外溢，而非通过继承或调整来解决（Atzili 2006–2007）。

第二种相关的社会身份关注根本的政治意识形态。如果政治合法性
241 或意识形态的主张直接冲突，并且一个地区实现合法的政治秩序被认为威胁到在其他地区实现合法的政治秩序，那么冲突就更有可能爆发。不论是在法国大革命时期的战争、19世纪的欧洲协调、第二次世界大战和冷战或者是当前的后冷战时代，大国国内体制意识形态的差异性似乎已经成为国际冲突的关键性决定因素（Gaddis 1997; Haas 2005; 2007）。有人认为，相互认可对方的意识形态构成“民主和平”（democratic peace），这种观点存在着相似的机理（Doyle 1986; Owen 1994）。

而在最近，现代社会中的一些人士以更具世界性的视角看待政治权利，将政治认同扩大到民族国家之外。可以肯定的是，越来越多的中立的社会运动出现，它们旨在捍卫人权，关注在国外生活的同一宗教或同一民族的人。如果这些目标与外国政府的目标产生冲突，则易引发国际冲突（Keck and Sikkink 1998）。关于这一问题来源、国家在此条件下的应对，以及这些问题如何增强显现度的近期文献，反映了自由主义的核心理论关切。[1]

第三种重要的社会认同形式涉及合法的国内社会经济的管制和再分配的性质。遵循波兰尼和凯恩斯的传统，约翰·鲁杰（John Ruggie）提醒我们，在提供作为公共物品的管制时，合法的社会妥协限制了市场。这些社会妥协，无论是国内的还是跨国的，为移民、社会福利、税收、宗教自由、家庭、健康与安全、环境和消费者保护、文化推广等众多问题的国家偏好的变化及其行为奠定了基础（Ruggie 1982）。最新的环境政策和许多其他领域的研究表明，围绕监管问题出现了类似于“浸会教徒—私酒贩卖商”之间的联盟，将经济上自利的生产商群体与关注监管结果的群体结

1 关于旨在促进这些个人和集团利益的社会运动的文献大量涌现。一些文献关注国际制度的建构和强制制裁手段的使用。但是，关于动员社会运动向政府施压的文献，是典型的自由主义观点，如卡彭特（Carpenter 2007）。

合起来(Ruggie 1995; Vogel 1995)。

2.2 商业自由主义:经济资产和跨境交易

第二种与对外政策相关的社会需求来源于跨国市场激励的模式;这一自由主义传统可追溯至斯密、理查德·科布登(Richard Cobden)和约翰·布莱特(John Bright)。这一观点具有广泛的功能主义特色;国内和全球经济结构的变化改变了跨国经济活动的成本和收益,向国内政府施 242
压,要么加快,要么抑制这类经济活动。[1]

商业自由主义并没有预测经济激励将自动产生普遍的自由贸易与和平,而是侧重于总体激励与分配影响之间的相互关系。当代贸易自由化产生的国内分配转移是总体福利收益的许多倍(Rodrik 1992)。失利一方比得利一方往往更容易被确认和组织。自由主义预测,保护的一大来源是无竞争力、非多元和垄断行业或生产要素。他们带来的压力导致与自由放任政策的系统性偏离——这一趋势已经为斯密所察觉,他曾就重商主义发表了一通著名的抱怨:"整个重商体系的策划人……一定是生产者,因为他们自己的利益得到那么周到的照顾。"[2]

商业自由主义就对外经济政策冲突的分析方法与现实主义(强调安全外部性和相对权力)、制度主义(对最优国家间集体行为的信息和制度限制)和建构主义(对"自由贸易"的信念)都不同。广泛的研究支持以下的观点:在有力的竞争、广泛的行业内贸易或中间商品贸易,以及大量的外商投资情况下,自由贸易最有可能出现;低资产特性将自由贸易的净收益内化,为强大行为体的所得,并减少了净失利方对自由化的影响(Milner 1988; Alt and Gilligan 1994; Keohane and Milner 1996)。类似的观点也可以用于分析主权债务(Stasavage 2007)、汇率政策(Frieden 1991)、

1 基欧汉和米尔纳(1996)重新审视并讨论了商业自由主义理论和共和自由主义理论的关系,并予以恰当的概念化,认为相互依存是一种激励或潜在的成本和收益结构,而非一种行为模式。

2 *An Inquiry into the Nature and Causes of the Wealth of Nations* (Oxford Edition, 1993), p. 378.

农业贸易政策(Gawande and Hoekman 2006)、欧洲一体化(Moravcsik 1998)、外商直接投资(Elkins, Guzman, and Simmons 2006)、税收政策(Swank 2006)和移民政策等问题。

经济上的相互依存对安全事务的影响随着市场激励的变化而变化。战争带来的附带损害会破坏经济活动,这是一个非常简单的出发点。经济活动越脆弱、范围越广,那么成本也就越大。一种更为复杂的成本—收益计算方式将考虑战争的潜在经济成本和收益。人类的大部分历史已经证明,如果自然资源的垄断、制裁、奴役和掠夺以及其他由国家权力支持的胁迫性攫取成为精英阶层财富累积的低廉有效的方式,我们应该认为跨国经济活动和战争之间是正相关的关系。相反,如果在复杂成熟的跨国市场内开展私人贸易和投资是一种不太昂贵的财富累积的手段,并且
243 这种方式无法通过低廉有效的方式被他人盗用(令人吃惊的是现代国际投资和生产网络也的确如此),那么经济机会的扩大将利于促进和平。加上民主的扩张和民族主义冲突相对减弱,当今时代与一战前明显不同。众所周知,高度依存仍然无法阻止一战的爆发(Van Evera 1990; Brooks 2007; Kirshner 2007)。我们在当前西方与中国的关系中可以看到一个十分清晰的策略,即通过鼓励贸易缓慢地推动社会偏好向和平方向发展。埃里克·加兹克(Eric Gartzke 2000)最近认为,"民主和平"现象在很大程度上可以从缺乏发动战争的经济动因和其他方面的动机来解释。但是,即便是发达经济体也会出现政府采用胁迫手段保护国际市场的情形。这些情形可能形式多样,例如,19世纪的帝国以及美国企业为维护与盟国的贸易施压要求加入一战(Fordham 2007)。

2.3 共和自由主义:代表和寻租

与国际政治相关的根本性社会偏好的最后一种来源是国内政治代表的制度结构。尽管观念和商业自由主义理论分别强调与全球化相关联的基本社会认同和利益的具体模式,但是共和自由主义理论强调国内制度和实践是如何累积这些压力并将其转化为国家政策。共和自由主义的关

键变量可追溯至康德、威尔逊等人的理论，这一变量就是国内政治代表的本质，有助于决定哪些人的社会偏好主导了国家政策（Russett 1993）。

一种简单的后果就是，政策往往偏向于各种代议制青睐的执政联盟或强大的国内群体。这些群体可以是行政管理者（统治者、军队或官僚机构），也可以是“掌控”国家的社会群体。成本和风险都被转嫁到他人身上。当具有异常偏好的特定群体能够在不为整个社会提供收益的情况下制定政策时，结果可能是无效和次优的政策。鉴于（如我们之前假设）社会上大多数的个人和群体往往倾向于厌恶风险，被代表群体的范围越广，他们就越不可能支持滥用政策工具，如战争和闭关自守（autarky），因为这将会给整个社会带来巨大的净成本或净风险。共和自由主义理论有助于解释“民主和平”、现代帝国主义、国际贸易和货币合作等各种现象。鉴于一场大规模战争会给社会施加净成本这一可能假设，那么最著名的共和自由主义观点涉及“民主和平”也就不令人惊讶了。有学者将“民
主和平”定义为“与国际关系的实证法最接近的东西”，既适用于部落社 244
会，也适用于现代社会（Levy 1988, 668）。从自由主义视角来看，“民主和平”的理论兴趣不在于民主更加透明（对信息的主张）、民主政治权力更大（现实主义的主张）或合理行为的规范（建构主义的主张），而是世界各个民主国家的鲜明偏好。

当然，这并不是说，国内广泛的代表就一定产生国际合作。具体而言，不同国家的精英偏好可能比大众偏好更加趋同。此外，代表的偏见程度，而非民主本身，是理论的关键要点。在某些情况下，特定的治理精英可能以一种不太有偏见的方式来代表长期的社会偏好。例如，在某些民主化政权中，这些精英可能会抑制民族主义情绪；或通常在制定贸易政策时，排除强大的局外人特殊利益。

“民主和平”理论的对立面是共和自由主义的战争理论。该理论强调承受风险的领导者和寻租的联盟（Van Evera 1999; Goemans 2000）。大量的历史证据表明，挑起现代大国战争的侵略者要么是极度愿意承受风险的个人，或自己有能力逃避战争代价的个人，或两者兼有之。杰

克·斯奈德(Jack Snyder)通过将无代表(unrepresentative)和互投赞成票(log-rolling)联盟所致的极端结果相联系,重新厘清了霍布森对帝国主义的经典左派自由主义分析,认为军方、无竞争力的外国投资者和贸易商、好战的政治精英以及其他受益于帝国主义的人更能影响政策制定(Snyder 1991)。[1]与霍布森的分析一致,局部民主带来的高度非典型后果,加上快速工业化的中断和政治社会化的不完整,意味着如果正在民主化进程中的国家受到这些因素的影响,可能容易发生战争(Mansfield and Snyder 1995; Snyder 2000)。这一论断就解释了詹姆斯·费伦(James Fearon)所提出的一个悖论,即为何理性国家宁愿步入战争也不愿选择协商。对于理性行为体之间爆发战争或其他代价高昂的冲突,不仅相异偏好强度必须强烈到足以促使它们接受极端高昂的代价,行为体也必须在追求目标过程中愿意接受风险。

与"民主和平"论相似的理论存在于政治经济学中。我们已经看到,贸易保护、货币不稳定和行业补贴等明显可能破坏大众普遍福利的非自由商业政策,反映了强势的国内群体带来的压力。这种强势一部分来源于代表机构内部产生的偏见,如选举体系中金钱的力量,政治独
245 立性机构(insulated institutions)是否缺失[如美国的"快速通道"(fast track)条款]和选举机构的性质(如比例代表制或多数制)(Haggard 1988; Ehrlich 2007)。

3 自由主义国际关系理论更广泛的影响

在考察了自由主义理论的核心假定及其三个具体的变体,我们现在将目光转移到该理论的三大影响:独特的经验预测、其作为系统分析的

1 这表明了困扰这一领域混乱的、元理论错误标签。斯蒂芬·范·埃弗拉(Stephen Van Evera)、斯蒂芬·沃尔特(Stephen Walt)、兰德尔·施韦勒(Randall Schweller)和斯奈德被人称为"新古典现实主义",不论他们的自由主义谱系和理论结构多么清晰。参见Legro and Moravcsik (1999)。

地位和对多元理论融合的开放性。

3.1 自由主义理论的独特预测

我们已经看到，自由主义国际关系理论预测了战争、和平、贸易自由化和贸易保护以及其他世界政治中的重要现象，这些预测挑战了传统的论述。而针对其他国际关系范式很少提出合理解释的其他广泛的政治现象，自由主义国际关系理论也做出了自己的预测。

有一个现象就是**不同议题、区域或霸权主义秩序的对外政策，其实质内容发生了变异**。为何我们在观察贸易和金融、人权和环境政策等不同类别议题的合作和冲突时，或在相同的议题领域内，或在不同国家和地区，会发现不同偏好、水平和形式？例如，有些地区容易发生战争，而有些地区成为实际上的“安全共同体”，为何存在这样的差异？为何霸权国家和强权国家似乎对维护全球秩序有不同的方案？

从自由主义视角来看，自由主义关注具体议题和具体国家的社会偏好，这些实质的差异有各种一目了然的解释。人们可以很容易理解，在意识形态、经济和政府体系等方面存在巨大差异的美国、英国、纳粹德国和苏联，会在二战后制订出差异如此巨大的计划。人们也可以理解，为何美国更多关注朝鲜或伊拉克十分有限甚至是几乎不存在的核武库，却对英国、以色列和法国强大得多的核力量并不在意。人们可以解释，为何支撑“布雷顿森林体系”的“内嵌自由主义”妥协与“金本位”安排的条件完全不同，为何霸权结构相似的欧盟和经济互助委员会（Council for Mutual Economic Assistance）其实是不同的，或者为何经合组织（OECD） 246
国家的农业贸易保护主义政策和开放的工业贸易政策如此大相径庭。这些差异仍将对当今全球政治发挥决定性的作用。将偏好视为外生的理论，如现实主义、制度主义以及受建构主义影响的理念和思想，面对国家之间冲突和合作的目标和目的，难以解释我们观察到的实质的和地域性的极端变化。相对权力、议题密度、交易成本或战略文化等抽象的政治力量对这一问题也鲜有洞察。

另一个与上述相关的现象是**世界政治本质的长期历史变化**。肯尼思·沃尔兹、罗伯特·吉尔平、约翰·米尔斯海默和保罗·肯尼迪等经典现实主义学者，预测大国之间的兴衰周期不会发生改变，国际秩序的实质内容或形式也不会有什么影响。与此相反，在经济、政治现代化及国家行为等长期的经济、政治和社会转型之中（Ikenberry 2000），自由主义塑造了一种直接因果链。过去五百年间，全球经济发展一直以来都与更多的人均财富、民主化和教育体系紧密相关，这三者加强了新的集体身份认同，为跨境经济交易提供了更多的激励因素（Huntington 1991）。在现代，国际秩序的原则已经与王朝合法性脱钩，越来越多地与自由主义理论所单独强调的民族自决、社会公民身份、经济繁荣和民主合法性等因素联系起来。

这就在发达工业民主国家中造成了一种结果，即国家间政治越来越依赖于对和平变革、国内法治、稳定的国际组织和密集的社会互动的可靠预期。自由主义理论认为，由和平的、相互依赖的和符合规范的国家组成的大型且不断扩张的集团，已经成为这种国家间政治的先决条件。卡尔·多伊奇将这一条件称为"多元安全共同体"，基欧汉和奈视之为"复合依赖"，伊肯伯里将其看作"自我束缚"（self-binding）。以当前欧洲为例，不像一个世纪以前导致一战爆发，当前的西方大国间在南斯拉夫问题上并没爆发那么严重的冲突。对于自由主义者来说，民主和商业的扩张和民族自决的影响解释了为何民主政府之间的地缘风险下降，现代欧洲也没有形成相互竞争的联盟。这也是令现实主义者感到困惑的地方（Van Evera 1990）。总之，近几十年来，全球范围内战事保持在历史低位，与上述这些趋势有关。

3.2 作为系统理论的自由主义

自由主义理论的另一个根本影响是其作为"系统"理论的地位。对
247 于有些学者来说，本质上"国家的诉求决定了国家的行为"这一自由主义的核心观点可能看起来是基本常识，甚至是陈词滥调了。然而，在过去半

个世纪，以现实主义和制度主义以及非理性理论为代表的主流国际关系理论，其定位恰好与这一观点完全相反。在其战后对现实主义的经典重新定义中，汉斯·摩根索明确指出了他对“政治自主性”的坚持，并表示这种坚持赋予现实主义“独特的智识和道德态度”，并与“两种流行的谬误：对动机的关注和对意识形态偏好的关注”形成了鲜明的反差。沃尔兹几乎照搬了摩根索的话，“新现实主义确立了国际政治的自主性，因此才能让理论成为可能”（Waltz 1979, 29，另65–66, 79, 90, 108–112, 196–198, 271）。

将国家偏好的变化视为一个根本原因，理论学家为何对此经常持怀疑态度，其基本原因在于这种观点看起来是乌托邦式的。它似乎意味着国家可以随心所欲，不受其他国家的限制。相反，现实主义者一直以讲究实际为豪，他们联系实例证明国家被迫追求与其潜在的愿望大为不同的目标。现实主义者坚称对外政策会带来讽刺性的后果：要求过高，反难成功（Waltz 1979, 60–67, 93–99）。作为对摩根索和马克斯·韦伯观点的回应，沃尔兹总结认为，国家的偏好必须是不重要的。“行为体获得的结果很少与其愿望一致”，因此考察愿望“并不能合乎逻辑地获得任何有效的一般化结论”，这是沃尔兹经常引用的结构化和系统理论的观点（Waltz 1979, 29）。尽管基欧汉原本乐于接受以偏好为基础的理论，他的霸权稳定理论和制度主义体制理论早期被称为“修正的结构现实主义”，也依赖于一种相似的区别：“尽管存在共同利益，但是合作经常失败……显然，合作并非仅仅与利益相关。”（Keohane 1984, 6, 12）正如罗伯特·鲍威尔（Robert Powell）所言，这些方法“缺少一种超越结果的偏好理论”（1994,318）。

这些现实主义者提出的批判完全误解了以偏好为基础的自由主义理论，这种理论实际上并非是乌托邦式的，正因为根据沃尔兹主义者的观点，它是“系统的”。自由主义理论并没有暗示国家可以随心所欲或者忽略其他国家的行为。正如能力、信息或信念的分配一样，国家偏好的分配本身不受任何国家的控制，是国家体系的一个特征（用沃尔兹的术语就是国家特征的分配）。每个国家都希望按照自己的意愿行事，尽管每个国家都被迫在其他国家偏好的限制之下实现自己的目的。由此，自由主义理论与沃尔兹对系统理论的理解是一致的，这解释了国家间关系背景下的国家行为。

即便不从沃尔兹主义的视角来看，自由主义理论也是系统的和非乌托邦式的。国家偏好并非单独起源于国内环境，也来源于既是国内又
248 是国际的跨国社会。自由主义者认为，对外政策是管理全球化进程的政策——管理各个社会之间互动的结果。这种互动的或系统的特质无处不在。例如，通过在国际市场的背景下定位其国内经济资产，商业自由主义对国内集团的利益做出了解释。观念自由主义通过确定国内团体价值观在国际市场中的位置对其关注做出了解释。自由主义并不会在国内层次分析和跨国层次分析之间划出一条明显的界限。将国家偏好理论等同于国内或第二意象（second-image）理论化的批评不仅被误导了，而是在概念上就混淆了对国际关系理论的理解。谁视“层次分析”为应当摈弃的误导性概念，自由主义就与谁站在一起。[1]

3.3 自由主义和多因融合 (Multicausal Synthesis)

我们已经看到，自由主义假定仅仅根据国家偏好的变化就已经给出了强有力的单因解释。但是，复杂的国家间行为很少是由单一因素所塑造的。强制能力、信息、对合理手段的信念以及其他因素也会发挥作用。为了分析这些情形，不同理论形式之间的理论融合是有必要的。自由主义最吸引人之处恐怕是在于它提出了一种简单而在概念上自洽的理论结合的方式，而不是带有偏见且不自洽的理论融合方式。

在这种理论融合中，必须优先国家偏好的分析和解释。这也就是说，必须首先运用自由主义理论对国家偏好的变化进行解释，在此之前不得试图利用和评估诸如强制权力资源、信息或战略文化等战略因素的作用。

1 在反对“层次分析”上，我站在Fearon (1998)，Lake and Powell (1999) 以及Gourevitch (1978) 和Putnam (1988) 等人这一边。

这并非是“自由主义”独有的观点；这只是在程序上与现实主义、制度主义、自由主义乃至众多建构主义的变体所共有的工具(软理性)行为假定相一致。[1]因为偏好塑造了国家所参与的博弈的性质和强度，由此也就帮助决定了何种系统理论是合适的，以及应当如何确定这种理论。

政治科学家对偏好分析优先于战略行为的思维一点也不感到惊讶。罗伯特·达尔关于政治影响的经典著作揭示了一个根本教训：除非我们首先知道“B原本想要做什么”(即偏好)，否则我们无法确定“在A的影响下B做什么”(即权力)(Dahl 1969; Baldwin 1989, 4; Coleman 249
1990, 132–135)。例如，除非国家偏好已经形成并存在国家间的重大利益冲突，同时获取边际收益而配备的能力具有成本效应，否则运用现实主义理论去解释国家行为是不恰当的。类似地，除非国家有足够的兴趣解决具体的国家间集体行为问题，否则制度主义关于次优先级合作的解释是不合适的。若没有充分控制以偏好为基础的解释，那我们很容易混淆。正如肯尼迪·奥耶(Kenneth Oye)指出，“当你看到冲突，在对为何无法达成互利感到困惑之前，要先考虑到僵局，也就是说互利并不存在”(1986,6)。

因此，国家行为应该从多因角度构建——作为有限的社会选择的多阶段进程，国家偏好的变化首先出现。但是，在塑造过程中，国家应当如有关国家—社会关系自由主义理论所解释的那样首先定义偏好，随后才进入辩论、讨价还价或为具体协定斗争，最后才进入现实主义和制度主义(以及自由主义)关于战略互动(strategic interaction)的理论所提出的制度性解决方案。**当然，这并不是说自由主义理论更为强大或有更充分的解释力**。

这只不过是一种随情形不同而变化的经验判断(确实，采用标准化的融合程序将会有助于我们达成并累积这种经验结果。更多内容请参阅

1 很多近期的建构主义分析文献认为，国家依靠目的或合适的手段—目的关系的特定文化信仰，按照工具主义的方式采取行动。这些分析可以与理性主义的论述结合在一起，许多建构主义学者已经指出了这一点，也取得了卓有成效的结果。

Moravcsik 1997)。我们越来越意识到现实主义者和制度主义者回到基欧汉所说的“退路位置”(fall-back position),国家利益配置中的外生变体决定了结果可能产生的范围,能力和制度在这一范围内被用于解释具体的国家行为,所谓的“新古典现实主义”就是最佳的例子(Keohane 1986, 183)。[1]但是,从方法论上来说,我们必须将偏好作为战略分析的基础,对其进行一般理论化并做出解释,而不是想当然。[2]实践胜于理论:我们需要多一些务实的理论融合,少一些教条的理论融合,优先分析将不同国家偏好内生化的理论。

这种在多级解释中优先分析以偏好为基础的国家行为理论的观点,扭转了当代国际关系理论学家中近乎普遍的观点——“自由主义只有作为一种受限的解释性理论才是讲得通的”(参阅Waltz 1979; Keohane 1990, 192; Matthew and Zacher 1995)。[3]在这种常见误解之下,分析人士先
250 检验一种现实主义理论,然后才转向偏好理论(经常错误使用“国内”和“第二意象”)解释异常现象,这种方法论上的程序不仅在概念上不自洽(因为不符合理性),在经验中也存在偏见(因为任意忽略了可能与自由主义理论相符的结果;更详细的内容参阅Moravcsik 1997)。直到今日,在这一细分学科中仍然可以发现现实主义对自由主义错误批评的智识影响。

我们已经看到,国际关系中最有活力的中程理论的发展,许多明显是自由主义的,尽管国际关系的范式语言并没有体现这一点。本章的大多数内容被称为“现实主义”的(尽管与该范式任何合理定义的核心前提冲突)、“国内的”(尽管这一术语并没有表达出任何理论内涵和多少经验工作)或“建构主义”的(尽管这个标签描述的是本体论,而不是

---

1 在这一点上隐含着一个二级学科的共识,可参见Legro (1996)、Schweller (1996)、Moravcsik (1997) 与 Lake and Powell (1999)。

2 更有说服力的观点,也是理性选择理论化的常见观点,参见Frieden (1999),也可参见Lake and Powell (1999)。

3 “系统解释和解释的……结构形式中有特别令人满意之处。”(Keohane 1986, 193) 这一观念真是真假难辨,但却经常错误地与忽略偏好混为一谈;正如我们看到的,自由主义是一种系统理论。

理论）。[1]自20世纪50年代，即现实主义者摆出攻击法律主义者（今日的新自由制度主义者）和理想主义者（今日的建构主义者）的姿态（Legro and Moravcsik 1999），国际关系“大”辩论的广大范畴几乎未发生任何变化。这也难怪，今日如此之多的学者集体回避了这些标签。但这并不是解决问题的办法。若没有自己公认的范式，强调内嵌社会的国家偏好变化的理论仍然被排斥在理论探讨的范围之外，在检验比较理论时被忽略，最重要的是，在多因融合中不被重视。 251

参考文献

Achen, C. 1995. How could we tell a unitary rational actor when we saw one? Presented at the Midwest Political Science Association annual meeting, Chicago, 16–18 April.

Alt, J., and Gilligan, M. 1994. The political economy of trading states: factor specificity, collective action problems, and domestic political institutions. *Journal of Political Philosophy*, 2: 165–92.

Atzili, B. 2006–7. When good fences make bad neighbors: fixed borders, state weakness, and international conflict. *International Security*, 31: 139–73.

Baldwin, D. A. 1979. Power analysis and world politics: new trends versus old tendencies. *World Politics*, 31: 161–94.

—— 1989. *Paradoxes of Power*. Oxford: Basil Blackwell.

Brooks, S. G. 2007. *Producing Security: Multinational Corporations, Globalization, and the Changing Calculus of Conflict*. Princeton, NJ: Princeton University Press.

Carpenter, R. C. 2007. Studying issue (non)-adoption in transnational advocacy networks. *International Organization*, 61: 643–67.

Christensen, T. J. 2001. Posing problems without catching up: China's rise and challenges for US security policy. *International Security*, 25: 5–40.

Coleman, J. S. 1990. *Foundations of Social Theory*. Cambridge, Mass.: Harvard University Press.

Dahl, R. A. 1969. The concept of power. Pp. 79–93 in *Political Power: A Reader in Theory and Research*, ed. R. Bell, D. V. Edwards, and R. Harrison Wagner. New York: Free Press.

Doyle, M. W. 1986. Liberalism and world politics. *American Political Science Review*, 80: 1151–69.

Ehrlich, S. D. 2007. Access to protection: domestic institutions and trade policy in democracies. *International Organization*, 61: 571–605.

Elkins, Z., Guzman, A. T., and Simmons, B. A. 2006. Competing for capital: the diffusion of bilateral investment treaties, 1960–2000. *International Organization*, 60: 811–46.

Fearon, J. 1998. Domestic politics, foreign policy, and theories of international relations. *Annual Review of Political Science*, 1: 289–313.

—— and Laitin, D. 2000. Violence and the social construction of ethnic identity. *Interna-*

1 更加透彻和公正地将建构主义与理念自由主义区分，参见Johnston (2005, ch.1)。

tional Organization, 54: 845–77.
FORDHAM, B. 2007. Revisionism reconsidered: exports and American intervention in World War I. *International Organization*, 61: 277–310.
FORTNA, V. P. 2004. *Peace Time: Cease-Fire Agreements and the Durability of Peace*. Princeton, NJ: Princeton University Press.
FRIEDEN, J. 1991. Invested interests: the politics of national economic policies in a world of global finance. *International Organization*, 45: 425–51.
—— 1999. Actors and preferences in international relations. Pp. 39–76 in Lake and Powell 1999.
GADDIS, J. L. 1997. *We Know Now: Rethinking Cold War History*. Oxford: Oxford University Press.
GARTZKE, E. 2000. Preferences and the democratic peace. *International Studies Quarterly*, 44: 191–212.
GAWANDE, K., and HOEKMAN, B. 2006. Lobbying and agricultural trade policy in the United States. *International Organization*, 60: 527–61.
GOEMANS, H. E. 2000. *War and Punishment: The Causes of War Termination and the First World War*. Princeton, NJ: Princeton University Press.
GOUREVITCH, P. 1978. The second image reversed: the international sources of domestic politics. *International Organization*, 32: 881–912.
GRANT, R. W., and KEOHANE, R. O. 2005. Accountability and abuses of power in world politics. *American Political Science Review*, 99: 29–43.
HAAS, M. L. 2005. *The Ideological Origins of Great Power Politics, 1789–1989*. Ithaca, NY: Cornell University Press.
—— 2007. The United States and the end of the Cold War: reactions to shifts in Soviet power, policies, or domestic politics? *International Organization*, 61: 145–79.
HAGGARD, S. 1988. The institutional foundations of hegemony: explaining the Reciprocal Trade Agreements Act of 1934. *International Organization*, 42: 91–119.
HIRSCHMAN, A. O. 1945. *National Power and the Structure of Foreign Trade*. Berkeley: University of California Press.
HOLSTI, K. J. 1991. *Peace and War: Armed Conflicts and International Order 1648–1989*. Cambridge: Cambridge University Press.
HUNTINGTON, S. P. 1991. *The Third Wave: Democratization in the Late Twentieth Century*. Norman: University of Oklahoma Press.
IKENBERRY, G. J. 2000. *After Victory: Institutions, Strategic Restraint, and the Rebuilding of Order after Major Wars*. Princeton, NJ: Princeton University Press.
JOHNSTON, I. 2005. Social states: China in international institutions, 1980–2000. Unpublished typescript, Harvard University.
KATZENSTEIN, P. J. 1987. *Policy and Politics in West Germany: The Growth of a Semisovereign State*. Ithaca, NY: Cornell University Press.
—— (ed.) 1996. *The Culture of National Security: Norms and Identity in World Politics*. New York: Columbia University Press.
KAUFMAN, S. J. 2006. Symbolic politics or rational choice? Testing theories of extreme ethnic violence. *International Security*, 30: 45–86.
KECK, M., and SIKKINK, K. 1998. *Activists beyond Borders: Advocacy Networks in International Politics*. Ithaca, NY: Cornell University Press.
KEOHANE, R. O. 1984. *After Hegemony: Cooperation and Discord in the World Political Economy*. Princeton, NJ: Princeton University Press.
—— (ed.) 1986. *Neorealism and its Critics*. New York: Columbia University Press.
—— 1990. International liberalism reconsidered. Pp. 165–94 in *The Economic Limits to Modern Politics*, ed. J. Dunn. Cambridge: Cambridge University Press.
—— and MILNER, H. V. (eds.) 1996. *Internationalization and Domestic Politics*. Cambridge: Cambridge University Press.

—— and NYE, J. S. 1977. *Power and Interdependence: World Politics in Transition.* Boston: Little, Brown.

KIRSHNER, J. 2007. *Appeasing Bankers: Financial Caution on the Road to War.* Princeton, NJ: Princeton University Press.

LAKE, D., and POWELL, R. (eds.) 1999. *Strategic Choice and International Relations.* Princeton, NJ: Princeton University Press.

LEGRO, J. W. 1996. Culture and preferences in the international cooperation two-step. *American Political Science Review*, 90: 118–37.

—— and MORAVCSIK, A. 1999. Is anybody still a realist? *International Security*, 24: 5–55.

LEVY, J. S. 1988. Domestic politics and war. *Journal of Interdisciplinary History*, 18: 653–73.

MACK, A. 1975. Why big nations lose small wars: the politics of asymmetric conflict. *World Politics*, 27: 175–200.

MANSFIELD, E. D., and SNYDER, J. 1995. Democratization and the danger of war. *International Security*, 20: 5–38.

MATTHEW, R. A., and ZACHER, M. W. 1995. Liberal international theory: common threads, divergent strands. Pp. 107–50 in *Controversies in International Relations Theory: Realism and the Neoliberal Challenge*, ed. C. Kegley. New York: St Martin's Press.

MEARSHEIMER, J. J. 1990. Back to the future: instability in Europe after the Cold War. *International Security*, 15: 5–56.

MILNER, H. 1988. Trading places: industries for free trade. *World Politics*, 40: 350–76.

MORAVCSIK, A. 1997. Taking preferences seriously: a liberal theory of international politics. *International Organization*, 51: 512–53.

—— 1998. *The Choice for Europe: Social Purpose and State Power from Messina to Maastricht.* Ithaca, NY: Cornell University Press.

—— 2003. Liberal international relations theory: a scientific assessment. Pp. 159–204 in *Progress in International Relations Theory: Appraising the Field*, ed. C. Elman and M. F. Elman. Cambridge, Mass.: MIT Press.

—— 2005. The European constitutional compromise and the neofunctionalist legacy. *Journal of European Public Policy*, 12: 349–86.

MORGENTHAU, H. J. 1960. *Politics among Nations: The Struggle for Power and Peace*, 3rd edn. New York: Alfred Knopf.

MORROW, J. D. 1988. Social choice and system structure in world politics. *World Politics*, 41: 75–97.

OWEN, J. 1994. How liberalism produces democratic peace. *International Security*, 19: 87–125.

OYE, K. (ed.) 1986. *Cooperation under Anarchy.* Princeton, NJ: Princeton University Press.

POWELL, R. 1994. Anarchy in international relations theory: the neorealist–neoliberal debate. *International Organization*, 48: 313–44.

PUTNAM, R. D. 1988. Diplomacy and domestic politics: the logic of two-level games. *International Organization*, 42: 427–60.

RAIFFA, H. 1982. *The Art and Science of Negotiation.* Cambridge, Mass.: Harvard University Press.

RISSE-KAPPEN, T. 1996. Collective identity in a democratic community: the case of NATO. Pp. 357–99 in Katzenstein 1996.

RODRIK, D. 1992. The rush to free trade in the developing world: why so late? why now? will it last? NBER Working Paper No. 3947, National Bureau of Economic Research.

RUGGIE, J. G. 1982. International regimes, transactions, and change: embedded liberalism in the postwar economic order. *International Organization*, 36: 379–415.

—— 1983. Continuity and transformation in the world polity: toward a neorealist synthesis. *World Politics*, 35: 261–85.

—— 1995. At home abroad, abroad at home: international liberalization and domestic stability in the new world economy. Jean Monnet Chair Paper, Robert Schuman Centre,

European University Institute.
RUSSETT, B. 1993. *Grasping the Democratic Peace: Principles for a Post-Cold War World.* Princeton, NJ: Princeton University Press.
SCHWELLER, R. L. 1996. Neorealism's status-quo bias: what security dilemma? *Security Studies*, 5: 90–121.
SNYDER, J. 1991. *Myths of Empire: Domestic Politics and International Ambition.* Ithaca, NY: Cornell University Press.
—— 2000. *From Voting to Violence: Democratization and Nationalist Conflict.* New York: Norton.
STASAVAGE, D. 2007. Cities, constitutions, and sovereign borrowing in Europe, 1274–1785. *International Organization*, 61: 489–525.
SWANK, D. 2006. Tax policy in an era of internationalization: explaining the spread of neoliberalism. *International Organization*, 60: 847–82.
VAN EVERA, S. 1990. Primed for peace: Europe after the Cold War. *International Security*, 15: 7–57.
—— 1999. *Causes of War: Power and the Roots of Conflict.* Ithaca, NY: Cornell University Press.
VOGEL, D. 1995. *Trading Up: Consumer and Environmental Regulation in a Global Economy.* Cambridge, Mass.: Harvard University Press.
WALTER, B. F. 1997. The critical barrier to civil war settlement. *International Organization*, 51: 335–64.
WALTZ, K. N. 1979. *Theory of International Politics.* Reading, Mass.: Addison-Wesley.

第十四章

新自由主义的伦理观

格里·辛普森

1 新自由主义和国际关系

众多国际关系理论都根据三大传统来界定自己（Wight 1991）。过去二十年，这种自我定义的行为主要有两种方式。一方面，学者寻求超越这些传统以及各种派生理论。对于他们来说，霍布斯、康德和洛克建立起了现代性。因此，以这些人物为中心的作品本身就反映了特定的时代和特定的思维方式。后结构主义者或批判理论家的作品表达的是要远离各种复制启蒙思想的国际关系理论以及对它们的不满（Der Derian 1992; Walker 1993）。这被定位为现代性三大任务之后的工作（Der Derian and Shapiro 1989）。

这些传统之中存在一种不那么违背传统的（也许也不那么存有恶意的）批判形式，一直以来试图深化并拓展经典各派的观点。显然，各种新新论战是理论提炼工作的例证之一。建构主义和新自由主义近来所做的 255
学术翻新工作最具吸引力。建构主义者一直以来寻求理解思想的社会构成方式。坦率地说，一方面，行为体拥有思想；另一方面，思想也拥有行为体。从一个方面来说，国际法律规范被认为在构成全球政治秩序中发挥了积极的作用，这对于本章目的具有重要的意义。

作为本章的主题，新自由主义有两大重要贡献。首先，新自由主义试图为自由主义理论奠定科学的基础，(至少)与其他国际关系思想主要范式平起平坐(通过赋予其经验特征，以可经受检验的命题为基础，并使其文本逻辑自洽做到这一点)(这是**安德鲁·莫拉维斯克**的工作)。其次，新自由主义接受了威尔逊式自由主义的模糊请求和国际公法理论中各种过时的主权主义(sovereigntism，国家主义)，将这些理论转化为规范如何创建和运行的法律理论，界定这些规范所处的世界并非模糊的民族国家之间的互动而是跨政府主义——穿越高度可渗透的国家边界之间运行的、多层次的国际法、政策和政治(这是安妮–玛丽·斯劳特的工作)。这些工作值得庆祝，它们是对不断变化的全球环境做出的充满想象力和灵活性的回应。

为了理解新自由主义一些关键的观点，我提出要关注三部重要的新自由主义文献，即莫拉维斯克的《重视偏好》(*Taking Preferences Seriously*)(1997)、斯劳特的《新世界秩序》(*A New World Order*)(2004)和近期普林斯顿大学的研究项目成果《建立法治之下的自由世界》(*Forging a World of Liberty Under Law*)(Ikenberry and Slaughter 2006)。第一篇论文描绘了新自由主义方法论的蓝图，具有说服力并广为流传，被视为推动新自由主义与国际关系理论众多伟大"主义"并列的理论化著作。第二部文献是斯劳特的《新世界秩序》。该书力图描述在自由主义法律和政治之下创建的规范和制度所塑造的新世界，代表着新自由主义从莫拉维斯克有时干涩的理论转向一种更为人接受的规范主义。第三部文献《建立法治之下的自由世界》标志着将自由主义理论作为政府政策的明确努力，有意识地模仿了小布什政府两份《国家安全战略》报告(如White House 2006)的风格和目的。这份美国对外政策的详尽规划将新世界秩序自我感觉良好的规范性与人们对暴力和战争的强硬务实结合起来，新自由主义对外关系由此初露端倪。

2　过于重视偏好

莫拉维斯克（1997）面临一个自由主义老难题：如何既是自由主义的，又是科学的，或者说如何将自由主义政策的斗争精神与重量级的国际 256
关系理论结合起来。他的回应主要着眼于摆脱自由主义的道德（或政治）倾向。莫拉维斯克的“非意识形态和非乌托邦”工作将战略考量和理性人之间的互动作为自由主义理论的基础，认为这些国内理性群体决定了国家在国际上的利益和偏好所在，致力于将自由主义从规范偏见（支持进步，关注贫穷和再分配以及仁慈的家长制）中解脱出来。

那么，我们如何定义“新自由主义的伦理观”呢？作为战略互动的一种描述，莫拉维斯克这种剥离的自由主义具有启发性，但仍然留下了一些尚待解决的问题。这些问题可以被分为围绕“政治的”身份问题和围绕莫拉维斯克关于国家假定的问题。

首先，政治的问题。很少有人讨论理性的行为体一开始如何获得偏好的（Moravcsik 1997, 517）。政治和战略的互动在界定偏好和需求时发挥一定的作用，这种回馈环（feedback loop）存在的可能性并没有被承认。按照莫拉维斯克（1997，517）的观点，每个人都有自己的品位、承诺和禀赋，但这些均被视为在某种程度上优先于政治。个人将这些特质带给政治；然后，政治生活才涉及这些预先组成的行为体之间及其内部产生的竞争和合作。他们的品位和承诺是“先于政治的”（pre-political）（Reus-Smit 2001），尽管他们“对于公共物品供给的理念存在深层次的、无法调和的分歧”（Moravcsik 1997, 517）可能是政治的。“先于政治的（社会的？）”和“政治的”之间的区别当然值得质疑。例如，想象一下，是否存在一个人，他在英格兰长大，支持工党，拥有一套“社会承诺”（与政治无关），又同时拥有诸多“信念”（在政治行动中被塑造、约束和修正的信念）？

新自由主义的第二个问题是它对国家的认知。个人和团体力争实现在国际层面影响的最大化，它们之间在国内层面上的相互政治作用塑造并构建了国家偏好。在国际体系内其他行为体的影响下，一旦利益被建构起来就大体保持不变。这些根本的偏好可能会改变，但也只有在应对国内政治重组时才会发生（Moravcsik 1997, 519）。这种理论结构的优点在于摆脱了一些关于国家行为普遍性和同质性的现实主义观点（例如国家总是将安全最大化或捍卫主权），但取而代之的是国家和国际空间之间无法划清的界限。这就造成了两方面的问题：首先，这一结构重新强调了国际政治和国家政治之间的区别，而这是自由主义理论应当消除的；其次，这就意味着，不管怎么说，受限于内部政治重新定位（political
257 reorientation）的“根本偏好”是独立于国际环境的震荡或变化的。那么，这种新自由主义几乎无法解释，在国际地位的影响下和忽略内部组成精英变化的情况下（澳大利亚“良好国际公民”的自我形象就是其中之一），国家如何实现自我理解。

莫拉维斯克战略更为深层的问题是，新自由主义预测自由主义国家会有不同的行为，真是如此吗？这个问题将莫拉维斯克的研究与斯劳特更加明显的规范性议程（normative agenda）联系起来。如果国家行为取决于内部偏好，那么这将在总体上给国际秩序带来重大影响。这就意味着现实主义对物质权力的关注、制度主义对国际机制的信仰和法律主义对创建和确定自主规范的痴迷自身存在着错位，可能导致无法信服或令人失望的研究议程和错误政策。对于新自由主义者来说，在国内偏好相互补充的国家之间，规范和机制效果更好，而权力相对边缘化。莫拉维斯克认为，战争和加强合作可以通过国内偏好的配置来解释。所以，20世纪的战争就是对立意识形态（共产主义、自由主义和法西斯主义）之间的全球冲突，而对“民主规范”有集体承诺的地区来说，超国家合作（涉及主权共享）是其一大特征（Moravcsik 1997, 527）。最引人注目，当然也是流传最广的理论就是来源于此的民主和平，“是我们在国际关系中拥有的、最接近经验法的东西”（Russett 1993, 139，引自Jack Levy）。如莫拉维斯克所言，“自由民主制度往往不会发动这种（重大的）战争，因为影响力掌握在那些必须自己耗费鲜血和财富的人以及他们选出的领导人的手中”。

但是，在与其他国家（包括尚在襁褓之中的民主国家）的关系中，自由主义国家还远远不能达到放弃武力的状态。最近两起大规模的侵略（科索沃和伊拉克）都是自由主义国家联盟发动的。[1]自由主义国家比其他国家更倾向于走向战争，其理由有三：首先，后期现代自由主义政体非常擅长塑造和操纵舆论；其次，莫拉维斯克认为自由主义国家在当代战争中要付出（严重的）生命代价（也因此更加容易受到承担这些战争成本的公民的限制），但这一点并不明确；再次，如今北大西洋国家将自己视为（打击人道主义或恐怖主义战争）的人类代表。他们参与的不是战争，而是卡尔·施密特所说的“防治虫害”。他们自由地参与武装行动，不会背上“战争”的骂名。留给我们的不是民主和平，而是战争作为一种司法 258
或政治的类别被取消了，取而代之的是打着人道主义旗号的各种形式的暴力（Simpson 2004a）。

最终，易变、以成败而非价值观为标准和经过语言修饰的偏好，可能无法有效预测战争领域的行为。但是，其他领域的自由主义是怎样的？自由主义国家是否更倾向于接受和支持国际法律规则（主要基于自由主义原则）？接下来我们开始讨论斯劳特的著作。

3 《新世界秩序》的伦理观

斯劳特的著作有两条相互关联的线索。第一，澄清和强调新自由主义对自由主义和非自由主义国家的区分，这种区分在该作品占据中心位置，这是一种特殊的、非正统的关于国际法的观点。传统上，国际公法是一种平等看待所有主权国家的规则体系。该书基于方法论和规范意义上的理由，重新诠释了国际公法的体系，认为国际公法的主体是不同的。国家是否遵守国际法是国际公法一直头疼的问题，而这本书通过相关行

1 根据联合国1974年《关于侵略定义的决议》，我这里使用了中性的定义。

为体的国内偏好解决了这一问题：自由的国家遵守国际法，而不自由的国家违反国际法。国际法的任务是提倡自由民主，确保建立内生的遵守文化。

第二，不再强调国家而倾向于“跨政府间主义”。将自由主义规范强加到非自由主义代理人（传统国际法），这种徒劳无功而专业的任务被抛弃或者至少地位下降了，转而鼓励自由主义司法机关之间的跨国合作（Slaughter 1995; 2004）；在理念一致的政府机构之间建立非正式网络（Slaughter 1997; 2004）；推动不情愿的议会议员开展跨境合作（Slaughter 2004），建立由自由主义国家构成的正式和非正式机构（Slaughter 1994）。

在考虑跨政府间主义作为一种治理理论之前，我想回到斯劳特的著作中提出的第一条原则并考虑支撑该原则的行为假设：自由主义国家的行为更优吗？或者换一种提问的方式：相比非自由主义国家，自由主义国家更倾向于遵守国际法吗？我们在阅读莫拉维斯克的著作时，会产生这样的问题的。

答案是模棱两可的。自由主义国家经常不顾现有的法律框架而发动
259 战争。在暴力和武力方面（一直是现实主义的所长），1945年制定的国际法律规则规定单边使用武力为非法，自由主义国家并不比其他国家遵守得更好。违反不干涉规则的事件早已司空见惯（经常是以推翻民选政府为目的，如智利和危地马拉）。无论自由主义制度还是法律，都没有在抑制这些自由主义国家军事干涉的欲望上发挥多大的作用（Franck 1970）。

在参与国际司法机构方面，也没有清晰的证据。国际法院（一家彻彻底底奉行威尔逊主义的机构）没能得到主要自由主义大国的支持。除了国内格局或利益团体关系之外，其他因素似乎在决定是否遵守国际法律规则上至少也发挥了关键作用。

每个人权和人道主义领域都充满了自由主义的理想，也并不总是得到自由主义国家的支持。作为一个法律规定强制性投票、具有高度的民主参与度的国家，澳大利亚近几年来对人权规范越来越充满敌意。同时，美国也因为拒绝几项重大的多边倡议［例如《渥太华禁雷公约》（the

Ottawa Convention）和《国际刑事法院规约》（the International Criminal Court Statute）]而臭名昭著，它对人权机构和规范的承诺最客气地说也是不尽一致的。此外，何塞·阿尔瓦雷斯（Jose Alvarez）记录了自由主义国家在其他方面表现并不更佳的情况[参与环保机制（2001，205）、共同贸易承诺（2001，207）或对区域性人权机制的积极程度（2001，222）]。

自由主义伦理可能确实阻碍了新自由主义所描述和规定的融合。如果真如自由主义者所言，假如在规范和分析上优先考虑国家内部精英代表们的利益，那么预计自由主义国家和国内机构会审查和拒绝很多国际法律规范。考虑到内部构成的精英的情绪，也意味着这应该会发生。

如果国家自己被取代，这将无关紧要。在这里，我谈谈斯劳特的著作中跨政府间主义的问题。《新世界秩序》是斯劳特的最新著作，全书充满着威尔逊式的美国乐观精神[她承认过这一点（2004，257）]，但她并不像威尔逊那样倚重国家作为变革的推动力，也不怀有世界主义的浪漫主张。[1]强大的公共机构或世界政府的理想被世界治理的新生现实所取代。这既是宣言，也是对世界的诊断。斯劳特著作的吸引人之处在于她选取了一系列既有的关系，从国际法官会议、管理经济的特设机制到跨境监管合作，并将其转化为一种全球治理或世界法的理论。随后，她呼吁深化这 260
些关系，提出一些解决方案，使得这一新体系既公正又有效。

她的这部著作纠正了那种认为外交是国家间在执行层面交互的主流观点。这并不是说在这些执行层面上不再管理和发展法律以及政治了。而是斯劳特认为，法律以及政治在其他层面上也继续受到管理和发展。尽管全球媒体依然关注美国、英国和法国通过选举产生的领导人，但是国际清算银行（the Bank for International Settlements）、国际保险监督官协会（the International Assoeiation of Insarance Supervisors）、国际司法关系委员会（the Committee on International Judieral Relations）或全球议员组织（the Global Parlianentarians）等其他行为者正在其他地方塑造或改变

1 本章节部分讨论来自 Simpson (2004b)。

全球法律的基本特征。

这与斯劳特整个研究生涯的目标是一致的，她一直希望摧毁国家作为不可分解的单一行为体（monolithic unitary actors）的形象（如“美国反对国际刑事法院”）或围绕大人物的喜好而运行的组织形式（如“布莱尔和布什制定了国际秩序规划”）。国家这只“台球”被“监管、司法和立法途径”所取代（Slaughter 2004, 5），部分国家通过这些途径开展国际交往。斯劳特旨在通过这种方式解决全球关系的悖论——我们需要更多的政府，但是我们口是心非。这可以从政府（等级森严、有时僵化和麻木）向治理（多层次、横向、适应性强和可渗透）的转变以及单一国家（“布莱尔”，“英国”）向分解型国家（disaggregated state）（英国的监管者、立法者、法官等）的转变中寻找到答案。与此同时，斯劳特试图消除一种对世界的常见看法：只有民间和非政府社会才能缓解大国霸权和贪婪的全球资本。这种看法只不过将（非政府组织的）热情与（政府）“利益”和（企业行为体的）“逐利动机”对立起来。控制所有这些要素需要的是跨国行为体所具备的中立的专门知识；换句话说，从技术官僚转向由施行三种行为模式（即告知或合作、执行或遵守以及统一或融合）的监管者、法官和立法者构成的网络。

监管、司法和立法网络会在一个网络化的世界秩序中传播。诸如英联邦或亚太经合组织这样的网络之网络将促进全球互动，而各种垂直网络将会使得跨政府间主义更加有效，国际组织也会继续培育并鼓励网络的发展。

因此，斯劳特的著作就是对国际社会两个大行其道的形象——大国霸权和“市民社会”的力量——的反击。在这一层面上，这部著作是成功的。它提醒我们警惕善于弄权或将软实力转化为硬实力的国际技术官僚主义的崛起。在本章接下来的内容里，我将提出两方面的批判意见。第
261 一个方面涉及挑战当前对世界的看法。第二个方面则要求斯劳特这样的新自由主义者更好地解释这些政府网络的目的。跨政府间主义的伦理包括哪些内容？尤其是这种伦理是否同莫拉维斯克一样招致类似的批评

(1997)，例如：跨政府间主义有没有足够重视政治？

这样一个充满战争、死亡、贫困和反抗的世界并没有在斯劳特的著作中占据重要的位置(2004)。[当斯劳特(2004，26)谈到伊拉克时，她只是以伊拉克为实例解释了政府网络如何重建社会。国外法官构成的网络能够为伊拉克的法官提供技术培训，监管者能够重建银行体系，而立法者可以传授民主。]这部著作几乎没有提到新世界秩序是如何受到严厉剥削的资本主义阶级欢迎的，也没有提到斯劳特所重视的那些政治阶层认为极端贫困总体上是可接受的。政治不断被边缘化了。[1]那么，新自由主义规范的内容究竟是什么呢？新自由主义希望达成的目标是什么？斯劳特著作(2004，260)的结尾有一句发人深省的话："在许多方面，原则的存在这一简单事实比这些具体原则的内容更为重要。"《新世界秩序》承诺将带来新意、变革和规制，也告诉我们这种新的秩序正在哪里由谁在创造。革命阶级就是技术官僚阶级。

如果这样的话，那么这些网络正在试图或者应当试图去创造什么呢？新世界秩序的内容是什么？毫无疑问，新世界秩序是"人类的愿望激励之下深刻的人类创造"(Slaughter 2004, 133)。但是，创造的目的是什么？当这些基本的假定认为人类希望携手努力塑造一个体面的世界秩序，那么基本的规范性承诺无疑会变得单薄，因为关于具体原则的深层次冲突不可避免地会被忽略。

联合国秘书长倡导的"全球契约"就是一个典型的例子，斯劳特称赞其是"行动中的集体学习"(Slaughter 2004, 192)。"全球契约"是一项企业行为体与民间社会、劳工和联合国合作，赋予全球市场"人性的面孔"，[2]

---

1 例如没有提及尖锐的关塔那摩政治问题及其引发的不安。然而，在那里未经审判即被羁押的囚犯并非与斯劳特所叙述的主题无关。斯劳特所描述的司法礼让的四个方面(敬重、地方主义、权利和参与)(2004, 87)似乎都与法官处理关塔那摩的拘留人员有关。在英国上诉法院做出的Abbasi案判决书中，法院批评美国违反了人权法的基本规范，法院就适用规范与美国法院接触，并听从这些地位更优的法院的意见，希望他们能够提供解决方案(参见*Abbasi v. Secretary of State* 2002)。

2 联合国秘书长安南在达沃斯世界经济论坛年会上的发言，1999年1月28日，转引自斯劳特(2004，192)。

它强调解决方案和学习。但是，这些解决方案解决什么问题呢？根据21世纪初期的企业行为，我们有理由认为企业需要和市场需求是在没有
262 “人性的面孔”情形下进行的买卖行为。如果企业是精神病患者，那么一方面“全球契约”有可能在向世界展现“人性的面孔”（毕竟人性的面孔是可以买卖）上极大地帮助企业，另一方面则一切照旧（Achbar, Abbott, and Bakan 2004）。

但是，斯劳特是自由国际主义的先锋，自由国际主义认为自己是进步和人道的：它能更好地“守护”地球、维护人的尊严（和人权）、反对死刑、担忧“过度的”资本主义，它是（广义上的）多边主义。斯劳特那种公正的世界秩序是一个尽可能“包容、宽容、尊重和去中心化”的秩序（Slaughter 2004, 217），但是这种技术官僚网络的新自由主义愿景是否足以支撑自身的规范性偏好？斯劳特的著作中有相当一部分涉及程序，包括更多的透明度、协商平等和合法差异，但实质性承诺不够。当然，包容作为一种程序性规范无疑具有某种实质意义。强调允许“发展中国家和贫穷国家分享全球经济带来的益处”的“蒙特利尔共识”（Montreal Consensus）（Slaughter 2004, 246）似乎值得支持；如果真的值得支持，那么我们想要知道为了建立一个公正的全球政治经济，哪些网络可以鼓励这种政策，哪些会起到反对的作用，以及需要做出何种牺牲。

除非“全球跨政府间主义宪法”（自觉模仿了詹姆斯·麦迪逊等人的原则）努力解决政治的起源和全球再分配的艰难选择，否则等级制度、压迫和实质不平等许多问题最终很有可能再次出现，而这些正是众多新自由主义者内心所抵制的。

4 《建立法治之下的自由世界》

如果说莫拉维斯克充实了理论，斯劳特做出了有力的描述，那么《建立法治之下的自由世界》（Ikenberry and Slaughter 2006，这本书重申并发展了之前作品的主题，但是在对美国国家安全重新进行展望之际有时结

合得并不自然）则提供了一整套政策方案，是加入“统治阶层官员，推动睿智和有效的治国之道”的尝试（Kennedy 1999, 103）。

这本书的标题就暴露了新自由主义的自负。如果这种世界秩序真的出现的话，那么它不会通过地方层面的不断努力、善行的持续积累或思想和实践小打小闹地推广得以实现。这个新的世界是“建立”而来的，有的时候通过军事干预，有的时候通过经济一体化。这是一个自由的世界（不是正义、平等或充满机遇的世界），实践自由和民主等美德的国家将会 263
欣欣向荣。最后，在这个世界里，法律是自由的“女仆”，处处为其服务。

在这本书中，一些经典的新自由主义主题占据突出的位置。比如，呼吁创造一个“成熟的自由民主国家”构成的世界（Ikenberry and Slaughter 2006, 19）；对（不完美的）现有制度保持康德式的容忍，承诺大部分制度将会被新的、真正的自由主义制度所取代。正因为如此，有人建议修改联合国安理会的会员资格，为“高级别小组”提出的“保护责任”的建议背书。“保护责任”重申了罗尔斯关于自由国家应当有权干涉非自由国家的原则（Rawls 1999; United Nations 2004）。

普林斯顿这一研究项目在许多方面都做了有益的工作（更新对威慑认知的必要性）、自由主义伦理（对各种全球健康议题的关注以及与其他国家的公民进行真正的沟通）和政治勇气（在美国征收全国性的汽油税）。出于这些目的的考虑，我对贯穿该书的三种倾向更加感兴趣（不论新自由主义科学抱负的性质，这些倾向与作为意识形态的新自由主义所关注的问题形成了鲜明的反差）。

首先，令人好奇的是对应当激励新自由主义这一事业的国内进程信心不足。例如，作者称三次当选总统的乌戈·查韦斯是“煽动整个大陆的反美联盟”的“民粹主义者”（Ikenberry and Slaughter 2006, 11）。这种冷战时期的语言与书中其他地方对民主进程的热忱格格不入。更深层次的矛盾在于国际法中的民主治理。国际法的目的可能是为了限制主权国家（法律之下的自由），但如果这些主权国家以表达民意为由行使权力，那么国际法有时候必须是反民主和反自由的（Rabkin 2004;

Anderson 2005, 1308–1309)。《建立法治之下的自由世界》认为，“民主国家协约”(Concert of Democracies)成员应当“承诺相互之间不使用武力”(Ikenberry and Slaughter 2006, 7)。如果这些承诺在一个民主国家构成的世界里是必要的，那么有可能是因为民意将会变得好战，或者是因为民主国家有进攻其他民主国家的充分理由(例如因为原油库存、应对大规模难民拥入以及沙文主义式的媒体攻势)。但是，在这些例子中，为何国际法应比这些(有时候是煽动战争)国内偏好需要更加严肃地被对待，其原因尚不清楚。

其次，“政治的”和“先于政治的”之间存在一个经典的分歧。因此，正如“偏好”具有先于政治起源一样，“威胁”也是如此。根据这本书作者的观点，一些威胁是政治的(极端主义者带来的灾难性破坏)，而其他一些威胁是自然发生和没有政治动机的(例如核泄漏、气候变化和传染
264 性疾病)。只有虚弱的关于政治的概念才会有这些的区别，而文化(他们)和战略(我们)之间的相似分歧又支持了这些区别。通常像伊斯兰法西斯主义分子这类“自愿殉道”的极端主义者应当与苏联或美国这些的理性行为体(二者都参与到一种有能力也有意愿牺牲整个国家的威慑机制)区分开来。

第三，实现全球正义和确保美国福祉的双重承诺是不牢固的。美国例外主义的中心地位(早期新自由主义作品几乎不提)成为该书各种提议中一个不可妥协的规范。美国战略的基本目标是“保护**美国的生活方式**……”(Ikenberry and Slaughter 2006, 14，黑体为原文作者所加)。但是，这本书没有彻底解释清楚如何在与自由的全球秩序保持一致的情况下保持美国的生活方式。相反，消费水平、生态破坏的程度以及持续支撑美国(乃至西方)事业的穷兵黩武可能在根本上与建立稳定和体面的政治秩序是相互抵牾的。但是，普林斯顿的研究项目和斯劳特的《新世界秩序》均没有直面这一中心问题。新自由主义的矛盾有时最能反映其伦理；而一些问题(恐惧、报复、贫穷和私人财富的扭曲效应)则被筛选掉了。

最后，新自由主义是研究世界政治和国际关系问题的一种重要而又严谨的方法，它具有多种优点（断然拒绝承认原始权力的优先地位、关注作为国际形势变化推动力的国内空间、进行了真正简洁而有力的初步理论化、对全球秩序提出了一个雄心勃勃、在学术上自信的宏大理论）。但是，作为一种政治和伦理的理论，新自由主义仍然对巨大的私人权力、微妙的政治动机以及社会和政治议题的相互交织不够敏感。 265

参考文献

Abbasi v. *Secretary of State for Commonwealth and Foreign Affairs* 2002. www.courtservice.gov.uk/judgmentsfiles/j1354/abassi_judgment.htm.

Achbar, M., Abbott, J., and Bakan, J. 2004. *The Corporation: A Documentary*. London: Constable and Robinson.

Alvarez, J. 2001. Do liberal states behave better? A critique of Slaughter's liberal theory. *European Journal of International Law*, 12: 183–246.

Anderson, K. 2005. Squaring the circle? Reconciling sovereignty and global governance through global government networks. *Harvard Law Review*, 118: 1255–311.

Der Derian, J. 1992. *Antidiplomacy: Spies, Terror, Speed, and War*. Cambridge, Mass.: Blackwell.

—— and Shapiro, M. J. (eds.) 1989. *International/Intertextual Relations: Postmodern Readings of World Politics*. Lexington, Mass.: Lexington Books.

Franck, T. M. 1970. Who killed article 2(4)? Or: changing norms governing the use of force by states. *American Journal of International Law*, 64: 809–37.

Ikenberry, J., and Slaughter, A.-M. 2006. *Forging a World of Liberty under Law: US National Security in the 21st Century, Final Report of the Princeton Project on National Security*. Princeton, NJ: Woodrow Wilson School of Public and International Affairs, Princeton University.

Kennedy, D. 1999. The disciplines of international law and policy. *Leiden Journal of International Law*, 12: 9–133.

Moravcsik, A. 1997. Taking preferences seriously: a liberal theory of international politics. *International Organization*, 51: 513–53.

Rabkin, J. 2004. *The Case for Sovereignty: Why the World Should Welcome American Independence*. Washington, DC: American Enterprise Institute Press.

Rawls, J. 1999. *The Law of Peoples: With, The Idea of Public Reason Revisited*. Cambridge, Mass.: Harvard University Press.

Reus-Smit, C. 2001. The strange death of liberal international theory. *European Journal of International Law*, 12: 573–94.

Russett, B. 1993. *Grasping the Democratic Peace: Principles for a Post-Cold War World*. Princeton, NJ: Princeton University Press.

Schmitt, C. 2003. *The Nomos of the Earth in the International Law of the Jus Publicum Europaeum*. New York: Telos.

Simpson, G. 2004*a*. *Great Powers and Outlaw States: Unequal Sovereigns in the International Legal Order*. Cambridge: Cambridge University Press.

—— 2004*b*. What is to be done? Who is to do it? *Finnish Yearbook of International Law*, 15: 395–403.

Slaughter, A.-M., 1994. The liberal agenda for peace: international relations theory and the future of the United Nations. *Transnational Law and Contemporary Problems*, 4: 377–419.

—— 1995. A typology of transjudicial communication. *University of Richmond Law Review*, 29: 99–137.

—— 1997. The real new world order. *Foreign Affairs*, 76: 183–97.

—— 2004. *A New World Order*. Princeton, NJ: Princeton University Press.

United Nations 2004. *A More Secure World: Our Shared Responsibility, Report of the High-Level Panel on Threats, Challenges and Change*. New York: United Nations.

Walker, R. B. J. 1993. *Inside/Outside: International Relations as Political Theory*. Cambridge: Cambridge University Press.

White House 2006. *National Security Strategy of the United States of America*. Washington, DC: White House. www.whitehouse.gov/nsc/nss/2006/

Wight, M. 1991. *International Theory: The Three Traditions*. Leicester: Leicester University Press.

第十五章
英国学派[1]

蒂姆·邓恩

正如斯坦利·霍夫曼(Stanley Hoffmann 1977)所言,国际关系不再是一门美国的社会科学。从表面上看,全球几十个国家的大学开设了国际关系课程,它正日益成为全球性学科;在另一层面,美国之外的国际关系研究通常以理论研究为导向,与“美国的社会科学”这一短语所概括的主流研究方法相悖。国际关系中的英国学派是美国主流学派历史最悠久也可以说最重要的对手。这里的“英国学派”指主要活跃于英国境内、持相同本体论观点且对实证主义者推崇的科学研究方法持批评态度的一批学者。在该学派发展的经典时期(20世纪50年代至80年代),学派中的代表人物有查尔斯·曼宁(Charles Manning)、赫伯特·巴特菲尔德(Herbert Butterfield)、赫德利·布尔(Hedley Bull)、亚当·沃森(Adam Watson)及R. J. 文森特(R. J. Vincent)。在后经典时期(20世纪90年代以后),最著名的则是巴里·布赞(Barry Buzan)、安德鲁·赫里尔(Andrew Hurrell)、罗伯特·杰克逊(Robert Jackson)、爱德华·基恩

1 对于克里斯蒂安·罗伊-斯米特对本章初稿提出的极有帮助的反馈意见,我表示感谢。

(Edward Keene)、安德鲁·林克莱特(Andrew Linklater)、理查德·利特尔(Richard Little)、詹姆斯·梅奥尔(James Mayall)、菅波英美(Hidemi Suganami)及尼古拉斯·J. 惠勒(Nicholas Wheeler)。

英国学派构成了国际关系学界独特而系统的一支,这一说法如今已相对没有争议,然而在20世纪80年代却不会为人所认同。在那时,国际关系界分为现实主义、多元主义与结构主义的范式。

267 如今,英国学派不仅对自己的贡献越来越有自信,也正引起其他理论学派的重视。有什么证据可以证明上述观点呢?首先,介绍国际关系的重点教材都将英国学派包含在内(Burchill等 2001; Dunne, Kurki and Smith 2007)。另外,由剑桥大学出版社出版的英国国际关系协会系列丛书一直有该学派的相关书籍,包括布赞(2004),以及林克莱特与菅波英美(2006)。最后一项依据是国际关系的研究人员(主要来自美国、加拿大、澳大利亚及斯堪的纳维亚半岛)与英国学派的关系,尽管他们中的许多人并不认同自己属于英国学派(Finnemore 1996; Epp 1998; Reus-Smit 1999; Wendt 1999; Jackson 2000; Shapcott 2004; Adler 2005)。

这种地理上的多样性反映了"英国学派"这一标签的不同之处,即使在鼎盛期,其部分代表人物也并非英国人(不过他们都是在英国的大学建立了自己的学术声誉)。英国学派实证方面的不足引发了大量的辩论,即支持该学派思想的人士因不认同这些思想都与某个地域相联系而在一定程度上感到不满。在认识到该学派这一方面不足的同时,也许现在应当承认英国学派已经站稳脚跟,如今每个国际关系专业的本科生都理解这一学派指的是什么。

如今,认同英国学派的学者认为它与建构主义一道占据了国际关系的中间地带;中间地带其实更适合在新现实主义与新自由主义之间的主流理论以及更激进的其他分支(例如批判理论与后结构主义)。学者之所以被英国学派吸引是因为它综合了不同理论和概念。它由此避开了20世纪30、40年代许多伟大学者著作中现实主义与理想主义"非此即彼"的二元框架。它也避开了在20世纪90年代"第四次大论战"时引起激烈争执的解释与演绎的二元之争。面对这些二元之争，英国学派在描述国际关系时试图将理论与历史、道德与权力、能动性与结构结合起来。

该理论如此雄心勃勃的显著后果之一就是英国学派的边界通常不明晰，这也能部分解释有关谁属于英国学派及其与世界政治的其他理论派别有何区别的持续争论。为了探究这些问题，本章的第1节将深入探讨英国学派崛起的背景，特别是其提出关于国际秩序的独创理论的决心。第2节则探讨其核心观点：国家实践由国际规范塑造，由国际制度监管，由道德目的指引，并探讨与国家体系和世界社会这样的抗衡力量的关系。在研究过程中提出的论据揭示了该学派内部各种“差异轴”（Reus-Smit 268
2002，496–499），例如在多大程度上赋予世界社会本体论上的首要地位，进一步说，应当从程序还是实质角度理解社会。

第3节的关注重点从英国学派内部的争鸣转向广义上其在国际关系学界的地位。美国的理论大家是如何看待英国学派的贡献？或者说得更消极一些，他们认为英国学派犯了哪些错误？其中，最重要或许就是与建构主义的争鸣。两个学派所共同秉持的广义社会学假定让英国学派的追随者兴奋不已；突然间，看似过时或与众不同的著作可以根据新的批评方法进行阅读。十多年后，随着英国学派遭到建构主义者的“友军误伤”，曾经的欣喜已经消退。正如我在本章所述，尽管英国学派仍有许多方面需要借鉴建构主义，但它应当保持自己鲜明的观点，因为它在综合上更具潜力，更加公开地坚持某些伦理观。

1 崛起的背景

英国学派可被称为是国际关系领域富有鲜明特色的理论，它与其他分支有着共同的历史和富有生命力的传统。从该学派发展的记载可以看出，其主要领军人物认为自己是学派整体的一部分，并有意识地推动相关的辩论。

1945年后，从英国一流大学任职的学者的著作中已经可以看到他们有意识的、开放的和特点鲜明的研究计划。在曼宁制定的课程大纲中，国际社会的思想发挥着突出的作用。在20世纪50年代，他的同事马丁·怀特提出一种研究方法，将国际社会视为现实主义关于系统逻辑的观点和改革派认为国家体系作为一个整体走向衰亡的观点之间的中间派。怀特最著名的门徒则是布尔，他也对现实主义和理想主义之间的二元选择愈加不满。布尔认为，现实主义打破理想主义者的乌托邦空想，这没有错；但不应排除国家间秩序可以承载变革这一观点。

对国际关系新式分析的探索促使巴特菲尔德成立了英国国际政治理论委员会（Dunne 1998; Vigezzi 2005）。1959年至1984年间，委员会定
269 期开会。委员会各任主席都是古典时期的关键人物：巴特菲尔德（任职到1968年）、怀特（任职到1972年）、沃森（任职到1978年）和1984年在任上去世的布尔。到那时，委员会的工作和那些同情它的学者越来越被视为跟不上新兴理论（如后现代主义和批判理论）和子学科（如对外政策分析和国际政治经济学）。我们毫不奇怪地发现，在对20世纪80年代“学科状态”的反思中，看不到英国学派的身影（Banks 1984; Smith 1987）；新现实主义与其批评者之间的早期论战中也看不到英国学派。然而不到十年，学界对英国学派重新产生了兴趣。20世纪90年代出版的许多有影响力的教科书开始将其作为国际关系理论的分支，与现实主义、自由主义以及各种批评方法并列（Der Derian 1995; Brown 1997; and Sørensen 1999）。除此之外，出现了大量关于国际社会的历史与理论的论著，这些论著都以英国学派作为出发点（特别是Jackson 1990; 1995; Armstrong 1993; Osiander 1994; Welsh 1995; Buzan and Little 2000; Wheeler 2000; Keene 2002; Keal 2003; Clark 2005; 2007; Gonzalez-Pelaez 2005）。

这种范式得以复兴一部分的原因是，学者认识到是英国学派的鲜明立场与支撑新现实主义和新自由主义的理性主义假定是不相容的。此外，就实质性的研究问题上，英国学派长期专注于文化问题和规范性争议，这些问题在90年代逐渐成为国际议程的首要问题。这种势头促使布赞和利特尔一起寻求英国学派的理论化。布赞奠基性的论文《英国

学派：国际关系中未充分开发的宝地》标志着这个新阶段的出现（Buzan 2001）。布赞（2004）随后进一步发展自己的观点，林克莱特和菅波英美也对该学派进行了非常重要的重新评价（2006）。

上文介绍了英国学派崛起的历史和社会学背景。接下来将重点讨论"国际社会"以及如何将其置于世界政治体系的制度与世界社会支柱之间。

2 国际社会：在体系和世界社会之间

英国学派最早的历史记录是他们将自己对国际社会的辩护称为学派的"区分权"（distinguishing power）（Wilson 1989）。在布赞（2004）之后，我现在认为，英国学派不仅需要强有力地说明国家如何形成社会及其原 270
因；它还必须解释这个领域与世界社会的关系。而且比布赞更进一步，笔者认为英国学派的区分权是它对于世界政治体系的三大支柱——制度、国家社会和世界社会——如何相辅相成的综合描述。

根据布尔的理论，制度、社会和世界社会这些范畴是世界政治中已经存在的"元素"，但只有通过诠释设计才能为我们所知。它们是理想类型，突出某些重要特征，同时将不太相关的特征最小化。通过阐明世界历史中的模式的概念，英国学派运用一种与美国主流方法大为不同的"理论"概念。他们没有将概念"变得可操作化"和制定"可检验"的假说，而是将重点放在相互矛盾的概念上，试图定义区别不同历史性与规范性秩序的属性。

有学者将英国学派的理论作为三个重叠领域之间的对话，在进一步讨论之前，有必要考虑有关的反对意见。林克莱特认为，虽然学派将国际社会视为各种复杂国际互动模式中的一个因素，但它仍然是"中心目的"（Linklater and Suganami 2006, 119）。[1]因此，认为这三个领域同等重要就误解了英国学派思想的特质。笔者毫不怀疑推动英国学派诞生的学术动

---

1 虽然林克莱特和菅波的书是二人合著的，但序言中写明了章节作者，因此本书仅引用了林克莱特的部分。

力之一是为现实主义和理想主义之间的中间道路而辩护。我也认识到，英国学派支持者在20世纪90年代出版的许多著作偏重社会领域，部分原因是英国学派希望表明自己并非20世纪80年代许多学者所假设的那样仅仅是现实主义的一种高雅形式。然而，这两点都不能动摇为英国学派辩护最有说服力的论据：英国学派可能比主流理论都更有启发性，因为它试图对全球政治做出综合性的描述，避免了其他理论诸如权力与规范、唯物主义与唯心主义、无政府状态与等级制度、理由与原因等一系列错误的二分法。这就要求我们将国家间规范性秩序与其他两种理想类型置于一处，以说明其边界和约束。

2.1 国际社会：定义，特点与变化

对国际社会可能最明确的定义可以在《国际社会的扩展》这本书的
271 首页上找到。布尔和沃森（1984，1）写道，我们所说的国际社会指的是一组国家（或者更广义上的一组独立的政治团体），它们不仅形成一个体系，在一定意义上任一国家的行为是预测其他国家的行为时必不可少的一个因素，而且通过对话和一致的共同规则和制度确立彼此之间的关系，并认识到维护这些安排符合它们的共同利益。

下面的讨论详细分析了该定义的各组成部分。

国际社会的第一个关键因素是其成员的独特性质，仅限于主权国家。行为体一方面强调自己拥有主权，另一方面承认彼此都拥有这一至高权利，这具有重大的意义（Wight 1977）。显然，相互承认的行为表明社会实践的存在：承认是身份关系的基础。承认是构建国际社会的第一步。如果我们一时怀疑承认进程的社会性质，那些在历史上被拒绝或将来也无法成为国际社会成员的民族很快就会打消我们的疑虑。国际社会扩展的历史是包容与排斥之间的边界不断变化的历史。直到1942年1月，西方国家终于宣布放弃了对华不平等条约，中国才被承认为主权国家。为什么？成员资格，特别在19世纪，是根据“文明标准”确定的，该

标准为内部治理设定了符合欧洲价值观和信仰的条件。在这里，我们看到文化差异对欧洲的国际社会体验有多么重要。中国不被承认为国际社会的合法成员，因此被剥夺了平等的成员资格。如果西方和中国没有认同对方是平等的成员，那么我们应该如何描述它们的关系？ 在这里，我们看到系统—社会的动态关系一般是如何捕捉包容和排斥的历史边界。从19世纪到20世纪初，中国和西方国家之间"互动"频繁，但这是由战略和经济逻辑驱动的。双方都不认为彼此存在共同的价值观和制度，这一点至关重要。例如，中国长期以来反对欧洲外交官常驻其境内并拥有治外法权，而这在欧洲各国已经是长期通行的规则。有理由认为，从1843年签署《南京条约》至1942年中国没有接受欧洲国际社会的规则和制度的时间内，中国是主权国家体系的一部分，但不是国际社会的成员（Gong 1984）。

在合适的成员资格之后，下一步需要思考一个国家"采取行动"的意义。在这方面，英国学派遭到经验主义者的批评，后者认为集体结构不能享有代理权。像国家这样的集体拥有代理权意味着什么？简单来说，各国利用其代表或公职人员作为中介来行事。每个国家都会雇用官员作为其代表，处理下至在领事馆帮助"国民"补办丢失的护照，上至"国家元首"有关的对外事务。因此，在狭义的经验意义上，外交和对外政策领域 272
的精英是国际社会的真正代理人。这也是"国际社会"在18世纪诞生时的最初意义。1736年，安托万·佩凯认为，各个部长组成了一个通过"特权群体"维系的"独立社团"（Frey and Frey 1999, 213）。如果我们寻找国际社会的真正代理人，那我们必须关注外交文化，这是各国代表共有的思想和观念（Der Derian 2003）。

主权国家是国际社会的主要成员；但值得注意的是，它们并非唯一的成员。历史上的异常现象一直存在，这其中就包括天主教会的外交网络，还有授予非国家主体一定的主权，例如在帝国时代，大贸易公司就曾经拥有发动战争和吞并领土的权力。具有影响力的国际非政府组织在向联合国等机构提供意见以及有时参与重大多边条约起草工作时，也可以被认为是国际社会的成员。与国际社会成员资格相关的另一个特别之处在于，主权权利往往由于经济或安全原因受到限制。英国学派的著名学者罗伯特·杰克逊（Robert Jackson 1990）指出后殖民国家是“准”主权国家，虽然它们被国际社会承认，但无法在其国内维持一个有效的政府。类似的，在经历过一定时期的内部冲突或外部军事干预之后，国际机构或占领当局会暂时中止该国的主权。在殖民时期，这种做法经常被描述为托管制度（Bain 2003）；在当代国际社会，是被贴上“过渡行政当局”这样政治敏感度比较低的标签。

在英国学派对国际社会的认识中，相互承认这一因素具有重大意义，但这并不是国际社会存在的充分条件。行为体必须拥有一些最低限度的共同利益，如贸易、旅行自由或只是对稳定的需求。在这里，我们看到了系统的各个方面是如何影响社会发展的潜力。经济相互依存度越高，国家之间越有可能建立制度，实现共同利益和目的。然而，主权国家的独立性仍然是制约共同目标实现的重要因素。因此，在威斯特伐利亚时代的大多数时间内，各国达成一致的宗旨有一个最基本的特征，就是以系统的存亡和其主导单位的存续为中心。全面战争是秩序崩溃的一个例证。但布尔马上指出，即使在第二次世界大战期间，某些战争法仍然受到了尊重。也许更重要的是，这一全面战争时期开启了构建新秩序的尝试，
273 而这项尝试在很大程度上以战前执行的同一套规则和制度为基础。正是基于这个原因，他声称在现代国家体系中“社会因素始终存在”（Bull 1977，41）。该观点引起了建构主义者的不安，他们正确地指出：如果“社会”产生秩序，那么在秩序明显崩溃的历史时期，社会又如何继续存在（Finnemore 2001）？

2.2 国际社会的类型

针对芬尼莫尔提出的问题：为了实现更好的发展，英国学派还需要什么？答案之一便是提供更清晰的基准，以便评估国家间秩序中存在多少“社会因素”。在国际社会的光谱比较弱的一端，我们发现了一个完

全为了维护秩序而设限的制度安排。在多样文化的世界中，成员国具有不同的传统和政治制度，它们唯一都愿意承担风险采取集体行动的就是维护国际秩序。没有秩序，系统的稳定性就会遭到质疑；唯有秩序，各主体才能生存。然而，国家间形成何种国际社会受到无政府状态的限制和约束。因此，国际社会不能等同于和谐秩序，而是一种可容忍的秩序，它优于现实主义者的期望，但又逊于世界主义者的期盼（MacMillan and Linklater 1995）。

在多元化的国际社会，体制框架适应了维护国家自由和国家间秩序的需要。正如道路规则一样，国际规则之所以得到遵守是因为这相对来说是没有成本的，但却带来了巨大的集体利益。一个很好的例子就是关于大使和外交特权的详细规则。几个世纪以来，一国代表不受东道国法律约束这项原则在各国得到了普遍遵守。有许多这样的例证表明共存规则已经主导了国家的实践。多元化规则和规范“提供了一种共存结构，它建立在相互承认各个国家是独立且法律上平等的社会成员这个基础之上，它们不可避免地依赖于自保和自助以及受到最低限度的限制以推动实现自己目标的自由”（Alderson and Hurrell 2000, 18）。要完全理解多元化秩序，只需要强调英国学派认为大国、有限战争和力量平衡都是“制度”。布尔及其同事所说的“制度”指的是有助于维持秩序的做法，该类做法经历了多个世纪的演变。例如，如果力量平衡对维护国家自由至关重要，那么当崛起大国威胁到体系平衡时，守成大国就必须准备进行有力干预。

多元主义的规则和制度是否满足我们当代世界的需要？这是一个在英国学派中引起不同反响的问题。一方面，像杰克逊这样的传统主义者 274
（2000）认为，多元化的国际社会是对人类多样性在制度上的适应：一个基于主权和不干预规范的社会所具备的一大优势，就是这种安排最有可能实现自由在道德层面上的价值。

批评者认为多元主义未能履行其承诺。20世纪中，国家间持续不断的战争表明，主权规范并不能有效地阻止一个国家遭受欺凌。而且，对多元主义至关重要的不干涉原则使得国家精英们恣意虐待本国公民却免于惩罚。由于这些原因，布尔和文森特都接受了关于国际社会的另一种理论，认为如人权等普世价值制约了国家主权的行使。这里的指导思想就是，个人与伟大的人类社会联系起来的纽带要比将他们分离的多元化规则和制度更加牢固，这也是统一主义这一术语的意思。

布尔从国际规则的集体执行和对人权的维护两个方面定义了统一主义的国际社会。它有别于世界主义，后者在实现普世价值的体制安排上抱有不可知的态度：一些世界主义者认为世界政府是最佳选择，而另一些世界主义者则希望完全放弃正式的政治等级制度。相比之下，社会连带主义是国际社会的延伸，而非其转型。像多元主义一样，统一主义是根据共享价值观和制度定义的，通过具有约束力的法律规则成为一个整体。不同之处在于统一主义价值观的内容及其规则和制度的特征。在价值观方面，在一个统一主义的国际社会中，个人享有基本权利。这又要求修改主权规范，使国际社会成员有义务强行加以干预以保护这些权利。在这一点上，布尔对于统一主义者的暗示表示质疑。他认为人权原则的执行有可能会削弱国际秩序。除非在权利要求的意义和优先权上达成更多共识，他所谓的“早熟的全球统一主义”将会造成更多的害处，而非益处。

在冷战后相当一段长的时期内，英国学派的规范性辩论是按多元还是统一划界的。一方面，杰克逊（2000）为坚持多元化规范有力地辩护，而惠勒（2000）则提出了有说服力的观点，为统一主义立场上的权利与义务辩护。布赞正确地指出，该论战一大消极后果就是它假定规范的多元及其程度主要是国家间领域的问题，而不是去理解它如何塑造并改变跨国和人际领域。

尽管“多元主义与统一主义”的争论是冷战后英国学派思想发展
275 差异的主要轴心之一，但从今天事后来看，这一争论愈发变得像该学派规范性领域内的一场对话。除了规范性的一面之外，我们还看到了由布赞本人引领的分析性研究的出现，这在利特尔的著作中也能看到。前者着重对国际社会结构如何演变/改变进行历史性叙述（例如Armstrong

1993; Wheeler 2000; Bain 2003; Keal 2003; Linklater and Suganami 2006)，而后者对多个领域和类别的分析性解释及其是如何相互冲击的进行探索(Watson 1992; Wæver 1998; Buzan and Little 2000; Little 2000; Buzan 2004)。

2.3 系统的要素与世界社会

怀特和布尔都认识到，对世界政治展开复杂分析需要一个系统构成要件。然而，他们对"系统"中霍布斯动力学的讨论并不一致且欠缺说服力。在笔者看来，英国学派的世界政治理论中这个至关重要的因素应被完善，而不是像布赞(2004，106)所主张的应被抛弃。布尔将该系统定义为各群体之间进行互动的场所，但该场所中不存在共享的规则或机构。为了系统的诞生，互动的强度必须足够高，使得"每个群体的行为都是其他群体考量中的必要因素"(Bull 1977, 12)。

系统的概念在英国学派的世界政治理论中扮演了三个重要的角色。首先，如上所述，系统/社会的区别为回应国际社会的延伸广度提供了一个规范性基准(Wight, Wight, and Porter 1991)。其次，通过观察系统的形成，可以识别塑造和推动国际和世界社会的机制。再次，该制度的类别可以用来捕捉世界政治中的基本物质力量：信息和贸易的流动、破坏能力所达到的水平，以及行为体影响环境的能力。让笔者逐一简要地探讨这些角色。

英国学派关于国际系统的分类，或更准确地说是一个国家间系统，这与现实主义思想对系统理论的使用有很多共通之处。而它们之所以被区别开来，在于英国学派对系统的首要兴趣来源是系统让我们了解到了国际社会的历史。如果采取布尔的发展观分析系统和社会之间的关系，那么社会的存在很明显是系统存在的前提。这可以引出一系列有趣的讨论，系统何时成为一个社会？需要什么级别和类型的互动促使主体把彼此本身当作目的？在什么情况下，社会可能会重新陷入系统性的秩序？在这种秩序里，它们的行为相互影响，但不存在相互认可，或不接受共同

276 的规则和制度框架。英国委员会关于非殖民化的著作将重点放在了非西方世界逐渐被纳入一个由主权国家形成的全球化社会。同样重要的是，如果国际社会中的主导行为主体不再遵守规则并以破坏国际安全的方式采取行动，系统性互动在未来仍是可能的安排。除非大国对国际社会采取灾难性的行动，严重的核对抗这一假设才会成为现实。如此，社会将重新回到系统。

国家体系的概念亦有助于识别成员与身处国际社会之外国家的现有边界。流氓国家和失败国家身处国家体系的黑暗角落。但是，这并非意味着流氓国家完全游离于规则与制度框架之外，而是指它们的行为受到更加严格的审视。国家体系里的行为体本可以设计如何与国际社会的成员展开交流，它们甚至还会遵守条约或其他规则。但是除非沟通双方表示相互尊重以及加入国际社会，这些沟通仅仅是系统性的。

对体系领域的思索也使我们高度关注物质力量分布所带来的下行压力。在布尔的著作中，我们可以找到两条有关国家体系影响国际社会的重要例证。首先，他提出全面战争“在任何时期都是塑造（国家）体系的基本决定因素”（Bull 1977, 187）。即使在冷战时期，北约和华约国家之间也没有互相使用核武器，这些核武器存在的本身就是对两个超级大国角力的关键约束。如果苏联只拥有常规武器，美国及其盟友会坐视中欧各国倒向苏联的势力范围吗？全面战争和破坏力被认为是国家体系的基本决定因素，与此相类似，也可以在英国学派中发现国家体系的平衡逻辑这一观点。在无政府状态下，没有压倒性的力量来解除主体的武装和监督制度，各国都不愿看到霸权的出现（Watson 1992）。重视力量平衡的学者指出，现代史上反复出现为了阻止（国家）体系的定序原则发生变化，大国组成联盟打败拥有称霸雄心的国家。即使这种倾向性要求国家为维护力量平衡而有所作为，仍然可以有充分的理由证明国家体系的存续依赖于国家的制衡行为，制衡已经成为（国家）体系的内在特性。与国际社会力量平衡的制度有所不同的是，它并非机械性的，而是在缺乏世界政府的背景下出于自保策略的深思熟虑的政策结果（Wight 1978）。

体系性的视角不仅能展示主体的顺序，也使我们关注技术发展的程度、物质权力的分配以及各主体的互动能力。这些因素合起来告诉我们 277
关于主体行动能力的大量信息，特别是其范围（是本地、地区还是全球行为体？）。技术水平可以看作是主体的属性，一个典型的例子是某国是否拥有核武技术。但是，从体系的角度思考技术也是有益的，特别是在通信、运输和破坏力程度等领域。例如，某国的主要运输方式仍是马车，而另一国的人员及物资运输则通过超音速飞机、高速铁路和巨型轮船等。这些技术的传播“改变了国家体系作为整体的互动能力的质量和特征”（Buzan, Jones, and Little 1993, 70）。

这些属性为什么是系统性的？因为它们中的大多数处于国家维护秩序及追求正义的制度安排之外。以20世纪40年代初至冷战伊始的英国国际地位为例：二战期间，英国是塑造战后国际秩序的三巨头之一。而到了1948年，尽管其外交网络仍遍布全球，英语仍然是主流语言，其价值观处于优势地位，但英国已逐渐成为政策的接受者而非制定者。这些软实力优势无一能将这一体系改造为多极体系。虽然这不是宣扬多元决定论，通过体系描述这些从行为体视角来看不可撼动的因素，例如地理位置、人口基数，还有科技与经济实力，总还是有益的。当然，这些因素长期来看并非一成不变，地理“距离”会随着时间发生改变，过去几十年的全球化就证明了这一点。

英国学派的第三个要素是世界社会。世界社会与国际社会相似，但有一个关键的区别：它指的是“连接人类群体所有全部”的共同利益和价值观（Bull 1977, 79）。文森特对世界社会的定义像一个菜单，罗列了传统上国际社会之外所有实体的道德关切：个人对人权的诉求、土著居民自治的诉求、跨国企业打破主权国家边界的需求，以及代表为殖民地国家对可回溯性正义的诉求。人权无可争辩地处于世界社会这一英国学派经典概念的核心。在记录人权的发展过程时，需要展示现代晚期的都市文化是如何为世界社会塑造新的制度安排。

世界社会演进的一大标志是国际人道主义法的出现。《联合国宪章》

278 代表了这一演进的重要阶段，反映了国家间与世界社会的动态互动。公正、权力和基本自由在《宪章》中占据突出的位置；之后种族平等的普世规范、严禁酷刑以及发展权等也纳入其中。国际刑法的各种变化极大程度上限制了国家领导人获得在任期间所犯人道主义罪行豁免的情形。类似地，国际刑事法院的罗马规约规定国家代理人要对战争罪行负责，在《宪章》之外又增加了一层国际管辖。简而概之，英国学派的一位权威总结道，“这些可以理解为从国际社会向世界社会清晰的过渡”（Armstrong 1999, 549）。然而，这种观点低估了世界社会的制度发展对于国际社会中核心国家理念与物质支持的依赖程度。

世界社会并不仅仅意味着植根于权力、正义等自由主义概念的跨国价值观愈加重要。跨国认同可以建立于仇恨与排斥之上。在纷繁复杂的世界公众意见中，最强烈的身份认同是基于信仰，而非国家。这就滋生了相抗衡的意识形态，如原教旨主义基督徒的解放运动与部分穆斯林群体的圣战。在英国学派看来，这可以放在殖民地独立斗争过程中先前对于西方支配的反抗这一背景中考虑。

3　英国学派及其批评者

某一国际关系理论的拥护者声称自己被“误解”是司空见惯的。从20世纪70年代至90年代早期，英国学派的代表人物被认为是引入国际无序的大国支配等现实主义的关键假定的传统派。似乎是为了挑起一场论战，约翰·米尔斯海默近来提出了一种相反的观点：巴特菲尔德、怀特与布尔都是“冷战理想主义派”（Mearsheimer 2005, 144）。本章试图表明，英国学派不能简单地被归结为现实主义或理想主义，尽管对系统性力量的关注借鉴了现实主义的洞察，而世界社会中的过程（例如，我们日益增强的道德感）与理想主义相交叠（Bull, in Hurrell and Alderson 1999）。

与英国学派积极开展理论交流的就有建构主义。不过，建构主义者
279 指出了英国学派核心研究中大量的概念混乱及理论建设的不足。接下

来，我将探讨建构主义带来的挑战，研究英国学派是否有能力修正其理论，并保持其与建构主义理论的差异性。

克里斯蒂安·罗伊–斯米特撰写了大量文章，确立了英国学派与建构主义之间论战的条件（Reus-Smit 2002; 2005）。他正确地指出，20世纪90年代中期发表两者应趋同融合意见的学者对于这两种范式的解读都过于狭隘。一方面，温特的著作被认为代表了建构主义派的思想；另一方面，在英国学派"国家构成国际社会"这一基本观点之下，也没有学者挖掘其丰富的内容。

由于篇幅有限，在此就不对英国学派和建构主义之间的界限做长篇的讨论，不过笔者还是要对论战中已经出现的两个重要问题进行反思。首先，与建构主义形成反差的是元理论正确性对英国学派的重要性。建构主义者在理论上反思集体行动的含义、规范的地位、结构和能动者的相对优先、因果关系，以及社会化的过程。相反，在没有清晰的元理论反思的情况下，英国学派的视角更倾向于在规范和制度的演变和争论上进行叙事。这种差异的原因之一就是建构主义所诞生的美国主要的政治学系对所有博士候选人和年轻科研人员在严谨的方法论和认识论方面的要求。同时，还要求他们以排他性的方式认同某种范式。建构主义是作为国际关系中占主导地位的理性主义方法的替代理论出现的：由于理性主义在英国并不受人关注，因此英国学派无须，也无意成为元理论上的例外。

这并不是说，英国学派的主要成员避免与政治学科存在任何联系。事实上，2001年英国学派重新兴起的背后推动因素之一正是把理论建设提高到一个新水平。布赞在《国际研究评论》(*Review of International Studres*)中发表了论文（2001），发挥了议程设置的作用，同时几个英国学派之外的学者受邀发表评论。芬尼莫尔从建构主义者的角度提出了一系列关于学派方法和理论观点的尖锐问题。对因果解释的探索推动着美国的国际关系理论，芬尼莫尔（2001，513）遗憾地指出，"我不确定英国学派也对此有兴趣"。

林克莱特和菅波（2006）在他们最近出版的《英国学派的国际关系》

280 一书中接受了这个挑战。他们认为，布尔在其经典著作《无政府社会》(1977，74–75)中明确提出了这个问题：规则和制度是否是国际秩序存在的“必要充分”条件。布尔的问题在于，答案不可能是明确的，因为因变量(秩序)是自变量(制度)的原因。“导致”国际秩序产生的同样那些规则和制度也构成了共同知识的一部分，激活了社会行动并使其能够被理解。

英国学派需要更清楚阐明的是，理想型的系统、社会和群体如何解释在国际系统中的重要动态，布赞已经开始这么做了。这并不奇怪，建构主义者要求进一步澄清这些理想型的状态以及它们之间的关系。芬尼莫尔写道(2001，509)：“你看到一个国际社会(或国际体系或世界社会)时，你怎么知道它真是如此？”正如笔者在其他地方曾经说过，这些是分析范畴，而不是属于现实世界的实体。国际社会“不是你看到的东西，而是一个理念，据此可以理解当代国际关系的一个方面”(Linklater and Suganami 2006, 103)。

怀特的著作(1977)主要展示个人的思考和行动如何加强或改变规范秩序。他在比较历史上各个国际社会时充分利用了异教、实用哲学、修辞学、宣传，以及他能够发现的任何其他语义线索。外交条约和法律判决也被证明是研究的丰富来源，揭示了过去任一时间对国家体系的主流认识(Osiander 1994; Keene 2002; Clark 2005; 2007)。在国际社会理念的历史上，建构主义并非没有关注意义和理解(尤其是Fierke 1998; Rae 2002)，但英国学派的著作中可能更清楚地体现这一点。

英国学派对“规范”的处理比主流建构主义理论明显更具有规范性。文森特(1986)和托马斯·里斯(Thomas Risse)、史蒂夫·罗普(Steve Ropp)和凯瑟琳·辛金克(Kathryn Sikkink 1999)对人权的态度就是例证。文森特试图对人权提供规范性辩护。他认为，我们应该捍卫公民安全和生存的普遍权利；落实这一基本权利需要重新思考主权国家的权威和合法性。文森特观点的结构与经典英国学派理论相同。因为对非公民的职责不够重视，现实主义被摒弃；而彻底的世界主义也被拒绝，因为在各国国内公众心中，本国的公民比陌生人重要。因此，文森特在争论国际社会的规范性概念时，努力探索人权的复杂性。

里斯、罗普和辛金克的合著关注的是人权规范的状态。它们对实践有什么影响？我们如何解释变化？通过什么过程，行为体被社会化，从而遵守规范？解决后一个问题使用的是“螺旋模型”，从压制开始，到主权 281
国家将人权规范和惯例完全内化（Risse and Sikkink 1999）而结束。值得注意的是，里斯、罗普和辛金克的这部著作没有公开讨论道德普遍主义的正确性，其精华是分析国际规范如何成为国内实例。

“9·11”事件之后人权的倒退对建构主义分析提出了重要的质疑，尤其是社会化的过程是否是可逆的。正如笔者上文所述，英国学派的观点是将人权的制度化置于国际政治中系统、社会和群体的互动之中。经典派学者如怀特和沃森，认为存在一个围绕着单一来源的、权力的向心动力。一旦这种向心力达到一个临界点，挑战后威斯特伐利亚秩序所依赖的多元化规则和制度的条件就存在了。在关于美国（及其西方盟国）以自身形象建设世界秩序中发挥什么作用的争论中，这一思路直指这场争论的核心。除了具有全球经济和军事影响力的不平衡大国的出现，另一个重要的系统逻辑就是“新恐怖主义”。协调有序的伊斯兰恐怖网络愿意使用暴力，削弱了国际社会垄断暴力并规范其使用的观点。

试图发动先发制人的战争的帝国已经出现，非国家行为体已经在战争法则的框架之外使用暴力。将这两大趋势相结合，我们会得出结论认为布尔的担心是对的，国际社会这一要素正在衰落。在这一背景下，就像国家间秩序的丧钟之前已经多次敲响，社会这一要素仍可能有足够的韧性，抵御美国霸权的力量、跨国虚无主义的挑战。 282

参考文献

Adler, E. 2005. Barry Buzan's use of constructivism to reconstruct the English School: "not all the way down." *Millennium: Journal of International Studies*, 34: 171–82.

Alderson, K., and Hurrell, A. (eds.) 2000. *Hedley Bull on International Society*. Basingstoke: Macmillan.

Armstrong, D. 1993. *Revolution and World Order: The Revolutionary State in International*

Society. Oxford: Clarendon Press.
—— 1999. Law, justice and the idea of world society. *International Affairs*, 75: 547–61.
BAIN, W. 2003. *Between Anarchy and Society: Trusteeship and the Obligations of Power*. Oxford: Oxford University Press.
BANKS, M. 1984. The evolution of international relations theory. Pp. 3–21 in *Conflict in World Society: A New Perspective on International Relations*, ed. M. Banks. Brighton: Harvester.
BROWN, C. 1997. *Understanding International Relations*. New York: St Martin's Press.
BULL, H. 1977. *The Anarchical Society: A Study of Order in World Politics*. London: Macmillan.
—— and WATSON, A. (eds.) 1984. *The Expansion of International Society*. Oxford: Clarendon Press.
BURCHILL, S., DEVETAK, R., LINKLATER, A., PATERSON, M., REUS-SMIT, C., and TRUE, J. 2001. *Theories of International Relations*, 2nd edn. Basingstoke: Palgrave.
BUZAN, B. 2001. The English School: an underexploited resource in IR. *Review of International Studies*, 27: 471–88.
—— 2004. *From International to World Society? English School Theory and the Social Structure of Globalisation*. Cambridge: Cambridge University Press.
—— JONES, C. A., and LITTLE, R. 1993. *The Logic of Anarchy: Neorealism to Structural Realism*. New York: Columbia University Press.
—— and LITTLE, R. 2000. *International Systems in World History: Remaking the Study of International Relations*. Oxford: Oxford University Press.
CLARK, I. 2005. *Legitimacy in International Society*. Oxford: Oxford University Press.
—— 2007. *International Legitimacy and World Society*. Oxford: Oxford University Press.
DER DERIAN, J. (ed.) 1995. *International Theory: Critical Investigations*. Basingstoke: Macmillan.
—— 2003. Hedley Bull and the case for a post-classical approach. Pp. 61–94 in *International Relations at LSE: A History of 75 Years*, ed. H. Bauer and E. Brighi. London: Millennium.
DUNNE, T. 1998. *Inventing International Society: A History of the English School*. New York: St Martin's Press in association with St Antony's College.
—— KURKI, M., and SMITH, S. (eds.) 2007. *Theories of International Relations: Discipline and Diversity*. Oxford: Oxford University Press.
EPP, R. 1998. The English School on the frontiers of international society: a hermeneutic recollection. Pp. 47–63 in *The Eighty Years' Crisis: International Relations 1919–1999*, ed. T. Dunne, M. Cox, and K. Booth. Cambridge: Cambridge University Press.
FIERKE, K. 1998. *Changing Games, Changing Strategies: Critical Investigations in Security*. Manchester: Manchester University Press.
FINNEMORE, M. 1996. *National Interests in International Society*. Ithaca, NY: Cornell University Press.
—— 2001. Exporting the English School? *Review of International Studies*, 27: 509–13.
FREY, L. S., and FREY, M. L. 1999. *The History of Diplomatic Immunity*. Columbus: Ohio State University Press.
GONG, G. W. 1984. *The Standard of "Civilization" in International Society*. Oxford: Clarendon Press.
GONZALEZ-PELAEZ, A. 2005. *Human Rights and World Trade: Hunger in International Society*. London: Routledge.
HOFFMANN, S. 1977. An American social science: international relations. *Daedulus*, 106: 41–60.
JACKSON, R. H. 1990. *Quasi-States: Sovereignty, International Relations, and the Third World*. Cambridge: Cambridge University Press.
—— 1995. The political theory of international society. Pp. 110–28 in *International Relations Theory Today*, ed. K. Booth and S. Smith. Cambridge: Polity.

—— 2000. *The Global Covenant: Human Conduct in a World of States*. Oxford: Oxford University Press.

JACKSON, R. H., and SØRENSEN, G. 1999. *Introduction to International Relations*. Oxford: Oxford University Press.

KEAL, P. 2003. *European Conquest and the Rights of Indigenous Peoples: The Moral Backwardness of International Society*. Cambridge: Cambridge University Press.

KEENE, E. 2002. *Beyond the Anarchical Society: Grotius, Colonialism and Order in World Politics*. Cambridge: Cambridge University Press.

LINKLATER, A. 2001. Rationalism. Pp. 103–28 in Burchill et al. 2001.

—— and SUGANAMI, H. 2006. *The English School of International Relations: A Contemporary Assessment*. Cambridge: Cambridge University Press.

LITTLE, R. 2000. The English School's contribution to the study of international relations. *European Journal of International Relations*, 6: 395–422.

MEARSHEIMER, J. J. 2005. E. H. Carr vs. idealism: the battle rages on. *International Relations*, 19: 139–52.

MACMILLAN, J., and LINKLATER, A. 1995. *Boundaries in Question: New Directions in International Relations*. London: Continuum.

OSIANDER, A. 1994. *The States System of Europe, 1640–1990: Peacemaking and the Conditions of International Stability*. Oxford: Oxford University Press.

RAE, H. 2002. *State Identities and the Homogenisation of Peoples*. Cambridge: Cambridge University Press.

REUS-SMIT, C. 1999. *The Moral Purpose of the State: Culture, Social Identity, and Institutional Rationality in International Relations*. Princeton, NJ: Princeton University Press.

—— 2002. Imagining society: constructivism and the English School. *British Journal of Politics and International Relations*, 4: 487–509.

—— 2005. The constructivist challenge after September 11. Pp 81–95 in *International Society and its Critics*, ed. A. J. Bellamy. Oxford: Oxford University Press.

RISSE, T., and SIKKINK, K. 1999. The socialization of human rights norms into domestic practices: introduction. Pp. 1–38 in Risse, Ropp, and Sikkink 1999.

—— ROPP, S. C., and SIKKINK, K. (eds.) 1999. *The Power of Human Rights: International Norms and Domestic Change*. Cambridge: Cambridge University Press.

SHAPCOTT, R. 2004. IR as practical philosophy: defining a "classical approach." *British Journal of Politics and International Relations*, 6: 271–91.

SMITH, S. 1987. Paradigm dominance in international relations: the development of international relations as a social science. *Millennium: Journal of International Studies*, 16: 189–206.

VIGEZZI, B. 2005. *The British Committee on the Theory of International Politics 1945–1985: The Rediscovery of History*. Milan: Edizioni Unicopli.

VINCENT, R. J. 1986. *Human Rights and International Relations*. Cambridge: Cambridge University Press.

WÆVER, O. 1998. Four meanings of international society: a trans-atlantic dialogue. Pp. 80–144 in *International Society and the Development of International Relations Theory*, ed. B. A. Roberson. London: Pinter.

WATSON, A. 1992. *The Evolution of International Society: A Comparative Historical Analysis*. London: Routledge.

WELSH, J. M. 1995. *Edmund Burke and International Relations: The Commonwealth of Europe and the Crusade against the French Revolution*. Basingstoke: Macmillan.

WENDT, A. 1999. *Social Theory of International Politics*. Cambridge: Cambridge University Press.

WHEELER, N. J. 2000. *Saving Strangers: Humanitarian Intervention in International Society*. Oxford: Oxford University Press.

WIGHT, M. 1977. *Systems of States*, ed. H. Bull. Leicester: Leicester University Press for the London School of Economics and Political Science.

—— 1978. *Power Politics*, ed. H. Bull and C. Holbraad. Leicester: Leicester University Press.

—— WIGHT, G., and PORTER, B. 1991. *International Theory: The Three Traditions*. Leicester: Leicester University Press for the Royal Institute of International Affairs.

WILSON, P. 1989. The English School of international relations: a reply to Sheila Grader. *Review of International Studies*, 15: 49–58.

第十六章

英国学派的伦理观

莫莉·科克伦

英国学派理解伦理是研究世界政治的关键因素。然而，英国学派从来无意于评价政治家的选择在道德上是否正当。英国学派很少做出评价性结论。纵观其历史，英国学派学者所做的任何判断仅限于他们认为对负责任的国际社会管理所必需的。在英国国际政治理论委员会(British Committee on the Theory of International Politics)存在的那个时期，也就是英国学派的经典时期(1959—1985)，道德怀疑主义使得他们不愿意，也没有能力以任何可持续的手段去推定国际社会的“善”一面。

在蒂姆·邓恩所说的“后经典阶段”或英国学派第二代学者中，可以看到遵循道德怀疑主义传统的学者也开始主动参与到道德哲学的争论中，他们的这种意愿是自英国国际政治理论委员会成立以来所未见的。今天，英国学派的学者提出国际社会作为一种道德关切是否可行。尽管提出了这一问题，道德怀疑主义的阴影仍挥之不散，而英国学派仍旧依赖实证主义。本章认为，英国学派传统在多大程度上证明自己成为解决国际伦理问题的一种方法，取决于它是否可以制定道德哲学判断的可行标准，并将其应用于这一学派所思考的主题和关切之上。 286

本章将解决以下问题：按照英国学派的观点，伦理在国际社会多大范围内存在？在英国学派传统内，这些观点是否随着时间的变化而改变？该传统所运用的各种伦理概念是否也随着时间而变化？一种是极低，一种是极高，究竟哪一种定义英国学派最合适？本章在讨论过程中也会参考英国学派与其他学派之间的关系，如现实主义和批判理论及其对国际伦理的认知。

1 何种伦理？道德底线论（moral minimalism）对道德极致论（moral maximalism）

1.1 国际政治理论英国委员会时期的英国学派

如前一章的讨论，英国学派与现实主义传统有着重要的关联，但是也有显著的不同，尤其在国际伦理这一议题上。杰克·唐纳利在本书的其他章节中写道，现实主义伦理最好被看作是“对不恰当地应用道德标准的警告”。自成立之初，英国学派就已经做出了这样的警告，至今仍旧如此。更进一步说，现实主义伦理可以说允许存亡之际的各国在利益上重合，政治家也可以在利益重合领域采取行动，产生国家间的边际合作和责任。对于很多现实主义者来说，这是一种脆弱却并非没有根据的伦理可能性。对于英国学派的学者来说，这种观点是世界政治中的一种有限伦理；相反，超越生存之外，存在着更广泛和更深入地分享利益的国家社会。

对于汉斯·摩根索（2005，240–269）这样的现实主义者来说，他认为国际社会确实存在，并支持这样一个超国家范畴的社会承担道德责任。摩根索的这种看法来源于17世纪到19世纪盛行的贵族外交文化，但是随着民族主义和民主的崛起，这种贵族外交文化逐渐衰落。摩根索认为，这些贵族深信并理解到自己是人类世界共同体的一分子，当他们的外交文化崩塌时，这种国际伦理的可能性也随之倾覆。

现实主义宣称国际社会并不存在，道德原则在当代世界政治中几乎没有因果力量。英国学派对这一现实主义观点提出挑战。尽管摩根索和英国学派认识到国际社会的概念包含对某种整体的责任感，但是他们在理解谁是这个整体、哪些因素构成这个整体以及这些责任的本质上发生了分歧。对于摩根索来说，国际社会的成员是贵族，他们能够为自己的外 287
交活动承担责任，因此构成了一种个人道德体系；国际社会成员所承担的更广泛的义务来源于一种极致伦理的思想：在国际社会里某些行为面临着“绝对障碍”。如果贵族个人没有冒上失去地位和权力的风险，那么权宜之计或利益的论调并不会有太大影响力。

与此相反，英国学派并不认为国际社会由贵族外交官组成，而是由国家构成的。尽管面临民主和民族主义崛起，这些国家及其代表能够，也确实怀有对整体的责任感；这种责任感并不是依赖一种共同的贵族或世界共同体文化，而是基于共同利益。随着时间的推移，这种共同利益可以产生合作，建立共同的规则和制度。然而，在成立之初，英国国际政治理论委员会并不清楚，在一个国家社会里义务是否在某种程度上是次要的。该委员会还曾辩论国际伦理是否如摩根索所认为的，要求个人具备按照自然法或基督教信仰的绝对标准行事的道德感。

在成立初期，委员会举行的伦理讨论专门关注自由意志是否可能存在，个人是否可以在世界政治中做出道德判断（国际社会由此才能为人类的福祉努力），或者从悲剧、决定论和消极主义的角度理解国际政治是否更加合适。这一时期该委员的工作受到赫伯特·巴特菲尔德（Herbert Butterfield）、马丁·怀特（Martin Wight）和唐纳德·麦金农（Donald Mackinnon）等基督教消极主义道德怀疑论者的影响。那么，这些基督教消极主义者对进步和国际伦理能持多少期望？

作为这一群体中的哲学家，正是麦金农向该委员会提出了国际政治和伦理研究中的道德怀疑论问题。为了引导讨论，他向委员会提出了两个有关国际伦理的观点：（1）基于自然法观念或共同生活方式的善的观念；（2）一种建立在生活方式（modus vivendi）之上较弱的义务观念和基于效用原则的利益平衡。

麦金农支持基于善的观念之上的国际伦理概念。他认为，国际伦理要求我们探究事关正确和错误的问题，还要求我们将个人道德问题（基于正义与基于同情的主张之间的冲突）转化为新层面上的不同术语，即国际领域（Mackinnon 1962a, 9）。例如，麦金农（1960，16）认为当一个人说一种行为是错误的，当一个人感到有必要批评他的领导的时候，那么自然法“侵入了我们的意识”，并且以“‘自然法’的名义我们可以认为有些
288 风险是人类无权在所处的世界承担的”。尽管麦金农（1960，19）支持人应该对形而上学的可能性保持怀疑的态度，但他认为自然权利的观念作为“一种抗议的话语表达”拥有“非凡的韧性”。麦金农（1962b，21）想要完全抛弃两极化的分类方式，并以康德为例：“康德知道人类生活一直都是一种理念和现实之间的相互交织，令人好奇，而且没有先例。作为一名深刻的道德主义者，他坚持认为，我们不能为了摆脱这一相互交织而寻找任何简单的办法。”

无论委员会是否受到麦金农解读康德的影响，学者普遍认为委员会采纳的任何国际伦理概念都是从理解这种相互交织关系开始的。尽管摩根索在思考国际伦理时首先提出的是一个非此即彼的命题：要么有一种不受国际政治中的权宜之计和利益论调影响的个人道德体系，要么国际伦理就不存在；而委员会首先认识到：个人道德标准、理想、悲剧的事实、不确定性、利益和权力等国际实践的组成部分是不可分割的。

委员会的主要问题是：**在面临理念与现实的这种相互交织时，哪一种伦理观是可能的？更极致的，还是更有底线的？**麦金农和德斯蒙德·威廉姆斯（Desmond Williams）认为对国家行为体的道德限制确实存在，使用像自然法一样的习语在国际实践中很常见。巴特菲尔德和怀特并不同意这种观点。他们不能像麦金农和威廉姆斯那样，赋予这些习语相同的道德力量（BCTIP 1960a, 2; 1960b, 8; Wight 1966, 128）。相反，理念和现实之间的交织意味着任何流行的国际伦理概念都会被削弱，但是这完全不会影响国际伦理的可能性。

怀特为英国学派的伦理观做出了独特的贡献。他首先提出了一种介于个人道德与国家理性或现实政治之间的中间派伦理观。怀特将这种中间道路伦理观称为“政治道德”，并将其置于西方价值观的中心位置。政治道德是基于这样一种观念：“政府不仅对人民负有义务，政府之间也负有义务，人与人之间也负有义务。”（Wight 1966, 128）怀特反驳了国家社会的政治家做出的决定缺乏道德价值这一观点，他认为这是因为他们往往本质上只是工具性的。怀特（1996，128）写道：“政治上的权宜之计本身必须考虑到其所影响的那些人的道德观念，甚至还要结合政治家自身的道德观念。因此，权宜之计被弱化为审慎，而审慎是一种美德。”

怀特通过中间媒介理解国际伦理，虽然他怀疑，但并不否认国际社会存在否定道德的可能性。实际上，怀特（1966，130–131）写道：“坚持道德标准本身往往会强化政治生活的结构。”然而，本着与道德怀疑论一致的 289
立场，怀特不愿支持这些标准是“真理”；按照怀特（1966，131）的说法，这是“历史哲学或宗教信仰”问题。

委员会对伦理和世界政治的思考在赫德利·布尔（Hedley Bull）加入之后不久发生了一个关键的改变：将国际伦理作为一种“善”、一种极致论伦理的严肃思考消失了。道德绝对论对于布尔来说是不可行的，他基于自己对国际社会的多元理解提出了自己的中间道路伦理观。布尔将国际伦理理解为国际社会管理：以主权、不干涉、自决和宽容的规范为基础的行为准则。

在多元的国际社会里，基于维护一个不同国家组成的世界的共同利益，各个国家同意“某些最低限度的目的”，并受到“共存条约”的约束（Bull 1966b, 52）。共存的结构“取决于赋予各国权利和义务的规范或规则”（Bull 1977, 91）。总的来说，建立在“有见识的利己和法律这重要基础之上的”是程序规则，而不是道德规则。但是，布尔认为，国家间正义的观念确实会在联结各国的利益中出现。例如，主权和自决就适用于所有国家。因此，共存条约也会被“道德重要性”所加强（Bull 1977, 81–82, 91）。

然而，布尔却并没有赋予国家间正义任何否决道德的能力；也就是说，他并不支持道德极致论，不仅仅是维护国际社会秩序的“善”。实际上，布尔唯一愿意考虑的道德极致论的观点与学术义务有关。将超越国家社会能够承受的共识纳入当前国际社会的规范和规则，在他看来是一种失职（Bull 1966a）。

总而言之，怀特和布尔的观点类似：国际关系中存在一种伦理观，尽管它并不是根据普遍道德原则建立在对与错的理念之上的。相反，他们理解的国际伦理是建立在国家实践之上的对错观念。这种实证基础或出发点是怀特和布尔所共同支持的道德怀疑论的结果。然而，在他们的国际伦理可能性的观念中存在一个关键的区别——为何布尔的中间道路伦理观相比怀特更多地依赖麦金农第二个伦理的理念。那是因为布尔的道德知识怀疑论是完全世俗的，反对任何以及所有基于哲学的道德要求，而怀特从未在基督教信仰的基础上有所动摇。

但是，布尔（1977, 4–5）对于如何在国际实践中建构一种普遍的义务形式有自己的见解：对于社会生活秩序的普遍需求来源于反对暴力的安
290 全目标、遵守承诺的保证和财产保护。布尔借鉴了哈特的法哲学理论得出了一些根本性（是社会交往所必备和必需的）结论，从而能够经受得起实证检验，并且在不求助于哲学的情况下维护国际秩序的价值。所以，当布尔像过去经常那样认为秩序是“其他价值实现的条件”，必须视之为先验时，他并不是把它当作一个普遍规则，而是要通过具体案例加以研究。这是政治学而非道德哲学意义上的研究。

1.2　委员会之外：第二代英国学派

在R. J. 文森特看来，所有的国际秩序均与某种道德原则相联系，因此研究国际秩序并不是在“不同的事业”中选择“宣示价值观或收集事实”，而是要描述并解决问题（Vincent 1986, 113）。当布尔努力回避解决这些问题时，文森特认为这是无法逃避的。在他的《人权和国际关系》一书中，他指出从安全和生计的角度来看有一种基本的生命权。这是与委员会成立之初相比一个重大的区别：有人愿意在国际社会中假设存在一

种道德极致论。

尽管如此，文森特一直忠实于委员会的核心道德怀疑传统，并不认为自己基本权的观念是反映自然或本质的。他并不会假设它的存在；相反，这个观念更多的是他的“打赌”。文森特并没有遵循“理性建构的哲学家路径”（Vincent 1986, 54），而是选择考察人权讨论的历史记录，在国际法上的实体化以及如何由外交家和政策制定者所引用的一系列讨论之后，做出这样的一个论断。尽管他总结认为，世界社会的证据并不一致，国家依旧掌控权力，但他坚称人权有助于我们理解国际社会中的国家合法性，也可能被证明是世界社会的“助产士”（Vincent 1986, 128, 150–151）。

文森特本人就是英国学派传统转型中的一名“助产士”：该学派愿意重新接触三大国际秩序的规范性基础：体系、国际社会和世界社会，甚至对每一秩序提出自己的道德观点。布尔认为世界社会是世界政治合适的发展方向，但很少有人支持。与之不同的是，文森特（1986，150）充满了道德信念地写道，全球饥饿是错误的，解决这个问题不应该再被视为是慈善之举，而是“人权原则强制的相关义务”。然而，必须强调的是，他通过务实而不是道德哲学上的论据来表达自己的道德主张；“相比西方自 291
由观念在全球的扩张，对国际社会来说，这项工作（解决全球饥饿）不是那么无益”，因为它不会遭遇“无法逾越的意识形态障碍”（Vincent 1986, 150）。文森特（1986，87，146）强调由于解决这些问题存在技术和程序上的可能性，基本需求也就具备了“前政治”的特征。

第二代英国学派主要受到两个人的影响：布尔的实证主义及其对多元主义和连带主义下的国际秩序分析，以及文森特试图对国际社会之外的进展的观察和对不同国际秩序相关的规范性假定得出道德上的结论。英国学派至今仍从他们的研究上获得借鉴。今天，多元主义者和社会连带主义者在后冷战时代寻找证据，要么证实要么否认社会连带主义国际秩序的转折点已经到达。他们提供证据，往往是更加务实和实证的证据，而非道德哲学的证据，证明为何主权国家组成的社会拥有道德价值

(Jackson 2000)，为何对多样性的宽容是善(Williams 2000)，又为何对陌生人负有世界主义的义务(Wheeler 2000)。

第二代英国学派变化的另一个推动因素是20世纪80年代中期国际关系领域中规范性方法的崛起及其对英国学派无法充分地解释秩序价值优先的哲学批判(参见Frost 1996)。事实上，在这一时期塑造了国际关系规范性理论的学者之一安德鲁·林克莱特(Andrew Linklater 1990)，也借鉴了批判理论质疑多元国际社会理论的规范性假定。然而，在确立不断增加的自我实现的历史哲学问题并通过一系列社会形式将个人纳入道德领域时，林克莱特借鉴了英国学派开创的国际交往中的社会形式。今天，连带主义者认为林克莱特是他们中的一分子，林克莱特认为自己是英国学派，但是他的表达方式与其他英国学派的学者有所不同；正如文森特(1986，54)写道，林克莱特采取了"理性建构的哲学家路径"。

林克莱特并没有采纳英国学派一直信奉的道德怀疑论的传统。因此，他对在道德哲学论证中建立的知识主张并不怀有同样的怀疑态度。此外，林克莱特并不像多元主义者和大多数社会连带主义者一样对主权国家组成的社会的道德立场怀有信心，从而将伦理可能性推到共存的伦理最底线之外。尽管社会连带主义者与林克莱特的目标一致，都试图在个人身上撒下道德的大网，并根据对话伦理建立更多公正的社会间关系，但是他们更倾向于将这些伦理优先置于当前国家间关系可以维持的实证证据中，无论是通过国际法、人权还是人道主义干涉的共识手段。

总而言之，英国学派提出的国际伦理概念可总结出以下这些共同特
292 征：道德怀疑论、基于经验和实用而非道德哲学的知识主张，以及接受作为一种理念和现实或规范和实证相互交织关系的国际伦理。然而，这一学识传统在国际伦理的类别问题上发生了分歧：是一种更加有底线的或审慎的、以实践为基础的伦理，还是建立于个人道德观念上的、更加极致的善伦理在利益驱动的世界政治中更有影响力？这个问题仍将引导如今的英国学派继续探索。

2　将英国学派定义为一种解决国际伦理问题的方式

那么，如何规范定义英国学派呢？按照英国学派的观点，根据世界政治中的现有共识，国际伦理起源于国家在一个更广泛范围的国际共同体内的在场性（situatedness）。正如尼古拉斯·惠勒（Nicholas Wheeler 1996, 129）所说，国际社会理论的基础是“国家领导人意识到一种最低限度的道德共同体存在”。在这个共同体里，义务来自维护异质主权国家组成的世界这一共同利益，这些主权国家是在规则和制度的社会背景下以宽容为基础实现共存。多元主义和连带主义的分歧在于评判“社会”的程度有多大这一关键判断上。是否足以维持一个更加极致的道德共同体？这种共同体是建立在以利益为基础的、更为松散的且权宜的道德秩序之上，还是建立在更具约束力，也可能更加绝对化的道德秩序之上？

只要道德共同体在分析时从衡量而非判断的角度出发（这也是一种监测国际共识及其所能提供的支持的做法），那么英国学派的规范性定义仍将有待讨论，因为国际社会本身是不断变化的，也在不断受到各种解读。然而，重要的是要记住，这一实证问题来源于英国学派强烈的规范兴趣：怀着首先保证国际秩序的责任感，在可能并且不会威胁到国际社会的前提下，赋予个人承担的世界主义义务。对于多元主义者来说，道德共同体并不是一个很深入的问题，也不可通过它维持国际社会的世界义务。不管怎么说，确实可以获得一种道德责任以及共存伦理中所体现的一套行为准则。对于连带主义者来说，从最低水平的道德共同体来看，国际社 293
会可以承受更多极致化的伦理问题，而不会损坏这种社会间形式的结构。

国际社会能够承受什么样的道德共同体，关于这类问题的诸多评价并没有认真考虑英国学派自身的主张，即实证的和规范的相互交织。布尔（1977）认识到，秩序和正义是彼此关联的，但是他并没有坚持探索下去。英国学派的道德怀疑论传统也使批判和评价性判断寻找一个出发点变得困难。从多元主义者和社会连带主义者现在的国际实践现状无法看到共识，这就引出一个问题：我们通过观察道德共同体看到什么？也未辨别没有得到充分发展的规范性事物的走向。

第二代英国学派转向接受道德哲学观点前景令人看好，但它的成功将取决于英国学派能否在传统内发现结合实证分析和道德标准理性建构的工具。

多元主义者必须提出道德的和实证的观点，解释为何在国家社会中的行为准则要求加入道德这一问题在道德上是重要的。鉴于道德能够为怀特和布尔提出的独特的中间道路伦理提供哲学支持，当代规范性理论将被迫解决两个英国学派关注的潜在问题：（1）英国学派理解伦理和利益之间并不必然存在冲突；（2）对道德冲突的尊重以及对建立全球层面的道德共同体之艰难的理解。

社会连带主义者与当代的规范理论学者对扩大世界政治中道德极致论的可能性极为乐观。然而，他们是否能够在遵循这一传统的关键部分的同时制定出这些标准，或者像林克莱特那样抛弃这一学派的道德怀疑论及其对国家实践的捍卫，这还有待于观察。如果连带主义者能够将这种道德—哲学分析与他们当前所做的实证工作结合在一起，他们可能会激励当代规范理论在制度和实践基础上做出更多的分析。

3　结语

为了发展国际社会的中间派伦理或社会连带主义—世界主义伦理，
294 英国学派需要寻找更加极致的国际伦理概念的认识论源头，至少接近共同善意的标准，以及像“因为它使得国际社会成为可能”或“因为它维护了国际社会”等观点之外的支撑论点。这种国际秩序代表的“善”需要道德—哲学的论证，但是否可以通过继承该学派的道德怀疑论传统达到这一目标呢？

纵览英国学派的历史，其拥护者需要面对这样的难题：国际社会**无法不面对道德伦理问题，必须以一定伦理立场进行判断或被判断**，以更低程度的道德概念作为行为准则并不能完成上述两重任务。尽管布尔坚决反对学术研究中的教条主义以及意识形态/政治性观点，他越来越多地开始表述自己对于秩序与公平间艰难抉择的看法，这在他的晚期作品中占据相当多的篇幅（Bull 1979a, 86; 1979b, 158–159）。早在1961年，布尔（1961，20–21）就写道，我们不应当回避表达道德偏好，也不应当支持有悖于自身是非观的政策，但是我们必须意识到这些道德偏好是狭隘的，表达这些偏好时应当谨慎。当布尔愈加意识到他无法再回避实质的道德问题后，他是这样处理的：他会陈述自己对人权的偏好，但也会在同时陈述人权在西方价值观中的基础地位，并说这是一个人倾向的且理应这样选择的某一道德偏好，并有一定的自我意识。

自哲学的语言转向以来，强有力的基础论点的替代观点随之出现，英国学派不必放弃自己的道德怀疑论，因为道德怀疑论可以为评价性论点建构理性基础。实际上，诸如布尔的理论与理查德·罗蒂（Richard Rorty）的观点有相似之处，尤其是他提出的扩大"人权文化"的论点（Rorty 1993; Wheeler and Dunne 1998, 50–52）。此外，值得记住的是，从一开始，麦金农就试图寻找准基础来支持他所偏爱的从"善"的角度建构国际伦理概念。[1]然而，对于麦金农来说，自然法不再是道德—哲学论证的基础了。他确实认为，像自然法一样的习语可以作为一个国家行为体的限制因素在世界语言中通用，而在哲学、文学和国际历史中寻求同情和悲剧可以加强这类习语的力量。麦金农的这类论点也与罗蒂的理论（1989）具有相似之处。

或许英国学派主要的失策就是那个普遍持有假定：任何以利益为基础的伦理必然存在弱点或十分脆弱，而伦理极致论并不存在这种问题。今天，很少有人认为"善"的观点要求一种绝对化的地位。因此，有人认为，多元主义的国际社会伦理是一种比世界主义或连带主义伦理观较低 295
级的秩序，因为多元主义伦理并非以我们更容易接受的原则为基础，或者

1 更多关于准基础和国际伦理的内容，参见Cochran (1999)。

由于这种观念以国家利益为基础并且受制于权力的变幻莫测，因此会更加不确定。这种观点是错误的。的确，任何连带主义者或规范理论家可能支持的“善”的观念都存在这种脆弱性：强有力的且可支撑他们论点的基础所剩无几。相比基于行为准则的观点，任何有关于“善”的观点同样受制于权力、利益或时间地点的特殊性。英国学派内部辩论双方和规范理论中的世界主义者和共同体主义者都没有决胜的论据。各方不得不在伦理理论的有限范围内接受这一点并发挥作用，因为它在胁迫和以利
296 益为基础的国家社会背景下，考察了正义的需求。

参考文献

BCTIP (British Committee on the Theory of International Politics) 1960*a*. Informal talk. Friday 8 Jan., 9–11 p.m. Bodleian Library, Hedley Bull papers, Box 8, file 1.

—— 1960*b*. Discussion of Mackinnon's paper. Saturday 9 Jan., 10 a.m.–12.45 p.m. Bodleian Library, Box 8, file 1.

Bull, H. 1961. *The Control of the Arms Race: Disarmament and Arms Control in the Missile Age*. New York: Praeger.

—— 1966*a*. Society and anarchy in international relations. Pp. 35–50 in *Diplomatic Investigations: Essays in the Theory of International Politics*, ed. H. Butterfield and M. Wight. London: George Allen and Unwin.

—— 1966*b*. The Grotian conception of international society. Pp. 51–73 in *Diplomatic Investigations: Essays in the Theory of International Politics*, ed. H. Butterfield and M. Wight. London: George Allen and Unwin.

—— 1977. *The Anarchical Society: A Study of Order in World Politics*. London: Macmillan.

—— 1979*a*. Human rights and world politics. Pp. 79–91 in *Moral Claims in World Affairs*, ed. R. Pettman. Canberra: Australian National University Press.

—— 1979*b*. The universality of human rights. *Millennium: Journal of International Studies*, 8: 155–9.

Cochran, M. 1999. *Normative Theory in International Relations: A Pragmatic Approach*. Cambridge: Cambridge University Press.

Frost, M. 1996. *Ethics in International Relations: A Constitutive Theory*. Cambridge: Cambridge University Press.

Jackson, R. 2000. *The Global Covenant: Human Conduct in a World of States*. Oxford: Oxford University Press.

Linklater, A. 1990. *Beyond Realism and Marxism: Critical Theory and International Relations*. London: Macmillan.

Mackinnon, D. 1960. Natural law. BCTIP paper. Bodleian Library, Hedley Bull papers, Box 8, file 1.

—— 1962*a*. Some notes on the notion of a Christian statesman. BCTIP paper. Bodleian Library, Hedley Bull papers, Box 8, file 1.

—— 1962*b*. Kant: on Perpetual Peace. BCTIP paper. Bodleian Library, Hedley Bull papers, Box 8, file 1.

MORGENTHAU, H. 2005. *Politics among Nations: The Struggle for Power and Peace*, 7th edn. New York: McGraw-Hill.
RORTY, R. 1989. *Contingency, Irony, and Solidarity*. Cambridge: Cambridge University Press.
—— 1993. Human rights, rationality, and sentimentality. Pp. 111–34 in *On Human Rights*, ed. S. Shute and S. Hurley. New York: Basic Books.
VINCENT, R. J. 1986. *Human Rights and International Relations*. Cambridge: Cambridge University Press.
WIGHT, M. 1966. Western values in international relations. Pp. 89–131 in *Diplomatic Investigations: Essays in the Theory of International Politics*, ed. H. Butterfield and M. Wight. London: George Allen and Unwin.
WHEELER, N. 1996. Guardian angel or global gangster: a review of the ethical claims of international society. *Political Studies*, 44: 123–35.
—— 2000. *Saving Strangers: Humanitarian Intervention in International Society*. Oxford: Oxford University Press.
—— and DUNNE, T. 1998. Hedley Bull and the idea of a universal moral community: fictional, primordial or imagined? Pp. 43–58 in *International Society and the Development of International Relations Theory*, ed. B. Roberson. London: Pinter.
WILLIAMS, J. 2002. Territorial borders, toleration and the English School. *Review of International Studies*, 28: 737–58.

第十七章
建构主义[1]

伊恩·赫德

通过解析亚历山大·温特(Alexander Wendt)所说的一句话就可以理解建构主义方法背后的基本洞见。他说,“英国500件核武器不如朝鲜5件核武器对美国的威胁更大”(Wendt 1995, 73)。从这句话中可以发现建构主义区别于国际关系研究其他路径的特征,包括其对物质主义的批评,强调利益的社会建构,结构与行为者之间的关系及无政府状态的多重逻辑。从表面来看,朝鲜导弹威胁的经验难题很容易解释,正如温特(1995,73)所说,“英国人是朋友,但朝鲜人不是”。这当然要求知道如何区分朋友和敌人,正是通过这一点,温特和其他建构主义者探讨了国际关系重要的实质方面(例如,“国家如何定义他国为朋友或为敌人?”)及其假定的哲学基础(例如,“我们如何在国际关系领域研究社会现象以及诸如‘朋友’和‘敌人’这样的关系性现象)。

---

1 我感谢卡伦·奥尔特、克里斯蒂安·罗伊-斯米特和邓肯·斯尼达尔对初稿提出的极有帮助的建议。

本章将探讨建构主义与国际关系其他研究路径的不同特征，然后重点关注当今建构主义学术研究内部以及建构主义与其他理论学派之间的争议。关于建构主义学派的历史，已经有很多精彩的短篇综述（例如 Barnett 2005; Reus-Smit 2005），我的目的不是重复他们说过的内容，而是解释我所认为的国际关系中建构主义的含义。为此，我也会界定其他 298
研究进路，包括物质主义、现实主义和理性主义，以说明建构主义的不同之处。这会有一些争议，因为区分这些主义的界限并不明确。接下来，我将以现实主义为核心论述物质主义（即国家追求物质需求、激励和权力的理论），并以理性主义为核心论述工具主义（即国家通过计算成本和收益追求个体优势的理论）。相反，建构主义强调国家自身性质及其需求的社会和关系建构。所有这些研究进路都可以用于分析权力政治，合作，冲突或任何其他实质性现象。因此，把对权力的实质追逐与现实主义单独联系在一起是错误的，因为国际关系的所有“范式”都关注权力，无论作为动机，原因或是结果。为了区分，我将现实主义界定为国际关系中有关物质权力的特定理论，建构主义则是强调目标或行为所具有的社会意义。[1]

在探索世界政治的社会概念如朋友和敌人的重要性时，建构主义打开了两条路径。一条是经验主义的，使用弗里德里希·克拉托奇维尔（Friedrich Kratochwil）（1989）、尼古拉斯·奥努弗（Nicholas Onuf）（1989）、温特（1992）和其他建构主义者提供的工具来解释其他方法的异常现象。另一条是概念性的，关注这些社会概念如何能起作用，以及如何使用它们进行研究。从建构主义对物质主义、个人主义和理性主义的反应作为起点，经验主义的研究路径顺流而下，应用建构主义的洞见来理解令人关注的模式、行为和难题；而哲学的研究路径则是逆流而上，寻求理解建构主义与研究社会现象的其他进路之间差异的原因和影响。

---

1 相反，J. 塞缪尔·巴尔金 (Samuel Barkin 2003) 将现实主义定义为对“权力”的关注，并指出这与社会建构相吻合。我赞同古典现实主义者接受了非物质力量，但我的定义使他们不那么“现实主义”。

1 建构主义的区别性特征

本节将概述建构主义与其他研究进路相比的四个不同特征，并说明建构主义如何处理20世纪80年代国际关系盛行的模式无法解决的哲学
299 和实证问题。这四个特征并不一定是建构主义所独有的，但每一个特征都有一种建构主义变体，使其区别于现实主义的物质主义和新自由主义的理性主义，对如何研究世界政治均产生特别的影响。

1.1 物质主义的替代方案

建构主义的最初观点认为意义是“社会建构的”。这也是“建构主义”名称的来源。温特（1992，396-397）指出，“建构主义社会理论的一个基本原则是，人们基于目标物对其所具有的意义，对目标物包括其他行动者采取行动”。[1]在社会建构的世界中，模式，因果关系，甚至国家本身的存在都取决于构成它们的意义和实践交织的网络（例如Kratochwil 1989）。这些意义和实践可能有时相对稳定，但从来不是固定的，不应被误认为是永久目标。[2]因为思想和实践随着时间和空间发生变化，曾经看似可靠和可预测的模式也可能会改变。例如，主权是一个社会制度，只有当人民和其他国家将一国视为对其领土和公民有权利和义务的法人行动者（并据此采取行动）时，国家才能是有主权的。主权的实践随着时间的推移而改变，实际存在的国家权力和身份也跟着发生了变化（参见Biersteker和Weber 1996年的论文）。举一个更具体的例子，自1945年以来，国家对其公民的大规模人权侵犯成为国际干预的合法理由，这一思想广泛流行。主权因此而改变，一些统治者（即侵权者）的自主权减少，而另一些统治者（潜在的干预者）的自主权增加。主权是国际关系中的重要组织力量，而人们的共同观念和参与的实践是国际关系的基础。

---

1 这个观点也在赫德利·布尔和英国学派学者以及一些古典现实主义者的著作中出现。
2 这是“物化”的错误。

与世界政治中“社会建构”相反的研究进路是被称为“物质主义”的主张，其认为物质实体（炸弹、山脉、人民、石油等）对结果产生一种直接影响，这种影响不受人的主观意识而改变。新现实主义和新自由主义是世界政治中明确的物质主义方法。他们试图将国际格局和行为解释为纯粹的物质力量，包括他们认为构成“权力”的军事装备、战略资源和金钱。例如，约翰·米尔斯海默（John Mearsheimer 1995, 91）认为“国家之间物质能力的分配是理解世界政治的关键因素”。在新自由主义者中，乔舒亚·戈尔茨坦（Joshua Goldstein）和罗伯特·基欧汉（1994）认为国家的物质利益不同于人们对世界的观念，他们基于物质主义假说研究观念的因果关系。20世纪80年代，新现实主义者和新自由主义者共同致力于研 300
究物质主义，认为受社会影响的观念不是重要的自主力量，他们自己也争论这样的世界对合作、制度创立、军备竞赛和制衡等模式的可能影响（参见例如，Baldwin 1993年的论文）。

塑造国际政治的观念不仅仅是个体观念。它们包括主体间（即人与人共同的）和制度化的（即表现为实践和身份）的观念。主体间和制度化的思想形式“不可简化为个体心理”（Wendt 1999，第4章；Legro 2005, 5）。杰弗里·勒格罗（Jeffrey Legro）（2005, 6）总结了建构主义对观念的理解：“思想与其说是心理性的，不如说是象征性和组织性的，它们不仅嵌入人的大脑中，而且是嵌入‘集体记忆’、政府规程、教育制度和治国之术的语言中。”这就清楚地表明，建构主义的见解不是用“粗暴的理想主义”代替“粗暴的物质主义”（参见Palan 2000）。相反，建构主义认为必须通过界定其对于人类生活意义的社会概念来理解物质力量。

纯粹物质主义的方法难以解释为什么美国认为英国的核弹没有朝鲜的核弹那么具有威胁性。从纯物质的观点来看，英国对美国“显而易见”的友好与朝鲜的明显敌意相比并非绝对不证自明。毕竟，任何一个国家的核武器攻击都会造成毁灭性的后果。英国核武器对美国构成的残酷的实质性威胁至少与朝鲜的核武器旗鼓相当，甚至可能远大于朝鲜核武器。两国之间的差别是，许多美国领导人确信朝鲜人比英国人更有可能对美国采取攻击行为。这种确信是基于对历史、言论和行为的解释，直接导致了预期的产生，即与朝鲜之间发生战争比与英国之间发生战争更有可能，反过来又导致了对这两国拥核采取不同的战略。

对于建构主义者来说，在思考国际关系时，信仰、预期和解释是不可避免的，它们的重要性表明物质主义的立场是站不住脚的。虽然国际关系从物质主义观念向社会建构观念的转变在20世纪90年代初是有争议的，但现在已被广泛接受。建构主义的观点已经很大程度上在国际关系这一学科中被内化了。[1]即使是物质主义的国际关系理论现在通常公开地包含至少两种观念（虽然主要是个人观念而不是集体观念）：首先，“非物质”因素，如（Mearsheimer 2001, 58）“战略、情报、[和]决心”；其次
301 是社会建构的利益。但是，他们通常也主张，与粗暴的物质因素的影响相比，国际关系社会内容在现实中的重要性是微乎其微的，因此新现实主义和新自由主义的研究议程在坚持其核心主张时就立即放弃了建构主义的见解。

由于世界政治的社会建构性质得到广泛认可，很明显，建构主义者和其他学者之间仍然存在争议的是这种见解如何（而不是“是否”）在其方法论及其实质性内容上影响世界政治的研究。这又产生了国家利益的建构及其来源的争论。

1.2 国家利益的建构

对“国家利益”的学术兴趣一直是国际关系和对外政策分析的核心。建构主义路径在这一领域是有成效的，因为其侧重于国际关系产生所涉及的社会内容，包括国家利益。

虽然大多数学者现在承认国家利益本质上是关于需求的主观意识，但许多非建构主义者认为，这些利益的内容是为了不变的实际目的，包括

1 詹尼弗·斯特林-福克尔 (Jennifer Sterling-Folker 2000) 认为，这一点更容易了，因为许多推定的国际关系领域的物质主义理论已经包含了社会内容。参见 Wendt (1992)；Williams (2005)。

生存、权力、财富和安全等整体性的需求。他们认为，国家的基本利益由国家的物质因素和国情所界定，利益被社会建构的本质并不改变这一事实。所以国家或是由物质力量构建，或者其建构被视作似乎与其利益和行为无关（例如Brooks and Wohlforth 2007）。国家是“最低限度建构的”。

相比之下，建构主义者会认为，明显怀有“敌意”的朝鲜核弹表明，美国领导人是对美国与其他国家（无论敌友）的军事资源之间的社会关系做出反应，而不是对军事装备本身。这些社会关系并不固定，因此不能在不考虑这些的情况下确定，更不用说谋求美国的国家利益了。美国有意抵制朝鲜，因为美国领导人感到与朝鲜是敌对关系；但美国无意围堵英国，因为美国感觉到与英国是互利的关系。建构主义者经常认为检验“国家利益”的历史建构是有用的（例如Finnemore 1996; 2003; Weldes 1999）。

人们有时会说，建构主义与其他研究路径之间的差异在于前者关注利益的建构，而后者将利益视为固定和给定的（参见例如，Goldstein 2005,126）。这种说法并不正确。而且只有建构主义者认为国家利益可能会受到国际体系层面的力量的影响，这一说法也不正确。建构主义者并没有垄断对于如何产生利益或对利益的系统性影响的研究。许多非 302
建构主义者对国家如何最终拥有构成其决策的利益感兴趣。例如，安德鲁·莫拉维斯克（1999）提出了如何在国内工业和联盟的经济利益以外构建国家利益的自由主义理论。斯蒂芬·克拉斯纳（1999）认为从现实主义的角度来看，个体统治者将其认为会确保自己作为统治者个人生存的政策作为国家利益（两者都将这些视为“物质”因素，尽管它们依赖关于需求的观念）。博弈论者有时会内化利益的形成，从而使利益由于相互作用的结果而改变（例如，Gerber and Jackson 1993）。对于体系层面的影响，乔恩·佩弗豪斯（2005）使用广泛的理性论工具来研究国家的宪法如何受到国家在区域性组织内的成员身份和参与度的影响。

建构主义对于利益有不同的观点，认为社会影响利益形成。勒格罗（2005，4）代表建构主义观点：“新的外交政策思想是由先前存在的主导思想及其与所经历事件的关系所塑造的。”[1]这直接来自上述社会建构的见解。温特（1992, 397）指出：“行为体通过集体意义获得相对稳定的身份、特定角色的理解和对自我的期望。”利益在某种程度上是这些身份的产物。利益的社会建构包括行为体的利益和身份受其与他人以及与社会环境相互作用影响的所有方式。这包括社会化和内化的过程（Hurd 1999），为获得社会认同和声望的内驱力（Wendt 1999, 第5章），社会规范对利益和行为的影响（包括制定使自己的行为合法化的规范的欲望）（Hurd 2007a），以及是否存在“共同体”意识（Adler and Barnett 1998）。

1.3 结构与施动者的相互构成

建构主义对利益和身份的社会建构的关注引出了结构与施动者之间关系的更为普遍的问题。“结构”是指构成国际行动背景的制度和共同意义，“施动者”是指在这种背景下作为行为体行事的任何实体。回到温特的例证，使美国恐惧朝鲜核武器的敌对关系不是一个固定和稳定的事实。相反，这是两国之间和各国家及其社会环境之间持续相互作用的结果。这些相互作用可能会加深敌意，也可能改善敌意。它们还可以加强或改变行为体存在的更广泛的社会结构，包括关于主权、威胁和利益的规范和其他形式的共同意义。

303 国家和结构的相互建构要求不仅仅认识到单元与体系层面之间的相互影响。肯尼思·沃尔兹强调了相互影响，但是将国家视为不变的单元。在《国际政治理论》中，他认为在无政府状态下相互作用的两国，其行为“不只是影响对方”，“两国都受其相互作用造成的局面的影响”（Waltz 1979, 74）。与其物质主义前提一致，沃尔兹试图找到这如何改变国家在考虑各种政策选择时所面临的物质激励措施。

相反，建构主义的共同构成方法认为，国家行为有助于制定国际生活的制度和规范，这些制度和规范有助于界定、社会化和影响国家。制度和

1 与现实主义相对比，莫拉维斯克（1999, 680, 6）曾经说过：“思想和信息的分配取决于物质权力资源的基本分配。”

行为体都能在这个过程中被重新定义。承认相互建构是对国际关系理论的重要贡献，因为要理解国际关系中许多有趣的经验现象，所采用的方法不能将施动者与结构彻底分开。在研究国际规范时，就会很快发现，各国一方面注意转变其行为以符合规则，另一方面重构规则以宽容他们的行为（Hurd 2007a）。例如，当国家声称他们只是在自卫中使用武力时，他们不可避免地会强化《联合国宪章》第2（4）条款和第51条（禁止侵略战争），同时又通过"主权""自卫""侵略"等概念以他们希望的方式被理解，从而重新定义规则。国际规范是国家行为的产物，同时也会对国家行为产生影响。因此，国家与国际环境相互构成的观念是建构主义路径所固有的。

1.4 无政府状态的多重逻辑

建构主义研究对国际无政府状态的理解与新现实主义者或新自由主义者不同，甚至认为无政府状态的概念使国际生活系统化、组织化，因此导致了关于世界政治的更普遍的不同理解。

"无政府状态"是国际关系中用来描述社会制度缺乏合法的权力机构的术语（Milner 1991）。它描述了任何没有通过权威和命令的层级结构组织起来的体系，从这个意义上说，这是一个体系的形式条件。沃尔兹（1979）在界定新现实主义的过程中，从无政府状态的结构条件出发，对单元的行为进行了一系列预测，包括制衡行为、自助策略和自利特性。温特对沃尔兹的批判表明，这些模式并不仅仅是由无政府状态的结构条件产生的，它们也来自另外的假定，即单元相互视对方为争夺稀缺商品的对 304
手。"竞争"在国际关系和其他领域中是一种通过研究其社会建构才能最好理解的社会关系。这需要承认这种关系不是固定的、自然的或永久的。温特基于国家对其自己和他国的观念的变化提出了一系列的国际无政府状态。一端是敌对，另一端是友好，中间是中立，无政府状态本身不能提供很多关于单元行为的信息。毕竟，他说，"朋友的无政府状态与敌人的无政府状态不同"（Wendt 1995, 78）。这使得社群（Adler and Barnett 1998; Cronin 1999）、等级制度（Simpson 2004）、竞争（Wendt 1992）以及其他社会关系可能存在于形式上的无政府结构中。国家间的冲突也受到国际无政府状态的社会属性的制约，正如各国努力使自己的行为显得是在关于战争规范边界之内行事。[1]如此的各种行为与国际体系的无政府结构相兼容，也是建构主义研究路径所探讨的。（笔者下面讨论非无政府主义体系建构主义的可能性。）

这四个要素是国际关系理论中建构主义与众不同的特征。如果接受第一个想法（即世界政治一部分是社会建构的），那么另外三个作为研究国际关系的影响在逻辑上就顺理成章了。就这个意义而言，它们是相互关联的。但是，其他三个中的每一个也与非建构主义的前提一致。例如，并非是建构主义者才研究国家利益的起源；无政府状态、因时空不同而改变，这样的发现也不一定是采取了建构主义的研究路径。这引发了对国际关系中到底什么是建构主义研究的争论。在国际关系研究中，建构主义不可减少的核心是认识到国际现实是社会建构的。这对无政府主义、施动者—结构的关系和国家利益的概念有影响，但所有这三个研究领域也可通过非建构主义方法进行研究。

2 建构主义内部的争议

在以这种方式界定建构主义时，其范围包括非常多样化的研究。这包括存在重大分歧的议题，例如分析单元、获得知识的实证主义途径的可
305 能性和国际体系的性质。在本节中，笔者强调这些问题引起的一些争议，并说明建构主义学术研究的广度以及由此引发的学者之间的对立。

2.1 国家中心主义

建构主义方法并不意味着任何特定的分析单元在国际关系研究中是至关重要的。因此，它与单元的多元主义是一致的，国际关系学者就此问

---

1 关于约束国家间战争的共同规范，见 Price and Tannenwald (1996)；Price (1998)；Sands (2005)。《关于人道主义干预》，见 Welsh (2002)。

题既提出了丰富的研究成果，又存在较大的争议。

国际关系理论中通常使用的有三个"分析层面"，仅关注其中任何一个层面的力量或行为体，就无法理解社会建构的过程（Waltz 1959; 1979）。对于国际关系中的任何一个难题，毋庸置疑，需要在各个层面的分析中找到答案的要素。另外，还可在各分析层面研究施动者和结构是如何社会构建的。因此，关于个体国家身份的建构、中观层面规范和实践形成以及国际制度的构成等，建构主义者展开了颇有意思的研究（参见Lynch 1999; Shannon 2000; Reus-Smit 1999）。个别学者基于实用主义强调某一个层面的力量或行为体，但关于哪个层面对解决难题更有益，建构主义对这样的零和辩论不感兴趣，因为他们认为行为体和结构的互动和共同构成才有利于解决难题。例如，建构主义认为研究国内政治在国际关系中是否"重要"毫无意义。

但是，在一项实证研究开始时，可采取什么假定作为给定条件还是有辩论的余地。例如，把国家作为给定条件，研究国家的相互作用是如何由一系列的特定国际规范构成并促成这些规范的确立，这意味着不把国家的（先前）社会建构视为一种制度。这很可能会出现问题，因为国家作为主权国家的历史建构很可能是国家如何与规范相互作用的要素。行为体、实践和结构作为不同实体进行单独分析可能是有问题的，尽管这样的分析方式有时可能有益。如何确定问题和给定条件，这是所有研究都面临的难题。通过重点关注相互构成的复杂性，建构主义研究路径提倡对其特定选择和假定的不足之处进行开诚布公的探讨。这至少有可能对这些选择中隐含的权衡取舍进行辩论。

2.2 科学与实证主义

对世界政治中社会建构的认识直接导致了国际关系领域中认识论和科学方法使用的争议。这将建构主义分为实证主义和后实证主义阵营， 306
区别在于他们在认识论问题上的立场以及他们由此认为有用的方法。

实证主义认识论认为，社会建构的国际体系包含经得起归纳和可证伪假设检验的模式。这些模式是管理社会关系的基本法则的产物，这些法则可通过严谨的科学研究来确定。虽然这些适于研究世界政治的方法可能不是实验室科学的方法（例如，观察者和事件之间有严格分离的对照实验），但社会科学项目的最终目标与物理科学相同：对独立于观察者而存在的因果关系进行解释。实证主义建构主义者在所探究的因果关系中，谨慎地列入了建构性解释，但是他们使用与社会科学相同的工具来研究社会建构（例如Wendt 1999; 2000; Finnemore 2003; Barnett 2005）。

后实证主义者代表的对立观点是，社会生活中的数据并不完全能够客观化，观察者不能完全独立于被研究对象，社会关系不能分为独立的"原因"和"结果"。[1]因此，学者能观察到什么社会"规律"本身就是偶然性的，而不是在世界上自然客观存在的。[2]因此，根据戴维·坎贝尔（2007，209–210）的观点，社会探究必须关注意义的社会建构、现实的语言建构和知识的历史性，这再次肯定了解释的不可或缺性，表明所有知识在其绘制的世界版图中都与权力有关。对世界政治知识的主张反映并充当权力的结构，并没有"可评估分析和道德知识主张有效性的阿基米德点"（Price and Reus-Smit 1998, 262）。按照这个观点，理论化的目的不是确定和检验类律规律的假设。相反，研究的目的之一是解释社会意义和权力如何产生社会世界的表观稳定性（Devetak 2005, 169）。

实证主义者和后实证主义者之间的认识论分歧深刻，可能代表建构主义者之间的决定性裂缝，而且在道德问题上尤其突出（见Price，本卷）。对于后实证主义者来说，一旦学者采纳或支持可提出主张的解释性立场，国际关系理论就立即具有了伦理含义。如果实证主义者不坚信独立存在的世界政治现实，后实证主义者就得从一开始关注构成研究的概念和假

---

1 我非常感谢伊丽莎白·赫德（Elizabeth Shakman Hurd）对本节的评论。

2 理查德·普赖斯和克里斯蒂安·罗伊–斯米特（1998）支持"偶然性泛化"的中间立场。关于国际关系理论构成国际世界的能力，见Ashley (1986)；Campbell (1998)；Williams (2005)。

定带来的伦理后果。相反，假定实证主义者不相信描述客观存在的关系 307
使道德问题成为一个单独问题，他们由此出发进行论证。对于实证主义者来说，“是什么”的问题可与“应该怎样”的问题分开。

与实证主义传统相比，建构主义中的后实证主义立场并不缺少“经验”（尽管不是“经验主义者”）（Campbell 2007, 208–209）。但是，这种经验在某种程度上反映了适用其认识论的方法。例如，坎贝尔对波黑战争的研究（1998，13）就发现：

> 国际社会的既定规范，特别是民族共同体要求划定领土和固定身份相联系的观念，不仅不足以对波黑战争做出反应，而且还与战争的进行是同谋及必需关系。这是因为划定边界使民族主义想象的安置成为可能，需要从“国内”空间驱逐出所有被认为是异己的、外来的和危险的人。

对于坎贝尔来说，外界坚持认为存在着种族不宽容的根本“法律”，要求波斯尼亚民族必须彼此分离的主张使波黑的暴力局面恶化。存在这样的假定：个体具有单一的民族认同，而民族国家具有清晰的单一领土。他指出，通过批评这种假定，可以做出更符合伦理的反应。

2.3　无政府状态或权威？

建构主义者之间对国际体系的性质也有分歧。这反映在有关该体系是否可被描述为“无政府状态”的辩论中。

大多数建构主义者已参与到阿什利（1988）称之为“无政府状态问题”的论证中，他们与新自由主义者和新现实主义者持相同的立场。这一观点承认国家之间存在着无政府状态的形式要件，使无政府状态成为国际结构的关键部分。它将等级制视为无政府状态的替代方式，而等级制是指“单元在上级和从属关系中彼此相对”的制度（Waltz 1979, 81）。在这个层面上，建构主义者通常赞同新现实主义者和新自由主义者，认为无政府主义是国际体系的基本组织原则，尽管他们可能不同意这两个流派在该条件下对国家行为影响的主张（例如，Cronin 1999，认为有“无政府状态下的社会”）。他们认为，无政府主义制度内文化内容的社会建构对单元产生了结构性限制方面的变化，同时也带来机会，因此，导致了结果以及国家行为模式的变化。作为一个形式要件，无政府状态仍然存在。

但是，建构主义也提供了国家间社会关系的变化会将无政府主义
308 体系转变为非无政府主义体系（Wendt 1999, 307–308）的可能性。这里的关键概念是权威。权威是指一种合法权力的关联（Ruggie 1998, 65; Barnett and Finnemore 2004, ch.1; Hurd 2007b）。它创造了一个下属必须遵守权威性规则或行为者指示的社会等级。因此，权威和无政府状态是相互排斥的。虽然一些建构主义者仍然沉湎于无政府状态的问题之中，但是其他建构主义者已经发现有证明合法权力机构存在的实证证据。国际权威存在于国际组织、公司和国际法实践等方面。它存在于公共和私人机构中。公共形式可能包括联合国秘书长（Barnett 2001）、联合国安理会（Hurd 2007b）、国际法话语体系（Johnstone 2005）和合法干预的规范（Finnemore 2003）。私人形式包括国际市场上公司和机构的合法权力（Sinclair 1999; Hall and Biersteker 2003）。在国家承认规则、机构或行为体有权代表其权威性决定的情况下，我们必须认识到存在着权威而不是无政府状态。

正如建构主义者在实证主义认识论上的分歧可能造成两个世界观的根本分歧，对无政府状态存在的争论界定了两个阵营。权威的存在与否将建构主义者分为两派：与新现实主义者和新自由主义者同样关注无政府主义问题的“传统”派，以及基于经验主义排斥无政府主义观点的“后无政府状态”派。这种分歧基本上是经验主义的，也就是说争论权威是否存在。因此，这可能比区分实证主义者和后实证主义者的认识论分歧更容易解决（见Hurd 2008关于经验“检验”国际威权的可能性）。传统观点认为，无政府状态的内容可能会改变（由于协调机构、共同文化或其他因素），但是作为国际体系基础的无政府状态的基本结构条件不会改变。相比之下，后无政府主义观点对无政府状态是国际政治得

以持续的基础这一共同前提构成根本挑战，其与英国学派有类似性，英国学派一直更加关注“国际社会”的形象，而不是国际无政府状态（参见Clark 2005）。

3　国际关系理论的持续挑战

建构主义方法的兴起推动了国际关系的实证和哲学研究的新热潮，建构主义与其他流派的分界问题引起了关注。战略行为与国际规范的关 309
系，以及理性主义与建构主义的关系是建构主义国际关系理论中前景广阔的两个研究议题。

3.1　战略行为与规范

有观点认为建构主义就是关注规范，而新现实主义和新自由主义就是注重权力和利益，此种观点是错误的。[1]这是一个普遍的说法，误导性很强。它混淆了国际关系理论中最有趣和最具挑战性的难题：解决战略行为体与社会/规范影响之间的关系。大多数建构主义者认为，国家采取行动追求他们所认为的自身利益，他们与现实主义者（及自由主义者）一样关注“权力和利益”。这些方法的不同之处在于它们如何确定国家利益的来源，以及这些利益的内容。认为建构主义者对国际规范的研究在本质上与战略行为研究相互排斥是毫无道理的。行为体的社会建构可能会创造出有用的、追求目标的行为者，他们一定程度上通过比较成本和收益来寻求目标。他们的行为在这种建构过程之外是无法理解的。换句话说，将后果逻辑研究与恰当性逻辑研究分开是一个错误（参见March and Olsen 1998）。更严格地说，这种区分越严格，实证研究得出有见地的

1　米尔斯海默（1995，86）将“权力和利益”视为仅与现实主义理论相关的变量。所以当其他人提及权力和利益时，他就得出结论，说他们已经成为现实主义者。弗雷德·哈利迪（Fred Halliday 2005，32–33）说，建构主义学者“冒着忽视利益和物质因素的风险，更别说想起老式的欺骗和自欺了”。

结果就越少。

这个结论是我开放定义的逻辑结果，我认为是物质主义，而不是理性主义，应该被看作是建构主义的对立面。[1]建构主义通常赞同理性主义，认为国家认识到某些需求和利益，并采取行动来满足他们。对此，建构主义做了两点补充：解释国家需求和利益如何形成，以及不同的国家建构可能导致根本不同的国家类型和国家行为模式。建构主义将国家及其利益和身份问题化，但接受国家普遍追求“利益”的观点。物质主义与建构主义有更根本的分歧：一些学者认为行为体直接对物质激励做出反应；
310 另一些相信意义和解释必然在物质力量与社会行为体之间进行调解。这两种观点是有明显区别的。只有通过在社会互动中获得的视角，行为才会被激发和被研究。

3.2 建构主义和理性主义

战略行为与国际规范之间的关系引发了关于建构主义与理性主义之间关系这一更普遍问题，这一主题最近受到了极大的关注。争议的问题包括这两者是竞争对手还是互补关系，两者之间分歧的性质和各自观点的适用范围。

这两种方法通常被视作竞争对手。这个观点有两个版本。一种认为，理性主义和建构主义预测国家的不同行为，这些差异应该是可测量的和可测试的。杰弗里·刘易斯（Jeffrey Lewis 2003）采用这种方法研究欧盟决策，在进行“检验”时，他假定国家的战略性工具行为是有利于理性主义的证据，而规范内化的证据支持建构主义。他认为这两者是相互排斥和零和。竞争关系的另一个版本认为，理性主义和建构主义是基于不可调和的本体论承诺。这些可能是关于整体主义或个人主义，固有的或建构的理性，社会建构或本质主义。只要这些是对世界政治构成的根本承诺，分歧就是不可弥合的。

1　但是，迈克尔·巴奈特（Michael Barnett 2005）认为理性主义与建构主义是相对立的。

还有至少两个版本的观点认为理性主义和建构主义是相辅相成的。一个版本认为这两者是探究国际关系的不同问题,因此在根本上是不相关的。这种观点表明这两者有分工,建构主义适合于回答关于行为体如何获取自己的利益和身份,而理性主义是专门解释已经构成的行为体对利益的追求。例如,斯特林-福克尔(Sterling-Folker)(2000, 97; 比较 March and Olsen 1998)认为,理性制度主义试图解释“当下的短期行为合作”,而建构主义旨在解释“未来发展成为公共合作”。在她看来,两者不可能是同一领域的竞争对手,因为它们是针对不同的问题。这种方法假定现实世界包含了适合于各自方法的可分割领域,而且这两个领域不重叠。只要尊重两个领域之间的界限,两者之间的冲突是可以避免的。另一个版本认为这两者是对共同问题提供了不同意见。例如,邓肯·斯尼达尔(Duncan Snidal)和亚历山大·汤普森(Alexander Thompson)(2002, 200)研究了国际制度约束国家的方式,发现理性主义和建构主义都发挥作用,得出的结论是两者“提供不同的视角,通过它们来观察同样 311
的经验现象和结果”。从这一观点来看,两者是与同一主题相关,但是两者不同的侧重点相结合时比单独使用对问题能有更深入的理解。

理性主义和建构主义之间的关系归根到底是对两种方法定义的产物。定义两者中的任何一个也需要定义另一个,因此它们之间的关系是这些定义的附带现象。通过将建构主义归类为与国际关系中行为体、结构和实践的社会建构有关的研究议程,我从一开始就假定有一些类别的研究是理性主义方法和假定所鞭长莫及的,这自然就会引出另一种互补的观点。因此,我质疑建构主义与理性主义因区别而产生竞争的说法。两者之间的行为差异极其微弱,这削弱了刘易斯提出的竞争性实证检验。国家的战略行为是赞同理性主义观点、反对建构主义观点的证据,我对建构主义的定义并不这么认为。正如詹姆斯·费伦和温特(2002)所言,可能没有可测量的行为变量能完全区分这两种方法。关于国际行为体和力量的性质这个本体论问题,存在着更为实质性的差异。本体论的理论是不可避免的,这无法选择,本体论的分歧是真实、深刻和影响深远的

（Wight 2006）。然而，可以通过相互比较根据不同本体论观点开展的研究，而不是抽象地支持或反对本体论理论。不同本体论假定的结果（包括道德和分析）是值得争论的。因此，虽然国际关系中建构主义者和其他流派之间确实存在相互竞争的本体论观点，为了在研究上取得进展，似乎应评估它们被应用到研究时所产生的见解，而不是直接比较它们本体论的观点。这实际上支持了上文互补性观点提到的研究方法多元化，尽管这种多元化仍然认为理性主义和建构主义之间在本体论方面可能存在根本区别。

4 结语

要成为国际关系的建构主义者意味着要从行为体、机构和事件的社会建构着眼考虑国际关系。首先，这意味着假定人和国家在世界政治中
312 如何思考和行为是以他们对周围世界的理解为前提，包括他们的世界观，自我和他者的身份界定，以及共同的理解和他们参与的实践。因此，应该清楚建构主义是什么：它不拒绝接受物质力量是重要的或行为体做出有利于自身利益的考量；也不一定假定主权国家，认识论实证主义或无政府主义问题的先验存在。相反，它意味着这些范畴和概念的发展是由社会过程和相互作用建构的，它们与国际关系的相关性取决于意义的社会建构。

建构主义在过去20年中取得成功的一个标志，是其他研究路径对建构主义所使用的一些概念的社会建构内容的认识程度。现实主义者竞争的东西，例如地位、威望、声誉和霸权，所有这些只有从合法权力或共同的理解角度才讲得通。因此，它们也是属于建构主义的内容。这导致了不同研究进路之间界限的模糊，使其难以用独有的方式来定义，并提高了试图定义这些研究进路会造成人为区分的可能性。现实主义、理性主义和建构主义之间的差异可能是有争议的，但是我们只有首先明确我们所说
313 的术语是什么意思，我们才能向前进一步争论。

参考文献

Adler, E., and Barnett, M. 1998. Security communities in theoretical perspective. Pp. 3–28 in *Security Communities*, ed. E. Adler and M. Barnett. Cambridge: Cambridge University Press.

Ashley, R. K. 1986. The poverty of neorealism. Pp. 255–300 in *Neorealism and its Critics*, ed. R. O. Keohane. New York: Columbia University Press.

—— 1988. Untying the sovereign state: a double reading of the anarchy problematique. *Millennium: Journal of International Studies*, 17: 227–62.

Baldwin, D. A. (ed.) 1993. *Neorealism and Neoliberalism: The Contemporary Debate*. New York: Columbia University Press.

Barkin, J. S. 2003. Realist constructivism. *International Studies Review*, 5: 325–42.

Barnett, M. 2001. Authority, intervention, and the outer limits of international relations theory. Pp. 47–68 in *Intervention and Transnationalism in Africa: Global-Local Networks of Power*, ed. T. Callaghy, R. Kassimir, and R. Latham. Cambridge: Cambridge University Press.

—— 2005. Social constructivism. Pp. 251–70 in *The Globalization of World Politics: An Introduction to International Relations*, 3rd edn., ed. J. Baylis and S. Smith. Oxford: Oxford University Press.

—— and Finnemore, M. 2004. *Rules for the World: International Organizations in Global Politics*. Ithaca, NY: Cornell University Press.

Biersteker, T. J., and Weber C. 1996. *State Sovereignty as Social Construct*. Cambridge: Cambridge University Press.

Brooks, S. G., and Wohlforth W. 2007. *World out of Balance: International Relations Theory and the Challenge of American Primacy*. Princeton, NJ: Princeton University Press.

Campbell, D. 1998. *National Deconstruction: Violence, Identity, and Justice in Bosnia*. Minneapolis: University of Minnesota Press.

—— 2007. Poststructuralism. Pp. 203–28 in *International Relations Theories: Discipline and Diversity*, ed. T. Dunne, M. Kurki, and S. Smith. Oxford: Oxford University Press.

Clark, I. 2005. *Legitimacy in International Society*. Oxford: Oxford University Press.

Cronin, B. 1999. *Cooperation under Anarchy: Transnational Identity and the Evolution of Cooperation*. New York: Columbia University Press.

Devetak, R. 2005. Postmodernism. Pp. 161–87 in *Theories of International Relations*, 3rd edn., ed. S. Burchill et al. New York: Palgrave.

Fearon, J., and Wendt, A. 2002. Rationalism v. constructivism: a skeptical view. Pp. 52–72 in *Handbook of International Relations*, ed. W. Carlsnaes, T. Risse, and B. A. Simmons. London: Sage.

Finnemore, M. 1996. *National Interests in International Society*. Ithaca, NY: Cornell University Press.

—— 2003. *The Purpose of Intervention: Changing Beliefs about the Use of Force*. Ithaca, NY: Cornell University Press.

Gerber, E. R., and Jackson, J. E. 1993. Endogenous preferences and the study of institutions. *American Political Science Review*, 87: 639–56.

Goldstein, J. S. 2005. *International Relations*, 6th edn. New York: Pearson Longman.

—— and Keohane, R. O. 1994. Ideas and foreign policy: an analytical framework. Pp. 3–30 in *Ideas and Foreign Policy: Beliefs, Institutions, and Political Change*, ed. J. Goldstein and R. O. Keohane. Ithaca, NY: Cornell University Press.

Hall, R. B., and Biersteker, T. J. (eds.) 2003. *The Emergence of Private Authority in Global Governance*. Cambridge: Cambridge University Press.

Halliday, F. 2005. *The Middle East in International Relations: Power, Politics and Ideology*.

Cambridge: Cambridge University Press.
HURD, I. 1999. Legitimacy and authority in international politics. *International Organization*, 53: 379–408.
—— 2007*a*. Breaking and making norms: American revisionism and crises of legitimacy. *International Politics*, 44: 194–213.
—— 2007*b*. *After Anarchy: Legitimacy and Power in the United Nations*. Princeton, NJ: Princeton University Press.
—— 2008. Theories of international authority. In *The UN Security Council and the Politics of International Authority*, ed. B. Cronin and I. Hurd.
JOHNSTONE, I. 2005. The power of interpretive communities. Pp. 185–204 in *Power in Global Governance*, ed. M. Barnett and R. Duvall. Cambridge: Cambridge University Press.
KRASNER, S. 1999. *Sovereignty: Organized Hypocrisy*. Princeton, NJ: Princeton University Press.
KRATOCHWIL, F. V. 1989. *Rules, Norms, and Decisions: On the Conditions of Practical and Legal Reasoning in International Relations and Domestic Affairs*. Cambridge: Cambridge University Press.
LEGRO, J. 2005. *Rethinking the World: Great Power Strategies and International Order*. Ithaca, NY: Cornell University Press.
LEWIS, J. 2003. Institutional environments and everyday EU decision making: rationalist or constructivist? *Comparative Political Studies*, 36: 97–124.
LYNCH, M. 1999. *State Interests and Public Spheres: The International Politics of Jordan's Identity*. New York: Columbia University Press.
MARCH, J. G., and OLSEN, J. P. 1998. The institutional dynamics of international political orders. *International Organization*, 52: 943–69.
MEARSHEIMER, J. J. 1995. A realist reply. *International Security*, 20: 82–93.
—— 2001. *The Tragedy of the Great Powers*. New York: Norton.
MILNER, H. 1991. The assumption of anarchy in international relations theory: a critique. *Review of International Studies*, 17: 67–85.
MORAVCSIK, A. 1999. "Is something rotten in the state of Denmark?" Constructivism and European integration. *Journal of European Public Policy*, 6: 669–81.
ONUF, N. G. 1989. *World of our Making: Rules and Rule in Social Theory and International Relations*. Columbia: University of South Carolina Press.
PALAN, R. 2000. A world of their making: an evaluation of the constructivist critique in international relations. *Review of International Studies*, 26: 575–98.
PEVEHOUSE, J. 2005. *Democracy from Above: Regional Organizations and Democratization*. Cambridge: Cambridge University Press.
PRICE, R. 1998. Reversing the gun sights: transnational civil society targets land mines. *International Organization*, 52: 613–44.
—— and REUS-SMIT, C. 1998. Dangerous liaisons? Critical international theory and constructivism. *European Journal of International Relations*, 4: 259–94.
—— and TANNENWALD, N. 1996. Norms and deterrence: the nuclear and chemical weapons taboos. Pp. 114–52 in *The Culture of National Security: Norms and Identity in World Politics*, ed. P. Katzenstein. New York: Columbia University Press.
REUS-SMIT, C. 1999. *The Moral Purpose of the State: Culture, Social Identity, and Institutional Rationality in International Relations*. Princeton, NJ: Princeton University Press.
—— C. 2005. Constructivism. Pp. 188–212 in *Theories of International Relations*, 3rd edn., ed. S. Burchill et al. New York: Palgrave.
RUGGIE, J. G. 1998. *Constructing the World Polity: Essays on International Institutionalization*. New York: Routledge.
SANDS, P. 2005. *Lawless World: America and the Making and Breaking of Global Rules from FDR's Atlantic Charter to George W. Bush's Illegal War*. New York: Viking.
SHANNON, V. P. 2000. Norms are what states make of them: the political psychology of norm

violation. *International Studies Quarterly*, 44: 293–316.
SIMPSON, G. 2004. *Great Powers and Outlaw States: Unequal Sovereigns in the International Legal Order*. Cambridge: Cambridge University Press.
SINCLAIR, T. 1999. Bond-rating agencies and coordination in the global political economy. Pp. 153–67 in *Private Authority and International Affairs*, ed. A. C. Cutler, V. Haufler, and T. Porter. Buffalo: State University of New York Press.
SNIDAL, D., and THOMPSON, A. 2002. International commitments and domestic politics: institutions and actors at two levels. Pp. 197–230 in *Locating the Proper Authorities: The Interaction of Domestic and International Institutions*, ed. D. Drezner. Ann Arbor: University of Michigan Press.
STERLING-FOLKER, J. 2000. Competing paradigms or birds of a feather? Constructivism and neoliberal institutionalism compared. *International Studies Quarterly*, 44: 97–119.
WALTZ, K. N. 1959. *Man, the State, and War: A Theoretical Analysis*. New York: Columbia University Press.
—— 1979. *Theory of International Politics*. Boston: Addison-Wesley.
WELDES, J. 1999. *Constructing National Interests: The United States and the Cuban Missile Crisis*. Minneapolis: University of Minnesota Press.
WELSH, J. M. 2002. From right to responsibility: humanitarian intervention and international society. *Global Governance*, 8: 503–21.
WENDT, A. 1992. Anarchy is what states make of it: the social construction of power politics. *International Organization*, 46: 391–425.
—— 1995. Constructing international politics. *International Security*, 20: 71–81.
—— 1999. *Social Theory of International Politics*. Cambridge: Cambridge University Press.
—— 2000. On the Via Media: a response to the critics. *Review of International Studies*, 26: 165–80.
WIGHT, C. 2006. *Agents, Structures and International Relations: Politics as Ontology*. Cambridge: Cambridge University Press.
WILLIAMS, M. C. 2005. *The Realist Tradition and the Limits of International Relations*. Cambridge: Cambridge University Press.

第十八章
建构主义的伦理观

理查德·普赖斯

社会建构主义越来越被视为在当代国际关系学术研究中相互竞争的主要理论学派之一。作为国际关系研究的一个分支学派,其对该领域的主要实质性贡献之一是说明了道德规范以及伦理在世界政治中非常重要。在这个议题本身中,建构主义学者已经体现了道德承诺——从最为基本的层面来说,对道德进步的可能性,现实主义的怀疑主义者对这一点发起了挑战。但这种道德立场的合理性通常由建构主义者从严谨的实证角度来维护——比如说明人权规范或战争规范可能会很重要,而不是基于同等严谨的规范依据来说明(这种规范是伦理需要的)。在本章中,我简要概述了建构主义研究的发展轨迹,认为其发展以及对批评者的回应现在已使建构主义及其挑战者集中明确地参与伦理问题争论。然后,我思索建构主义在多大程度上可成为独特的伦理,并概述其可能为解决全球伦理挑战做出哪些贡献。

1 建构主义与伦理的根源

通过各种方式支持道德进步的事业,长期以来一直是国际关系中各

种自由和批判理论的核心（这与其具有怀疑倾向的学术对手不同），尽管 317
对什么才真正算是道德进步几乎没有一致意见。然而，这两大阵营一直是怀疑论中乌托邦主义持续指责的目标。我在别处提出的建构主义关于国际关系中道德规范所起作用的学术研究，经过审慎的实证研究，证明了世界政治中道德变迁的可能性（Price 2003），令人信服地回应了这些指责。在成功承受住第一波批评，证明道德规范在世界政治中可能很重要后，来自比较视角或方法论视角的批评要求建构主义的研究解释为什么一些规范在某些地方或某些时候重要而在其他地方或时候不重要，这推动了第二代建构主义者工作的开展（Kowert and Legro 1996; Checkel 1998）。这转而导致了跨越比较政治和国际关系边界的大量工作，试图解释符合系统规范的变化机制，引入了诸如文化匹配、国内利益、国内制度等因素。

但是，尽管这些工作为引导人们重视道德变迁在国际关系研究与实践中的作用拓宽了空间，但本文大部分内容并没有针对良性的具体改变给出明确的规范性或规定性的解释。这种立场常常是没有言明的，而不是以同样的严谨系统性地考虑其他解释进行辩护，这通常是建构主义实证研究的特点。[1]那么人们可能会问，这些假定为可取的道德变化是基于什么标准被认为事实上“合理”呢？一个主体在全世界的胜利可能是对另一个主体的文化群体自主决定权的无法容忍的侵占。虽然建构主义学者通常寻求证明主体间、跨群体（系统性）规范的存在和重要性，但是建构主义本身并不存在让世界主义价值观比社群主义始终更正义的元素。结果是，例如经验证明，跨国行动网络已经成功地减少了女性生殖器切割的做法，但这本身并不能证明这种变化在道德上更可取，除非还有说服性的伦理辩护，表明人权应优于这种特殊的文化习俗。对许多国际规范 318

1 也有例外。尼古拉斯·惠勒（Nicholas Wheeler 2000, 6）将英国学派和国际关系中的建构主义方法视为同一个领域的研究，提出了一个基于其实证分析的人道主义干预的社会连带主义理论。在英国学派传统影响下进行研究的学者往往比在规范性和实证性研究领域的其北美同行要更积极一些，尽管美国国际关系中似乎对这种工作的实证方面在方法论上和理论上是否足够严谨持有怀疑，这阻碍了该项研究工作的接受度。

（如废除奴隶制、种族隔离、祭祀仪式等）的道德可取性做出有说服力的辩护对许多建构主义学者来说是一项挑战，尽管这项挑战并不会使他们废寝忘食，但它却提供了重要基础，让建构主义学者明确涉及伦理议题是建构主义研究中的需要。

同样，并非所有可能被认为是建构主义派学者都赞同世界政治中各种发展的规范可取性，例如对科索沃的人道主义干预等。实际上，虽然一些建构主义者认为，各种批判理论者、后结构主义者和建构主义者在特定需要中可被认为是在同一个大的理论阵营中（Price and Reus-Smit 1998），但很多其他建构主义者（Adler 1997）和批判理论学者如戴维·坎贝尔（1998）都认为他们不能被视为同一阵营。而且经常是在实质性的道德问题上，例如对促进地区自由民主和平或人道主义干涉正当性上，建构主义阵营通常是自由主义/世界主义者的成员，他们会与批判理论、女性主义和后结构主义国际关系这些更持怀疑态度的理论家们产生分歧，后者会把这些行动背后的权力关系作为优先考察的对象。简而言之，人们不能仅仅通过现实中发生了规范性的变化，就声称世界政治中产生道德进步是可能的，因为其中存在着这种变化在道德层面上可取的先验假设；因此，在某些时候也需要诉诸对其规范性的说明。

除了建构主义者之间的分歧，建构主义的伦理道德解释也是应建构主义的其他当代竞争对手就规范性性质的要求而生。大量学术著述显示国际政治中规范和跨国倡议网络的重要性，例如它们在《渥太华禁雷公约》制定进程中发挥的作用，以及对国际刑法中包括法庭和国际刑事法院（ICC）在内的里程碑事件所起的作用。在回应这些文献中出现一个保守声音，它对这些先前进步发展的规范性的可取性进行挑战（参见如 Anderson 2000; Snyder and Vinjamuri 2003–2004）。有批评指责建构主义研究持有规范性偏见，对已奏效的“良好”规范青睐有加。为了对此做出充分回应，学者们最终必须转向某种形式的规范性辩护。这无疑是双向的：做出这些指责的批评者只能在自己对通过说明什么是好的和不好的规范为自己辩护，才能让别人理解，否则批判就显得没有逻辑。无论是哪种情况，当然两者兼而有之更好，规范性理论化是不可避免的，并因此成为国际关系中实践和知识分子话语的焦点，即使在美国国际关系学界中没有被给予专业上的首要地位，美国国际关系学界是以预测和解释性议 319
题为主，这就在很大程度上将作为“政治理论”、“规范性理论”或哲学的主观领域的规范性理论排除在外。[1]它们都将道德问题摆在主流国际关系的首要和中心位置，而不仅仅是对建构主义者，尽管本文在此关注的是与建构主义者有关的伦理（参见Snyder 2003）。[2]

2 建构主义与怀疑论

简而言之，建构主义研究议题的发展轨迹及对这种发展的回应将建构主义导向了伦理议题（以及其他方面）。但是，建构主义本身就能对“我们应该做什么”的伦理问题给出实质性的答案吗？还是把它看作是人们可以利用不同实质性的伦理立场的一种道德中立的分析工具更好些？与批评建构主义研究对“奏效”的“良好”规范青睐有加的观点相反，也可能提出与之相反的质疑：建构主义究竟是否有政治或伦理的立场？建构主义经常被视为一种进路、一种方法、一种本体论或社会理论，但它本身并不是一种实质性的政治理论或国际关系理论（见Ruggie 1998; Wendt 1999）。这个观点意味着对建构主义的最广泛理解是其本身不构成规范性观点，也不构成伦理理论。事实是这样吗？我在这里认为，虽然建构主义本身并不含有一种世界主义或社群主义的成体系的规范性承诺，但它确实在怀疑论和乌托邦主义之间持有立场。

一方面，对建构主义所称的不可知论的理解有助于解释建构主义的

1 针对被公认为北美国际关系领域的三大刊物《国际组织》、《国防安全》和《世界政治》在1990年至2006年期间发表的文章有过一项调查。该调查报告显示，最多四篇文章可确定为是论及规范性而不是解释性分析的议题。相比之下，英国的国际关系学术界对规范性理论化给予了更加突出的地位。对于早期的陈述，见Brown (1992)；Smith (1992)。另见“国际研究回顾与千禧年：国际研究杂志”，其中规范性理论的地位突出。

2 最值得注意的是，美国国际关系领域中最著名的学者之一基欧汉的研究工作最近转向了规范。参见Holzgrefe and Keohane (2003)；Buchanan and Keohane (2004)。

多样性，以及建构主义如何适用于众多更为明显的实质性理论，其中一些差异显著。因此就有了所谓的传统的、批判的或马克思主义的建构主义，“厚”(thick)和“薄”(thin)建构主义、现代主义、后现代主义和整体建构主义，女性主义和后殖民主义的建构主义，等等。建构主义也是不可知论
320 的，也就是说，对于国际社会规则的实在程度，以及它们是仅属于国家之间还是也适合全人类的这些问题上，社会连带主义或多元论立场都是平等共存的。尽管实际情况是，在这个讲英语的国际关系学界中，“进步主义者”在很大程度上代表了建构主义学派，但本文并没有就此排除现实主义或其他非自由主义的建构主义，即使到目前为止建构主义还没有为现实主义或非自由主义的建构主义所运用(见Barkin 2003)。

与此同时，建构主义的历史主义基础似乎使得其支持者难以严守对其所谓的中立立场，因为与文化产物有关的所有理论都体现了特定地域和特定目的的观点，如罗伯特·考克斯所述(Robert Cox 1986)。事实上，对建构主义的分析确实似乎事先排除了一些本质上涉及规范承诺的实质性政治理论的关键争论。物质主义尤其如此，它会将诸如军事或经济实力或不可改变的自然禀赋作为我们的理论解释工具。此外，建构主义强调，社会和政治变革的可能性不囿于国内政治领域，这就似乎排除了保守的国际政治理论，因为保守国际政治理论假定跨国界的道德变迁的可能性非常低并且是反常的，所以认为发起跨国道德变革的举动“不切实际”而不予考虑，但我认为建构主义与政治保守主义的关系是微妙的。

通过把权力置于道德规范研究的中心地位，建构主义含蓄承认，任何真正的道德困境的解决都需要一些更具有优势的道德实质的政治理念。科索沃战争需要(包括许多其他事情)北约组织的人道主义解救胜过塞尔维亚人对自决和自治权的要求。人道主义干预与自决规范之间的困境也正说明了建构主义与现实主义伦理之间的关系。世界在很大程度上构建了自决做法来解决一系列道德问题，但现在却造成一系列后果(见Finnemore 2008)。我们所面临的这两个国际规范之间的困境不是一

个因无政府主义国际体系而产生的永恒的普遍问题。它不是由于物质力量，也不是由于人的本性或生物的天赋。相反，它是人类能动性的产物，是系统的道德变迁的产物，并不一定会反复发生。建构主义本体论对这种发展的承认使其与现实主义怀疑论的重要派别有本质区别。只有这些道德规范是国际社会事实时（它们已经成为国际社会事实）才会出现这些困境。这会将道德上可能的建构主义伦理与怀疑论区分开来，怀疑论为了达成共同国际道德标准的努力是不切实际的，而建构主义的分析和本体论基础会使得其允许在世界政治中有更大范围的跨社群的共同道德的存在，这超出了怀疑论现实主义或社群主义现实主义所能容忍的范畴。321

这并不是说不同的相互竞争的全球道德观及其支持者之间不会发生冲突，现实主义者（主要是古典现实主义者）也重视意识形态和文化等诸如此类的东西，却将它们视为冲突、压制以及不公的来源而不是解决问题的资源，但尽管如此，由于都强调此类社会结构的作用，两者在小范围上还是有类同之处的。毕竟，批判性的建构主义者指出，在建立自由民主和平或安全共同体中导致冲突产生的“他者化”，实质上与塞缪尔·亨廷顿的文明冲突的逻辑相差不远（但建构主义者通常会抵制后者的概念表达等）。或者，如马克·林奇（2006）所说，本·拉登是社会建构主义者。

除了承认国际社会结构可能会发生冲突之外，正如亚历山大·温特所认为的，建构主义对于这些主体间社会结构的内容可能是持不可知论态度的——它们对于某个特定的建构主义者自己来说可能认为是好的，如废除奴隶贸易；或者认为是坏的，如长期存在的接受奴隶制本身。但是，建构主义国际关系与现实主义怀疑论之间的区别不是把包括世界主义类别在内的国际道德良善的不可实现性看作是人类的不变命运，或仅看作是重复发生的悲惨问题的原因而不是解决方法。在人道主义方面可能会取得进步，即使在取得这种进步时，因为道德标准的内在结构的变迁导致了原来有可能性和没可能性的道德标准都变得可能了，所以新的问题以及解决问题过程中的冲突产生了。但是，承认这种形式的始终存在的道德冲突同时否认了怀疑论的推定——认为世界政治中有意义的道德进步因其本体论上不可信或本身就有道德之虞而被否决，就好像某个计划“听上去不错，但是很遗憾在我们的现实生活中行不通”一样。

3 建构主义与乌托邦主义

另一方面，大部分建构主义学术的本体论和强有力的实证研究结果为规范性的理论立场提供了有力支撑，使其不仅在对伦理可能性，而且也在对伦理理想的实证范围最终评估其正当性及正确性方面有重要地位。也就是说，已经证明道德规范如何产生并对世界政治有影响的研究项目应该能够很好地帮助我们回答“该做什么”的道德问题，因为对该问题的
322 负责任的答案被认为是需要不仅对原则上“什么是公正的”问题的回答，而且在某种程度上实际也是对“什么可能奏效”问题的回答。在这个意义上，我认为国际关系中的建构主义对于道德变化的范围和可能性的学术研究可对康德对自然主义谬误的否认做出严谨的反驳——他在观念上否认了“应该怎样”是以一种有意义的方式取决于“实际是什么”。或者更大方地说，建构主义至少在康德未解决的“实际是什么”的小空间里蓬勃发展，因为他承认责任要求人们实行道德律令，除非确实证明为不可能实现（Donaldson 1992）。建构主义者可能会问，在没有对道德实践的成功或失败进行实证评价的情况下，我们如何知道世界政治中道德上可能或不可能？在不用向所有建构主义者假定否认康德或其他唯心主义的前提下，我认为即便是建构主义显示出了此种唯心主义在现实生活当中的力量，它同时也通过牺牲伦理现实可行性的方式，提供了确信的理由来抵制具有吸引力的批判怀疑论，这种批判怀疑论来源于始终可以坚持的批判理论和乌托邦主义观点（诸如此类：“权力和统治的关系仍然存在”/“本可以做得更多”），即使建构主义不要求放弃这种批判性或乌托邦主义的观点。简而言之，我认为建构主义为介于批判理论的怀疑论与乌托邦主义这两个极端之间的伦理道德提供了强有力的理由。

作为回应，批判理论学者可能会认为建构主义（或至少这种建构主

义概念）过于保守；批判理论家们对大部分建构主义学术中隐含的改良主义态度的颂扬可能会被谴责为阻碍更根本的改变。的确，这是建构主义者自己不能轻易忽视的一个挑战：鉴于他们对道德行动可能性的研究结果，对伦理可能性施加限定性是否有意义？暗示或明确地赞同诸如制定禁止使用杀伤人员地雷的国际规范或建立国际刑事法院，不需要排除某些人可能捍卫的更为根本的进步性改变，例如完全结束战争。事实上，除非这种宏观的国际结构在现实层面出现了利好变化，建构主义者才有可能给出改变现状的行动方案，而不是与理想做一些雄心勃勃却又力有不逮的比较，在现状没有改变的时候，这种尝试注定会失败。这个批判性的立场可能会反驳道，这种改革主义者姿态只是促进了那些根本上不公正的制度的持续存在，并呼吁采取更多的革命性的行动。这种立场是符合情理的，特别是以建构主义者自己的角度来看更是如此，因为记录变革和进程的学者，就像是在世界政治中学习，经常强调“危机”作为重大转变的催化剂的至关重要性。随后而来的道德规定不仅没有减弱危机，还促成了危机产生的可能性。这不是一个可取的更强有力的道德立场，或许还不如此种断定：在某件事中，如果人们权衡，比起理想的失败，其人道主义收益更加显而易见的话（这一点也是批判理论家所主张的），那么这些收益就是非常良性的，更不要说进行根本变革的期许可能会使情况反而更加糟糕，特别是产生根本性变革、向前进步的前景不大明朗甚至压 323
根就不大可能的情况下，这种道德立场就更站不住脚了。

由此产生的道德态度不会拒绝，而会接受为了理想更进一步而做出的努力。但是，与此同时，这种态度在没有得到回报时会容易变得愤怒；也就是说，当以这个理想观点出发，批判的目标是（以致摒弃）那些进程当中所取得的确实改变了人类生活的（如果不是整个宏观系统）小的成就时，会导致深度的怀疑情绪，进而削弱现实层面的道德行动。这尤其如此，因为建构主义学术研究的主要贡献是证明，有时候最初的小发展如何演变并引发更大范围的变化，从对语言转变的意外后果的家谱研究，到对人权活动家的微小话语让步最终造成的反作用，概莫能外。谁会真能想到20世纪70年代在西方被经常贬损为无足轻重出卖给苏联的《赫尔辛基协定》会在苏联体系内播下了革命性和平变革的种子（见Thomas 2001）？在1996年（更不用说在1998年事件发生前几周）谁会真能想到英国逮捕奥古斯托·皮诺切特（Augusto Pinochet）是因为他在智利实行酷刑这种想法根本就不是极度的异想天开？

4 结语

但是，至关重要的是，本文的阐述侧重于建构主义本体论含义的最终伦理立场是有具体条件的，并对现实层面的变化所带来的挑战持开放态度。事实上，如果能充分证明，目前国际刑事法庭比起其他一些业已存在且有信服力的替代性组织相比，反倒将情况变得更糟了，那么像凯瑟琳·辛金克（Kathryn Sikkink 2008）这样的现在支持国际法庭，认为这是一种有价值的发展趋势就应当准备好修正她对这种法庭的道德支持。这很重要，而且这也是解释性不可知论的必然道德要求，即紧随证据事实，许多建构主义者将这一点转化为一种严格而自我反思式的工作方法，对比不同的陈述，权衡判断。这种偶发事件，因我们世界中有时任何东西似乎都是可能的这种潜在的社会延展性而倍增，这也体现了建构主义伦理的谦虚谨慎。

324 谦逊也来自这样一种认识，道德进步并没有简单的解决方案，其代价是会造成新的道德困境。更严重的是，一种被视为道德进步且得到潜在支持的路线在另一种情况下可能会产生截然不同的效果，或者是这种路线也伴随着负面影响的滋长。因此，在跨国倡议网络推动人权进步和其他问题方面，羞辱法（the shaming techniques）被认定为十分重要，但该法在东盟（ASEAN）背景下是不适用的，并可能招致强烈抵制，因为东盟宣扬建立“亚洲方式”共识，且提倡静默外交而非对抗的解决方式。

更重要的是，建构主义之所以如此谦逊，是因为其内在拥有历史主义者的敏锐，关注文化背景，这提醒我们，无论是作为个人还是全体，我们现在所坚持的标准可能会与过去的标准发生冲突。正如玛莎·芬尼莫尔（Martha Finnemore）（2008）所言，"大部分推行这些规范、对他国进行干预的西方国家的公民（历史上）实行'自决'的时候，也有过大量的暴力冲突，但我们现在却期望别国能够和平解决"，并且很少考虑，"如果"这样的标准被运用到自己本国的内战或对原住民进行殖民的过程中时"将会怎样"。然而，尽管出于上述种种原因，建构主义在伦理上保持着谦逊态度，但同时也提供了更多充足的依据，使其能够在自证式的怀疑论与不承认现实层面道德进步又无力改变现状的批判式反思这两者之间行事和判断。 325

参考文献

ADLER, E. 1997. Seizing the middle ground: constructivism in world politics. *European Journal of International Relations*, 3: 319–63.

ANDERSON, K. 2000. The Ottawa Convention banning landmines, the role of international non-governmental organizations and the idea of international civil society. *European Journal of International Law*, 11: 91–120.

BARKIN, J. S. 2003. Realist constructivism. *International Studies Review*, 5: 325–42.

BROWN, C. 1992. *International Relations Theory: New Normative Approaches*. New York: Harvester Wheatsheaf.

BUCHANAN, A., and KEOHANE, R. O. 2004. The preventive use of force: a cosmopolitan institutional proposal. *Ethics and International Affairs*, 18: 1–22.

CAMPBELL, D. 1998. Epilogue. Pp. 207–27 in *Writing Security: United States Foreign Policy and the Politics of Identity*, rev. edn., ed. D. Campbell. Minneapolis: University of Minnesota Press.

CHECKEL, J. 1998. The constructivist turn in international relations theory. *World Politics*, 50: 324–48.

COX, R. W. 1986. Social forces, states and world orders: beyond international relations theory. Pp. 204–54 in *Neorealism and its Critics*, ed. R. O. Keohane. New York: Columbia University Press.

DONALDSON, T. 1992. Kant's global rationalism. Pp. 136–57 in *Traditions of International Ethics*, ed. T. Nardin and D. Mapel. Cambridge: Cambridge University Press.

FINNEMORE, M. 2008. Dilemmas of humanitarian intervention. In *Moral Limit and Possibility and World Politics*, ed. R. Price. Cambridge: Cambridge University Press.

HOLZGREFE, J. L., and KEOHANE, R. O. (eds.) 2003. *Humanitarian Intervention: Ethical, Legal, and Political Dilemmas*. Cambridge: Cambridge University Press.

KOWERT, P., and LEGRO, J. 1996. Norms, identity, and their limits: a theoretical reprise. Pp. 451–97 in *The Culture of National Security: Norms and Identity in World Politics*, ed. P. Katzenstein. New York: Columbia University Press.

LYNCH, M. 2006. Al-Qaeda's constructivist turn. *Praeger Security International*, 5 May, http://psi.praeger.com/doc.aspx?d=/commentary/Lynch-20060505-Lynch-20060505.xml.

PRICE, R. 2003. Transnational civil society and advocacy in world politics. *World Politics*, 55: 579–606.

—— and Reus-Smit, C. 1998. Dangerous liaisons? Critical international theory and constructivism. *European Journal of International Relations*, 4: 259–94.
Ruggie, J. G. 1998. What makes the world hang together? Neo-utilitarianism and the social constructivist challenge. *International Organization*, 52: 855–85.
Sikkink, K. 2008. The role of consequences, comparison, and counterfactuals in constructivist ethical thought. In *Moral Limit and Possibility in World Politics*, ed. R. Price. Cambridge: Cambridge University Press.
Smith, S. 1992. The forty years' detour: the resurgence of normative theory in international relations. *Millennium: Journal of International Studies*, 21: 489–506.
Snyder, J. 2003. "Is" and "ought:" evaluating empirical aspects of normative research. Pp. 349–77 in *Progress in International Relations Theory: Appraising the Field*, ed. C. Elman and M. F. Elman. Cambridge, Mass.: MIT Press.
—— and Vinjamuri, L. 2003–4. Trials and errors: principle and pragmatism in strategies of international justice. *International Security*, 28: 5–44.
Thomas, D. 2001. *The Helsinki Effect: International Norms, Human Rights, and the Demise of Communism*. Princeton, NJ: Princeton University Press.
Wendt, A. 1999. *Social Theory of International Politics*. Cambridge: Cambridge University Press.
Wheeler, N. 2000. *Saving Strangers: Humanitarian Intervention in International Society*. Oxford: Oxford University Press.

第十九章
批判理论

理查德·沙普科特

马丁·怀特(Martin Wight)曾经问过一个问题:“为什么不存在国际理论?”换句话说,为什么国际关系的政治理论不回答那些为了美好生活而需解决的权利、自由、秩序、正义等问题?为什么国际关系的词汇表中的关键词是结构、必要性和战略等?怀特(1967)将国际舞台视为一个“重现与重复”的领域,无政府状态的持续存在使人们理论性的美好生活成为不可能。20世纪80年代和90年代初期,新一代学者开始挑战怀特的理论,他们认为国际关系的理论和实践一直被赋予了规范性的内容因而愿意接受政治理论的词汇。这一新词汇表重要的来源之一就是肇始于德国魏玛时期,而后在美国从事社会学研究的法兰克福学派所构建的批判理论。批判理论对于国际关系的最大贡献在于它挑战了怀特的主张并避免了人类自由问题从国际政治研究话语中消失。

法兰克福学派受到了卡尔·马克思的文章《关于费尔巴哈的提纲》的启迪,文中写道:“哲学家们只是用不同的方式解释世界,但关键在于改变世界。”(引自Devetak 2001, 146)他们试图振兴“实践哲学”这一经典理念，这是一种以理解、评估和实践导向的知识研究形式（Shapcott 2004）。特别是他们将对于人类解放的意义、条件、可能性和自由作为人类科学的第一要义。对于解放的兴趣必然促使人类的研究转向对积极
327 变化可能性的调查，这种变化可能有助于人类生存条件的改善。按康德（Kant）的说法，这叫作启蒙；按黑格尔（Hegel）的说法，这叫作历史的精神（Geist）；按马克思的说法，这叫作解放。对马克斯·霍克海默尔（Max Horkheimer）来说，批判理性的运用能将我们引向解放这一理念，良好社会曾包含一个理念，即个人能够实现其自主潜能（Horkheimer 1972）。国际关系中的批判理论试图通过在国际背景下发展"在整个世界社会范围内实现人类更高层次自由的前景"（Linklater 1990a, 7）。具体来说，一种国际关系批判理论对"共同体困境"进行了探讨，即囿于边界的共同体（国家）成员们如何决定国际体系中的包容和排斥形式（Linklater 1992）。这一课题具有三个组成部分：对于解放的"内涵"和普世主义的规范性研究、对于解放的"条件"的历史社会学研究以及对于既定秩序，特别是当前秩序下解放的"手段"的人类行为学研究。

第一部分是十分必要的，因为解放既有积极的一面也有消极的一面，同时也会引发论争。对于当代批判理论学家来说，解放既意味着摆脱不必要的痛苦，也意味着就对所有具有影响的事务进行对话、表示赞同和审慎思考的自由。其结果是，批判理论致力于为地球上所有人如何实现道德生活和政治生活高度融合的问题。然而，这就要求人们摒弃当前主导社会科学尤其是国际关系的理论模式，因为它在拒绝接受所谓的价值中立或客观性这一假设，同时又需致力于更综合的研究。批判理论将这一规范性目标置于其研究的中心位置。因它具有多学科性，带着实用性意图开展阐释性和评估性理论化。通过以这种方式设置议程，批判理论家志在向该学科呈现一个挑战，从而为他们的见解和目的提供规范性以及方法论方面的正当理由。

批判性理论研究既是多学科，也是跨学科研究，其目的不在于取代其他的理论，而在于将它们整合到一种更为"完整"、更具道义上的方法之

中。人们在分析问题时不能将规范叙事与解释彼此割裂。因此，我们需要一种社会学的研究，原因就在于任何一种对社会领域的陈述必然同时是一种对变革与自由可能性的陈述，也是对既定或可能的背景下自由的意蕴的一种反映。为此，我们很难按照人们传统上的理解将批判性理论划分为一类独立的国际关系理论，其定位也更为复杂，因为它既包含“大理论”又包含“应用性”的研究。328

任何对于批判理论的研究都至少分为两个核心部分：其一是理论的认知与方法。其二是对世界的规范性和主体性诠释。换句话说，在本章中对“我们为什么要研究国际关系？”以及“我们怎样研究国际关系？”做了解释：首先，我们探讨了批判理论的本质及其与主流国关理论的区别与挑战。其次，探讨了批判理论提出至今而做出的贡献。本章首先对批判性理论以及批判性国关理论的源起进行简要探讨，然后对它们的主要观点和成就再做研究。

在进一步探讨之前，我们要注意批判性的理论（critical theory）与批判理论（Critical theory）二者通常是不同的，只有批判理论指的才是法兰克福学派的方法。批判性的理论包括一些对解放方案持怀疑态度的方法，而法兰克福学派列举的这种方法包括后结构主义、（某种）女性主义、批判现实主义等。其中有些差异源自不同的认识论，其他差异则源自不同的伦理出发点。批判性的理论当中的很多方法拒绝融入安德鲁·林克莱特的共同体方案，在哲学上抵制有关解放的讨论。共同的是，它们全都关注权力与自由。此外，批判性的理论拥有自己的思想轨迹，该轨迹延伸至国际关系之外。而本章关注的是国际关系中的批判理论。

1　法兰克福学派

首先，也是最重要的，批判理论与“传统的”或问题解决型理论不同。传统理论基于自然科学的研究模式，从公正的或价值中立的立场出发，阐释社会进程，预测人类的行为进而约束。传统理论有体系维护性（system-

maintenance）的倾向，因为它以自己所认知的世界为本原，仅研究如何对其进行操纵，进而实现既定目的。在最好的情况下，它与希腊人所称的“技艺”（technê）相仿。霍克海默尔认为，在现代条件下所有的理性都被简化成了技术性的、工具性的手段，即目的理性。结果，认为理性引发理论（theoria）而不是技艺（technê）的古典认识已经被遗忘或扭曲。批判理论试图复活这一更深层次的、对“良好”这一问题进行过研究的理性的概念。它不仅研究了如何才能实现（technê）“良好”而且还研究了“良好”
329 是什么，或者说什么是良好社会。这类研究落入批判理论的范畴，因为此类研究的兴趣在于一种关于解放的体验，这种体验感受源于对权力关系的批判理解（Bernstein 1976, 189）。结果，批判理论不同于传统理论，因为，按照罗伯特·考克斯的说法（1986，210），它“允许人们选择一个规范性秩序以取代和现行秩序不同的社会政治秩序”。它还具有一个主体性但不明确的概念，即它将成为一种个人命运“处于他［原文如此］自己行动所决定的限度之内”（Horkheimer 1972, vii）的秩序。

30年后，尤尔根·哈贝马斯重温了霍克海默尔的主张。像霍克海默尔一样，哈贝马斯也关注人们将理性简化为技艺以及“通过完善社会管理以获得对于历史的技术性掌握的企图”（Bernstein 1976, 187）。他认为不同理论提供的有关世界的知识类型并不相同，而且这些理论的目标或知识构成（认知）的兴趣（interest）也是不同的。理论家们所理解的“现实”依赖于他们的兴趣所在。所有理论都有助于构成这个世界，他们声称自己只是对其进行描述，其结果就是这样所产生的知识是不完整的或有失偏颇的。哈贝马斯（1972，308）发现了三种兴趣及三种相应的理论化模式：“经验—分析科学的方法包含了一种技术性认知兴趣；历史诠释科学的方法包含了一种实践性兴趣；以批判导向性科学的方法则包含了解放认知兴趣……”例如，实证主义有选择性失明的行为，因为它包含一种对自己的知识的运用未予承认的兴趣。实践性兴趣是对技术性兴趣的提升，因为它了解社会生活的主体间本质并试图将行为体当作这个世界的参与者而不仅仅是其臣民。然而，实践性兴趣有所缺失，因为它没有反映出不平等权力关系所导致的系统性扭曲沟通的可能性。只有具有解放性旨趣理论才能对其进行补给。至于哈贝马斯是否的确发现了理论与兴趣之间存在一种根本性认知关系或他是否只是提供了一种有益的描述性类型学方法,人们还有争议。不过,哈贝马斯的框架强化了霍克海默尔有关纯粹公正的或超然的理论或理论家具有误导性这一观点。

此外,霍克海默尔批评了忽视社会背景和现实的理想主义理论。对于人类解放的研究必然导致历史学/社会学研究以及理性运作的物质/社会条件。成功的批判理论必须能够提出有关社会条件和自由可能性的启迪,并用于指导真实世界行为体的实践。为此,霍克海默尔采用的方法是内在批评,即对现有社会安排中的紧张关系以及可能导致渐进式社会转型的信念的分析。因而,批判理论对解放的规范性、社会学以及人类行为学因素进行了反思。

"解放"这一术语必然促使人们思考"解放"从何而起这一问题。人们有理由将解放作为本质上具有争议的一个概念,目前它仍是批判理论 330
中最难令人理解的术语之一。这一术语能够给予理论家一种特权,他们可以提供关于解放的洞见,就像精神医生那样对何时实现解放有独断的权力。康德、马克思和黑格尔提出的挑战是利用理性对康德所说的"人类加之于自己的不成熟状态"进行反思,并对社会制度进行批判性地审查,以便人们能够"主动地决定自己的生活方式"(Horkheimer,引自Bernstein 1976, 181)。将理性用于被视为理所应当或像是自然法则的表现的社会状态,例如通过性别不平等或奴役的状态,是有可能判断它们是否真的像"法则"。法兰克福学派,尤其是像哈贝马斯和阿克塞尔·霍耐特(Axel Honneth)等后来出现的理论家认为,这一目标的障碍在于扭曲或病态的自我理解及其沟通形式(Honneth 2004),特别是那些被权力和利益所扭曲的沟通。解放在于消除或校正这些扭曲。然而,这是一项遥远的任务,我们永远无法肯定地认为我们本身的理解就没有被扭曲。因此,重要的是我们要找到具体的解决办法。解放从未实现过,但是一种激励人心的理想。另外,评估我们对理解的最好方式就是将它们公开,即与他人进行自由的开放式的讨论，并加以检验。故而，解放在很大程度上并不在于个人的意识之中，而在于创建一个能够公开对话的社会政治条件。

2 对国际关系的批判

如果说霍克海默尔的学说是受到了20世纪20年代和30年代知识和政治发展的影响，那么国际关系的批判性转向则是受到了越南战争及第二次冷战导致的紧张状态的影响。实证主义被认为是美国在越南战争中的政治与道德灾难有密不可分的关系，被证明是所谓因技术上的理由导致了国际政治中的失败（一些现实主义者也怀有这种关切，特别是汉斯·摩根索），进而导致了“科学范式”的胜利。同样，在20世纪80年代，人们担心超级大国关系紧张状态及核武竞赛会达到新高峰，一些专家忧虑国际关系学科是否有助于解决国际社会所面对的问题。当人们挑战国
331 际关系学者时，常常引用罗伯特·考克斯的话（1981，128），“理论总是**为**某人和某个目的服务”（原文如是强调），进而反映出他们自己的“认知兴趣”与目的。批判理论中对解放的关注常被用来挑战国际关系是“社会科学”这一自我定义以及作为一门独立学科的存在。

对于很多人来说，这一自我定义是肯尼思·沃尔兹作品中明确提出的新现实主义或结构现实主义的缩影。女性主义者、后结构主义者以及后来的建构主义者都对这一研究议程，包括对后来的新现实主义者所建立科学哲学观提出了异议。理查德·阿什利（Richard Ashley）和考克斯都采用了霍克海默尔的分类，将新现实主义描述成技术或解决问题的理论（同时也发现了传统或古典现实主义的批判可能性）。由于其“极度简约”，新现实主义必然限制其研究对象，结果只看到战争的连续性、大国敌对，以及系统的自我生成与修复，而忽视了其转型或发展的可能性。它不仅过滤掉了转型可能，而且还提倡符合对现实描述的政策，从而有助于其解释的现实的延续。新现实主义不仅为核恐怖的现状背书，而且未能

意识到这一恐怖不仅是一个技术问题，更是道德问题。

此外，在新现实主义描绘了一个由无政府状态、必然性以及主权决定的世界，而不是由理性来决定人类命运。然而，从批判理论的视角来看，只要人们认为战争以及国际上的再生产超出了人类控制、服从于类似自然的不变法则，人类就无法获得解放。对战争研究的批判性理论方法将考察新现实主义和战争本身是否只是表现出倾向维持现状的解决问题理论偏见的意识形态。这种元分析并不仅限于新现实主义，而且扩展到了主流群体中。在解释国际关系的法兰克福学派时，林克莱特认为霍克海默尔的三重区分与怀特的三个传统是一致的：现实主义、理性主义（格劳秀斯主义）以及革命主义（他将其重命名为批判理论）。与哈贝马斯一样，林克莱特（1990b，10）认为：

> 对外交互动中的语言和文化分析，进而推动国际共识的理论，是对被操纵和被控制的兴趣所构成的复发性力量理论的超越……[然而]试图理解扩展人类自决能力前景的研究则是更大的超越。

解释学的方法认为语言和沟通为人类赋予了物质条件的含义。这些方法通过阐释和理解行为体对他者的自我理解，而不是独立的机械进程的“解释”，解释或重构行为体的一般意义。因此，林克莱特将自由制度 332
主义和所谓的英国学派或格劳秀斯的方法论等同于哈贝马斯的“实践性兴趣”。如此，尽管据说新自由制度主义对他们带来的新知识“变革”很感兴趣（见 Keohane 1988）（假设导致其局限于国际体系内部的变革而不是变革国际体系），因为它同样显示出一种维持现状的偏好。自由制度主义并不是为了质疑国家体系，或造就一个不同的或许更具“政治性的”世界秩序。从单纯的无政府状态到制度主义者所描绘的一种高度反思性制度化的无政府状态或成熟的无政府状态的转变，代表了从形式性的战略技术理性到一种合作性的技术理性的转变。因此，国际领域可能变得更具可预测性，但仍不受制于“批判性推理”。

英国学派一直认同由国家组成的国际社会这一理念，这些国家不仅共存而且彼此认可其共存的权利，并认可基于上述理念的很多行为规则。因此，英国学派强调行为体之间的沟通和一致，并探讨了现存的国际体系转型为国际社会的方式。转型后，国家之间将更加“文明”，由规则支配进行互动。在构建国际社会过程中，各国能够开发一个共同的、增加道德进步范畴和可能性的意义领域。对林克莱特而言，英国学派具有一个优势，因为它更倾向于规范性反思和对策，不管它受到了多少限制（Bull 1983; Jackson 2000; Shapcott 2004）。

“实践性”认知兴趣也与解释性或阐释性科学的理解性（Verstehen）范式以及建构主义的见解一致，即认为“无政府状态是各国造就”（Wendt 1992）。这是一个意义领域，而不仅仅是物质权力的领域。国际关系中的建构主义关注的是理解和解释在国际领域的运作规范，以及这些规范对该领域的建构。然而，从哈贝马斯的视角来看，建构主义之所以价值受损是因为它保留了社会科学中“事实”与“价值”的区别，从而把“实然”问题与“应然”问题割裂开来。对批判理论家来说，保持“事实”与“价值”间区别的问题在于，“尽管这种分析可以揭示这些规范的构成，但还是缺少对这些规范进行理性批判评估的智力资源”（Bernstein 1976, 168）。也就是说，它几乎没提供多少可用于对自己所提供信息进行评估的标准。为此，理查德·普赖斯和克里斯蒂安·罗伊–斯米特所提出的（1998, 288）建构主义就像哈贝马斯所认为的“**必然是**‘批判性的’……”（着重部分由笔者标明）也许过于乐观了。因此，尽管阐释性方法是一种进步，但它们还不足形成一种适当的批判性理论方法。

该辩论早期阶段的最大贡献在于确立了解放性研究议程的本质，以及批判了学科认识论的假设。自其在国际关系中发端以来，批判理
333 论就面对着大量常见的反对意见，例如，它只顾着议程设置和方法论的反思，但不愿也不能给国际关系带来“实质性”成果。罗伯特·基欧汉（1988）认为“反思主义”范式缺少连贯的研究议程，故而难以使其对学科做出贡献，亦难以提供真正的知识。约翰·米尔斯海默（John

Mearsheimer)认为国际关系的批判理论并未能像经验主义那样取得丰硕的研究成果。这一说法得到了普赖斯和罗伊–斯米特的响应(1998),后者更是将它与建构主义在该方面的成功进行了比较。然而,对于批判理论本身而言,规范和元理论是其根基。在准备完善前,很难开展实证研究。这就要求人们对国际关系之外的道德和哲学传统进行研究。这些批评揭示了主流理论之外的另一种选择——这或许会成为未来的趋势,亦反映了经常性的无法充分区别批判性理论与批判理论方法之间或批判性理论与历史唯物主义之间区别的行为。故而,批判理论反映出法兰克福学派对主流国际关系学科挑战的本质,以及它对规范和多学科理论化的抵触。

3 今天的批判性国际关系理论

本节将阐述规范和实证研究方法在国际关系理论方面的主要成就。除了批判性理论和批判理论之间的区别,受法兰克福学派的启发,该研究议程主要是分为两个方面:一方面,通过批判可以给当前的国际关系理论以启迪,进而发展成一种国际关系中的批判理论。另一方面,批判理论的意义在于构建一种宏观的"大理论",进而发掘当前所有潜在的"解放"的可能性。现阶段,在国际关系理论中对该方案有所贡献的实际上只有一人,即林克莱特。下文探讨采用林克莱特的框架来说明其"大理论"并对批判性国际关系理论的主要论述予以概述。

第一种类型最重要的论述研究了国际体系的嬗变及其组成部分(历史社会学)、国际政治经济或性别与安全在这一解放方案中的角色。批 334
判理论是女性主义思想的天然盟友,因而对女性主义国际关系具有重大影响。尽管国际关系中的女性主义思想本就有独立于法兰克福学派理论化的思想文化史。女性主义作品的主旨是"变革"或"批判"[先前J.安·蒂克纳(J. Ann Tickner)对摩根索的解读(1995)可能很容易被理解为有关批判理论的第一篇文章]。大多数女性主义者都是从解放和终结男女不必要的痛苦的角度，来进行立论研究的。最明显的是，女性主义者关心的是性别差异的变革，这些差异过去被认为是理所当然的，并质疑法兰克福学派特别是哈贝马斯研究（见Hutchings 1996, 98）中的许多男性化假设。这对布鲁克·阿克利（Brooke Ackerly）、玛丽亚·斯特恩（Maria Stern）和杰奎·特鲁（Jacqui True）（2006）触动很大，这几位发展了一种批判性女性主义的方法论。批判性安全研究试图对传统安全的定义和实践"宣战"，目的是为了解决"因普遍秩序而变得不安全的人的解放问题"（Wyn Jones 1999, 118; 2001）。它削弱了战略领域是一个独立且不受道德进程影响的领域的主张，从而对国际关系的主流提出了挑战。在对这一战略/安全领域进行"去魅"过程中，它同时展示了安全研究如何以自己的形象塑造世界，并代表了某种维持现状的关切。

然而，从国际及国际关系学科的角度来看，林克莱特对发展法兰克福学派的"社会的批判理论"的贡献是无可匹敌的。最具雄心的地方在于，他采用历史社会学观点为我们描述了一个旨在引导整个国际关系学科的道德政治理论。林克莱特研究国际关系批判理论的方法与其他方法的区别在于，其论述的综合性、对社会政治理论和哲学中的当代辩论的介入以及视野的广泛性。

4　规范方案

规范理论在很大程度上仍被排斥在国际关系的自我理解之外（绝大部分有关论述都来自政治理论和哲学，例见Beitz 1979），但客观而言，国际政治理论或规范的国际关系研究正在涌现，尽管20年前这一领域近乎空白（Frost 1996; 2000; Hutchings 1996; Cochran 1999; Shapcott 2001;
335 Brown 2002）。因此，批判性国际关系理论在对解放的内涵及当前秩序与未来理想秩序的可能性方面，进行的系统性反思方面的贡献巨大，并非偶然。林克莱特与回归政治理论的议程表保持同步，他认为"应优先考虑社会学中的规范性目的。澄清这一目的不仅更为紧迫，并将有助于研究对象的定义”。一直以来，林克莱特对哈贝马斯观点的应用是澄清工作的核心所在。“对话原则”为道德普世主义提供了基础，并要求政治共同体实现“三重”转型。解放的目标被理解为对所有其他人的行为有表示同意的自由，或被纳入开放式对话的自由。解放仍然与普世性、在自由交流条件下人人同意的原则相关联（见本书埃克斯利撰写的第二十章），承认对话的道德品质意味着解放：

> 增加被对话和同意而非被权力和武力支配的社会互动的范围；增加能进入一个可能普世化的言论共同体的人数以及创造该共同体所有成员进行有效而不是名义上参与的社会经济前提（Linklater 2001, 31）。

在规范层面，这一方案要求人们反思对话与同意的本质，“同一”与“差异”、“普遍”与“特殊”之间的关系，并反思边界的道德意义。林克莱特与哈贝马斯为世界主义伦理观提供了一个最为有力的论据，把当前国际秩序的辩论的本质和可能性推向更深的地方。

在这一点上，就此而言，批判理论遭到了反世界主义者的一些重大批评，后者质疑前者有垄断普世主义的倾向。最重要的是，批判理论的解放概念在文化上的倾向性过于明显，只能反映欧洲启蒙运动的价值观。这至少会带来一种颇有争议的普世主义，它威胁要对现存的所有重大差异（Hopgood 2000; Inayatullah and Blaney 2004）予以同化并立法。这一说法的争议之处在于，是否有一种世界性的伦理能够相当公平地对待差异，或者最重要的问题是否只发生在对世界主义对话的解读之中（Shapcott 2001）。

反过来，林克莱特把哈贝马斯的理论与世界主义伤害原则（Linklater 2006）结合起来，经修改后，他认为解放的终极价值在于防止不必要的痛苦，同时也强调个人理性的价值。基于此发展而来的，是对发展世界主义伤害原则必要性的强调，这些原则将关注延伸到对全人类的伤害问题之上。这也符合对话伦理学的观点，因为对于与潜在的以及现有的有害实

践相关的伤害和同意的含义的解读，要求在可能受到某个行动影响的所
336 有人之间进行开放的对话。

5 社会学方案

批判理论的社会学维度是该理论与旨在解释和理解那些塑造国际秩序的力量的传统研究趣味关系最为紧密的方面。现实主义对理想主义的指责是，它并未严肃对待时代的局限性。理想主义者和乌托邦主义者低估了国际领域自我复制的倾向及其对改革派意识形态的抵制。然而，因批判理论以实践目标为基础，它不仅研究现实世界的本来面目，也研究它是如何变成那样的，应该是怎么样的问题，以及什么可能性会让它改变。解放前景取决于现有世界秩序的发展趋势，任何变化都应顺势而为。批判理论的规范性议程需与某一社会理论相结合，它虽考虑时代形势，但不将它具体化。关于人道主义、民主和人权规范的传播，它借鉴了建构主义和社会学的成果，从而确认了普赖斯和罗伊-斯米特的观点：批判理论和建构主义方法能够互相支撑。值得注意的是，国际关系批判理论在很大程度上并不涉及哈贝马斯的社会学理论，后者利用技术理性、货币理性和生产性交换来探讨现实世界的“殖民化”问题。这种殖民化既对自由构成了威胁，也带来了过度管理的风险，但也为更普遍的联系创造了机会（Weber 2005）。

马克思关于人类创造了世界而非人类自主选择的观点是批判理论最合适的出发点。世界并不总是由不同的主权国家组成的，这一看似平凡却极其深刻的认识，使人们得以去研究世界是怎样形成及未来的变化。于是这又要求人们认清哪些力量是维护现存秩序的，哪些是反对普世主义的。林克莱特认为，对于解放的兴趣，要求人们去研究人类历史如何致力于开展的不同层面的普世性实践，即国家体系的比较社会学应当重视“长期的历史方法，特别是对于人类统一的愿景影响国家体系的发展”（Linklater and Suganami 2006, 231）。

希瑟·雷(Heather Rae)(2002)和保罗·基尔(Paul Keal)(2003)的作品中都有这类研究的因素。雷在《启蒙辩证法》一书中回应了西奥多·阿多诺(Theodor Adorno)和霍克海默尔的关切,对现代性的黑暗与进步方面进行了探讨,并提出了以激进的排他性为前提的国家解放可能性的问题。雷认为具有排他性的领土管辖权的主权国家的演化与少数不 337
顺从者被排除在全体国民之外有关。建国者甄别哪些小派别不符合其理想,或者哪些人会威胁其领土权威。在国际竞争和不安全的背景下,很多国家针对这些内部“威胁”采取了“病态的”(即蓄意谋杀的和种族灭绝的)做法,这一点在20世纪的犹太人大屠杀和亚美尼亚族种族灭绝时达到了顶峰。通过研究最近一份关于被国内和国际行动所规避的潜在的病态做法的案例,雷确认了对该课题进行批判性研究在现实逻辑层面的可能性。

基尔的研究则透露出对解放的兴趣。这一兴趣在于了解国际社会剥削、压制原住民或强制他们与欧洲同化时对其的伤害。基尔研究中最重要的部分是,探究历史上很多国家和国际社会为了自身合法性而剥削原住民所造成的影响。像澳大利亚、加拿大和美国这样的殖民地,就被认为是建立在这种剥削而来的非法基础之上。在他的研究中,历史/经验方面的事实并未妨碍对其他做法的反思,在受其影响者看来,这些做法或使当代国家与国际社会更具合法性。

对林克莱特来说,对国家体系的比较历史社会学的初步研究为由国家构成的国际社会的演化理论提供了强有力的证据。它证明当代的国际秩序在为全人类获得更高层面的关切而进行的制度化方面取得了巨大成就。他将民族自决的规范和国际人权规范的起草与实施、将战争法中有关禁止以平民为目标使用地雷等无差别武器以及将强奸视为战争犯罪,通通这些作为国际社会限制对个人的伤害的指标。同时,普世性伤害协议要求人们承认一个人类主体的概念。在这个概念中痛苦被视为对人性、个人和自主的攻击。此外,尝试提出了对核心工业国家间关系“和解”的可能性,即无政府状态下国家间关系实现更深刻转型的可能性比人们通常认为的要大。这些发展使人们有可能做出一种论述，即人类进步首先是从国际体系到国家社会，然后再从“多元”国际社会到“社会连带主义”国际社会。如果情况的确如此，从社会连带主义国际社会转向世界主义社会就有了可能。

人们不应低估这些规范的重要性，因为没多少证据能证明世界主义
338 思潮对历史上的其他国际秩序曾产生过类似的影响。同时，对当前国际秩序中世界主义伤害原则的制度化所取得的相对成功与全球经济关系趋势之间的关系却很紧张，给穷人带来了痛苦。然而，人们对不必要的痛苦容忍度的整体下滑，以及平等信念的不断传播，可能使人们愈发难以容忍富人强加给最贫困人士的国际经济秩序（Pogge 2002）。

国际关系批判理论的社会学维度证明了其对经验研究毫无兴趣的说法并不正确。更为重要的是，他们暗示该理论必然会整合很多学派的见解。例如，马克思主义将生产领域及国家构建纳入对国家体系的理解之中，诠释了物质再生产与世界范围内资本主义发展的关系。另一方面，历史唯物主义方法论有局限性，意味着它难以全面实现批判性的国际关系理论的目标。[1]马克思主义对于资本主义“基础”的强调使它忽视了国家间不安全的另一种逻辑可能，而这种逻辑可能与现实主义所描绘的资本主义的普遍潜力背道而驰。

林克莱特（1990b）声称现实主义视角下的地缘政治、国家构建以及战争逻辑，有助于维系部落、民族或国家等排他性的共同体。在有威胁性的国际环境中，对普世主义的诉求可能被推翻，或被置于对安全和稳定的诉求之后。“反恐战争”的话语就表明了这一趋势。如果人们认为危机威胁到了“存在”与“文明”，人们就会有想从包括联合国、《世界人权宣言》以及《日内瓦公约》在内的普世性规范和联合形式中退出的压力。因此，国家在不确定的无政府环境中生存的必要性，限制了从现代化、启

1 值得注意的是，尽管考克斯（1986）对于国家、社会力量（阶级，生产）以及世界秩序之间关系的论述可能与批判性国关理论的关联最为密切，它只受到了法兰克福学派一些轻微的影响。

蒙运动以及后来的全球化中萌发的普世性力量。

同样，现实主义者的道德怀疑论专注于伴随霸权和大国傲慢而来的那些明显虚假的普世性案例，因而也有助于规范性的构建。现实主义者对美国外交政策的普世性自负的批评就是很好的证明，将美国价值观等同于普世价值观的做法有失偏颇，容易招致他国的敌视和抵制。然而，现实主义者和“格劳秀斯”主义者对大国地位的重视也揭示了国家间关系稳定的根源。反过来，这表明世界主义有可能发现一个更有利的环境，在 339
此环境中各大国彼此协调并致力于普世主义。

基础的国家体系全球社会学的见解，为批判性的国际关系理论计划的第三部分提供了条件。与规范和实践之间的关系，或规范实践有关的人类行为学需要人们对社会、物质和规范条件有所了解，而人们对于解放事业的追求可能正在这些条件下展开。下文将就此话题展开讨论。

6 人类行为学方案

人类行为学研究计划拓展于将批判理论理解为一种对当下进行规范性批评的“实用哲学”、一种对替代性的更具规范性未来的叙述，以及一种对目前的实践加以指导的责任。换句话说，它涉及试图从理论上解释世界主义的解放价值是如何为自己在目前所处于的第一议程内进行辩护的，并对第二议程所需条件进行理论化的探索。人类行为学可能是批判性国际关系理论中开发程度最低的一个，部分原因在于它依赖于规范和社会学的发展进程。然而，对于一个最终关系到改变世界，而不仅仅是了解世界的学派来说，人们需要做的确实还有很多。该哲学难题在于如何能够启迪民众，而不是把它变为工具主义或纲领。正如某个评论人士所观察到的，这一紧张状态可能被证明是无法解决的，任何实践成果都将极其有限（Rengger 2001）。

批判理论不是唯一致力于对自由和平等实践进行思考的传统。毋庸置疑，各种形式的自由主义在理论与实践结合方面都极其成功。批判理论对自由主义开展的规范和社会学批评是成功的，但还无法做到像自由主义那样，在制度设计和政治实践方面取得成功。对于解放的实践如何超越了自由主义所强调的个人自由，仍是批判性国际关系理论未兑现的承诺。

然而，有关解放的目标在实践中如何逐步开展，现在正在几个方面不断呈现。对林克莱特来说，解放实践需要“减轻全球化条件下人类的各种痛苦。它涉及一种全球共同体的构建，该共同体将制度化对伤害原则
340 的尊重，并使人们都有权表达自己的对于伤痛的脆弱和痛苦的关切和担心”（Linklater and Suganami 2006, 277）。这一实践有两个主要关切：发现在国际和全球决策中实现更包容的不同渠道及补救人类在当前全球关系中可避免的各种痛苦。

批判理论的规范性和社会学的关切将主要关注甄别那些有助于推进共同体“三重转型”的行为体和政策或实践。无疑，国家和社会都是这一进程中最重要的推动者。因此，批判性人类行为学的目标旨在发现各国和国际社会所能接触到的世界主义政策和实践。尽管全球“市民社会”在人类解放中可以发挥一定程度的作用，但各国尤其是大国才最有可能推动国际秩序走向进步。

因此，这种实践的第一个因素就在于提出国家作为好的国际公民的可能性，或者按照赫德利·布尔（Hedley Bull）的说法，国家是世界共同利益的地方推动者，他们意识到“通过将痛苦施加给他人，或联合起来对给他人痛苦，或者利用弱势群体的弱点来受益，进而来推进我们[原文如此]自己社会的利益是错误的”（Linklater 2002a, 145）。此外，各国还面临发展“伤害协议”的挑战，具体可以分为三类。第一类，双边关系：“我们”对“他们”做了什么，以及“他们”对“我们”的所作所为。第二类，第三方关系：他们对彼此的作为。第三类，全球关系：我们对彼此做了什么（Linklater 2002b）。在第一类的案例中，一个共同体将破坏性实践、商品或副产品“出口”给另一个共同体。在这种情况下，各国有责任考虑对彼此造成的负面影响，有责任对自己直接负责的非国家行为体和个人的

有害行为加以阻止和惩罚。在第二类的案例中，某个国家涉及伤害自己所在共同体中的其他成员或它的邻国，比如实行种族灭绝等。为此，第三方和国际社会也有责任对做出这些伤害的加害者进行预防、制止或惩罚。第三种关系指像全球变暖这种由很多共同体在不同程度上促成的实践。各国都有不向整个世界输出伤害的消极义务以及促成对这种伤害所引起问题积极解决的义务。世界主义的外交政策应该致力于实现对于国际、地区和国家秩序的民主治理更为包容的普世性安排。这一民主方案要求实现国际领域的民主化，以便使其更有可问责性，更能代表每个人的利益。换句话说，好的国际公民应当不仅关注改变自身的实践，还应当力求实现国际秩序的转型，从而不会因他们自身的行为而造成、参与或受益于不必要的痛苦。 341

7　结语：批判理论的贡献

自由问题及个人与人类的关系问题，一直都是西方历史上政治理论话语的核心所在。批判理论力求对自由的本质和可能性做出进一步的详细论述，而自由被理解为国际领域的道德普世主义。这一辩解从西方启蒙传统的内部而不是外部对当前的国际政治理论发出了挑战。批判性国际关系理论最大的贡献在于，它防止了个人自由问题及其与政治共同体的关系从国际政治研究的话语中从此消失。

本章仅对批判性国际关系理论中最重要的元素进行了回顾，因而很难再进一步地详细探讨那些对批判性理论的批评或问题。然而，有若干要点还是可以简单提一下。国际关系中的法兰克福学派批判理论仍然属于一个相当小的精英圈子，这或可（或无法）反映出这一理论模式的局限性。当前，对解放的“元叙事”进行构建并不时髦，这一术语使人们想到解放被奴役者，以及向人们逐步灌输一个单一的人类行为模型的理念是理论家的事情。尽管批判理论家们已经非常卖力地试图消除这一理解，哈贝马斯自己也拒绝使用它，对很多人来说，它仍然是一个有问题的术语。另一方面，国际关系学界的绝大部分人仍把规范反思视为“别人的事情”，而不是自己正在做的事情。对很多人来说，这种自我认识显然限制了批判性国际关系的选择，并且还将继续。

人们通常津津乐道的是，批判理论在挑战作为社会科学的国际关系理论所取得的成就以及在构建一个替代性研究议程方面所取得的成功。由于批判理论的自我构建处在社会科学的主流认识之外，因此对绝大部分社会学科学家来说，批判理论的贡献和见解似乎不能算作真正的知识。然而，如果我们认真对待法兰克福学派的论述，那么主流群体对这个世界及其观点本质的叙述就是“有限的”或不完整的。特别是它对主流路径和实证主义路径发起了挑战，以便对他们自己的方法论、认识论和规范立场做出更加一贯的论述。从批判理论的视角来看，争论的影响不利于事实/价值观差异的延续，因此可以说举证责任在于主流一方。受实证主义者影响的学派要么需要表明传统理论与批判理论这一分割的不准确
342 性，要么需要捍卫目标与兴趣的分离，及理性解释的必要性与合理性。此
外，争论的力量必然会吸引主流学派去解决规范问题，既包括世界政治中的内容，也包括它们与背后的研究目标之间的关系。因此，要么他们必须放弃其认识论偏袒现状的主张，要么就要为这种偏见辩护。不论他们以哪种方式进行回应，他们都将被有关社会科学本质，以及自己要实现目标的特定规范问题所吸引。最终，他们会被吸引到有关自由和政治共同体的性质和本质的评价问题领域中去。本《手册》的结构和主题设置恰恰证明了国际关系中的批判理论在推进这一议程方面取得了丰硕成果和巨
343 大成功。

参考文献

ACKERLY, B., STERN, M., and TRUE, J. (eds.) 2006. *Feminist Methodologies for International Relations*. Cambridge: Cambridge University Press.

BEITZ, C. R. 1979. *Political Theory and International Relations*. Princeton, NJ: Princeton University Press.

BERNSTEIN, R. J. 1976. *The Restructuring of Social and Political Theory*. London: Methuen.

BROWN, C. 2002. *Sovereignty, Rights, and Justice: International Political Theory Today.* Cambridge: Polity.

BULL, H. 1983. Justice in international relations. 1983–84 Hagey Lectures, University of Waterloo, 12–13 Oct.

COCHRAN, M. 1999. *Normative Theory in International Relations: A Pragmatic Approach.* Cambridge: Cambridge University Press.

COX, R. W. 1981. Social forces, states and world orders: beyond international relations theory. *Millennium: Journal of International Studies*, 10: 126–55.

—— 1983. Gramsci, hegemony and international relations: an essay in method. *Millennium: Journal of International Studies*, 12: 162–75.

—— 1986. Social forces, states and world orders: beyond international relations theory. Pp. 204–54 in *Neorealism and its Critics*, ed. R. O. Keohane. New York: Columbia University Press.

DEVETAK, R. 2001. Critical theory. Pp. 155–80 in *Theories of International Relations*, 2nd edn., S. Burchill, R. Devetak, A. Linklater, M. Paterson, C. Reus-Smit, and J. True. Houndmills: Palgrave.

FROST, M. 1996. *Ethics in International Relations: A Constitutive Theory.* Cambridge: Cambridge University Press.

—— 2000. *Constituting Human Rights: Global Civil Society and the Society of Democratic States.* New York: Routledge.

HABERMAS, J. 1972. *Knowledge and Human Interests*, trans. J. Shapiro. London: Heinemann.

HONNETH, A. 2004. A social pathology of reason: on the intellectual legacy of critical theory. Pp. 336–60 in *The Cambridge Companion to Critical Theory*, ed. F. Rush. Cambridge: Cambridge University Press.

HOPGOOD, S. 2000. Reading the small print in global civil society: the inexorable hegemony of the liberal self. *Millennium: Journal of International Studies*, 29: 1–25.

HORKHEIMER, M. 1972. *Critical Theory: Selected Essays.* New York: Continuum.

HUTCHINGS, K. 1996. *Kant, Critique and Politics.* London: Routledge.

INAYATULLAH, N., and BLANEY, D. L. 2004. *International Relations and the Problem of Difference.* New York: Routledge.

JACKSON, R. H. 2000. *The Global Covenant: Human Conduct in a World of States.* Oxford: Oxford University Press.

KEAL, P. 2003. *European Conquest and the Rights of Indigenous Peoples: The Moral Backwardness of International Society.* Cambridge: Cambridge University Press.

KEOHANE, R. O. 1988. International institutions: two approaches. *International Studies Quarterly*, 32: 379–96.

LINKLATER, A. 1990*a*. The problem of community in international relations. *Alternatives*, 15: 135–53.

—— 1990*b*. *Beyond Realism and Marxism: Critical Theory and International Relations.* London: Macmillan.

—— 1992. The question of the next stage in international relations theory: a critical-theoretical point of view. *Millennium: Journal of International Studies*, 21: 77–98.

—— 2001. The changing contours of critical international relations theory. Pp. 23–44 in *Critical Theory and World Politics*, ed. R. Wyn Jones. Boulder, Colo.: Lynne Rienner.

—— 2002*a*. Cosmopolitan political communities in international relations. *International Relations*, 16: 135–50.

—— 2002*b*. The problem of harm in world politics: implications for the sociology of states-systems. *International Affairs*, 78: 319–38.

—— 2006. The harm principle and global ethics. *Global Society*, 20: 329–43.

—— and SUGANAMI, H. 2006. *The English School of International Relations: A Contemporary Reassessment.* Cambridge: Cambridge University Press.

Mearsheimer, J. J. 1995. The false promise of international institutions. Pp. 332–76 in *The Perils of Anarchy: Contemporary Realism and International Security*, ed. M. E. Brown, S. M. Lynn-Jones, and S. E. Miller. Cambridge, Mass.: MIT Press.

Pogge, T. W. 2002. *World Poverty and Human Rights: Cosmopolitan Responsibilities and Reforms*. Cambridge: Polity.

Price, R., and Reus-Smit, C. 1998. Dangerous liaisons? Critical international theory and constructivism. *European Journal of International Relations*, 4: 259–94.

Rae, H. 2002. *State Identities and the Homogenisation of Peoples*. New York: Cambridge University Press.

Rengger, N. 2001. Negative dialectic? The two modes of critical theory in world politics. Pp. 91–110 in *Critical Theory and World Politics*, ed. R. Wyn Jones. Boulder, Colo.: Lynne Rienner.

Shapcott, R. 2001. *Justice, Community and Dialogue in International Relations*. Cambridge: Cambridge University Press.

—— 2004. IR as practical philosophy: defining a "classical approach." *British Journal of Politics and International Relations*, 6: 271–91.

Tickner, J. A. 1995. Hans Morgenthau's principles of political realism. Pp. 53–71 in *International Theory: Critical Investigations*, ed. J. Der Derian. New York: New York University Press.

Weber, M. 2005. The critical social theory of the Frankfurt school, and the "social turn" in IR. *Review of International Studies*, 31: 195–209.

Wendt, A. 1992. Anarchy is what states make of it: the social construction of world politics. *International Organization*, 46: 391–425.

Wight, M. 1967. Why is there no international theory? Pp. 17–34 in *Diplomatic Investigations: Essays in the Theory of International Politics*, ed. M. Wight and H. Butterfield. London: George Allen and Unwin.

Wyn Jones, R. 1999. *Security, Strategy, and Critical Theory*. Boulder, Colo.: Lynne Rienner.

—— (ed.) 2001. *Critical Theory and World Politics*. Boulder, Colo.: Lynne Rienner.

第二十章
批判理论的伦理观

罗宾·埃克斯利

本章将对批判性国际关系理论的伦理观加以阐述和评估。如今批判性国际关系理论已经成为一个兼收并蓄且异质化明显的理论，不过本章仅着重探讨那些从尤尔根·哈贝马斯的著述中寻求灵感的批判理论家们的有关著述。本章的焦点将集中于哈贝马斯话语伦理的伦理观，而批判性国际关系理论中的新葛兰西、后现代、后殖民主义和女性主义分支则不在考量之列。

首先，我们所说的“伦理”是什么意思呢？如果我们愿意接受哈贝马斯有关伦理和道德的叙述，并类比于自由主义中广义上的“善良”与“正确”的区别，那么本章就没多少可写的了。原因在于，如果我们从实践角度把它理解为对“我们应该做什么？”或“美好生活是什么？”做出判定，那么批判理论就不属于道德研究的范畴之内了。确实，哈贝马斯（1993，123）曾说过，如果我们认真对待现代多元主义，那么哲学家们就必须放弃这些经典的伦理问题以及对某种受人青睐生活方式进行鸿篇大论的企图。跟随约翰·罗尔斯的脚步，哈贝马斯认为现代哲学家的任务是以伦理多元主义为出发点，然后阐释正义普遍化原则，这些原则应当能包容并

协调对美好生活不同概念，来规范公共事务。因而，批判理论家的任务并
346 非是对特定的问题做出实用的伦理判断，亦非替他人对“美好生活”发表意见，因为这些都要公民自己去决定。罗尔斯使用了原初状态（original position）的假设阐释他所理解的自由主义原则，而哈贝马斯则采用了人类交往的“理性重建”法来解释和捍卫他的话语伦理。因而，他发现正义的普遍性原则已隐藏在理想化的以及难以避免的沟通预设中；这一点亦体现在“自由的”与“平等的”伙伴间既包容又宽松的对话之中。也就是说，每次发言者提出一项主张时，他们都觉得自己是对的，而且言真意切。同时，他们下意识的认为他们的主张即便受到质疑，亦可越辩越明。按照哈贝马斯的说法，若欲使发言者言之有效，则必然认为任何反对意见都是操演性悖论。

当然，如果我们从哈贝马斯对经典伦理研究的阐述出发得出批判理论是一个“虚无伦理特区”（ethics-free zone）这一结论，是极其误导性的。因此，我建议先将哈贝马斯有关伦理观和道德的区分放在一边，并在“元伦理”、“规范伦理”和“应用伦理”的基础上，采用一种更具普遍性的哲学框架来说明话语伦理的伦理观（见 Fieser 2006）。“元伦理”关注的是伦理的基础以及我们怎样才能知道事物是正确的或有效的。“规范伦理”关注的是发展有关至善或正确行为的一般原则，这些原则可能是以德行为基础的（例如，亚里士多德）、道义论的（例如，康德）、结果主义的（例如，边沁）、宗教的（基督教、伊斯兰教、佛教等）等。通过“规范伦理”的一般原则，“应用伦理”对特定伦理或政治争议（如贫困问题、环境恶化、战争行为或对待动物）提供了一些答案。依据这些区别，我们可以说哈贝马斯主义批判理论提供了一种相当发达的“元伦理”和一种程序主义“规范伦理观”，但它也有意识地避免发展一种“应用伦理”理论。就“元伦理”而言，批判理论家们坚持，如果某个主张或规范得到了各个受影响方面从各种可能的视点进行的充分自由的审议，且得到了非强制性的同意，那么它就是正确的或有效的。就“规范伦理”而言，批判理论的首要伦理目标在于通过更具包容性，不甚扭曲的对话来推动解放或解除人类自治的枷

锁。就“应用伦理”而言，批判理论家只能根据话语伦理的规范理念，评估特定对话在多大程度上被“扭曲”或“自由”、“排他”或“包容”、“合法”或“非法”。然而，批判理论家不能对美好生活或对应该做些什么提出意见或建议，因为那将侵犯那些受影响的社会行动者在特定条件下解决实际话语问题的立场。 347

追随哈贝马斯主义传统最重要的批判性国际关系理论家安德鲁·林克莱特基本上沿袭了这一伦理分工。正如林克莱特（1998，92）所解释的，“话语伦理观确立了人们要履行的程序”，但“并没有为主体道德辩论提供可能的解决方案，也没有对历史的终点进行设想或传递政治蓝图”。确实，“如果存在真正意义上的对话，就不要做预设结果”（Linklater 1998, 86）。

本章，我试图强调哈贝马斯主义派世界主义伦理学说对国际关系批判理论的独特贡献，同时也精确聚焦于那些仍未解决的伦理紧张和依旧欠缺的话语伦理。我意识到伦理紧张，部分是因为批判理论的最终目标（解放）并未被话语伦理的程序所耗尽。我还将批判性地解释缘何批判理论不愿探讨“实践伦理观”。我的目的并非为了将批判理论的伦理观简化为应用伦理，也不是为了将批判理论的程序性规范伦理观的重要性打折扣。而只是为了指出，一旦批判理论承认其规范伦理观的超推论性基础结构，就打开了参与应用伦理观辩论的大门。

1　批判理论对国际伦理观的贡献

国际关系理论家第一次大规模“借用”批判理论的浪潮大致形成于20世纪80年代，主要针对传统的马克思主义、现实主义和实证主义（见本书沙普科特撰写的第十九章）的批评。这一时期，批判理论对国际伦理观的主要贡献在于对社会科学中公正的、价值中立的研究这一理念的质疑，以及对很多未被承认的伦理假设和倾向的揭示，而这些假设和倾向必然地塑造了国际关系的理论和实证研究。例如，基于国际社会的无政府结构是永恒的假设，现实主义理论被证明掩盖了体制转变的可能性，从而

不断地为国家体系中权力、财富、机遇的永恒不对称性而辩护。相反，批
348 判国际关系理论揭示了体制转型的可能性，而这将移除对人类自主权的
限制。这是批判理论与实证研究及单纯解决问题理论的主要区别，后者
有意或无意地维系了现存秩序（Cox 1981）。

自20世纪80年代以来，批判性国际关系理论走过很多道路，其中一条就是发掘哈贝马斯的话语伦理在国际政治中的潜力。在这一最具雄心和普遍性的阶段，批判性国际关系理论中的哈贝马斯派一直致力于对这个世界潜力和可能性的研究，认为不仅在社会内部，而且在社会、国家和文明的交往中，权力和武力都会被对话和同意所取代。然而，将该话语伦理延伸至国内社会之外，从而囊括社会、国家和文明间的互动，批判性国际关系理论将进入一个哈贝马斯仅做过不完整论述的“危险境地”。哈贝马斯的话语伦理（1997）是自由民主国家对民主、法律和合法性进行理性重建的核心。那么，批判性国际关系理论如何才能表明话语伦理与国际政治的关联性和重要伦理意义呢？在国际政治中并不存在共同语言或共同生活的世界，而是权力与国家利益占主导地位，其地位要高于那些不受约束的对话。

有两个在很大程度上互补但有时彼此重叠的批判理论流派对该问题予以了回应。第一个流派是受哈贝马斯鼓舞的政治理论家（包括哈贝马斯本人），他们将自己的批判注意力导向了超国家治理中的民主赤字、跨国家世界主义公共领域的角色及（或）跨国民主的可能性（例如，Bohman 1998; Baynes 2001; Habermas 2001）。

第二个流派是本章的焦点所在，包括一些国际关系理论家，他们从哈贝马斯那里寻求灵感，探索新形式的政治共同体的潜力。这些共同体通过非强制性的对话，扩大了相互理解和人类解放的可能性（例如，Hoffman 1992; Haacke 1996; Linklater 1998; Wyn Jones 2001）。很多建构主义理论家也借鉴了哈贝马斯有关公共领域或交往行为的理论，借以证实话语在国际政治中的作用（例如，Lynch 1999; Risse and Ulbert 2005）。尽管这些建构主义研究绝大部分主要是社会性的或阐释性的，而

不是规范性的，然而他们大部分时候用含蓄的，不过有时候也通过明确的方式为交往行为原则背书。

上述两种哈贝马斯式的批判理论都有全球主义的倾向，并试图通过将国内民主拓展到国际社会，来打破国内国际的区分。尽管政治理论家们（包括哈贝马斯）主要专注于跨国家“市民社会”行为体对地区和国际治理 349
结构的民主参与的可行性研究，哈贝马斯式国际关系理论家们则开展一种更为宏观的研究，一直专注于对国家以及国家构成的国际社会演化中不同形式的排他和包容，同时拟定适合于多元文化世界的对话方案。林克莱特（1998，7）将批判性国际关系理论的诉求特征表述为一种朝向社会关系的政治共同体的“三重转型”，这种关系更具普遍性、更加平等而且对文化差异更为敏感。批判理论是一种后马克思主义理论，它“在超越了生产范式之后，不断进化，进而聚焦对话共同体的研究。这种共同体对于各种形式的（国内的、跨国的和国际的）包容和排他都极其敏感”（Linklater 2001, 25）。

林克莱特将批判性国际关系理论总的研究项目分成三个彼此紧密关联的任务：规范性任务、社会学任务和人类行为学任务（Linklater 1998, 6–7; 2001）。规范性任务力求促进人类解放，探讨如何培养更具包容和文化敏感性的“对话共同体”，让受到排斥的群体可以发声。社会学任务聚焦政治共同体的实质和演化，侧重于国家和国际社会更具包容性发展的可能性。对林克莱特来说，这意味着向某种“后威斯特伐利亚秩序”迈进。人类行为学任务是研究现有社会安排中可被用于“解放”的道德资源。社会学任务和人类行为学都以解放的规范性目标为向导，后者为批判理论提供了伦理启迪与终极目标。

如今，有些人可能会认为人类行为学代表或应该代表了批判理论关于如何将话语伦理应用于实际伦理问题的研究，但林克莱特自己（2001，37–40）却捍卫人类行为学的作用，因为该学说启迪了与政策相关的研究。然而，林克莱特仅是将它视为一种研究方法，或者说是带有解放意图的“内在批判”。事实上，人类社会学是批判理论采用的一种方法，依靠它批判理论就能够凸显启蒙运动未兑现的诺言并使人们注意那种能够增进人类自治，更具包容性的社会安排的可能性。例如，林克莱特设想，要提供一种特殊的肥沃的道德资源，使那些迄今都受到排斥的群体、阶层和人民都能逐步融入理想的公民政治共同体中。为了阐释世界主义共同体的意义，林克莱特还提出了一个原则，首先要做到“不造成伤害”（Linklater 2002, 143）。他追踪了那些他称之为“世界主义伤害协议”演变的案例
350 （例如反对大屠杀、对妇女施暴，以及酷刑的协议），像这样的“道德演进”或是伤害原则，或暗中催生了更加激进的人类解放方法（Linklater 2002）。然而，林克莱特的人类行为学在很大程度上仍然是一种相对抽象的研究，它更多地专注于正在出现的可能性这一“大局”，而不是特定的伦理或政策争议。考虑到所谓“伤害”的具体内涵并不是不言自明的，而需要基于特定文化，他注重寻找一种不同共同体、信仰和文化之间的重叠共识或共同点，它们可能为建立一种以伤害原则（Linklater 2006）为基础的全球世界主义伦理。不过，林克莱特在他所希望的国际法和“伦理性外交政策”演化的总体规范方向上相当清楚：要朝减少伤害和避免伤害的方向迈进（Linklater 2002；另见本册沙普科特）。然而，只要他提出更加具体的政策建言，如摒弃主权豁免权原则、巩固国际刑法等（Linklater 2002），就违背了他自己对伤害含义的可争议性的承认，同时抵触了自己对伦理问题应通过被影响者间公开且诚实的对话加以解决这一原则的承诺。下文将深入探讨这些分歧。

在此背景下，林克莱特主要的规范伦理贡献在于通过对哈贝马斯及其同情者，以及对其批评的女性主义者和后现代主义者的研究，来阐释话语伦理的伦理观。林克莱特致力于“对话”（2001, 27），其驱动力源于一种洞察力，即那些维护或受益于不公正包容形式的人不可能在一场不受约束的对话的排他主题中获得同意或支持。林克莱特的基本主张是，没人喜欢从“阿基米德式”的支点出发，为他人树立道德主张或建立合适的生活方式，因此让所有的主张接受所有受影响者（强势者和边缘人）不受约束的对话的考验，就成为唯一的绕过集体规范的合法手段。这样的对话形式将暴露出道德上武断的排斥形式。他解释道：

> 所有人都具有归属于某些沟通共同体的平等权利，并借以抗议那些可能对其造成伤害的行为，所有理想言辞的参与者都应该怀着教学相长的信念参与对话，所有人都应该努力达成，并可能形成更好的观点。(Linklater 2005, 147)

然而，林克莱特一直担心的一个问题是，话语伦理的伦理普世主义可能威胁到非自由主义和非西方式生活方式。其排他性的自由，或者说是西方道德在对话开始之前就已经假定了自身优越性。因此，林克莱特试图回避这一问题。为此他力推该话语原则的"狭义的"版本，即一种以更具普世主义性、对差异更加尊重为双重目标的"狭义的"世界主义。 351

2 该话语伦理中的伦理分歧

该话语伦理提供了一种有吸引力的规制性理想，也提供了一个重要视角来评估国际政治中的交际语境，进而从中找出不足或扭曲之处。然而，批评人士经常指出，话语伦理几乎难以提供解决现实世界中的沟通不足和扭曲的具体方案。正如里卡多·布劳格(Ricardo Blaug 1997, 102)所言，在政治理论对哈贝马斯进行大辩论的背景下，对话语伦理实践意图的研究遭遇了"过度抽象和识别失灵"的问题。他对哈贝马斯的公共领域的概念提出了同样的批评。他认为"这一概念从未落到实处"(Blaug 1997, 112)。布劳格指出，不失真沟通的理想对指引政治实践来说辨识度不够。因为该理想的不同因素并未被分配到可以进行比较的权重(而且他暗示这样做是"荒谬的")，所能做到的，也就只能指出个别案例距离理想的情况还有多远，却难以涉及实际的制度设计。布劳格(1997, 112)将上述问题归结于深刻的"元理论与现实政治问题的矛盾"。根据布劳格的观点(1997, 117)，批判理论介于乌托邦主义对强制力的恐惧与因无能为力而产生的失望之间。后果是，批判理论只能"停留在恐惧与失望之间的半阴影区。它有实际的意图，但也清楚自己不能实现这些意图”。

布劳格的批判同样适用于林克莱特的批判性国际关系理论。[1]这里，笔者希望人们注意三个分歧或不足之处。第一个是普世性与差异性的分歧，这种分歧会弱化批判理论的批判锋芒；第二个是话语伦理的程序主义与批判理论首要实质性解放的目标之间的分歧；第三个是关乎批判理论不愿在这个严重缺乏沟通理想的世界内做战略干预解放可行性研究。

2.1 普世性VS差异性？

352 林克莱特致力于发展一套对话原则，但此路艰险，宛若走钢丝，稍不留意就会落入顾此失彼的风险之中，它们分别是更大范围内的普世性与更广泛的差异性。另一方面，他也不得不直接面对很多实践中不得不考虑的伦理问题。事实上，唯一能保障他不从钢丝绳上跌落的方法就是不区分普世性与差异性，但这也使得批判理论难以对实际问题提出解决方案。在对待女性割礼的问题上，林克莱特理论中含糊不清的一面表露无遗，他不情愿地承认“这是令人尴尬的话语伦理问题”。一方面，他指出割礼是带有强制性的，受害者是非自愿的；另一方面，未受到伤害的局外人若站在西方价值观的立场而强行干预那些不同文化背景下人们的所作所为的话，那也是有过失的。因此，他选择不予理会。

即便高举交往权利的大旗，在面对非西方社会时也会遇到交往的困难，所以林克莱特建议人们应当保持开放，特别是对那些关于不受约束的对话含义的不同叙述。他所采用的一般方法是专注于位于西方的“我们”与其他文化的关联，而不是其他文化中的“他们”彼此的关联。不过，这一建议与林克莱特所持的人权的演变是一种道德成就这一更具一般性的主张格格不入，因为这一主张暗示女性割礼的主体首先应当被

---

1 考虑到林克莱特是哈贝马斯式国关理论方面的翘楚，这一批评主要是针对其作品。不过，我们应该注意在该领域的少量学者相对来说更注重应用伦理观的研究。例如，马克·霍夫曼（Mark Hoffman 1992）从哈贝马斯视角出发对第三方促进进行了研究，而戴尼奥尔·劳埃德·琼斯（Deiniol Lloyd Jones 2001）则十分支持基于“世界主义权力”的批判性调解。

当作人（具有身体完整权和政治参与权的人）而不是某个特殊主义文化的成员。金伯利·哈钦森（Kimberly Hutchings 2005，161）曾著文对塞拉·本哈比（Seyla Benhabib）的对话伦理（2002）进行批评，这一批评同样适用于林克莱特。正如哈钦森在该文中所说，从更一般意义上讲，作为该话语伦理根本的普世尊重和平等互利原则，在对话开展之前，就将某些同一性和伦理立场排除了。将该话语伦理拓展到跨国家领域必然会纳入对西方的、自由主义道德观的某些方面给予优先地位的道德等级制度（Hutchings 2005, 162）。看起来，如果批判理论还要保持其批判性、世界主义和现代主义性，包括对其集体道德学说概念的支撑，那么它必须优待（自由主义）现代性独特的进步层面。

2.2 程序主义伦理观VS实体伦理观

正如我们所看到的，批判理论的首要目标在于解放，而林克莱特（1998，7）所主张的政治共同体的三重转型就体现了这一目标。该共同体更具普世性、更加平等而且对文化差异更加敏感。但是，该话语伦理永远是最好的也是唯一的实现三重转型或一般意义上解放的方式吗？一方面，考虑到在一场真正开放性的对话中，人们无法预期或预设任何特定结果，显然人们就无法保证该对话必然促成这三个方面的某个方面或多个方面的转型。例如，尤尔根·哈克（Jürgen Haacke 1996）问道：为什么我们应该假定以“后威斯特伐利亚秩序”为目标的运动必然产生于自由的社会间对话？另一方面，除了充满尊重的对话，减少不平等或不必要痛苦 353
或消除人类自治枷锁还可以选择其他道路。在国际领域，这些道路很多，包括采取军事干预，阻止种族灭绝和侵犯人权，再到对冥顽不灵的国家实施刑事或经济制裁或物质引诱，以及各种不同形式的道德羞辱。简而言之，批判理论更大的规范性目标是人类的解放，这一目标绝不会被不受约束的对话的理想所耗尽。这暗示着人们需要对深植于批判理论的规范伦理中的手段—目的关系进行某种形式的再校准。要么人们将目标范围缩小（这样它就变成了为了追求自由对话而追求自由对话，而不是实现人类解放的手段)；要么扩大实现目标的手段(寻求对话之外的东西)。

诺曼·杰拉斯(Norman Geras 1999, 159)以相当鲜明的措辞强调了这一问题。他开展了一项思想实验，通过对一个选区内部的模拟对话考察，进而得知很多人会出于饥寒交迫和各种痛苦的原因，根本无力参与政治对话。在这种情况下，我们希望批评理论家坚持这一群体参与对话的权力，但林克莱特的狭义的世界主义也能坚持让他们获得足够营养或免受虐待的权利吗？或者说这些人是否必须要等到这些主张在一场自由对话中获得合法性的那一天呢？林克莱特曾郑重地说明，这些权利是被话语伦理预设为前提的，因为必须满足这些权利，个人才能参与评议。正如他所言，“话语伦理有一整套再分配伦理”(Linklater 1999, 173)。

实现话语伦理要求人们共同努力，消除财富、收入、权力和机遇等方面的不平等，从而确保被排斥群体能够享有实质性的而非仅仅形式上的参与对话的政治权利(Linklater 2001, 30)。但满足这些权利就是个人参与对话的必要条件吗？充足的营养和免受虐待都是一般意义上人类自治的必要条件，而参与政治对话只是人类自治的一个方面。

在对杰拉斯的回复中，林克莱特(1999)重申了其观点，即充满尊重的对话是唯一的合法选择，因为不存在可以用于辨明是非的先验主义观点。然而，即使是为了捍卫最基本的生存权，话语伦理也能通过间接的方式发挥作用，而不是通过人类的理性、团结或同情独力发挥作用。不过，正如杰拉斯指出的那样，林克莱特所推崇的狭义世界主义的基础是一定程度上的道德前提，它们先于对话而产生，但却无法通过对话加以证实：“林克莱特的理论既是道德原则，也是一种程序，没有道德原则，
354 程序也就没那么有价值了。”(Geras 1999, 159)如果批判理论还想保留其批判性而不仅仅是一种程序主义，那么它就必须承认还有更多方式可以实现其最终目的。发掘批判理论的实质和前话语规范的内核，也为批判理论家们尽可能地参与到应用性伦理辩论，提供了规范基础。巧合的是，林克莱特近来很多有关“世界主义伤害协议”的论述都在朝这个方向迈进，这一动向是非常适时的。批判理论家应声明对人类的折磨是错

误的，因为它代表人类统治下的一种恶劣形式，而不是因为它妨碍了自由对话。

2.3 沟通性行为VS战略行为

考虑到现实世界中的国际政治沟通与批评理论的话语理想相去甚远，那么人们可能会问：话语理想能给那些信奉任何文化实践、规范表述或该话语伦理本身程序性的人提供支持吗？批判理论家们只能回答："多少有些。"然而，在缺少某些为减少沟通的扭曲而刻意的人为干预的情况下，信奉者能获得的支持只会更少，而不是更多。此前我们注意到林克莱特之所以将对话作为理论的立足点，是基于这样一种观点，即在不受约束地对话中，统治阶级不可能说服被统治的人甘愿屈居于他们的从属地位，更难以让他们相信这一从属地位是公正的或明智的。然而，批判理论家们未能说明统治阶级为什么要与被统治者展开对话。圣雄甘地（Mahatma Gandhi）在与英国人打交道的过程中对该问题有很好的理解，因此他采取了非暴力不合作的方式，通过游行和绝食迫使殖民者回到谈判桌前，与他对话。

对于批判理论来说，走出布劳格所描述的恐惧和失望困境的一个方法在于追随甘地的指引，采取包括战略、战术和象征性干预在内的其他政治干预方式，在不公平或冲突频发情况下，为开展更有意义的对话创造条件。确实，批判理论已经具备了沟通行为不可行或备受约束情况下为此类行为辩护的道德资源。正如哈克（1996，279）所解释的，战略行动是合理的。"只要战略行为是为了试图创立允许沟通理性展现其潜力的条件，而不是预设话语作为实践的可能结果。"这可能还要求人们对"实证—批判"主义这个二元对立进行反思，这种二元对立似乎使批判理论无法提出与政策相关的伦理方案，因为担心会与现有秩序达成某种程度上的合作，而不再批判之。亚历山大·温特（Alexander Wendt 2001，206）曾暗示过，要超越二元对立，可以通过对不同时间跨度的改革和转型加以实现，前 355
者将是通向后者的桥梁，林克莱特（2001，37）也非常支持这一方法。

参照前文，国际关系的批判理论家没有理由不参与到公共辩论之中。[1]事实上，争议也并非强制性的，因为它们要么是错的，要么需要进一步的讨论。尽管让批判理论家接受并设想普世性沟通共同体，同时要明确不受约束的对话会引申出怎样的伦理对策，是一件太需要英雄气概的壮举。但最后，批判理论家可能因此就找到具有可行性的现实方案，借以帮助那些最不自主的人群实现自治。此外，这类方案并不始终局限于为减少沟通的扭曲而做准备。正如我们所看到的，话语伦理仅提供了一种扩大人类自治权的方式，而后者是批判理论的终极规范目的，因此批判理论家就没有理由将应用性伦理的注意力总是局限在那些有文化敏感性的对话协议。例如，如果人们接受充足的营养和免受虐待是人类自治的必要条件，那么批判理论家就具备了反对折磨、倡导更慷慨的援助和扶贫（此类例子举不胜举）的应用性伦理的理论基础。

3 结语

批判理论为自己设定了一个有关社会学、规范性和人类行为学研究的雄心勃勃的研究议题。考虑到其艰巨性，这也许是国际关系理论中最有野心的研究，因而期望它能实现所有的研究计划也是不现实的。另外，尽管批判性国际关系理论中伦理深入发展的空间仍然存在，但它在这方面的进展要比后实证主义的两个近亲：建构主义和后结构主义，都要来得大。批判理论的世界愿景是一个不靠权力和武力，而是以对话和共识为基础进行的社会互动，这样的愿景是十分吸引人的。同时，又因为它的挑战性而需要对其做更进一步的论述。尽管如此，如果批判理论
356 想要确保它与当代政治实践的关联性，它就必须欣然接纳应用伦理观，并对可能有助于实现该对话理想且能够最终实现人类自治的各种制度
357 设计和战略干预而进行研究。

1 哈贝马斯(1994)在德国以及欧洲和世界范围内从德国统一到欧洲一体化、海湾战争和庇护辩论等有关公共政策辩论中扮演的角色日益突出。

参考文献

BAYNES, K. 2001. Deliberative politics, the public sphere and global democracy. Pp. 161–70 in Wyn Jones 2001.

BENHABIB, S. 2002. *The Claims of Culture: Equality and Diversity in the Global Era.* Princeton, NJ: Princeton University Press.

BLAUG, R. 1997. Between fear and disappointment: critical, empirical and political uses of Habermas. *Political Studies*, 45: 100–17.

BOHMAN, J. 1998. The globalization of the public sphere: cosmopolitan publicity and the problem of cultural pluralism. *Philosophy and Social Criticism*, 24: 199–216.

COX, R. 1981. Social forces, states and world orders: beyond international relations theory. *Millennium: Journal of International Studies*, 10: 126–55.

FIESER, J. 2006. Ethics. *The Internet Encyclopedia of Philosophy*, www.iep.utm.edu/e/ethics.htm#H1.

GERAS, N. 1999. The view from everywhere. *Review of International Studies*, 25: 157–63.

HAACKE, J. 1996. Theory and praxis in international relations: Habermas, self-reflection, rational argumentation. *Millennium: Journal of International Studies*, 25: 255–89.

HABERMAS, J. 1993. *Justification and Application: Remarks on Discourse Ethics*, trans. C. Cronin. Cambridge: Polity.

—— 1994. *The Past as Future*. Cambridge: Polity.

—— 1997. *Between Facts and Norms: Contributions to a Discourse Theory of Law and Democracy*, trans. W. Rehg. Cambridge: Polity.

—— 2001. *The Postnational Constellation: Political Essays*, trans. M. Pensky. Cambridge: Polity.

HOFFMAN, M. 1992. Third-party mediation and conflict-resolution in the post-Cold War world. Pp. 261–86 in *Dilemmas of World Politics: International Issues in a Changing World*, ed. J. Baylis and N. J. Rengger. Oxford: Clarendon Press.

HUTCHINGS, K. 2005. Speaking and hearing: Habermasian discourse ethics, feminism and IR. *Review of International Studies*, 31: 155–65.

LINKLATER, A. 1998. *The Transformation of Political Community: Ethical Foundations of the Post-Westphalian Era*. Cambridge: Polity.

—— 1999. Transforming political community: a response to the critics. *Review of International Studies*, 25: 165–75.

—— 2001. The changing contours of critical international relations theory. Pp. 23–43 in Wyn Jones 2001.

—— 2002. Debate: cosmopolitan political communities in international relations. *International Relations*, 16: 135–50.

—— 2005. Dialogic politics and the civilising process. *Review of International Studies*, 31: 141–54.

—— 2006. The harm principle and global ethics. *Global Society*, 20: 329–43.

LLOYD JONES, D. 2001. Creating cosmopolitan power: international mediation as communicative action. Pp. 171–87 in Wyn Jones 2001.

LYNCH, M. 1999. *State Interests and Public Spheres: The International Politics of Jordan's Identity*. New York: Columbia University Press.

RISSE, T., and ULBERT, C. 2005. Deliberately changing the discourse: what does make arguing effective? *Acta Politica*, 40: 351–67.

WENDT, A. 2001. What is international relations for? Notes toward a postcritical view. Pp. 205–24 in Wyn Jones 2001.

WYN JONES, R. (ed.) 2001. *Critical Theory and World Politics*. Boulder, Colo.: Lynne Rienner.

第二十一章

后现代主义

安东尼·伯克

若本章是一本自助书，该书或可叫作《你的范式正在毁灭你》。若它是某场示威的一条标语，它或许就成了："你的范式正在毁灭**我们**。"

我做如此比喻的用意是要将后现代主义放在国际关系中，考察其最根本和最有力的特征：以伦理美德为名，旨在社会批判，系统性地改变现实与假定事实的本性。这是通过将知识、理论的系统及社会权力与政治权力运作再现联系起来而完成的。这就是"范式"毁灭或拯救我们的方式——它们定义世界，并将"现实"强加给这个多样化且难以控制的世界。国际关系中的"后现代"或"后结构主义"批评理论并非总能很好地解决伦理或规范性问题。然而，由于其感知了人类、社会和生态系统面临的不可维护性或危险，它们都有挑战现有做法和将国际现实概念化的意愿。它们的目的并非使语言挣脱所有真理诉求的束缚——毕竟所有的真理诉求都构成另外一种诉求，而是要揭示现代社会结构、制度和事件是受历史约束及视条件而定的；它们并非出自人性、政治规律、历史进步或理性的狡诈，而是一个缺乏稳定基础的世界中人类行为及思想的产物。

在本章中，笔者对“后现代主义”（一系列理论）与“后现代”（一段历史时期）加以区分后专注于后现代主义，它指一种理论导向及对全球政治的一系列关切。虽然一些后现代主义者的观点和见解来自对独特的“后现代”历史时期和社会现实划分阶段的尝试——其特征是信息、资本 359
和货物在全球流动的规模和速度大幅增加，而且日趋“虚拟”的社会环境越来越充斥着媒介和赋意（Der Derian 1993）——本章将解读采纳了“后结构主义”理论的深刻见解并将其应用于世界政治的“后现代主义”著述。后现代主义将自己视为一种受到众多欧陆哲学家启发的分析方向，而这些哲学家挑战了西方思想的一些基本结构和概念。

本章包含了对后现代主义的一些批评并强烈捍卫其现有价值和实用性。（可悲的是，）我这样做只能稍加推动后现代批评，并促进对其主张的内部辩论。最重要的是，它支持国际关系中的后现代主义潮流以有效理解其他批评方法和传统方法的契合要素，更清楚地阐明其规范承诺、可能性（和危险），也支持更多将理论创新与具体项目相结合的研究及与政策制定者和边缘化社群相关的斗争。而且，为了捍卫后现代主义，我认可其道德和分析方面的价值及其完全及时性：它能够对我们这个时代奇怪的虚无主义加以诊断和抵制。在媒体和政治“旋涡”无处不在的时代里，有人为了摧毁实际并不存在的大规模毁灭性武器而发起破坏性战争，打着自由的幌子使一些国家遭受轰炸、占领和蹂躏——简而言之，我们处在一个决策者声称能够塑造他们自己现实的时代，实证主义者和保守派学者指责后现代主义犯了相对主义和虚无主义错误的论断是武断而歪曲的（Burke 2007a, 232）。

还有什么比这样的政治更具虚无主义和相对主义的特性？让·鲍德里亚（Jean Baudrillard）眼中的后现代性是纯粹的表象，不与“真实”的后现代性对接的无尽信号流和影像流从不停止显现。有什么能够更完美地体现他这种对后现代性极端的预断（1988）呢？似乎强者有权从事物中分离语汇，有权毁灭真相以捍卫真相，但世界政治学的学生既不被允许将这一过程理论化或加以批评，也不被允许将其影响力作为一种社会现象多加深思。也许只有实证主义者和政治家才是“后现代主义”的，理论家只是山坡上孤独的先知。

1 现实、现实主义和权力

1994年，吉姆·乔治(Jim George)在其《全球政治话语》一书中以相当大胆的陈述开篇:“现实，似乎和它过去在国际关系中的模样不同了。”这个提法的背景是在欧洲的冷战结束之时，此后“随着旧意识形态
360 承诺和同盟都发生重组，领土边界在匆忙中重绘，新身份象征被建构或复活，被定义成与全球存在的持久本质相对应的思想及行为模式正受到越来越多的严格审查”(George 1994, 1)。这种说法面临一种潜在的“实证主义者—经验主义者”共识，即现实对于观察者来说是外部的，且可以被映射，记录下来，并被缩减为一系列永恒的历史本质及一种我们可以从中得到持久且不可挑战的政治规则的真理制度。有些事件可能会惊天动地，但游戏规则并不会改变，这也与肯尼思·沃尔兹(2002)在“9·11”事件之后所持观点相同。在国际关系理论中，汉斯·摩根索(1973, 4)对此做出了令人信服的阐述，他试图提出一种基于以下观点的“科学”理论，即：

> 同整个社会那样，政治遵循根植于人性中的客观规律……这些规律的运作不受我们喜好的影响，人们一旦想要挑战它们，就会面临失败的危险。现实主义，同它对政治规律的客观性认识一样，也必须坚信发展一种理性理论的可能性。纵然有诸多不完美或片面之处，这种理论也反映了这些客观规律。现实主义还认为，人们在政治中区分由证据和理性支撑和阐明的真理与实际情况相出入，且受偏见和主观推断影响的臆断的观点是有可能的。

另一位著名的“古典”现实主义者卡尔(E. H. Carr 1966, 10)也提出

了类似的说法：对于现实主义来说，“思想的功能是研究一系列无力影响或改变的事件”。

古典现实主义的修正主义学者，如克里斯蒂安·罗伊-斯米特(Christian Reus-Smit)、迈克尔·威廉姆斯(Michael Williams 2005, 101)及穆里尔·科赛特(Muriel Cozette 2008)都恰当地表明了这些思想家的作为并非像完全的实证主义者那样粗浅，也并非像其所代表的那样不辨是非。例如，卡尔(1969, 5, 10)也指出，“每一个政治判断都有助于改变已逝去的事实”，并认为存在一种范式使现实主义和乌托邦主义平衡各自的“匮乏之处”和对方的“繁盛之处”。摩根索和卡尔也志存高远，意图抵制“乌托邦”式政治变革的危险和作茧自缚，因为它妄想一劳永逸地解决政治问题。然而，古典现实主义者留下了两样问题重重的遗产，该遗物受到了世界政治后现代解读的挑战。

首先，后来(特别是美国)著者把他们的论点精简到更为狭义的实证主义，结合真理和证伪主义推理的一致理论与社会科学的“应用”模式，这种模式同时否认却又认为自己的规范性承诺是普适的。它在这种情况下已经达到了新现实主义的最高点，这是“一种简明扼要的解释理论，表面上脱离了所有的规范性承诺”(Reus-Smit 2001, 574)。实际上，
斯坦利·霍夫曼(Stanley Hoffmann 2001, 32-33)对战后美国人的“深刻 361
信念”即“所有问题都可以得到解决，解决这些问题的方法是应用科学方法——先假定价值中立，并结合实证调查、假设形成及测试——然后在科学的帮助下，将收获推动进步的实际应用”提出了质疑。

这有效凸显了粗浅战略理论在学术上的影响，它认为分析能够与政策相匹配，带来可预测的结果和一个可控的世界：分析的确能够做到与现实一致。自大傲慢是一个可能的后果，正如一旦知识框架的规范性承诺和结果遭到否认，严重不道德和破坏性政策方向就有了潜在可能性。至少强大的国家塑造新现实的常规能力——以及由此带来的道德责任——遭到了否认。这可能会采用卡尔·多伊奇(Karl Deutsch)(1968, v)无奈而悲惨的模式(他认为“我们既不能逃脱，也不能塑造全

球事件的模式，我们能做的只是尽力调整并适应世界”）或者亨利·基辛格（1969，48）粗暴的地缘政治学，后者在1969年指出，“科学革命”联合“科技”与“管理技能”已经“消除了对外政策在行使权力方面的技术限制”。

约翰·瓦斯克斯（John Vasquez）（1995，220）将后实践主义者为恢复政治行动所涉及的机构所做的努力恰当地描述为一种旨在展露“选择即为真理”的努力。后现代思想家否认政治具有“客观规律”或类律分析能够建立在如“人性”等本质主义假说的基础之上，他们会剑指摩根索的言辞策略：其对于二分法的运用肯定了理性是政治的最高价值，而这或许是其对现实主义思维模式的最大贡献。他们将挑战他在文本中使事实优于价值，理性优于主体性，真理优于观点的方式，称其掩盖了每种真理诉求中观点的存在，掩盖了每种理性诉求中主体性的存在，以及每种事实断言中价值判断的存在。在雅克·德里达（Jacques Derrida）之后，他们认为这是一种逻各斯中心主义的战略，它同时包含及压制它在其求真意志中所不能承认的东西；乔治（1994，32）写道：这是“一种后启蒙知识意志已真正成为一种权力意志”。

可以说国际关系中的后现代著作提出了一种认识论（和权力的社会学分析），它综合了来自各方的重要见解，包括发展及批判查尔斯·皮尔斯（Charles Pierce）和费尔迪南·德·索绪尔（Ferdinand de Saussure）符号学的作品，路德维希·维特根斯坦（Ludwig Wittgenstein）的语言游戏，克洛德·列维-斯特劳斯（Claude Lévi-Strauss）、拉康·雅克（Jacques Lacan）、路易·阿尔都塞（Louis Althusser）和米歇尔·福柯（Michel Foucault）早期的结构主义。从罗兰·巴特（Roland Barthes 1984）起，这种认识论从有关身份和存在的叙事及神话、意识形态倾向获得现代性中文化力量的观点，用以粉饰其对中立和真理观点的偏见，以及（在他著名的作品《作者之死》中提到的）分散于社会的阐释的本质，该文本的含义甚至不能为单一来源的名称或权威所固定。德里达扩
362 充了这些见解，提出充分定义总是迟延并经常通过二分法策略运作，同

时贬低和抑制其中的次要术语。二分法可追溯至古希腊，古希腊人让口语与书面语对立，让事实与虚构对立，让男人与女人对立，让政治与伦理对立，诸如此类。然而，德里达（1976）提醒我们，这些术语取决于它们的含义及这种对立结构（或游戏）的意义，所以差异与断裂总能显示在对团结、自我呈现和同一性的推进过程中。解构主义宣称自己无力摧毁这种对立，只是寻求展现其运作方式，它们否认什么，以及可采用何种策略来抵制或重塑它们。对于在全球政治活动和传统理论中看到的满眼都是“形而上学”策略的理论家来说，这种见解已经证明是极有成效的。

福柯的贡献是强调所有现实都是由（而且只能从内部由）语言构成的，在更具“结构主义”性的阶段，他专注于“话语”创造知识、客体和主体的连贯系统的方式，然后进一步推进到对权力/知识互相构成的动态分析。这引出了一种权力模式，它不仅仅是压制性的，而是富有成效及授权的，它不仅依赖物质能力或制度—法律权力，而且依赖于思想和规范，即关于“真理的政治学”（Rabinow 1984）。被休伯特·德雷福斯（Hubert Dreyfus）和保罗·拉比诺（Paul Rabinow）描述为从“考古学”到“谱系学”的这种转变，被许多国际关系学者们当作一种有效的方法来追查特定理念的成因，政策和社会行动的实践，研究特定概念和机制的“可能性的条件”，以便找到想象和实施批判性替代选择的空间。

虽然几乎每个后现代学者在对理性主义批判方面都提出了强有力的观点，但或许乔治对理性主义的根源做了最为透彻的分析，他认为理性主义既来自西方思想——勒内·笛卡尔、弗朗西斯·培根、托马斯·霍布斯、大卫·休谟、卡尔·波普尔的哲学以及美国的行为主义，又在于其作为一种“冷战原则”在主流国际关系话语中心的发端。乔治将其描述为一种“实证主义—经验主义的形而上学”，它将现代性的强大要素提炼为一种思想的过程和结构（George 1994, 41–110）。它衬托出了后现代思想对国际关系的重大贡献：它能展现出作为历史与理论进程的现代性和全球政治是互相交织的，因此也必须加以共同分析。

在这方面，乔治呼应并发展了法兰克福学派早期的批判理论，特别是在讨论沃尔特·罗斯托（Walt Rostow）、塞缪尔·亨廷顿（Samuel Huntington）等人的现代化理论时，他将其描述为“对西方现代性、其中央主宰形象、理性人（万事万物的使用者和控制者）……及功利主义学
363 说‘实用性’和‘控制力’的公开颂扬”，称其“仍在指引着新现实主义学术研究”，并已成为“冷战政治实践的权力政治”的一种重要知识形式。在他就政策做出的其他几处深刻批评中，乔治还对乔治·凯南（George Kennan）1946年所发的“长电报”进行了分析。该电报（尽管后来他对其内容做出了微调并提出了异议）在很大程度上为冷战的爆发创造了条件，而此时两个超级大国间保持一种不太敌对的关系本来还有想象的空间。相反，这封电报催生了“西方和苏联的分析师近四十年都无法从中逃脱的一件解释性紧身衣”（George 1994, 96–97, 86）。

因此，从道德上讲，实证主义的批判旨在揭露权力在全球政治“知识”中的运作，揭露其形式及修辞结构，从而放开政策制定中受压制的选择，让被边缘化者和受压迫者发声。这是为了解放因西方谋求霸权而备受压制的生活、文化形式以及学术研究和意识形态形式的“差异”并为之欢庆（George and Campbell 1990, 281）。

2　立论的既定：主权、无政府状态、能动性

国际关系的现实主义范式和自由主义范式依赖于一套核心的本体论既定，其中首先是以领土国家的规范性和存在的优先性作为国际体系或国际社会的存在及其结构性事实的专用承载物。在两个非常具有影响力的有关现代性的故事中可以找到其根据。第一个是关于被我们称作“社会契约”的政治社会由何而来的故事，它声称人类从一种无人统治的长期处于不安之中的自然状态进入了一个统一的被称为政治体的政治共同体，它通过抑制内部差异性、将他者（如土著社会）定位于一个正在消退

的落后原始的时间视域之内，通过边界、外交和武器驱除外部差异以加强自身的同一性和身份。第二个是运用霍布斯的比喻将因差异和冲突而撕裂的各国之间的国际体系描述为“无政府状态”，因而按照以国家为基础的政治共同体内部所制定的法律而言这一国际体系，处于无统治状态（Der Derian 1987; Burke 2007a, 27–53）。

在亚历山大·温特（Alexander Wendt 1992）发表他对无政府状态的建构主义批评之前，后现代主义著者正在以自由主义和建构主义的理论家们所不愿意采用的方式质疑许多关于主权、国家和全球政治的基本主张。例如，理查德·阿什利（Richard Ashley 1987；1988；1989）曾对现实
主义有关无政府状态的主张进行了解构主义的阐释，指出它们凭借一种 364
虚构的想象将主权国家作为其边界外不存在的秩序、同质性和身份的贮藏室。

如同对于国内和国际政治之间分歧的描述，比蒂·雅恩（Beate Jahn 2000）和艾伦·比尔斯·桑普森（Aaron Beers Sampson 2002）对“无政府状态”概念也做出了重要批评。雅恩对自然状态一说提出了质疑，并对此观点如何通过将“不同类别的道德原则应用于‘不同的发展阶段’”而使得殖民主义、剥削压迫及差别化的人权标准合法化进行了说明。她对美洲印第安人是“没有文化的人”这一观点的“中立性”提出了挑战，该观点形成于西班牙人在美洲的推进过程中，她认为如今这种主张仍广泛存在于西方的对外政策之中（Jahn 2000, xv）。桑普森认为沃尔兹的现实主义（以及温特的建构主义）借鉴了涂尔干的社会学和功能主义人类学，将国际体系描绘为一种原始的“热带无政府状态”，这“让可能的政策反应简化为一种简单的选择：要么保持现状要么开化世界”。事实上，他认为，通过“运用一种旨在帮助殖民当局控制原始社会的理论”，沃尔兹提出了“一种国际政治的图景，即权力凌驾于进步之上，均势凌驾于变革之上，预防措施凌驾于补救措施之上”（Sampson 2002, 429–430）。

因此，雅恩和桑普森含蓄地将对启蒙运动中的现代性至关重要的历

史进程的哲学提出了质疑，尤其是它采取了技术和文明优先论的种族主义叙事形式，使霸权统治合法化。对这种进程“元叙事”的批判在让-弗朗索瓦·利奥塔（Jean-François Lyotard 1989）和阿格尼斯·赫勒（Agnes Heller 1999）的著述中至关重要。令人惊讶的是，在后现代国际关系理论中此类批评非常不足。不过，这种批评一直是我研究的核心问题（Burke 2007a, 1, 7, 9），也是罗伯特·B. J. 沃克的《内与外：作为政治理论的国际关系》一书中某个部分的焦点，而且还见于布鲁斯·布坎（Bruce Buchan 2002）和布雷特·鲍登（Brett Bowden 2004）关于小布什主义最为核心的自由主义言辞的及时批判中。

后现代主义思想也使相关研究在知识方面更为多样化，它有助于说明主权国家所获得的本体特权是如何被用以否认原住民在统治国际关系机构内的充分主体性和权利的，规范主义学者保罗·基尔（Paul Keal）（2003）认为这一现象至今仍然存在并严重破坏了“国际社会”的道德合法性（Connolly 1995; Shapiro 1997; Shaw 2002）。这种批判支持为了使原住民对矿工、伐木者及安全部队的斗争合法化而做的切实努力，此外还有大量的不公，它们激发了人们对作为一个本体的主权更深层次的挑战。威廉·康诺利（William Connolly）对主权主张提出质疑从而提供一个关于存在的本体论基础，他指出武力行为造就了主权，然后变成了“遗
365 忘”行为。这促使他提出一种多元的国内和跨国民主伦理学，并用以削弱对国家内部差异的压制并促成跨境公民联合以共同解决全球性问题（Connolly 1995, 138; 2005; Burke 2007a, 120–138）。诸如辛西娅·韦伯（Cynthia Weber 1995）等著者同样指出，主权的建构和“模拟”性质不仅仅是在其原点而且还在于其现有政策过程。她认为，从这个意义上看其本身就是表述行为的。沃克（1993, 129）通过把文艺复兴时期的空间建构去自然化，让假定的领土、主权和身份的总汇成为讨论的焦点。在文艺复兴之后，“国家主权概念与对该空间的明确划定性与不可侵犯性的认识有了日益紧密的联系”。

国际现实的国家主权本体论也预先假定了身份、主体性和能动性的

特定意象。沃克批判主权的社会契约模式(1993,60–67)所构象的有界和排他性的政治社会,以及他们将“公民”类属(1997,71)置于“人类”类属之前的做法。其他著者已揭示了主权国家在本体论上是如何通过将个人认同置于国家认同之内来建构主体性,赋予个体生命意义并使他们更顺从于国家和大公司权力的运作(Neal 2004, 391–397; Burke 2007a)。然而,如果推动会对占统治地位的国家和大公司霸权予以挑战的跨境的忠诚和运动是明显的选择,我们是否拥有有效的抵制模式呢?罗兰·布雷克(Roland Bleiker)在能动性方面的突破性著述对这个问题进行了探讨,暗示有必要超越男性化及英雄的异议模式,采取一种在支持和利于统治的话语层面上发挥作用的模式。这些被他称为“异议的话语领域”通过以下方法得以呈现,即通过“探究社会动力学如何被赋予意义及这种使它们理性化的过程如何划定了统治与抵抗间横向作用所在的边界”(Bleiker 2000a, 209–210)。

3 安全、暴力与人类

以上对实证主义、形而上学、主权和认同的一系列批判都体现了后现代主义对安全和战略研究的重要(即使在某些方面遭人憎恨)贡献。其主要主题是围绕现代性中的安全话语理念进行解构和系谱学分析,这是对其本体论主张和功用的挑战,是对主权暴力及其与人类建构关系的相应拷问。早些时候,沃克(1988; 1997)、提摩太·卢克(Timothy Luke 1989)、布拉德利·克莱因(Bradley Klein 1989; 1994)、西蒙·达尔比(Simon Dalby 1990)、戴维·坎贝尔(David Campbell 1992)以及德·代元(Der Derian 1993)对该问题做出了最重要的研究。这些著者对军事、外交政策、战略及安全话语的文本及论述策略进行了深入探究,对于他们 366
所宣称的客观观点或对威慑和威胁的现实主义表现的中立描述予以了驳斥。坎贝尔特别说明了威胁的建构对外交政策和身份的相辅相成至关重要。霍布斯把安全的文化力量置于其对国家与公民间的调解中,德·代元(1993, 95)在对霍布斯解读后，对将安全作为一种本体论的主张对其以及下列事实进行了更为深入的探究，这一事实即“在安全的概念之下，暗藏着西方形而上学的整个历史……处于中心位置的安全一直是权威、秩序和认同的势力在哲学与现实层面上陷入无政府状态、骚乱以及差异的转化之地”。这种方法也可见于迈克尔·狄龙(Michael Dillon 1996)和沃克(1997)的作品中。

沃克的《一个世界，许多世界》(1988)为普及以人为本的政策方法做出了宝贵的贡献，在规范意义上，这种方法要优于20世纪80年代现实主义“扩大化”辩论。不过，鉴于“安全”所列出的彼此非常不同的实践和目的在规范和政治方面都不相称，达尔比(1997)等学者对于“安全”作为一个有意义的能指的可能覆盖范围提出了质疑。这种对特定语言和安全概念化所产生的实践的专门研究可参见戴维·穆特默(David Mutimer)(2000)关于武器扩散的著述以及奥利·维夫(Ole Wæver)(Buzan, Wæver, and de Wilde 1998)有关“安全化”的观点中，后者暗示，当问题被纳入言语的类目之下时，安全体现为一种特别强烈的“言语行为”，它明确地指向了不正常的现实威胁和合法行为。不过，哥本哈根学派将现实主义和后结构主义混为一谈，这导致的规范性歧义已经为人所诟病(McSweeney 1999, 75; Booth 2005)。

其他的方法摒弃了维夫所强调的例外论，转而把福柯式的安全配置作为一种知识—权力构造。这种分析在历史上将安全定位为一种形而上学的存在和一种将主权和主体联系为一种单一的本体论形式(霍布斯和约翰·洛克所说的“政治体”)的“政治技术”，然后将自身的安全押在他人的痛苦和不安全之上(Burke 2001; 2007a)。这与一系列很有价值的有关“安全政治”的应用研究不谋而合，尤其是那些有关难民和恐怖主义的研究(Jackson 2005; McDonald 2005)。

从这个意义上讲，那些试图思考暴力与人类之间关系的研究就十分可贵，朱迪斯·巴特勒(Judith Butler)在《脆弱不安的生命》(2004)中对“9·11”事件的回应就是一例。她借用哲学家吉奥乔·阿甘本

(Giorgio Agamben)和伊曼纽尔·列维纳斯(Emmanuel Lévinas)的研究,对拘留、酷刑以及以受害者的名义动员战争的做法进行了批评,她质问是否可以用非暴力的方式去悼念悲伤,在公共话语中哪些生命才"值得哀恸"。对她来说,"通过凸显对基本的依赖和伦理责任的理论化有重要影响的关系纽带……悲伤有创造新型政治共同体的可能"(Butler 2004, 22)。不值得"哀恸"的人指像阿甘本理论中所提及的 367
"牲人",他们被贬为可以被使用或杀戮的"赤裸生命",没有作为人的基本地位。阿甘本的研究鼓舞了国际关系学界,后者将他的分析扩而大之,从集中营扩大到难民营及政策层面(Puggioni 2006),从西方的全球自由主义治理扩展到复杂的紧急情况处置(Dillon and Reid 2000)、饥荒救济以及北大西洋公约组织对科索沃难民的关照。在后一个例子中,珍妮·埃德金斯(Jenny Edkins 2000)使用阿甘本观点进行了一番有争议的类比,她把犹太人大屠杀中所产生的赤裸生命与埃塞俄比亚的饥荒救济营引发的赤裸生命进行了类比。她对难民营拒绝难民这种去政治化战略的批判是有理有据的,但是纳粹所采用的种族灭绝策略与某个企业颇有瑕疵、理应批评但又旨在拯救与延续生命的策略之间有一道巨大的规范性和道德上的鸿沟。大量借用阿甘本的观点或许是不明智的,阿甘本对有关全球政治问题的论述近来受到了批判性的评价(Neal 2004; Puggioni 2006; Burke 2007a, 9-12)。

4 (五) 文本性、艺术及美学

后现代主义作品也大大引发了人们对《国际或互文关系》(Der Derian and Shapiro 1989)等早期合集中比较明显的文本性、语言、体裁等问题的兴趣。该书中的内容已经在多个类目下出版,如"艺术与国际关系"(Sylvester即将出版)、"诗意的世界政治"、"美学"(Bleiker 2000b; 即出)以及"调停"(Debrix and Weber 2003)等。该书变革了国际关系的学术性实践,将国际关系与艺术、戏剧、文学和文化理论相结合,对排斥文本并吸引人们重视其形式、修辞策略和比喻的实证主义社会科学的语言学规则提出了质疑。同时，通过鼓励更多的文本形式，批评作为（及通过）文化形式的社会文本，即社会作为一个复杂文本，它为更富想象力、更具挑战性的对世界政治的构想与再构想提供了空间。

许多作者认为，这让世界政治中的被忽视的经验现实重归大众视野：正如克里斯汀·西尔维斯特（Christine Sylvester）在其一部重要的新作《艺术/博物馆：最出乎意料的国际关系》（即出）中所指出的那样，艺术和博物馆已经是世界政治的部分，因而，无论是入侵伊拉克期间对博物馆的掠夺，还是有关帕台农神庙争端背后的帝国主义历史或者世界贸
368 易中心重建的斗争中登场的象征性的悲情政治、民族主义、资本力量都值得人们去分析。黛比·莱尔（Debbie Lisle）还探究了其他国际关系的文化落脚点，例如战争与旅游的交叉关系（2000）以及机场、国家能指、边界、运动（2003）之间的交叉关系。对于文化与权力之间的符号关系的其他研究还有萨帕塔民族解放军（Higgins 2000）、柏林墙倒塌（Bleiker 2000b）、发展（Sylvester 2000; 2003）、非洲饥荒的意象（Campbell 2003）、“9·11”事件（Weber 2003）以及安全实践与安全假想（Constantinou 2000; Burke 2007a）等问题。

国际关系“诗学”、国际关系“拟剧论”和国际关系艺术的专刊文章已发表于期刊《替代》（2000；2006）、《千禧年：国际研究杂志》（2001；2006）和《边境》（2003），并已被收录在由弗朗索瓦·德布里克斯（François Debrix）和韦伯（2003）以及布雷克（即出）编辑的著作中。这种研究还试图通过文化形式来确定积极的可能性——例如坎贝尔对于塞巴斯提奥·萨尔加多（Sebastião Salgado）摄影作品的讨论（2003），这些摄影作品重建了饥馑社区的能动性，再如科斯塔斯·康斯坦丁努（Costas Constantinou 2000）对于阿尔齐洛科斯、鲁米和纪伯伦诗歌的解读，这使我们能够对过去的安全忧虑进行思考，又如理查德·德维塔克（Richard Devetak 2005b），对于崇高及“9·11”事件的反思指明了如何摆脱该事件所引发的恐惧政治的可行之道。这样一来，在文化与事件之间的

后现代分析交汇处就出现了后现代主义某些可能最有前途的规范性和存在性。

5 后现代国际关系的未来?

未来国际关系中的后现代主义应该或可能是什么?显然预测未来是件很难的事情,但我预感它的未来与以下三件事相关:批判性地看待自己过去的能力,回应新的伦理、政治及知识挑战的能力以及为此而建设性地应对其他批评性及传统理论流派的能力;另外,最重要的就是与希望自己默不作声的不同形式的政治理论和实践艰难斗争的结果。因此,表明自己规范性立场和承诺,深入探究事件并直面批评要比采取一种位移策略或许更好。

这种抗争中的风险在2006年清晰可见。《澳洲人报》是一份澳大利亚全国性报纸,隶属于默克多的新闻集团,该报发表了一系列文章,称澳大利亚研究委员会应当停止资助有关恐怖主义的批判性研究。虽然这个 369
动议是由一个类似于美国游说集团的澳大利亚新保守主义政治游说集团推进的,但是他们的要求与某些主要的国际关系学者的观点不谋而合。来看下彼得·卡赞斯坦(Peter Katzenstein)、罗伯特·基欧汉(Robert Keohane)和斯蒂芬·克拉斯纳(Stephen Krasner 1998, 678)为《国际组织》中缺乏后现代主义与理性主义理论之间的争鸣所做的申辩:

> 这样的争鸣在《国际组织》中很少,因为《国际组织》一向致力于一项不为后现代主义认可的事业:以证据对有关真理主张做出裁定。与传统的建构主义和批判的建构主义相比,后现代主义显然游离在社会科学事业之外,然而,后现代主义并不认为自己与充满自我指涉和脱离世界的研究风险的国际关系无关。

可以说,《国际组织》是该学科最具影响力的美国期刊。这一有关其出版历史的表述无所顾忌地承认了审查制度和压制的存在。其中关于后现代主义“拒绝使用证据”且不属于社会科学的观点受到了弗雷德·哈利迪(Fred Halliday 1996, 320)的响应,这些观点非常具有破坏性。哈利迪将“各种形式的相对主义及后现代主义”笼统地混在一起,而且,他认为其特点就是“以牺牲实质性分析或特定分析为代价,是对理性分析主张的放弃,是一种语言与指称的矫揉造作”。尽管此类指责错误至极,我担心后现代主义研究尚未有效地应对它们或保持对它们的批评。

近几年来,(至少部分意义上)受后结构主义影响的作品数量一直在持续增加,为人们所欢迎,它们深入探究历史事件、经验问题但未走实证主义研究的老路(Campbell 1998; Burke 2001; 2007a; Sylvester 2002; 2003; Bleiker 2005)。此外,还出现了大批建构主义的作品(见 Price and Reus-Smit 1998; Reus-Smit 2005)。在琳娜·汉森(Lene Hansen)关于如何运用语篇分析解释外交政策实践的全新重要论述(2006)中,她专注于对波斯尼亚战争时期的外交关系的实证研究,并以非常具有说服力的语篇分析为方法论。她认为“该是后结构主义[从理性主义]要回方法论的时候了”(Hansen 2006, 5)。也许具有讽刺意味的是,正是瓦斯克斯(Vasquez 1995)这位“以数据为基础”的传统主义学者提出了一个关于后实证主义方法最有力的观点,该方法对“证据”加以利用和评估而又不会陷入相对主义。重要的是,瓦斯克斯(1995, 225–229)认为这属于为“将规范性实践理论恢复到国际关系话语中的合理位置”所做努力的一部分。

令人不快的是,在阿什利和沃克(1990, 368–369)编辑的有关国际研究分歧的一期《国际研究季刊》中,结尾部分探讨的居然是一系列近乎一致的对后现代主义理论的不满,其中包括一些非常严肃的问题,如后现代主义“在对种类众多而且竞争激烈的解释进行选择时缺乏标准”,或其未能指出其理论化代表了“谁”的初衷。不少后结构主义学者有机会大张
370 旗鼓地探讨这类主张时,他们只是含蓄地予以了驳斥,阿什利和沃克只是

解构了他们的策略，尤其是他们规训和排除的尝试，而没有予以有说服力的直接反驳。

在这种情况下，后现代分析可能无法理解其自身话语的政治风险。例如，汉森（2006，5）在其以后结构主义为一种方法论的精彩辩论中，她提出一种值得怀疑的主张，即后结构主义具有一种"非因果认识论"。基欧汉认为虽然"反思主义者指出了身份、文化、规范、制度和思想的重要性是没有问题的"，但他们"需要制定因果假设并对其进行更严格的检验"。针对基欧汉的上述观点，汉森认为"不能将后结构主义表述为一种因果理论，因为身份与外交政策之间的关系是共同建构的或表述行为的"（Hansen 2006, 2–3）。

汉森（2006，9–10）批判理性主义的因果关系，指其"被界定得太过狭隘和死板"且实施知识性排他是没有问题的，这是由于"理性主义认识论立场中未给无法使用因果性认识论术语予以概念化的研究项目留有空间"。然而，她对于因果关系性如此排斥是因为它忽视了改善因果模型以及对后结构主义分析如何解释事件以及帮助制定政策进行说明的机会。因果关系的思想不是理性主义独有，在我们发挥现代政治的工具力和修辞力时，它对于我们如何衡量决策及做出选择至关重要。

当话语理论意在于为了实现特定形式的认同和知识，何种伦理结果和政治结果濒于险境，而汉森的解释使任何话语及事件的共同建构过程显得出奇地缺少变化。如果不按照我们可能在可能王国造成或带来什么后果的方式，我们对话语和再现做出伦理评价时还能采取什么其他方式呢？这就是我们在彼此竞争的解释之间进行选择的方式。这一点是玛雅·泽福斯（Maja Zehfuss）对主流建构主义批判（2002，250）的核心观点，它通过在规范和再现之前假设存在物质现实，"模糊了再现现实的过程中所涉及的政治"，并使人们能够逃避其政治和伦理责任。通过揭示事件受制于各种矛盾的解释并往往是争夺霸权及影响力话语的产物，后结构主义的确挑战了将手段和目的相联系（许多战略政策中都是如此）的工具型因果模型（Burke 2007a, 83–85; 2007b）。然而，社会、政策及文本分析的谨慎结合可以带来有关起因的历史性和预测性观点。

在转向后现代分析的伦理意义时，我们还需要注意特定解构操作的规范性后果。在这方面，我最关心的是彻底抹杀战争与和平间道德和规范性区别的作品（这不同于保持在审查中动用这种区别的方式和目的；
371 Burke 2005, 84）。例如，在讨论由后现代国际关系引起的二元对立问题时，唐娜·格雷戈里（Donna Gregory）纳入对战争/和平的二分法，把阿什利对斯蒂芬·沃尔特（Stephen Walt）有关战争的预测敏锐的解构当作用以强化人（以及发号施令的西方国家）的形象（Der Derian and Shapiro 1989, xv–xvii）的混沌状态。在《妇女与战争》（1995）一书中，简·贝斯克·爱尔希坦（Jean Bethke Elshtain）这位正义战争理论家和美国反恐战争直言不讳的支持者试图通过对这种异议的解构来推翻康德的《永久和平论》，她称《永久和平论》是一个"唯我论的幻梦"（Elshtain 1995, 255; 2005; Burke 2005）。最近，有学者发表了有关福柯的著述（2003）。在力图重塑我们被彻底压制的及司法权力模型的过程中，福柯把卡尔·冯·克劳塞维茨（Carl von Clausewitz）的说法颠倒了过来，声称政治无非是战争以另外一种手段的继续（Reid 2003; Neal 2004; Devetak 2005a, 165–166）。具有讽刺意味的是，在这些演讲中，福柯提出了一个问题，即是否要"根据某种战略和策略栅格的……战争兴衰"来分析政治和话语，但他拒绝给出确定的是或否的回答（Davidson 2003, xvii–xviii）。

然而，阿诺德·戴维森（Arnold Davidson）在其对《必须保卫社会》（2003, xviii）一书的导论中教条地将其当作"福柯对作为政治分析栅格的战争模式所做的最集中和详尽的历史考察"和"一种使我们能够调整自己权力观念的策略模型"。我认可福柯为说明权力具有生产性、常被冲突撕裂并时时处于风险之中的尝试，但他本可以无须盲目地挪用克劳塞维茨的观点而且也不至于付出如此大的代价。我们丧失了对（带有激进性、策略性及纪律性的）非暴力"政治"与涉及大规模屠杀、破坏与骚乱的战略性暴力众多行为进行规范意义上的区分的能力。我们也无力对一种"战略性"手段的非人性化力量加以批评，而这种力量把人变成了手段或“纯粹地掌握在他人手中的机器和工具”，我们也无法寻求构想一种不同的人类政治意象（Kant 2001, 437; Burke 2007a, ch. 8）。

在此，后现代主义将规范性话语置于审视之下的能力需要与以下几个方面的努力相配合：研究并提出规范性观点、支持积极的变革模式并就其实现方法提出建言。毕竟，对后现代主义最可恶的另一种指责就是声称它反启蒙运动，是一种虚无主义（Halliday 1999）。然而，这样的观点大错特错：德维塔克（2002）对坎贝尔（1998）在其有关波斯尼亚的著作中所提出的“后现代伦理”与安德鲁·林克莱特（2001）提出的康德式普世主义之间存在重要的联系，即二者最初都把现代国家批评为极权和排他的国家。迈克尔·夏皮罗（Michael Shapiro 1998）也对类似的关联性进行了研究。早些时候，乔治（1994，161-167）思考了国际关系中批判理论与后现代主义之间可能的规范性（即使不是分析性的）结合，其观点最近得到了林克莱特（2001）、金伯利·哈钦森（Kimberly Hutchings 2001，89）和沙普科特的呼应，并显现于理查德·沙普科特（Richard Shapcott）的《正义、共同体与对话》(2001)中。随着自由主义和新保守主义普世修辞 372
的发展，对普遍主义和历史哲学的后现代主义批判仍然独领风骚（Burke 2005; 2007a），但如果缺少了与康德式人类大同社会美好构想的关键重联，我们可能对它将如何修复被20世纪可怕的主权本体论所造成的“赤裸”生命充满疑问。

在思索《替代》这本历史悠久的期刊的目标的时候，其编辑对后现代主义面临的可能性与挑战做出了很好的总结。他认为，该杂志致力于寻求“有关替代物可能性，……谁能想象出替代物，这些替代物适用于谁……什么样的权威能够应对新的结构性条件、新的危险和新的机会的争鸣，简而言之，就是寻求有关人们声称参与政治时的含义的争鸣”（Walker 2000, 1）。目前全球政治处于一个人们诉诸、强加和追求确定性的时代，但确定性几乎不存在。在这样一个时代，后现代主义以下两种独特的潜能：引领一个没有边界的世界；孕育能超脱现有可能性边界的
世界。 373

参考文献

Ashley, R. 1987. The geopolitics of geopolitical space: toward a critical social theory of international politics. *Alternatives*, 12: 403–34.

—— 1988. Untying the sovereign state: a double reading of the anarchy problematique. *Millennium: Journal of International Studies*, 17: 227–62.

—— 1989. Living on border lines: man, poststructuralism, and war. Pp. 259–321 in Der Derian and Shapiro 1989.

—— and Walker, R. B. J. 1990. Conclusion: reading dissidence/writing the discipline: crisis and the question of sovereignty in international studies. *International Studies Quarterly*, 34: 367–416.

Barthes, R. 1984. *Image, Music, Text*, sel. and trans. S. Heath. London: Flamingo.

Baudrillard, J. 1988. Simulacra and simulation. Pp. 166–84 in *Selected Writings*, ed. M. Poster. Cambridge: Polity.

Bleiker, R. 2000*a*. *Popular Dissent, Human Agency, and Global Politics*. Cambridge: Cambridge University Press.

—— 2000*b*. Stroll through the wall: everyday poetics of Cold War politics. *Alternatives*, 25: 391–408.

—— 2005. *Divided Korea: Toward a Culture of Reconciliation*. Minneapolis: University of Minnesota Press.

—— forthcoming. *Aesthetics and World Politics*. London: Palgrave.

Booth, K. (ed.) 2005. *Critical Security Studies and World Politics*. Boulder, Colo.: Lynne Rienner.

Bowden, B. 2004. In the name of progress and peace: the "standard of civilization" and the universalizing project. *Alternatives*, 29: 43–68.

Buchan, B. 2002. Explaining war and peace: Kant and liberal IR theory. *Alternatives*, 27: 407–28.

Burke, A. 2001. *In Fear of Security: Australia's Invasion Anxiety*. Annandale: Pluto Press.

—— 2005. Against the new internationalism. *Ethics and International Affairs*, 19: 73–89.

—— 2007*a*. *Beyond Security, Ethics and Violence: War against the Other*. London: Routledge.

—— 2007*b*. Cause and effect in the war on terror. Pp. 25–41 in *Security and the War on Terror*, ed. A. J. Bellamy, R. Bleiker, S. E. Davies, and R. Devetak. London: Routledge.

Butler, J. 2004. *Precarious Life: The Powers of Mourning and Violence*. New York: Verso.

Buzan, B., Wæver, O., and de Wilde, J. 1998. *Security: A New Framework for Analysis*. Boulder, Colo.: Lynne Rienner.

Campbell, D. 1992. *Writing Security: United States Foreign Policy and the Politics of Identity*. Manchester: Manchester University Press.

—— 1998. *National Deconstruction: Violence, Identity, and Justice in Bosnia*. Minneapolis: University of Minnesota Press.

—— 2003. Salgado and the Sahel: documentary photography and the imaging of famine. Pp. 69–96 in *Rituals of Mediation*, ed. F. Debrix and C. Weber. Minneapolis: University of Minnesota Press.

Carr, E. H. 1969. *The Twenty Years' Crisis, 1919–1939: An Introduction to the Study of International Relations*. New York: Harper and Row.

Costantinou, C. 2000. Poetics of security. *Alternatives*, 25: 287–306.

Connolly, W. E. 1995. *The Ethos of Pluralization*. Minneapolis: University of Minnesota Press.

—— 2005. *Pluralism*. Durham, NC: Duke University Press.

Cozette, M. 2008. Reclaiming the critical dimension of realism: Hans J. Morgenthau on the ethics of scholarship. *Review of International Studies*, 34: 5–27.

Dalby, S. 1990. *Creating the Second Cold War: The Discourse of Politics*. London: Pinter.
—— 1997. Contesting an essential concept: reading the dilemmas in contemporary security discourse. Pp. 3–32 in *Critical Security Studies: Concepts and Cases*, ed. K. Krause and M. C. Williams. Minneapolis: University of Minnesota Press.
Davidson, A. 2003. Introduction. Pp. xv–xxiii in Foucault 2003.
Debrix, F., and Weber, C. (eds.) 2003. *Rituals of Mediation: International Politics and Social Meaning*. Minneapolis: University of Minnesota Press.
Der Derian, J. 1987. The value of security: Hobbes, Marx, Neitzsche and Baudrillard. Pp. 94–113 in *The Political Subject of Violence*, ed. D. Campbell and M. Dillon. Manchester: Manchester University Press.
—— 1993. The value of security: Hobbes, Marx, Nietzsche and Baudrillard. Pp. 94–113 in *The Political Subject of Violence*, ed. D. Campbell and M. Dillon. Manchester: Manchester University Press.
—— and Shapiro, M. (eds.) 1989. *International/Intertextual Relations: Postmodern Readings of World Politics*. Lexington: Lexington Books.
Derrida, J. 1976. *Of Grammatology*. Baltimore: Johns Hopkins University Press.
Deutsch, K. 1968. *The Analysis of International Relations*. Englewood Cliffs, NJ: Prentice Hall.
Devetak, R. 2002. Signs of a new enlightenment? Concepts of community and humanity after the Cold War. Pp. 164–83 in *The New Agenda for International Relations: From Polarization to Globalization in World Politics*, ed. S. Lawson. Cambridge: Polity.
—— 2005*a*. Postmodernism. Pp. 161–87 in *Theories of International Relations*, 3rd edn., S. Burchill, A. Linklater, R. Devetak, J. Donnelly, M. Paterson, C. Reus-Smit, and J. True. London: Palgrave.
—— 2005*b*. The gothic scene of international relations: ghosts, monsters, terror and the sublime after September 11. *Review of International Studies*, 31: 621–43.
Dillon, M. 1996. *Politics of Security: Towards a Political Philosophy of Continental Thought*. London: Routledge.
—— and Reid, J. 2000. Global governance, liberal peace and complex emergency. *Alternatives*, 25: 117–43.
Dreyfus, H., and Rabinow, P. 1983. *Michel Foucault: Beyond Structuralism and Hermeneutics*, 3rd edn. Chicago: University of Chicago Press.
Edkins, J. 2000. Sovereign power, zones of indistinction, and the camp. *Alternatives*, 25: 3–25.
Elshtain, J. B. 1995. *Women and War*. Chicago: University of Chicago Press.
—— 2005. Against the new utopianism: response to "Against the new internationalism." *Ethics and International Affairs*, 19: 91–5.
Foucault, M. 2003. *Society Must Be Defended: Lectures at the Collège de France 1975–1976*. London: Allen Lane.
George, J. 1994. *Discourses of Global Politics: A Critical (Re)Introduction to International Relations*. Boulder, Colo.: Lynne Rienner.
—— and Campbell, D. 1990. Patterns of dissent and the celebration of difference: critical social theory and international relations. *International Studies Quarterly*, 34: 269–93.
Halliday, F. 1996. The future of international relations: fear and hopes. Pp. 318–27 in *International Theory: Positivism and Beyond*, ed. S. Smith, K. Booth, and M. Zalewski. New York: Cambridge University Press.
—— 1999. The potentials of enlightenment. *Review of International Studies*, 25: 105–25.
Hansen, L. 2006. *Security as Practice: Discourse Analysis and the Bosnian War*. New York: Routledge.
Heller, A. 1999. *A Theory of Modernity*. London: Blackwell.
Higgins, N. 2000. The Zapatista uprising and the poetics of cultural resistance. *Alternatives*,

25: 359–74.
HOFFMANN, S. 2001. An American social science: international relations. Pp. 27–51 in *International Relations—Still An American Social Science? Towards Diversity in International Thought*, ed. R. Crawford and D. Jarvis. Albany, NY: State University of New York Press.
HUTCHINGS, K. 2001. The nature of critique in international relations theory. Pp. 79–90 in *Critical Theory and World Politics*, ed. R. W. Jones. Boulder, Colo.: Lynne Rienner.
JACKSON, R. 2005. *Writing the War on Terrorism: Language, Politics and Counter Terrorism.* Manchester: Manchester University Press.
JAHN, B. 2000. *The Cultural Construction of International Relations: The Invention of the State of Nature.* London: Palgrave.
KANT, I. 2001. To eternal peace. Pp. 433–75 in *Basic Writings of Kant*, ed. A. W. Wood. New York: Modern Library.
KATZENSTEIN, P. J., KEOHANE, R. O., and KRASNER, S. D. 1998. *International Organization* and the study of world politics. *International Organization*, 52: 645–85.
KEAL, P. 2003. *European Conquest and the Rights of Indigenous Peoples.* Cambridge: Cambridge University Press.
KISSINGER, H. 1969. *American Foreign Policy: Three Essays.* London: Weidenfeld and Nicolson.
KLEIN, B. S. 1989. The textual strategies of the military. Pp. 97–112 in Der Derian and Shapiro 1989.
—— 1994. *Strategic Studies and World Order: The Global Politics of Deterrence.* Cambridge: Cambridge University Press.
LINKLATER, A. 2001. The changing contours of critical international relations theory. Pp. 23–44 in *Critical Theory and World Politics*, ed. R. W. Jones. Boulder, Colo.: Lynne Rienner.
LISLE, D. 2000. Consuming danger: reimagining the war/tourism divide. *Alternatives*, 25: 91–115.
—— 2003. Site specific: medi(t)ations at the airport. Pp. 3–29 in Debrix and Weber 2003.
LUKE, T. W. 1989. "What's wrong with deterrence?" A semiotic interpretation of national security policy. Pp. 207–29 in Der Derian and Shapiro 1989.
LYOTARD, J.-F. 1989. *The Postmodern Condition: A Report on Knowledge.* Minneapolis: University of Minnesota Press.
MCDONALD, M. 2005. Be alarmed? Australia's anti-terrorism kit and the politics of security. *Global Change, Peace and Security*, 17: 171–89.
MCSWEENEY, B. 1999. *Security, Identity and Interests: A Sociology of International Relations.* Cambridge: Cambridge University Press.
MORGENTHAU, H. J. 1973. *Politics among Nations: The Struggle for Power and Peace.* New York: Alfred A. Knopf.
MUTIMER, D. 2000. *The Weapons State: Proliferation and the Framing of Security.* Boulder, Colo.: Lynne Rienner.
NEAL, A. 2004. Cutting off the king's head: Foucault's *Society Must be Defended* and the problem of sovereignty. *Alternatives*, 29: 373–98.
PRICE, R., and REUS-SMIT, C. 1998. Dangerous liaisons? Critical international theory and constructivism. *European Journal of International Relations*, 4: 259–94.
PUGGIONI, R. 2006. Resisting sovereign power: camps in-between exception and dissent. Pp. 68–83 in *The Politics of Protection: Sites of Insecurity and Political Agency*, ed. J. Huysmans, A. Dobson, and R. Prokhovnik. London: Routledge.
RABINOW, P. (ed.) 1984. *The Foucault Reader.* New York: Pantheon.
REID, J. 2003. Foucault on Clausewitz: conceptualizing the relationship between war and power. *Alternatives*, 28: 1–28.
REUS-SMIT, C. 2001. The strange death of liberal international theory. *European Journal of International Law*, 12: 573–93.

—— 2005. Constructivism. Pp. 188–212 in *Theories of International Relations*, 3rd edn., S. Burchill, A. Linklater, R. Devetak, J. Donnelly, M. Paterson, C. Reus-Smit, and J. True. London: Palgrave.

Sampson, A. B. 2002. Tropical anarchy: Waltz, Wendt, and the way we imagine international politics. *Alternatives*, 27: 429–57.

Shapcott, R. 2001. *Justice, Community and Dialogue in International Relations*. Cambridge: Cambridge University Press.

Shapiro, M. J. 1997. *Violent Cartographies: Mapping Cultures of War*. Minneapolis: University of Minnesota Press.

—— 1998. The events of discourse and the ethics of global hospitality. *Millennium: Journal of International Studies*, 27: 695–713.

Shaw, K. 2002. Indigeneity and the international. *Millennium: Journal of International Studies*, 31: 55–81.

Sylvester, C. 2000. Development poetics. *Alternatives*, 25: 335–51.

—— 2002. *Feminist International Relations: An Unfinished Journey*. Cambridge: Cambridge University Press.

—— 2003. Global "development" dramaturgies/gender stagings. *Borderlands*, e-journal, 2.

—— forthcoming. *Art/Museums: International Relations where You Least Expect It*. Boulder, Colo.: Paradigm.

Vasquez, J. A. 1995. The post-positivist debate: reconstructing scientific inquiry and international relations theory after enlightenment's fall. Pp. 217–40 in *International Relations Theory Today*, ed. K. Booth and S. Smith. Cambridge: Polity.

Walker, R. B. J. 1988. *One World, Many Worlds: Struggles for a Just World Peace*. Boulder, Colo.: Lynne Rienner.

—— 1993. *Inside/Outside: International Relations as Political Theory*. Cambridge: Cambridge University Press.

—— 1997. The subject of security. Pp. 61–81 in *Critical Security Studies*, ed. M. C. Williams and K. Krause. Minneapolis: University of Minnesota Press.

—— 2000. Editorial note: re-engaging with the political. *Alternatives*, 25: 1–2.

Waltz, K. 2002. The continuity of international politics. Pp. 348–53 in *Worlds in Collision: Terror and the Future of Global Order*, ed. K. Booth and T. Dunne. London: Palgrave.

Weber, C. 1995. *Simulating Sovereignty: Intervention, the State, and Symbolic Exchange*. Cambridge: Cambridge University Press.

—— 2003. Epilogue: romantic mediations of September 11. Pp. 173–88 in *Rituals of Mediation*, ed. F. Debrix and C. Weber. Minneapolis: University of Minnesota Press.

Wendt, A. 1992. Anarchy is what states make of it: the social construction of power politics. *International Organization*, 46: 391–425.

Williams, M. C. 2005. *The Realist Tradition and the Limits of International Relations*. Cambridge: Cambridge University Press.

Zehfuss, M. 2002. *Constructivism in International Relations: The Politics of Reality*. Cambridge: Cambridge University Press.

第二十二章
后现代主义的伦理观

彼得·劳勒

主流学说认为，由于后现代主义者或后结构主义者[1]的著述具有反基础主义、强调可能的解读或阐释的多样性、批判主观性等特点，因此它们似乎无法对有关国际关系伦理维度的思辨做出有意义的贡献。固然后结构主义者的确拒绝接受正统主义道德理论化的前提，即便被贬称为纯粹的当代伦理相对主义者，抑或被指责其对国际政治的伦理完全不感兴趣时，他们也都予以否认。正如戴维·坎贝尔（David Campbell 2007，225）所说，“后结构主义分析的整体目标是伦理性和政治性的”。的确，坎贝尔将“伦理性的”和“政治性的”这两个术语并列有利于我们认识后结构主义者对伦理观的非范式化处理这一独特特征。对许多人或者对绝大多数人来说，这一伦理讨论的冲动并未转化为用于对基于伦理法规的国际政治行为的制定，而是复原了他们所理解的政治维度。尽管很多后结构主义的著述极其关注国际政治生活中的伦理维度，但正是因执着于对道德主体的正统叙述，而摒弃了国际层面的**政治**属性，故而同时也否定了一

1　通常被人们认为后现代主义者的作者自己极少使用这一术语，他们倾向于被称为“后结构主义者”，故本文中采用该术语。

种明确的国际伦理观存在的可能性。 378

1 反正统

大部分有关伦理维度的国际关系著述都专注于道德世界主义，即认为人是某个道德共同体的成员，而所有有价值的伦理原则都应具有普世性。世界主义者对于应怎样获得这些道德原则的观点彼此不一，有些人通过对某种先验理性的应用以理解某个行动的正当性，比如康德传统或道义论传统；有的人通过对“何以为善”进行功利性计算，例如结果论。对于很多哲学家，尤其是约翰·罗尔斯来说，“道义—结果”二元对立，是道德争议的基础。此外，在有关国际关系规范的后冷战文献中，作为道德哲学观或世界观的世界主义与作为跨国制度主义政治方案的世界主义，两者界限日益模糊（Vertovec and Cohen 2002）。

在主流论争中，对于世界主义的主要批评倾向于以某种相对主义形式或社群主义立场出发，主张我们的道德原则产生于社会，也就是说，它们部分或全部源于我们的文化、习俗或历史背景。鉴于此，我们将对不同背景下他者的伦理或行为的论断传递给自己的能力可能非常有限，甚至是不合规的。在国际关系的文本中，社群主义对民族主义或国家主义来说更像是过客，因为人们经常将道德界限视为民族或国家边境的毗连区。不过，世界主义与社群主义的共识是伦理主体的可知性。这两种立场都存在“厚”版和“薄”版，二者多多少少都彼此妥协。在部分意义上，这只是伴随对文化和社会背景敏感性的升级而分割人类社群的政治界限的漏洞越来越多这一通识所造成的一个后果。然而，1945年后世界上有关权利的对话愈发增加，愈发证明以下观点的重要：尽管我们所处的环境迥异，但我们都是人类这一事实，带来了制定适用于背景各个不同的所有人的规则的可能性或者必要性。在很大程度上，人们对于规则应该如何的争议相当多而且常常十分激烈。

可能在后结构主义的国际关系学术圈内，在如何处理伦理观上的主要分歧集中在它既不运用于主流国关理论，也不运行于正统道德哲学领域。虽然很多后结构主义著述不加掩饰地关注我们这个时代的重
379 大道德问题和伦理问题，尤其是弥漫于国际政治中的暴力的形式问题，但它们对类似社群主义—世界主义以及在国关理论中非常显眼的国内与国际的区别的正统理论二元对立是十分抵触的。例如，对于“主权话语的主权”的后结构主义批评，暗示自己与世界主义的相似性；另一方面，对背景和可能性的重视与人们对社群主义和相对主义问题的关注具有共鸣。然而，由于后结构主义当作一种“批评态度”或“社会思潮”(Campbell 1998a, 4–8)而不是一种替代性的国关理论，它并未着手提出一套可能对人类行为进行规制的明确道德原则。这并不是说后结构主义者从未得出过与一系列人们熟悉的政治和伦理观点相一致的结论。相反，后结构主义首先对支撑我们要**了解**这个世界的主张所做出的假设，继而我们为这个世界上各种行为体设定权威原则的能力提出了质疑。然而，正如我们在后结构主义中没有固定的终点，也不存在进入后结构主义的直入点，其后也没有笔直道路可走，目的就是为了对其中的伦理认识进行剖析。然而，要对后结构主义伦理观加以总结的话，对该主体的处理看起来就十分关键了。

2 “主体的悬而未决”

珍妮·埃德金斯(Jenny Edkins 1999, xi)认为后结构主义对国际关系的挑战来自其“主体的悬而未决”，一种“引发对根本的政治问题进行再表述的主观性重组和重新探讨”。对埃德金斯来说，我们对“政治”的理解在很多方面变成了“去政治化的”或“技术化的”。作为对马克斯·韦伯(Max Weber)有关权威形式之间的区别某些方面的呼应，埃德金斯(1999, 2)认为克劳德·勒弗(Claude Lefort)、斯拉沃·齐泽克(Slavoj Zizek)、雅克·德里达(Jacques Derrida)和米歇尔·福柯(Michel Foucault)等学者寻求的是对“政治”的复原，即“建立一种社会秩序，它

将对何为政治进行独到的、基于历史的描述，并将其他社会生活领域定义为非政治”。特定的社会形式产生于不同的论争和斗争时期，并反映对权力和合法性的具体表象。然而，对后结构主义者来说，对**政治**（国家机器、选举、政党、领导人等）的正统性强调，模糊了或者说掩盖了现行社会世界往往充满暴力的结构。按照厄尼斯特·拉克劳（Ernesto Laclau）的说法，这一世界“在我们面前主要表现为被过滤过的、人们未对其制度的创始行为提出质疑，便信以为真的社会实践的集合”（拉克劳引自埃德金斯 1999，5）。此外，从后结构主义视角来看，在社会秩序创建之前该主体 380
是不存在的而且与该创建过程纠缠不清。权力的创造性不仅体现于具体的社会秩序的创建之中，而且也体现于主体的创建之中：“个人并非被权力的运用所利用的预设的实体。具有自身认同和特点的个人是权力关系的产物”（Foucault 1980, 73–74）。鉴于此，位于以主权国家为中心的全球政治秩序之中的自治的拥有主权的个人主体这一现代概念被视为一种捏造、一种虚构之物，但这一点本身的“真实性”毫不欠缺。那么，我们需要将政治的这一虚构主体与客观性加以区分，因为一旦新的社会政治秩序就位后，后者就会消失。人们应当将这一说法与建构主义文本中类似的论点区分开来，尤其是与后者对认同的话语构成的强调，即“话语用于制造其自称的效果所做出的重申和引用”（Butler 1993, 2）区分开来。与建构主义者相反，后结构主义者并不把观点和语言仅仅视为对物质世界的共同建构或改进，而是将后者描述为只有通过“其兴起的话语条件”（Laclau and Chantal Mouffe 引自 Campbell 1998a, 25; 也见 Zehfuss 2002）才能被人所认识。对许多后结构主义者来说，主体的悬而未决意味着认同与“自我”在本质上变得具有流动性、活动性和不确定性。例如，在对“9·11”事件后的暴力和哀悼的探讨中，朱迪斯·巴特勒（Judith Butler 2004）认为“自我”的构成从来不是单独进行的。相反，只有在我们与社会世界以及遍布世界各地的他者的关系背景下我们才能逐渐了解“我们”是谁。在这个意义上，如果我们与他者失去联系，我们也就失去了构成“我们”是谁或曾经是谁的因素。因而，巴特勒提出：“没有你们，我

‘是’谁呢?”

追随伊曼纽尔·列维纳斯(Emmanuel Lévinas)的其他后结构主义者认为伦理观已成为“第一哲学”。换句话说,我们进入社会时就已经承担了对他者的义务。列维纳斯(1989)认为,我们一旦在这样的政治世界中为自己树起界标的同时,也就已经侵占了别人的地盘。列维纳斯所说的伦理观属于“面对面”(face to face)的概念,而这也许就是他所做过的最著名的表述。对列维纳斯来说,正是由于同他者的面对面,我们才被带入了这个世界。这与“自我”(self)和他者沿着一个渐进的连续统一体并肩前进的海德格尔式(Heideggerian)主体概念是相背离的,主体因对他者的伦理责任这一核心要求而去中心化。对列维纳斯来说,伦理责任使“自我”在自己无限的义务中变成了他者的“人质”。虽然对于列维纳斯不能被当作一名后结构主义者尚有争议(因为他坚持以伦理观的恒定性为先决条件),很多国际关系后结构主义者以列维纳斯的“面对面”为自己的伦理学说的起点。

或许坎贝尔是采用“列维纳斯学说”最为知名的国关学者之一,他指
381 明对有关主体的正统论述的摒弃并不一定会与伦理观的脱节。对坎贝尔来说,列维纳斯所论述的有关义务的概念,意味着人们不能仅仅基于空间或文化的隔阂或是与国家利益无关的情况下,或是其他的原因,而无视世界其他地方的冲突。在反思波斯尼亚战争时,坎贝尔(1998a,176)引用列维纳斯关于“无限责任”的概念,认为“不存在我们可以推卸自身责任的条件”。然而,对坎贝尔来说,除了承认我们应对波斯尼亚战争这样的冲突做出回应的伦理义务,人们还要求我们考量如何不局限于以重新认可伦理民族主义者诉求的方式做出回应。坎贝尔认为国际社会对排他性地(exclusive)接触波斯尼亚的民族政治精英,使他们的主张得以合法化。对波斯尼亚多元文化领导人的支持可能加速了伦理意义上的纯粹身份的去中心化和非法化。

为了发展一种“偶遇的伦理”,迈克尔·夏皮罗(Michael Shapiro)等其他学者也采用了有关伦理观的列维纳斯式概念。对夏皮罗(1999)来

说，尽管可能危及自我以及自我身份，偶遇的伦理还是唤醒了一种对他者的激进的迎迓。这种对他者激进的迎迓是德里达哲学思想的固有内容，他认为他者的幽灵总是在最初就已经盘踞于“自我”的意义这一概念之中。至于自我与他者之间的关系，德里达指出身份的互相构成可能是人们所认为的政治构成的伦理组成部分。因此，德里达等认为只有当客体降临后才有可能欢迎伦理的回归。故而“我是自我的主宰”这一概念在第一个案例中就依赖于受援者的存在。然而，国际政治建构的基础在于分配主权权利以决定哪些人有资格获得我们伦理关怀，这一点不是排他性的而可以说比任何其他政治领域都更加旗帜鲜明：“只有通过过滤、选择并进而通过阻止和使用暴力才能行使主权。不公，某种不公……从该权利进入好客的门槛处就开始了。”（Derrida 2000, 55）人们对伦理的需求不能被简化为国际政治中的特定时刻或学术研究中的孤立区域。反之，它渗透于政治之中并进而渗透于政治分析活动和研究之中。对许多后结构主义者来说，尤其是对于约翰·卡普托（John Caputo 1993）来说，由于自我对他者的义务无时无刻都存在，故而不可能为伦理设定超验规则和资格标准而不冒犯伦理观本身。

当然，该立场始终被某种普世主义所缠绕。然而，普世主义不会得到很多世界主义者的认可，因为它非常抵触对道德干预的普世化。同样地，它也为正统规范的国际关系学界与国际政治的改革派对广义的核心假设 382
的批判打下了基础。不过，正如许多后结构主义批评人士所言，这很有可能是错的，因为它把这种立场与对改革本身的拒绝混为一谈。

3 道德空间

国际关系理论中主要的世界主义形式将伦理观、空间和主观性之间的关系描述为兄弟间（fraternal accounts of the relationship）的关系，即一种对适合于国际社会空间中单个人类主体共同体普世规则的论述。同样地，它们自称为对有关国际伦理以及各种空间的或社群主义伦理的有关质疑进行批评提供了基础。虽然后结构主义对有关主观性的正统描述的批评，世界主义的某些方面对政治边界的道德意义的公然否认，以及其所强调的对普世性道德共同体的非排他性有共鸣，它们在某些关键方面还是与世界主义是不同的。后结构主义者“对于以一种系统化的方式阐明某些抽象原则的伦理理论的愿望是抵触的”（Campbell and Shapiro 1999, x）。最近，有关“狭义的世界主义”的探讨试图将后结构主义者（及女性主义者）对过度抽象的、普世性的、伦理构想的抵制以及文化差异为世界主义造成的困境考虑在内。这一点主要贯穿于对哈贝马斯式话语伦理观（尤见Linklater 1998）的概念性探索之中，经常伴随着对国家边界内外，以及跨境民主（如Held 1995）重构的更具实践性的批判。不过，即使是这种改良也与后结构主义者的忧虑相互冲突，后者对有关理性主体的正统描述、将道德的发展描述成从特殊性向普世性的直线发展的趋势（Walker 1999）以及对于沟通及其伦理可能性进行过度抽象或理想化描述的依赖都感到不安。特别是，后结构主义者对世界主义快速向有关超越主权国家及主权国家内部的新型框架的探索发展的趋势提出了质疑。尽管它们看似具有很多横向联系，人们实际上将它们视为对伦理维度中极具特殊性的政治和空间概念以及当代世界政治困境的具体化。例如，当代世界主义者有关对大规模暴力行为爆发的适
383 当回应的探索，显然意在将我们的思维和行动摆脱历史上建构以犯罪和治安话语（Kaldor 1999）为中心的新型普世规范时一贯的武力解决倾向。不过，人们开展此类研究时多数情况下所采用的语调显露该研究与迈克尔·狄龙（Michael Dillon 1998, 545）所说的“联合进程”具有政治和伦理方面的关联，此类进程共同建构了一种“全球自由主义治理”的高度具体化模型并试图加以推广。

坎贝尔和夏皮罗（1999）在识别伊曼努尔·康德的“成效不详”的遗产时对世界主义和后结构主义之间的关系进行了研究。他们将自己的作品以及其他后结构主义者的作品描述为“后康德式的”。因为这些作品从康德的世界主义（如果是非伦理的）精神研究以及他“对伦理终结的抵

制”中获得了启迪。康德的哲学和政治著述借由对原则和相称的法律架构的发展促进了一种鼓励“对本国以及国外所有公民主体予以关怀”的全球性关怀。然而，他们称康德的“空间学说”及其哲学论述，以及更为务实的论述中随处可见的地缘政治比喻，为他者对世界主义加以语境化和批评奠定了基础。依据康德有关人类主体的二元论观点，“判断”的运用将现象界与非自然的即自我决定的本体界以及对于某种道德职能的运用连接起来。这使完善发展的理性—道德主体拒绝感官世界并拥抱某种世界主义精神。不过，坎贝尔和夏皮罗突出的是康德的“哲学地理”及其“实际地理”之间的同源性。通过国家上升期的著述以及对以共和治理形式取代宗教和君主权威的推崇，康德论述了事实上极为特殊而又处于“以欧洲国家为导向的政治想象”中的完全成型的普世性伦理政治中的人类能动性。就此观点而言，康德的世界主义最终依赖于德里达所说的“国家哲学”，这种哲学中一个国家或民族宣称拥有“代表”、“体现”以及“认同于”人的普遍本质（引自 Campbell and Shapiro 1999, xvii）的特权。就其本身而言，它对于“不适用于意义和价值的对立性做法和主观性”是不友好而且对“以国家为导向的地理想象”（Campbell and Shapiro 1999, xvii；另见 Walker 1993, 71）之中的道德空间进行了阐释。

坎贝尔和夏皮罗的分析提供了一个后结构主义者对有关全球空间，尤其是主权国家（人们对其本身的理解采取的是一种非常特别的欧洲中心主义方式）“内部”以及人们所认为的**国际**政治上演但伦理上未被驯服的“外部”之间的区别所做的正统描绘提出质疑的例证。对构成性二元论及其伦理影响的抵制是绝大多数国关后结构主义者著述中一个众所周知的特征。虽然后结构主义将对于主权国家的不安乃至敌视列为有关人 384
民之间关系的支配性的空间解决方案，对于唯一的回应就是诉诸对正确和善良做出普世性论述的假设、或通过疆界的主权共同体这种形式所表现出的差异最终可能分解成单一的人类共同体这一假设，后结构主义同样是敌视的。对沃克（R. B. J. Walker 1993，77）来说，“坦白说，从异端角度来看，人们可以将普世主义理解为问题所在而不是解决方案”。后结构主义者没有试图通过借助于对主观性做出可普世化的论述来解决或超越形式众多的人类身份之间有时充满暴力的紧张状态，绝大多数权利对话中这种论述显而易见，目前，在武装干预的合法化中这种论述则藏而不露。相反，后结构主义者倾向于关注人们**如何**建构、表达和维系这些差异。意识到以对安全的普世性原则的追求作为解决当代全球社会生活的困境的基础非常有诱惑力之后，后结构主义者倾向于认为其要价过高，即以“政治”本身的损失为代价。在对普世主义的“(不)可能性”进行探讨时，维罗尼克·平-法特(Veronique Pin-Fat)提供了更加细致入微的解读并引述拉克劳力证这一被很多后结构主义者描述为无可避免的悖论:“普世性阵地的不可能性并未根除其存在的必要性：它只是将该领域变成了一块空地，人们可以以各种方式对其部分区域进行填充(政治的全部意义就是为了提供这种填补空白的战略)。”(Pin-Fat引述Laclau 2000, 665)

4　道德行为

坎贝尔和夏皮罗(1999, 161)认为我们生活在“一个充满怀疑、悖论和差异的时代”。因而，当前对处于支配地位的伦理普世主义模式发起挑战尤为合适，国际政治道德维度在当代的凸显与国际社会中(以各种制度外衣加以伪装的)反馈的毁誉参半之间的紧张关系就是明证。在后冷战的时代，起初人们对亟须建立一种“新世界秩序”的伦理可能性保持着热忱，仅因为新老道德困境的凸显就消退了。诸如全球化世界经济中物质财富和人生机遇的极度不平等、以种族清洗为特征的当代大规模冲突的爆发及其引发的对于干预的吁求、各种形式的恐怖主义以及更多的移民和难民潮造成的困境等问题促使规范性的论述不断涌现。

公众对于我们所面临的问题以及对它们具体反应明显的道德困扰，
385 对于围绕后结构主义者伦理观研究的模糊性和偶然性提供了一种友好的讨论环境。有关世界政治的当代伦理困境的正统论述，本身就足以引起广泛争议。大部分此类著述既专注于这些问题本身的定性，也专注于构建普世性的解决方案。相反，后结构主义者对当代全球性顽疾的讨论，更关注于问题与解决方法**之间的**构成性关系。因而，他们更专注人们在回应当代伦理困境中如何对它们进行确定和设定（named and framed）。这并非暗示后结构主义者一概避免接触具体伦理问题以及对它们做出明确的实质回应。如前文所示，坎贝尔对后结构主义的起源及目标的论述予以了驳斥。当然，最近的后结构主义著述对国际政治中各种实证问题领域中的伦理维度都直接进行了研究，这些领域包括人权（Pin-Fat 2000）、人道主义干预（Campbell 1998a; 1998b; Orford 2003; Dauphinée 2007）、战争及其记忆（Zehfuss 2007）、发展政治（Duffield 2001）、复杂的突发事件（Edkins 2000）、国家难民及移民政策（Doty 2003; Edkins and Pin-Fat 2005）、国家安全政策（Campbell 1992; Doty 1996; Weber 1995; Weldes 1999）以及反恐战争（Butler 2004; Dauphinée and Masters 2007; Zehfuss 2007）等。然而，很多后结构主义者拒绝坚持一种正统的线性关系，这种关系以主体间达成共识的方式来定义和设定某个伦理问题以及提出合适的原则，并以此为基础设计出对该问题做出一种战略性及（或）制度性的回应。特别是，后结构主义不断在对当代世界政治的伦理困境的判别与分类的政治性的探讨中力证自身。这一点为打破人们对国际政治终将走向理性化和工具化的普遍观念提供了基础。依据这一观点，对于众多伦理难题解决方案的追求会不断地，或许也无可避免地对自我伦理意识的出发点构成新的挑战。

在后结构主义者对普世性伦理的万能药存在的可能性，核心的问题在于，这一大堆要求我们做出回应的问题的定义中以及这些回应本身中暴力因素无处不在。这算不上什么新问题，例如，它正处于历时几百年的传统“正义战争”的核心位置。但“正义战争”这一理念敏锐地体现了后结构主义所极端反对的东西，即将对暴力的使用法典化、合理化进而合法化的企图。正如泽福斯（Zehfuss 2007）所说，正义战争原则或可使我们心平气和地为明显的无意中造成的平民死亡辩护，称其为走向战争的一种后果，除了将我们引发这种死亡的责任撇清之外，对这种死亡不可避免的悲剧则完全置之不理。这样，正义战争的思维就是一个在努力遏制暴力的同时又将某些形式的暴力天然化，而对诉诸暴力的伦理辩
386 解总会留下伦理责任的残留。对后结构主义者来说，对于国际政治中暴力做出像样的、最终的、伦理意义上的回应的不可能性，我们无法逃避，反之我们不得不存在其中并与之共处。在伊丽莎白·道菲尼(Elizabeth Dauphinée)有关自己在波斯尼亚做博士后研究经历的叙述中，通过那些选择将自己置身于"不确定性迷宫"中的外部观察人士的观察，她以尖锐的笔触描绘了受害者以及有罪的、无辜的入侵者的灰色环境归属的阴影地带。在道菲尼(2007，28)看来，"关于伦理在于对达成累计性结果或重述的拒绝这一认识中，人们关注焦点被放在了不可判定的方面。对德里达来说，精确地说不可判定性即指使决策既不可能又势在必行的信任危机"。这种表述无疑会激怒那些追求道德正义或道德实现者。不过，它们既源于自我对他者的责任这一概念的核心，又源于对原本异质性的后结构主义分析进行约束的对有关学术和专业知识、理论和实践的正统论述的挑战。人们通常认为，它们没有排除做出判断或选择立场。

5　永恒的政治

虽然后结构主义源于对主流社会学和政治学思想进行激进批判的不同流派，当代后结构主义国际关系学术界与在长期以来的反现实主义和非现实主义思维方式中发展起来的进步论的正统主义完全一致。这可能是目前在国际关系领域后结构主义学术界，尤其是伦理学受到敌视的一个关键原因。其他分支的批评思想和后结构主义或解构主义思想之间存在区别，其原因尤其在于后者更倾向于对伦理难题局部化的偶然回应，而不是为了依据所谓的普世性规范或行为准则(Campbell 1998a; Dillon 1998)来分配正义而设计、创建的跨国进程或制度。对他者不可避免的

伦理责任这一理念在后结构主义著述中相当突出，是自然而然之事。不
过，尽管后结构主义的影响遍及全球，但它显然并不诉诸一种主张“我们
（都是）某个伟大国家潜在的或想象中的公民”（Derrida 1994, 47–48）的
普世性主观概念或团结的概念。在对于发展中的全球政治、援助以及正
在涌现的自由主义全球治理“战略复合体”中的安全等问题的交叉开展
的研究中，马克·达菲尔德（Mark Duffield）主要关注的是援助政策和复
杂性之间的关系。达菲尔德抛弃了笼而统之的概念，即援助弊大于利或 387
援助能够促成有关发展问题的最终解决方案。相反地，达菲尔德（2001,
253）主张“任何形式援助的主要结果……在于改变并强化援助所面临并
追随的话语的支配性关系和形式”。援助加上本就十分复杂的形势，这
种复杂性并不会因援助的到来或缺失而终结。为此，达菲尔德将西方实
现恒定结果或最终解决发展问题可能性的信仰视为问题本身的一部分。
最终在对自由主义—资本主义全球和解的规制下，它有助于人们做出技
术统治论性质的回应。与埃德金斯有关去政治化的认识相呼应的是，达
菲尔德认为这些主张对于不断展现的政治复杂性的反应不够敏感并有可
能成为它们表面上试图减轻的暴力和痛苦的帮凶。坎贝尔对波斯尼亚冲
突的分析明显表达了一种对民主、正义和文化多元主义等政治概念的青
睐并将人们未能给予波斯尼亚主权当作“一种严重的不公平”。在这些
方面，他的声音中带有一种通晓进步主义的神情。然而，坎贝尔（1998a,
242）也强调任何政治主张的实施必须“**之前**加上‘也许’这一限制条件
而且**之后**继之以持续的坚持不懈的质疑。有了这一非常重要的时间维
度，解构思想呼吁一种不间断的批评和创造进程，它从不满足而且认为持
久性的解决能够或已经得以实现”。

与那些将后结构主义描绘为启蒙运动在当代的主要敌人而形成鲜明
对比的是，许多后现代主义者正欲延续启蒙运动的精神意志。冷战后，从
以道德为名而采取的集体行动的记录来看，后现代主义作为一种适用于
在当前愈发复杂环境下的精神追求，可视其为对现实主义的道德绝望，或
那些以自由主义为名而滥用权力的西方国家的具体实践的一种批判。 388

参考文献

BUTLER, J. 1993. *Bodies that Matter: On the Discursive Limits of "Sex."* New York: Routledge.

—— 2004. *Precarious Life: The Powers of Mourning and Violence.* London: Verso.

CAMPBELL, D. 1992. *Writing Security: United States Foreign Policy and the Politics of Identity.* Minneapolis: University of Minnesota Press.

—— 1998a. *National Deconstruction: Violence, Identity, and Justice in Bosnia.* Minneapolis: University of Minnesota Press.

—— 1998b. Why fight: humanitarianism, principles, and post-structuralism. *Millennium: Journal of International Studies*, 27: 497–521.

—— 2007. Poststructuralism. Pp. 203–28 in *International Relations Theories: Discipline and Diversity*, ed. T. Dunne, M. Kurki, and S. Smith. Oxford: Oxford University Press.

—— and SHAPIRO, M. J. 1999. Introduction: from ethical theory to the ethical relation. Pp. vii–xx in *Moral Spaces: Rethinking Ethics and World Politics*, ed. D. Campbell and M. J. Shapiro. Minneapolis: University of Minnesota Press.

CAPUTO, J. D. 1993. *Against Ethics: Contributions to a Poetics of Obligation with Constant Reference to Deconstruction.* Bloomington: Indiana University Press.

DAUPHINÉE, E. 2007. *The Ethics of Researching War: Looking for Bosnia (New Approaches to Conflict Analysis).* Manchester: Manchester University Press.

—— and MASTERS, C. (eds.) 2007. *The Logics of Biopower and the War on Terror: Living, Dying, Surviving.* New York: Palgrave Macmillan.

DERRIDA, J. 1994. Nietzsche and the machine: interview with Jacques Derrida by Richard Beardsworth. *Journal of Nietzsche Studies*, 7: 7–66.

—— 2000. *Of Hospitality: Anne Dufourmantelle Invites Jacques Derrida to Respond*, trans. R. Bowlby, Stanford, Calif.: Stanford University Press.

DILLON, M. 1998. Criminalising social and political violence internationally. *Millennium: Journal of International Studies*, 27: 543–68.

DOTY, R. 1996. *Imperial Encounters: The Politics of Representation in North–South Relations.* Minneapolis: University of Minnesota Press.

—— 2003. *Anti-Immigrantism in Western Democracies: Statecraft, Desire and the Politics of Exclusion.* New York: Routledge.

DUFFIELD, M. 2001. *Global Governance and the New Wars: The Merging of Development and Strategy.* London: Zed Books.

EDKINS, J. 1999. *Poststructuralism and International Relations: Bringing the Political Back In.* Boulder, Colo.: Lynne Rienner.

—— 2000. *Whose Hunger? Concepts of Famine, Practices of Aid.* Minneapolis: University of Minnesota Press.

—— and PIN-FAT, V. 2005. Through the wire: relations of power and relations of violence. *Millennium: Journal of International Studies*, 34: 1–24.

FOUCAULT, M. 1980. *Power/Knowledge: Selected Interviews and Other Writings, 1972–1977*, ed. C. Gordon. Brighton: Harvester.

HELD, D. 1995. *Democracy and the Global Order: From the Modern State to Cosmopolitan Governance.* Cambridge: Polity.

KALDOR, M. 1999. *New and Old Wars.* Cambridge: Polity.

LÉVINAS, E. 1989. Ethics as first philosophy. Pp. 75–87 in *The Lévinas Reader*, ed. S. Hand. Oxford: Blackwell.

LINKLATER, A. 1998. *The Transformation of Political Community: Ethical Foundations of the Post-Westphalian Era.* Cambridge: Polity.

ORFORD, A. 2003. *Reading Humanitarian Intervention: Human Rights and the Use of Force in International Law.* Cambridge: Cambridge University Press.

PIN-FAT, V. 2000. (Im)possible universalism: reading human rights in world politics. *Review of International Studies*, 26: 663–74.

SHAPIRO, M. J. 1999. The ethics of encounter: unreading, unmapping the imperium. Pp. 57–91 in *Moral Spaces: Rethinking Ethics and World Politics*, ed. M. J Shapiro and D. Campbell. Minneapolis: University of Minnesota Press.

VERTOVEC, S., and COHEN, R. (eds.) 2002. *Conceiving Cosmopolitanism: Theory, Context, and Practice*. Oxford: Oxford University Press.

WALKER, R. B. J. 1993. *Inside/Outside: International Relations as Political Theory*. Cambridge: Cambridge University Press.

—— 1999. The hierarchicalization of political community. *Review of International Studies*, 25: 151–6.

WEBER, C. 1995. *Simulating Sovereignty: Intervention, the State, and Symbolic Exchange*. Cambridge: Cambridge University Press.

WELDES, J. 1999. *Constructing National Interests: The United States and the Cuban Missile Crisis*. Minneapolis: University of Minnesota Press.

ZEHFUSS, M. 2002. *Constructivism in International Relations: The Politics of Reality*. Cambridge: Cambridge University Press.

——2007. *Wounds of Memory: The Politics of War in Germany*. Cambridge: Cambridge University Press.

—— 2007. The tragedy of violent justice: the danger of Elshtain's *Just War Against Terror*. *International Relations*, 21: 493–501.

第二十三章
女性主义

桑德拉·惠特沃思

本章将考察国际关系研究和女性主义之间的一些张力及共通之处。本章也将简要回顾女性主义思想内部的一些主要争议点,以及诸如联合国等国际行为体在国际政治活动中采用女性主义观点的方式。尽管很多关于女性主义和国际关系的讨论都着眼于国际关系的主流阐释如何忽略了其对社会性别的影响以及/或掩盖女性主义分析对处理国际关系的作用,本章的研究方向将有所不同。[1]本章将考察"社会性别"是如何在全球范围内传播,以及社会性别是如何获得了相当程度的世界性认可,尤其是如何在(但不限于)和平、暴力以及冲突等问题中得以体现。

然而,"社会性别"在全球的广泛传播并不代表那些使用"社会性别"字眼的人真正理解它的含义,或者说按照女性主义者原本赋予它的含义对其加以运用。社会性别反复传播于联合国的决策场所以及其他诸如世界银行等重要机构中。它也在联合国的成员国当中广为流传。大多数的组织致力于实现一项名为"社会性别主流化"的战略。虽然"社会性别"

1 有关该讨论的精彩综述,尤其是涉及全球化问题的讨论,见Rai (2004)。

常被联合国等机构使用和提及，这些国际行为体考虑“社会性别”时，它
基本上是去政治化的（Whitworth 2004, ch.5）。本文认为，“社会性别”
概念的使用虽已在全球推广，但它未能产生出一种批判的、参与政治的政
治，相反，它已经成为监督知识生产实践的一部分，换言之，它陷入了詹 391
姆斯·H.米特曼（J. H. Mittleman 2004，223）所言的“叙事陷阱”。简而
言之，国际关系中部分“生活方式”的转型以及全球化的发展（Mittleman
2004, 220）势必使得诸般有关社会性别的观点广为流传，而后者则不再
就权力关系对有关男性和女性以及男性特征与女性特征的普遍假设加以
维系（间或挑战）的方式进行深究。

1　女性主义与国际关系：张力与共通之处

从某些重要方面来看，女性主义思想与国际关系二者的研究领域难以贯通。国际关系的学生或学者们可能会使用“国家”“权力”“无政府状态”等术语或类似MAD（相互保证毁灭，一种核威慑策略）、IBRD（国际复兴开发银行，又称“世界银行”）、IMF（国际货币基金组织）、WTO（世界贸易组织）等的缩写和简称。他们可能会畅快谈论包括现实主义、自由多元主义、葛兰西政治经济学等的理论方法或批判性国际关系理论，并对国家间的关系、核威慑、军备竞赛、结构性调整计划或比较优势等问题充满好奇心。

相比之下，女性主义者可能会宣称自己是自由派女性主义者，或女权后现代主义者。他们也可能会讨论理解“社会性别”与“生理性别”差异的重要意义，他们可能会对反种族主义研究是如何融入全球政治分析充满好奇心。国际关系的学生希望有朝一日能任职于其国家的对外政策机构，或为即将举行的“模拟联合国”分发传单，而女性主义的学生会描述自己参加地方女性庇护所的志愿者经历或宣布参加即将到来的“还我安宁夜”游行。女性主义学生和学者遇到国际关系主题，或者国际关系学生和学者遇到女性主义主题时，通常会反馈说存在困惑和错误表达的地

392 方，总的来说会感觉各自处在完全不同的世界。[1]

事实上，从许多方面来看，女性主义和国际关系确实是在不同的世界运行[2]——一个来自社会运动行动主义及其批评的遗产，另一个所在的研究领域主要是为政府的政策需求服务。正如阿莉森·杰格尔（Alison Jaggar 1983，3）所言，女性主义思想可能一直存在："只要女性被置于附属地位，她们就一直在反抗这种附属地位。有时是集体性和自觉的抗争，有时这种抗争只是半自觉的单打独斗。"杰格尔早期对女性主义思想的评价表明了女性主义与行动主义及抵抗的联系。一直以来女权行动主义都在朝着一系列彼此非常不同的目标前行，包括参与反殖民、争取生育自由（人们对生育自由的定义也各个不同）的斗争，围绕反对向女性施暴或和平、裁军等目标而联合，追求民事及政治权利，为男女同性恋者的"权利"或酷儿及跨性别行动主义等性话题而联合，参与有关环境或劳工权利的运动，抵制全球化激进主义，讨论发展话题等，不一而足。[3]

女性主义者不仅因为各种问题而联合，其中有些问题表面上看起来女性主义色彩并不明显；女性主义者还以不同的方式进行了联合。在某些情况下，女权行动主义力图显示环境损害和对核武器的依赖等现象对女性或边缘化的男性的影响。在另一些情况下，女权行动主义致力于为女性争取到一些具体的福利——比如保护性立法，或者某些权利得到承认，比如生育权、平等立法、平权行动计划。在另一些情况下，女性由于某些会影响整个社群的事项（殖民主义、全球化或种族主义）而联合，在这些事项中女性主义者的斗争则组成了更大规模抵制运动中的一部分。

与女性主义有关的行动主义的多样性相伴的是女性主义理论嬗变的多样性及其导致的"女性主义"多样性（Jaggar 1983; Mohanty, Russo,

---

1 有关国际关系学者的"其他世俗"经验的有趣叙述，见 Rosenau (1993)。有关国际关系学者所"就是理解不了"的方式的讨论，见 Tickner (1997；1998)；Keohane (1998)；Marchand (1998)。

2 关于也使用"世界"概念（但用法不同于此处）的讨论，见 Linklater, Carver, and Enloe (2004)；Youngs (2004)。

3 有关此种行动主义的部分综述，见 Alexander and Mohanty (1997，特别是第三节)。另见 Peterson and Runyan (1999，特别是第5章)。

and Torres 1991; Whitworth 1994; Steans 1998; Zalewski 2000)。单一或统一的女性主义理论并不存在，遑论单一形式的女权行动主义。例如，自由派女性主义者认为女性必须进入之前不许她们进入的公共生活领域。他们从女性拥有与男性相同的理智这一主张出发，因而基于平等原则，女性不应被其他现代社会公共领域的重要构件拒之门外，如：高等教育、政府、国际组织、商业等。持有这一观点的女性主义者收集了关于女性角色的实证资料，一般都会发现，在政府和国际组织里，女性 393
所占比例仍然过低。有女性存在的话，她们基本上仍会被置于文员或辅助性的岗位，而且在机构的中层或管理层中也并不显眼。截至2006年6月，在联合国工作的女性占到了一般事务类服务人员人数的60%，在业务类官员层级任职的女性不到40%（而级别最高的担任过副秘书长的女性只占总数的15%）（来源：性别问题和提高妇女地位特别顾问办公室，2006年）。

自由派女性主义者收集了以上资料，并对女性被排除在公共及政治活动外的原因追根溯源。这项调查表明女性在某些情况下被政治边缘化；或者她们以特殊途径才能获得教育或融入公共生活的机会；当她们试图积极主动时她们可能遭受歧视和明里暗里的排挤；有时私人生活的重担（家庭责任、照顾老幼的责任）也会对女性参与本地或国际政治活动造成困难。对自由派女性主义者来说，要先确定女性参政的障碍方能将其去除，这样才能让对公平机会感兴趣的女性接受政治和公共生活的挑战。

激进派女性主义者则与之相反，他们较少关注女性参与公共领域事务，更多的是把注意力集中于父系社会的运作方式、男女的不平等关系以及从古至今男性是如何试图通过控制女性性行为、女性的生育角色和更加笼统的女性在社会中的角色等来控制女性。对激进派女性主义者来说，女性和男性有着本质上的不同（又有着很根本的类似之处）。有些人认为在生物学方面，有些人认为是在社交方面，但激进派女性主义者倾向于认同男性这个群体不善表达情绪，更求上进，更好争斗，然而女性这个群体更会关怀他人，顾全大局，脚踏实地。从此视角出发，构建社会的许多方式有利于父系社会的发展以及给予男性化规范特殊优待，这不仅影响了世界实际的运转方式，而且影响了我们对世界的认知方式。

就代表问题而言，激进派女性主义者可能与自由派女性主义者看法一致，即女性应该在公共权力的位置上有代表，但这并非是基于自由派女性主义者所给出的平等权利的理由，而是因为女性给政治学带来一种不同的视角，这种视角更着眼于合作与和平。在国际关系中，一些激进派女性主义者最坚定地站在这种立场上，他们声称世界各国政府若是由女性掌权，战争与冲突将不复存在。[1]但激进派女性主义者也认为“政治活动”并不仅仅存在于我们平常所认为的传统政治场所，比如说政府或国际组
394 织。他们认为将公共领域和私人领域分开后使“政治活动”只存在于公共领域的做法是难以维系的：卧室也具政治性，办公地点、日托中心、人的身体也同样如此——政治存在于所有（及更多的）地方。因此激进派女性主义者与自由派女性主义者所主张的政治行动主义的形式是不同的，它们将纳入创设女性庇护所、为生育自由联合、创设女性安全会面区等其他事项。

激进派女性主义者也许会拒绝认同自由派女性主义者眼中的世界（即每个人大体上是相似的），但他们不反对界定男性、女性及彼此间区别的做法。这点也是他们不同于女权后现代主义者之处，后者认同激进派女性主义者关于“政治元素”无处不在的观点，但完全反对激进派女性主义者对女性的定义。对女权后现代主义者而言，任何的定义或立场不可避免会带有偏见，而且任何归纳单一或普遍真理的尝试都需要被解构（Steans 1998, 25）。解构包括探究、阐释以及拒斥特定认识和关系之虚构的自然性，考察那些“理所当然”的假说和理解对我们的行为能力及我们对世界政治活动看法的影响。对女权后现代主义者而言，正如玛丽西

1　激进派女性主义者并非唯一持此观点者。另见福山（Fukuyama）(1998)。

亚·扎莱夫斯基(Marysia Zalewski)(2000,26)阐释的那样,任何对真理的宣称都表示一种权力,这种权力让那些与主流话语实践不相符的部分无法被听见或者看见。

后现代主义思想的一些新发展重新将注意力放在话语实践上,但也试着关注人类的物质生活条件。女性主义批判理论审视了盛行的关于男性及女性的有关假说:作为一个男人或女人意味着什么,何谓恰当的女性化或男性化行为,女性及男性在社会、工作场所、家庭中的恰当角色是什么等。他们通常认为现行与男性化有关的规范也必须经过检验,同时这些规范也可能对男性,尤其是边缘化男性产生巨大影响(Connell 1995; Hooper 2001)。批判派女性主义者也秉持如下观点:关于女性与男性/男性化与女性化的假说不仅限于话语层面。性别部分程度上取决于男女在特定时间和地点的物质生活条件,其中包括但不限于种族、阶级、性倾向、民族和宗教的生活条件。

后殖民派女性主义者也吸取这些见解,进一步认为帝国主义构成了重要时刻或进程的一部分,在此期间披着各种外衣的现代身份得以确立。对后殖民主义理论家而言,尽管有些女性主义者承认种族、阶级、性别间的交叉性,但国际关系中"响亮的第一世界女权声音"并没有充分凸显"边缘族群和代表的消失"(Chowdhry and Nair 2002, 10)。后殖民派女性主义理论尝试将其细化,进一步揭示早期女性主义(特别是自由派女性主义和激进派女性主义)所赖于立身的主张,即认为女性之间经历是具有普遍性的。 395

女性主义者对于各种方法论兼收并蓄,并且会采用各种策略:有些以经验为导向,追求揭示"女性的当前位置",而其他人则拒绝使用更为传统的方法论概念,转而采用后实证主义方法进行研究(Ackerly, Stern, and True 2006)。因此女性主义者们在建立何种理论或在行动主义(activism)方面并没有单一目标,他们之间可能会对世界的样貌以及如何对其研究众说纷纭。

单从其定义来看,女性主义的异质性就令人难以置信,而人们通常认为国际关系的同质性大得多。部分的同质化是由于国际关系学科产生的特定方式。斯坦利·霍夫曼(Stanley Hoffmann 1977)曾有如下卓见(或愚见,这要看个人的不同理解),即国际关系学很大程度上是一门美国的社会科学。第二次世界大战后,它在美国逐渐形成一门与众不同的研究学科。霍夫曼并不是说国际关系理论仅仅只在二战后的美国为人所"发现",因为显然哲学家、历史学家、诗人、经济学家、艺术家、政治学家对与全球政治相关话题的讨论即便没有数千年也有数百年的时间了。霍夫曼所持国际关系学在美国才成为一门研究"学科"的观点也并非完全正确——英国学者指出,第一个国际关系教席创立于1919年威尔士的阿伯里斯特维斯大学,而占据这一席位的就是卡尔(以下诸多国际关系学科的解释来自Hollis and Smith 1991, ch.2)。

不过,霍夫曼所指出的现象有益于解释,本科生及硕士生项目以及研究所、智库对国际关系的全力研究是为何在第二次世界大战后的美国激增。正如霍夫曼指出的那样,二战后美国崛起成为唯一占据支配地位的西方大国,然而对于指导政界以及官僚们处理"世界领导者"及"超级大国"才会遇到的问题,美国拥有的相关专业知识寥寥无几。美国政府向各大学和研究中心倾注了大笔的研究经费或其他形式的资助,其目的显然就是为了获得相关专业知识。

这种方式带来了极大的成功,因为美国学者及其创造的理解国际关系的理论视角,逐渐成为国际关系研究领域的主导力量(George 1994; Smith 2002)。这种国际关系研究呈现出许多古怪或独特的特点。曾经该学科摆明了就是为了给政策制定者提供指导而设立的,似乎国际关系理论应为谁"服务",它应有何种目标等问题在起初就有了定论——它是一门旨在影响及提升领导人决策力的实用学科。学术界与制定政策紧密相关,甚至有时某人既是学者,又是政策制定者,其角色在大学任教和
396 政府中任职之间不断来回转换。为此,威廉·华莱士(William Wallace 1996, 302)曾做如下描述:"学术理论家和实际政策制定者的区别只是一个程度问题。"

此外，国际关系学旨在惠及的不是任何政策制定者；它首先有助于美国决策者，他们面临着一系列特定状况，针对这些状况他们需要听取专家的建议。第二次世界大战后美国崛起成为当时世界上唯一拥有核武器的超级大国，但这种一家独大的局面很快由苏联打破——苏联反对的不仅仅是美国，还有作为美国立国之基的自由主义原则和自由市场资本主义。决策者最需要的是关于冲突与安全，尤其是东西方之间可能的核对抗的建议。

还有人认为应以严谨科学的方式进行国际政治研究。对理想主义思想的排斥是这种认识的部分原因，理想主义思想在第二次世界大战以前非常流行。理想主义与当时的这样一种信念紧密联系：像国际联盟等组织（成立于第一次世界大战后）能够提供一个平台，各国领导人可以利用它进行集体行动和避免战争。但由于二战紧随一战的结束而爆发，这一信念轰然崩塌。从这点来看，决策者所需的并非立足于人性理想应该是怎样的或世界政坛可能发生的事件的建议，而是立足于世界真实样子的建议——决策者们需要的是对国际政治活动理智、客观、现实的阐释。

因而，一种被称为现实主义的世界政治研究方法逐渐成为国际关系研究的主流方法。现实主义认为国家是国际政治活动中最重要的行为体，它们的行为处于无政府状态之中，它们的行为是为了追逐权力。尽管在20世纪后半叶的不同时间点，现实主义者间产生了很多争论，有关采用定量分析还是更多地采用定性分析和历史分析的争论尤为尖锐，然而现实主义的核心理论认同（国家/权力、无政府状态）大致没变。

通过这些非常简短的论述，我们可以清楚地看到：女性主义与国际关系的不同世界表明二者对政治活动是怎样的、对其应采用什么研究方法、应该树立怎样的研究目标的看法相去甚远。但是，这并不意味着女性主义世界和国际关系学世界的联姻毫无可能，虽然人们承认有时这一联姻可能相当振奋人心。从部分意义上讲，其令人振奋可能是因为女性主义与国际关系隶属于不同世界的方式，但也可能是因为国际关系和女性主义都面对很多相同的问题和关注点。尽管彼此之间存在许多不同之处，女性主义者和国际关系学者有时关注的问题非常类似。这其中最重
397 要的一个就是权力。女性主义者与国际关系理论家同样关注权力问题；比方说他们都想了解权力运作的方式以及它是如何维系国家、人或机构间某些特定关系。但是，对女性主义者来说，要理解权力的运作方式必然需要考察社会性别(Enloe 1996, 186)。就许多传统国际关系理论而言，尽管它们都关注国家、机构或经济进程，而真正的"人"鲜少进入研究视野。与之相反的是，女性主义者认为人们只有通过更深入挖掘并对社会性别加以审视，而不是仅仅通过简单观察普通"人"，才能理解权力的运作。正如辛西娅·恩洛(Cynthia Enloe)指出的，对国内或国家间政治活动的分析若忽视了女性主义视角的社会性别分析，就不仅会低估权力，从政治角度来看更显"幼稚"(Enloe 2007a, 000)。

"社会性别"一词旨在探索权力在观念、物质、历史、组织等方面的构造，这些构造一起增进了人们对男性与女性、男性特质与女性特质的认识，这些认识在何时何地都十分盛行。比如，如今关于武装冲突及政治暴力情况下男女的观念与主张十分盛行，这就很好地阐释了这一点(Whitworth 2004, 27)。女性与男性都是冲突和政治暴力的积极"能动者"与"受害者"，不过他们的处境相当不同：一直以来女性主要被描述成冲突的受害者，然而男性则被描述成行为体和能动者(Moser and Clark 2001, 4)。这对男性和女性都有很多影响。在冲突出现之前，人们很少会认为女性拥有公共权力或已经充当了战斗人员。结果，在组织非正式的和平集会时她们体会到了更多的自由，但就在正式的和平进程开始的时候她们通常会被忽视，而且，一般情况下她们会被排除在裁军、复员、安置计划(简称DDR计划)之外，而这些计划会为前战斗人员提供受教育、培训、就业的机会。另一方面，男性在冲突出现之前就被认为是拥有权力和决策权威的人，而且向来是战斗人员或是冲突的发起者。这也有时使人对他们试图平息战争的动机起疑。然而，与此同时，"和平会谈"确定后，通常受邀赴会的都是男性，另外裁军、复员、安置计划以及其他冲突后活

动的主要受益者也是男性（联合国2002）。因此，对男性与女性及其生活的物质条件的理解也会对他们在机构、国家或武装冲突等社会进程中的实践产生巨大的塑造作用。

对女性主义者来说，很重要的一点是，权力并非仅在历史、武装冲突、遥远的他乡或大型机构中运行。从私人交往至全球活动，权力渗入所有社会关系之中。V. 斯拜克·彼得森（V. Spike Peterson 1997, 199）曾对"社会性别"做如下描述："人们很难看见社会性别或对其加以评价，因为它为'一切'创造了秩序而扰乱这一秩序会带有一种威胁感——不仅在
机构和国际关系的'层面'上，而且在最为紧密和根深蒂固的关于个人 398
（但一向社会性别化的）身份认同的信念或经历的层面都会有这种威胁感。"最后所到的阶段非常重要——并非因为它表明社会性别优于其他不平等关系，而是因为它提醒我们，对个人而言，社会性别十分强大。这点很重要，不仅体现在性别渗入及影响我们最"亲密"的部分，而且因为它表明有效的排斥形式是如何通过社会性别达成的。达成此点是通过将女性边缘化，让"小视、无视、轻视或……强烈鄙视某些具有女性化倾向的事物"的行为变得不容置疑（Enloe 2004, 5）。

女性主义学者未充分认识到男权主义危机及对女性化的恐惧不仅有力推动对外政策制定（国际关系学者的传统关注点），而且对全世界人民来说，也起到了有效的调动作用。例如，玛雅·艾克勒（Maya Eichler 2006, 498, 501）对俄罗斯车臣战争的分析展示了俄罗斯的领导人弗拉基米尔·普京如何靠"对恐怖分子的恐惧及男性化所受的屈辱"来动员民众支持第二次车臣战争。艾克勒（2006, 498, 501）指出，第二次车臣战争是将俄罗斯与充满爱国精神、秩序化的军事化男性特质相联系的一种方式，这既是为了洗刷苏联解体及第一次车臣战争失利带给俄罗斯经济、金融方面的耻辱，又是为了让俄罗斯男性特质与"充满犯罪、不稳定、挑衅的车臣男性特质"形成强烈对比。这些概念叠加在一起成了确保民众支持战争的一个重要因素。

这个例子也足以阐释女性主义者对社会性别最后想强调的一点：通

过性别安排的排斥或特权形式——由具体性别化与种族化的男性与女性，或男性特质与女性特质，或国家，或组织组成的概念——从来不是封闭或固定的；它们不断地吐故纳新。这就要求一直为安罗所强调的“大量工作”；它不是自动生成的（Anole 1989）。这就意味着某些排斥和特权形式的“自然状态”是一项永无止境的工程。因此，探究性别是如何通过全球政治活动中正式行为体传播全球也是十分重要的。

2　当全球行为体使用社会性别时

国际关系中许多正式或“主流”行为体近来的发言常涉及一些女
399 性主义者曾经的关于性别的主张。许多行为体使用“社会性别”，许多国际组织追求一项“社会性别主流化”的策略，该策略于1995年在北京举行的联合国第四届世界妇女问题国际会议中通过。尽管许多人认为这个词很难使用，但“主流化”意在呼吁将对性别的关注纳入国家或组织工作的方方面面，不要单单统计出席的女性人数。“社会性别主流化”是一个相当复杂的概念，它接受如下观点：社会性别是社会构建的产物，而非生理事实，关于男女通行的规范和假说因时空不同而不同。“社会性别主流化”认为性别由文化、阶级、宗教、道德等方面的差异造成，承认男女权力差别，那些差异本质是不断变化的，以及这些差异以各种方式变得越来越明显（联合国 2001）。

社会性别主流化对各个国际行为体也有清晰可见的影响。比如，联合国于2000年通过了安全理事会第1325号关于女性、和平和安全的决议。安理会更广为人知的是发布维和任务或制裁在国际政治活动中使用武力（正如在20世纪90年代早期针对第一次海湾战争通过决议，以及2003年第二次海湾战争，安理会拒绝通过对伊拉克动武决议）。安理会是联合国体系中唯一有权通过对联合国各成员国具有强制力的决议机构。其做出的关于女性、和平和安全的决议表明妇女和儿童是深受武装冲突不利影响的绝大多数，也日渐成为战斗人员在那些冲突中的目标。

决议要求将性别观念纳入维和行动与和平协议谈判。决议也要求维和行动中提高女性维和人员比例，也号召冲突各方在冲突中设法保护妇女和女孩免受性侵和基于性别的暴力（联合国 2000）。

另一个国际机构世界银行，创设于第二次世界大战之后，旨在为欧洲国家战后重建提供资金援助，之后其重心转移到南方国家的发展计划方面。自20世纪90年代后期起，世界银行、国际货币基金组织（IMF）和世界贸易组织（WTO）等国际金融机构不断受到反全球化主义者的抨击。世界银行开展的各项研究里都坚称社会性别对经济增长、消除贫困及发展方面都有着巨大影响力。世界银行在2002年的一份报告中写道："性别平等并不仅仅关乎政治正确或体恤女性，更关乎发展效率。"（世界银行2002，1）

即使国家领导人在解释或证明外交政策决定正当性时也越来越多地开展对性别，或者至少是关于女性的讨论。例如，这种情形在美国总统乔治·沃克·布什任职期间一再出现，在讨论以美国为首的两次对外干涉，即2001年"9·11"事件后攻打阿富汗和2003年在伊拉克搜索大 400
规模杀伤性武器时，情况尤其如此。关于阿富汗，布什（2002b）对外称："塔利班利用暴力及恐惧剥夺阿富汗女性接受教育、医疗、社会流动的机会和选举权。联合行动解放了阿富汗人民，恢复了阿富汗女性的基本人权和自由……"大意就是美国的干涉不仅从源头上解决了针对美国的恐怖袭击，而且让阿富汗女性生活好转。2002年，攻打伊拉克的时候，布什（2002a）又做出了同样的承诺：他称萨达姆·侯赛因下令蓄意强奸政敌的妻子与母亲，而美国的干涉会终结侯赛因政权也终止这些情况。

因此，尽管女性主义介入国际关系领域只是最近才发生的事，有时还会受到国际关系学者的抵制，但女性主义似乎对国际关系中的正式的国际行为体——如联合国、世界银行，甚至是美国总统——在思考、使用"社会性别"概念的方式产生了影响。然而，许多女性主义者面临的问题是这些行为体如何使用"社会性别"，他们对这种讨论想达到的目的有着相当大的关切与怀疑。

例如，克丽丝塔·亨特（Krista Hunt）（2002; Hunt and Rygiel 2006）指出即使以最乐观的看法，美国及西方国家对于“9·11”事件后阿富汗女性的困境突然关切也是可疑的。一直以来阿富汗女性受到蓄意虐待的消息就流传在外而且其中的许多消息是由阿富汗妇女革命协会发布的，然而在“9·11”事件以前西方政府与国际媒体基本上对这些消息都是置若罔闻的。在亨特看来，这不仅意味着当时对女性身体的“书写”是为了证成特定形式的军事行动，而且该军事行动对女性产生的巨大影响即便没有得到明确展现至少也被合理化了。

实际上，主流化对社会性别的利用通常看上去意在使现有的政策或实践正当化或予以方便，而非改变它们。当联合国或世界银行等的组织专注于社会性别时，它们关心的往往是如何提高现有政策的效率。安妮·奥福德（Anne Orford）（2002，281；2003）写道：当“社会性别视角”以这种方式被使用时，它就是在现行做法上加以发挥，而不会质疑其事业最初立足的基础是否正当。比如，联合国安理会关于妇女、和平、安全的决议并未企图改变对冲突的军事化回应，而仅是呼吁给予对因冲突而受难的女性更多的关注以及让女性有更多的机会参与正式建设和平和缔造和平事业的进程。正如上文所说，对于世界银行来说，社会性别与发展间的关系是相当简单明了的：性别平等提高了经济效率与生产力，二者均是世界银行追求的目标。

当国际行为体谈论性别时，提高效率是常被提到的一个论据。通常
401 女性主义者和国际官员为性别主流化说话，或提及性别主流化的优点时会用这样的论调。某个非政府组织谈及维和时曾称，“社会性别主流化是具可能性的，它将提高维和的行动效率”（International Alert 2002, 1）。这种理论产生了若干后果，其中最重要的一个就是它将“性别”等关键术语变为解决问题的工具（Whitworth 2004, 120）。一旦使用性别的目的变成了促使各国际行为体更有效地工作，一系列的问题将被排除在考虑范围之外，例如，联合国或世界银行等国际组织是否通过其援助行动、和平行动、人道主义干预从事帝国主义行动？若以这种方式使用，社会性别主

流化并不能改变主流国际行为体的所作所为;反而会有利于这些机构将它们已做的事业“更上一层楼”。对权力的关注也因此被消除,而社会性别这一术语将被去政治化。

3 若非国际组织,还有何人?

一直以来有这样一种说法:像联合国或世界银行等国际机构经常使用“性别”这一术语,但实际并没有按照女性主义者期望的方式来理解。若这些国际行为体使用了“性别”但并不理解它,那能理解它的还有何人?使人感到不安的是,在一系列行为体中似乎的确理解权力围绕性别而组成的这一点的是军事情报人才,这些人在阿布格莱布监狱和关塔那摩湾监狱刑讯囚犯。他们理解性别。那些计划对罪犯实施性折磨和使用羞辱手段的人能理解,我们会发现(就他们而言,操纵)人们对与男性化盛行的观念有着深深的期待。审讯涉及对一系列对适当的男性行为概念的系统性攻击:在囚犯脸上涂抹假经血,强迫他们手淫或模仿/互相口交和肛交,当着他人面脱衣、互摸、抚摸女性以及强迫他们摆成此类姿势进行拍照(Highman and Stephens 2004)。这是种族主义者与异性恋者所理解的男性特质,然而说真的,只有他们“理解”性别。令人警醒的是,虽然阿布格莱布和关塔那摩湾监狱的审讯员可能从不使用“性别”这一术语,但他们真正理解它。

齐拉·爱森斯坦(Zillah Eisenstein 2004)曾写过关于阿布格莱布监狱中“性别混淆”的文章。她要说的是性别转换(使用美国白人女性对 402
穆斯林男性罪犯进行性折磨及羞辱)和与之相关的性别混淆其实是超级帝国主义男性主义的面具。[1]但是这里需要澄清的是性别困惑并不表示

1 关于对阿布格莱布进一步的女权主义讨论,见梅兰妮·里克特-蒙卑狄(Melanie Richter-Montpetit)(2007)的文章,以及利兹·菲利波泽(Liz Philipose)(2007)和劳拉·舍贝格(Laura Sjoberg)(2007)在《国际女性政治学杂志》中名为《对阿布格莱布监狱女性主义解读》的专题(Enloe 2007b)。

那些使用折磨手段的审讯员对他们的所作所为心存困惑。正如许多女性主义者所称，军队操纵性别一事由来已久。培养士兵的过程中总会涉及一些意在宣扬男子气概、种族、归属的仪式和神话。大多数国家的部队在打造士兵时，往往会在基本培训、入会和思想政治教育中向他们传递暴力厌女者、种族主义者和“恐同”信息。正如朱迪思·施蒂姆（Judith Stiehm）（1989，226）所写：“通过年轻士兵对自身（不确定的）男性气质的追求，所有的军队都深陷于对这些年轻士兵的心理强制之中。”军队所做的就是用理想化的男性化特质取代那种不确定性，培养集顽强、坚忍、冷静等男性化标准于一体，为完成上级指定任务有能力有意愿使用暴力的战士。军事工作努力确定这些术语中的年轻男性身份，也同样努力否认这项工程的脆弱性（Whitworth 2004, 172）。军队也很擅于操纵男性化特质的脆弱性与不确定性，培养性别歧视者、种族主义者和对异性恋的恐惧以扰乱男性特征的规范是在这个全球化的世界打造军事化男性的另外一个元件。

军队及军事情报审讯员比联合国或世界银行等明显更为温和的新自由主义机构更理解性别应该会引发人们的关注。女性主义者可能会感到失望，因为唯一理解性别的竟然是军队，且他们的领悟竟用于实现暴力、种族主义、帝国主义的目的。但是欣赏军队理解性别的方式或许有助于我们了解联合国或世界银行等机构为何坚持拒绝理解性别，以及为何将传播去政治化的性别观点作为现代全球政治活动“生活方式”的一部分。军队能理解：权力的各种关系是通过性别来运作的。这种观点遭到联合国或世界银行等自由主义机构的强烈反对——性别在此语境下（“女性”）是一个变量，会影响及受到全球政治事件或这些机构推行政策的影响。男性与女性受到那些事件及政策影响的方式可能不同，但是承认这点并非认为“性别”是由与男女性特质相关联的拒斥与特权对权力关系
403 的建构，这点正是女性主义者尽力使用“社会性别”这一术语的用意。

军队将性别理解为权力关系的一部分原因是，在当今全球化的时代，即阿兰达蒂·罗伊（Arundhati Roy 2004）所称的“新帝国主义”时代，军

队是唯一以最明晰、公然使用暴力的方式运用权力的行为体。对军队来说，公然使用暴力与同时对“性别”作为权力关系有清晰的理解，二者并不矛盾（虽然他们从不会公开承认那种理解）。但是这种立场对于联合国或世界银行等悄然、隐蔽地运用权力的机构或组织来说是根本矛盾的。将诸如性别等非批判性观念表述为去政治化的是必要的，因为对自由主义机构来说，这是唯一不会自相矛盾的方法。看见性别就等于看见权力——这是军队长期赖以培养战士之法，但这也是自由主义机构在对权力做良性解释时所忽略的一点。对于自由主义机构来说，转型才能带来对性别真正的理解；对军队来说，真正理解性别已与现有行动相辅相成。女性主义者日后活动仍关注的另一种方式就是深入推进这种转型，这样军队才不会垄断性别理念在全球范围的传播，即把性别理解成构成权力的方式之一。在传播对性别理解的过程中，新自由主义机构不再会通过将其简化为一个简单的“可变量”而使此关系难为人察觉。

4 结语

恩洛（2001，111）指出：“在形成国际政治意识的过程中，出现了一个有趣的现象：‘社会性别’已成为一个保险的概念。”恩洛在此言论中想要强调的是使用“性别”一词却不同时探索权力和不平等间的关系，将导致我们失去女性主义思想带给国际关系的某些最重要的见解（Sjoberg 2007）。女性主义与国际关系学者具有最大的“共同关注点”正是出于这一考虑，但是本章希望明确的是，女性主义者分析权力的方法与国际关系传统学术研究有着极大的不同。以上分析还想明确的一点是，女性主义思想从不是为了求“保险”——女性主义思想提出了看待全球政治的新问题和新方式，它们会让传统的分析者和观察家重新思考和思索人们深以为然的有关国际关系的主张。女性主义者应该让我们感到不安，但 404
这样做的目的是为了促进我们批判性地探究那些非常棘手的当代政治问题，甚至动员和激励我们着手解决这些问题。 405

参考文献

Ackerly, B. A., Stern, M., and True, J. (eds.) 2006. *Feminist Methodologies for International Relations*. Cambridge: Cambridge University Press.

Alexander, M. J., and Mohanty, C. T. (eds.) 1997. *Feminist Genealogies, Colonial Legacies, Democratic Futures*. New York: Routledge.

Bush, G. W. 2002*a*. President Bush outlines Iraqi threat. Oct. www.whitehouse.gov/news/releases/2002/10/20021007-8.html.

—— 2002*b*. Women's equality day. Proclamation 7584, 23 Aug. www.whitehouse.gov/ogc.

Chowdhry, G., and Nair, S. 2002. Power in a postcolonial world: race, gender, and class in international relations. Pp. 10–32 in *Power, Postcolonialism and International Relations: Reading Race, Gender, and Class*, ed. G. Chowdhry and S. Nair. London: Routledge.

Connell, R. W. 1995. *Masculinities*. Berkeley: University of California Press.

Eichler, M. 2006. Russia's post-communist transformation: a gendered analysis of the Chechen wars. *International Feminist Journal of Politics*, 8: 486–511.

Eisenstein, Z. 2004. Sexual humiliation, gender confusion and the horrors at Abu Ghraib. PeaceWomen, June. www.peacewomen.org/news/Iraq/June04/abughraib.html.

Enloe, C. 1989. *Bananas, Beaches and Bases: Making Feminist Sense of International Politics*. London: Pandora.

—— 1996. Margins, silences and bottom rungs: how to overcome the underestimation of power in the study of international relations. Pp. 186–202 in *International Theory: Positivism and Beyond*, ed. S. Smith, K. Booth, and M. Zalewski. Cambridge: Cambridge University Press.

—— 2001. Closing remarks. Pp. 111–13 in *Women and International Peacekeeping*, ed. L. Olsson and T. L. Tryggestad. London: Frank Cass.

—— 2004. *The Curious Feminist: Searching for Women in a New Age of Empire*. Berkeley: University of California Press.

—— 2007*a*. Feminist international relations: how to do it; what we gain. Pp. 000 in *International Relations Theory for the 21st Century*, ed. M. Griffiths. New York: Routledge.

—— 2007*b*. Feminist readings on Abu Ghraib: introduction. *International Feminist Journal of Politics*, 9: 35–7.

Fukuyama, F. 1998. Women and the evolution of world politics. *Foreign Affairs*, 77: 24–40.

George, J. 1994. *Discourses of Global Politics: A Critical (Re)Introduction to International Relations*. Boulder, Colo.: Lynne Rienner.

Highman, S., and Stephens, J. 2004. New details of prison abuse emerge: Abu Ghraib detainees' statements describe sexual humiliation and savage beatings. *Washington Post*, 21 May: A01.

Hoffmann, S. 1977. An American social science: international relations. *Daedalus*, 106: 41–60.

Hollis, M., and Smith, S. 1991. *Explaining and Understanding International Relations*. Oxford: Clarendon Press.

Hooper, C. 2001. *Manly States: Masculinities, International Relations, and Gender Politics*. New York: Columbia University Press.

Hunt, K. 2002. The strategic co-optation of women's rights: discourse in the "war on terrorism." *International Feminist Journal of Politics*, 4: 116–21.

—— and Rygiel, K. (eds.) 2006. *(En)Gendering the War on Terror: War Stories and Camouflaged Politics*. Aldershot: Ashgate.

International Alert 2002. Gender mainstreaming in peace support operations: moving beyond rhetoric to practice. July. www.international-alert.org/pdfs/Gender_Mainstreaming_in_PSO_Beyond_Rhetoric_to_Practice.pdf.

Jaggar, A. M. 1983. *Feminist Politics and Human Nature.* Lanham, Md.: Rowman and Littlefield.
Keohane, R. O. 1998. Beyond dichotomy: conversations between international relations and feminist theory. *International Studies Quarterly*, 42: 193–7.
Linklater, A., Carver, T., and Enloe, C. 2004. Three commentaries on Gillian Youngs' "Feminist International Relations." *International Affairs*, 80: 89–97.
Marchand, M. 1998. Different communities/different realities/different encounters: a reply to J. Ann Tickner. *International Studies Quarterly*, 42: 199–204.
Mittleman, J. H. 2004. What is critical globalization studies? *International Studies Perspectives*, 53: 219–30.
Mohanty, C. T., Russo, A., and Torres, L. (eds.) 1991. *Third World Women and the Politics of Feminism.* Bloomington: Indiana University Press.
Moser, C. O. N., and Clark, F. C. 2001. *Victims, Perpetrators or Actors? Gender, Armed Conflict and Political Violence.* London: Zed Books.
Office of the Special Advisor on Gender Issues and Advancement of Women 2006. The Status of Women in the United Nations System (OHRM data from 31 Dec. 2003 to 31 Dec. 2004) and in the Secretariat (OHRM data from 1 July 2004 to 30 June 2006). www.un.org/womenwatch/osagi/pdf/Fact%20sheet%2028%20september.pdf.
Orford, A. 2002. Feminism, imperialism and the mission of international law. *Nordic Journal of International Law*, 71: 275–96.
—— 2003. *Reading Humanitarian Intervention: Human Rights and the Use of Force in International Law.* Cambridge: Cambridge University Press.
Peterson, V. S. 1997. Whose crisis? Early and post-modern masculinism. Pp. 185–201 in *Innovation and Transformation in International Studies*, ed. S. Gill and J. H. Mittleman. Cambridge: Cambridge University Press.
—— and Runyan, A. S. 1999. *Global Gender Issues*, 2nd edn. Boulder, Colo.: Westview.
Philipose, L. 2007. The politics of pain and the end of empire. *International Feminist Journal of Politics*, 9: 60–81.
Rai, S. M. 2004. Gendering global governance. *International Feminist Journal of Politics*, 6: 579–601.
Richter-Montpetit, M. 2007. Empire, desire and violence: a queer transnational feminist reading of the prisoner "abuse" in Abu Ghraib and the question of "gender equality." *International Feminist Journal of Politics*, 9: 38–59.
Rosenau, J. N. (ed.) 1993. *Global Voices: Dialogues in International Relations.* Boulder, Colo.: Westview.
Roy, A. 2004. The new American century. *The Nation*, 9 Feb.
Sjoberg, L. 2007. Agency, militarized femininity and enemy others: observations from the war in Iraq. *International Feminist Journal of Politics*, 9: 82–101.
Smith, S. 2002. The United States and the discipline of international relations: "hegemonic country, hegemonic discipline." *International Studies Review*, 4: 67–85.
Steans, J. 1998. *Gender and International Relations: An Introduction.* Piscataway, NJ: Rutgers University Press.
Stiehm, J. H. 1989. *Arms and the Enlisted Woman.* Philadelphia: Temple University Press.
Tickner, J. A. 1997. You just don't understand: troubled engagements between feminists and IR theorists. *International Studies Quarterly*, 41: 611–32.
—— 1998. Continuing the conversation. *International Studies Quarterly*, 42: 205–10.
United Nations 2000. Security Council Resolution 1325, S/RES/1325 (2000). www.un.org/events/res_1325e.pdf.
—— 2001. Gender mainstreaming: an overview. New York: Office of the Special Advisor on Gender Issues and Advancement of Women, United Nations, www.un.org/womenwatch/osagi/pdf/e65237.pdf.

—— 2002. Women, peace and security. Study submitted by the Secretary-General. New York: United Nations, www.un.org/womenwatch/daw/public/eWPS.pdf.

Wallace, W. 1996. Truth and power, monks and technocrats: theory and practice in international relations. *Review of International Studies*, 22: 301–21.

Whitworth, S. 1994. *Feminism and International Relations: Towards a Political Economy of Gender in Interstate and Non-Governmental Institutions.* Basingstoke: Macmillan.

—— 2004. *Men, Militarism, and UN Peacekeeping: A Gendered Analysis.* Boulder, Colo.: Lynne Rienner.

World Bank 2002. Integrating gender into the World Bank's work: a strategy for action. Washington: World Bank, Jan., http://siteresources.worldbank.org/INTGENDER/Resources/strategypaper.pdf.

Youngs, G. 2004. Feminist international relations: a contradiction in terms? Or: why women and gender are essential to understanding the world "we" live in. *International Affairs*, 80: 75–87.

Zalewski, M. 2000. *Feminism after Postmodernism: Theorising through Practice.* London: Routledge.

第二十四章
女性主义的伦理观[1]

雅基·特鲁

国际关系的女性主义视野显然是十分规范化的。国际关系女性主义者同其他领域的女性主义者一起，试图了解现有的性别关系——男性特质凌驾于女性特质之上的性别关系——改变它们在社会、政治和经济生活各个层面的运作方式。在国际关系中，女性主义学者借鉴了包括妇女在内的被边缘化和被压迫群体的教训，目的是为了挑战和修正该领域的传统基础。他们深入探究了理性主义认知方式中固有的性别歧视，以及国家、主权、权力、安全、国际冲突和全球治理等国际关系核心概念和事务中体现出来的性别歧视。最近，女性主义者明确地阐释了他们对全球政治研究的另一种方法论途径。但是，女性主义国际关系在价值论层面的进展依然相对迟缓。尤其是鲜有学术研究能将女性主义理论转化为国家和非国家行为体在国际关系中的伦理行为准则。

---

1 衷心感谢布鲁克·阿克利 (Brooke Ackerly) 和伊丽莎白·普吕格尔 (Elisabeth Prügl) 对本文的评论，从彼此的交流以及他们各自的研究中我获得许多新的见地。此外还要感谢各位编辑对本文观点所做出的极其有益的反馈和指正。对国际关系中女性主义方法更全面的综述，见 True (2005)。

国际关系女性主义者们都奉行一种以实践为导向的规范理论——有
408 意识地从实践中建构理论并用以指导政治实践——但其规范途径是多元的。由于他们了解性别化国际现实、理论定位和性别中心性是国际关系研究中的一种分析门类,他们的哲学基础有所不同,因此他们对伦理行为的建议亦有所不同。本章将探讨国际关系女性主义各派间的差异以及它们对国际关系理论的重大影响。此外,本章还将探讨女性主义者与其他国际关系视野之间的辩论,这些辩论往往被看作是自说自话。

1 定义女性主义

与近期的一些主张相反,女性主义的规范研究并未使其有别于主流的国际关系理论。与国际关系批判理论家罗伯特·考克斯(Robert Cox 1981, 128)一样,女性主义者认为,"理论一直是为某人及某个目的打造的"(因此,无论有意或无意,所有国际关系的视角都具有内在规范性)。然而,正是对包容性和自我反思的伦理承诺,以及对关系权力的关注,使多数有关国际关系的女性主义视野有别于其他学说(Ackerly and True 2006)。撇开女性主义国际关系中的不同规范,这些形式的伦理承诺在多元化的国际关系女性主义研究中是极为显眼的。它们与安·蒂克纳(Ann Tickner 2006)统称的负责任的学术研究中的女性主义实践十分类似。

以纳入国际关系的多种优势和对潜在的排外主义进行自我反思为纲,女性主义者对国内外及国际公共领域内的权力、关系和政治活动高度敏感。这使他们不仅对权力所有者感兴趣,而且对他们与无权者之间的关系也感兴趣。例如,女性主义者将妓女的困境与驻外军事基地中的维和部队和联合国代表团的做法在理论层面联系起来,揭示国际关系对特定男性气质和女性气质的建构的依赖(Moon 1997)。此外,包容性的规范使得女性主义者不仅要像国际关系学者一样"上求",还要"下索"。例如,女性主义者对全球化的研究不仅考察了国际机构、国家机关和精英们促进资本流动的视角，而且还考察了女性移民家政工、微型企业主和被拐卖进行卖淫的妇女的视角，他们跨越边境并促进了全球生产及再生产 409（Marchand and Runyan 2000）。此外，分析国际冲突地区性别化政治的女性主义者倾向于研究冲突双方，以了解其认同的动态变化以及解决冲突的替代可能性（Jacoby 2006）。

国际关系研究未广泛听取如精英和边缘化人士等各方观点。如果说包容性规范有助于女性主义者纠正其中的一些偏见，那么自我反思的规范有助于女性主义者发现自身的排外主义和偏见。这种产生于集体研究并用于集体研究的自我反思的规范有助于女性主义学者更好地意识到其规范目的、对研究主体的选择及方法论所导致的排外主义并对其负责。卡罗尔·科恩（Carol Cohn）和萨拉·鲁迪克（Sara Ruddick）对大规模杀伤性武器的女性主义分析（2004）就体现了这种对关系性认识的伦理学研究；我们与我们研究的全球主体无法分割。她们认为，像“反战女性主义者”那样表明规范性立场意味着反对一切大规模杀伤性武器的发展、扩散和使用。但是，她们也认识到，这种女性主义的立场往往否定生活在实力较弱国家的男女所面临的社会和政治现实，并强化了西方大规模杀伤性武器拥有国的支配性的视角。她们显示了对自己观点政治影响的自我反思，并明确指出：“作为先进的大规模杀伤性武器拥有国的公民［和反战女性主义者］，我们的信誉……将取决于我们为本国的核裁军以及为弥补本国军事优势带来的世界不平等所付出努力的程度。”（Cohn and Ruddick 2004, 424）

2　女性主义系谱

随着当代国际关系中一些令人印象深刻的权力更替，女性主义视角也得到了很大发展。同大多数当代女性主义研究一样，女性主义国际关系得益于20世纪60年代和70年代兴盛于全球的第二次女性运动浪潮。这些运动是女性主义理论的先锋，即将性和性别作为有待转变的社会建构，而非理所当然的自然事实。在其积极分子经验的塑造下，女性主义学者认为将女性声音纳入研究范畴及改变研究的主体和客体是一种道德要求（Tickner 2006）。许多女性主义学者把他们对国际关系研究领域的兴
410 趣一直追溯到他们对于冷战期间和平运动的参与及始于第一次世界大战时期的女性主义和平政治学（Rupp 1997）。

毫不奇怪，在20世纪80年代后期，国际关系领域中首批女性主义研究成果引起巨大争议，因为当时该领域是男性统治地位最为突出的领域之一，而且其核心关注点在于国家间外交和战争，从表面来看这两个领域的事务都是近乎专属于男性的事务。但是苏联阵营的突然崩溃及随之而来两极格局的崩塌对国际关系领域产生了深远影响。当时占据支配地位的现实主义理论仅着眼于国家间的权力政治而根本没料到会有这一巨变，更不用说要他们对这个转变做出解释了。国际关系理论如此令人大跌眼镜的苍白为理解全球政治的新途径铺平了道路，其中就包括女性主义等批评性的、明确规范性的视角。

2.1 冷战后的女性主义

冷战的结束也对有原则的非国家行为体参与全球政治及将非传统问题提上全球政策议程的政治机遇产生了深远影响。与此同时，由于女性主义观点开始挑战国际关系研究的规范，女性运动在联合国中站稳脚跟，开始利用这一国际机构动员西方和非西方妇女活动家、学者和政策制定者等组成全球同盟。一个包括国际关系女性主义在内的女性主义认知网络通过联合国和其他20世纪90年代召开的一系列国际会议初露锋芒。20世纪90年代还预示了两个全球运动的成功，其目的在于争取国际法对女性权利的承认，并将一系列经常被国家和文化层面禁止的恶劣做法列为不同形式的“针对女性的暴力”行为。跨国女性主义者网络将其大量专业知识应用于性别关系——通过批判性论证和循证研究——参与分享制度权力（True and Mintrom 2001）。

至20世纪末，女性主义者对国际机构的研究似乎多于其对国际关系

学科的影响。反战女性主义者合力让联合国安理会通过第1325号决议，确保妇女参与国际和平谈判和行动的权利，而批评新自由主义全球化及结构性调整政策对贫穷女性带来不成比例影响的女性主义者进入了世界银行和其他国际发展机构。同时，欧盟正式采用性别主流化作为关注性别不平等及所有政治领域和能力领域间差异的方法论。通过发展关于民 411
族主义和种族冲突、民主化和经济全球化的性别分析，女性主义研究反映了全球女性运动的重点，这一点要胜过主流国际关系学科中的国家主义的理论考量。蒂克纳（2001）指出，美国国际关系的主流研究尤其局限于与其自身范式相关的研究课题上，而将20世纪90年代在全球公共领域居于支配地位、更受欢迎的问题边缘化。她与其他国际关系女性主义者对于主流国际关系缺乏女性主义视角表示遗憾，不过他们也注意到彼此不同的研究途径之间存在的知识鸿沟（Tickner 1997）。

2.2 “9·11”后的女性主义

虽然冷战后时代使得女性主义者及其他批评性国际关系视角有了许多塑造国际关系研究议程的政治机会，但“9·11”事件改变了这一相对有利的环境。与其他对全球政治背景的这一转变予以回应的国际关系视角一样，女性主义分析的重点在“9·11”事件后更多地转移到国际安全方面。然而，女性主义分析试图了解在政治和经济不平等的情况下及西方和非西方环境中的男性特质建构过程中恐怖主义的性别根源，而这两种情况都会导致全球不安全状况（Agathangelou and Ling 2004）。

3 女性主义的内部差异

尽管女性主义与非女性主义国际关系之间出现了一些强烈的对峙，但女性主义在过去十年中一直蓬勃发展，其间女性主义对国际关系领域的众多贡献就是明证。与此同时，国际关系女性主义者之间也开展了很多深入的争鸣。具有讽刺意味的是，如今笔者要为一个规范性领域下一个定义，而该领域不仅多元化而且对定义唯恐避之不及。很难对女性主义进行精确的分类，正如克里斯汀・西尔维斯特(Christine Sylvester)(2000,269)所说，它“有许多类型和变化形式。它是非统一和非共识的；这是一件复杂的内部争议不断的事情”。

在此，我将探讨国际关系领域女性主义内部的三大差异。这些差异存在于认识论立场，本体论和性别关系的理论认识以及伦理行为的建议
412 三个方面。女性主义者以对包容性、权力、关系及自我反思的伦理关注为纲，不断转化，对国际关系规范提出质疑，同时接受自我定义的反诘以及彼此之间的差异(Ackerly, Stern, and True 2006)。

3.1 认识论差异

国际关系女性主义的第一个明显分歧在于女性主义规范性主张的哲学基础。人们十分重视女权主义立场和后现代认识论之间的区别。女性主义立场紧随马克思主义，认为从历史上被边缘化的政治主体(即女性)的立场出发，能够获得对社会现实更有力、更客观的见解，而女性的受支配地位使她们在意识形态上不太希望维持现状。女性主义的这一立场与后现代女性主义立场相抵触，后者怀疑任何宣称将更有利于揭示社会和国际现实真相的说法。

从女性主义的立场出发，人们认为妇女在社会等级中受压迫的经验可以构成批判性知识的基础，后现代女性主义对此说法予以了质疑。后现代主义者认为，这种立场倾向于抹平妇女之间的差异，并加强有关性别的刻板印象。虽然过分简化，但女权主义间这种认识论差异对于分析有关国际关系的辩论仍是中肯的。在第三世界、后殖民、后现代、黑人和女同女性主义批评的影响下，一些国际关系女性主义者提出了多元而非单一的女性主义立场。但是，他们仍然坚信处于政治边缘的女性主义视角的价值，该视角首先研究的就是被排斥妇女的生活，即女性所从事的工作及性别不平等的物质结构(尽管并不止于此)(Tickner 1997; Enloe 2000)。

后现代女性主义者甚至因暂定的、多样化的女性主义立场而发生分歧。他们将注意力从妇女主体或国际关系中的性别差异转向别处。后现代女性主义者采用包括对于妇女或女性这两个词汇的战略性运用在内的解构策略，旨在打破国际关系和女性主义哲学和认识论方面的基础（Zalewski 2006）。例如，罗兰·布雷克（Roland Bleiker）（1997）建议，女性主义者和其他后实证主义者在其理论或实证研究中要“忘记国际关系”（forget IR），从而避免制造出与主流观点相同的总结性知识和排他性政治影响。

一些国际关系女性主义者提倡采取对话途径而非解构。这种方法批判性地审视了所有知识领域的排他条件以解放包括女性主义者与非女性 413
主义者在内的所有主体。它还运用了一种去稳定性的认识论，大意是假定知识观的基础、女性主义政治和跨国联盟是不断变化的。然而，对话女性主义者通过开展建设性对话及与边缘化他者求同存异的道德立场来克服后殖民主义和后现代主义的批评（Porter 2000）。例如，通过倾听和分析第三世界妇女维权人士的部分观点，布鲁克·阿克利（Brooke Ackerly）（2008）建立了一种对地方的文化斗争及社会背景下的权利十分敏感的女性主义普遍人权理论。这种女性主义研究途径涉及一项伦理承诺，即解构自身特权地位的同时积极改变支持这一地位的权力关系。

3.2 性别本体论

女性主义者关于性别范畴如何适用于国际关系的规范性观点有所不同。大多数国际关系女性主义者认为性别是男性和女性身份的关系建构，其中男性身份优于女性身份，二者指代了个人间及集体间统治和从属的权力关系。在这个术语的双重意义上，人们认为性别渗透于国际关系的各个方面，因此是一个相关度很高的分析范畴。例如，女性主义学者使用性别分析来批判后“9·11”全球“反恐战争”中出现的性别特征和安全话语。他们解构了美国的安全观，即寻找“真正的人”以保护“我们”免受“他们”的侵害，指责女性主义和同性恋削弱了西方的决心

(Agathangelou and Ling 2004)。他们还审视了对西方发动恐怖暴力行动的伊斯兰极端主义者团体的性别话语以及美国在伊拉克和大中东地区驻军中的性别话语(Kaufman-Osborn 2005)。这些话语将西方的性和性别平等,以及所谓的非穆斯林男子对穆斯林妇女的监禁和虐待(或反之),视作对伊斯兰文化的威胁,因此这些话语既用于煽动暴力,也为暴力辩护。

与使用性别作为理论上挑战主流国际关系安全概念的分析工具相反,一些女性主义者将性别视为经验研究中的一个变量。女性经验主义认为性别关系与国际关系分析相关,因为国家和全球政治的各个层面都存在不同形式的性别不平等(尽管各国和地区的性别不平等程度不同;见 Gray, Kittilson, and Sandholtz 2006, 294);那么,举例来说,有些女性主义学者使用性别解释无政府主义制度中的国家行为(Caprioli 2004)。他
414 们的研究表明,国内男女间不平等程度最高的国家更可能发动战争或从事为国家所禁止的暴力行为(Goldstein 2001),而那些性别近乎平等的国家往往在国家间关系中更为平和,在国际援助中也更为慷慨。女性主义经验论有可能变得十分激进,因为它可能会强调性别与最常规的国际关系问题研究存在相关性,再配以统计方法,该研究能反映性别不平等和女性主义行为体在全球政治活动中显而易见的影响。

另一种与本体论有关的女性主义变体关注的是与民族、国籍、阶级和性等其他受压迫范畴相关的性别待遇。国际关系女性主义者逐渐摆脱了二元性别概念,并对全球政治中的男性特征和女性特征进行了探究。例如,夏洛特·胡珀(Charlotte Hooper 2001)认为,族群、阶级、性征、民族等都存在着多种男性特征,在占主导地位的男性身份上所发生的变化支撑了(并确实有助于解释)世界秩序的转变,如当代政治经济全球化等。最近,一些女性主义者将位于各种形式从属关系交叉点的性别作为不考虑基于种族、族群、性征殖民等级的压迫情况下父权社会中男性对女性的支配表现,这标志着与性别关系的单一表现形式相远离的范式转变(Han and Ling 1998; Stern 2006)。女性主义中对女性经历和背景多样性的知

识使他们体会到了各社会等级的相互关联性及社会等级对压迫所产生的影响(D'Costa 2006)。这种交叉性方法考虑到了贫穷的、少数民族的、移民中的以及难民中的妇女和少女,因为她们往往并不属于女性主义和国际关系理论、全球政策和国际法的范畴。这种方法对女性主义者和非女性主义者理解国际关系中复杂的身份和差异都有规范性的影响。

国际关系女性主义者在理解性别关系的建构方面也有所不同。虽然大多数女性主义者认为性别关系涉及结构与能动性因素,但受新马克思主义影响的女性主义者将性别视为一种意识形态和结构上的等级秩序,它主要根植于由父权制资本主义创造的物质划分,如全球化的、性别化的劳动分工等,并为国际组织和全球化的意识形态所强化(Steans 1998)。然而,一些受到语言内部话语支配理论等建构主义思想影响的女性主义者往往易将性别看作是由制度化规范和身份而非物质结构所再生的支配性差异话语(Prügl 1999)。改变性别支配的努力很大程度上取决于性别支配的存在是如何为人所理解或解释的。因此,这些理论上的差异在国际关系和女性主义中有着规范性意味。考虑下它们对女性主义能动性的影响:若性别等级制度植根于物质结构,则女性主义的转型战略可能会与国家和国际组织形成对立,因为它们期望政治经济体的组织和规制发 415
生结构性变革。但是,如果性别霸权存在于话语中,则女性主义的转型战略将涉及挣脱规则和规范中对妇女和性别的定义,并且可能需要对各国和国际组织的研究来阻止和/或改变它们的做法。

3.3 实践性伦理

除了认识论和本体论的差异之外,女性主义者对于他们从理论中总结的伦理行为所产生的影响有不同的认识。有些女性主义者推崇国际关系中关怀伦理的政治价值,而其他女性主义者则提出一种后现代形式的女性主义伦理,它承认自我的多重性,并且对建构出这个自我的他者做出反应(Jabri 1999)。乔安·特龙托(Joan Tronto)(1993,145)认为"关怀不仅仅是私人或狭隘的;它会涉及制度,社会乃至全球层面的思考”。虽然它源于相对于男性的女性背景，相对于公共的私人背景，但关怀伦理并非只与女性相关，也不依赖于女性的本质论观点。它提供了一种“专注于性别而不囿于以‘女性为中心’的独特道德观”，旨在了解、反思，或可能转变道德关系的性别模式，而非构建普遍而可概括的道德原则(Robinson 2006, 228, 231)。相比之下，后现代女性主义者“自我关怀”伦理通过表述性的、程式化的差异颂扬颠覆了绝对的性别身份。它通过努力同化他者或发展具有全球适用性的话语进行自我批判(另见Hutchings 2004)。

与后现代主义自我伦理学不同，关怀伦理视角不再被定义为认识论立场，而是作为一种关于“关怀的核心作用及人们日常生活中其他关系道德实践”的本体论(Robinson 2006, 225)主张。它承认由社会等级制度造成的全球范围的照顾到劳动的性别分工及女性间的权力关系。此外，关怀伦理是一种价值论的方法，它从人道主义干预、多边维和、发展援助、外交安全政策及其他实践性全球问题和处于困境中的人权保护出发，衍生出伦理准则(Hutchings 2000, 122–123)。例如，特龙托(2006)从女性主义的角度分析了支撑多边维和的规范性框架。她强调，从主权国家的“干涉权力”转变为对未受其母国保护的他国公民的“保护责任”，是一种从自由主义向关怀伦理的转变，从自主自我的男权假说——拥有统
416 治权的男性或国家——转向对他人负有责任关系的自我假说。

4　女性主义与非女性主义国际关系间的相遇

一些女性主义视角包含了知识及伦理行为的对话途径，而其他女性主义观点则对主流理论和制度的理解更为谨慎，更注意保持女性主义的批判性观点和稳定认识论。然而，同其他任何探究方法一样，女性主义也应自我评估能否经受得住其他观点的批评性审察。国际关系女性主义的嬗变既在于其与主流国际关系的联系和回应，又在于其对女性主义应当阐明并捍卫其理论方法和研究议程的坚持。

许多国际关系女性主义者对理性主义的方法持怀疑态度，更青睐一种关系性认识论和本体论以及强调世界政治的社会性和建构性的、以叙述为基础的解释性和/或人类学方法。然而，女性主义者在方法论方面也采取折中主义，这一点在早先有关性别分析对以性别为变量的讨论中已经有所体现。事实上，玛丽·卡普里奥里（Mary Caprioli 2004）认为，在实现社会正义和赋予妇女权力的目标方面，关于性别和国家行为的经验分析可能优于批判性的、解释性的女性主义途径。

如今越来越多的女性主义研究被纳入对国家行为、国际规范和法律以及全球公民社会等非女性主义研究话题以及定量分析、制度分析和建构主义分析等非女性主义方法论之中。比尔吉特·洛克（Birgit Locher）和伊丽莎白·普吕格尔（Elisabeth Prügl 2001）认为，女性主义和建构主义共有一种“生成本体论”。不过，她们也认为建构主义学者倾向于从经验和分析角度使用社会建构的身份、理念和规范等概念来考察国际关系的方方面面而不会对其规范性内容进行探讨。对女性建构主义者来说，该种方法再现了男权主义者的认识方式而否定学者们自身规范性立场和他们与研究对象的关系。

非女性主义国际关系研究也越来越多地运用女性主义理论来发展其概念分析。例如，迈克尔·巴奈特（Michael Barnett）和雷蒙德·杜瓦尔（Raymond Duvall 2005, 20）认为，权力分析必须将性别视为规范结构和话语之一，这些结构和话语给予行为体不同的社会能力以确定和追求其利益和理想，它们也规定可能性与自然状态，什么算作问题及合法的知识，以及哪些声音被边缘化。性别不仅仅是对国际关系研究设计的补充，而且也是一种生产性权力。海伦·金塞拉（Helen Kinsella 2005, 253）采用这种女性主义的建构主义方法，探讨了使性征和性别差异自然化如何 417
造就了战争法中平民与战斗人员之间表面上性别中立的区别。这些范畴上的区别对于战争中男性平民及女性平民的待遇有着相矛盾的影响，这些男性平民从定义上就被认为是战斗人员，女性平民总被认为是受害者（另见Sjoberg 2006）。这种分析的规范意义在于，通过（再）提出平民/战斗人员二分法，国际法在国内（家庭）和国际（文明）秩序中列出了性别霸权（Barnett and Duvall 2005, 31）。

女性主义者通常认为批评理论和后现代主义方法是自己要研究的最富成果的国际关系视角，因为它们都认为知识是基于特定利益和规范性目的由社会建构的。事实上，女性主义者通过阐明阻止实现公平和公正的全球社会的包容和排斥的多重动力，发展出了作为批评国际关系理论基础的社会学分析（Ackerly and True 2006, 249–252）。相比之下，非女性主义的批评理论家未能系统地提出关于多重相交的压迫问题，这是由于他们在二分化的社群主义与世界主义的框架内解决伦理问题，该框架的基础是一种男性主体假说（Cochran 1999）。

女性主义者的表现说明自己要比非女性主义的批评理论家更加以实践为导向。他们考察某种观点的规范性假说的方法是：评估这些假说对各种社会环境中，无数权力关系交织中的男女的抗争所产生的现实意义。尽管女性主义国际关系与国际关系批判理论在视角上有着明显的密切关系，但女性主义者认为批评理论家忽视不公正的性别层面以及变革的可能性是其规范性理论在实际应用方面显而易见的弱点。

5 结语

规范承诺不仅充盈于女性主义提出的问题、做出的阐释和有关对国际关系认识的主张之中，也充盈于女性主义者的研究之中。女性主义之间存在很多差异，但包容性伦理、自我反思伦理以及对权力和关系主体的关注是大多数国际关系的女性主义进路的显著特征。这些规范指导女权主义者将自己的核心理论、认识论和明确的规范承诺应用于实践。因此，
418 国际关系女性主义中关于女性主义者知识基础、性别本体论以及在全球化甚至是非常不平等的世界中恰当的伦理立场争论都是女性主义者的力量之源，而非分裂之源。女性主义对进行中的对话而非特定理想世界所抱有的规范承诺，使其可以欣赏甚至颂扬内部的多样性和多维度身份。

“女性主义国际关系是前卫的”，这一运动展示即将到来之事，并提供创新的方法以达成目标（Sylvester 2000, 269）。

鉴于这些优势，女性主义观点将如何自我定位从而为国际关系中的规范辩论做出更大的贡献？女性主义的未来有几个前途光明的去向，包括进一步理解其他国际关系观点。蒂克纳（2006）表明，女性主义者努力跨越差异，开启对话，呈现出一种朝国际关系研究的尽责实践前进的可能途径。与此相一致的是，女性主义的一个主要方法是让女性主义实践的观点经得起关于普遍人权、社会正义、经济全球化、民主化和和平进程的讨论。在女性主义集体实践中，存在建立关于尊重差异的全球对话可能性的规范性理论的资源——该可能性同时也确定了其可以且应该采取的形式。

女性主义的另一个途径是探索多边经济制度对正义和公平的规范性方法。这可能包括考察在新的规则和霸权制度下被制度化的性别意义，并且严格审查其是否可作为女性主义目标以及作为构建性别更加平等化的世界秩序的标准。举例来说，此种对机制所采用的女性主义规范性方法可以使女性主义与国际政治经济、女性主义和新自由制度主义之间联系更为紧密。最后，今后的女性主义研究议题如果没有为女性主义的解构和移位留下余地，就无法自我反思或关注关系性权力。后现代女性主义对“9·11”后的安全话语和治国实践的批判性分析至关重要，因为关于性别界限的错误普适假说形成了所谓的恐怖分子和外交精英的相似战略。

女性主义不仅仅是为国际关系增加了另一个视角。相反，由于女性主义者利用边缘化的行为体和主体来挑战传统国际关系理论，它对包容性及关系的伦理关注从学科内部开启了国际关系与女性主义批评的联系，而自我反思和对权力的关注从外部的女性主义跨学科研究和社会运动开启了国际关系与女性主义批评的联系。因此，女性主义的贡献不仅在于深化了我们的规范性理论；而且提升了国际关系理论的“强客观性”以及方法上的严谨性，使其处于无时不在的批判性审察之下（Harding 1991; Ackerly, Stern, and True 2006）。 419

参考文献

Ackerly, B. A. 2008. *Universal Human Rights in a World of Difference.* Cambridge: Cambridge University Press.

—— Stern, M., and True, J. (eds.) 2006. *Feminist Methodologies for International Relations.* Cambridge: Cambridge University Press.

—— and True, J. 2006. Studying the struggles and wishes of the age: feminist theoretical methodology and feminist theoretical methods. Pp. 241–60 in Ackerly, Stern, and True 2006.

Agathangelou, A. M., and Ling, L. H. M. 2004. Power, borders, security, wealth: lessons of violence and desire from September 11. *International Studies Quarterly*, 48: 517–38.

Barnett, M., and Duvall, R. (eds.) 2005. Power in global governance. Pp. 1–32 in *Power in Global Governance*, ed. M. Barnett and R. Duvall. Cambridge: Cambridge University Press.

Bleiker, R. 1997. Forget IR theory. *Alternatives*, 22: 57–85.

Caprioli, M. 2004. Feminist IR theory and quantitative methodology: a critical analysis. *International Studies Review*, 6: 253–69.

Cochran, M. 1999. *Normative Theory in International Relations: A Pragmatic Approach.* Cambridge: Cambridge University Press.

Cohn, C., and Ruddick, S. 2004. A feminist ethical perspective on weapons of mass destruction. Pp. 405–35 in *Ethics and Weapons of Mass Destruction: Religious and Secular Perspectives*, ed. S. H. Hashmi and S. P. Lee. Cambridge: Cambridge University Press.

Cox, R. W. 1981. Social forces, states and world orders: beyond international relations theory. *Millennium: Journal of International Studies*, 10: 126–55.

D'Costa, B. 2006. Marginalized identity: new frontier of research for IR? Pp. 129–52 in Ackerly, Stern, and True 2006.

Enloe, C. 2000. *Maneuvers: The International Politics of Militarizing Women's Lives.* Berkeley: University of California Press.

Goldstein, J. 2001. *War and Gender: How Gender Shapes the War System and Vice Versa.* Cambridge: Cambridge University Press.

Gray, M. M., Kittilson, M. C., and Sandholtz, W. 2006. Women and globalization: a study of 180 countries, 1975–2000. *International Organization*, 60: 293–333.

Han, J., and Ling, L. H. M. 1998. Authoritarianism in the hypermasculinized state: hybridity, patriarchy, and capitalism in Korea. *International Studies Quarterly*, 42: 53–78.

Harding, S. 1991. *Whose Science? Whose Knowledge? Thinking from Women's Lives.* Ithaca, NY: Cornell University Press.

Hooper, C. 2001. *Manly States: Masculinities, International Relations, and Gender Politics.* New York: Columbia University Press.

Hutchings, K. 2000. Towards a feminist international ethics. *Review of International Studies*, 26: 111–30.

—— 2004. From morality to politics and back again: feminist international ethics and the civil-society argument. *Alternatives*, 29: 239–64.

Jabri, V. 1999. Explorations of differences in normative international relations. Pp. 42–54 in *Women, Culture, and International Relations*, ed. V. Jabri and E. O'Gorman. Boulder, Colo.: Lynne Rienner.

Jacoby, T. 2006. From the trenches: dilemmas of feminist IR fieldwork. Pp. 153–73 in Ackerly, Stern, and True 2006.

Kaufman-Osborn, T. 2005. Gender trouble at Abu-Ghraib? *Politics and Gender*, 1: 597–619.

Kinsella, H. M. 2005. Securing the civilian: sex and gender in the laws of war. Pp. 249–72 in *Power in Global Governance*, ed. M. Barnett and R. Duvall. Cambridge: Cambridge

University Press.
Locher, B., and Prügl, E. 2001. Feminism and constructivism: worlds apart or sharing the middle ground? *International Studies Quarterly*, 45: 111–29.
Marchand, M., and Runyan, A. S. (eds.) 2000. *Gender and Global Restructuring: Sightings, Sites and Resistances*. New York: Routledge.
Moon, K. 1997. *Sex among Allies: Military Prostitution in US–Korea Relations*. New York: Columbia University Press.
Porter, E. 2000. Risks and responsibilities: creating dialogical spaces in Northern Ireland. *International Feminist Journal of Politics*, 2: 163–84.
Prügl, E. 1999. *The Global Construction of Gender: Home-based Work in the Political Economy of the 20th Century*. New York: Columbia University Press.
Robinson, F. 2006. Methods of feminist normative theory: a political ethic of care for international relations. Pp. 221–40 in Ackerly, Stern, and True 2006.
Rupp, L. 1997. *Worlds of Women: The Making of an International Women's Movement*. Princeton, NJ: Princeton University Press.
Sjoberg, L. 2006. Gendered realities of the immunity principle: why gender analysis needs feminism. *International Studies Quarterly*, 50: 889–910.
Steans, J. 1998. *Gender and International Relations: An Introduction*. Cambridge: Polity.
Stern, M. 2006. Racism, sexism, classism, and much more: reading security-identity in marginalized sites. Pp. 174–97 in Ackerly, Stern, and True 2006.
Sylvester, C. 2000. *Feminist International Relations: An Unfinished Journey*. Cambridge: Cambridge University Press.
Tickner, J. A. 1997. You just don't understand: troubled engagements between feminists and IR theorists. *International Studies Quarterly*, 41: 611–32.
—— 2001. *Gendering World Politics: Issues and Approaches in the Post-Cold War Era*. New York: Columbia University Press.
—— 2006. On the frontlines or sidelines of knowledge and power? Feminist practices of responsible scholarship. *International Studies Review*, 8: 383–95.
Tronto, J. 1993. *Moral Boundaries: A Political Argument for an Ethic of Care*. New York: Routledge.
—— 2006. Is peacekeeping care work? Presented at the Canadian Political Science Association Conference, Vancouver, June.
True, J. 2005. Feminism. Pp. 213–34 in *Theories of International Relations*, 3rd edn., S. Burchill, A. Linklater, R. Devetak, J. Donnelly, M. Paterson, C. Reus-Smit, and J. True. Basingstoke: Palgrave Macmillan.
—— and Mintrom, M. 2001. Transnational networks and policy diffusion: the case of gender mainstreaming. *International Studies Quarterly*, 45: 27–57.
Zalewski, M. 2006. Distracted reflections on the production, narration, and refusal of feminist knowledge in international relations. Pp. 42–61 in Ackerly, Stern, and True 2006.

第四部分

方法问题

第二十五章

方法论个人主义及理性选择

安德鲁·H. 基德

方法论个人主义及理性选择（MIRC）理论是两个令人肃然起敬的文化传统的文化分支。其一，自由主义可追溯至启蒙时期、宗教改革，乃至在某种意义上可追溯至古希腊时期人们争取自由和民主的斗争。其二，科学，即人们通过仔细观察和数学模型来理解世界的尝试，时间上可追溯至欧洲的文艺复兴以及之前古文明时期数学和天文学的发展。如果说社会是由追求个人以及共同利益的自由个体所组成的，而人们对世界的理解来自对世界内部机制加以说明的数学模型的创建，那么按理说，研究社会就要通过对或独来独往，或三五成群，或人数众多而开展活动的个体选择者行为的数学模型的研究来进行。在此意义上，理性选择理论即自由的科学或至少是自由主义的科学（Gay 1996）。自由主义、科学以及该方法知识上的连贯性的优点和威望为跨越各社会学科的MIRC提供了大力支撑。在国际关系中，对于理性选择者数学模型的研究在战争、军备竞
赛、危机谈判、国际贸易等话题中的应用风头正盛。尽管几乎得不到系统 425
性的实证确认，对所有的国际关系理论而言亦是如此，但这一工作极大地提升了我们对于国际关系的理论认识。即便对于那些背离MIRC观点的

研究者来说，如果对MIRC对该议题的贡献没有一个很好的理解，想从理论上或实证意义上提升其知识状态变得越来越难。

1　该方法的定义

笔者谨在本章对MIRC采用首字母缩略体，因为国关领域中有一种相当统一的方法也完全可以采用这一缩略方式。不过，这些概念在不同领域中的源起和相关阐释是非常不同的而且该方法的界限正日益模糊。从部分意义上讲，这反映了理性选择帝国主义可怕的一面，那些形式模型创建者将自身研究的范围拓展后纳入了曾被视为其他方法属地的议题。它也反映出，人们采用数学建模技巧对与理性主义传统相反的主张进行探究，比如非理性决策以及回应系统力量的行为体的进化。

行为体，即做出选择的实体，是该方法的核心。我们可以说行为体被赋予了六种特质，如表25.1所示，有关这些特质的主张使该方法有别于其
426 他方法。第一，决策类型，它可能是理性的，不完全（或受限的）理性的或者自动的。第二，一种身份，人们可以将其视为某个社会范畴中的成员资格（社会身份），也可以将其视为一种应对过去的行为负责或人们用以对

表25.1　国际关系中行为体的特征

	方　法			
	MIRC	进化论的	心理学的	建构主义的
决策类型	理性的	自动的	不完全理性的	
身份与偏好	固定的	通过不同的再现可变的	因学习、仿效和社会化而变化	
积极信念	理性更新的		未完美更新的	
规范信念	非中心的		有些重要	非常重要
行为设置	固定的		开放的	

未来行为进行预测（个人身份）的持续存在。第三，该行为体对诸如一场战争可能后果这种研究领域中的后果所具有的一系列偏好。第四，它对于世界的状态以及世界上其他行为体具有一系列积极观念。第五，该行为体对于善恶、对该行为体的身份和情势而言其行为是否恰当具有一系列规范性观念。第六，它有一系列能够与战略相结合的可能性行动，以应对处于所探讨处境中的其他行为体。例如，MIRC认为行为体做出理性决策、拥有固定身份和偏好、[1]以理性的方式改变其积极观念以回应新的信息、淡化规范性考量（尽管如有必要这些方面都可以归入对合乎规范行为的偏好）以及面对固定而且已知的一系列选项，然而上述过程并非一个依附于新发现或创新的开放性过程。

最初，方法论个人主义指的是一种观点，即上述行为体均为人，而且社会研究的目标在于理解其行为，并依据个人行为对诸如贫困或战争这种更大规模的社会现象加以解释（Weber 1968, 4–15; Elster 1982）。由于社会是人组成的，在某种层面上这一点看似微不足道。然而，社会也是由家庭、家族、部落、公司、民族以及其他有组织或无组织但同样能够充当分析单元的群体所组成的。尽管人们声称该观点是价值中立的，但看起来个人优先于其他群体这一事实似乎明显是启蒙运动和自由主义结下的果，因为二者都强调个人的权利。此外，还有一些像利率或离婚率等一般概念这种更加抽象的研究议题。宏观经济学家能够在不考虑个人借方和贷方决定的情况下对利率进行研究，例如，他们可以通过确定与像天气一样的其他循环性现象的统计学相关性进行此项研究。然而，方法论个人主义者认为此类解释需要建立在对有关个人的行为如何聚合并产生宏观层面的利息现象进行解释的“微观基础”之上。

与方法论个人主义有关的一种理解在于，方法论个人主义沿着个人到更大的社会现象这条线而不是从结构到个人这条线对因果关系进行追踪（Fearon and Wendt 2002, 56）。人类或国家行为体被视为这一解释的

1 有少量有关理性选择的文献对工具性选择身份这一观点进行了探讨（Rabushka and Shepsle 1972）。

外源(MacDonald 2003, 558)。这一概念认为行为体的身份和偏好是固
427 定的并对任何社会化过程予以了否认或忽视。

对于国际关系中的方法论个人主义者来说,是否或在何种条件下将国家当作个人对待是一个十分重要的问题(Wolfers 1962, 3–24)。马克斯·韦伯(1968,13,14)对这一等式予以了明确拒绝,但该等式的流行经久不衰,在有关战争研究方面尤其如此。人们常说国际关系中的政治现实主义传统使人们提出了"单一的理性行为体"的主张并尝试在不考虑各国内部构成情况下对国家行为进行解释(Mearsheimer 2001, 17–18)。许多博弈理论模型也提出了这一主张;代表国家的是具有一贯性偏好并做出理性决策的单一行为体。

对单一行为体主张最有力的理论批评源自肯尼斯·阿罗(Kenneth Arrow)有关偏好聚合的论述。阿罗(1970)证明了投票规则不一定能就具有异质性偏好的个人群体所秉持的三个或更多的选项达成一致的偏好排序。这一结果使人们对某个人能否在理论上假定一个由国家代表其公民加以诉求的"国家利益"提出了质疑,这与早些时候有关"公意"的哲学辩论形成了共鸣(Wolfers 1962, 147–165; Krasner 1978, 10–17; Rousseau 1997)。

有关该问题的广义回应有两个。其一,我们可以说国家是专门使大型群体能够根据国家领导人的偏好以单一方式采取行动而设计的组织。例如,布鲁斯·布埃诺·德·麦斯奇塔(Bruce Bueno de Mesquita 1981, 27)认为,有关战争与和平的决定系由一位强势领导人所做出的,因此国家偏好就是该领导人的偏好。在独裁国家,这一主张具有天然的魅力,甚至在民主国家战时总统和总理也倾向于掌控更大的权力。这种"朕即国家"式的解决方案以最简单的方式使方法论个人主义与国家作为单一理性行为体的主张达成了妥协。然而,在国家容易被外部力量所渗透的领域,如关税政策等政策领域,它也具有明显的局限性,更不必说在那些完全缺少能将领导人意志贯彻为政策的组织黏性的弱国了。

其二,我们可以在国家层面抛弃单一理性行为体主张,直接因循国

际关系为国内政治建模。各国都具有立法机构和行政机构，而每个机构都有特定权力，这使它们能够在具体问题上采取或阻碍行动。在为寻求均势结果而做出国际决策背景下，人们可以对这些制度性特征进行建模。这一认识使人们大书特书，而相关著述都将国内政治制度与国际关系模型进行了整合（例如，Putnam 1988; Iida 1993a; Schultz 2001; Bueno de Mesquita et al. 2003）。当然，这类模型中的很多行为体，如“国会”“选民”等，本身并不是单一的，因此我们并未真正提出过严格的方法论个人主义。事实上，它们当中有一些的单一性还不如一个由强力的行政机构领导的国家的单一性。然而，这些模型能够让我们更好地 428
了解国内政治考量，尤其是执政欲望对国际决策的影响，因此它们一向富有成效。[1]

这一辩论从未达成完全的解决，最终方法论个人主义被以某种松散的方式应用于国际关系之中。理论家们建造了很多单一行为体模型用于进行选择。人们对这些模型中行为体的看法因人而异，它们被视为国家、政治领导人以及立法机构或人群中的中间投票人，但人们并不太关注该模型是否满足坚持只研究个人行为的方法论个人主义的严格建构。

理性选择理论是方法论个人主义的一个子集，其中的行为体采取理性的决策方式。人们认为行为体对于任何情况下的各种可能后果具有偏好，因此可以依据其渴望程度进行排名。然后，他们对哪种战略或行动方针最有可能带来更好的结果或使行为体的“功用”或幸福程度最大化进行选择。若使行为体能被称作理性的，其偏好必须是具有传递性的，也就是说，如果我喜欢胜利胜过僵局，喜欢僵局胜过失败，那么我必须喜欢胜利胜过失败。此外，理性行为体必须对信息进行正确的处理。具体来说，他们应该根据可能性规律即贝叶斯定理对自己有关不确定事件概率的观念进行更新以作为对新信息的回应，这也就是“贝叶斯理性行为体”。举例来说，如果扩张性国家肯定会在军备竞

1 有种研究方法专注于官僚议价（Allison 1971; Downs and Rocke 1990, 92–100）。

赛中军备升级，安全诉求国家进行军备升级的概率只有50%，而我们之前认为自己面对的对手有50%的概率是一个扩张性国家，在我们观察到对手进行军备升级后，我们会认为对方是扩张性国家的概率就达到了三分之二。[1]

虽然理性选择理论可以以一种有时被称为“软”理性选择的非正规方式来实施，数学决策模型还是借用了这一理论，而且只有这种模型才能为任何理性选择分析的见解或假设提供缜密的演绎性支持。专注于孤立的单一决策者的模型属于决策理论的范畴，博弈理论专注于战略上彼此互动的小群体行为体，而市场模型或完美竞争模型（传统经济理论的主体）专注于群众行为，在群众行为中个人可以忽略战略互动并以他方行
429 为为既定条件。[2]

实验性工作中累计的大量证据表明，人们行动时不遵理性，按照贝叶斯定理需要对观念进行更新以及面对不确定性需要做出判断时尤其如此（Kahneman, Slovic, and Tversky 1982; Camerer 2003）。这导致人们对理性主张事实上扮演的角色展开了争辩。保罗・麦克唐纳德（Paul MacDonald）（2003）曾说有两种认识论被用于为理性选择辩护。工具主义者的经验论主要对演绎假设以及验证假设感兴趣，对于模型中主张的“精确性”并不在意（Friedman 1952）。另一方面，科学实在论相信科学理论有助于人们对现实内部工作机制，因此必须建立在精确的机制和主张的基础之上。

虽然某些研究者似乎倾向于工具主义的经验论（Fearon and Wendt 2002），观点的权重可能带有一种实用的科学实在论视角。所有的理论都会提出简化主张，其目的在于提出一些在某些领域足够出色的简化，以合理的方式很好地表现有关实体和机制特征的简化并做出一些优于

1 贝叶斯定理指出，已知B发生后A的后验概率是 $p(B|A)p(A)/[p(B|A)p(A)+p(B|\neg A)p(\neg A)]$，因此如果B是“升级的对手”而A是“对手是扩张性国家”，我们得到的结果是 $1\times0.5/[1\times0.5+0.5\times0.5]$ 或 2/3。

2 马斯柯莱（Mas-Colell）、温斯顿（Whinston）和格林（Green）对现代理性选择理论进行了介绍（1995）。

以往的预测。从实用科学实在论视角来说，人类行为不合理性的证据令人烦恼但对于理性选择理论来说并不致命，需要人们做出两种回应。第一种就是对人们什么时候行动更不合理进行研究。可能在某些情况下人们的行为比其他情况下更有理性，这使该理论的范畴受到了限制。第二种是对有限理性的模型进行研究。这种模型能够说明什么时候结构状况会促使受限的理性行为体的行动“好像”是理性的（工具主义经验论的阴影）以及什么时候相反，这两种情形都应该能够改进我们对于人类行为的理解。

MIRC规范性的立场和偏见都是其母思想体系，即自由主义的。MIRC制造了很多智能行为体模型，从它们所能获得的选项中自由选择。结果，以方法论个人主义为基础的政策建议对有关个人含有一种天生的尊重。在MIRC的世界里，一个人能够改变自己的行为并努力改变其他行为体面对的约束和机遇以及他们的观念，但一个人无法从根本上改变其偏好和身份。一个人必须随遇而安并努力应对。MIRC中的理性主张强化了对该研究主题的这种尊重。该理性主张意味着该行为体应该聪明并清楚自己的所作所为。分析人士的工作在于至少在直觉层面弄清楚该行为体已经知道的事情，并推论出一些可能并不广为人知的智能的目的性行为的后果。

MIRC的首要规范性标准在于效率。从抽象意义上它可以被定义为帕累托效率，肯定令所有有关人员获得更好条件的变化，或者从具体意义
上它可以被定义为生产或贸易效率，它使财富最大化，但除非具有某种形 430
式的补偿，否则可能短期内有人受损。根据这两种标准，一般来说MIRC是反对战争、革命和其他形式的暴力的，因为它们在试图对商品进行再分配时毁掉了商品。虽然它确实排除了很多令人反感的做法，但它常常被认为是一个非常软弱的规范标准。

在有关自由、人权和缺少胁迫的问题上，这一弱点造成了MIRC与其母思想体系之间的严重紧张状态。自由主义支持个人自由，从18世纪美国的《权利法案》到1948年《世界人权宣言》在内的民主宪法和国际条

约都以个人自由为基础。在理想社会中，只要个人遵守对彼此都有利的法律，个人的行为都是自由的。因此，自由主义可能会支持志在推翻暴政建立自由政体的战争或革命。为了实现理想社会，必须有人做出牺牲，自由并不是免费的。然而，MIRC能够很轻松地为有关胁迫、权力差距以及粗暴侵犯人权的互动进行建模而且不存在针对它们的内在规范性偏见。在纳粹德国与其东欧卫星国之间的互动中，MIRC仅支持那些使德国及其附庸国情况更好的结果，自由主义则倡导推翻纳粹暴政。然而，这一紧张状态的一个有益之处在于它使MIRC成了一个对国际关系来说更好的社会科学工具，在国际关系中权利经常被人忽视，而跨越权力差距的胁迫则是研究的核心焦点。

在国际政治经济领域，MIRC更喜欢自由贸易和全球化。让资本流向资本利用效率最高的地方，让货物在成本最低的地方进行生产，让世界联系于一个体积庞大、气氛欢快而生产高效的经济体之中。在所有国际经济模型中，全球自由贸易使生产效率最大化。即便最优关税和以日益增大的规模效益为特征的行业模型显示出各国通过强加贸易壁垒能使自己福利最大化，经济学家们很快就将这些可能后果最小化并支持自由贸易（Helpman and Krugman 1985）。

尽管其母思想体系对政治干预个人选择持有偏见，MIRC也不是自由论，它确实认为政府机构对个人自由加以限制具有积极的意义。事实上，经济学中的博弈理论革命及其在政治科学中的应用大多强调使所有人情况更糟的、不太理想的均势的存在。这些不太理想的均势是许多因素带来的结果，这些因素包括信息匮乏、时限太短、权力差距以及相对权力变化等。乔治·阿克洛夫（George Akerlof 1970）开创了有关不对称信息研究的先河，他认为某些市场，比如二手车市场，可能效率不高，因为卖方了解其商品而买方并不了解。道格拉斯·诺斯（Douglass North）和巴里·魏因加斯特（Barry Weingast 1989）认为国家必须建立法制以保护私产所有者免受国家侵害并鼓励他们进行投资。同样地，国家必须保护弱小的私产所有者免受强大的私产所有者的侵害，否则后者会对前者加以掠夺。在国际关系中，人们对提供信息或塑造激励措施和信念，从而促成更具合作性行为的制度持正面的态度（Koremenos, Lipson, and Snidal 2001）。 431

2 在国际关系中的应用

在国际关系研究中MIRC具有悠久而且成果丰硕的历史。修昔底德解释说伯罗奔尼撒战争的发生在于斯巴达人先发制人以遏制雅典力量的上升（Thucydides 1972, 49）。在解释像斯巴达宣战（Thucydides 1972, 72–87）这种重大决策时，一个好的方法论个人主义者非常专注于由将军、政治家和代议机构的决策。修昔底德关于先发制人战争的概念已经成为现实主义思想的重要内容，对有关战争起源的现代分析很有影响并被写入美国国家安全战略（Gilpin 1981; Copeland 2000; Bush 2002）。他所发现的这一机制，即相对权力的变化使衰落一方采取先发制人攻击，逐渐成为为数不多的有关战争的完全现实主义的解释之一，并且被普及到很多由变化的权力引起承诺问题的设定之中（Fearon 1995; Powell 2004a）。

托马斯·霍布斯和卢梭为国关理论奠立了另外一块基石：安全困境。霍布斯认为，如果没有一个政府对其行为加以规范，即使处于自然状态的个人本身并没有侵犯的动机，他们也会互相攻击。其他人可能具有侵犯的动机并在无征兆情况下发动攻击这一事实暗示一个人应该展开攻击，先发制人将威胁予以压制（Hobbes 1968, 184）。卢梭用集体猎鹿打了一个比方。如果该团队的每名成员都给予合作，鹿会掉入陷阱而所有人都能乐享美食。如果某个个人去追兔子，鹿会从缺口逃掉而其他人都会挨饿（Rousseau 1997, 163）。其大意即无政府状态中的行为体将是彼此竞争、怀疑和暴力的，这成为国关理论中一个中心主题（Hertz 1950; Butterfield 1951; Waltz 1954, 167）。罗伯特·杰维斯（Robert Jervis 1978）对囚徒困境和猎鹿博弈的讨论将基本的博弈理论引入了安全困境研究之中，猎鹿博弈得名于卢梭的寓言。[1]更近一些时候有关国际关系中信任的分析在此基础上得以继续发展，它们利用现代不完整的信息博弈理论来
432 研究无政府状态对竞争和不信任的影响（Kydd 2005）。

第三个方法论个人主义和理性选择理论做出贡献的一般区域在于讨价还价与战争之间的关系。该议题首先在有关核威慑的讨论中得以凸显，托马斯·谢林（Thomas Schelling 1960）的观点体现了20世纪50年代和60年代有关如何使承诺可信以及甘冒毁灭风险如何能使一个国家在国际讨价还价中获取优势的思维。格伦·斯奈德（Glenn Snyder）和保罗·狄辛（Paul Diesing 1977）将简单的2×2正则形式的博弈运用到了危机讨价还价背景之中，但有关该议题的严格意义上的博弈理论分析直到20世纪80年代讨价还价理论得到发展之后才出现。罗伯特·鲍威尔（Robert Powell）（1990）将现代不完整信息博弈理论应用于核威慑和国际讨价还价并解决了此前文献中所遗留的大量问题。

20世纪90年代，这种文献开始激增并成为该领域最核心最积极进取的文献之一（Powell 2002）。詹姆斯·费伦（James Fearon）有两篇很有影响的文献。在第一篇中，他提出，在国际危机期间如果各国做出实现某个目标的承诺之后退缩，它们就要承担国内"观众成本"的风险（Fearon 1994）。这使它们能够承诺进行确实有效的斗争而不是放弃其目的，反过来也能够说服另一方屈服。一个国家引发观众成本的能力越强，它在国际危机中影响力越大。在另一篇文章中，费伦认为（1995）只有在下述情况下理性行为体之间才会发生战争：（1）双方谈判的问题不可分割，（2）它们具有有关其偏好或相对权力的隐私信息，或者（3）它们面临某个承诺问题，比如相对权力的改变，该问题使它们不可能遵守某个交易以至于双方当前都宁愿一战。这一观点为后来的美国国际关系理论中有关战争发动理论化指明了方向。当前，对于讨价还价和战争问题的关注焦点已经转移到了战争期间的讨价还价以及战争内部力量如何催生战争结

1 肯尼思·沃尔兹被广为传颂的有关结构现实主义的表述从根本上也立足于安全困境（Waltz 1979）。

束(Goemans 2000; Slantchev 2003; Powell 2004b)。

MIRC在国际关系理论中应用的另外一个重要领域在于合作与集体行动这一话题。这里核心的模型即囚徒困境,其多人形式被用于对集体行动的研究,而其两人重复形式被用于对长期合作的研究。多人囚徒困境以及相关的公共产品博弈被用于对霸权、国际合作和国际体制的研究(Olson 1965; Kindleberger 1973; Snidal 1985; Pahre 1999)。尽管人们言语中倾向于认为霸主对于国际合作来说是必要的,但博弈理论分析往往发现霸主既不必要也不充分。在20世纪80年代,重复的囚徒困境博弈成为双边合作通用表示用语(Oye 1986)。这一点很大程度上归功于罗伯特·阿克塞尔罗德(Robert Axelrod)开创性的对博弈的计算机竞赛分析(1984),下文将对此详加论述。后来不同版本的博弈被用于军备控制、国
际贸易及其他问题领域(例如,Downs and Rocke 1990)。 433

3 相关方法及替代方法

如表25.1所示,与MIRC有关的方法和替代方法数量众多,它们与MIRC的差异各个不同。这些方法之间的界限是易变的而且被各种过渡性模型所充斥,因此这些方法只能被视为理想类型。

3.1 进化方法

进化模型根据长期以来处于互动之中的行为体人口的情况,对新出现的并且抵制其他替代战略的行为模式进行研究。各行为体自动做出决定而不太在意其他行为体,但吸收了某些有关它们在自己的战略中所面对人口的观点。追求未达最优标准战略的行为体灭绝后,被追求更好战略的行为体所取代。肯尼思·沃尔兹利用进化观点解释了为什么不够理性的国家终究要服从于无政府状态下对于生存所做出的理性追求的规则。他认为,如若不然,它们会被其他国家的军事竞争从该体系中清除(Waltz 1979, 127–128)。

阿克塞尔罗德(1984)利用计算机竞赛发展了最有影响的进化观点以促进进化进程,而在该进程中在囚徒困境中追求的战略不够有效的行为体将逐渐被那些追求更有效战略的行为体所取代。[1]这一被称为“一报还一报”(Tit for Tat)的战略即以合作开始然后每一步都重复对方之前的行动,其优势在于相对于自身以及其他类似战略,它非常出色,而对不同的、更具剥削性战略而言也不太糟糕。更具剥削性的战略对彼此十分糟糕,因此具有降低彼此得分的倾向。这就能够解释向“一报还一报”这种战略的进化漂移了。这一方法已经演化成了对于“智能体基模型”的研究(Axelrod 1997)。在这些更加具体化的计算机模型中,被赋予了某些资源的空间上分割开的行为体与某个自动决策规则随着时间流逝而互动(Cederman 1997)。通过征服其他国家各国逐渐演化和成长而国际体系的构成则随着某些类型的国家的消亡和被其他国家取代而变化。拉斯-埃里克·塞德曼(Lars-Erik Cederman 2001)运用这种分析方式对当今民主政体的盛行进行了解释,称之为其结盟和战争战略
434 的结果。

以征服导致的国家灭亡作为选择机制为特征的进化模型,可能适用于贯穿漫长的国际史的各种问题。在这一时间空间内,很多国家的确大量消亡了,因此进化压力可能非常大。不过,1945年以来,国家消亡已经非常罕见了(Fazal 2004)。现代一种更常见的选择机制被称为政府更迭,甚至是追求未达最优标准战略的领导人通过简单的选举被那些更有前途的领导人所取代。这种模型近似于心理学上的学习和扩散模型,其中行为体的身份是固定的,但其关于世界运行机制的正面观念受其中观察他人经验中收集到的新信息的影响,而且其处理也是不完善的(Reiter 1996; Bennett 1999; Simmons and Elkins 2004)。[2]

1 进化和学习模型在经济学中也非常流行。见Weibull (1995);Fudenberg and Levine (1998)。

2 另一种进化方法专注于人类的生物学进化并在人类祖先的进化压力中寻找人类当前行为的线索(Thayer 2000; Johnson 2004)。由于这种方法专注于对人类本质的理解,它与心理学方法的关联更为密切。

进化理论的规范性影响本身随着时间的流逝已经发生了演化。19世纪的社会达尔文主义者利用进化论为通过征服和殖民所进行的扩张张目，视其为自然秩序。希特勒的德国笃信这些观点，这样的国家的命运以及后来帝国主义的崩溃表明一种略有不同的有关进化力量的观点已经就位。的确，阿克塞尔罗德和塞德曼的进化模型表明了更具合作性的观点和战略的存在价值。该方法支持实验和实证论，承认我们仅凭理论来理解世界时的局限性。我们甚至可以推断出对于分权和限制中心权威的支持，因此地方政策实验并未受到中央监管的过度阻碍。

3.2 心理学

国际关系中的心理学理论从心理学中的实验文献中获得了启迪。[1] 心理学理论与MIRC不同，它假定行为体并非完全理性，可能具有受到群体思维影响的易变的身份和偏好（Janis 1972），通过前景理论或其他非理性方法进行更新，并面临很多需要创新和寻求解决方案的开放性问题。詹姆斯·戈尔德吉尔和菲利普·泰特洛克（本书）对该方法进行了研究，因此笔者仅提两部作品即可管窥一二。

在其具有里程碑意义的著述中，杰维斯（1976）指出了几种机制，而根据这些机制人们则达不到理性的标准。例如，他认为决策者过于热衷 435
于过去的观念而不愿根据新的信息适当地改变其观念。而且，人们会对新的信息进行阐释以适应旧的观念：敌人做出的恶意行动将会被阐释成对其邪恶企图的进一步确认而朋友做出的同一行动则会被阐释成一个错误。罗斯·麦克德莫特（Rose McDermott）（1998）将前景理论、丹尼尔·卡内曼（Daniel Kahneman）和阿莫斯·特维斯基（Amos Tversky）的基于实证的理性选择替代方法运用于国际关系。前景理论主张人们对待风险的态度取决于问题的表达方式。面对潜在的收获时人们一般会小心

1 斯蒂芬·彼特·罗森（Stephen Peter Rosen 2005）从现代神经科学中寻求对战争期间人类本质和行为的认识。

谨慎，但如果他们试图避免损失那么风险也容易接受。考虑到相同的情形可以被描绘成一次获益机会或一次避免损失的机会，这使修辞和说服扮演了重要角色。

心理学理论的规范性立场可以被认为是治疗性的。国际关系中会发生不好的事情是因为领导人深受他们没有意识到或未加补偿的偏见之苦。精确的诊断能够带来更好的决策而且有可能令冲突减少。人们应该通过制度设计以选择偏见更少的领导人而且对剩余的偏见进行补偿。从MIRC的视角来看，这种诊断式方法有时候会在研究主题尚未表现出不理性的情况下过于假定其非理性，因此可能近似于一种屈尊俯就。

3.3 建构主义

建构主义是最新的一种对立性趋势，它将其批判性目光聚焦于国际关系中的文化正统。在表25.1中列出的各项内容方面它与MIRC都相背离，它强调并不完全理性的个人参与社会化并面临很多开放性问题。它对心理学理论主要的背离在于它强调规范性信念和主张，以及它源于欧洲社会理论而不是实验心理学。事实上，它在学科上是分裂的，有些建构主义者拒绝科学方法而倾向于诠释主义或后现代主义，而其他人则追求对于身份的一种科学研究（Abdelal 2001; Fearon and Wendt 2002, 57; Abdelal et al. 2006; Hymans 2006）。

建构主义拒绝像MIRC那样将焦点聚于个人，它信奉社会理论或者说“整体主义”，即离开个人所属的集体就无法对个人进行理解（Wendt 1999, 29）。各行为体的身份和偏好被视为其所属群体的社会化的结果。社会化在童年最为明显，通过与父母、学校及其他儿童的互动，儿童构建其身份。建构主义者认为类似的社会化进程也发生在成年人以及国家之间。有些建构主义者还在“构成”理论的名义下得出了他们所认为的对整体主义更深的认识。他们认为成为某种行为体意味着什么，取决于对于该行为体在与其他行为体的关系中的角色的共有理解，对于这些理解的研究使人们能够发现某种“主体性模式”的“可能性条件”。实际上，这似乎意味着各行为体的行为因为其他行为体对其适当角色的期待而受到限制。[1]

建构主义者的另外一个观点是，规范性信念和规范性论证在国际关系中非常重要。玛莎·芬尼莫尔（Martha Finnemore）和凯瑟琳·辛金克（Kathryn Sikkink 1998）提供了一个有关国际规范变化是如何发生的模型，认为规范性观念影响行为，各国和非政府组织通过辩论和说服影响彼此的规范性观念。近期发生的一个有关国际安全政治中大规模的快速规范变化的突出例子是1997年签订的禁止杀伤人员地雷的《渥太华禁雷公约》。在短短十年内，地雷从世界上每个国家军火库中常见的普通作战武器成了国际上被正式禁止的武器。尽管地雷还是一个重要问题，目前还在坚持使用地雷的国家仅余大约40个（Price 1998）。一个非政府组织及一些关键国家领导人的联盟促成了这一变化。

建构主义的规范性或政治立场偏左，或者说是“进步的”，对某些人来说，这意味着它不仅渴望了解而且渴望改变（见Cox，本书）。虽然它与社会理论有许多共同之处，建构主义与新马克思主义方法还是相背离的，因为它拒绝进行结构性（经济决定论的）解释，而且它与马克思主义的乌托邦主义或列宁主义对社会工程的信仰以及对于暴力革命的渴望没多少共同之处。[2]不过，建构主义保持了整体上的对立性立场，专注于权力关系，相较强者而言更青睐弱者并强调以共有观念和基于社会变化的作用来减少权力和财富造成的差距。从MIRC的角度来说，如果过分突出整体主义以及随之而来的对个人能动性重要性的降低，它们可能会显得有些可怕，正如人们会谈到个人的“问题化”以及说明行为体如何被像现代性或基督教这样的抽象力量所“构建”（Fearon and Wendt 2002, 57;

---

1 亚历山大·温特频频使用的一个例子是奴隶主—奴隶这一关系。不定义“奴隶”我们就无法定义“奴隶主”，反之亦然 (Fearon and Wendt 2002, 58, 66)。不过，如果在某个关系中共有观念还不如暴力胁迫和直来直去的自我利益重要，那这种关系也是难以想象的。

2 不过，似乎温特 (2003) 认为旧的乌托邦之火如今依然熊熊燃烧。

Meyer and Jepperson 2000, 110)。然而，绝大多数建构主义者对于整体主义的追求并不会到否定能动性的程度，而且往往对于规范或身份倡导者来说还扮演了中心的角色。

3.4 理性主义基础的用处

437 即便对于那些认为决策并非完全理性、身份易变而且规范十分重要的人来说，了解坚持MIRC的模型对于特定研究问题有什么助益往往也是至关重要的。因为如果不知道理性行为体意欲何为，我们就很难知晓认知局限会造成什么结果，而且不了解自私会导致什么结果，我们也很难推断出规范的影响。一般来说，理性主义的基线对于非MIRC的研究项目往往非常有用。其中，最为明显的就是学习和进化模型利用了一条理想主义的基线。进化博弈理论文献常常明确使用理性主义均势，进而对在何种情况下有限的理性主义行为体会接近这一理想进行研判。心理学学习模型也至少含蓄地以对背景中的理性学习不断更新地理解为其理想，而且对现实生活中的学习怎样贴近或不符合这一规范进行评估。

结构主义者也可以利用理性主义基础。一个很好的例子就是冷战末期有关物质条件与理念角色的辩论。由于苏联在冷战末期的退却看似与其之前的统治意识形态相反，建构主义者试图将其解释为观念变革的产物。斯蒂芬·布鲁克斯(Stephen Brooks)和威廉·沃尔福斯(William Wohlforth)(2000–2001)对苏联在20世纪80年代经济前景与之前了解的情况相比之下的恶化进行分析后对此提出了反驳，而且认为即便那些“旧思维者”也支持紧缩。因此而起的辩论就是一种跨越范式边界的生产性互动模型。[1]另外一个例子，温特(2003，525)从世界国家角度写道：“如果要在一个由于拒绝承认他者而使世界面临越来越多威胁的世界和一个他者被承认的心愿得到满足的世界之间做选择，理性的大国应该做

1 《冷战研究学刊》2005年第7辑第2期专刊对该辩论进行了回顾并引述了其他著述的观点。

何选择是非常明显的。”如果是这样的话，其原因只能是出于之前对于大国和理性寻求承认的国家的战略分析。

4 未来展望

MIRC是一项久负盛誉的正在广阔领域向前发展的研究项目。在此，笔者仅略勾画一下两个特别有意义的发展趋势。

专注于世界状态不确定性的模型对于MIRC来说是一个很有希望的前进领域。此前，绝大部分以不完整的信息为特征的模型专注于有关某个国家特点的隐私信息，而这些信息在危机或战争期间可能会对其行为产生影响（Powell 2002）。不确定性的另一种形式就是世界的一般工作机制。全球变暖正在发生吗？如果是的话，为什么？变化有多快？未来 438
的战争会怎么打，当前的科技和社会趋势对它们会有什么影响？发起者不详的悲剧应该怪谁？比如“9·11”恐怖袭击，怪“基地”还是摩萨德？对于此类事件不同的人秉持的观点和理论也不同，而且这些东西会影响包括开展有效沟通和互相学习能力在内的行为。尽管以前人们已经研究过这种类型的不确定性（Iida 1993b; Morrow 1994），如今其重要性越来越大，因为各国领导人和广大民众所面临的问题正变得更加复杂。该领域的研究提出了很多有趣的方法论问题，如我们是否要保留“普遍先验”主张等，而且也具有非常大的实质意义（Smith and Stam 2004; Fey and Ramsay 2006）。

另一个变得更加重要的领域是与实证检验的关联。一直以来，MIRC都被诟病在实证检验方面的努力少得可怜，质量低下而且结论乏善可陈（Walt 1999）。近来它与统计检验的关联受到了更多的重视，考虑到两种方法均以共同的数学框架为基础（Signorino 1999; Bueno de Mesquita et al. 2003; Lewis and Schultz 2003），这一变化当在情理之中。人们还努力开展更多的与规范研究（又译形式理论）相结合的案例研究和历史研究，突破了通常一篇文章一个例子的做法（Kydd 2005）。一本著作或博士论文包含一个模型、一个定量章节、一个或两个案例（如，Sartori 2005）的情况有可能会继续流行，尽管同时做到上述三个方面并不容易。

5 结语

方法论个人主义和理性选择理论致力于通过将个人、国家或次国家行为体与固定的偏好和身份对应来解释国际事件，这些行为体理性地调整其观念和战略以回应他们所接收到的信息以及其他行为体所追求的战略。MIRC从自己与当今世界最强大的两个信仰结构，即规范领域的自由主义和实证领域的科学。它获得了更大的力量因为它（在假设层面）提出了一个能够相对轻松地进行统筹并拓展到新问题领域的统一的理论体。讽刺的是，对于科学运动来说，在实证意义上其根基最为薄弱，通常理论越精确越可证伪，其越被彻底地证明是错误的。考虑到在国际关系中构建颠扑不破的金科玉律十分困难，像MIRC这样的强大理论框架对
439 该学科仍将大有裨益。

参考文献

Abdelal, R. 2001. *National Purpose in the World Economy: Post-Soviet States in Comparative Perspective*. Ithaca, NY: Cornell University Press.

—— Herrera, Y. M., Johnston, A. I., and McDermott, R. 2006. Identity as a variable. *Perspectives on Politics*, 4: 695–711.

Akerlof, G. A. 1970. The market for "lemons:" quality uncertainty and the market mechanism. *Quarterly Journal of Economics*, 84: 488–500.

Allison, G. T. 1971. *Essence of Decision: Explaining the Cuban Missile Crisis*. Boston: Little, Brown.

Arrow, K. J. 1970. *Social Choice and Individual Values*, 2nd edn. New Haven, Conn.: Yale University Press.

Axelrod, R. 1984. *The Evolution of Cooperation*. New York: Basic Books.

—— 1997. *The Complexity of Cooperation: Agent-Based Models of Competition and Collaboration*. Princeton, NJ: Princeton University Press.

Bennett, A. 1999. *Condemned to Repetition? The Rise, Fall, and Reprise of Soviet–Russian Military Interventionism, 1973–1996*. Cambridge, Mass.: MIT Press.

Brooks, S. G., and Wohlforth, W. C. 2000–1. Power, globalization, and the end of the Cold War: reevaluating a landmark case for ideas. *International Security*, 25: 5–53.

Bueno de Mesquita, B. 1981. *The War Trap*. New Haven, Conn.: Yale University Press.

—— Smith, A., Siverson, R. M., and Morrow, J. D. 2003. *The Logic of Political Survival*. Cambridge, Mass.: MIT Press.

Bush, G. W. 2002. *The National Security Strategy of the United States of America*. Washington, DC: White House.

Butterfield, H. 1951. *History and Human Relations*. London: Collins.

Camerer, C. F. 2003. *Behavioral Game Theory: Experiments in Strategic Interaction*. Princeton, NJ: Princeton University Press.

Cederman, L.-E. 1997. *Emergent Actors in World Politics: How States and Nations Develop and Dissolve*. Princeton, NJ: Princeton University Press.

—— 2001. Modeling the democratic peace as a Kantian selection process. *Journal of Conflict Resolution*, 45: 470–502.

Checkel, J. 1993. Ideas, institutions, and the Gorbachev foreign policy revolution. *World Politics*, 45: 271–300.

Copeland, D. C. 2000. *The Origins of Major War*. Ithaca, NY: Cornell University Press.

Downs, G. W., and Rocke, D. M. 1990. *Tacit Bargaining, Arms Races, and Arms Control*. Ann Arbor: University of Michigan Press.

Elster, J. 1982. The case for methodological individualism. *Theory and Society*, 11: 453–82.

Fazal, T. M. 2004. State death in the international system. *International Organization*, 58: 311–44.

Fearon, J. D. 1994. Domestic political audiences and the escalation of international disputes. *American Political Science Review*, 88: 577–92.

—— 1995. Rationalist explanations for war. *International Organization*, 49: 379–414.

—— and Wendt, A. 2002. Rationalism v. constructivism: a skeptical view. Pp. 52–72 in *Handbook of International Relations*, ed. W. Carlsnaes, T. Risse, and B. A. Simmons. London: Sage.

Fey, M., and Ramsay, K. W. 2006. The common priors assumption: a comment on "Bargaining and the nature of war." *Journal of Conflict Resolution*, 50: 607–13.

Finnemore, M., and Sikkink, K. 1998. International norm dynamics and political change. *International Organization*, 52: 887–917.

Friedman, M. 1952. The methodology of positive economics. Pp. 3–43 in *Essays on Positive Economics*, M. Friedman. Chicago: University of Chicago Press.

Fudenberg, D., and Levine, D. K. 1998. *The Theory of Learning in Games*. Cambridge, Mass.: MIT Press.

Gay, P. 1996. *The Enlightenment: The Science of Freedom*. New York: W. W. Norton.

Gilpin, R. 1981. *War and Change in World Politics*. Cambridge: Cambridge University Press.

Goemans, H. E. 2000. *War and Punishment: The Causes of War Termination and the First World War*. Princeton, NJ: Princeton University Press.

Helpman, E., and Krugman, P. 1985. *Market Structure and Foreign Trade: Increasing Returns, Imperfect Competition, and the International Economy*. Cambridge, Mass.: MIT Press.

Herz, J. H. 1950. Idealist internationalism and the security dilemma. *World Politics*, 2: 157–80.

Hobbes, T. 1968. *Leviathan*. New York: Penguin; originally published 1651.

Hymans, J. E. C. 2006. *The Psychology of Nuclear Proliferation: Identity, Emotions, and Foreign Policy*. Cambridge: Cambridge University Press.

Iida, K. 1993*a*. When and how do domestic constraints matter? Two-level games with uncertainty. *Journal of Conflict Resolution*, 37: 403–26.

—— 1993*b*. Analytic uncertainty and international cooperation: theory and application to international economic policy coordination. *International Studies Quarterly*, 37: 431–57.

Janis, I. L. 1972. *Victims of Groupthink: A Psychological Study of Foreign-Policy Decisions and Fiascoes*. Boston: Houghton Mifflin.

Jervis, R. 1976. *Perception and Misperception in International Politics*. Princeton, NJ: Princeton University Press.

—— 1978. Cooperation under the security dilemma. *World Politics*, 30: 167–214.

Johnson, D. D. P. 2004. *Overconfidence and War: The Havoc and Glory of Positive Illusions*. Cambridge, Mass.: Harvard University Press.

Kahneman, D., Slovic, P., and Tversky, A. (eds.) 1982. *Judgment under Uncertainty: Heuristics and Biases*. Cambridge: Cambridge University Press.

Kindleberger, C. 1973. *The World in Depression, 1929–1939*. Berkeley: University of California Press.

Koremenos, B., Lipson, C., and Snidal, D. 2001. The rational design of international institutions. *International Organization*, 55: 761–99.

Krasner, S. 1978. *Defending the National Interest: Raw Materials Investments and US Foreign Policy*. Princeton, NJ: Princeton University Press.

Kydd, A. H. 2005. *Trust and Mistrust in International Relations*. Princeton, NJ: Princeton University Press.

Lewis, J. B., and Schultz, K. A. 2003. Revealing preferences: empirical estimation of a crisis bargaining game with incomplete information. *Political Analysis*, 11: 345–67.

MacDonald, P. K. 2003. Useful fiction or miracle maker: the competing epistemological foundations of rational choice theory. *American Political Science Review*, 97: 551–65.

McDermott, R. 1998. *Risk-Taking in International Politics: Prospect Theory in American Foreign Policy*. Ann Arbor: University of Michigan Press.

Mas-Colell, A., Whinston, M. D., and Green, J. R. 1995. *Microeconomic Theory*. Oxford: Oxford University Press.

Mearsheimer, J. J. 2001. *The Tragedy of Great Power Politics*. New York: Norton.

Meyer, J. W., and Jepperson, R. L. 2000. The "actors" of modern society: the cultural construction of social agency. *Sociological Theory*, 18: 100–20.

Morrow, J. D. 1994. Modeling the forms of international cooperation: distribution versus information. *International Organization*, 48: 387–423.

North, D. C., and Weingast, B. R. 1989. Constitutions and commitment: the evolution of institutions governing public choice in seventeenth-century England. *Journal of Economic History*, 49: 803–32.

Olson, M. 1965. *The Logic of Collective Action: Public Goods and the Theory of Groups*. Cambridge, Mass.: Harvard University Press.

Oye, K. A. (ed.) 1986. *Cooperation under Anarchy*. Princeton, NJ: Princeton University Press.

Pahre, R. 1999. *Leading Questions: How Hegemony Affects the International Political Economy*. Ann Arbor: University of Michigan Press.

Powell, R. 1990. *Nuclear Deterrence Theory: The Search for Credibility*. Cambridge: Cambridge University Press.

—— 2002. Bargaining theory and international conflict. *Annual Review of Political Science*, 5: 1–30.

—— 2004*a*. The inefficient use of power: costly conflict with complete information. *American Political Science Review*, 98: 231–41.

—— 2004*b*. Bargaining and learning while fighting. *American Journal of Political Science*, 48: 344–61.

Price, R. 1998. Reversing the gun sights: transnational civil society targets land mines. *International Organization*, 52: 613–44.

Putnam, R. D. 1988. Diplomacy and domestic politics: the logic of two-level games. *International Organization*, 42: 427–60.

Rabushka, A., and Shepsle, K. A. 1972. *Politics in Plural Societies: A Theory of Democratic Instability*. Columbus, Ohio: Merrill.

Reiter, D. 1996. *Crucible of Beliefs: Learning, Alliances, and World Wars*. Ithaca, NY: Cornell University Press.

Risse, T. 2000. "Lets argue!": communicative action in world politics. *International Organization*, 54: 1–39.

Rosen, S. P. 2005. *War and Human Nature*. Princeton, NJ: Princeton University Press.

Rousseau, J.-J. 1997. *The Social Contract and Other Later Political Writings*, ed. and trans. V. Gourevitch. Cambridge: Cambridge University Press.

Sartori, A. E. 2005. *Deterrence by Diplomacy*. Princeton, NJ: Princeton University Press.

Schelling, T. C. 1960. *The Strategy of Conflict*. Cambridge, Mass.: Harvard University Press.

Schultz, K. A. 2001. *Democracy and Coercive Diplomacy*. Cambridge: Cambridge University Press.

Signorino, C. S. 1999. Strategic interaction and the statistical analysis of international conflict. *American Political Science Review*, 93: 279–97.

Simmons, B. A., and Elkins, Z. 2004. The globalization of liberalization: policy diffusion in the international political economy. *American Political Science Review*, 98: 171–89.

Slantchev, B. L. 2003. The principle of convergence in wartime negotiations. *American Political Science Review*, 97: 621–32.

Smith, A., and Stam, A. C. 2004. Bargaining and the nature of war. *Journal of Conflict Resolution*, 48: 783–813.

Snidal, D. 1985. The limits of hegemonic stability theory. *International Organization*, 39: 579–614.

Snyder, G. H., and Diesing, P. 1977. *Conflict among Nations: Bargaining, Decision Making, and System Structure in International Crises*. Princeton, NJ: Princeton University Press.

Thayer, B. A. 2000. Bringing in Darwin: evolutionary theory, realism, and international politics. *International Security*, 25: 124–51.

Thucydides 1972. *History of the Peloponnesian War*, trans. R. Warner. London: Penguin.

Walt, S. M. 1999. Rigor or rigor mortis? Rational choice and security studies. *International Security*, 23: 5–48.

Waltz, K. 1954. *Man, the State and War*. New York: Columbia University Press.

—— 1979. *Theory of International Politics*. New York: Random House.

Weber, M. 1968. *Economy and Society*. Berkeley: University of California Press.

Wendt, A. 1999. *Social Theory of International Politics*. Cambridge: Cambridge University Press.

—— 2003. Why a world state is inevitable. *European Journal of International Relations*, 9: 491–542.

Weibull, J. 1995. *Evolutionary Game Theory*. Cambridge, Mass.: MIT Press.

Wolfers, A. 1962. *Discord and Collaboration: Essays on International Politics*. Baltimore: Johns Hopkins University Press.

第二十六章
社会学方法

弗里德里希·克拉托奇维尔

各个民族和国家长期生活于无政府状态之中这一事实，在绝大多数二战后国际关系分析中一直是占支配地位的范式假设。然而，尽管该主张系根基所在，这些假设仍然面对多个理论和实证方面的挑战。当然，其一就是民族和国家之间的关系有问题但基本上仍停留在现实主义研究范畴之外。其二就是力量的集中就其本身而言并非和平的保证：参见暴动、内战等。因此，中央决策制度的存在最多就是“和平”的促进因素，人们应该对其历史偶然性进行实证研究而不能通过假设解决。其三，与霍布斯的论点相反的是，在事实上秩序井然的政治体系中，权力是被刻意“分割”的而不是按照“等级”进行安排的。正如秉承“共和”传统的思想家们(Deudney 1995; Onuf 1998)所指出的，创立切实可行的政治制度需要同时处理两个困局：阻止无政府状态以及暴政，而非仅仅屈服于一个霍布斯式的承诺提供良好的集体安全产品的君主。

其四，继第一条和第三条异议之后：对社会系统发挥功能至关重要的不仅在于可感知的“胁迫力”而且在于共有信念，比如“我们”是谁，也就是我们保护谁，把谁当作一名成员以及哪些权力的运用是合法的。毕竟，政治来自城邦一词而城邦一词源自“polizo”（“建墙”），它暗示安全和成员资格问题是政治的关键维度。尽管现实主义集中于提供安全，其 444
他两个领域，即合法性和成员资格身份，常常被忽视而且在自由主义范式中也突出（Rawls 1971）。那么，这些遗漏最多指向相当有限的一系列有趣问题，而且，与再加上“简约”这一理想，最多造就一个价值极小的国际政治“理论”。与他们所参与的博弈有关的团结问题以及对于行为体的自我认识问题被全面排除在外，因为“无政府”结构以及客观能力（Waltz 1979）而非行动、目的和共有信念充当了主要的解释项。尽管人们期待一个更为精妙、更有条理也更具解释性（或者甚至具有预测性）的理论时可能倾向于接受这种奥卡姆剃刀定律，这种希望在逻辑上以及现实意义上都站不住脚。

从逻辑上来说，我们必须意识到，除非人们将行为体简化为仅仅是一些“数量”并在最初就否定选择这一问题，否则单纯的“结构”的存在不会带来任何东西。简单地说，原因在于，在不将额外的、更重大的“变量”引入我们的理论建构中的情况下，我们无法得出从小的可能性到更具确定性的可能性的主张。这样，我们不得不放开“理论”，因为如今不仅结构而且偏好都在发挥作用。我们还必须了解不确定问题在现实中是如何处理的。在这里，制度安排以及“理念”为世界提供了路标，否则世界将变得不可预知。此外，“历史”的重要性不仅在于之前的选择会限制后来的发展——在生物学和社会科学中有关路径依赖问题上都做出过这种主张——而且也在于发生巨变比如当革命（暴力的或平静的）改变了国际博弈的本质时（Koslowski and Kratochwil 1994）。正如杰维斯（Jervis 1985）和伊肯伯里（Ikenberry 2001）所指出的，通过在系统战争的余波中创建制度，而不是火上浇油的不合作行为能够缓和恐惧以及机会主义行为。

当然，有些对创建结构理论兴趣不大的现实主义者指出了国际体系的动力大多依赖于其成员的本质，也就是说，依赖于他们是修正主义者（领土或意识形态方面的）还是现状导向者（Kissinger 1964; Schweller and

Priess 1997)。即便是霍布斯本人也暗示说“主权权威者”之间所说的自然状态要比“个人之间”的自然状态温和得多。国家不像自然人那么脆弱，这样就使安全困境得到了缓和。它们还通过“维持其臣民的家业”提供“自由自在的生活”的基础(Hobbes 1985, ch.11)。如此，在一定意义上，霍布斯否认了自己对自然状态与对国际政治描述之间的类比，在国际政治中各国元首永远处于战争态势之中，因而这也凸显了从小的可能性
445 到大的可能性的转变需要亟待扩展的分析。

当然，从历史上来说，诸如休谟(Hume 1964)这样的学者做出了非常重要的修正，他们指出安全不必由政府单独提供，因为其他的一些手段，比如联盟、均势或外交，有时候也可以替代政府。此外，休谟强调这种安排的出现是一个历史变量而不仅是某个体系中的独立行为体之间互动的结果，尽管后者都是一些功能主义或体系的“要求”。最后，安全也不总能压过其余所有国家目标。后果就是，在我们对国家或共同利益问题进行辩论时我们既不得不将不同的、多维利益考虑在内，也不得不记住这些利益的表述发生于“市民社会”之中(Locke 1980)而不是只发生于国家机器内部。最后，康德(1970)暗示，如果各国不建立一个以放弃武力和约束争端解决为基础的联盟，法治国(Rechtsstaat)这一工程，即法治和权利保护，便不能有效地实现。

除了他们特定的课题，上述三位思想家都提出了国际体系的章程这一问题(Reus-Smit)。当然，此处“有社会的地方就有法律”(ubi societas ibi ius)这句老话与建立在“自然法”基础上的旧宇宙秩序概念是有连贯性的。不过，如今占据统治地位的法律范式的基础在于契约以及罗马私法制度在国际体系中的延伸(Lauterpacht 1970)。如此，契约与惯例的松散组合的增强出于偶然而不是有意的宪法设计表明了历史的重要性，以及向理解国际“博弈”及其再生产的转变。由于国际体系不是“天然生成的”而完全是人工打造的，它以某些共识为基础，这些共识使它们看起来只做描述的事情得以实现(Searle 1995)。正如我们将看到的，这一自我参照问题对于社会世界的理论化、我们选择的方法、“证据”或测试的

本质以及什么能够“算得上”是解释，具有重要影响。

在接下来几个部分笔者将围绕以下几点开展讨论。首先，笔者对社会的概念进行明确，然后对人们能否对“世界社会”进行有意义的论述进行探讨。最后（第三部分），笔者将集中探讨一些方法论问题，这些问题对于专注于内部或外部舞台上的社会活动的方法来说至关重要。

1 社会及其制度问题

要考量“社会学”意义上的国际关系，人们需要设法忘记一些根深蒂 446
固的主张以及一种替代性正面探索的发展。这样的话，举例来说，当我们倾向于将“社会”内容等同于宏观现象（而非个人或单独的行动或事件）以及认为不得不根据宏观现象的集合对“大的”现象进行解释时，更为深入的探究则会显示这些假设存疑的本质。同样地，即使我们承认法律与“社会”之间存在某种关联，而历史上人们几乎将“社会”等同于国家（就如同我们会谈及法国、德国或美国“社会”）以及几乎将“法律”等同于“主权者的命令”（Austin 1995）的做法却直接将我们打回到理查德·阿什利（Ashley 1984）所说的无政府状态难题（anarchy problematique）之中。结果，“国际法”之类的东西不可能存在，因而也不会有“章程”的存在。

但是我们也有充分的理由不靠定义来处理这些问题。正如韦伯（Weber）（1964）所说，“社会”并不是一个对大量现象进行描述的术语。尽管数百人离开他们的办公室并打开他们的雨伞可能被看作大量现象的一个例子，它并非一个“社会”现象。相对的，关键的“社会”因素在于能动者的行动有目的地以彼此为导向。这里韦伯举了一个两辆自行车相向过窄桥的例子，双方都希望避免碰撞。除了要理解这一情形的策略方面，只有双方都知道行车靠右这一规则才能避免发生事故。这样的话，我们不仅需要将“主体”的观点（即行为体的视角）以及行为体的“利益”（避免碰撞）考虑在内，我们还必须了解只有通过某些主体间共有规范的存在才可能对他们各自的行动进行协调。

对于“社会”一词的概念化能够得出几个推论。它表明了“规范”对行动的协调和社会秩序的“再生产”的重要性。结果，在对规范的那些“构成”效果进行研究时，我们需要专注于“制裁”和“强制”以便对规则和规范的“工作机制”进行解释。此外，社会秩序的再生产是可能的，因为规则和规范具有一种强大的做出“可能性”决议的功能，在特定情况下它们能够为行为体如何作为提供指导。即便是惩罚和制裁的有效性也不是源于事后报复而主要源于事前他们向别人发出的防止背叛的“信号”。以“强制”或“制裁”为基础是无法建立社会秩序的，因为只有当何种“违犯”应予“惩罚”显而易见时制裁才会有效。否则，我们只会发现很多暴力行为，又可能会尽可能避而远之，但这又无法实现促进社会再生产这一更大的使命。

正如伊拉克这个例子所示，其中武力使用和“强制”自然不少，但即便是军方也承认如今伊拉克的情况已经失去了控制，其“社会”正在分裂。不能以简单的利益巧合或个人理性行为的集合来解释规范的影响，这一点也变得非常清楚。毕竟，只有先前对行路规则的集体理解才能使个人采取理性的行动(靠右边)。这样，即使我们面临简单的协调问题，
447 其中每个人都有志于找到一个解决方法，除了“利益”，我们还需要“规范”。因此，我们也许并不在意自己用800千赫还是810千赫进行无线电传送，但我们必须有对无线电频谱进行分配的规范。

简而言之，关注焦点从强制和惩罚向规范的构成性和授予功能的转换，使人们能够对社会秩序进行更加细致入微的分析，因为这么做不再将与国家有特定联系的制度作为社会互动的前提条件。这样，它就打破了仅考量国际关系和政治的劣势(缺少中央机构、缺少强制等)的“国内类比”(Suganami 1989)，而且还校正了国际秩序的脆弱性仅仅通过制定更多的“法律”(这一向是国内和国际舞台上的立法者最喜欢的做法)和类似国家机构就能加以纠正的短视。

英国学派的贡献在这一点上可以派上用场(Buzan 1993; Dunne

1998)。他们的研究项目没有以先验的主张为基础，相反，其研究对帝国丰厚的历史遗产进行了钻研。而在该遗产中，不同的社会形态（而不只是国家）以及“国家体系”（Wight 1977）的各种形态中都可以看到该大都会中心，这一由很多学者组成的松散群体既专注于更宽广意义结构中社会的文化嵌入性又专注于“无头”社会秩序的巨大历史变异。他们采用比较法对若干体系中的制度进行了比较。反过来，这一比较使他们能够更清晰地对欧洲体系进行描绘，后者的基础在于主权、外交、联盟、某些准则（均势）、代表大会以及“平等”主权间的关系基于惯例法和契约法这一共识。

因此，从分析方法上来说，或许对现实主义最鲜明的反对建议出自赫德利·布尔（Hedley Bull）的《无政府社会》(1977)。他以休谟为其分析的基础，阐明了一般的社会体系再生产的前提条件。所有的社会体系都必须对诉诸武力进行规范、设立有诺必守的假设并为所有权的获得和转移做出规定。在国际舞台上，战争法规（ius ad bellum and in bello）就武力方面的规范进行了尝试，有约必守规范反映了有诺必守这一假定，而所有权的获得以及权利的转移受到不同的领土权利、国家责任规定、国家继承等的保护。虽然布尔和英国学派有关“国家社会”特定特点的研究是很重要的贡献，但它已经与当代政治实践产生了分歧。在这里，人权、自决要求以及“(非国家)人民权利”表明对于国家的排他性专注已经引发异议了（Brown 2001）。

国际互相依赖（Keohane and Nye 1977）的发展以及国内社会的日益分化不仅表明专注于“国家”或政治体系以其为“掌舵机制”日益与复杂 448
的相互依赖以及新兴的复杂内部和外部治理的“企业”形式所造成的敏感性和脆弱性不和。它首先体现为国家机构的“失控”。某些学者，比如考克斯（Cox 1981），提出了一个有关“国家国际化”的观点，试图捕捉这一新出现的复杂性，但跨国法的发展预示了这种治理的复杂形式中公私行为体将接管管制和分配功能（Hall and Biersteker 2002），对于源于国家和国家建设工程的传统分类是否仍然充分提出了重大质疑。我们遭遇过后期往往变成军阀主义的失败国家、窃盗统治以及与国际犯罪网络的怪异伙伴关系。不过，我们也注意到，美国是一个霸权主义大国，人们也认为美国制定并实施相关规则。美国的衰落并没有导致无政府状态，两次世界大战之间的政策，弊病百出，各国试图通过重塑单边的“以邻为壑”政策建立某种秩序（Ruggie 1983），但这一状况也并非源于美国的衰落。

接踵而来的有关体制的讨论离开了国际政治的传统议程，该议程原来几乎仅专注于权力和安全，如今也纳入了经济和环境问题。这一转变引起了曾被认为适合于对规范的重要性（即如何影响选择）进行评估的方法论的激烈讨论。将它们视为“干预变量”的体制的“标准定义”，似乎在传统对于权力（作为能力）和理念的强调之间进行了折中。此外，考虑到很难说明以不同的方式塑造选择的理念和规范具有充足的“因果力”，正如克拉托奇维尔（Kratochwil）和鲁杰（Ruggie 1986）所指出的，该辩论带来的大多是热度而不是启示。这导致了人们对于认识论问题近乎过于膨胀的担忧，确切地说，此时科学和社会学的历史（Knorr-Cetina 1981; Fuller 1988）早已表明过去的认识论已经失败了。“科学”不再是一项向我们说明“外面的世界”的实际情况的自我辩解事业，而不得不被视为一项知识生产的社会事业，科学界深陷于其所研究问题的建构之中。

这里的“建构主义”回到了康德时代并见证了现代生物学更急剧的复兴，对科学仅仅通过“发现”业已存在的世界就能创造有凭有据的知识这一实证概念发起了挑战。准确地说，由于我们从不能对“自然”进行直接测试，即使对自然科学也是如此，我们只能针对其他理论，“自然”本身也几乎无法“回答”我们的问题，即便在实验中“被问及”也是如此，除非它使用我们的语言，而这意味着有关证据的“权重”以及从一种理论
449 向另一种理论的“翻译”的辩论有了必要。尽管这方面有相当大的分歧，这些辩论引起了对运行中体制的详细研究，尤其是在环境（Young 1999）和安全领域（Katzenstein 1996）的研究，实证主义者和建构主义者都有所贡献。

随后出现的多元主义也解释了为什么建构主义最初提出的更大的认

识论和方法论问题最近已经失势。这一转变的原因有多个。其中一个原因与一个事实有关，即一旦建构主义被多多少少接受为合法方法，有关研究可能会集中于“常规科学”而不是范式挑战及其辩护。毕竟，对很多问题的分析不需要开展有关认识论的辩论。正如如果一名船长靠“数”星星绘制其航线，有关太阳系的各种理论的“真相”对于他的目的以及我们对他行动的解释都没有关联。他按照与其无数先辈一样的做法前行这一事实，并不意味着有关托勒密追随者、哥白尼追随者、牛顿追随者以及爱因斯坦拥护者的理论之争已经没有意义了，而是表明并非提出来的所有问题都必须满足一切目的。即使我们的解释要依赖一些有问题的，甚至错误的主张，我们还是能够“继续”解决（至少某些）我们的问题。此外，考虑到绝大多数行动和事件都过于武断，我们做出的强调不同因素的理论主张不能宣称已经找到了独一无二的“合适的”解释。相反，在绝大多数论争中，这些问题集中于哪些主张应被称作零假设、什么是举证责任以及基于知识性问题的社会学，不同的学者在此“融入”国际关系或政治科学这一更大的事业。

第二个原因更加重要。确切地说，由于社会界不是由“自然事实”组成的，而是建立在共有概念和理解为基础的巧妙设计，我们做出的“解释”不能简化为像以特定方法为基础的某种示范程序这样的某种单一形式或某种逻辑推理。我们对各种情景做出了解释而且也需要得到解释，社会学方法必须对这一问题尤其敏感。那么，在解释布朗夫人的死因时，法医和检察官会给出不同的答案。在前者看来，刀捅所导致的血块就是“死因”，在后者看来，其死因则是她丈夫有一个情妇，丈夫为她投了巨额人寿保险，因为丈夫希望跟自己的新欢（还有金钱）天长地久。这一系列情形构成了“动机”，它解释了谋杀案案发当日布朗先生与妻子会面时所发生的事情。

正如该例所示，有人坚持只有建立在“动力”因基础之上、具有“科学”地位的解释才可以被接受这一信念，其基础在于社会界和科学界共同的一个错误观念。例如，当我们对行动进行解释时，我们常常将“目

450 的”因当作一个解释项，正如动力因解释所要求的那样，当作行为体未来的目标而不是互相依赖的具体的先行条件。此外，正如温特（1999）的讨论所表明的，“构成性”解释在自然科学和社会科学中都大量存在，而且它们不同于动力因解释。最后，当结构性或生产性力量被使用时（见Barnett and Duvall 2005），它们充当亚里士多德意义上的“形式”因。不过，我们当中很少会有人因为它们没有使用动力因而拒绝这种解释。

尽管上述讨论暗示作为一种“干预”变量的机制的概念化不恰当而且过于狭隘，而与该问题有关的该机制定义的另一部分中堆砌着组织、决策进程、规范等又或许过于杂乱无章。然而，这种“不精确”为进一步的研究提供了非常肥沃的土壤。这种对于规则和非正规理解的专注将人们的分析从规范性是一种源自一体的“全有或全无的属性”这一墨守成规的偏见中解放了出来。正如在合法性问题上，输入的和输出的合法性概念彼此竞争并与规范之间的“连贯性”可能具有某种合法化功能这一事实竞争，不同类型的规范影响并塑造选择。此外，对某个机制的“问题领域”的专注引发了人们对于这种领域的构建和被接受进行了研究。例如，R. B. 哈斯（R. B. Haas 1975）提到，“大洋”这样一个对“外面的世界”某个部分看似简单的命名在《联合国海洋法公约》（UNCLOS）第三部分中变成了一个新的“整体”，它不仅将以前明显不同的机制联合到了一起而且其建设也涉及重大的规范性和认知性转变。这种研究为对“学习”和认知演化（Adler 1991）以及跨国性的积极主动的科学界（R. B. Haas 1992; Risse 1995）的角色的研究铺平了道路。

在以前功能主义的主张中，专家们通过让（科学或技术的）“真相”直面权力而使政治“终结”，新的有关认知共同体的文献则与之不同，后者意识到“科学”当中充斥着许多争议，因而政治也是如此，国际组织的“专家统治”可能在组织病理学和合法性（Stiglitz 2002）两个方面都造成严重的问题。这些问题的提出针对的尤其是欧盟和国际金融制度。它还使人们转而关注国内社会结构，后者在促成或禁止理念和知识及其对于决策的影响在国家内部（或跨国）流动方面具有至为关键的作用。与这些方法相反的，有关通过跨国活动家网络(Finnemore and Sikkink 1998)来实现规范扩散的研究因为规范发展阶段模型的简陋而苦恼，因为后者整体上对于我们为什么、何时以及怎样从一个阶段向另一个阶段前进保持沉默。

此外，该机制定义中所列出的机制组织形式促使人们开展超越等级制度和无政府这一价值寥寥的二分法的分析，并转向这些组织形式在更 451
广义理解(社会学知识)当中的嵌入性。这里，鲁杰(1993)对作为某个具体的组织形式的多边主义的研究以及他所提出的有关二战后国际经济秩序中嵌入的自由主义观点就是很好的例子。相比通常有关"霸权"以及提供公共产品的观点["自由贸易"和"保护"(安全)在国际层面上都不是单纯的非他性的公共产品，不过没关系！]，它们提出了一种对于布雷顿森林体系丰富得多的论述。鉴于人们当时预测自由贸易秩序对于资本控制具有稳固的控制，对于布雷顿森林协议不再盛行这一情形此处无须详述，有关全球化的文献对此已经给予了详细论述。

2　碎片化，还是全球社会的兴起?

上述考量带我们又回到了"章程"问题。许多自成体系的机制(有些甚至配有非常有效的强制性解决步骤，如国际贸易组织)存在(Teubner 1996)提出了这一问题，人们已经在国际(法律)秩序(Koskeniemi and Leino 2003)的名义下在国际法中对该问题进行过讨论。除非我们大胆假定所有机制都极其合拍，否则现存安排中的"优先选项"问题和不连贯问题就会出现。好的贸易政策可能不利于环境保护甚至人权。从国际法院到海牙国际刑事法院、《联合国海洋法公约》以及各仲裁庭的多样性可能确实是一件利弊并存的事情。这可能导致差异巨大的判决从而滋生购物式选择法院，并因而无法在这个复杂的全球化世界上发出清晰的"可能的法院决议"的信号。从前"作弊"似乎是合作的主要障碍，当前我们面临的困境与以往不同，除了作弊行为、宗教激进主义领导人以及掠夺性权力持有者对于整个国家主义工程的绝对排斥外,颇令人费解地是,我们还遭受着富裕的困窘。

前面的评论提出了一些很重要的问题,这些问题关乎清除了“内部”和“外部”、“私人”和“公共”领域(Walker 1993)后,“世界社会”之类的东西是否会即将出现。一方面,全球范围对于西方模式的接纳似乎暗
452 示,即便排除政治,至少在文化形式和意义建构意义上,一个世界性文明已然被创造了出来。如此,人权的魅力、表面上全球范围对“民主”的接纳、各国和各国际组织对“最佳做法”和责任的引进以及新型的公—私伙伴关系接管了重大的治理功能,这所有的一切似乎都支持这种解读。这里,斯坦福学派的研究以令人印象深刻的详尽研究对西方的组织形式对其他社会的完整影响(Meyer et al. 1997)予以了说明。不过,这种蔓延与以往有关效率的观点不同,而与韦伯及其他“政治发展”观点的支持者相似,这些组织所代表的政治方案更大的合法性对此给予了更好的解释。

另一方面,我们必须承认这种理念“霸权”并不会常常转化为直接的实践。结果,对于西方模式的采纳不仅非常不均衡而且往往远离人们互动以及解决其个人和集体问题的实际方式。我们不仅划定了“失败”国家和“无赖”国家,而且通过深入那些基本无法满足人们期待的社会以监视(提交报告、合乎标准等)尝试“改革”一些国家。关于这一点,海地、阿富汗、东帝汶或科索沃的经历提供了令人瞩目的证据。这些失败案例的原因在于人们并非一些直接将对策转换为实践的文化傀儡,而当这些形式并不熟悉而且该转换过程并非“为己所有”情况下尤其如此。结果,“民主化”努力可能会引发抵制,宗教激进主义者发起的挑战即为明证。而且,这些实施者(援助、联合国、官员或非政府组织成员)往往无法像因为其超然的立场而能够对病患进行治疗的“医生”那样保持“中立的职业人员”身份。确切地说,由于他们对资源进行分配,他们创造新的政治进程而且也在一定意义上开始依赖其“客户”。毕竟,正如黑格尔所指出的,只有仆人承认你是主人你才会成为主人。确实,在非政府组织中,各项活动在合同续订时很大程度上依赖“客户满意度”,这一依赖性一目了

然(Cooley and Ron 2002)。

人们可以将类似的批评置之于对于通信革命过于乐观的评估之上。的确,人们的“可达性”(Albrow 1997)有了巨幅增加,新的网络已经建立而且网上聊天室让人们在网络空间相聚进而可以就很多问题进行辩论乃至“投票”。类似地,无法计量无法定位的大大增加的风险,比如切尔诺贝利核泄漏或全球变暖等,可能意识到自身所处的“全球”背景。但这些足以让我们谈及一个世界风险社会吗(Beck 1999)?诚然,这一意识对于使新形式的政治和民主参与能够兴起的“公共空间”来说是十分必要的(Archibugi and Held 1995)。此时,我们会想到跨国社会运动。某些 453
马克思主义者(Hardt and Negri 2000)将他们的信仰放在被剥削的正成为一个“自为阶级”的“广大民众”身上。然而,除了举行声势浩大的抗议,有组织的运动又如何能够为行动提供有效的影响这一问题仍然存在。这里仅有“可达性”是不够的,因为网络及资金才是关键所在。曼哈顿地区的电话比整个非洲撒哈拉以南都要多这一事实(Everard 2000, 34)清楚地表明新的全球公共领域这一扭曲的画面。

最后,正如桑斯坦(Sunstein 2001)所指出的,信息量过大带来了新的选择问题,切实损害了有关“公共”问题的讨论,确切地说,是因为对“公众”行使考查功能至关重要的必要的舆情多样性通常不存在于网络空间之中。在网络空间,人们可进可退而且通常更喜欢只跟志同道合的人对话。简而言之,问题在于人们现在可以以更多的方式登记自己的偏好,但在公共空间人们需要对其中存在的战争与和平问题、公正问题、福利问题和身份问题等进行深思熟虑再做出决定。在这里,谁能发言以及谁的声音必须传达以及谁不论喜欢与否都必须遵守最后的决定等问题必须加以解决。这样,尽管市场通过进入和退出发挥作用,声音和忠诚两者是否都十分必要或者“退出”和“声音”是否确实充分这一问题仍然存在(Hirschman 1970)。

上述评论还暗示对世界社会是否存在或正在兴起的判断并不是某个概念与“外面的世界”的简单配对。这一术语的作用并非是一个简单的“标签”，而是一个评估的标杆，这涉及与简单地看一下经验性事实非常不同的操作。重要的是，韦伯（1964, pt. 1, ch.1, Basic Sociological Concepts）在其定义部分并未将“社会”纳入其中。他只提到两个基于不同团结模式的关联（Vergesellschaftung）进程，这一区分可以追溯到斐迪南·滕尼斯（Ferdinand Toennies）和埃米尔·涂尔干（Émile Durkheim）。韦伯词汇表中没有使用这一名词暗示我们将社会视为发生各种分化的一系列进程而不是一个“东西”。我们不能采用那种将研究的目标置于某个概念之下的往常观念，我们应该专注于构成民族、市场、国家等目标的划界进程。在这种情况下，不仅“团结”将提供区分的标准而且多种多样的“行为准则”将决定感觉的界限、促进互动并使我们继续前行。这样，只要有“价格”就有经济，当我们以合法/非法来考虑行为时就划出了法律的范畴，“神圣的/世俗的”的行为准则就构成了“宗教”，等等。卢曼（1972; 1999）曾经提出过这样一个“社会”的概念，当然，按照他的说法，即便它与人们熟知的超越国家的某个“国家”、业已出现的某个世界公共领域或某个世界“社区”这些观念相当不同，我们“的确”正处于一个世
454 界社会之中。

3 关于方法的一点说明

如前文所示，社会学方法与其他方法的主要区别包括对待“社会”事实的方法以及能否将它们当作“自然的”方法。非常明显，这一问题要比有关“方法”甚至“科学”的讨论范畴宽广得多。在其背后隐藏的是作为我们的理论一部分“概念”有什么用这一更大的问题；它们是否只是与某个先前存在的现实（因此这一现实也倾向于某“一种”正确的描述）相匹配，或者我们的概念是否与我们研究的这些实体和问题的构成有关联。在这里，一方面是科学现实主义者，另一方面是传统主义者、建构主义者等双方在包括自然科学和社会科学在内的所有学科中互相对峙。科学现实主义者的立场在于以下信念，即，如果概念并不与“世界”相对应，那么

科学的成果就是一个奇迹。

但是这一乍看令人信服的观点被两个强大的反观点所削弱，分别从逻辑方面和实证方面。从逻辑上讲，这一有关奇迹的观点在结构上与上帝存在的“证据”(如果将我们在大自然中所注意到的完美设计归因于某个设计者的话)之一一样，正如康德在其第一批判中所指出的，这是一种非法的推论。实证方面的反对与科学的历史有关。虽然很多过去的理论都以几乎被所有人接受的东西为基础，后来它们仍然被抛弃了，因为有些至关重要的理论术语，如以太、热质、燃素等与“世界”上的任何东西都不“对应”。因此，作为我们目前的科学本体论部分内容的重大术语可能会有相同的命运。奇怪的是，科学的成功(即引发工业和技术革命)的基础已经被证明是“错误”的(例如，以以太为基础的电磁理论)。这两种观点似乎都暗示赞同“现实主义”的“奇迹”论并不令人信服。

由他去吧。事实上，很多社会科学中的兴趣和问题仍然关注能动者问题、身份的归属(例如，谁被当作行为体)、责任(只有当我们相信行动并不是由因果必然性决定的我们才能将责任归咎于某人)以及身份(群体的历史偶然性)等。正如我们所看到的，只有我们专注于意义问题和价值观的构成功能才能解决这些问题，而这意味着我们必须扩展有关“解释”的概念。因而，专注于沟通和意义而不是“物质”能力或“兴趣”，具有重要的方法论影响。

首先，我们从驱使并约束行为体“继续前行”的主体间理解层面入手而不是从行为体及其“动机”或“系统”结构层面入手。笔者认为，我们之所以能够这么做是因为对于行动的解释总是基于“归因”而不是对 455
于行为体“心灵”的研究。在一定意义上，我们提供的是一种“外在主义者”的论述而不是一种基于“私人”动机的论述。确切地说，是因为我们没法进入行为体的“心灵”而且甚至行为体可能也不清楚其实际动机为何。认知偏差和动机偏差可能会模糊人们的视野，而行动“原因”的多样性可能很难简化为某个单一动机。韦伯(1954)反对“共鸣”而倾向于“理解”就说明了这一点。对某个行动做出了解释就意味着它容易理解，有发生的背景，并表明根据主体间共有的标准这些归因有意义。于是当我们向某人询问他为什么向别人支付一笔钱时，他回答说是因为之前的“承诺”或合同，那么这个行动就得到了解释，尽管其中并未涉及法律或“因果机制”或休谟所提到的行为体可识别的“欲望”。

其次，遵从科学的客观性试图“清除”带有某些价值考量的语言，从根本上说是误入歧途，因为这样做“没有意义”。例如，当我们使用“他抛弃了她”而不仅仅说“他离开了”时，我们是希望表现某个行动的特征并指明责任或加以指责。我们不把这一行动当作刚刚发生的某个“事件”，而是作为任何人都无法控制的（像地震一样的）“事件”来对待，就是为了做出令我们感兴趣的说明（Connolly 1983）。这样，将任何事情简化为某种可能“客观的”语言从根本上讲是与现实世界的问题不符的，使我们的研究议程陷入困顿。正如韦伯所暗示的，即使我们认可“科学”推理无法证明其正当性，价值观正是我们兴趣的构成部分而且无法祛除。这就是他认为与某个科学家相称的“诚实”要求明确这些价值观的原因。但是，如果我们认定他打算根据一个方法论纯洁的错误观念“清除”对任何价值观痕迹的探究，那将是对他的观点的完全误解。

尽管上述都是一些初步的观察，但是它们有助于我们澄清一些人们激烈争执的问题，例如有关行动者—结构的辩论等。在这里，某些理性选择的支持者和建构主义者都提出过结构无法决定选择这一观点，不过建构主义者还坚持认为只加上偏好是不够的。它们的起源以及通过行动实现的行动构成都必须内化到理论之中而不是仅交给假设。但是，对该辩论审视后，多蒂（Doty 1997）正确地指出，尽管人们做出了对行动者（Giddens 1979; Archer 1982）和结构的“相互构成”进行解释的理论宣示，实际的研究仍然倾向于结构优于能动者或者相反。原因很简单：只要我们把动力因范式当作标杆，这一困境就无法解决，因为某个因素必须先于另外一个因素。这个问题只有被规避才会消失，也就是说，当人们承认还存在诸如亚里士多德式的目的因这样其他形式的“因果关系”。

456 另外一个问题与自然界和实践领域中无法观察的因素的状态以及像

沃尔兹(1979, ch.5)所暗示的他们以同样的方式所做出的推论有关。诚然,尽管“黑洞”和国际体系都不是能够直接观察到的,但它们产生效果的方式大为不同。“黑洞”是可以推断的,因为不管我们能不能观察到它们,它们的效果都是存在的。如果我们能够观察到它们,它们并不需要我们改变对自然事实描述的方式。然而,如果我说这是“镇纸”而不仅是一块石头,那么我的描述在一定意义上就是“观察者相关的”(Searle 2001)。“看见”一方镇纸需要一位观察者以及对于某个社会中特定文化实践的熟稔而不是对某个无情事实(虽然这种观察者—相关“描述”并不是武断或怪异的)的参照。因此,有关对事物进行假设的“弱式物质主义”的“科学现实主义”(Wendt 1999)的争论大多可以通过某种“正确”描述加以解决!

如果我们研究一下制度性事实,事情会变得更加复杂。当我说“这是钱”的时候,我指的不能算是这一物体或这一象征,因为正如镇纸一样,它并非因为自己被赋予了某个功能的固有属性(比如“重量”)而“有用”。毕竟,就镇纸而言,我本来也可以使用一个果酱罐或烟灰缸。但是,就钱而言,这一术语的意义事实上完全取决于共有的惯例。这一点在“电子”现金一例中最为明显,即便是纸张和塑料的象征也消失了而只需要网络空间的信息数字就可以表示交易。此外,这一概念是自我参照性的,因为钱之所以称为钱,仅仅是因为人们认为它是钱。这样,这一观念的内容就是某个东西在一群行为体当中充当金钱,并引发非它不可的行动这一共有观念。同样,当我们“指定”某人为大使或让两个人结为夫妻时,我们事实上通过一种“言语行为”(表现为一种方案及“以此”的要求)无中生有地创造了一种新情形并赋予某人新的权利和能力。最后,同样,只有在各行为体共有一系列基于诸如条约、外交、联盟等制度规则并因而创造和再现国际体系的情况下,国际体系才能存在下去。

在这里,各种流派的建构主义者对国际关系分析做出了重大的贡献,这些建构主义者之间主要的区别在于,有些人专注于语言,有些人希望按照互动主义模型或更为主流的方法(Zehfuss 2002)来理解社会。例如,温特受到了米德（1954）的符号互动论的影响，并试图与国际关系中占据统治地位的新现实主义学派以及理性选择理论建立关联。可能奥努弗（Onuf 1989）最执着于对语言的强调并试图将奥斯丁（Austin 1962）和希尔勒（Searle 1979）的言语行为理论应用于政治学，克拉托奇维尔（1989）则专注于“规则”的功能以及它们的赋能和约束效果。确切地说，由于人们必须对规则加以阐释，正如因果分析预先假定的那样，人们按照完全相同的效果是无法理解规则的。尽管规则致力于稳定人们的期待并因而创
457 造出某些可以观察到的一般模式，其更为重要的功能却在于它们的内在方面，即它们使各行为体能够“继续前行”的赋能（或规范性）能力。这里，社会再生产不包括雷同模型的反复，但暗示通过“异常”（“围绕”规则起作用）、论争（声称某种情形需要一条不同的规则，例如，就人道主义干预而言，在人权的名义下“主权”被剥夺）或向新领域的延伸（例如，将服务当作商品对待或将知识成就当作“产权”来对待）变化是永恒的。

当然，强调“理念”（或概念和语言）重要性的这一观点“一路上”都引发了抵制，因为“现实”（被理解为我们周围可感知的事物）似乎就在我们眼前消失了。因此，虽然本身有些混乱，但认为这种方法培育了“相对主义”、误将修辞当现实而且可能最终导致“否认真相”的观点非常常见。首先，显然“真相”不能成为事物的某种属性，因为“真实”只能是事物的有关论断。结果，真相始终是某个语义系统中的一个功能而且始终与之“有关联”，尽管这种相关性既非武断之言也非奇谈怪论。其次，“外面的世界”就像一家家具店这一幼稚的观念已经彻底地被现代物理学以及生物学证明为谬论。世界上不存在像本原或者甚至（不可分的）原子或属和类这种“终极的”所与之物（除非你是一个神创论者）。确切地说，由于“自然”是由很多领域和进程而不是已有的终极“事物”所组成的，物化以及严格意义上的概念化体系是由“字”和“事物”之间的匹配运作组成的这一假设，都是特定哲学传统的结果而非“自然”或“世界”的结果。

最后，意识到我们所拥有的是“结构”而非“如其所是的事物”之后，随之而来的并不是一切皆有可能，就如同我提出了一个完美之物的概念而它并不会随之出现一样（尽管笛卡尔持相反观点）。众所周知，虽然困境并非“天然的”，但它们是真实存在的，由于集体行动问题、意识形态霸权或人们的坚决反对，社会现实很难发生变化。由此，要说明（民族的）身份不是固定的并不困难，但由于我们在这里探讨的是一个保龄球俱乐部或“利益团体”当中出现的简单的“成员身份”问题，我们要说明身份会如何改变就困难得多了。确切地说，由于人是一种社会动物，政治举足轻重，人与人之间的兄弟情谊是一种愿景和伦理要求，而不是一种制度化的实践。 458

参考文献

Adler, E. 1991. Cognitive evolution: a dynamic approach for the study of international relations and their progress. Pp. 43–88 in *Progress in Postwar International Relations*, ed. E. Adler and B. Crawford. New York: Columbia University Press.

Albrow, M. 1997. *The Global Age: State and Society beyond Modernity*. Stanford, Calif.: Stanford University Press.

Archer, M. S. 1982. Morphogenesis versus structuration: on combining structure and action. *British Journal of Sociology*, 33: 455–83.

Archibugi, D., and Held, D. (eds.) 1995. *Cosmopolitan Democracy: An Agenda for a New World Order*. Cambridge: Polity.

Ashley, R. 1984. The poverty of neorealism. *International Organization*, 38: 225–86.

Austin, J. 1962 *How to do Things with Words*. Cambridge, Mass.: Harvard University Press.

—— 1995. *The Province of Jurisprudence Determined*, ed. W. Rumble. Cambridge: Cambridge University Press; originally published 1832.

Barnett, M., and Duvall, R. 2005. Power in international politics. *International Organization*, 59: 39–75.

Beck, U. 1999. *World Risk Society*. Cambridge: Polity.

Boli, J., and Thomas, G. (eds). 1999. *Constructing World Culture: International Nongovernmental Organizations since* 1875. Stanford, Calif.: Stanford University Press.

Brown, C. 2001. World society and the English School: an "international society" perspective on world society. *European Journal of International Relations*, 7: 423–41.

Bull, H. 1977. *The Anarchical Society: A Study of Order in World Politics*. New York: Columbia University Press.

Buzan, B. 1993. From international system to international society: structural realism and regime theory meet the English School. *International Organization*, 47: 327–52.

Connolly, J. 1983. *The Terms of Political Discourse*, 2nd edn. Princeton, NJ: Princeton University Press.

Cooley, A., and Ron, J. 2002. The NGO scramble: organizational insecurity and the political economy of transnational action. *International Security*, 27: 5–39.

Cox, R. W. 1981. Social forces, states and world orders: beyond international relations theory. *Millennium: Journal of International Studies*, 10: 126–55.
Deudney, D. 1995. The Philadelphia system: sovereignty, arms control, and balance of power in the American states-union, circa 1787–1861. *International Organization*, 49: 191–228.
Doty, R. L. 1997. Aporia: a critical examination of the agent–structure problematique in international relations theory. *European Journal of International Relations*, 3: 365–92.
Dunne, T. 1998. *Inventing International Society: A History of the English School.* New York: St Martin's Press.
Everard, J. 2000. *Virtual States: The Internet and the Boundaries of the Nation-State.* London: Routledge.
Finnemore, M., and Sikkink, K. 1998. International norm dynamics and political change. *International Organization*, 52: 887–917.
Fuller, S. 1988. *Social Epistemology.* Bloomington: Indiana University Press.
Giddens, A. 1979. *Central Problems in Social Theory: Action, Structure and Contradiction in Social Analysis.* Berkeley: University of California Press.
Haas, E. B. 1975. Is there a hole in the whole? Knowledge, technology, interdependence, and the construction of international regimes. *International Organization*, 29: 827–76.
Haas, P. M. 1992. Introduction: epistemic communities and international policy coordination. *International Organization*, 46: 1–35.
Hall, R., and Biersteker, T. (eds.) 2002. *The Emergence of Private Authority in Global Governance.* Cambridge: Cambridge University Press.
Hardt, M., and Negri, A. 2000. *Empire.* Cambridge, Mass.: Harvard University Press.
Hirschman, A. 1970. *Exit, Voice, and Loyalty: Responses to Decline in Firms, Organizations, and States.* Cambridge, Mass.: Harvard University Press.
Hobbes, T. 1985. *Leviathan*, ed. C. B. Macpherson. Harmondsworth: Penguin; originally published 1651.
Hume, D. 1964. Of the balance of power. Pp. 339–48 in *Essays: Moral, Political and Literary*, D. Hume. London: Oxford University Press.
Ikenberry, J. 2001. *After Victory: Institutions, Strategic Restraint, and the Rebuilding of Order after Major Wars.* Princeton, NJ: Princeton University Press.
Jervis, R. 1985. From balance to concert: a study of international security cooperation. *World Politics*, 38: 58–79.
Kant, I. 1970. Perpetual peace. Pp. 93–130 in *Kant's Political Writings*, ed. H. Reiss, trans. H. S. Nisbet. Cambridge: Cambridge University Press; originally published 1795.
Katzenstein, P. (ed.) 1996. *The Culture of National Security: Norms and Identity in World Politics.* New York: Columbia University Press.
Keohane, R., and Nye, J. 1977. *Power and Interdependence.* Boston: Little, Brown.
Kissinger, H. 1964. *A World Restored.* New York: Grosset and Dunlap.
Knorr-Cetina, K. D. 1981. *The Manufacture of Knowledge: An Essay on the Constructivist and Contextual Nature of Science.* Oxford: Pergamon.
Koskenniemi, M., and Leino, P. 2002. Fragmentation of international law? Postmodern anxieties. *Leiden Journal of International Law*, 15: 553–79.
Koslowski, R., and Kratochwil, F. 1994. Understanding change in international politics: the Soviet empire's demise and the international system. *International Organization*, 48: 215–47.
Kratochwil, F. 1989. *Rules, Norms, and Decisions: On the Conditions of Practical and Legal Reasoning in International Relations and Domestic Affairs.* Cambridge: Cambridge University Press.
——and Ruggie, J. G. 1986. International organization: a state of the art on an art of the state. *International Organization*, 40: 753–75.
Lauterpacht, H., Sir 1970. *Private Law Sources and Analogies of International Law, with Special Reference to International Arbitration.* Hamden, Conn.: Archon.

Locke, J. 1980. *The Second Treatise of Government*, ed. C. B. Macpherson. Indianapolis: Hackett; originally published 1690.

Luhmann, N. 1972. Die Weltgesellschaft. *Archiv für Rechts- und Sozialphilosophie*, 57: 1–34.

—— 1999. *Die Gesellschaft der Gesellschaft*, 2 vols. Frankfurt: Suhrkamp.

Mead, G. H. 1954. *Mind, Self and Society*. Chicago: University of Chicago Press.

Meyer, J., Boli, J., Thomas, G. M., and Ramirez, F. O. 1997. World society and the nation-state. *American Journal of Sociology*, 103: 144–81.

Onuf, N. 1989. *World of Our Making: Rules and Rule in Social Theory and International Relations*. Columbia: University of South Carolina Press.

—— 1998. *The Republican Legacy in International Thought*. Cambridge: Cambridge University Press.

Rawls, J. 1971. *A Theory of Justice*. Cambridge Mass.: Harvard University Press.

Reus-Smit, C. 1997. The constitutional structure of international society and the nature of fundamental institutions. *International Organization*, 51: 55–89.

Risse, T. 1995. *Bringing Transnational Relations Back In: Non-state Actors, Domestic Structures, and International Institutions*. Cambridge: Cambridge University Press.

Ruggie, J. 1983. International regimes, transactions and change. Pp. 195–232 in *International Regimes*, ed. S. Krasner. Ithaca, NY: Cornell University Press.

—— (ed.) 1993. *Multilateralism Matters: The Theory and Praxis of an Institutional Forum*. New York: Columbia University Press.

Schweller, R. L., and Priess, D. 1997. A tale of two realisms: expanding the institutions debate. *Mershon International Studies Review*, 41: 1–32.

Searle, J. 1979. *Expression and Meaning: Studies in the Theory of Speech Acts*. Cambridge: Cambridge University Press.

—— 1995. *The Construction of Social Reality*. London: Penguin.

—— 2001. *Rationality in Action*. Cambridge, Mass.: MIT Press.

Stiglitz, J. 2002. *Globalization and its Discontent*. New York: Norton

Suganami, H. 1989. *The Domestic Analogy and World Order Proposals*. Cambridge: Cambridge University Press.

Sunstein, C. 2001. *Republic.com*. Princeton, NJ: Princeton University Press.

Teubner, G. 1996. *Globale Bukowina: Zur Emergenz eines transnationalen Rechtspluralismus*. Basel: Basel University Press.

Walker, R. 1993. *Inside Outside: International Relations as Political Theory*. Cambridge: Cambridge University Press.

Waltz, K. 1979. *Theory of International Politics*. Reading, Mass.: Addison-Wesley.

Weber, M. 1954. *Gesammelte Aufsätze zur Wissenschaftslehre*, ed. J. Winckelmann. Tübingen: C. B. Mohr.

—— 1964. *Wirtschaft und Gesellschaft*, ed. J. Winckelmann. Cologne: Kiepenheuer and Witsch.

Wendt, A. 1999. *Social Theory of International Politics*. Cambridge: Cambridge University Press.

Wight, M. 1977. *Systems of States*. Leicester: Leicester University Press.

Young, O. (ed.) 1999. *The Effectiveness of International Environmental Regimes: Causal Connections and Behavioral Mechanisms*. Cambridge, Mass.: MIT Press.

Zehfuss, M. 2002. *Constructivism in International Relations: The Politics of Reality*. Cambridge: Cambridge University Press.

第二十七章
心理学方法

詹姆斯·戈尔德吉尔/菲利普·泰特洛克

有关国际关系理论能否以某种神秘的形而上学的方式还原为心理学的争论,应该早就消弭于思想史之中了(Waltz 1959)。除了早期一些文章(Tetlock and Goldgeier 2000; Goldgeier and Tetlock 2001),在过去几十年中还有很多其他学者(Kelman and Bloom 1973; Jervis 1976; George 1980)也不厌其烦地指出,正确的问题更为微妙而分化较小:国际层面上各门各派的理论化——结构现实主义、制度主义和建构主义——应该在什么情况下、以什么方式以及在多大程度上吸收各类别的心理学理论?

以此为出发点,本章的目的在于举例说明鉴于近来实证和理论方面的发展,这种彼此纠缠的不同层面的分析得以发端或可能随时启动的不同方式。我们将最有希望的概念整合选项分为四个大类:(1)确定结构—现实主义传统中互相碰撞的假设适用性恰当的限制条件(例如,各国在什么时间以及为何会追求多少有些冒险的安全政策?);(2)确定制度主义传统中哪些元素会促进或妨碍国际制度和规范实施机制的创设(例如,各国什么时候以及为何会做出显然会减少其主权和行动自由的承

诺？）；（3）确定建构主义传统中哪些元素会决定决策者和认知社群是否 462
会按照以结果为导向的行动逻辑或以规则为导向的行动逻辑来设计议题（例如，强大的规范——比如使用核武器和化学武器的禁忌——什么时候以及为何会成型？）；以及（4）突出国际关系理论家因理论上的过度简约所付出的代价，以及在未来的理论构建活动中采取一种更加灵活和巧妙的语境主义方式的价值（例如，专家观察者什么时候最容易突然对所观察事物熟视无睹以及为什么？）。

然而，在启动这一活动之前，我们应该让那些担心心理学过于碎片化、范式性不足而无法成为一个国际关系理论修正的可靠指南的人打消顾虑。当然，与国际关系关联最为密切的心理学领域，认知、社会、人格心理学等都是有争议的。对于人类行为分别受稳定的人格倾向或变化的情景线索（Mischel 1999）的控制程度；所谓的认知偏差代表的是对理性还是对环境的适用性回应（Gigerenzer and Goldstein 1996; Kahneman and Tversky 2000; Gigerenzer and Selten 2001），关于这些基本问题，分歧持续存在。不过，在此我们不采取极端的理论立场，在我们的分析所引入的有限的重复性发现方面分歧也不大。而且，鉴于以往国际关系理论的借鉴惯例（Waltz 1979），我们猜想，如果如今事实证明国际关系理论家比那些广泛应用我们强调的许多发现（Rabin 1998; Camerer 2003; Fehr, Fischbacher, and Kosfeld 2005）的微观经济学家对心理学更为挑剔，未来的观念历史学家对此会很好奇。

1 现实主义

部分是因为杰维斯（1976）的研究，另一方面也因为对战争与和平问题的误算成本太高，心理学方法对于现实主义思维的介入要比在其他主要国际关系传统的更多。通常情况下，这些研究对自己利用心理学的行为秘而不宣，它们依赖于一种对于“知觉”语焉不详的概念来填补现实主义思维的缺口。例如，沃尔特（1987）将均势理论转化为威胁平衡理论，再如克里斯坦森（Christensen）和斯奈德（Snyder 1990）采用攻守平衡观

念来解释，什么时候各国会将自身与他国的命运过于紧密地联系起来，而
463 不是什么时候它们没有对国际体系中的他国给予足够帮助。

近来托利弗（Taliaferro 2004）试图将清晰的心理学理论化与现实主义理论相结合，他大量借用前景理论来解释为什么大国经常在周边地区冒险行动，即便取胜前景黯淡而且成本攀升仍然我行我素。

卡内曼（Kahneman）和特维斯基（Tversky 1979；2000）和他们的合作者开发的前景理论表明，在风险情况下个人做出不同决定取决于其是面临预期收益还是损失，当面临损失时更愿意承担风险，面对收益则希望规避风险。被调查者对于逻辑上相当但表述不同的问题（例如，可被拯救的人数与死亡人数）的处理极其不同。实验性证据表明预期损失的伤害程度接近于收益满足的两倍，而且当其禀赋被指责为道德及情感象征主义时这种伤害则更加严重（McGraw, Tetlock, and Kristel 2003）。

行为主义经济学家们（例如，Rabin 1998; Thaler 2000; Camerer 2003）大力支持以前景理论的发现来重塑其领域。即便如此，政治科学家们却不以为然。正如麦克德莫特（McDermott 1998；2004）所注意到的，该理论以有条件启动回应倾向为基础而不是以人格倾向为基础，这一点应该对国际关系中的结构主义理论家有吸引力。的确，近来的研究表明，人类使用大脑的不同部位思考成本和收益而不是像效用理论家所说的那样进行一次单一的计算（Cowen 2006），从而为前景理论提供了一种神经学基底并强调了某些简化主义研究的可行范围。

尽管质疑者强调指出很难以某种非赘述的方式明确决策者的参照点以及他们对收益和损失的计算（Tetlock 1999b），前景理论在国际关系中的应用还是得到了很大发展（例如，Levy 1992; Farnham 1994; McDermott 1998; 2004; Mercer 2005）。托利弗（2004）专注于国家对损失相对权力、国际地位或威望的厌恶作为对冒险行为的驱动，从而将前景理论对表述的重视与防御性现实主义对相对权力的重视结合起来，而且避开了对国内政治在塑造领导人如何将问题表述为预期收益或损失的方面所起的作用而进行的复杂评估。

前景理论直接使用于现实主义内部的一场核心论争，即防御性现实主义（Waltz 1979）与进攻性现实主义（Mearsheimer 2001）之间的论争。沃尔兹及其追随者认为各国试图在无政府状态的国家体系中实现自身安全的最大化，而该体系要求各国践行均势政治。它们的主要目标在于确保其存续，这需要通过建设军事力量或结盟而使其力量得以增长，但各国如果认为与其他国家相比自己足够强大它们可能会对现状心满意足。对于米尔斯海默来说，力量优势再大也不够大，因而各国都可效仿成为具有称霸雄心的权力最大化者。在这两种状况下，各国都必须打造对世界的精确描述并及时对大国的行动做出回应，这使它们极其警觉并容易接受 464
有关该体系中其他国家动机的更糟糕的假设。

沃尔兹式的国家可能对自己在该体系中的位置感到满足。这种国家将是损失厌恶型的，而且不愿追求可能引发其他国家制衡行动的扩张主义政策。在米尔斯海默的世界中，各国没有获得霸权之前绝不会感到满足。如各国面临预期收益，前景理论将证明沃尔兹更加正确；如各国面临预期损失，前景理论则将证明米尔斯海默更加正确。由于安坐国际体系的头把交椅，20世纪90年代的美国不愿在国外（海地、索马里、波斯尼亚、科索沃）进行的干预中蒙受伤亡，正如沃尔兹预言的，美国采取了一种高度风险厌恶的行动方式。但是，在“9・11”袭击之后，美国变得更愿意承担风险。下面引用几个极端得多的例子，其中政权类型和领导人性格的作用非常大。1939年的纳粹德国、1941年的日本帝国甘愿在其所处环境中碰碰运气，此前它们或者已经引发了巨大损失或者面临这种损失的预期，正如米尔斯海默所预测的，它们诉诸高风险的行动以扭转或避免这种命运。心理学认为现实主义内部的宿怨并不一定能够通过一分高下的方式予以解决，心理学有助于我们对边界条件进行勘查：青睐防御性现实主义可能更适用于决策者将问题表述为潜在收益的情况；青睐进攻性现实主义可能更适用于各国面临潜在损失的情况。

前景理论及相关的禀赋效应（一旦一个人拥有某项物品，他对该物品价值的评估比未拥有它之前大大提高）研究也对威慑与逼迫之间的主要区别进行了解释，也就是说，诱惑某个国家放弃其已经拥有的东西要比阻止它获取自己并不拥有的东西困难得多（Schelling 1967）。20世纪90年代的克林顿政府本应该注意这一点。波斯尼亚并不是塞尔维亚的一部分，于是1995年时斯洛博丹·米洛舍维奇（Slobodan Milosevic）愿意就自己并不拥有的东西予以谈判解决。克林顿政府以为这一案例的经验就是稍微展示一番武力他就会动摇，到了1999年克林顿政府还认为让米洛舍维奇在科索沃偃旗息鼓不会费多少力气。但是，科索沃是塞尔维亚的一部分而米洛舍维奇为了保住已经拥有的东西愿意冒比之前为了获取新的领土大得多的风险（Chollet and Goldgeier 2002）。同样地，1950年朝鲜人向南方进攻时，美国也愿意使用武力以确保遏制能够继续，而1956年却不愿击退共产主义以解放匈牙利。心理学家们会预言在类似情况下威慑的难度可能还不到逼迫的一半，但有两个关键的例外情况：（1）目标国感觉与该领土感情深厚，逼迫的难度要比威慑高出许多数量级；（2）目标国尚未将该领土内化于其自我界定（其“禀赋”）之中，逼迫的
465 难度可能不会明显高于威慑。

考虑到前景理论在经济学中的广泛影响，该理论在政治科学尤其是在国际关系中尚未产生类似影响这一点有些奇怪。默瑟（Mercer 2005）曾经注意到，在最近对于卡内曼和特维斯基有关前景理论的文章（1979）的2 000例引用中，有一半来自经济学及相关领域，三分之一来自心理学，而仅有二十分之一来自政治科学；1985年至2003年之间，在《美国政治学评论》上对该文章的引用仅有8例。默瑟（2005，18）辩称国际关系世界中决策者所做的选择与实验室中下赌注时的选择不同，但他也在结论中指出，考虑到该理论已经在经济学中得到了很好的应用，“貌似人们抵触的是心理学学科而不是前景理论特有的那些问题”。

2 制度主义

制度主义挑战的出现是回应现实主义者对无政府状态国际体系中开

展合作的预期做出的悲观评估。基欧汉（Keohane 1984）明确阐述的制度主义的微观经济学变体认同国际体系处于无政府状态、居于其中的是各种单一的以自我为中心的行为体这种观点，但认为这些行为体能够创造出很多制度性框架，而这些框架将免费搭车者利用的恐惧降低后，将允许各行为体通过合作确保其可获得的收益。

在制度主义模型的新自由主义变体中，当行为体意识到自己面临一种重复博弈状态，而且继续临时提出解决方案的交易成本居高不下时，他们相当理性地订立了一些面对各成员国均势变化而持续存在的约束性协议。关于各国什么时候以及为何试图在起初创立各种制度、各国什么时候以及为何会遵守制度性规范和原则以及制度是否以及什么时候能够渐渐地转化决策者看待自己国家利益的方式方面，心理学具有一定发言权。

透明度是制度构建中一个关键的心理学元素，它既包括了解基本事实的能力也包括得出可靠因果推论的能力。认知社群（Haas 1997）既能推进也能反映出因果透明度。在这一透明连续体一端的是由认知社群塑造的不同政策，而由于它们在梳理因果关系方面所取得的科学成就，这些认知社群具有极大的权威和威望。这一点在那些研究者能够在受控的、可复制的实验（人们对泰特洛克和伯恩敬所称的推测性反事实控制组的依赖微乎其微）中对其理论假设进行检验的领域尤其 466
有可能。有关例子包括生物医学专家有关应对跨国传染病的正确战略（或研发战略的方法）、气候学家有关氯氟烃对大气臭氧层的影响或物理学家和工程师对核扩散的先决条件方面近乎一致的看法。发达国家的政治精英们通常无意于对这些社群就自身专业知识提出的建议发出质疑。

但是这种尊重在那些认知社群或分裂严重或相对欠发达的政策领域却站不住脚，正如有关时至近日以来的全球变暖的源头、范围、速度和影响等。不过，随着证据的累积，正如上面提到的政策领域的情况一样，即便是那些不喜欢规章的政治精英们也变得更不情愿无视那些举证全球变暖需要国际社会协调行动的科学家了（Hansen 2006）。

现实主义者常说人们订立制度往往是因为体系中的最强大国家决意将制度作为一种更合法和/或更有效追求自身利益的手段。但是，出于心理学的原因，我们也应该预计到，人们更有可能在那些具有认知权威的专家们看法一致的领域创建制度，而且在缺少这种共识的情况下，那些妨碍国际制度构建的政治壁垒往往是难以逾越的。

制度一旦被创建出来，有关各国为什么要遵从制度的要求以及制度是否会逐渐转化为决策者看待自身利益的方式等问题就出现了（Simmons 1998）。在这里，我们认为假定一条贯穿服从到内化的社会影响连续线非常具有价值（Kelman 1958）。从服从方面看，决策者对于制度规则的遵从完全基于对回报和惩罚的功利主义算计。以服从作为遵守规则的可能性的制度，包括为反制直接威胁而搭建的军事结盟以及世界贸易组织，它们为成员国降低了贸易壁垒并提供了对于违反规范和规则者进行惩罚的制裁机制。

接近这一连续线中间位置的是决策者，他们按照人们的期待行事，因为他们非常重视那些国内或国际观众的观点，他们试图在后者心目中树立特定的社会身份，而且他们也不愿承受背叛的名誉成本。这种形式的社会影响有时也被社会心理学家称为认同，与单纯的服从相比，它的情景特定性应该较小。即便遭遇巨大麻烦而认同持续存在，但它仍然无法达到真正意义上的内化，因为一旦政策无法发挥完善理想的社会身份功能，
467 认同将无法持续存在。这方面的例子包括那些具有不光彩的公民自由行为或可疑的环保记录的国家，它们为了成为“文明的”国际社会的一部分而签署了一些人权或环保协议，这种决策能够带来具有真正政治性后果的规范性纠纷（例如，1975年苏联及其华沙盟友签署的《赫尔辛基协定》包含三个有关人权保护的条款）。

在我们接近这一连续线的内化一端时，我们看到的是一些出于它们所认为的正确原因而在做正确事情的国家。其算计受到了道德、宗教或意识形态理想的指引而不再是功利主义的，换句话说，决策者因循的是一

种适当行为逻辑而不是后果导向的行为逻辑（March and Olsen 1998）。在这里，我们能想到斯堪的纳维亚国家所提供的人道主义援助。

心理学有助于勾画决策者可能从服从转向内化所需要的条件。采用强制服从范式的认知失调和自我知觉研究暗示，如果决策者相信自己具有某些自由选择的因素，他们尤其有可能将与自身行为一致的态度予以内化（见Bem 1967; Larson 1985）。绝大多数心理学家都会同意各政治行为体（精神变态者除外）有可能将国际制度中内含的公平竞争规范加以内化，而且这些规范可能会独立于最初基于利益的行为。在民主国家这一内化进程应当尤其可靠，因为这些国家的领导人一旦脱离人们普遍坚守的公平竞争规范，就必须向选民做出合理解释。

规范实施的理性选择方法强调搭便车问题；不存在君主的情况下，没有任何一方希望承担对规范违犯者加以惩罚的成本，因此背叛者得以逃脱制裁（Coleman 1990）。但是，实验性社会心理学以及微观经济学不断的研究已经表明，人们往往乐于做出巨大的牺牲以惩罚舞弊者以及那些未能对舞弊者加以惩罚的人（Fehr and Schmidt 1999），而且，从部分意义上讲，针对违犯共同的基本价值观（Tetlock et al. 2007）者的道义愤怒（惩戒的欲望）驱动了这种自我牺牲行为。确实，大脑损害研究表明人们从折磨规范违犯者中得到快乐（Fehr, Fischbacher, and Kosfeld 2005）。以此而论，只要各成员认为具体的规范和规范实施机构扎根于这些共同价值观之中，建立于分配公平和程序正义共同价值观基础之上的国际制度在缺少中央权威的情况下应当能够令自己永世长存。心理学并未告诉我们这是轻而易举的事情，在很多情况下人类开展动机性推理的倾向使参与者能够“看到”所谓的作恶者看不到的作恶证据（Kunda 1999），而且人们需要精细的调解和换位思考（Rouhana and Kelman 1994）。然而，暂且将合法性的确立和维护的复杂性放在一边，规范越轨行为越糟糕，人们越乐于对越轨者以及 468
未能对越轨者进行惩罚的人加以惩罚（Axelrod 1984; Coleman 1990; Crawford 2000）。

3 建构主义

对建构主义者来说，行为体在决策时常常不使用现实主义者和制度主义者的成本收益分析这一后果导向的行为逻辑，而是使用规则导向的行为逻辑，即由既定社会秩序明确地对行为加以合法化的规范性指导原则，其中的既定社会秩序本身就是该体系中各行为体互动中新兴的副产品（Wendt 1999）。规范遵循逻辑的例子包括决斗和奴隶贸易（Mueller 1989）的消亡；包括对种族主义敏感性（Risse, Ropp, and Sikkink 1999）在内的人权规范的兴起；不使用大规模杀伤性武器以及其他对战争行为的限制（Legro 1995; Price 1997; Tannenwald 1999）；以及军事干预目的逐渐的变化（Finnemore 2003）等。

从建构主义视角来看，每次政策辩论都带有一种社会—身份的潜台词：作为该政策支持者的我们宣称自己是哪种人，而该政策的反对者将我们描述为哪种人？在那场有关2003年入侵伊拉克是否为明智之举的激烈辩论中，许多支持者声称具有以下身份：有原则的国际法执行者、慎重的国家利益守护者乃至英雄般的中东解放者等。对比之下，反对者将支持者描述为追逐石油和地缘政治影响力的新殖民主义者，或略微客气地说他们是一些判断力被“9·11”事件的创伤所蒙蔽的、不理性的、过度情绪化的美国人。当然，这些有关身份的说法也只是最初的一些举措：为了对事件以及对方的举动进行回应，每一方都会竭尽全力提升自己的可信性同时瓦解另一方的可信性。

从心理学视角来看，有关政策背后“真正动机”的辩论一般都会一无所获：人们最多对驱动其行为的元素有某些站不住脚的掌握，我们没多少理由可以假定人们更擅于对别人行为的驱动力进行猜测（Bargh and Williams 2006）。

简而言之，在判定哪些政治舆论大师更接近“真相”时，心理学可能无所助益。对辩论中社会—身份优势的竞争在遥远的未来会一直伴随我们。然而，心理学可能有助于我们判定在争夺身份优势的特定斗争中哪些政治舆论大师会占上风。例如，有关含蓄领导理论的心理学研究暗示我们，在其他条件都不变的情况下，人们将领导与某些坚定的原则相关 469
联，而且，与灵活性和中途修正（Staw 1980; Tetlock 1999a）相比，他们更会坚持到底，这使乔治·沃克·布什在2004年的连任竞选中比约翰·克里更有优势。

另外一个心理学有助于人们判定谁具有修辞优势的领域是权衡论证。在对待权衡论证（Katzenstein, Keohane, and Krasner 1998; Ruggie 1998）的方式方面，建构主义与国关理论更具理性主义色彩的分支（现实主义和制度主义）之间存在一道鸿沟。现实主义者和制度主义者期望各国能够理性地衡量成本和收益。相比之下，就种类繁多的问题而言，建构主义者都会预计权衡论证极其困难而且对政治有害。的确，在许多政治文化中，乐于考量不同类别的权衡这一意愿本身被视为对核心文化价值观和身份不够专注的标志。

在许多身份角逐中，一个关键的问题是人们对各政策选项背后的各种类型权衡如何“表述”：常规的、禁忌的以及悲剧的。常规的权衡指人们采购并对世俗价值的相对重要性进行比较时所使用的那种论证。如果某个权衡使某个世俗价值与某个神圣价值相对立，比如使金钱与人权保护或生态系统的保护相对立，而在道德共同体中声誉良好的成员都应该将该神圣价值当作超越金钱之物，那么这一权衡就成为禁忌。最后，如果某个权衡使两种神圣价值互相对立，例如，使濒危物种的保护与土著文化（Tetlock 2003）的保护相对立，那么这种权衡就是悲剧性的权衡。

被发现做出禁忌权衡的决策者往往受到其道德共同体的排斥，因而他们会为了将自己的决策过程描述为不具有任何禁忌权衡色彩而大费周章；与此同时，他们的反对者则试图说服关键的选民们，决策者已经踏入了不可想象之地。我们能够观察到这一辩论中的动态过程争议极大，正如对有关以色列退出约旦河西岸部分地区以及圣城耶路撒冷、巴基斯坦与印度在克什米尔达成妥协，或者美国国内的社会安全或医疗保险的偿付能力或在阿拉斯加的北极国家野生动物保护区进行开采等问题上的争议一样。

作为一种一般意义上的心理学观点，一旦其反对者能够令人信服地将自己反对的政策描述为与禁忌权衡有关，称其将神圣价值与金钱、安逸和便利等世俗价值相混淆而使神圣价值贬值，那么他们就能够阻止妥协。那些维护对手所指与禁忌权衡有涉的政策的人必须非常卖力地说明其社会认同，不是不道德的和无原则的，而是有弹性的和合理的。那些反对这些政策的人则必须非常卖力地说明其社会认同不是教条的和狂热的，而是坚定的和有原则的。在其他条件相同的情况下，禁忌权衡
470 的反对者是占有优势的。当具有异常坚实的神圣价值守护者资历的政治领导人决然改变立场，如曾经坚定的反共产主义者理查德·尼克松总统与中国建交或以色列强硬的阿里埃勒·沙龙总理从加沙退却，例外情况就出现了。

从现实主义或制度主义的立场来看，抗拒做出禁忌权衡（在大众当中，有时也在决策精英当中）是另外一个令人反感的难题。不因应当时的地缘政治或经济现实而进行及时的调整，例如，无法及时的就有关安全政策或农业价格扶持开展妥协，外界人士可能会觉得国家面对权衡表现出来的无知就如同鸵鸟一般。但是对某个伦理家来说令人讨厌的反常举动可能对另一个理论家而言却可能是高效的执念。

4　对于第四种视角的需要：反映主义（有关伦理家的理论化）

以赛亚·伯林（Isaiah Berlin 1953）借鉴古希腊诗人阿基洛科斯（Archilocus）的一首神秘的讽刺诗将思想家分为人们公认的两大类：多知的狐狸和有一大知的刺猬。将此分类与我们对于国关理论家的三重讨论交叉后，我们得出了一个共分六类的体系：刺猬和狐狸型的现实主义者、制度主义者和建构主义者。

我们认为能算作真正刺猬的国关学者寥寥无几——他们与自己最喜

欢的框架的结合如此紧密以至于他们会回避任何狐狸式的机会主义或向其他框架的借鉴。从心理学的视角来说，认知风格是程度问题而不是种类问题（Kruglanski 1996; Suedfeld and Tetlock 2001）。我们当中有些人更接近于理想型刺猬，忠实于自己的愿景，而有些人则更接近于理想型狐狸，时刻准备着临时拼凑最适于当前局势特性的如百衲衣般的理念汇编。我们有理由认为，就像认知风格导向会塑造人们在其他领域的思维方式一样，它们也会对职业世界政治观察家造成影响。

泰特洛克（2005）强调说有关认知风格和偏差的心理学研究非常适用于职业观察家对世界政治过去和未来可能发生情况的判断。他采用的样本包括约300名职业观察家，他们绝大部分都拥有博士学位。他对下列变量进行了评估：（1）对社会科学中各种学派（包括现实主义和制度主义）的理论忠诚度；（2）认知风格（包括对回应者赋予简约性、综合性和解释性闭合的价值进行测定的刺猬—狐狸指数）；（3）对于削弱、巩固 471
或与理论忠诚度无关的历史反事实可信度的判断；（4）在他们有关发挥影响的背后力量的理论认识正确无误，或与其相悖的观点正确无误条件下对未来可能的发展做出的可能性判断；（5）了解到相对而言意料之中的或意料之外的事件确实发生与否后，作为回应以大致贝叶斯式的方式主动改变主张的意愿。

首先来看一下历史反事实，在此我们发现了对国际关系进行理论推理中存在某些基本认知过程的证据。认知理论使我们期待：面对历史长河的诡谲多变、纷繁复杂和路径依赖（Pierson 2004），即便是专家们也终需要简化其策略。一个显而易见的策略在于依靠自己的因果图式来强加秩序，将人们众所周知的确已经发生的事情归为不可避免项，或者至少归为概率极高项，将自己最欣赏的涵括性法则在已知前提（比如两极的或多极世界）之上运作（在此过程中大量的其他后果或历史反事实被归为不可能项或至少概率极小项）。很多专家的确就是这样做的。例如，同情结构现实主义以及核威慑理论的专家更有可能排斥暗示冷战本来很容易变成一场热战这种不和谐的反事实设想。在他们看来，结构现实主义和核威慑理论非常适于对所观察到的后果的一般模式进行解释：冷战的两极稳定态势以及超级大国都不愿在区域竞赛中激怒对方。

如果我们能让冷战这段历史反复上演几百遍，每次都对诸如古巴导弹危机期间美苏舰船的位置这种理论上细微的背景条件进行操纵，那么得出的后果模式都会大致相同。只有我们承认上述假设，这一匹配才能对该理论予以支持。也许专注于理论的观察家没错而这一提议也真实存在，但目前还没人发明出足以对这些或正（是的，历史会按照大致相同的轨道重现）或反（不是，历史会与我们所知道的国际现实发生巨大偏差）主张的真实性进行检验的时光机器。

专家们对于简约招人喜欢以及模糊令人厌恶的程度彼此看法不一（在两种情况下人们厌恶刺猬的程度都比他们厌恶狐狸的程度高）。因而，“刺猬们”应该尤其倾向于排斥那些扰乱了其以往因果模型的历史反事实而不论其模型究竟为何。在这里，前文所述预言再次应验。例如，具有刺猬式认识论偏好的结构现实主义者比其狐狸式的同行们更有可能去排斥暗示通过对理论上细微的前提条件的操纵——诸如弗朗茨·斐迪南大公（Archduke Franz Ferdinand）的汽车司机在最初的刺杀企图失败后
472 是否因转弯犯下致命错误——第一次世界大战（20世纪欧洲强国之间的某种大战）本来可以轻松避免这种反事实。

我们认为，面对暗示欧盟本就不会出现或走向消亡等反事实时，制度主义刺猬和狐狸的情况差别不大。我们对建构主义者的信心更少，因为他们大部分理论化中象征性的互动主义流动性看似与接受历史后果中对不确定性更加兼容。不过，研究一下以刺猬和狐狸的对立为特征的建构主义者，在对当今世界政治的规范图景基本特征可能因为对以往巧合事件的微调就轻易瓦解这一可能性的开放程度方面，是否存在明显差别，还是有其价值的。例如，正如德怀特·艾森豪威尔认真考虑过的，如果美国曾在朝鲜使用过核武器，核禁忌还会一如今日吗？

“理论”一词带有确定性内涵：一个使人们可以从最初的前提中演绎出一条相对恒定的因果关系链的框架。因此，对于国关理论对突发事件、

对有关历史上曾有的可能性或不可能性的推测性反事实判断以及未来可能性的依赖程度加以深究，是件令人尴尬的事情。倘若事实证明，如果不是因为性格和时机把控方面的一些小的意外，理论可以充分解释的国际形势的许多方面可能完全是另一种可能，我们对于国关理论的信心会怎样呢？或者，再含蓄点儿说，如果事实证明我们完全不知晓国际形势中这些理应稳定的方面是否确实稳定不变，我们对这些理论的信心又会怎样呢？

从专家们对过去可能性的判断转移到对未来可能性的判断后，我们从认知理论中可以得出一系列显著的类似预测。例如，我们会期待刺猬比狐狸更有可能将一个更强大的理论秩序加诸未来很长一段时间。在这一点上，为了力证自身的能力，刺猬将比狐狸更厌恶模糊性（为此，考虑到政治内在的不可预测性，刺猬或不太在意理由的正当性）。对各种预测进行审视后，泰特洛克发现刺猬式的预测者确实从整体上要比对更久远的未来进行预测的狐狸式预测者更加自负。泰特洛克还发现刺猬式预测者承认错误的可能性更小，而更倾向于依据贝叶斯式的信念更新基准，尽可能地抵制改变主张。泰特洛克详细地描述了当相对的意外发生时专家们尤其是进行更长期预测的刺猬式专家们倾向于采用的失谐削减策略。例如，对苏联的消亡感到最为震惊的专家也最倾向于接受以下勉强的反事实辩解：苏联作为国家的解体是米哈伊尔·戈尔巴乔夫所追求的（从 473
正统的共产主义者视角来说）怪异的或者说鲁莽的自由化政策的结果，该国的解体甚至到了1991年8月政变即将发生时本可以得到阻止（如果政变谋划者再坚定一些而且不那么忘乎所以，他们也许可以成功地重组原来的政体）。

也许有些国际理论家认为使用心理学理论对理论家的行为进行解释是不恰当的，因为这类似于人身攻击。但是，从认知视角来看，理论家也是人，他们试图了解这个既怪诞又复杂的并迫使我们每一个人依靠思辨性的反事实思维实验来推导因果关系的世界。在此情况下，我们没有其他选择，只能求助于简化的策略。心理学能够说明我们使用的是哪些类型的策略,以及对于这些策略的滥用是否使我们身处险境,可以说似乎泰特洛克样本中的很多刺猬都遭遇了这种情况。

5　来自真实世界的影响——以及影响真实世界的努力

像其他国关理论家一样,那些极其倚重心理学方法的理论家往往会受到当代国际政治中心问题的影响。举例来说,在冷战期间,当时的决策者和学者们一样都非常害怕出现可能导致核战争的误判,特别是古巴导弹危机之后,当时肯尼迪总统认为发生核战的概率约有三成到五成。人们断言尼克松—基辛格制定的缓和政策是出于必须以某种方式对美—苏竞赛加以约束,于是尽管双方都力争获得针对对方的优势而双方的冲突不会加剧这一观念。

考虑到这些危险,那些利用心理学来理解冷战期间国际关系的人都专注于美苏关系尤其是危机谈判(例如Snyder and Diesing 1978; Lebow 1981; George 1983; Goldgeier 1994)。各种危机都非常适合于以心理学方法进行研究。决策者们时间紧迫而且面临巨大压力,因而他们必须弄清那些数量巨大而又模棱两可的信息。他们往往会采用那些可能合适或不合适的类推方法(Khong 1992),一厢情愿地认为有些事情就会如此发展,低估那些与自己有关对手的先入之见并不相符的信息(Larson 1985)。冷战期间,各国领导人常常发现自己不得不做出对自己的政治前途以
474 及自己国家的存续都充满风险的决策。研究冷战决策尤其是对朝鲜、台湾、古巴和中东危机嬗变动因进行阐释的学者采用心理学方法的大有人在。

在最有影响的冷战研究学者当中,亚历山大·乔治(Alexander George)试图以理论指导并改进有关强制性外交(1971)、威慑(Smoke 1974)以及总统顾问体系组织(1980)等一系列议题的政策。他有关冷战最重大议题的研究中包含了对领导人的信念体系如何塑造其政治手段、如何在心理意义上解决价值权衡以及如何理解决策进程中掺入了扭曲的努力。他

有关定性方法方面开拓性的研究延续到了战后时期(George and Bennett 2005),这些研究本身绝不是目的,它们只是一种人们通过谨慎研究历史性案例对当前以及未来实质相近的政策问题加以指导的手段。

由于冷战的结束、南斯拉夫陷入暴力冲突以及苏联解体成多个民族国家,人们越来越重视认同问题,因而利用社会认同理论的研究以及有关内部群体和外部群体的研究得以复苏(Mercer 1995; Goldgeier 1997)。个人怎样才能学会即便在对外人来说要了解深度的分化为何会发生几乎不存在任何基础的情况下,在一个与其他群体不同的群体中凸显自我呢?

冷战期间,我们讨论过怎样才能最好地传达可信承诺以确保有效威慑,有关心理学问题包括确保信号的明确发出和接收,以及决策者在其观众当中具有充分的威望。"9·11"事件后,有关问题变成了自杀式袭击者能否被威慑,有人认为他们是极端的非理性行为体而其他学者则暗示对恐怖分子进行威慑也是可能的,因而冷战期间发展起来的许多老派威慑理论仍有价值(Lebovic 2006)。

最后,我们在有关错误和偏见的心理学理论背景下,思考在伊拉克发动战争的决定。在过去三十年中,我们在有关社会和市场力量的实验性社会心理学和行为经济学中学到了很多东西,而这些力量可能扩大或者缩小对于理性的偏离。很多实验性研究者认为错误和偏见的根本原因在于普遍存在的对于简单易行的启发法的过度依赖,这种启发法使人们对自己的判断和决定产生了不合理的信心。如果正确无误,那些鼓励各行为体参与更具自我批评和反思形式的信息处理的社会、政治和经济体系就会具有缩小偏见的净效果。相反地,那些鼓励盲目从众、戒备以及永久性共有错觉的社会、政治和经济体系则会有扩大偏见的净效果。 475

竞争激烈的市场压力也可以减少错误和偏见。如果选择过程转移到开放透明的市场环境,在这里人们可以反复博弈、与专注的竞争对手互动以及对某人选择后果做出快速明确反馈,人们就能够纠正某些类型的错误和偏见,尤其是对单纯的(字面上的)决策规则的依赖所造成的连贯性和传递性方面的破裂（Kagel and Roth 1995; Camerer and Hogarth 1999）。

现在有可能找到一系列理想的条件，在这些条件下对于决策者的错误—偏见的描述的预测性是最小的。内部咨询群体根据多重倡议规范进行深思熟虑，对于自我调节的民主政体的机构负责，并在批判性信息无时不在的政策领域进行决策。一旦犯错，就会很快受到公开的惩罚。

虽然2003年布什政府决意对伊拉克开战背后的完整故事还有待揭示，我们有充分的证据可以认为当时并没有消除错误和偏见的条件。人们的抱怨已经够多了，其中美国国务院的高级官员们的抱怨尤其多（Wilkerson 2006），副总统迪克·切尼和国防部部长唐纳德·拉姆斯菲尔德所领导的“小集团”无视对于他们对有关这场战争及随后的占领所粉饰的太平的任何反对观点。美国国会对使用武力的授权几乎未进行过辩论，也未提出标志着理想的国内可问责网络的棘手问题。而且，就已有信息而言，我们如今知道，国务卿科林·鲍威尔就有关大规模杀伤性武器计划情报向联合国的说明从核心上说几乎没什么坚实的确定性。其说明中所说与中央情报局局长乔治·特纳向总统描述的“铁板钉钉”相去甚远，正如人们当下所说的，其当时的依据是一位精神不正常、代号为“曲线球”的伊拉克工程师所提供的证据。在其战后余波中，即便悲惨的伤亡情况不断累积而且总统有效地将其批评者说成对恐怖主义软弱，当时的错误也没有受到快速或公开的惩罚。

6　结语：超越还原主义

心理学阐释研究与国际关系中更具宏观组织性、社会性、经济性和系
统性的方法实现无缝链接后效果最好。如果整合得当，心理学的阐释经
476 可以填补现有理论范畴的逻辑漏洞，并对充满激情的刺猬式的理论承诺
的危险以及超然的狐狸式的折中主义的益处进行有益的提醒。简约并不
477 是一个杀手锏：理论应该力求简单，但不能过于简单。

参考文献

AXELROD, R. M. 1984. *The Evolution of Cooperation*. New York: Basic Books.

BARGH, J. A., and WILLIAMS, E. L. 2006. The automacity of social life. *Current Directions in Psychological Science*, 15: 94–8.

BEM, D. 1967. Self-perception: an alternative interpretation of cognitive dissonance phenomenon. *Psychological Review*, 74: 183–200.

BERLIN, I. 1953. *The Hedgehog and the Fox: An Essay on Tolstoy's View of History*. New York: Simon and Schuster.

CAMERER, C. F. 2003. *Behavioral Game Theory: Experiments in Strategic Interaction*. Princeton, NJ: Princeton University Press.

—— and HOGARTH, R. M. 1999. The effects of financial incentives in experiments: a review and capital-labor-production framework. *Journal of Risk and Uncertainty*, 19: 1–3, 7–42.

CHOLLET, D., and GOLDGEIER, J. 2002. The scholarship of decision-making: do we know how we decide? Pp. 153–80 in *Foreign Policy Decision-Making (Revisited)*, Richard C. Snyder et al. New York: Palgrave.

CHRISTENSEN, T. J., and SNYDER, J. 1990. Chain gangs and passed bucks: predicting alliance patterns in multipolarity. *International Organization*, 44: 137–68.

COLEMAN, J. S. 1990. *Foundations of Social Theory*. Cambridge, Mass.: Belknap Press.

COWEN, T. 2006. Enter the neuro-economists: why do investors do what they do. *New York Times*, 20 Apr.: C3.

CRAWFORD, N. C. 2000. The passion of world politics: propositions on emotion and emotional relationships. *International Security*, 24: 116–56.

FARNHAM, B. R. 1994. *Avoiding Losses/Taking Risks: Prospect Theory and International Conflict*. Ann Arbor: University of Michigan Press.

FEHR, E., FISCHBACHER, U., and KOSFELD, M. 2005. Neuroeconomic foundations of trust and social preferences. *American Economic Review*, 95: 346–51.

—— and SCHMIDT, K. 1999. A theory of fairness, competition, and cooperation. *Quarterly Journal of Economics*, 114: 817–68.

FINNEMORE, M. 2003. *The Purpose of Intervention: Changing Beliefs about the Use of Force*. Ithaca, NY: Cornell University Press.

GEORGE, A. L. 1971. *Limits of Coercive Diplomacy*. New York: Little, Brown.

—— 1980. *Presidential Decisionmaking in Foreign Policy: The Effective Use of Information and Advice*. Boulder, Colo.: Westview.

—— 1983. *Managing US–Soviet Rivalry: Problems of Crisis Prevention*. Boulder, Colo.: Westview.

—— and BENNETT, A. 2005. *Case Studies and Theory Development in the Social Sciences*. Cambridge, Mass.: MIT Press.

—— and SMOKE, R. 1974. *Deterrence in American Foreign Policy*. New York: Columbia University Press.

GIGERENZER, G., and GOLDSTEIN, D. G. 1996. Reasoning the fast and frugal way: models of bounded rationality. *Psychological Review*, 103: 650–69.

—— and SELTEN, R. (eds.) 2001. *Bounded Rationality: The Adaptive Toolbox*. Cambridge, Mass.: MIT Press.

GOLDGEIER, J. M. 1994. *Leadership Style and Soviet Foreign Policy: Stalin, Khrushchev, Brezhnev, Gorbachev*. Baltimore: Johns Hopkins University Press.

—— 1997. Psychology and security. *Security Studies*, 6: 137–66.

—— and TETLOCK, P. E. 2001. Psychology and international relations theory. *Annual Review of Political Science*, 4: 67–92.

HANSEN, J. 2006. The threat to the planet. *New York Review of Books*, 53: 12–16.

Haas, P. M. (ed.) 1997. *Knowledge, Power and International Policy Coordination.* Columbia: University of South Carolina Press.

Jervis, R. 1976. *Perception and Misperception in International Politics.* Princeton, NJ: Princeton University Press.

Kagel, J. H., and Roth, A. E. 1995. *The Handbook of Experimental Economics.* Princeton, NJ: Princeton University Press.

Kahneman, D., and Tversky, A. 1979. Prospect theory: an analysis of decision under risk. *Econometrica,* 47: 263–91.

——— (eds.) 2000. *Choices, Values, and Frames.* New York: Cambridge University Press.

Katzenstein, P. J., Keohane, R. O., and Krasner, S. D. 1998. International organization and the study of world politics. *International Organization,* 52: 645–85.

Kelman, H. C. 1958. Compliance, identification, and internalization: three processes of attitude change. *Journal of Conflict Resolution,* 2: 51–60.

—— and Bloom, A. 1973. Assumptive frameworks in international politics. Pp. 261–95 in *Handbook of Political Psychology,* ed. J. Knutson. San Francisco: Jossey-Bass.

Keohane, R. O. 1984. *After Hegemony: Cooperation and Discord in the World Political Economy.* Princeton, NJ: Princeton University Press.

Khong, Y. F. 1992. *Analogies at War: Korea, Munich, Dien Bien Phu and the Vietnam Decisions of 1965.* Princeton, NJ: Princeton University Press.

Kruglanski, A. 1996. Motivated freezing of the mind: seizing and freezing. *Psychological Review,* 103: 263–83.

Kunda, Z. 1999. *Social Cognition: Making Sense of People.* Cambridge, Mass.: MIT Press.

Larson, D. W. 1985. *Origins of Containment.* Princeton, NJ: Princeton University Press.

Lebovic, J. 2006. *Deterring International Terrorism: US National Security Policy after 9/11.* New York: Routledge.

Lebow, R. N. 1981. *Between Peace and War: The Nature of International Crisis.* Baltimore: Johns Hopkins University Press.

Legro, J. W. 1995. *Cooperation under Fire: Anglo-German Restraint during World War II.* Ithaca, NY: Cornell University Press.

Levy, J. 1992. Prospect theory and international relations: theoretical applications and analytical problems. *Political Psychology,* 13: 283–310.

March, J. G., and Olsen, J. P. 1998. The institutional dynamics of international political orders. *International Organization,* 52: 943–70.

McDermott, R. 1998. *Risk-taking in International Politics: Prospect Theory in American Foreign Policy.* Ann Arbor: University of Michigan Press.

—— 2004. Prospect theory in political science: gains and losses from the first decade. *Political Psychology,* 25: 289–312.

McGraw, P., Tetlock, P. E., and Kristel, O. 2003. The limits of fungibility: relational schemata and the value of things. *Journal of Consumer Research,* 30: 219–29.

Mearsheimer, J. J. 2001. *The Tragedy of Great Power Politics.* New York: Norton.

Mercer, J. 1995. Anarchy and identity. *International Organization,* 49: 229–52.

—— 2005. Prospect theory and political science. *Annual Review of Political Science,* 8: 1–21.

Mischel, W. 1999. Implications of person-situation interaction: getting over the field's borderline personality. *European Journal of Personality (special issue),* 13: 455–61.

Mueller, J. 1989. *Retreat from Doomsday: The Obsolescence of Major War.* New York: Basic Books.

Pierson, P. 2004. *Politics in Time: History, Institution, and Social Analysis.* Princeton, NJ: Princeton University Press.

Price, R. 1997. *The Chemical Weapons Taboo.* Ithaca, NY: Cornell University Press.

Rabin, M. 1998. Psychology and economics. *Journal of Economic Literature,* 36: 11–46.

Risse, T., Ropp, S. C., and Sikkink, K. (eds.) 1999. *The Power of Human Rights: International Norms and Domestic Change.* New York: Cambridge University Press.

ROUHANA, N. N., and KELMAN, H. C. 1994. Non-official interaction processes in the resolution of international conflicts: promoting joint Israeli–Palestinian thinking through a continuing workshop. *Journal of Social Issues*, 50: 157–78.

RUGGIE, J. G. 1998. *Constructing the World Polity: Essays on International Institutionalization*. London: Routledge.

SCHELLING, T. C. 1967. *Arms and Influence*. New Haven, Conn.: Yale University Press.

SIMMONS, B. A. 1998. Compliance with international agreements. *Annual Review of Political Science*, 1: 75–93.

SNYDER, G. H., and DIESING, P. D. 1978. *Conflict among Nations: Bargaining, Decision Making, and System Structure in International Crises*. Princeton, NJ: Princeton University Press.

STAW, B. M. 1980. Rationality and justification in organizational life. Pp. 45–80 in *Research in Organizational Behavior*, vol. ii, ed. B. M. Staw and L. Cummings. Greenwich, Conn.: JAI Press.

SUEDFELD, P., and TETLOCK, P. E. 2001. Individual differences in information processing. Pp. 284–304 in *Blackwell International Handbook of Social Psychology: Intraindividual Processes*, vol. i, ed. A. Tesser and N. Schwartz. London: Blackwell.

TALIAFERRO, J. 2004. *Balancing Risks: Great Power Intervention in the Periphery*. Ithaca, NY: Cornell University Press.

TANNENWALD, N. 1999. The nuclear taboo: the United States and the normative basis of nuclear non-use. *International Organization*, 53: 433–68.

TETLOCK, P. E. 1999*a*. Theory-driven reasoning about possible pasts and probable futures: are we prisoners of our preconceptions? *American Journal of Political Science*, 43: 335–66.

—— 1999*b*. Prospecting for evidence for prospect theory. Review of R. McDermott, *Risk-taking in International Politics: Prospect Theory in American Foreign Policy. Contemporary Psychology*, 44: 399–401.

—— 2003. Thinking about the unthinkable: coping with secular encroachments on sacred values. *Trends in Cognitive Science*, 7: 320–4.

—— 2005. *Expert Political Judgment: How Good Is It? How Can We Know?* Princeton, NJ: Princeton University Press.

—— and BELKIN, A. (eds.) 1996. *Counterfactual Thought Experiments in World Politics*. Princeton, NJ: Princeton University Press.

TETLOCK, P. E., and GOLDGEIER, J. 2000. Human nature and world politics: cognition, influence, and identity. *International Journal of Psychology*, 35: 87–96.

—— VISSER, P., SINGH, R., POLIFRONI, M., SCOTT, A., ELSON, B., MAZZOCCO, P., and RESCOBER, P. 2007. People as intuitive prosecutors: the impact of social-control motives on attributions of responsibility. *Journal of Experimental Social Psychology*, 43: 195–209.

THALER, R. H. 2000. From homo economicus to homo sapiens. *Journal of Economic Perspectives*, 14: 133–41.

WALT, S. M. 1987. *The Origins of Alliances*. Ithaca, NY: Cornell University Press.

WALTZ, K. N. 1959. *Man, the State and War*. New York: Columbia University Press.

—— 1979. *Theory of International Politics*. Reading, Mass.: Addison-Wesley.

WENDT, A. 1999. *Social Theory of International Politics*. New York: Cambridge University Press.

WILKERSON, L. 2006. Weighing the uniqueness of the Bush administration's national security decision-making process: boon or danger to American democracy? The New America Foundation, at www.thewashingtonnote.com.

WOODWARD, B. 2004. *Plan of Attack*. New York: Simon and Schuster.

第二十八章
定量方法

爱德华·D.曼斯菲尔德/乔恩·C.佩弗豪斯

过去半个世纪中，国际关系领域开展的定量研究的数量一直在大幅增长。因而本研究中所涵盖的问题领域范围也扩大了。虽然国际关系中的早期统计性研究主要集中于国际安全，尤其是战争的起因和后果，近来的研究探讨了范围相当广泛的一系列议题并很好地阐明了（也制造了）该领域争论最为激烈的议题。

本章的目的是为了对国际关系中的定量研究进行调查，追踪其发展并对该类文献做出的贡献进行评估。我们不会假装能对这类文献做出全面的调查，也不企望能对某些特定的统计技巧进行解释。相反，我们旨在对定量研究在国关领域的某些关键论争中的影响进行分析。

1 为什么要采用定量方法来研究国际关系？

研究者依靠统计技巧研究国际关系的一般性原因有许多（有关该问
481 题参见，例如，Bueno de Mesquita 1985; Braumoeller and Sartori 2004）。第一，在对大量的观察进行分析时这些技巧特别有用。国际关系中的很多关键问题涉及对不同时间点的全球体系范围的比较；其他问题则涉及对横跨不同地区或国家的比较。结果是，国际关系中的经验研究需要对大的数据集进行分析。第二，学者们往往希望以一系列案例为基础对许多国际事务进行总结。通过对代表性样本以及可能性定律进行分析，统计研究有利于人们做出有关更多人口的推论。

第三，各种统计性技巧允许研究者对这一方向以及不同关系的力度进行评估。出于对理论测试的目的，理解某个理论明确指定的关键自变量是否与该因变量共变显然就非常重要了。定量技巧有助于研究者对这种共变的程度进行判断。这些技巧也有助于处理自变量与因变量之间因果关系的指向性，确保自变量对因变量任何可观察到的影响并不会真正来自因变量对自变量的影响。此外，这些技巧也可以对自变量对因变量影响的规模进行说明，这一问题非常重要但常常被人们忽视。第四，也是相关的一个方面，某些定量方法非常适合于对某个既定后果的相互竞争的解释进行测试。例如，多元模型使研究者能够对相互竞争的各理论所强调的元素的影响进行比较。这些模型还使研究者对可能与核心的自变量和因变量相关联的各种变量的影响进行解释，从而减少人们观察到它们之间的伪关联的可能性。

然而，除了这些优点和其他优点，定量方法也有一些人所共知的局限。批评人士们指责说统计模型中包括的变量有时候缺少内部或外部有效性。他们认为现有的对诸如政治权力、冲突、利益和偏好等某些中心概念的测量在最好的情况下也不过是大而化之，而在最坏的情况下则是失于谬误。其他人则坚称某些国关理论中的重要变量，如规范或理念等，是根本无法测量的，因而也不可能对这些理论进行定量测试。批评人士还指责说有时候国关领域的定量测试会违反某些关键的统计学主张，因而令人对这些测试的结果产生怀疑。最后，各类观察者仍然坚持有些定量研究并不具备坚实的国关理论基础，它们太专注于对各种变量是否彼此互联的确定而不够重视这种互联背后的原因。

逐渐地，研究者对很多这类批评越来越重视，试图改进测量技巧、开 482

展敏感性分析并更好地将理论与统计学模型相联系。此外，研究者应该时刻对测量问题保持敏感，而这并不是仅与定量研究相关的问题。所有实证分析，不论是定量的还是定性的，都需要对概念和变量的操作和测量。定量研究的一个优点在于有关测量的判断往往尤其透明和可复制。如果某个学者不认可某个编码或测量方案，他或她都可以随时对该方案进行相应的复制和调整。

2　对冷战期间国际关系的定量研究

一直以来国际关系领域的定量研究特色受到各种趋势的影响。首先，该领域绝大部分的定量研究都集中于国际安全，这基本上是该学科专注于有关冷战问题而造成的结果。近来，定量研究涵盖的议题更加广泛，尤其是那些与国际政治经济和国际制度有关的议题。其次，很多最初的定量研究成果在其导向上都是系统性的：它们将国家作为单一行为体而对国内政治很少重视。这两种趋势在冷战末期开始改变，这一事件有助于拓宽人们一直采用定量研究技巧进行分析的问题的范围。

直到大约半个世纪前，有关国际关系的定量研究实际上是不存在的。这一点随着卡尔·多伊奇（Karl Deutsch）有关一体化和其他议题的开拓性研究（例如Deutsch et al. 1957）以及J. 戴维·辛格（J. David Singer）战争相关性项目（COW）的出台发生了改变。后者的研究始于20世纪60年代早期。从那时起，它已经促成了数百项有关国际关系的定量研究。在该项目出台最初的几十年中，它依靠相对简单的二元和多元技巧来揭示战争中的模式以及国际安全中的其他方面。在其他地方有对该项目及其对国际关系研究贡献的详细记录，因此我们在此不探讨这些问题（Vasquez 1987; Singer 1990）。然而，我们还是有必要记住本章所涉及的多项研究都依赖该战争相关性项目带来的数据。

该研究项目大多专注于对来自国际关系现实主义理论中的假设进
483 行验证（有关现实主义理论，见Waltz 1979; Jervis 1999）。出于保持这一对现实主义的专注，冷战期间的定量研究在其导向上大体是系统性的而且倾向于将国家视为单一行为体。[1]在这类成果中，有关军备竞赛分析的影响力特别大。的确，有一项国关领域开拓性的定量研究对军备竞赛与战争的关联进行了研究。在《致命争吵的统计学》一书中，刘易斯·理查森（Lewis Richardson 1960），一位受过专门训练的气象学家，试图对各国开展失控的军备竞赛的环境以及各国因厌倦这种竞争而促成和平解决方案的条件进行建模。由于受到冷战军备竞赛步伐加快和程度加剧的刺激，学者们开展了数量可观的统计学研究，他们采用了理查森的基本模型对军费开支以及各大国之间更为一般性的冲突和合作模式进行了调查（Goldstein and Freeman 1990）。

很多系统性理论认为全球后果模式受到了国际体系的塑造而该结构的变异因应全球权力分配的变化而发生。在部分意义上，由于肯尼思·沃尔兹（1979）的研究很有影响，定量研究者常常依据极——一个（霸权性的或单极的）、两个（两极的）或多个（多极的）特别强大的国家是否存在——来衡量全球的权力分配。有关该问题的相当大部分的定量研究集中于解决由来已久的有关极是否会影响国际战争的爆发的论争。然而，定量研究无论在这一关系的力度方面还是本质方面都没有达成共识（Levy 1984; Hopf 1991; Mansfield 1994）。在某种程度上，这些分歧来自人们对极的定义和衡量，说明了为什么重视实证结果对关键变量的衡量和操作是否敏感特别重要。

不过，极并非该体系结构的唯一维度。另外一个维度在于体系内权力的集中度，它取决于主要大国的数量以及这些国家之间权力的相对不平等（Singer, Bremer, and Stuckey 1972）。专注于集权而不是极具有很多优点（Mansfield 1994），人们为了对集权与战争爆发之间关系进

1 当然，这一趋势具有各种例外情况。例如，有关内外冲突关联的定量研究成果数量巨大。从部分意义上讲，在对有关战争的转移视线理论兴趣的激励下，很多学者试图判定国内斗争是否引发国际冲突以及是否反之亦然 (Wilkenfeld 1972)。然而，这类研究找到的有关此类关系的证据寥寥无几。

行评估做出了各种努力。在对此类文献的一篇综述中，兰多夫·西沃森（Randolph Siverson）和迈克尔·沙利文（Michael Sullivan）暗示低程度的集权（即更为统一的权力分配）与更多的冲突有关。最近，爱德华·曼斯
484 菲尔德（Edward Mansfield 1994）发现这一关系呈现一个倒置的U形：在集权的低端和高端大国战争发生的概率最低。在集权的中端此类战争发生的频率最高。

除了该体系的结构之外，现实主义理论还极其重视政治军事联盟。众多冷战时代的定量研究都试图将联盟的创建、运行、凝聚力以及解体与国家间冲突相关联。在一篇早期的此类研究中，J. 戴维·辛格及麦尔文·斯莫尔（Melvin Small 1968）做出论断，指出联盟与战争之间的关系以所分析的时间阶段为条件——联盟数量的增加与19世纪的和平相关，而与20世纪的战争相关。其后西沃森和沙利文（1983）在研究中发现联盟对战争的影响取决于其焦点在主要大国身上还是少数大国身上。在战争相关性项目所做的研究综述中，约翰·瓦斯克斯（John Vasquez 1987）认为联盟看似与战争有关，但二者不存在因果关系。有关该议题的最新一轮定量研究因各自探讨的联盟类型的不同而各具特色。例如，布雷特·阿什利·利兹（Brett Ashley Leeds 2003）指出联盟协议是否规定为各成员国提供防卫、提升某个进攻性成员国的进攻能力或在敌对事件发生时保障中立，对于它阻止还是鼓动进攻具有影响。防务公约倾向于约束冲突而进攻性或中立条约倾向于穷兵黩武。

尽管该综述无意穷尽所有，它确实暗示了早期定量研究成果的某些特征：接受单一行为体主张、重视结构性理论并专注于安全问题。此外，在每一个此类研究领域中，最初的结果都导致了相当多的论争。这些分歧促使研究者对曾采用过的测量和测试进行改良并专注于某个理论得以立足的特定条件。这样，定量分析就推动了该领域的各理论论争。

2.1 国际政治经济学

在冷战期间很多定量研究对安全问题进行探讨的同时，少数研究开

始对国际政治经济学的系统理论进行分析。部分成果集中于对霸权稳定理论进行验证，该理论认为19世纪大部分时间以及第二次世界大战后相对自由的国际经济有助于英国在前期、美国在后期所拥有的权力优势（Kindleberger 1973; Gilpin 1987）。

为了验证这一理论，人们开展了大量的统计学研究，但其结果一向千差万别。例如，约翰·科尼比尔（John Conybeare 1983）对国际权力分配与1902年和1971年因为众多的经济、政治和军事因素而管控的制造业 485
商品名义关税水平之间的关系进行了评估。他发现没多少证据能够证明权力关系对国家关税水平具有影响，因而断定霸权稳定理论并未对贸易政策做出恰当的解释。相似的是，蒂莫西·麦基翁（Timothy McKeown 1991）对与霸权有关的变量与1880年至1989年期间一系列先进工业国家进口与国民收入的比率之间的关系进行了时间序列分析。以多个变量对权力的分配进行测量后，麦基翁发现这些测量对进口与国民收入的比率的影响着实有限，这使他与科尼比尔一样对霸权稳定理论的阐释力持有怀疑。

然而，其他一些研究找到了对霸权会影响全球贸易体系这一观点更多的支持。例如，罗伯特·帕雷（Robert Pahre 1999）提出了仁慈和恶性霸权时期之分。他发现一般来说霸权对国际政治经济具有恶性的影响。此外，拥有更多敌人而不是朋友的霸权倾向于仁慈，但恶性霸权能引发国际体系中其他国家的合作行为。

最后，曼斯菲尔德（1994）分析了霸权以及全球贸易层面能力集中的影响，视其为1850年至1965年间全球生产的一部分。他发现霸权是否能够促进全球贸易极其依赖于人们对霸权的定义和衡量。此外，能力的集中和全球贸易之间存在一种U形的关系。当能力集中水平相对较高和相对较低时全球贸易与全球生产之比是最高的，而当集中处于中等水平时这一比率是最低的。

除了对霸权的影响进行分析外，有关冷战期间国际政治经济学及其直接后果的定量研究也专注于国家安全的政治经济学。有一部分研究对政治军事联盟对贸易模式的影响进行了探讨。联盟对贸易的影响当中，处于中心位置的是来自海外商务的效率增益，它增加了每个贸易伙伴的国民收入并能够被用于提升每个国家的军事力量。乔安尼·戈瓦（Joanne Gowa 1994）认为各国能够通过更加自由地与自己的盟友而不是（事实上的或潜在的）对手进行贸易来处理对外贸易的安全影响。为了对这些主张进行检验，戈瓦和曼斯菲尔德（1993; Gowa 1994）对联盟对于20世纪期间各大国之间贸易流量的影响进行了统计学分析。他们发现有强有力的证据证明盟友的贸易范围要比其他国家广泛。随后的大量研究基本上确认了这一研究结果，这些研究涵盖了更多国家也跨越了更多年份，而且采用的是为横断面的和时间序列的数据而设计的统计学技巧（Morrow, Siverson, and Tabares 1998; 1999; Gowa and
486 Mansfield 2004）。

有一部分相关研究专注于政治军事冲突对贸易的影响。其中一系列研究专注于政治合作和冲突对双边贸易流量的影响。在两篇颇有影响力的文章中，布莱恩·波林斯（Brian Pollins 1989a; 1989b）发现合作性政治关系大大增加了贸易的流动。另外一系列的研究考量了政治军事冲突对贸易的影响。有些研究发现战争使全球性的以及各参战国之间的贸易大大减少（Gowa 1994; Mansfield 1994）。然而，其他一些研究断定包括战争和其他一些低烈度政治冲突在内的冲突对贸易伙伴的影响很小，因为各贸易方可能会预料到冲突并相应地对其海外业务关系进行调整（Morrow, Siverson, and Tabares 1998; 1999）。

3　对20世纪90年代中期以来国际关系的定量研究

自20世纪90年代中期以来，定量国际关系研究中发生了大量的急剧变化。第一，它们变得更具渗透性。例如，近来的一项调查发现权威国际关系期刊中依赖统计学分析的论文比率从20世纪70年代末的大约25%增加到了20世纪90年代末的大约45%（Sprinz and Wolinsky-Nahmias

2004, 7)。第二，这一研究变得越来越复杂，涉及种类更多的研究技巧。虽然早些时候的研究非常依赖于单纯的二元相关或普通的最小二乘回归模型，近来的研究已经开始利用过去几十年中统计学分析中的许多创新。第三，很多当代研究所涵盖的实质性话题范围比以前大得多。与主要专注于对系统理论的验证不同，很多最近的定量研究对国内政治对国际关系的影响进行了分析。此外，专注于系统理论的当代统计学研究往往被用于对新自由主义的乃至建构主义的方法而不是现实主义理论进行检验。第四，也是与此密切相关的一点：最近的很多定量研究涵盖了包括经济制裁、货币政策、人权和环境政治在内的种类繁多的问题领域，而这些领域在冷战期间的统计学研究中受到的重视很少。

过去十年左右时间中国际关系领域定量研究的快速增加做何解释呢？我们臆测有若干力量在发挥作用。人们对于在博士项目中开展定量 487
方法培训越来越重视、其他政治科学子学科（比如美国政治学和政治经济学）中定量研究的总数不断攀升、计算成本下降的同时对更加复杂的模型进行评估的计算能力的提升以及更加便捷可用的数据集（尤其是通过互联网可获取的）等，这些方面都有助于定量研究在该领域的扩散。

不仅定量研究的总数量得到了扩展，而且研究方法的类别也得到了扩展。这一发展的动因非常多。首先，相关领域，尤其在经济学和社会学领域，取得了重大进步，其中包括：时间序列建模和持续期模型的改进；小概率事件、同步关系、内生性和非随机选择分析；以及对时间序列兼横断面数据的分析等。

其次，冷战结束后不久国际关系领域经历一次重大的理论转变，人们对现实主义和新现实主义模型不再那么重视了。当然，人们并未抛弃现实主义。按照这一理论传统所开展的研究仍有很多，按照其他传统开展的很多统计学研究对现实主义者强调的变量进行了非常慎重的阐释。不过，冷战的结束使很多观察者质疑现实主义是否是最适于观察国际关系的理论透镜。

研究者们开始越来越多地转而采用其他研究方法。在系统理论中，建构主义的兴起以及人们对新自由制度主义凸显的兴趣一直是当今时代的标志。[1]在其他方法中，有关国内政治和国际关系成果的快速增长一直是这一时代的标志（Milner 1997）。此外，尽管国关领域的研究——定量的和定性的研究——在冷战期间大致集中于国际安全，这一时期的结束促使人们对国际政治经济学、国际制度以及各种其他实质问题产生了越来越大的兴趣。这些发展对于该领域的统计学研究已经产生了重大的影响。

3.1 自由和平论

冷战后不断变换的理论潮流导致了兼具横断面性和时间序列性的各种数据集的出现。通常情况下，横断面单位是国家（一种"一元的"研究
488 设计）或成对的国家（一种"二元的"设计）。几乎在所有情况下，国际关系学者们感兴趣问题的数据报告每年更新一次，这样，时间单位一般是年份。例如，我们可以考虑一下那些有关民主和平论的研究成果，我们会发现它们的数量浩如烟海。20世纪80年代末期，学者们对民主国家之间的关系尤其具有合作性尤其和平（Doyle 1986）这一主张表现出了越来越大的兴趣。的确，以至杰克·列维（Jack Levy 1989）将民主国家很少甚至从不会彼此开战这一观点作为国关领域所拥有的最接近于规律的东西。虽然此前有过零星的针对该主张的验证，20世纪90年代以及21世纪初才涌现出了数量巨大的有关该议题的研究，而其中绝大部分都是统计学方面的（例如，Russett 1993; Russett and Oneal 2001）。

往往有关民主和平论的定量研究都依赖于一种二元研究设计。数据的编制依据的是成对的国家在尽可能长的时期内的情况，通常这一时期指二战后这一时代，不过（取决于可获得的数据）有时指整个19世纪和整个20世纪。这些研究中的因变量是冲突的爆发，人们通常将其定义为国家间的军事化冲突（Jones, Bremer, and Singer 1996），但有时也将其定义

1 对于建构主义的概述，见Ruggie (1998)。对于新自由制度主义的概述，见Keohane and Martin (1995)。

为战争。

20世纪90年代期间，人们对民主和平论的兴趣逐渐增加。例如，布鲁斯·拉西特（Bruce Russett）和约翰·奥尼尔（John Oneal 2001）对更具普遍性的自由和平论是否存在进行了分析。借用伊曼努尔·康德（Immanuel Kant）和其他人长期以来的观点，他们假设民主、高层次的经济互相依赖与对国际组织的参与形成合力，阻止国家间的冲突。这些发展造就了很多传统模型，在这些模型中关键的自变量并不仅是政权类别，而且还有每个二分体（通常因其国民收入得以正常化以构建对互相依赖的测量）中各国之间的贸易流量以及它们在政府间组织的参与程度（Russett and Oneal 2001; Pavehouse and Russett 2006）。

最初的统计学研究为民主和平论以及更具普遍性的自由和平论提供了相当大的支持，不过这些研究也引发了各种批评。有些观察家质疑民主和平论是否纯属偶然（Spiro 1994），而其他人则指责说民主的影响出自各民主国家针对国际事务共有的相似兴趣和偏好（Gartzke 1998; Gowa 1999）。还有人对用于验证自由和平论的统计学技巧发起了挑战。对于这些数据集中的时间依赖性（Beck, Katz, and Tucker 1998）、来自某个特定国家或二分体所特有的历史文化因素的数据中可能具有未观测到的异质性这一事实（Green, Kim, and Yoon 1998）或国家间冲突是一种小概率事件（King and Zeng 2001）这一事实，人们应该如何处理呢？虽然绝大多数研究都确认民主二分体比其他两个国家之间开战的可能性要 489
小，但这些担心促使研究者采用很多不同的技巧并对自由和平论的某些方面产生疑问。[1]

与自由和平论有关的一个关键问题是国际贸易是否对政治军事冲突的爆发具有影响。大部分现有证据都表明日益增强的互相依赖会阻止冲突的发生（Russett and Oneal 2001），这一结果与商业自由主义者提出的观点是相符的。绝大部分这类研究都使用国际贸易与国民收入的比率作

1 此外，这些建模问题对有关民主转型和冲突爆发的相关研究具有影响（Mansfield and Snyder 2005）。

为对互相依赖衡量的手段。然而，大量采用其他的互相依赖衡量手段的研究对这一自由主义立场（例如 Barbieri 2005）都没找到多少支撑。同样地，尽管绝大部分有关该议题的研究都视互相依赖为外生物，有些近来的研究却认为它是内生物。当人们以这种方式对待互相依赖时，它反而与冲突有关的证据就脆弱得多了（Keshk, Pollins, and Reuveny 2004）。

从部分意义上，由于这些发现模棱两可，有些学者对日益增强的互相依赖阻止敌对的特定条件进行了研究。例如，曼斯菲尔德和佩弗豪斯（2000）认为只有当贸易伙伴属于相同的优惠贸易安排，广泛的贸易关系才能抑制冲突。约瑟夫・格里科（Joseph Grieco）和克里斯托弗・格尔皮（Christopher Gelpi 2003）声称这一关系受到了有关国家政权类型的影响：由于对于私人贸易商施加的政治压力，民主政府比其他政府更为敏感，民主国家所感受到的增强贸易所具有的和平影响力比非民主国家更为强烈。这样，互相依赖的影响可能比之前的理论研究或实证研究所暗示的更加复杂。

在有关美国动用武力的定量研究成果中也有对于国内政治和国际安全之间关联的研究。此类成果出现于冷战时期的后半段（Ostrom and Job 1986），而这一研究大部分于近期展开而且集中于国内进程对美国总统动武动机的影响。正如此处所回顾的每个领域的成果一样，其中出现了很多分歧和断裂。最初此类成果的作者暗示国内经济情况直接塑造了领导人卷入冲突的动机（Ostrom and Job 1986）。不过，近来有些作者提出国内环境仅对人们对威胁的看法具有影响，而其他人则声称国内因素在该进程中不起作用（Gowa 1998）。此外，关于特定国内制度，比如国会等，是否会直接影响武力使用倾向（Howell and Pevehouse 2005），人们进
490 行了许多辩论。有关方法论的辩论也接踵而来，其中有人暗示现有模型苦于对因变量的挑选（Meernik 1994）而且对于时间序列动态不够重视（Mitchell and Moore 2002）。

在所有这些更为新颖的研究领域，有关测量、边界条件和评估技巧的论争都有其理论和实证影响。实质上，这些论争更多的是关于某个理论

会做出怎样的预测、人们期待该理论能够立足的条件以及互相竞争的理论是否提出了有关证据的令人信服的解释。尽管将这些成果中的论争视为本质上完全是统计学意义上的论争也许很容易，它们对于我们如何依据证据对理论进行重构非常关键，我们在结论部分会再探讨这一问题。

3.2 国内政治、国际制度和国际政治经济学

人们对于国内政治如何影响国际事务的兴趣从未局限于国际安全研究。相反的，有关国内因素对贸易和货币关系、外国直接投资（FDI）、外国援助和经济制裁的影响的定量研究成果正蓬勃而出。例如，威廉·伯恩哈德（William Bernhard）和戴维·莱布隆格（David Leblang）对国内政治与市场行为的关系进行了研究，他们尤其重视民主竞争对货币、债券及产权投资市场变化的推动以及这种变化如何对民主政治家保住其职位能力的影响。同样的，也有相当多的定量研究对党派、政府中“否决点”的数量、国家的政权类型以及其他国内政治因素对对外贸易关系（Lohmann and O'Halloran 1994; Mansfield, Milner, and Rosendorff 2000; 2002; Milner and Judkins 2004; Henisz and Mansfield 2006）的影响进行了分析。

此外，近来的统计学研究也对国内政治对外国直接投资的影响进行了探讨。例如，李全（Quan Li）和亚当·雷斯尼可（Adam Resnick 2003）发现民主对发展中国家的外国直接投资具有混合影响。强有力的产权会促进外国直接投资，而在民主国家这些权利要比其他国家更强大。不过，民主的直接影响是不同的：在产权力度不变的情况下，20世纪最后几十年中民主国家收到的外国直接投资要少于其他国家。相反地，基于对大致同一时期内的发达国家和发展中国家的分析，内森·詹森（Nathan Jensen 2006）却发现民主国家吸引的外国直接投资多于其他国家。更多的有关国内制度与对外直接投资关联的定量研究或可改进这些发现并明确这些实证关系能够立足的条件。

有关对外经济关系的国内政治的定量研究还专注于制裁。丽莎·马丁（Lisa Martin 2000, ch.4）考察了党派之争对施加制裁决定的影响。她 491

发现，在美国，如果政府是“一体的”（也就是说，如果同一个政党同时控制了行政和立法部门），其行政部门往往率先发动制裁，而如果政府是“分裂的”（也就是说，这些部门为不同的政党所控制），国会则会率先发动制裁。

许多其他有关经济制裁的定量研究考量了非随机选择的影响，这一问题已经引起了整个国关领域的注意。在其中一项研究中，T. 克里弗顿·摩根（T. Clifton Morgan）和瓦莱丽·施韦巴赫（Valerie Schwebach 1997）对发起制裁国未采用武力而促使目标国改变其政策的条件进行了审视。他们采用了加利·赫夫鲍尔（Gary Hufbauer）、杰弗里·肖特（Jeffrey Schott）以及金伯利·安·埃利奥特（Kimberly Ann Elliott 1990）有关制裁的数据对自己的观点进行了检验，但他们意识到，如果对某些国家是否会卷入制裁有影响的相同因素对制裁的结果也具有影响，单纯地依赖这些数据可能会造成选择偏差。为此，他们用一系列国家间危机对有关制裁数据进行了补充，在这些危机中这些国家并未被强加制裁。摩根和施韦巴赫发现对于这类冲突制裁既没有重大的统计学影响也没有大的实质性影响，而且制裁对于哪些危机会升级为战争也没有影响。

在一项相关研究中，丹尼尔·德泽尔（Daniel Drezner 2000）认为，很多观察家都没有认识到制裁的有益之处，原因就在于选择偏差。德泽尔声称，最成功的制裁是那些发出了制裁威胁但从未实施的制裁，因为制裁使发起国和目标国都要付出成本。德泽尔利用统计学方法说明当制裁威胁发出后大量的制裁企图在制裁实施之前就结束了，因为这些行动的目标顺从了发起国的要求。同样地，目标国方面做出妥协的案例比制裁被切实实施的案例要多，这证明其中存在一种研究者们需要特别当心的选择效应。

选择效应绝不限于经济制裁。例如，詹姆斯·弗里兰（James Vreeland 2003）对国际货币基金组织（IMF）的项目是否成功地促进了增长进行了剖析，这一议题相当重要而且一直众说纷纭。他认为现有的有关该议题的实证研究颇有瑕疵，因为它们既没有说明促使各政府与国际货币基金组织达成协议的因素，也没有说明这些协议随后对增长的影响。弗里兰建立了一个模型来阐释非随机选择并用它对国际货币基金组织协议的影响进行评估。他发现当外汇储备薄弱时，政府会求助于国际货币基金组织，但它们也是为了抵消国内对改革计划的反对。此外，弗里兰还发现，对驱使各国求助该基金的条件进行控制后，国际货币基金组织的项目会使经济增长减缓而且参与这些项目也会加剧各国内部的收入不平等。 492

过去十年中，非随机选择问题在国际政治经济学领域之外也引起了人们越来越多的注意。例如，对于国际安全的研究开始强调冲突的爆发与冲突的加剧之间的区别。此外，学者们承认某些相同因素可能对二者的结果都会产生影响，从而形成潜在偏差的一个源头。为了解决这一问题，威廉·雷德（William Reed 2000）、保罗·胡思（Paul Huth）和托德·阿利（Todd Allee 2003）等曾经采用过一些选择模型，用以说明对国家是否会卷入某个争端具有影响的因素，可能对于这些争端是否会加剧也具有影响。在某些情况下，如果对这两个冲突的阶段单独建模而采用一个统一的选择模型对这两个阶段进行分析，有关变量的影响会发生变化。例如，雷德（2000，88）发现，在一方控制其对冲突爆发的影响之前，政权类型对敌对的升级具有重大的统计学意义上的影响。这一研究途径有助于人们提出一个更广义的方法论观点，这一观点与人们需要对国际关系领域中的选择进程进行说明有关。[1]

最近，研究者们对国际条约的形成和实施中是否存在选择效应进行了剖析。在有关遵守国际制度（Downs, Rocke, and Barsoom 1996）的研究成果中理论论争的鼓舞下，很多学者开始研究选择加入国际条约的国家是否因为打算遵守那些条约才加入。如果是的话，这些条约对于遵守条约或国家行为的其他方面的独立影响可能很小。在近来的一项定量研究中，亚娜·冯·斯坦（Jana von Stein 2005）发现加入国际货币基

1 有关选择模型以及其他模型可能更为优越的情况，见 Signorino (2002)。

金组织条约的国家都有意向采取符合这些条约的措施。在她看来，这一证据暗示国际制度有助于将“守约”型国家与“违规”型国家相区分。如此，加入某个国际制度有助于某个国家表达其遵守自己海外承诺的意愿。[1]

更笼统一点讲，关于国际制度是否是内生的，国关领域内一直有很多争论。人们可以使用各种众所周知的统计学技巧（包括工具变量回归和其他相关的两阶段估值）对制度是否确实是内生的进行探究，如果是的话，在评估制度对国际关系的影响时就将制度建模为内生性的。这一部分所讨论的方法论方面的担心不仅仅是对统计学上细微差别的担忧。事实上，它们对于该领域的理论之争至关重要，反映出人们关心理论到底能
493 做出什么预测以及如何对那些预测进行充分的验证。

4 结语

在本章，我们回顾了一些国关领域正在快速出现的运用定量研究技巧的文献。关于对这些方法的使用，我们做出三点观察。第一点，正如漫不经心的观察者也能明显观察到的，如今定量分析在该领域越来越普遍。对于统计学技巧的使用始于冷战期间，不过因应超级大国敌对的终结而来的是定量研究数量和这一研究所专注议题的急剧增加。看起来这两种趋势都可能会持续下去。

第二点，继该学科中统计学方法的崛起以及冷战的终结之后，研究者对国内政治和国际制度塑造全球后果的作用越来越感兴趣。而且，定量分析所涉及的问题范畴持续扩大。例如，近来有关国际安全的定量研究相当重视国家失败（Goldstone et al. 2002）、内战和种族灭绝（Valentino, Huth, and Balch-Lindsay 2004; Doyle and Sambanis 2006）、人权（Poe and

1 近来，凯里迈诺斯（Koremenos 2005）将政权设计问题与执行问题的弹性相联系，开辟了有关国际组织的定量研究的新途径。

Tate 1994; Poe, Tate, and Keith 1999; Hafner-Burton and Tsutsui 2005）以及环境（Midlarsky 1998; Neumayer 2002）。

第三点，也是最重要的一点，虽然有些人继续将定量方法指责为非理论的，国际关系领域的统计学研究还是提升了我们的实证认识并推动了理论边界的设定。没有大样本研究所带来的知识，当前有关自由主义、新古典现实主义或人类安全的理论化是很难想象的。定量研究并非仅仅对理论所假定关系的先入之见进行确认，它们在帮助人们厘清各种关系得以立足的条件的同时还为我们带来了新的见解。

定量研究的兴起已经对国关领域产生了重大影响。有些定量分析的批评人士将自相矛盾的发现、衡量问题以及操作化问题指斥为统计学方法的缺点。不过，尽管实证研究（定量的或定性的）必须以理论为指导，有关衡量、操作化和方法的论争迫使学者们对理论加以考量。确切地说，某个既定理论能做出什么预测呢？哪些变量对该理论的预测至关重要呢？人们预测的关系是无条件的还是有条件的呢？好的理论能够指导好的实证分析，但理论的更新和细化需要好的实证分析。定量技巧是强大而有价值的实证分析工具，而国关领域是人们运用这些技巧的富饶之地。 494

参考文献

Barbieri, K. 2005. *The Liberal Illusion: Does Trade Promote Peace?* Ann Arbor: University of Michigan Press.

Beck, N., Katz, J., and Tucker, R. 1998. Taking time seriously: time-series-cross-section analysis with a binary dependent variable. *American Journal of Political Science*, 42: 1260–88.

Bernhard, W., and Leblang, D. 2006. *Democratic Processes and Financial Markets: Pricing Politics.* New York: Cambridge University Press.

Braumoeller, B., and Sartori, A. 2004. The promise and perils of statistics in international relations. Pp. 129–51 in *Models, Numbers, and Cases: Methods for Studying International Relations*, ed. D. Sprinz and Y. Wolinsky-Nahamias. Ann Arbor: University of Michigan Press.

Bueno de Mesquita, B. 1985. Towards a scientific understanding of international conflict: a personal view. *International Studies Quarterly*, 29: 121–36.

Conybeare, J. A. C. 1983. Tariff protection in developed and developing countries: a cross-sectional and longitudinal analysis. *International Organization*, 37: 441–67.

Deutsch, K. W., Burrell, S. A., Kann, R. A., Maurice Lee, M., Lichterman, R. E. L., Lowenheim, F. L., and Van Wagenen, R. W. 1957. *Political Community and the North*

Atlantic Area: International Organization in the Light of Historical Experience. Princeton, NJ: Princeton University Press.

DOWNS, G. W., ROCKE, D. M., and BARSOOM, P. N. 1996. Is the good news about compliance good news about cooperation? *International Organization*, 50: 379–406.

DOYLE, M. W. 1986. Liberalism and world politics. *American Political Science Review*, 80: 1151–69.

—— and SAMBANIS, N. 2006. *Making War and Building Peace: United Nations Peace Operations*. Princeton, NJ: Princeton University Press.

DREZNER, D. 2000. Bargaining, enforcement, and multilateral sanctions: when is cooperation counterproductive? *International Organization*, 54: 73–102.

FORDHAM, B. 1998. The politics of threat perception and the use of force: a political economy model of US uses of force, 1949–1994. *International Studies Quarterly*, 42: 567–90.

GARTZKE, E. 1998. Kant we all just get along? Opportunity, willingness, and the origins of the democratic peace. *American Journal of Political Science*, 42: 1–27.

GILPIN, R. 1987. *The Political Economy of International Relations*. Princeton, NJ: Princeton University Press.

GOLDSTEIN, J., and FREEMAN, J. 1990. *Three Way Street: Strategic Reciprocity in World Politics*. Chicago: University of Chicago Press.

GOLDSTONE, J., GURR, T. R., HARFF, B., LEVY, M., MARSHALL, M., BATES, R., EPSTEIN, D., KAHL, C., WOODWARD, M., SURKO, P., and UNGER, A. 2002. *State Failure Task Force Report: Phase III Findings*. McLean, Va.: Science Applications International Corporation.

GOWA, J. 1994. *Allies, Adversaries, and International Trade*. Princeton, NJ: Princeton University Press.

—— 1998. Politics at the water's edge: parties, voters, and the use of force abroad. *International Organization*, 52: 307–24.

—— 1999. *Ballots and Bullets: The Elusive Democratic Peace*. Princeton, NJ: Princeton University Press.

GOWA, J., and MANSFIELD, E. D. 1993. Power politics and international trade. *American Political Science Review*, 87: 408–20.

—— —— 2004. Alliances, imperfect markets, and major-power trade. *International Organization*, 58: 775–805.

GREEN, D. P., KIM, S. Y., and YOON, D. 1998. Dirty pool. *International Organization*, 55: 441–68.

GRIECO, J., and GELPI, C. 2003. Economic interdependence, the democratic state, and the liberal peace. Pp. 44–59 in *Economic Interdependence and International Conflict: New Perspectives on an Enduring Debate*, ed. E. D. Mansfield and B. M. Pollins. Ann Arbor: University of Michigan Press.

HAFNER-BURTON, E. M., and TSUTSUI, K. 2005. Human rights in a globalizing world: the paradox of empty promises. *American Journal of Sociology*, 110: 1373–411.

HENISZ, W. J., and MANSFIELD, E. D. 2006. Votes and vetoes: the political determinants of commercial openness. *International Studies Quarterly*, 50: 189–211.

HOPF, T. 1991. Polarity, the offense defense balance, and war. *American Political Science Review*, 85: 475–93.

HOWELL, W., and PEVEHOUSE, J. 2005. Presidents, Congress, and the use of force. *International Organization*, 59: 209–32.

HUFBAUER, G., SCHOTT, J., and ELLIOT, K. A. 1990. *Economic Sanctions Reconsidered: History and Current Policy*. Washington, DC: Institute of International Economics.

HUTH, P., and ALLEE, T. 2003. *The Democratic Peace and Territorial Conflict in the Twentieth Century*. Cambridge: Cambridge University Press.

JENSEN, N. M. 2006. *Nation-States and the Multinational Corporation: A Political Economy of Foreign Direct Investment*. Princeton, NJ: Princeton University Press.

JERVIS, R. 1999. Realism, neoliberalism, and cooperation: understanding the debate. *International Security*, 24: 42–63.

JONES, D. M., BREMER, S. A., and SINGER, J. D. 1996. Militarized interstate disputes, 1816–1992: rationale, coding rules, and empirical patterns. *Conflict Management and Peace Science*, 15: 163–213.

KEOHANE, R. O., and MARTIN, L. L. 1995. The promise of institutionalist theory. *International Security*, 20: 39–51.

KESHK, O., POLLINS, B., and REUVENY, R. 2004. Trade still follows the flag: the primacy of politics in a simultaneous model of interdependence and armed conflict. *Journal of Politics*, 66: 1155–79.

KINDLEBERGER, C. 1973. *The World in Depression, 1929–1939*. Berkeley: University of California Press.

KING, G., and ZENG, L. 2001. Explaining rare events in international relations. *International Organization*, 55: 693–715.

KOREMENOS, B. 2005. Contracting around international uncertainty. *American Political Science Review*, 99: 549–65.

LEEDS, B. A. 2003. Do alliances deter aggression? The influence of military alliances on the initiation of militarized interstate disputes. *American Journal of Political Science*, 47: 427–39.

LEVY, J. 1984. Size and stability in the modern great power system. *International Interactions*, 10: 341–58.

—— 1989. The causes of war: a review of theories and evidence. Pp. 209–313 in *Behavior, Society, and Nuclear War*, vol. i., ed. P. E. Tetlock, J. L. Husbands, R. Jervis, P. C. Stern, and C. Tilly. New York: Oxford University Press.

LI, Q., and RESNICK, A. 2003. Reversal of fortunes: democratic institutions and foreign direct investment inflows to developing countries. *International Organization*, 57: 175–211.

LOHMANN, S., and O'HALLORAN, S. 1994. Divided government and US trade policy: theory and evidence. *International Organization*, 48: 595–632.

MCKEOWN, T. 1991. A liberal trade order? The long-run pattern of imports to the advanced capitalist states. *International Studies Quarterly*, 35: 151–72.

MANSFIELD, E. D. 1994. *Power, Trade, and War*. Princeton, NJ: Princeton University Press.

—— MILNER, H. V., and ROSENDORFF, B. P. 2000. Free to trade: democracies, autocracies, and international trade. *American Political Science Review*, 94: 305–21.

—— —— —— 2002. Why democracies cooperate more: electoral control and international trade agreements. *International Organization*, 56: 477–513.

—— and PEVEHOUSE, J. 2000. Trade blocs, trade flows, and international conflict. *International Organization*, 54: 775–808.

—— and SNYDER, J. 2005. *Electing to Fight: Why Emerging Democracies Go to War*. Cambridge, Mass.: MIT Press.

MARTIN, L. 2000. *Democratic Commitments: Legislatures and International Cooperation*. Princeton, NJ: Princeton University Press.

MEERNIK, J. 1994. Presidential decision making and the political use of military force. *International Studies Quarterly*, 38: 121–38.

MIDLARSKY, M. 1998. Democracy and the environment: an empirical assessment. *Journal of Peace Research*, 35: 341–61.

MILNER, H. V. 1997. *Interests, Institutions, and Information: Domestic Politics and International Relations*. Princeton, NJ: Princeton University Press.

—— and JUDKINS, B. 2004. Partisanship, trade policy, and globalization: is there a left–right divide on trade policy? *International Studies Quarterly*, 48: 95–119.

MITCHELL, S., and MOORE, W. 2002. Presidential uses of force during the cold war: aggregation, truncation, and temporal dynamics. *American Journal of Political Science*,

46: 438–52.
Morgan, T. C., and Schwebach, V. 1997. Fools suffer gladly: the use of economic sanctions in international crises. *International Studies Quarterly*, 41: 27–50.
Morrow, J., Siverson, R., and Tabares, T. 1998. The political determinants of international trade: the major powers, 1907–90. *American Political Science Review*, 92: 649–61.
——— ——— ——— 1999. Correction to "The political determinants of international trade." *American Political Science Review*, 93: 931–3.
Neumayer, E. 2002. Do democracies exhibit stronger international environmental commitment? A cross-country analysis. *Journal of Peace Research*, 39: 139–64.
Ostrom, C., and Job, B. 1986. The president and the political use of force. *American Political Science Review*, 80: 541–66.
Pahre, R. 1999. *Leading Questions: How Hegemony Affects the International Political Economy.* Ann Arbor: University of Michigan Press.
Pevehouse, J., and Russett, B. 2006. Democratic international governmental organizations promote peace. *International Organization*, 60: 969–1000.
Poe, S. C., and Tate, C. N. 1994. Repression of human rights to personal integrity in the 1980s: a global analysis. *American Political Science Review*, 88: 853–72.
——— ——— and Keith, L. C. 1999. Repression of the human right to personal integrity revisited: a global cross-national study covering the years 1976–1993. *International Studies Quarterly*, 43: 291–313.
Pollins, B. 1989*a*. Does trade still follow the flag? *American Political Science Review*, 83: 465–80.
——— 1989*b*. Conflict, cooperation, and commerce: the effect of international political interactions on bilateral trade flows. *American Journal of Political Science*, 33: 737–61.
Reed, W. 2000. A unified statistical model of conflict onset and escalation. *American Journal of Political Science*, 44: 84–93.
Richardson, L. F. 1960. *Statistics of Deadly Quarrels*, ed. Q. Wright and C. C. Lienau. Pacific Grove, Calif.: Boxwood.
Ruggie, J. 1998. *Constructing the World Polity: Essays on International Institutionalization.* London: Routledge.
Russett, B. 1993. *Grasping the Democratic Peace.* Princeton, NJ: Princeton University Press.
——— and Oneal, J. R. 2001. *Triangulating Peace: Democracy, Interdependence, and International Organizations.* New York: Norton.
Signorino, C. 2002. Strategy and selection in international relations. *International Interactions*, 28: 93–115.
Singer, J. D. 1990. One man's view: a personal history of the Correlates of War Project. Pp. 11–28 in *Prisoners of War? Nation-States in the Modern Era*, ed. C. Gochman and A. Sabrosky. Lexington, Mass.: Lexington Books.
——— Bremer, S., and Stuckey, J. 1972. Capability distribution, uncertainty, and major power war, 1820–1965. Pp. 19–48 in *Peace, War, and Numbers*, ed. B. Russett. Beverly Hills, Calif.: Sage.
——— and Small, M. 1968. Alliance aggregation and the onset of war, 1815–1914. Pp. 247–86 in *Quantitative International Politics: Insights and Evidence*, ed. J. D. Singer. New York: Free Press.
Siverson, R., and Sullivan, M. 1983. The distribution of power and the onset of war. *Journal of Conflict Resolution*, 27: 473–94.
Spiro, D. 1994. The insignificance of the liberal peace. *International Security*, 19: 50–86.
Sprinz, D., and Wolinksy-Nahmias, Y. 2004. Methodology in international relations research. Pp. 1–17 in *Models, Numbers, and Cases: Methods for Studying International Relations*, ed. D. Sprinz and Y. Wolinsky-Nahamias. Ann Arbor: University of Michigan Press.
Valentino, B., Huth, P., and Balch-Lindsay, D. 2004. "Draining the sea:" mass killing

and guerilla warfare. *International Organization*, 58: 375–407.
VASQUEZ, J. 1987. The steps to war: toward a scientific explanation of Correlates of War findings. *World Politics*, 40: 108–45.
VON STEIN, J. 2005. Do treaties constrain or screen? Selection bias and treaty compliance. *American Political Science Review*, 99: 611–22.
VREELAND, J. 2003. *The IMF and Economic Development*. New York: Cambridge University Press.
WALTZ, K. 1979. *Theory of International Politics*. Reading, Mass.: Addison-Wesley.
WILKENFELD, J. 1972. Models for the analysis of foreign conflict behavior of states. Pp. 275–98 in *Peace, War, and Numbers*, ed. B. Russett. Beverly Hills, Calif.: Sage.

第二十九章

案例研究方法

安德鲁·贝内特/柯林·埃尔曼

正如我们在别的地方已经提到的(Bennett and Elman 2007a),当前定性方法在国际关系以及比较政治各子学科中的流行程度和重要性基本上是史无前例的。诚然,当代美国政治研究并未充分反映出这一复兴,而是继续强调统计学分析和形式建模(Bennett, Barth, and Rutherford 2003; Bennett and Elman 2007b; Mahoney 2007; Pierson 2007)。然而,在国际关系各子学科,无可否认的是,定性方法即便不是声名显赫也算是令人瞩目。在2007年的一份调查中,有95%的美国国关学者都宣称定性分析是他们首选的或仅次于首选的方法论,相比之下,55%的人选择定量分析而16%的人选择形式建模(Maliniak et al. 2007, 37)。实质上,定性研究对国际关系中的所有研究项目都有所裨益,这些研究包括国际政治经济学(Odell 2004)、民主和平论(George and Bennett 2005, 37–59)、种族冲突和内战(Sambanis 2004; Bennett and Elman 2007b)、冷战的终结(Wohforth 1998)、国际环境政治学(Mitchell and Bernauer 2004)以及安全研究(Katzenstein 1996; Kacowicz 2004)等。

当前定性研究方法的回潮在很大程度上有赖于前面两代辛勤开拓的

学者。二战后一代学者的案例研究方法做出了重大贡献，但最终渐渐被视 499
为太缺乏理论性、方法论上失于严谨而且无益于渐进的理论建设（George 1979）。从20世纪70年代到90年代早期第二代学者们为定性研究开发了更系统性的程序，这些学者包括亚当·普热沃尔斯基（Adam Przeworski）、亨利·托伊内（Henry Teune 1970）、阿伦德·里帕特（Arend Lijphart 1971）、哈里·艾克斯坦（Harry Eckstein 1975）、尼尔·斯梅尔塞（Neil Smelser 1976）、亚历山大·乔治（Alexander George 1979）、蒂莫西·麦基翁（Timothy McKeown）（George and McKeown 1985）、查尔斯·拉金（Charles Ragin 1987）以及戴维·科利尔（David Collier 1993）等。

在本章我们集中探讨第三代定性方法研究。我们认为这一代构成了定性方法的复兴，它阐明了自己的程序，更坚定地立足于当代科学哲学，说明了自己对定量和形式方法的比较优势，并拓展了有关概念化和测评、案例选择以及比较和案例内分析的定性技巧体系。相比以前，定性方法的制度化进一步深化。2003年，美国政治学会（APSA）设立了“定性方法分会”。随后，该分会被重新命名为“定性及研究方法多样化分会”（Qualitative and Multi-Method Research），到2008年2月时已经成为美国政治学会37个分会中第二大分会。此外，2001年“定性研究方法校际联盟”（CQRM）成立，2007年至2008年间它大约拥有60个系和研究机构。到2008年1月之前，它已经与人合办了7所“定性及研究方法多样化学院”，培训了600多名从事最先进定性方法的研究生和教师（Collier and Elman 2008）。[1]

近来定性研究方法发展的一个重要维度在于针对方法论的多元化态度的出现。在人们对复杂的多方法研究设计的使用中这种多元主义最为明显。在定性研究方法圈子本身中这一点也显而易见，这个圈子在规模和多样性方面都有了长足增长，如今它已经整合了各种不同的观点。受到定量研究技巧影响的某个学派暗示“相同的内在逻辑为每一种研究方法[统计

1 2007年该学院名称原来叫定性研究方法学院。

学的和定性的］提供了一个框架结构。往往在有关定量研究方法的讨论中人们对这一逻辑都进行了明确的阐述和形式化”（King, Keohane, and Verba 1994, 3）。与这种单一逻辑推理方法形成对比的是，赞成我们所说的第三代定性研究的人认为还有其他的进行推理的方式。这些学者常常采用案例内
500 研究方法构建特定因果机制的存在及其运作的条件。[1]第三代集体也强调理论发展、理论验证、对个例的历史学解释以及对因果机制的总体概述。按照第三代定性方法学家的观点，不同的方法具有不同的优缺点，人们在使用时应当记住这些权衡取舍问题。从这个视角来看，定量方法非常有用也非常强大，但即便有很多相关案例定量方法也不一定总是最佳选项。

定性研究方法社群也包括许多从事诠释性方法研究的学者。诠释论涉及一系列特别的分析模式[2]以及诸多哲学和语言学传统中出现的难题，而诠释性方法根源于这些传统。我们发现，约翰·鲁杰（John Ruggie）对新古典、后现代主义和自然建构主义者的区分（1998）在国际关系子学科中非常有用。鲁杰自称新古典建构主义者。新古典主义者信奉一种实用主义的认识论并致力于多元社会科学这一理念，尽管其结果受时间和文化的限制。像亚历山大·温特（1999）和戴维·德斯勒（David Dessler 1999; Dessler and Owen 2005）这样的自然建构主义者追求对作为社会生活基础的因果机制做出有效的推理，他们发现社会科学和自然科学之间存在很多共同点。这两个总体的方法手段与第三代定性研究者的方法手段大体一致。[3]例如，彼得·卡赞斯坦的新古典

---

1 国关学者可能已经十分熟稔某些集中存在其子学科中的第三代研究成果，例如，Tetlock and Belkin (1996)；George and Bennett (2005) 等，不过从更大范围来说有关大作或许还包括Bates et al. (1998)；Ragin (2000)；Elman and Elman (2001；2003)；Gerring (2001；2007a)；Goertz and Starr (2002)；Mahoney and Rueschemeyer (2003)；Brady and Collier (2004)；Pierson (2004)；Goertz (2006) 和Goertz and Levy (2007) 等。

2 见，例如，耶诺 (Yanow) 和施瓦茨-谢伊 (Schwartz-Shea) (2006) 在导论的表1中所列出的35种诠释研究方法。

3 这里所列举的学者与克里斯蒂安·罗伊-斯米特 (2002, 495) 所说的“方法论上的约定主义者”有大量重合。这两个分类与伊恩·赫德 (本书) 所称的“实证主义者”大致巧合，不过，我们认为，很多国关学者，不论是否是建构主义者，在方法论上是约定主义者但并不赞同传统的实证主义者有关“定律”和“可证伪性”的观念。

建构主义（2005，x-xi，40）对于诠释性方法和其他方法分析意义上的折中组合持开放态度。相反地，鲁杰对于后现代建构主义者的最终分类采取了一种更具怀疑性的观点。这一群体的研究以弗里德里希·尼采、米歇尔·福柯以及雅克·德里达的著述为基础，他们专注于对社会现实的语言学建构。他们“与现代主义的规则和惯例做了认识论意义上的决裂”（Ruggie 1998, 881），因而对于合法的社会科学或合理的因果推理前景持悲观态度。[1] 501

第三代定性方法有可能在不同的定性方法之间的对话中占据关键位置。从某些方面来说，它们可以被视为单一逻辑推理社群与诠释主义者社群之间独特的桥梁。将比较和直觉性回归视为其潜在合理性的组成部分后，第三代案例研究方法非常适合于大样本研究，也能够接受定量方法所提供的很多比较优势方面的主张。另一方面，对于细节、叙述和背景的密切关注使第三代极其适用于诠释性方法，尤其是其实用主义和自然主义分支。在本章下文，我们会探讨一些第三代已经开发出的途径并为未来研究提出可能会带来丰富成果的指引性建议。我们将集中探讨过去十年中第三代定性方法做出的一些关键创新，它们涉及案例内分析、比较案例研究、案例选择、概念与测评、反事实分析、类型学理论化以及模糊集分析等。在结论部分我们将对定性方法中有前途的未来发展途径进行探讨，其中包括将定性方法与统计学以及/或形式方法结合的方式、对涉及各种形式复杂性的理论的评估手段、调整定性方法以解决认知研究所揭示的常见推理性偏差的方式、增加定性数据可复制性和可获得性以及使用定性知识改进统计学数据库中的编码、对案例研究进行概况的方式等。

---

1 另见耶诺（2006, 6）及耶诺和施瓦茨-谢伊（2006, xxxvi, n. 15）。相似地，弗里德里希·克拉托奇维尔（本书）对最具雄心的科学现实主义形式，特别是在一定意义上理论按照日渐精确的方式“指向”潜在的“现实”这一观点，提出了若干解释学批评。然而，克拉托奇维尔并未暗示不存在判定某些阐释高于其他阐释的基础，至于他是否也反对科学现实主义更为温和的形式我们并不清楚，而科学现实主义认为科学并不必然是进步性的（有关科学现实主义不同派别的分析，见Chernoff 2002）。

1 第三代定性方法的创新

过去十五年中第三代定性研究学者基本上对传统案例研究方法的每个方面都进行了改良和扩展。[1]尽管这些新的而且修正过的方法之间在
502 多个维度都有所差异，表29.1为我们展示了一系列此类方法，左端为对单个案例的案例内分析，其后位于中间的是隐性比较和小样本比较，处于右端的是多案例比较和模糊集/定性比较分析（FS/QCA）。下面我们将对每一种方法予以简述。

表29.1 根据案例和分析模型数量而分类的定性方法

对若干案例中某个案例的案例内分析				大样本统计学分析
←⋯⋯⋯⋯⋯⋯⋯⋯⋯⋯⋯⋯⋯⋯⋯⋯→				
过程追踪	隐性比较（反常、最适用、最不适用、反事实）	两案例比较（最相似、最不相似）	多案例比较（比较性历史分析、类型学理论）	模糊集—定性比较分析

1.1 过程追踪

案例内分析方法具有悠久的传统，不过近来学者们已经厘清了它们的程序并对它们在当代科学哲学中的基础予以了说明。案例内分析中有种叫作过程追踪（George 1979; George and Bennett 2005）的核心方法，它涉及对其他有关某个历史案例的假设性解释可观测影响的严密审视。[2]采用过程追踪的研究者始终在问："如果这种解释在这一案例中是精确的，还有哪些其他的有关该案例中假设性因果机制的呈现过程的东西也

1 下文讨论借鉴并进一步发展了此前人们有关定性方法单独的以及合作著述的成果，其中包括George and Bennett (2005)；和And Bennett and Elman (2006a；2006b；2007a；2007b) 等。

2 另见Collier, Brady, and Seawright有关因果过程观察的探讨 (2004, 252–255)。

必然真实无误呢？”然后，该研究者将这些假设性的干预变量针对该案例中的证据加以验证。由于其强调对于假设性因果机制，而且其分析层次比自变量和因变量更低或更细节化，过程追踪与科学哲学中的“科学现实主义”学派是一致的（George and Bennett 2005）。

过程追踪可能既涉及对某个案例做出假设的归纳分析，又涉及对某个案例的潜在解释的演绎验证。如果对某个假设的验证所针对的证据在 503
某种意义上与引发该假设的证据没有关系，那么该假设甚至可能既来自该案例而又可以在同一个案例中得到验证。在这些方面，过程追踪与传统的历史学方法以及流行病学、病理学、地质学、进化论生物学和侦探工作中对于单个案例做出解释并验证解释的方法都非常类似。好的过程追踪要求人们注意其他假设及其可观测影响、考虑现有证据中可能的偏差、整合各种来源的信息并对某个假设过程中的关键顺序步骤提供一种尽可能连续性的解释。

过程追踪的逻辑与贝叶斯推理的逻辑非常类似（Bennett 2007）。[1]和贝叶斯推理一样，过程追踪通过排除归纳法利用有关证据来证实某些解释或对与该证据不符的解释提出质疑。虽然如果没有相关证据能够对有关某个案例的两种相互竞争彼此不容的解释进行区分就可能存在不确定问题，对于某个或若干证据来说，大幅增加人们对于某种解释的信心而对许多其他解释提出质疑仍然是可能的。由此，与定性方法的单一逻辑推理途径相反的是，第三代研究认为，就案例研究对案例内方法的依赖来说，它们并不一定容易受到“自由批评度”的影响。其原因在于，案例内方法提供了与某个案例内部其他理论的多重可验证影响有关的证据

1　贝叶斯式的理论验证途径集中于对其他解释真实性可信度的修正。换句话说，贝叶斯主义者们以概率论看待统计学参数，认为假设为真这一可能性具有主观可能性并根据新的证据对这些可能性予以修正。相反地，频率学派统计学认为从对某些人口的重复采样中可能获得相似结果是可能的。贝叶斯推理能够应用于一个或数个案例或若干证据，而频率学派统计学分析则需要更多案例才能进行推理，不过随着有关案例或证据数量的增加这两种形式的推理应该交汇与相似的结果。过程追踪遵循了一种与贝叶斯推理非常类似的逻辑，对根据某个案例中产生的证据做出的有关该案例的其他解释的可信度进行修正。有关过程追踪与贝叶斯推理之间的相似性的进一步探讨，见 Bennett (2007)。

(George and Bennett 2005, 28–29；另见Campbell 1975)。虽然案例研究(实际上所有方法均是如此)容易受到证据所带来的更为普遍性的理论的不确定性问题，任何特定案例研究设计中该问题的存在以及严重程度并不取决于变量或案例的数量而是取决于这些案例中的证据是否适于对其他解释加以区分。因而，利用过程追踪对某个案例中的若干潜在解释进
504 行验证就不存在内在的“自由度”问题。

1.2 隐性比较：反常、最适用、最不适用、关键以及反事实案例

正如语言和概念本来就是比较性的，所有的单个案例研究，即便是那些比较性并不明晰的案例研究，都是隐性比较式的。隐性比较程度最小的案例研究包括对反常的、最有可能的、最没有可能的关键性的和反事实案例的研究。过去十年中，方法学家已经对所有这些类型的案例研究的运用予以了阐明。反常的案例指其结果与理论期待不符或与人们在该反常案例居于其间的一众案例中观察的实证模式不相符的案例。以前的统计学研究可能对于人们通过案例的高误差项(Seawright and Gerring 2006)对反常案例进行识别很有帮助。反常案例往往对人们通过归纳性过程追踪(Eckstein 1975; George and Bennett 2005)提出新的假设很有帮助。人们在某个反常案例中做出的假设可能被证明只适用于该案例或各种各样的案例。只有人们对某个反常案例已经进行了研究、提出了某种解释并对新的假定的潜在机制可能的适用条件进行了考量之后，人们才可能对针对该案例所做出的解释有多大的概推性进行预测。

最适用案例指适用于任何一个案例的理论都可能对该案例做出一个好的解释的案例，最不适用案例指某些“难以验证”案例，其中有关理论不可能做出一个好的解释。无法适用于最适用案例的理论会受到人们的强烈指责，而在某个案例中适用性最小但又的确适用于该案例的某个理论则会获得人们的信任。“关键”案例指在以下两个意义上都十分艰难的验证：它必须适用于某个真实的解释，而且它绝不适用于任何其他解释。20世纪70年代哈里·艾克斯坦(1975)提出了有关关键、最适用以及最不

适用案例的理念，但更近一段时间内有些学者指出对某个理论来说某个案例是最适用案例还是最不适用案例的判定，不应只根据其对于该理论的变量值，而且也要根据其他理论所指向的变量值（George and Bennett 2005；另见 Gerring 2007b）。

反事实分析是另一种形式的隐性比较，其中研究者将某个现存案例与某个在一个或多个关键方面有所不同的反事实案例进行比较。菲利普·泰特洛克（Philip Tetlock）和亚伦·贝尔金（Aaron Belkin）为对反事实进行判断制定了大量标准，其中包括“最小重写规则”（对尽可能少的变量进行改变以构建该反事实）以及在一定程度上可能的反事实应该纳入对真实世界（Tetlock and Belkin 1996）可预计、可验证的影响这一规定等。反事实推理也是一个实用的对研究者思维一致性进行验证的手段，因为每个有关这个世界的因果或解释性主张都具有一个从逻辑意义上来讲相称的反事实主张。如果某个研究者发现某个因果主张令人信服， 505
但并未发现其逻辑意义上相称的反事实主张也同样令人信服，该研究者就需要考虑其有关某个案例的理论化中是否存在不对称或谬误（Lebow 2000; George and Bennett 2005；有关在国际关系案例中的应用情况，见 Goertz and Levy 2007）。

1.3　小样本比较：最相似和最不相似案例，比较历史分析

方法学家们对具有悠久传统的两种形式的成对比较进行了修正：最相似和最不相似案例比较。在最相似案例比较中，两个案例在所有变量方面都相似，只在一个自变量方面不相似，即在结果变量方面不相似。在最不相似案例比较中，两个变量在结果变量方面相似。这些比较分别采用约翰·斯图尔特·密尔的“求异法”和“求同法”（这些术语看似令人费解的原因在于密尔依据其案例中有关因变量的差异和方法对自己的方法进行命名，而当代对方法的标签与有关自变量的相似性或缺乏相对应）。

正如密尔自己所注意到的，来自这些比较中的推理可能由于各种原

因而存在谬误：案例之间仅在一个或所有变量方面都不同的情况非常罕见，可能通过其他途径也能实现同样结果（殊途同归性），该比较可能会遗漏某些变量或者也可能存在测评错误。更近一些时候，方法学家再次确定了这些对成对比较中推理的潜在威胁，但同时他们也强调过程追踪有助于减少这些问题出现的可能性（George and Bennett 2005）。例如，在最相似案例设计中，过程追踪能够对比较分析予以补充，后者利用案例内分析对两个案例中不同的自变量是否与假设过程的结果有关进行验证。研究者也可以利用本设计中的过程追踪对这两个案例中自变量中其他的残留差异是否与这些案例结果的差异有关进行验证。

本章所讨论过的若干创新已经在比较历史传统中得到了发展及/或布置，该传统横跨了政治科学和社会学两个学科。在比较政治学和美国政治发展两个子学科，人们对这一传统的追随尤其强烈。詹姆斯·马奥尼（James Mahoney）和迪特里希·鲁施迈耶（Dietrich Rueschemeyer 2003，6）暗示比较历史分析方法对很多非常重要的结果进行了探讨，并被定性为“对因果分析的关注、对长期过程的强调以及对系统和背景性
506 比较的运用”。由于对普遍化（universal generalizations）和个案式解释不满，比较历史分析往往专注于结构性分析以及经验主义归纳。

1.4　类型学理论化

类型学理论化往往涉及单一研究设计内部的大量跨案例比较。这种理论化利用这些比较和案例内分析的组合来开发有关变量的不同配置以及它们导致后果的理论。这种理论的一个显著特点是它们天然地将案例当作变量的配置（Ragin 1987; George and Bennett 2005），从而使每一种配置内部的不同多元互动效应成为可能。

根据有关人们所感兴趣现象的理论发展状态，类型学理论的发展能够从已有理论展开或以更加归纳性的方式从个案研究开始推进。在这两种事件中，研究者通常在来自案例的证据与理论框架之间反复申说，试图利用每次反复揭示“新的事实”以防范出现异常解决的事后分析的危险

（Lakatos 1970; Elman and Elman 2002）。为了打造某个类型学理论，研究者从以前人们对所感兴趣现象的研究中发现的（如果有的话）变量开始进行研究，研究者利用对这些往往二分或三分的变量的无条件测评对这些变量所有可能组合的“类型学空间”（哲学中称为“真值表”）进行了大致描述。例如，如果有四个二分自变量和一个二分因变量，对于5个或32个潜在组合或类型的力量来说就有两个变量。

接下来，该研究者根据有关每个案例中变量值的初步了解将来自有关总体的案例列入不同的类型。这一过程可能有利于理论框架的变化。例如，如果被分在同一类型的某些案例被研究者认为在某些重要的方面具有不同之处，这会促使人们对各案例之间的差异以及任何有关的可能需要添加到该类型学空间的变量做出进一步考量，以将这些案例再分为不同的类型。相似地，如果具有相同自变量组合的案例产生了不同的后果，这也是一种值得人们注意的潜在异常情况。

即便运用有关这些案例的基本了解将这些明显的异常加以解决之后，此时该类型学空间可能会变得非常复杂而且看似笨拙。幸运的是，有几种方法可以将这一类型学空间加以缩减（Elman 2005）。第一种，如果细微的区别对该理论来说无关大局，人们可以将这些变量重新调整到一
个细节性较低的层次。第二种，人们或可将各变量加上标记后合并成复 507
合变量。第三种，研究者可以采用逻辑压缩来清除那些理论上完全不可能涵盖实际案例的实证意义上的空单元格。第四种选择是实证压缩，清除各种空单元格而不论它们看起来有无可能。第五种途径是如果相邻类型无法实现有关理论目标可以对之采取实用性压缩。第六种是经过更深入更详细的分析后将那些结果看起来理论上过于武断以及其实证样本不会超出预期结果的案例类型加以搁置。最后，研究者可以选择专注于更有限的一组特定单元格或感兴趣现象的亚类型。

反之，如果该类型学空间看起来似乎过于简单化，研究者可以利用扩展部分（有时亦称“次结构”）来将某些变量及/或更为细化的区分重新添加到该理论之中。一旦该类型学空间被缩减或扩展到理想程度，它

就可以直接有助于对适于其他研究设计案例的选择。例如，在某个自变量和因变量上有所差异的相邻单元格中的案例可用于最相似比较，而结果与同一单元格内其他案例的结果不同的案例构成变异案例，对其加以审视后可识别出遗失变量。有关类型学理论的例子包括有关临时安全联盟责任分担的理论（Bennett, Lepgold, and Unger 1997）、军事占领理论（Edelstein 2008）、现状及修正主义政权理论（Schweller 1994; 1998）以及联邦国家类型理论（Ziblatt 2006）等。

1.5　模糊集分析

模糊集（FS）分析是近来定性方法中的另一个创新，它往往包括对十至十五个案例的研究（Ragin and Rihoux 2004）。对模糊集全面的阐释超出了我们当前的目的（见Ragin 2000），因此我们仅集中探讨它若干特点以及与其他定性方法相比而言的比较优势。

模糊集方法是查尔斯·拉金（Charles Ragin 1987）定性比较分析（QCA）方法的一个变体，它采用“清晰的”分类变量和布尔代数将真值表中的案例数量简化为对与这些案例相一致的必要性和充分性的逻辑性陈述。与清晰集定性比较分析方法形成对比的是，模糊集方法基于案例“完全隶属于”某个特定概念或属性集的程度将案例的“隶属度”值指定为0和1之间。例如，一个“完全隶属于”概念上被定义为“民主国家”集的国家将被评分为1.0，一个因其属性被认为“绝大部分方面隶属于”该集的国家可能被评分为0.75，一个被认为“多个方面隶属于”该集的国家可能被评分为0.5，等等。研究者为某个研究中的案例分配了模糊集值
508 后，他或她就能够使用统计学测试对某个特定类型案例的结果是否足够一致以维持某个有关（接近）必要性或充分性的主张进行评估（与定性比较分析相比，模糊集方法可以使用概率性表述）。

模糊集分析是一种比较方法，虽然它确实需要充分的有关每个案例的信息以为它分配一个模糊集值，它不一定依赖于对个案的案例内分析，而且它也不适用于案例内分析。模糊集分析与类型学理论化的区别在

于前者倾向于认为异常案例可能出自偶然性而后者往往采用一种缺省假设，即异常案例是潜在的对遗失变量进行识别的源头。此外，模糊集分析最适于先前已有较完善理论、案例多样性未受到严格限制、旨在对有关必要性或充分性而非提出新理论（Bennett and Elman 2006a）的主张进行验证的议题。另一方面，类型学理论化既可以被用来测试和提出理论也可以被用来对个案加以解释。

1.6 概念分析、双层理论以及案例选择中的创新

近来案例研究方法中还有三类创新，它们并不完全合乎从单一案例研究设计到多案例研究设计的分类，不过它们仍然适用于很多这类设计。首先，方法学家们已经就发展中概念与改进中概念的作用和程序进行了说明。罗伯特·艾德考克（Robert Adcock）以及戴维·科利尔将这些关系概况为背景概念、系统化概念、关键绩效指标并对个案进行了评分，他们指出在研究过程中往往存在从一个层次到另一个层次的重复性变化。科利尔和斯蒂芬·列维茨基（Stephen Levitsky 1997）指出“削减的亚类型”，或者说缺少上述现象完整示例一个或多个属性的概念分类的使用非常广泛。科利尔、伊达尔戈（Hidalgo）以及默丘恰努（Maciuceanu 2006）引发并推进了关于很多争议极大的概念论争。约翰·耶林（John Gerring 2001; Gerring and Barresi 2003）对定性概念和指标的不同需求之间的权衡以及其所建议的概念构成的指导方针进行了阐述。加里·格尔茨（Gary Goertz 2006）对必要性/充分性概念与家族相似概念进行了区分，对前者来说某个成分是必要的或充分的，对后者来说其对于某个概念分类的归属取决于它明确具有最低层面的若干可替换属性。

其次，格尔茨和马洪尼（2005）认为“双层理论”是许多定性研究中共有的一个重要理论化模式。双层理论能够将与位于另外一个层次的家族相似关系互动的某个层次的很多必要性因素进行组合。格尔茨和马洪尼利用西达·斯考切波（Theda Skocpol）有关社会革命的著名理论（1979）对此进行了说明，该理论认为，国家崩溃和农民起义都是社会革 509

命的必要条件，不过这两个条件都可以通过若干不同的可替换途径加以实现。可能存在很多类型的双层理论，我们可以将它们描述为一个流程表或一个类型学空间（例如，对这两种形式展示关联的说明，见Bennett 1999, 109–110）。

再次，多个方法学家对案例研究设计中的案例选择和选择偏差问题进行了阐述。单一推理逻辑的支持者对人们在缺少对自己所认为的普遍适用的定量推理规则正确理解情况下所采取的定性方法做出了强烈批评。一种常见的批评在于案例研究设计常常涉及研究者基于先前有关这些案例结果的了解为研究选择案例。这种批评最常见的形式是基于因变量值的案例选择导致对自变量效应的低估（King, Keohane, and Verba 1994; Geddes 2003, 87）。

不过，第三代方法论学家认为，如果人们透过观察性统计学研究中案例选择偏差的棱镜来看定性研究者案例选择的挑战，往往就会对其产生误解。如果我们理解恰当的话，定性研究设计中的案例选择偏差在某些情况下对因果推理的破坏性比标准统计学批评所暗示的破坏性更大，但往往这些程序事实上非常适合于定性研究者使用它们的推理目的。在案例研究中对于因变量和无方差设计的选择有重要用途。例如，虽然一个单一的异常案例是依据因变量而选择，该案例在识别新变量时可能会颇有成效。正如我们在上文所注意到的，虽然某个异常案例看似一种“无方差”设计，人们选择它与跟自己不同的某个理论或实证模式进行隐性的或明确的比较。而且，依据因变量而选择的无方差个案能够对有关必要性和充分性主张进行验证（Dion 1998）。

此外，统计学选择偏差批评假定有一个预先构成的总体，但如果研究者心中没有该总体并试图在找到有关的潜在总体之前更多地了解正面案例之间的相似性，对因变量的选择是合理的。否则，“在确定一个合适的总体之前探讨选择偏差问题就是本末倒置”（Collier, Mahoney, and Seawright 2004, 88）。此外，选择偏差批评适用于过程追踪的方式与它适用于跨案例比较方法的方式不同，因为过程追踪并不依赖于跨案例共变(Collier and Mahoney 1996; Collier, Mahoney, and Seawright 2004, 96)。正如我们在上文所注意到的，即便像最相似案例设计这样的比较案例研究设计在很大程度上从过程追踪当中汲取了自己的推理力量。简而言之，虽然有关自变量和因变量的方差对很多类型的案例研究设计和推 510 理目标来说必不可少，但它并非对所有这种设计和目标都是必要的或有用的。

另一个与案例选择相关的创新领域与采用定性方法和定量方法的研究者经常忽视的一个重要问题有关：对关于某个现象或研究所关注的结果本来可能发生但并未发生的背景的负面案例的定义和选择问题。在统计学研究中纳入无关案例，诸如在一个有关国家间战争的研究中纳入两个无力或无意对战、彼此相距遥远国家的二分体，可能使某个理论名不副实。马洪尼和格尔茨(2004)曾建议过一种根据“包容规则”和“排斥规则”对相关案例进行识别的“可能性原则”，根据“包容规则”，如果至少有一个自变量的值指向人们关注的结果，那么这些案例就被纳入其中，根据“排斥规则”，如果先前的研究表明具有某个值的变量使人们关注的结果无法实现，有关案例就被排斥在外。这些作者注意到，这些规则在部分意义上是理论依赖型的，不应该机械地加以应用，事实上，根据先前有关对所讨论现象的了解，这些规则可能有很多变体。不论某人采用什么标准对负面案例进行识别，对很多研究来说，尽可能严谨地对这些案例进行识别这一任务都是非常重要的。

2 定性方法的新前沿

定性方法中的创新一刻未停，有待于进一步发展的当前或潜在的议题当中有五个领域尤其值得注意。第一，多方法研究设计的发展如火如荼，其中，实证研究范例而不是方法论学家对组合不同方法的其他方式的系统分析身先士卒。国际关系研究设计中将案例研究方法与形式主义模型或统计学分析或同时与后两种途径相结合的杰出范例并不是唯一的。包括实验和人种学研究在内的其他方法也可以与案例研究相结合。组合方法的巨大优势在于，每一种途径都提供了至少对另一种途径的局限性加以抵消的潜能。多方法研究的挑战，尤其对研究生来说，在于对多种方法专业知识的开发以及对每一种方法需要的证据的收集都需要大量时间和技巧。学者们还只是刚刚开始就如何从更大范围上对不同方法进
511 行组合这一问题加以探讨（Lieberman 2005; Seawright and Gerring 2006; Bennett and Elman 2007b），有关该议题仍有更多的工作要做。

第二，定性方法论学家已经开始专注于如何对涉及不同形式复杂性的理论进行评估。其中，有几位已经对有关路径依赖理论以及定性方法的解决之道的问题进行了研究（Mahoney 2000; Bennett and Elman 2006b）。格尔茨和马洪尼（2005）在其有关双层理论中必要性和家族相似关系的各种组合的研究中对不同形式复杂性进行了探讨。模糊集分析和类型学理论化是解决有关多元互动效应挑战的两种途径。这两种途径以及其他有关复杂性理论领域的途径有可能获得深入发展，它们可能会借鉴像进化生物学等已经面临复杂性问题的不同科学研究。

第三，定性方法需要跟上认知科学发展的步伐。严谨的方法论程序的作用之一就是要防范我们自己的认知偏差。例如，定性和定量方法中有很多程序都做出了调整以防范证实偏差的危险，实验室中的实验已经充分地表明了这种偏差的存在。认知心理学和行为主义经济学研究已经指出了许多其他种类的推理性偏差的存在（Kahneman, Slovic, and Tversky 1982），而政治心理学研究已经表明政治科学家非常容易带有这种偏差（Tetlock 2005）。近来的研究暗示我们，若干简单程序，比如要求个人以反事实的角度对其预测可能被证实有误的条件进行考量等，能够改善人们在完成诸如贝叶斯更新这种推理性任务时的表现（Herrmann and Choi 2007）。定性方法论学家，从更广泛意义上说，方法论学家需要对数量巨大而且正在不断增加的有关认知偏差的有关文献进行挖掘并开发出系统性的程序以解决这些偏差。

第四个有待发展的领域在于完善定性证据的可获得性和可复制性。

定性方法研究者可以更好地利用更加完善的技术对有关音像数据加以收集和存储并使人们能够在网络上可以获得这些数据。应该让人们能够获得田野笔记、有关访谈和事件的音频和视频、标志物和工艺品的照片以及其他类别的定性数据并与出版物关联。当人们可以在网上获得更多的此类证据后，像自然科学基金会这样的研究组织需要就它们能否发挥为此类信息提供存储空间这一问题进行探讨，并对现有的开源搜索引擎是否足以使用户轻松地找到自己所需要的东西进行考量。方法论学家和学术界也需要就此类定性数据的展示和可复制性设定标准和规程。具有地区性和功能性专业知识的定性研究者也有责任促进定量数据库的完 512
善，并逐渐将应用他们的知识使此类数据库的编码更为精准（Bowman, Lehoucq, and Mahoney 2005）。关于这一点，与维基百科所采用的流程相似的基于网络的征求社区输入及审核方式可能非常有用。

最后，定性方法论学家需要对自己专注于对个案和比较案例研究进行总结这一挑战的做法加以更新。有关异常案例的研究以及在最不适合案例中对某个理论进行证实或在最适合案例中对某个理论加以动摇的研究的有关发现可能具有广泛的推广度，抑或被证明仅适于所研究的案例。我们需要厘清对此类案例发现的推广度进行评估的标准，而研究者则需要更精准地说明他们是否认为其研究发现仅适合于其研究的案例、该案例所属的某个类别的或类型的构成性案例还是适合于仅具有其研究案例一个或数个特点的多数案例。换句话说，定性方法研究者需要厘清基于自己研究的案例他们可以主张自己的理论具有哪些不同适用范围的条件（Goertz and Mahoney 2006）。这五项任务向下一代定性方法研究者和方法论学家提出了重大而且可能带来丰硕成果的挑战。 513

参考文献

Adcock, R., and Collier, D. 2001. Measurement validity: a shared standard for qualitative and quantitative research. *American Political Science Review*, 95: 529–46.

Bates, R. H., Grief, A., Levi, M., Rosenthal, J. L., and Weingast, B. R. 1998. *Analytic*

Narratives. Princeton, NJ: Princeton University Press.

BENNETT, A. 1999. *Condemned to Repetition? The Rise, Fall, and Reprise of Soviet-Russian Military Interventionism, 1973–1996*. Cambridge, Mass.: MIT Press.

—— 2007. Process tracing: a Bayesian approach. Presented at the American Political Science Association Annual Conference, Chicago, 1 Sept.

—— BARTH, A., and RUTHERFORD, K. 2003. Do we preach what we practice? A survey of methods in political science journals and curricula. *PS: Political Science and Politics*, 36: 373–8.

—— and ELMAN, C. 2006*a*. Qualitative research: recent developments in case study methods. *Annual Review of Political Science*, 9: 455–76.

—— —— 2006*b*. Complex causal relations and case study methods: the example of path dependence. *Political Analysis*, 14: 250–67.

—— —— 2007*a*. Qualitative methods: the view from the subfields. *Comparative Political Studies*, 40: 111–21.

—— —— 2007*b*. Case study methods in the international relations subfield. *Comparative Political Studies*, 40: 170–95.

—— LEPGOLD, J., and UNGER, D. (eds.) 1997. *Friends in Need: Burden Sharing in the Gulf War*. Basingstoke: Macmillan.

BOWMAN, K., LEHOUCQ, F., and MAHONEY, J. 2005. Measuring political democracy: case expertise, data adequacy, and Central America. *Comparative Political Studies*, 38: 939–70.

BRADY, H. E., and COLLIER, D. (eds.) 2004. *Rethinking Social Inquiry: Diverse Tools, Shared Standards*. Lanham, Md.: Rowman and Littlefield.

CAMPBELL, D. 1975. "Degrees of freedom" and the case study. *Comparative Political Studies*, 8: 178–85.

CHERNOFF, F. 2002. Scientific realism as a meta-theory of international politics. *International Studies Quarterly*, 46: 189–207.

COLLIER, D. 1993. The comparative method. Pp. 105–20 in *Political Science: The State of the Discipline II*, ed. A. W. Finifter. Washington, DC: American Political Science Association.

—— BRADY, H. E., and SEAWRIGHT, J. 2004. Sources of leverage in causal inference: toward an alternative view of methodology. Pp. 229–66 in Brady and Collier 2004.

—— and ELMAN, C. 2008. Qualitative and multi-method research: organizations, publication, and reflections on integration. In *Oxford Handbook of Political Methodology*, ed. J. Box-Steffensmeier, H. E. Brady, and D. Collier. Oxford: Oxford University Press.

—— HIDALGO, F. D., and MACIUCEANU, A. O. 2006. Essentially contested concepts: debates and applications. *Journal of Political Ideologies*, 11: 211–46.

—— and LEVITSKY, S. 1997. Democracy with adjectives: conceptual innovation in comparative research. *World Politics*, 49: 430–51.

—— and MAHONEY, J. 1996. Insights and pitfalls: selection bias in qualitative research. *World Politics*, 49: 56–91.

—— —— and SEAWRIGHT, J. 2004. Claiming too much: warnings about selection bias. Pp. 85–102 in Brady and Collier 2004.

DESSLER, D. 1999. Constructivism within a positivist social science. *Review of International Studies*, 25: 123–37.

—— and OWEN, J. 2005. Constructivism and the problem of explanation: a review article. *Perspectives on Politics*, 3: 597–610.

DION, D. 1998. Evidence and inference in the comparative case study. *Comparative Politics*, 30: 127–45.

ECKSTEIN, H. 1975. Case study and theory in political science. Pp. 79–137 in *Handbook of Political Science*, vol. vii. *Strategies of Inquiry*, ed. F. I. Greenstein and N. W. Polsby. Reading, Mass.: Addison-Wesley.

EDELSTEIN, D. M. 2008. *Occupational Hazards: Success and Failure in Military Occupation*.

Ithaca, NY: Cornell University Press.
ELMAN, C. 2005. Explanatory typologies in qualitative studies of international politics. *International Organization*, 59: 293–326.
——and ELMAN, M. F. (eds.) 2001. *Bridges and Boundaries: Historians, Political Scientists, and the Study of International Relations*. Cambridge, Mass.: MIT Press.
————2002. How not to be Lakatos intolerant: appraising progress in IR research. *International Studies Quarterly*, 46: 231–62.
————(eds.) 2003. *Progress in international relations Theory: Appraising the Field*. Cambridge, Mass.: MIT Press.
GEDDES, B. 2003. *Paradigms and Sand Castles: Theory Building and Research Design in Comparative Politics*. Ann Arbor: University of Michigan Press.
GEORGE, A. 1979. Case studies and theory development: the method of structured, focused comparison. Pp. 43–68 in *Diplomacy: New Approaches in History, Theory, and Policy*, ed. G. Lauren. New York: Free Press.
——and BENNETT, A. 2005. *Case Studies and Theory Development in the Social Sciences*. Cambridge, Mass.: MIT Press.
——and MCKEOWN, T. J. 1985. Case studies and theories of organizational decision making. Pp. 21–58 in *Advances in Information Processing in Organizations*, vol. ii, ed. R. F. Coulam and R. A. Smith. Greenwich, Conn.: JAI Press.
GERRING, J. 2001. *Social Science Methodology: A Criterial Framework*. Cambridge: Cambridge University Press.
——2007*a*. *Case Study Research: Principles and Practices*. Cambridge: Cambridge University Press.
——2007*b*. Is there a (viable) crucial-case method? *Comparative Political Studies*, 40: 231–53.
——and BARRESI, P. A. 2003. Putting ordinary language to work: a min-max strategy of concept formation in the social sciences. *Journal of Theoretical Politics*, 15: 201–32.
GOERTZ, G. 2006. *Social Science Concepts: A User's Guide*. Princeton, NJ: Princeton University Press.
——and LEVY, J. (eds.) 2007. *Explaining War and Peace: Case Studies and Necessary Condition Counterfactuals*. London: Routledge.
——and MAHONEY, J. 2005. Two-level theories and Fuzzy-Set analysis. *Sociological Methods and Research*, 33: 497–538.
————2006. Scope in case study research. Presented at the American Political Science Association annual conference, Philadelphia, 31 Aug.
——and STARR, H. (eds.) 2002. *Necessary Conditions: Theory, Methodology, and Applications*. Lanham, Md.: Rowman and Littlefield.
HERRMANN, R., and CHOI, J. K. 2007. From prediction to learning: opening experts' minds to unfolding history. *International Security*, 31: 132–61.
KACOWICZ, A. M. 2004. Case study methods in international security studies. Pp. 107–28 in *Models, Numbers and Cases: Methods for Studying International Relations*, ed. D. F. Sprinz and Y. Wolinsky-Nahmias. Ann Arbor: University of Michigan Press.
KAHNEMAN, D., SLOVIC, P., and TVERSKY, A. 1982. *Judgment under Uncertainty: Heuristics and Biases*. Cambridge: Cambridge University Press.
KATZENSTEIN, P. (ed.) 1996. *The Culture of National Security: Norms and Identity in World Politics*. New York: Columbia University Press.
——2005. *A World of Regions: Asia and Europe in the American Imperium*. Ithaca, NY: Cornell University Press.
KING, G., KEOHANE, R. O., and VERBA, S. 1994. *Designing Social Inquiry: Scientific Inference in Qualitative Research*. Princeton, NJ: Princeton University Press.
LAKATOS, I. 1970. Falsification and the methodology of scientific research programmes. Pp. 91–196 in *Criticism and the Growth of Knowledge*, ed. I. Lakatos and A. Musgrave.

New York: Cambridge University Press.

LEBOW, R. N. 2000. What's so different about a counterfactual? *World Politics*, 52: 550–85.

LIEBERMAN, E. 2005. Nested analysis as a mixed-method strategy for comparative research. *American Political Science Review*, 99: 435–52.

LIJPHART, A. 1971. Comparative politics and the comparative method. *American Political Science Review*, 65: 682–93.

MAHONEY, J. 2000. Path dependence in historical sociology. *Theory and Society*, 29: 507–48.

MAHONEY, J. 2007. Qualitative methodology and comparative politics. *Comparative Political Studies*, 40: 122–44.

—— and GOERTZ, G. 2004. The possibility principle: choosing negative cases in comparative research. *American Political Science Review*, 98: 653–69.

—— and RUESCHEMEYER, D. (eds.) 2003. *Comparative Historical Analysis in the Social Sciences*. Cambridge: Cambridge University Press.

MALINIAK, D., OAKES, A., PETERSON, S., and TIERNEY, M. 2007. The view from the ivory tower: TRIP survey of international relations faculty in the United States and Canada. Program on the Theory and Practice of International Relations, College of William and Mary, Williamsburg, Va., Feb.

MITCHELL, R., and BERNAUER, T. 2004. Beyond story-telling: designing case study research in international environmental policy. Pp. 81–106 in *Models, Numbers and Cases: Methods for Studying International Relations*, ed. D. F. Sprinz and Y. Wolinsky-Nahmias. Ann Arbor: University of Michigan Press.

ODELL, J. S. 2004. Case study methods in international political economy. Pp. 56–80 in *Models, Numbers and Cases: Methods for Studying International Relations*, ed. D. F. Sprinz and Y. Wolinsky-Nahmias. Ann Arbor: University of Michigan Press.

PIERSON, P. 2004. *Politics in Time: History, Institutions, and Social Analysis*. Princeton, NJ: Princeton University Press.

—— 2007. The costs of marginalization: qualitative methods in the study of American politics. *Comparative Political Studies*, 40: 145–69.

PRZEWORKSI, A., and TEUNE, H. 1970. *The Logic of Comparative Social Inquiry*. New York: Wiley Interscience.

RAGIN, C. C. 1987. *The Comparative Method: Moving beyond Qualitative and Quantitative Strategies*. Berkeley: University of California Press.

—— 2000. *Fuzzy-Set Social Science*. Chicago: University of Chicago Press.

—— and RIHOUX, B. 2004. Qualitative comparative analysis (QCA): state of the art and prospects. *Qualitative Methods: Newsletter of the American Political Science Association Organized Section on Qualitative Methods*, 2: 3–13.

REUS-SMIT, C. 2002. Imagining society: constructivism and the English School. *British Journal of Politics and International Relations*, 4: 487–509.

RUGGIE, J. G. 1998. What makes the world hang together? Neo-utilitarianism and the social constructivist challenge. *International Organization*, 52: 855–85.

SAMBANIS, N. 2004. Using case studies to expand economic models of civil war. *Perspectives on Politics*, 2: 259–79.

SCHWELLER, R. L. 1994. Bandwagoning for profit: bringing the revisionist state back in. *International Security*, 19: 72–107.

—— 1998. *Deadly Imbalances: Tripolarity and Hitler's Strategy of World Conquest*. New York: Columbia University Press.

SEAWRIGHT, J., and GERRING, J. 2006. Case-selection techniques in case study research: a menu of qualitative and quantitative options. Unpublished typescript, University of California at Berkeley.

Skocpol, T. 1979. *States and Social Revolutions: A Comparative Analysis of France, Russia, and China*. Cambridge: Cambridge University Press.

Smelser, N. J. 1976. *Comparative Methods in the Social Sciences*. Englewood Cliffs, NJ: Prentice Hall.

Tetlock, P. E. 2005. *Expert Political Judgment: How Good Is It? How Can We Know?* Princeton, NJ: Princeton University Press.

—— and Belkin, A. (eds.) 1996. *Counterfactual Thought Experiments in World Politics: Logical, Methodological, and Psychological Perspectives*. Princeton, NJ: Princeton University Press.

Wendt, A. 1999. *Social Theory of International Politics*. Cambridge: Cambridge University Press.

Wohlforth, W. 1998. Reality check: revising theories of international politics in response to the end of the Cold War. *World Politics*, 50: 650–80.

Yanow, D. 2006*a*. Thinking interpretively: philosophical presuppositions and the human sciences. Pp. 5–26 in Yanow and Schwartz-Shea 2006*b*.

—— and Schwartz-Shea, P. (eds.) 2006*b*. *Interpretation and Method: Empirical Research Methods and the Interpretive Turn*. Armonk, NY: M. E. Sharpe.

Ziblatt, D. 2006. *Structuring the State: The Formation of Italy and Germany and the Puzzle of Federalism*. Princeton, NJ: Princeton University Press.

第三十章

历史学方法

乔尔·夸克

对绝大部分国际关系学者来说，历史学研究本身并非仅是（甚至主要是）一个目的，而是为了给一系列理论目标的推进提供一个至关重要的平台。这一自觉定位可扩展至国际历史研究和思想史研究。它不仅在有关来自各个学派的学者采取什么研究方法方面起到了决定性作用，而且有助于确保各历史学研究项目按照现代理论论据按部就班地进行组织。在此学术环境下，人们赋予理论贡献的重要性可能既是一种资产又是一种障碍。国关学者们已经积累了大批有价值的工具、技巧和模板，为许多至关重要的问题都提出了真知灼见，但是这些贡献的得来可能付出了历史深度的代价，结果使复杂的、多重因果性问题成为各学派为证实各种抽象的理论模型所做努力的试验场。

历史研究往往被当作国关圈子里面一个被忽视的领域（Teschke 2003, 14; Keene 2005, 1–3）。这一点在过去可能的确如此，但如今已然不同，因为近来有关国际历史和思想史的研究已经蔚然成风。虽然仍有人对其三缄其口而且它也存在一些问题领域，涉及由来已久的欧洲中心主义时情况尤其如此，但是过去二十年中历史研究的确取得了长足发展。

在本章，笔者对大量近期的研究成果着墨甚多，尤其注意历史、理论和方法之间的关系。该项目由五个区分明确的部分组织而成。第一部分对作为一个研究领域的历史的变幻莫测进行了简单描述。第二部分关注的是人们对普世模型的追求以及理性主义理论、极端简化和国际史之间的关系。第三部分关注的是对极端简化的历史局限性的批判性回应以及相 518 关的接受偶然性问题和复杂性问题的尝试。第四部分探讨了更近一段时间以来理性主义理论的发展情况。笔者以现实主义理论的创新为阐释焦点，对近来大量的使理性主义方法获得一个更有力的历史学立足点的成果进行了审视。贯穿本文的主要焦点在于国家体系的源起和运作，长期以来这一体系一直是国关圈子中历史学研究的主要阵地。本章的最后一部分选择的是与历史研究并行的思想史领域，探讨的是近来人们如何围绕当代历史进程对有关思想史的成果进行了塑造。

1. 论历史

在其名著《历史是什么？》当中，E. H. 卡尔（1962, 6）指出“相信历史事实的核心部分客观地、独立地存在于历史学家的解释之外，这是一种可笑的谬论，然而这也是一种不易根除的谬论”。即便是非后现代主义者也会认可这一立场的价值。对于历史事件及其当代表现之间的复杂关系，人们予以了许多不同形式的诠释。有关参与者的回忆也不一定会指向同一个方向，其中必然涉及许多近期的或长期的、彼此冲突的因素。其后的记载不可能是完整的，而那些现有记录不可避免地会带有狭隘的取向和成见。其他一些关键问题包括选择哪些事件使其成为“历史”而不是半途而废的，以及被赋予任何潜在有关因素之上的重要性的程度。此外，历史研究的变幻莫测也延及当代取向和日程，在那里“学习历史更多的是为了求证而不是求学”的人十分常见（Hinsley 1963, 13）。这里最典型的例子就是对历史的“辉格式阐释”，它指的是盎格鲁-撒克逊式历史学家之中由来已久的一种趋势，它“强调过去进程中的某些原则，它讲述的故事如果不是对现实的美化就是对现实的认可”（Butterfield 1965, v）。它反映了一个更大难题，这一点众所周知，因为当代人们所持有的一些成
519 见可能会影响人们以不同方式对历史记载的呈现。

以上考虑适用于各种形式的历史研究。当我们专注于国际关系时，就会出现许多其他问题，首先就是历史和（作为一种社会学或政治科学形式的）国际关系之间的区别问题。各学科的内部差异使该问题复杂化，它很难对整体趋势之外的东西进行探讨。不过，人们普遍认可这两个学科最终会倾向于不同的方法。在杰克·列维（Jack Levy 1997，32）做出的概述中，他指出“历史与政治科学之间明显的区别在于历史学家描述和解释的是一系列事件之间的关联，而政治科学家规划和验证的是有关不同变量或事件类别之间关系的一般性理论主张”。另外一种研读来自约翰·加迪斯（John Gaddis 2002，62–63），他注意到各种形式的社会学研究都必然涉及归纳，只是历史学家倾向于将归纳内置于叙事之中而社会学家则倾向于将叙事内置于归纳之中。一般性理论主张所带有的国际关系学术性也确保国关理论家常常依赖于历史学家的成果以获得有关信息。这一对第二手资料的广泛依赖向人们提出了很多棘手的方法论问题，人们极少对这些问题进行公开的探讨。或许历史学家们并非一贯公开其根本主张，但这并不意味着他们只是简单地将超然于理论和方法论（Lustick 1996; Kratochwil 2006; Roberts 2006）之外的历史数据加以编撰。这导致了一种略显怪异的状况，国关理论家大量地借鉴历史学家辛勤的研究而又经常摒弃这些成果与绝大多数历史学家所青睐的微妙的、基于特定案例而又往往具有多重因果关系的方法。

这里的主要问题在于历史、理论和方法之间的密切关系。为了全面了解国关学者对历史记录进行概念化和探讨的各种途径，我们必须首先审视有关的理论志向以及人们所用以实现这些目标的方法。就近来的研究成果而言这一点尤其重要，因为现代学者往往会围绕先前成果的优缺点来构建自己的主张。很多学科探讨的是“大的图景”，即宏观历史项目，而人们往往通过不同的途径将这些项目组织到学术性国际关系里

的相同项目中。这些项目可能会对类似的历史学议题进行探讨，但它们仍会被置于不同的学术话语之中。就国际关系而言，这既有积极的一面也有消极的一面。国关学者们对很多重大问题都提出了有价值的见解，但理论家有时候会对历史这一有特色、有自己方法论和诠释性挑战的研究领域视而不见（见 Pierson 2004; Trachtenberg 2006）。理论始终需要 520
历史，因为以往的事件为人们对各种模型进行规划和评估提供了一个不可或缺的平台，但理论本身变成目的而非一个有价值工具的危险将始终存在。

2 理性行为、物质主义和功能主义

在任何一系列国际事件中，大量的因素都会参与其中。人们可以通过将一系列相互冲突的影响加以考量后以推理的方式对这些因素进行评估，但随着所考虑问题的增加，要超越基于案例的特质并对那些毫不含糊的因果关系模式或普世性模型进行识别就必然变得更加困难。现代社会科学家试图通过各种形式的极端简化来解决这一困境。这主要表现在三个重叠性的策略方面：理性行为、物质主义和功能主义。以上每一种策略都带有相当大的文化包袱。在此，笔者关注的主要是它们的理论维度和方法论的基本理论。

理性行为旨在通过将个人作为原子化的效用最大化者来揭开人类行为的变幻莫测。对某些批评者来说，这“歪曲了人类状况”，但如果我们将理性行为视为一种有限的方法论举措而不是一种累积的本体论立场，这种反对的力量就会被削弱。关键的分歧点不在于是否每个行为体都按照一种超理性演算而行事，而在于围绕这一普世性行为模型构建理论研究是否具有启发性。理性行为往往伴随着各种形式的物质主义，其得以立足的背后理念在于：物质能力的组织与分配最终决定各政治行为体追求其战略利益的结构性背景。物质属性并不总是孤立存在的，往往通过其周围的概念取向而获得深度和定义，不过以假设物质力量全然独立存在的方式来运作可能仍然非常有用。这一理论三元体的最后一个组成部分是功能主义，它往往充当理性行为与物质主义之间的桥梁，因为人们对各种制度性形式源起与运行的解释依据的是它们的战略功能或功利性目的。功能主义可以在多个层面上运行。一方面，不同政治共同体——比如不同政权或国际组织——之间存在各种制度性安排，据说它们反映了发展具有良好政治和经济功能的制度过程中的战略利益。另一方面，各
521 共同体内部也存在很多制度性安排，因为各种政治经济复合体的创立及其随后的发展都可以追溯到对强大的既得利益者之间竞争的功利主义回应上。

这一三元体对于目前人们对于普世性模型、清晰的因果关联以及确切的预测的理论诉求来说一直都是中心话题。从这一立场看，再去构想一套更加有效的工具是很困难的。理性行为厘清了变幻莫测的人类行为，物质主义阐明了利益与能力，而功能主义解释了各种制度形式的源起与运作。人们的主要目标不是为了将一系列考量混杂在一起而是为了对为数不多但能清晰阐述跨越多个案例的变异关键机制加以明确。反过来，这又催生了两条相互重叠的理论争鸣轴线。第一条轴线来自有关这些相互重叠的战略的应用的众多争端，因为秉持各种主张的理论家们私下对于理性行为、物质主义和功能主义都有所研究（虽然会进行某些改动或增减），但对于它们大量存在的分流却看法不一。这一动态变化对于新现实主义者和新自由制度主义者之间的论争来说一直是中心议题。这也适用于很多理性选择理论、新古典现实主义、新自由主义以及其他从经济模型中汲取灵感的理论的倡导者之间的分歧。在范围方面并非所有的理性主义理论都是普世性的。有些理论仅适用于特定情形，比如国际谈判，这导致人们对有关仅在非常狭小的范围内运行的某些普世性行为模型的后果展开了非常复杂的论争。第二条争鸣轴线涉及大量常常被边缘化为方法论上极端简化的某方面的问题、行为以及特质。这一动态变化主要涉及认同、意识形态、认识论和偶然性问题。它还特别切合国际历史研究，因为人们对永恒公理的追求往往使不太为人所熟知的历史背景的

独特品质黯然失色。

为了对上述主题加以说明，笔者从大家耳熟能详之处予以展开：肯尼思·沃尔兹的大作《国际政治理论》(1979)。大家都非常熟稔沃尔兹理论的主要特点：其理论从国际体系的国家中心主义特征以及无政府状态的持久影响开始，其中既有制度性的影响（相似的单位、功能性调整）也有行为性的影响（自助、理性行为），继而延伸到有关物质能力的结构维度以及与双极对立和经济相互依赖有关的更具体方面。从很多方面来说，沃尔兹所选择的道路比他的最终目的地更为有趣。摒弃了“归纳主义者路线”后，沃尔兹认为“阐释力的获得靠的是远离‘现实’而不是紧随‘现实’”。理论家必须通过对某个有限范围内的活动进行识别以厘清复杂性，因为通过对少数极具启发性但过度简化的机制进行整合后就可以对某些可概括性模式进行阐述。这意味着人们接受一种排斥了国内政治或政权类型的系统方法，不是因为它们并不相关，而是因为它们会迫使我们“退回的描述层面”，使我们对源自国际无政府状态的“大的、重要 522
的和持久性模式”的理解过于复杂化（Waltz 1979, 65, 70）。这一无情的策略最终会将数量巨大的问题排除在外。这里沃尔兹所采取的对待国际历史的静态方法尤其值得注意，它被概括为“国际政治的实质经久不变，国际政治的类型一现再现，国际政治事件无休止地重复发生。盛行于世界的国际关系在类型和性质方面几乎很少发生剧烈变化”（Waltz 1979, 66）。

沃尔兹的理论在很多论争之中处于中心地位。有关他对国际历史研究的主要贡献历来被当作他人批评的铺垫。由此而论，他的研究常常被表述为“主流”方法更为整体性历史缺陷的标志。这一关联可能并不太公正，因为沃尔兹不见得是最典型的例子，不过这一关联充当了一系列历史研究项目的一个重要起点。尽管这些项目在许多重要方面存在差异，人们可以围绕对于极端简化的历史局限共同的批评对这些项目进行一种宽松的整合。此后，对于普世性本体的理论诉求式微而人们更有底气专注于偶然属性，因为学者们已经转向（或回归）此前因方法论被边缘化的一系列问题。

3 历史复杂性与当代理论

对于沃尔兹这样的理论家来说，当前的现状最好被视为一种永恒公理不曾间断的延续。这种总体化立场激起了持续的历史导向性的批评。对该视野的一个主要反对观点在于，它终会导致误将近来的创新拨回到过去，从而将偶然性结构和导向提升到跨历史本体的高度。约翰·霍布森(John Hobson 2002)对此类观点做出了精彩的概括，他认为国关学界常常深受以下两种截然不同的非历史主义模式之苦：现世崇拜与现世中心论。据说前者指对现世进行“一种‘隔离’而使现世看似一个自治的、自然的、自发的和一成不变的实体”。后者指将这一“自然化的”现世“向后推算，如此历史时代与国家体系之间的非连续性的断裂与差异就会被掩饰以致被掩盖”(Hobson 2002, 9)。

此处关键的分歧之处在于理论的简约性与历史的复杂性之间的关系。极端简化的主要优势在于它使理论家们能够洞悉复杂性，有可能对
523 将原本不同的案例统一起来的确切性、普世性原因展开探讨，不过这一优势源头可能也是缺陷之源，因为人们对跨历史本体的追求也倾向于“掩饰”那些鲜明的历史特征和根本差异。这一抵消效应在新现实主义和新自由制度主义中尤其强烈，这两种主义在20世纪80年代至90年代的理论争鸣中都扮演了主要角色，因而也往往成为历史和理论批评的焦点。在上述人们业已采用的众多策略之中，我们可以看出有三股主要的推动力：(1) 人们协力推动对理性行为、物质主义和功能主义历史缺陷的分类；(2) 人们协力推动对塑造了特定历史氛围的复杂性和特异性的审视；(3) 人们协力对原本看似自然而然或一成不变的当代生活的某些方面发起挑战。

从这一高度来看，约翰·鲁杰(1993)提供了一个重要的出发点。由于人们普遍无法对现代国家体系的挑战加以概念化，鲁杰对此表示出了深切的挫折感。众所周知，他开始寻求从中世纪的政治规范形式向现代

政治规范形式的转型以求得指引。这一转型对沃尔兹发起了很多诘难，因为沃尔兹假定国内与国际之间存在明显的、一以贯之的分野。这一景象难以与中世纪的历史相挂钩，因为当时的政治生活的组织围绕的是一种宗教和世俗的、他律的交叉管辖秩序以及高度的功能分化（非相似单位）。如果政治生活的组织依据的是根本不同的术语，各国家体系又是如何产生的呢？对于鲁杰（1993，151）来说，现代国家的国家地位指对“由领土界定的、固定的、互相排斥的合法统治领地”的承诺。据说这一独特模型出现于一个相对较短的时间框架之内，在一系列累积性因素的推动下，一个急剧断裂的决定性时刻于16、17世纪出现，鲁杰试探性地将其设定为时代变化或一种间断平衡形式。

做出此论断之时，鲁杰（1993，141）毫不掩饰其设计的内在局限性，因为他注意到自己的很多研究都局限于寻求“一类词汇以及……人们可以据以对当下根本性的国际转型可能性提出一些系统性问题的研究议程”。涉及中世纪和现代之间的实质性分歧时，这一问题最为严重，但是他对于从一种秩序到另外一种秩序转型的解释还是相当具有启发性的。关于这一点，近来丹尼尔·菲尔波特（Daniel Philpott）提出了一种更具理论性的观点。菲尔波特（2001，4）认为，我们可以将当前全球秩序的构成结构追溯到主权国家的两次具有深远影响的革命：《威斯特伐利亚和约》的签订和殖民地独立，它们反映了“此前有关正义与政治权威理念的革命”。为证明这些主张，菲尔波特列出了理念在塑造这些重大事件中所扮演的两个鲜明角色。第一个角色与认同有关，因为据说各种理念志在说服各行为体通过理性反思采取新的认同形式。第二个角色与社会力量 524
有关，因为据说各理念志在“改变那些能够促进或阻碍这些理念所要求政策的人所面对的成本和收益”（Philpott 2001, 58）。理念无法脱离其他因素而独立运行，但它们也无法还原成物质结构或战略算计。

菲尔波特的观点非常适合于去殖民化（另见Jackson 1990; Crawford 2002），但事实证明，一旦涉及威斯特伐利亚，有关其观点的争议就会增多。和鲁杰一样，菲尔波特也比较倾向于存在某个急剧断裂的决定性时刻，但该公式受到了来自若干方面的挑战。某些学者认为威斯特伐利亚是一个关键的转折点，但也指出了从绝对王权向主权国家地位的进一步转型（Reus-Smit 1998; Hall 1999）。其他学者则对其作为决定性时刻的地位提出质疑（Osiander 2001）。在这一方面，有几个新马克思主义学者提出了一种不同的实现历史转型的方法论途径。在贾斯廷·罗森伯格（Justin Rosenberg）一篇颇具开拓性的成果中，罗森伯格指出他更喜欢一种非常不同的将前资本主义秩序与现代资本主义体系相分割的“结构不连续性”形式。它出现于一种对现实主义的尖锐批评之中，人们普遍持有的有关各国关系中存在一种必要的连续性这一观点被抛诸脑后，人们更青睐一种将地缘政治行为中的各种变体与其背后的政治和经济组织形式相连接的比较方法。在这一模型中，据说现代国家体系最鲜明的属性与资本主义社会独特的社会结构是相符的（Rosenberg 1994）。近来本诺·特施克（Benno Teschke）（2003）对此类观点予以了扩展和进一步提炼，他记述了贯穿中世纪、绝对主义和现代资本主义政治的交错进程。在论证自己的观点时，特施克非常谨慎地对历史复杂性和理论简约性进行了平衡，对有关的不均衡发展予以了充分考虑，不过同时对财产制度在（重新）构建各政治共同体的认同中的作用提出了充分的理由。由此而论，“向现代国际关系的决定性转变的标志不是《威斯特伐利亚和约》，而是第一个现代国家即革命后的英国的崛起”（Teschke 2003, 249）。

人们对主权和现代性的兴趣从不局限于国际历史，这一兴趣也在于思想史之中。我们可以在简斯·巴特森（Jens Bartelson）的研究中发现这两个互相关联领域复杂的混合。专注于主权与知识之间关系的巴特森提供了贯穿整个文艺复兴时期、“古典时期”和现代时期的历史谱系。最近一段时间以来，谱系方法日益流行。通常，人们会将谱系学与弗里德里希·尼采和米歇尔·福柯相关联，谱系学“从战略上来讲关注那些看起来毫无问题并被视为不受时间影响的东西；其任务在于对当下这些充满活力和真理的特性如何形成于过去进行解释”（Bartelson 1995, 73）。对巴特森来说，正如政治话语中的即兴转变可以追溯到知识探究中

认知与本体论基础的变异一样，这转变成了一种基于一系列文本典范的 525
情节叙事。另外一个对主权采取发散方法的卓越倡导者是辛西娅·韦伯（1995），她主要关注的是主权与干涉之间不断变化的边界。韦伯摈弃了对主权（或干涉）定义的固化和依据某个抽象的标准对大量的历史行为进行评估，她提出个体的国家是根据代表性和仿真逻辑而“无法改变的”或构成的。要成为一个主权国家，一个国家需要“以使其主权权威性的基础得到授权在国际事务中为其特定的国内社群发声的方式来组织自身的事务”（Weber 1995, 124）。通过一系列的案例研究，她将该象征性关系中的断裂之处与一系列干涉性行为相关联，表明有关（真正）主权权威性的主张并不必然与干涉相悖，人们提出这些主张是为了对那些违反了传统领土划界观念的入侵事件进行验证。

如今，在国际关系圈子中，国家体系的源起、运作和不断的演化正被坚定地确定为历史研究的一个主要焦点。多年来，人们在这一方面已经取得了巨大的进展，不过，不论这一对历史背景极大的专注有多么重要，它的确也招致了对欧洲中心主义的各种攻击。关于这一点，国关学术界虽力量微弱也在徐徐改进。其中，巴里·布赞（Barry Buzan）、查尔斯·琼斯（Charles Jones）和理查德·利特尔（Richard Little）的宏观历史研究尤其重要。对这些学者来说，沃尔兹的理论仍然是一个非常有益的起点但过于严苛。他们跨越了对于无政府状态与相似单位之间的静态关联，提出了政治单位和国际结构的四种可能的组合：（1）等级制度与相似单位，（2）无政府状态与相似单位，（3）等级制度与非相似单位，以及（4）无政府状态与非相似单位（Buzan, Jones, and Little 1993, 37–47）。这些变体极大地削弱了“威斯特伐利亚束身衣”（Buzan and Little 2001, 25），使从帝国到宗主网络在内的各种不同组织形式、部落秩序以及城邦国家（另见 Watson 1992; Buzan and Little 2000）得以凸显。可见，这一视角也大大得益于杰出的“英国学派”大家如马丁·怀特（Martin Wight）和赫德利·布尔（Hedley Bull）（Wight 1977; Bull and Watson 1984）等所持的扩展性方法。很多现代学者都从中受益，涉及国际社会有关理论和行为时，这一情形无比明显。对于国际社会的历史学探讨往往始于世界上存在不同类型的社会这一前提，这些社会长久以来在对各种动态变化的回应中不断演化。人们已经非常成功地将这一理论起点应用于一系列历史案例之中，事实证明它是一个对欧洲与非欧洲人民之间的关系进行评估的非常有价值的框架（Keene 2002）。

大体上，上文所简要罗列的方法都反对极端的简化。一旦我们越过这一共同关联，我们将很快见到很多重大的变异。从部分意义上说，它既
526 是一个关乎特定方法所青睐的具体策略和导向的问题，也是一个关乎它们所希望实现的首要目标的问题。对很多学者来说，历史研究的主要目的是为了对特定事件做出一种更有说服力的解释及/或提出有说服力的理论观点。这可以转化为“深描”、各种形式的因果关系和构成性分析或更为传统性的历史叙事。对其他学者来说，历史研究的主要目的是为了粉碎盛行的正统学说使之成为彼此牵连又富有争议的片段，为现代主义改革或后现代的抗争打下前站。

4　对理性主义的更新

前一部分所探讨的各种研究共同向国际关系理性主义理论发起了根本性的挑战。在绝大多数情况下，争鸣的主线不是形而上的而是实证性的，因为很多批评人士对于使各种历史经验与理性行为、物质主义和/或功能主义相一致所遇到的可能进行了反复阐述。为回应当前这一挑战，近来分属各学派的理性主义学者提出了一系列创新性的理论模型和历史学阐述，与此同时也竭力坚持该社会科学项目的整体基调。可能这些研究成果无法说服所有批评人士，不过它们在很大程度上合力使理性主义方法的历史学资格焕发活力。由此而论，沃尔兹的理论再次占据了关键地位。这既有消极的一面也有积极的一面。就前者而言，正如人们常常将沃尔兹理论的缺陷当作更为一般意义上的理性主义缺陷的代表一样，人们最终可能会使更多的具有细微区别的研究失去光彩。这会引起

一些问题，因为其他一些项目常常能带来更多不同的成果（Gilpin 1981; Doyle 1986）。许多不同形式的历史分析，诸如有关“民主和平论”或大战过时论的论争等，主要存在于理性主义及其不同分支之中，外来输入相对有限。不过，沃尔兹的理论仍会充当一个主要的历史和理论陪衬这一点仍然不言而喻。涉及现实主义理论时，这一点尤为明显。最近一段时间以来，学术界已经非常审慎地重拾起了曾被沃尔兹刻意排除在外的若干关键问题及其嬗变。

由此而论，斯蒂芬·沃尔特（Stephen Walt 1987）和杰克·斯奈德（Jack Snyder 1991）有两篇开拓性成果，前者强调了意图的作用而后者则专注于国内政治。沃尔特对正式的和非正式的国际联盟的构建进行了深刻的、政策驱动型分析。他的主要实证论据来自1955年至1979年之间的中东外交史，其中涉及86个国家决策。通过对该论据的整理，他对围绕 527
制衡与搭车现象的盛行、意识形态的角色、对外援助以及跨国渗透等所做出的大量的互相关联的假设进行了评估。沃尔特的主要贡献（1987，172）在于其对传统的均势概念令人瞩目的批评，他断言“相比单纯地专注于总实力的探究，对若干明显的威胁源头的影响的探究能够做出一种有关建立联盟的更具说服力的阐述”。威胁平衡理论非常注重物质资源而物质资源也是沃尔特理论中一个至关重要的部分，但威胁平衡理论引入了基于有关行为体意图的另外一番考量。另外一种对现实主义颇有影响的重塑来自斯奈德（1991，19），他认为“人们必须从那些只关注社会间政治而忽略各社会内部情况的学者身上去重新认识现实主义”。这一模型见于有关帝国过度扩张的基于案例研究的分析之中。在对德国、日本、英国、苏联以及美国政策的嬗变进行分析的基础上，斯奈德提出，不智的、适得其反的扩张性政策可能主要源于国内的结盟和有关意识形态的杜撰。尽管扩张可能并不符合国家利益，或广大民众的利益，人们认为各方协力建立的国内联盟成功地动员了各种机制和意识形态资源以提升其地方性利益。

这些著述代表了某个大趋势即将出现的先例，因为现实主义理论于冷战后经历了一次复兴。与沃尔特和斯奈德相呼应，这一代新的现实主义学术界常常在对更高的理论精确性和历史复杂性的追求中“牺牲某些沃尔兹理论的简约性”（Schweller 1998, 10）。关于这一点，戴尔·科普兰（Dale Copeland 2000，3）可能是最典型的例子，其动态差异理论将“力量差异、极性和力量衰退趋势融合于某个内聚性的逻辑之中”，试图对引发大战的各种原因进行解释。然后，人们利用20世纪一系列实证性很强的案例研究对这一创新性综合体进行了验证，继而对欧洲内部早些时候的案例进行了一项比较有限的调查，因为科普兰认为开始衰落但仍居统治地位的大国最有可能发动（或冒险发动）大战。在该模型中，对衰落不可避免性和严重程度的估计受到了国际极性的调节，使那些往往会掩盖单位层级的动态变化但并不会将其消除的持续性系统压力得以维系。这一对系统理论的重构系近期研究的两大途径之一（另见Schweller 1998; Mearsheimer 2001）。其他有关成果追随斯奈德的步伐，对诸如精英行为和（错误认识）认识等内部因素或内部与国际动态变化的结合开展研究（Wohlforth 1993; Van Evera 1999）。事实证明有些上述动向是有争议的（Legro and Moravcsik 1999），不过它们还是从多个方面提升了现实主义的阐释力。历史研究历来是该综合体必不可少的组成部分，因为理论家们努力采用详细的案例研究、措施和模型为自己所青睐的方法正名。他
528 们没有抛弃理性行为、物质主义和功能主义，相反，其背后的动力在于对各种策略进行规划以使这些模型具有更强的历史底蕴。

为了顺应大势，这些成果主要围绕理性主义圈子内部的论争进行组织。有关人员对于更大的批评得心应手，但在这一方面他们集中精力以解决自身的问题。当然，这并不意味着从不存在公开的反驳者。关于这一点，斯蒂芬·克拉斯纳（Stephen Krasner）有关主权的著述尤为显著，其论述主旨在于基于战略算计的后果逻辑一贯凌驾于基于规范和身份的适当性逻辑（Krasner 1999, 5–6）。理性主义批评人士的主阵地——主权历史是依据“有组织的虚伪”而建立的，因为人们认为国家一贯偏离通行的规范，使政治行为脱离于制度的脚本。这一观点体现于对19世纪以降少

数族群权利、人权、主权贷款和国家创建等主题研究之中。在此模型中，理念并非全然无关，而物质力量和战略利益仍是主宰者。

前文探讨难免挂一漏万。正如本书其他章节所示，现实主义绝非唯一可用的理论。不过，笔者认为现实主义理论的起起落落彰显了理性主义方法与历史研究之间关系的嬗变。自20世纪50年代以降，国关学术界非常重视简约的、普世性模型，各种形式的极端简化因而出现。上述现象所带来的最大影响体现在沃尔兹所做研究之中。为了追求理论的精致程度，沃尔兹决绝地牺牲了历史细节。这一现象带来了一个批评的焦点，其中历史偶然性问题成为至关重要的问题。面对这一挑战，最近一段时间学术界更青睐一种更高的理论精准度和实证严谨性，为现实主义提供了一个更为坚实的历史基础。然而，我们也应该注意，上文所列各种著述仍然认为国家的存在是自然而然的而不是对其加以解释，因而规避了鲁杰对时代变化的忧虑。关于这一点，并非理性主义理论无用武之地（见Spruyt 1994），问题是，涉及当前对普世性模型的追求，对很多人来说这同样也可能是一大历史变量。

5 思想史与当代理论

在上文所述每一种方法中，历史研究的内容主要是围绕理论工作的本质与目的的要求而安排的。类似的动态变化也适用于与之关系密切的 529
思想史，人们一贯采用理念史的不同方面来证实一系列当代因果关系和理论立场。有时人们对思想史与国际史关系的确定并不容易。近来有些试图将这两个领域加以结合的创举（Johnston 1995; Hopf 2002），但文本来源被当作重要影响或历史典范而并未对其常常讳莫如深的内容对平行历史发展的影响进行核实的情况，也并非难得一见。由此而论，有关理念史的讨论最终可能会成为深入的国际史研究不为人知的替代品。

不过，此处争议的要点在于思想史与当代理论二者之间的关系。直到20世纪对国际关系的思想探究才完全与法律、哲学、历史、经济学及/或宗教研究区分开来。这一现代创举发展中的一个关键部分在于建立与先前思想研究的谱系关联的累积性、追溯性努力，结果，以欧洲学者为主的许多学者开始从事大量相关理论的研究工作。这种普遍做法引发了若干方法论问题，而人们对这些问题的探讨有时并不明确（Schmidt 2002a, 6–7）。与国际史研究十分相像，近期以来思想史研究非常活跃。其中主要有三个研究领域：（1）现实主义传统的构成；（2）政治理论与国际理论的整合；以及（3）国关学科的早期历史。

对普世性模板的追求并不限于国际史研究，它也存在于思想史研究之中，在那里，经典大家通常被当作典范理念或永恒对话的模板。在其他学科这一方法受到了方方面面的挑战，但在国关圈子内部它仍然很受欢迎，现实主义传统（Gilpin 1984）以及马丁·怀特（Martin Wight）对现实主义、理性主义和革命主义的进一步区分是其中两个最突出的代表。这两种方案都采取古为今用的方法呈现现代各项分类，其中现实主义传统将诸如修昔底德、尼科洛·马基雅维利、托马斯·霍布斯和让-雅克·卢梭这样的大家的理论与近来的一些新论放在一起。现代现实主义者常常援引这一血统以支撑其种种理论主张，其引发的批评主要分为两类。第一类批评对各种学者的现实主义角色属性提出了质疑，指斥有关学者不应该被歪曲为现实主义者（George 1994, 70–74; Walker 1993, 26–47）。第二类（有时只是试探性的）批评同意这些人物属于某个可确定的传统，但利用自己被夸耀的地位对现实主义理论中的现代概念（Haslam 2002; Williams 2005）加以诘难。理查德·勒博（Richard Lebow）可能算是采用这一方法的最佳代表，他的研究以对修昔底德、卡尔·冯·克劳塞维茨
530 （Carl von Clausewitz）以及汉斯·摩根索详细的、语境性案例为基础。它充当了一个人们对很多现实主义的现代概念进行再评估的平台，对勒博（2003, 58）“现代学院在政治和道德行为以及政治和道德理论化之间引入了一个错误的二分法”的观点提供了支持。

这一类观点与近来政治和国际思想整合的动向相呼应。早期的国关学术界将政治理论和国际理论当作两个不相关联的理论，没人做出过前

者多姿多彩而后者乏善可陈这种对后者不利的对比（Wight 1966）。近来，学术界已经对这一提法提出了挑战，极力推崇一种以国际政治理论为题的整合框架。这构成了20世纪90年代规范理论化的快速发展的部分内容（Schmidt 2002b）。由此而论，此系人们再次借助理念史以支撑现代研究议程，因为学者们纷纷为其最近研究寻求有说服力的先例。克里斯·布朗（Chris Brown 1992）采用了一种颇有影响力的方法，他将理念史分成世界主义和社群主义两大分支，前者以伊曼努尔·康德为典型代表而后者以格奥尔格·黑格尔（Georg Hegel）为典型代表。戴维·布歇（David Boucher 1998）采用了另外一种非常有影响力的方法，他所做的全面历史考察以经验现实主义、普世道德秩序和历史理性的三分法为基础。在这两种框架中，具有支配地位的价值中立阐释概念都让位于公然的规范性导向。这一点同样见诸最近有关"古典"理论（Clark and Neumann 1996; Jahn 2006）的研究成果中，它们都是围绕以往的思想模型和当前的思想模型（另见Jackson 2000）间的张力而组织的。有些成果阐述了永恒理念框架的变体，其他成果则专注于历史氛围之间的关键差异。就后者而言，其目标在于"通过建立与过去的对比而不是与过去的类同以说明我们当代的思想状况，以非常不同的方式促使人们注意在不同的时代思想家面对的是不同的概念化国际政治这一事实"（Keene 2005, 17）。这一类观点与霍布森指斥国关学术界普遍存在"掩饰"潜在的历史差异的倾向具有很多共同的特点。

近来有关思想史研究的最后一个焦点在于国关学术界的早期发展情况，学者们不约而同地跨越了对不成熟的理想主义敷衍塞责的做法（Long and Wilson 1995; Long and Schmidt 2005）。在不断涌现的深刻批评性成果中这一点随处可见，学者们提出传统叙事对20世纪早期的思想史的描述极尽歪曲之能事，在"第一次大辩论"（Wilson 1998; Quirk and Vigneswaran 2005）的故事中其表现最为明显。这一时期的许多杰出人物都沦为批评性再评价的目标，其中就包括现实主义的偶像级人物卡尔（Jones 1998; Cox 2000）。在这些汗牛充栋的文献中，布莱恩·施密特

(Brian Schmidt)可能是最好的例子，他认为国关学者们一贯将可追溯性
531 分析结构误当作真正的传统，因而误将当前议程中的历史传记(副)产品升格为历史现实。相反地，施密特推崇一种不同的方法论途径，他将其描述为一种批判性内部话语史，志在“对作为国关学术界构成部分的对话史予以尽可能精确的重构”(Schmidt 1998, 37)。

前文所简要论述的这些五花八门的成果可以围绕两大动因进行大致的归类。一方面，我们都希望对特定作者及/或时代的思想成果做出特点鲜明的论述。在很多情况下，这主要是一个提出比目前已有论述更为详尽的论述并据此消弭某些瑕疵的问题。另一方面，我们都希望将理念史作为一个对当代的理论争鸣加以探讨的权威平台。在很多情况下，正如人们认为先前的某些作者和时代的运作采取的是与当前的理论传统非常不同的方式一样，上述愿望转化为了一种为不同的思想探究模型开辟空间的企图。除了这两种最重要的动因，我们还面对着相当多不同的动因。尽管永恒理念框架仍然广受欢迎，近来学术界将继续沿用已然蔚然成风地向国关学术界之外寻求灵感的做法，不断借鉴诸如约翰·贡内利(John Gunnell 1993)和昆廷·斯金纳(Quentin Skinner 2002)这样的学者。

6 结语

所有形式的历史研究必然具有重大的规范性和人类行为学维度。对于那些将历史视为一个再现、重复领域的理论家来说，其要点在于有效管理。通过对循环性历史模式进行探究，他们小心探求能够对持久的机构性力量进行调节的方式。对于那些将历史视为一个偶然性、复杂性领域的理论家来说，其要点在于根本性变革。通过对历史断裂和根本差异进行探究，他们小心探求当代生活内部指向国际秩序再定位方式的新鲜潜力。由于未来发生灾难的可能性始终存在，这一视角不一定会转化为历史决定论，但它确实表明，原本看似天然存在或不可更改的当前现状的某

些方面最好被当作长时期历史论争进程的偶然性表现，学者们往往对各种策略和定位做出不同的论述，而这些策略和定位应能够对有效管理或根本性变革予以促进及/或评估。 532

国关理论充当了人们对上述差异进行概念化和探讨的共同媒介，它有助于为一系列花样繁多的历史研究项目提供目的和结构。在这一方面，争鸣的主轴在于人们对普世性模型、清晰的因果关联以及确定性预测的不断诉求。这一点主要见诸各种形式的基于理性行为、物质主义和功能主义的极端简化之中。肯尼思·沃尔兹的研究是采取这一方法的最具影响力的例子。近来的一些成果对沃尔兹的抽象方法进行了强有力的修改，在提供了更高的历史严谨性和理论精确性的同时也未改变对社会科学理想初衷。这些成果都有悖于近来国关圈子中历史研究的走向，而国关圈子中倡导理性主义方法的批评人士比比皆是。对于运行于不同时期不同地区的跨历史本体的追求将永远充满巨大挑战。如果学者们在力求实现这一困难重重的理论任务时力有不逮，他们很容易会变得过于挑剔。不过，真正的症结更多地在于整体行动不确定的智慧而非个人的短板。正如我们所注意到的，这常常会转化为一场有关极端简化的优点以及人们追求理论简约性时所边缘化的各种问题和癖好的相对意义的全民公决。由于学者们强调与通行模型并不相符的历史发展和思想成果，国际史和思想史对这种常常难以驾驭的争鸣来说都非常关键。历史、理论以及方法之间这一核心关系最终保障了国关学术界内部的历史研究本身并不太像一个目的，并非一个当代各种研究目标都能够得以推进的广阔平台。 533

参考文献

Bartelson, J. 1995. *A Genealogy of Sovereignty*. Cambridge: Cambridge University Press.

Boucher, D. 1998. *Political Theories of International Relations: From Thucydides to the Present*. Oxford: Oxford University Press.

Brown, C. 1992. *International Relations Theory: New Normative Approaches*. New York: Harvester Wheatsheaf.

Bull, H., and Watson, A. (eds.) 1984. *The Expansion of International Society*. Oxford: Clarendon Press.

Butterfield, H. 1965. *The Whig Interpretation of History*. New York: W. W. Norton.

Buzan, B., Jones, C., and Little, R. 1993. *The Logic of Anarchy: Neorealism to Structural Realism*. New York: Columbia University Press.

—— and Little, R. 2000. *International Systems in World History: Remaking the Study of International Relations*. Oxford: Oxford University Press.

Buzan, B., and Little, R. 2001. Why international relations has failed as an intellectual project and what to do about it. *Millennium: Journal of International Studies*, 30: 19–39.

Carr, E. H. 1962. *What is History?* London: Macmillan; originally published 1961.

Clark, I., and Neumann, I. (eds.) 1996. *Classical Theories of International Relations*. London: Macmillan.

Copeland, D. 2000. *The Origins of Major War*. Ithaca, NY: Cornell University Press.

Cox, M. (ed.) 2000. *E. H. Carr: A Critical Appraisal*. Hampshire: Palgrave.

Crawford, N. 2002. *Argument and Change in World Politics: Ethics, Decolonization, and Humanitarian Intervention*. Cambridge: Cambridge University Press.

Doyle, M. 1986. *Empires*. Ithaca, NY: Cornell University Press.

Gaddis, J. 2002. *The Landscape of History: How Historians Map the Past*. Oxford: Oxford University Press.

George, J. 1994. *Discourses of Global Politics: A Critical (Re)Introduction to International Relations*. Boulder, Colo.: Lynne Rienner.

Gilpin, R. 1981. *War and Change in World Politics*. Cambridge: Cambridge University Press.

—— 1984. The richness of the tradition of political realism. *International Organization*, 38: 287–304.

Gunnell, J. 1993. *The Descent of Political Theory: The Genealogy of an American Vocation*. Chicago: University of Chicago Press.

Hall, R. 1999. *National Collective Identity: Social Constructs and International Systems*. New York: Columbia University Press.

Haslam, J. 2002. *No Virtue Like Necessity: Realist Thought in International Relations since Machiavelli*. New Haven, Conn.: Yale University Press.

Hinsley, F. H. 1963. *Power and the Pursuit of Peace: Theory and Practice in the History of Relations between States*. Cambridge: Cambridge University Press.

Hobson, J. 2002. What's at stake in "bringing historical sociology back into international relations?" Transcending "chronofetishism" and "tempocentrism" in international relations. Pp. 3–41 in *Historical Sociology of International Relations*, ed. S. Hobden and J. Hobson. Cambridge: Cambridge University Press.

Hopf, T. 2002. *Social Construction of International Politics: Identities and Foreign Policies, Moscow, 1955 and 1999*. Ithaca, NY: Cornell University Press.

Jackson, R. 1990. *Quasi-States: Sovereignty, International Relations, and the Third World*. Cambridge: Cambridge University Press.

—— 2000. *The Global Covenant: Human Conduct in a World of States*. Oxford: Oxford University Press.

Jahn, B. (ed.) 2006. *Classical Theory in International Relations*. Cambridge: Cambridge University Press.

Johnston, A. 1995. *Cultural Realism: Strategic Culture and Grand Strategy in Chinese History*. Princeton, NJ: Princeton University Press.

Jones, C. 1998. *E. H. Carr and International Relations: A Duty to Lie*. Cambridge: Cambridge University Press.

Keene, E. 2002. *Beyond the Anarchical Society: Grotius, Colonialism and Order in World Politics*. Cambridge: Cambridge University Press.

—— 2005. *International Political Thought: A Historical Introduction*. Cambridge: Polity.

KRASNER, S. 1999. *Sovereignty: Organized Hypocrisy*. Princeton, NJ: Princeton University Press.

KRATOCHWIL, F. 2006. History, action and identity: revisiting the "second" great debate and assessing its importance for social theory. *European Journal of International Relations*, 12: 5–29.

LEBOW, R. 2003. *The Tragic Vision of Politics: Ethics, Interests, and Orders*. Cambridge: Cambridge University Press.

LEGRO, J., and MORAVCSIK, A. 1999. Is anybody still a realist? *International Security*, 24: 5–55.

LEVY, J. 1997. Too important to leave to the other: history and political science in the study of international relations. *International Security*, 22: 22–33.

LONG, D., and SCHMIDT, B. (eds.) 2005. *Imperialism and Internationalism in the Discipline of International Relations*. New York: State University of New York Press.

—— and WILSON, P. (eds.) 1995. *Thinkers of the Twenty Years' Crisis: Inter-War Idealism Reassessed*. Oxford: Clarendon Press.

LUSTICK, I. 1996. History, historiography, and political science: multiple historical records and the problem of selection bias. *American Political Science Review*, 90: 605–18.

MEARSHEIMER, J. 2001. *The Tragedy of Great Power Politics*. New York: W. W. Norton.

OSIANDER, A. 2001. Sovereignty, international relations, and the Westphalian myth. *International Organization*, 55: 251–87.

PHILPOTT, D. 2001. *Revolutions in Sovereignty: How Ideas Shaped Modern International Relations*. Princeton, NJ: Princeton University Press.

PIERSON, P. 2004. *Politics in Time: History, Institutions, and Social Analysis*. Princeton, NJ: Princeton University Press.

QUIRK, J., and VIGNESWARAN, D. 2005. The construction of an edifice: the story of a first great debate. *Review of International Studies*, 31: 89–107.

REUS-SMIT, C. 1998. *The Moral Purpose of the State: Culture, Social Identity, and Institutional Rationality in International Relations*. Princeton, NJ: Princeton University Press.

ROBERTS, G. 2006. History, theory and the narrative turn in IR. *Review of International Studies*, 32: 703–14.

ROSENBERG, J. 1994. *The Empire of Civil Society: A Critique of the Realist Theory of International Relations*. London: Verso.

RUGGIE, J. 1993. Territoriality and beyond: problematizing modernity in international relations. *International Organization*, 47: 139–74.

SCHMIDT, B. 1998. *The Political Discourse of Anarchy: A Disciplinary History of International Relations*. Albany, NY: State University of New York Press.

—— 2002*a*. On the history and historiography of international relations. Pp. 3–22 in *Handbook of International Relations*, ed. W. Carlsnaes, T. Risse, and B. Simmons. London: Sage.

—— 2002*b*. Together again: reuniting political theory and international relations theory. *British Journal of Politics and International Relations*, 4: 115–40.

SCHWELLER, R. 1998. *Deadly Imbalances: Tripolarity and Hitler's Strategy of World Conquest*. New York: Columbia University Press.

SKINNER, Q. 2002. *Visions of Politics, Vol. i. Regarding Method*. Cambridge: Cambridge University Press.

SPRUYT, H. 1994. *The Sovereign State and its Competitors: An Analysis of Systems Change*. Princeton, NJ: Princeton University Press.

SYNDER, J. 1991. *Myths of Empire: Domestic Politics and International Ambition*. Ithaca, NY: Cornell University Press.

TESCHKE, B. 2003. *The Myth of 1648: Class, Geopolitics, and the Making of Modern International Relations*. London: Verso.

Trachtenberg, M. 2006. *The Craft of International History: A Guide to Method.* Princeton, NJ: Princeton University Press.

Van Evera, S. 1999. *Causes of War: Power and the Roots of Conflict.* Ithaca, NY: Cornell University Press.

Walker, R. B. J. 1993. *Inside/Outside: International Relations as Political Theory.* Cambridge: Cambridge University Press.

Walt, S. 1987. *The Origins of Alliances.* Ithaca, NY: Cornell University Press.

Waltz, K. 1979. *Theory of International Politics.* Reading, Mass.: Addison-Wesley.

Watson, A. 1992. *The Evolution of International Society: A Comparative Historical Analysis.* London: Routledge.

Weber, C. 1995. *Simulating Sovereignty: Intervention, the State, and Symbolic Exchange.* Cambridge: Cambridge University Press.

Wight, M. 1966. Why is there no international theory? Pp. 17–34 in *Diplomatic Investigations: Essays in the Theory of International Politics*, ed. H. Butterfield and M. Wight. London: George Allen and Unwin.

—— 1977. *Systems of States.* Leicester: Leicester University Press.

—— 1991. *International Theory: The Three Traditions.* Leicester: Leicester University Press.

Wilson, P. 1998. The myth of the "first great debate." *Review of International Studies*, 24: 1–15.

Williams, M. 2005. *The Realist Tradition and the Limits of International Relations.* Cambridge: Cambridge University Press.

Wohlforth, W. 1993. *The Elusive Balance: Power and Perceptions during the Cold War.* Ithaca, NY: Cornell University Press.

第五部分

弥合各分支学科的界限

第三十一章

国际政治经济学[1]

约翰·雷文希尔

研究国际政治经济学的全部意义在于丰富传统政治学研究中一些概念的内涵，比如谁参与政治、谁有操控力以及权力如何被操控，进而拓宽了传统政治学研究的边界。这并非国际关系的研究意义。国际政治经济学远不是国际关系的分支学科，相反，国际关系可以说是国际政治经济学的分支学科。

（斯特兰奇 1994，218）

1　国际政治经济学的出现

国际政治经济学（IPE）作为一个重要研究领域是在20世纪70年代初出现的。如同国际关系研究中所经常发生的那样，新研究领域的出现 539

1　感谢本杰明·科恩、安东尼·佩恩、尼古拉·菲利普斯和伦恩·西布鲁克几位编辑，他们为2006年7月完成的那一稿提出了宝贵意见。阅读了本杰明·科恩的《国际政治经济学的建构》，让我获益匪浅。这部即将由普林斯顿大学出版社出版的大作无疑将成为国际政治经济学早期发展的历史见证。

是对现实世界发展的一种回应，因为现有理论不能很好地解释这些发展。国际政治经济学兴起的背景是：西欧和日本从战时的破坏中完全复苏，外国直接投资（FDI）急剧增加，经济上相互依赖性增加——这最初是为了应对欧洲共同市场的形成——以及国际贸易的结构转型，即从历史上居主导地位的以产品制造换取原材料向特征愈发明显的产业内贸易转型。

不过，在许多观察家看来，一种更为准确的说法是国际政治经济学在20世纪70年代重新成为一个重要的研究领域。他们认为，它的谱系可以（而且应当——因为这很大程度上是对该研究领域未来走向的建议）追溯到古典经济学家（亚当·斯密、戴维·李嘉图、约翰·斯图尔特·密尔等），19世纪社会变革理论家（马克思、埃米尔·涂尔干等），以及20世纪晚期和20世纪上半叶的制度经济学家和人类学家（托斯丹·凡勃伦、卡尔·波兰尼等）（有关此观点，可参见Gamble et al. 1996; Underhill 2000; Watson 2005）。即使认为国际政治经济学作为一个研究领域的历史远没有这么悠久，也承认其在20世纪60年代末之前所做的重要贡献，特别是阿尔伯特·赫希曼（Albert Hirschman）有关非对称经济关系的开创性研究（1945）和雅各布·维纳（1948）对重商主义的探讨。而且，早在1951年，商业经济学家和经济史学家查尔斯·P.金德尔伯格（Charles P. Kindleberger）在《国际组织》中就有关于布雷顿森林体系的论述（Kindleberger 1951），其著作对20世纪70年代国际政治经济学的复兴影响尤甚。

这个领域的复兴和快速扩张是由美国20世纪60年代下半期经历的贸易和支付问题引起的，该问题在1971年8月尼克松政府决定贬值美元并终结为布雷顿森林国际货币体系奠定基础的金本位制度时达到最严重的地步。正如J. 劳伦斯·布罗兹（J. Lawrence Broz）和杰弗里·弗雷登（Jeffry Frieden 2001, 317）所指出的，这一突然行动终结了此前“诱使大部分学者漠不关心的”“布雷顿森林体系下货币价值的乏味的可预测性”。1973年中东战争爆发后石油输出国组织（OPEC）在大幅提高石油价格上取得的成功，加剧了接踵而至的全球经济新“动荡”，随之而来的是工业化经济体的“滞胀”，对未来原材料供给安全的恐惧，和欠发达经济体对“新国际经济秩序”（NIEO）的渴求。

这些发展在好几个层面挑战了当时占主导地位的国际关系研究路径，它们尤其对现实主义的本体论构成挑战。现实主义者此前从未认为经济互动在国际关系中是非常重要的，除了它们作为国家权力组成部分的角色之外（Knorr 1973; 1975）。此外，新的文献表明，现实主义最喜 540
欢的工具——军事力量，在解决目前工业化经济体之间以及它们与欠发达国家之间存在争议的一些最突出的问题上，效用有限。对现实主义本体论同样构成根本性挑战是国际政治经济学新文献对非国家行为体的重视。其中一个因素是对跨国公司给予的关注，这主要有赖于商业经济学家所做的工作，即将公司活动从非常奇特的角度理论化为新古典经济学（Penrose 1959; Vernon 1966; 1971; Kindleberger 1969; 1970; Hymer 1976；从国际政治经济学视角理解的早期著作，参见Gilpin 1975）。但是，国际政治经济学的重生与对更广泛、多样化的非国家行为体的兴趣不谋而合，其中最重要的作品集是罗伯特·基欧汉和约瑟夫·S. 奈［25（1971）］编撰的《国际组织》的特刊（随后以Keohane和Nye的名义于1972年出版）。

如果当时主流的国际关系研究路径不能很好地解决国际经济互动的新意义，那么经济学学科本身也做不到这一点（尽管激发人们对日益增长的经济相互依赖的政治影响的新思考的重要著述之一是由经济学家理查德·N. 库珀在1968年所著）。在努力效仿自然科学方面，主流经济学在取向上已越来越数学化，其行为建模折射出对方法论个人主义的一种坚持。经济制度和经济史的研究曾经是本科生经济学核心训练课程的组成部分，但到20世纪60年代下半期，课程安排中几乎已见不到它们的踪影了。而发展经济学——这个与政治经济学关系最密切的国际政治经济学分支日益受到攻击。主流的新古典主义经济学家认为对国家作用的强调和对欠发达国家与工业化国家面临的不同问题概念化必要性的强调均阻碍了学科的统一。对现实主义本体论和经济学方法的攻击及该学科随后在国际经济关系研究中无法追求一种“现实主义”方法（即可以解释权力角色的一种方法）的阐述，最清楚地体现在苏珊·斯特兰奇的一篇具有开创性的文章之中（Susan Strange 1970）。然而，此类观点绝不局限于欧洲的论著，例如，此类观点也可见于罗伯特·吉尔平（Robert Gilpin）对该领域的权威介绍之作《国际关系的政治经济学》（1987）。一些国际政治经济学的先驱是来自经济专业的受排斥者，包括斯特兰奇（Strange）自己以及本杰明·J. 科恩（Benjamin J. Cohen），这并不是巧合。

在20世纪50、60年代，国际关系学者主要通过专注于欧洲一体化历程的研究来挑战现实主义，他们视欧洲一体化历程是某个可能“超越民族国家”的范本（Haas 1958; 1964; Deutsch et al. 1957）。这些方法，特别
541 是新功能主义的方法，为美国国际政治经济学许多早期著作提供了智力基础（其中内含的建构主义，即便是没有外显，也在20世纪90年代为新一代国际政治经济学学者提供了一些灵感——参见Ruggie 1998, 862）。然而，虽然新功能主义对经济互动、制度、观念、利益集团以及知识和政策主导者的创造性作用的重视被国际政治经济学这个新兴领域的本体论所接受，但新功能主义方法本身不能很好地解释国际经济关系中出现的新动荡。到了20世纪60年代末，新功能理论家们已不再抱有幻想。这种失望的出现，是因为在确定因变量（例如，一体化的终点是什么？）及它们与自变量激增之间的关系（当新功能主义者将他们的注意力转向非西方区域计划时，这一问题加剧）上缺乏共识。

而且，现实世界的表现不像新功能主义者所预料的那样。对权威倔强地反抗和蔑视的政治领导人已使西欧一体化进程减速（Hoffmann 1966）。与此同时，区域外行为体的经济独立性越来越重要，这似乎令人不仅对成功的区域主义生疑，而且对试图解释这些过程的理论的效用也产生疑问，这让厄恩斯特·哈斯（Ernst Hass）做出了关于区域一体化理论“过时”的著名结论。在美国，此前一直主要研究区域主义的人，将其研究方法扩大到关注全球相互依赖并使之成为新国际政治经济学文献的主

要组织原则。在阐述这些联系上，基欧汉和奈（1975）关于国际相互依赖和一体化的论文尤为重要。

2　什么是国际政治经济学？

国际政治经济学的大多数学者对一个问题的看法是一致的：国际政治经济学是一个由其主题定义的研究领域。这样的定义本身就表明，这个领域应该在理论方法、方法论和本体论上反映出对折中主义的包容。比如，它与新古典经济学中特别是芝加哥学派式的政治经济学研究或与马克思主义政治经济学的研究就形成鲜明对比。

国际政治经济学所含的经济成分将其与国际关系其他研究领域区分开来（且它的国际维度将其与纯粹对国内经济政策的政治研究区别开来）。因此，国际政治经济学是一个包含“以国际经济因素为重要原因或后果的所有现象”的领域（Frieden and Martin 2003, 118）。吉尔平（Gilpin）简洁的表述（1987）——国际政治经济学包含对“国家与市场” 542
之间的相互作用的研究，它因此是关于政治学和经济学的研究——多年来被用作对该领域的简略定义（另见Strange 1988）。尽管吉尔平本人由于未抓住非政府行为体在这个领域里的重要性在其后来的著作中放弃了这一表述，但它仍然很受欢迎（例如，Grieco and Ikenberry 2003）。

坚持在界定国际政治经济学时对其经济成分的强调，让人们远离了种种宽泛的、不可能实现的概念，即将国际政治经济学视为包含国际关系的所有非安全层面（Milner 2002）。过去三十年，国际政治经济学的主题可能一直是某些概念和方法最重要的发展，其中最突出的或许是对国际机制采取的新制度主义研究方法——随后应用于国际关系其他领域的研究。同样地，国际政治经济学者也是从国际关系其他领域（例如安全研究，参见Jervis 1998, 989, n.59）和更广泛地从其他学科——近年最主要是从经济学，也从法学、历史学和社会学——借鉴概念的杂家。但是，如果国际政治经济学作为研究领域有任何一致性，那么它就需要与更广泛的国际制度研究分开。

在大西洋两岸，国际政治经济学新领域的支持者认为它是国际关系研究的一个组成部分。例如，斯特兰奇（Strange）的开创性文章（1970）就号召国际关系学者要关注经济学（在本章中提到，她在后来的著作中将国际关系视为国际政治经济学的一个组成部分，而不是反之亦然——但这在很大程度上是因为她对“主流”国际关系学者尤其是以美国为大本营将分析局限于国家间关系的学者的倾向持批评之见）。

然而，尤其存在于美国和英国之间的，对国际关系非常不同的构想及由此而生的国际政治经济学新领域应如何建构的不同看法制约了该领域未来的发展。美国的学者通常将国际关系视为政治科学学科的一部分，而英国许多大学传统上一直把它看作是一个跨学科的复合体，本章后面将对这一分歧的影响进行阐述。

3 早期岁月

相互依赖的加强助长了人们对国际经济关系新的兴趣，考虑到其显而易见的破坏稳定的后果，国际政治经济学早期的大部分工作致力于有
543 关如何恢复全球经济关键参与者之间协作的问题。在优先考虑这个话题时，分析人员并没有避开规范性问题：这不仅仅是个试图找出合作可能发生的条件问题，而且也是个对恢复秩序明确偏好（经常明确表示）的问题。同样地，在处理工业化与欠发达经济体之间的关系时，分析人士常常明确提出对于发展国家体系变革的要求，要么做出肯定的回应，要么做出否定的回应。

国际货币关系是早期国际政治经济学著作的一个特别关注焦点；斯特兰奇（1976）带头呼吁霸主美国应寻求更负责任的政策（另见Cohen 1977）。这一关注焦点很快扩展到更为普遍的议题，即在美国相对权力衰落的情况下如何维持国家经济合作。至少与1944年以来相对较短的时期相比，当时获胜的战时同盟通过谈判达成了战后全球经济制度框架。

而且，其在转向被证明是理论上的死胡同——霸权稳定论之后，焦点也进一步扩展至国际制度可能如何通过改变行为体的动机和国际制度对结果产生的影响来帮助提升合作（见下文）。

工业化经济体在成功处理石油价格上涨带来的挑战和滞胀威胁时表现出的巨大差异，促成了第二条研究的主线。工业化经济体处理危机的能力差异显示了比较政治经济学和社会学学者在研究兴趣上存在重要重叠之处——并导致了一些成果颇丰的合作项目的产生（例如Hirsch and Goldthorpe 1978; Lindberg, Maier, and Barry 1985）。这一争论反映了一个更广泛的研究议程，它包括研究国家的特点及其在国际体系中的地位如何影响政府对外经济政策的选择，以及全球经济的发展如何反过来影响国内经济（Zysman 1977; Gourevitch 1978; 1986; Katzenstein 1985; Castles 1988）。

另一个在国际政治经济学早期受到关注的领域是对外政策中经济手段特别是经济制裁的作用，它与超越重视军事力量的现实主义的想法是一致的。再次，1973年中东战争中出现的制裁和抵制及20世纪70年代英联邦内部关于如何向南非施压让其终结种族隔离政策的辩论，这些现实世界中的发展激发了这种兴趣。1979年苏联入侵阿富汗后，这些手段又重新得到重视（Doxey 1971; Hufbauer, Schott, and Elliott 1983）。

石油输出国组织最初的成功以及欠发达经济体随后对新国际经济 544
秩序的渴求激发了两方面的研究，一方面是工业化与欠发达经济体之间关系的研究，另一方面是生产者联盟可能克服集体行动相关问题的条件（Bergsten 1974a; 1974b; Krasner 1974; 1985; Mikdashi 1974; Rothstein 1979; Ravenhill 1985）。这些话题再次与其他研究领域的关切和方法联系到一起，最显著的属发展经济学。正是在这种情况下，主流国际政治经济学（尽管是暂时的，通常是从批评的角度）大多数从马克思主义或各种结构主义视角审视工业化和发展中经济体之间的关系（特别是有关不发达和相互依赖的文献）（Frank 1967; Wallerstein 1974; Cardoso and Faletto 1979；另见Cohen 1974，它提供了一个关键的评估）。

尽管国际政治经济学学者试图超越他们所认为的现实主义过于狭隘的本体论，但即使是那些从“激进的”角度来看很少有研究偏离对实证主义要素的承诺，至少在最低限度上如此，即基于经验分析的意义。其中一个原因可以说是这个领域主题的特征，它关注较易识别的利益以及各行为体追求利益所使用的战略。实证主义方法在美国政治科学中占主导地位；此外，罗伯特·考克斯和斯特兰奇这两位主流的“传统”国际政治经济学的批评家都对后现代主义的方法表示不屑，斯特兰奇以其特有的直率将其与马克思主义和女性主义采用的方法一道描述为“糊涂的”。

在早期，国际政治经济学中的主要分界线与国际关系中更广泛的“范式间”辩论是一致的。将这一领域划分为“自由主义”、“马克思主义”和“重商主义/国家主权论”方法，成为组织学生入门课的便利手段；对国际政治经济学当前研究进行这种分类的效果十分有限。即使在效用有限性愈发明显之后很长一段时间，这种三分法的理论方法在教科书中仍受欢迎。最初国际政治经济学中表达范式间冲突的主要手段是关于“霸权稳定”的辩论，其将现实主义的要素与有关集体行动逻辑的论证结合在一起（有关现实主义的变体，参见 Gilpin 1975; 1981; and Krasner 1976; Kindleberger 1973，则从公共物品角度做出了经典阐述）。然而，很快变得显而易见的是，霸权稳定的假设在经验和理论上都缺乏支持（Keohane 1997 对霸权稳定论的辩论做了一番概述；另见即将出版的 Cohen，第三章）。

国际政治经济学中“制度主义者”和“现实主义者”之间的冲突后来扩展至关于国际制度的作用及它们可能如何影响合作前景的辩论。国际制度的概念最初由约翰·鲁杰（John Ruggie 1975）引入国际政治经济学，基欧汉和奈的《权力和相互依赖性》（1977）对之进行了推广。正如科恩（即将出版，第4章）所指出的：“鲜有一个新概念，一引入就如此迅速地引起学术圈的注意。”《国际组织》在1982年的特刊（第36号）围绕影响国际制度供需因素这一主题。在特刊出版之后的15年里，该主题
545 成为国际政治经济学研究的主要特征（不仅在美国，而且在欧洲的部分

地区——尽管在1982年遭遇了斯特兰奇的批评，他认为这个概念仅是美国对其霸主地位似乎下降的担忧而发起的一场徒劳的转向：有关欧式方法，参见由Mayer协助Rittberger完成的作品，1993; Hasenclever, Mayer, and Rittberger 1997）。制度的范式间辩论主要集中在国家对相对收益的关注是否会妨碍合作的实现。这再次被证明是一个缺乏令人信服的理论基础的论据（Grieco 1988; 1993; Powell 1991; 1993; Snidal 1991a; 1991b; 1993）。

国际制度的概念旨在分析上超越仅关注正式的国际组织和将国家作为全球经济中唯一重要的行为体的做法。虽然随着有关制度的争论的展开，前一个目标仍然被追求，但当国际政治经济学如同国际关系其他领域一样，深刻地受到肯尼思·沃尔兹出版的《国际政治理论》（1979）影响时，国家的首要地位在美国大多数国际政治经济学研究中得到恢复。这包含了沃尔兹有关相互依赖对大国的限制性效应这一观点最为详尽的批评，及其对国家在国际关系的所有重要方面仍具中心性的重申。沃尔兹这本书也是呼吁该学科在研究路径上要更加科学化，这是对经济学的效仿（当然，从中得出他关于国家行为逻辑的论点——沃尔兹是经济学专业的又一个被排斥者）。

沃尔兹的著作出版后，许多美国国际政治经济学专业的学者围绕"新新"综合的观点大幅度趋同（Wæver 1996），这是对新现实主义和新制度主义观点的一种调和。这一调和的至关重要之处是，新制度主义者至少采用了一种"软"理性选择路径，而分析人士再次在该路径上对国家给予了首要地位，但他们现在视之为理性的利己行为者，可以毫不费力便能确定自己的利益。博弈理论方法的应用在推动这一议程方面发挥了重要作用（Axelrod 1981; 1984; Keohane 1984; Aggarwal 1985; 1996）。结果是本体论明显缩小：非国家行为体，如跨国公司，大部分从分析中消失；思想的作用在很大程度上被还原为"信息"。不仅是斯特兰奇，而且还有包括吉尔平在内的更多遵循传统现实主义分析的人士都十分强调结构的重要性。然而，结构的重要性消失在了新功利主义者的视野当中。围绕委托人和代理人进行的辩论取代了围绕能动性和结构的辩论。

规范性方面的考虑被认为是与要寻求的更为“科学的”方法不相容的。随后，国际政治经济学领域在许多美国学者利用的“硬”理性选择分析和他们通常称为不那么“严格”的、其他地方学者所应用的方法之间显得日
546 益两极化。

4　超越不可靠的二分法

多年来，在有关这一领域发展的讨论中，对国际政治经济学在美国和在世界上其他地方如何发展做个对比是习以为常的事情。评论家将不同贬抑程度的多样化标签应用于这种二分法。“理性主义的”、“主流的”、“正统的”、“霸权式的”、“传统的”、“《国际组织》学派”、“美国的”，以及最可爱的“霸王龙”(Dickins 2006)这些标签都被用来描述以美国为大本营的学者们所认为的国际政治经济学主导方法。与它们意思相对应的词语有“反思主义者”、“激进的”、“改革论的”、“非正统的”、“非霸权式的”和“英国的”。由于对“美国的”方法的批评者通常提出这些二分法，因此，或许不足为奇的是，后一组术语通常具有更积极的内涵。虽然这些评论家就像一群在最著名的美国国际政治经济学专家身后紧追不舍的小猎犬，但他们通常的命运不过是在他们标榜为“主流的”学者在本领域所开展的研究中受到鄙视。

指出美国国内外国际政治经济学研究方式的差异，是建立在将国际关系描绘为一个“被分割的学科”的大量文献之上的(Holsti 1985; Wæver 1998; Smith 2000)。而且，一般而言，这种二分法的处理确实与美国大多数国际政治经济学学者方法论和本体论方面的差异是相通的，这与欧洲国际政治经济学学者在此方面所具有的优势是对立的。人们发现很少有学者致力于美国以外的“硬”理性选择方法；同样地，相对而言，很少有美国国际政治经济学学者接受批判理论和后现代主义的观点。然而，除这一相当浅显的层面之外，美—英二分法倾向于模糊而非阐明这种区分。构想一个方法的连续体来研究国际政治经济学是更有益的，在

这些方法中，硬理性选择和后结构主义/后现代路径处在连续体的两端。在这两极之间是一个“缺失的中间体”，在这个中间体中，美国国内与国外的学术研究有一个极大的重叠，它的涵盖面远超简单的二分法所体现的那样。

“学科主义者”占据着这个方法谱系的一端。他们设想国际政治经济学是政治科学的一个子领域，且较少借鉴国际关系其他领域的成果，而更广泛地、更普遍地从政治科学尤其是从很多人似乎称为“主学科”的经济学中汲取养分。随着他们越来越多地借鉴经济学文献，且经济学家本身也将从自己所属学科学到的技术应用到对经济问题决策的研究之中（著名的例子包括Grossman and Helpman 1995; Bagwell and Staiger 1999; Irwin and Kroszner 1999），一些人认为经济理论的应用将为一个统一的社会科学奠定基础。他们是以“科学”的方法来研究以“严谨的理论”和“系统的实证检验”为特征的国际政治经济学（Frieden and Lake 547
2005）。他们在方法论上的个人主义反映了新古典经济学的主流方法。国家在他们关于国际关系的本体论中可能仍然居首要地位，但他们的大部分工作的重点是打开国家的“黑匣子”，即确定国家所追求的、决定政策的利益。

这项工作的主要关注点是贸易政策，尽管这些方法越来越多地被应用于国际金融（参见Broz and Frieden 2001所呈现的概述）。他们承认制度的存在，只要它们塑造各种利益，具备影响政策的机会，但是鉴于内生性和选择偏见的问题，他们怀疑是否可以系统地研究制度（Frieden and Martin 2003）。然而，一般强调的是个体而不是社会聚合体：中位选民比社会阶层更重要。非国家行为体很少在他们对经济关系的国际层面的分析中出现。他们回避规范性方法，视它们与对科学的承诺不一致。同样，他们认为自己方法以外的替代性方法没什么价值，因为它们缺乏科学有效性。

位于该方法谱系另一端的是那些支持批判理论和/或后现代或后结构主义观点的人，这是一个更小的群体，他们通常对那些不接受他们世界观的人无法容忍。持此类观点的作者否认能构建一种社会科学，即“客观”的知识是不可能的（基于考克斯的格言，即所有的理论都是为某个人且为了某种目的），观察家的确（且应致力于）通过他们的工作改变现实；他们通常偏爱解释学方法。

然而，美国国内外的国际政治经济学研究是被这两端的观点所占据的，这种说法是荒唐可笑的。评论家经常提出理性选择分析的“硬”形式，即与经济学学科相关联的正式建模与还原论，如“美国的”、“主流的”或“国际组织”方法。然而，尽管理性选择方法在美国大学的政治科学系越来越受欢迎，但它们在美国当代国际政治经济学研究中绝不是唯一的方法。实际情况是，虽然《国际组织》是丽莎·马丁（Lisa Martin）在担任主编，但该期刊采用“硬”理性选择方法的文章所占份额却有所增加。不过，该期刊继续反映国际政治经济学学者使用的各种理论观点和方法，《国际组织》中使用正式建模的文章份额仍然远低于在美国出版的其他大多数政治科学类期刊（Murphy and Nelson 2001）。然而，2005年的《国际组织》与1985年和1995年的非常不同［而且具有某种讽刺意味的是，“《国际组织》学派”的主流人物反对早期批评者，特别是墨菲（Murphy）和图兹（Tooze 1991）所抱怨的，且被科恩（即将出版）看作该
548 学科奠基人的彼得·卡赞斯坦、罗伯特·基欧汉、斯蒂芬·克拉斯纳、罗伯特·吉尔平。“《国际组织》学派”的主流人物对早期批评者的反对体现了他们对近年在该期刊上出现的硬理性选择转向的冷淡］。

与其他政治科学领域一样，国际政治经济学发展亦呈现一波波热潮。国际政治经济学借鉴了经济学概念后，学科发展获益。当借鉴的概念逐渐被同化，学科发展停滞，该领域也会转向理性选择方法。一个负责2007年《国际组织》工作的新编辑团队，首次将大本营设置在了美国境外，可以期待这将推动国际政治经济学领域的顶级期刊向新的方向发展。

“英国”学派这种标签分类同样是无益的：考虑到国际政治经济学理性主义方法的一些主流批评家并非以英国而是以加拿大（Cox, Stephen

Gill）或美国本土（Craig Murphy）为大本营，其地理指向就具有误导性。此外，尽管美国以外的许多国际政治经济学学者乐意适应“批判”的标签，正如克里斯·布朗（Chris Brown 2001）所指出的那样，那是对不满者的批评，而不是对社会科学中所理解的批判理论的批评。除非将非美国的方法与批判性理论同等看待（这将产生一个非常小的“学派”），方法上的多元性——除去《国际组织》所认为的硬理性选择视角——使得任何单一标签（如“英国”学派）的效用性都被质疑。这里不可与国际关系的“英国学派”相提并论，在国际关系的“英国学派”里，人们可以书写令人信服的、合乎情理且连贯的思想体系。

即使在美国以外，相对而言，采用了反思主义认识论的国际政治经济学著作也很少得到出版；事实上，在美国以外对国际政治经济学的研究中，在此类方法上投入的热忱与这些方法在该领域研究中的用途一直不成比例。除吉尔（Gill 2003）、范德·皮杰尔（van der Pijl 1998）和墨菲（Murphy 2005）之外，很少有人试图发展考克斯发起的议程。对法兰克福学派的提及则更为罕见，其对国际关系其他领域的批判性理论颇有影响，对福柯的看法也提及甚少。虽然美国以外的许多国际政治经济学专家自称对各种理论、方法论和学科方法都持开放态度，但很少有人越过理性主义和反思主义之间的分界线。

他们对美国同行的批评通常是关于新功利主义和理性选择方法本体论的狭隘性，与之相伴随的常常是表达对当前经济秩序分配结果的规范方面的关切。例如，大多数女权主义国际政治经济学著作中表示要求扩大国际政治经济学研究议程的范围而非采用后实证主义的方法（Ling 2000和Whitworth 2000罕见地呼吁后现代主义女权主义国际政治经济学）。在这方面，许多“批评家”在观点上与美国“主流”的早期批评家吉尔平没有显著差异。他也贬低了他所称的“经济学帝国主义”，即越来越多地应用新古典经济学的方法论个人主义来研究国际政治经济 549
学，既认为应更加重视经济理论化的最新发展，如新增长理论和贸易理论及关于经济地理学的文献，又强调当代全球经济中结构和非国家行为体的重要性（尤见于Gilpin 2001）。当然，在美国之外，很少会有学者会接受吉尔平引以为傲的“现实主义者”的标签。他们强调的重点有许多不同，特别是在一些个人认为应该着重研究的主题和不同社会力量的重要性上。但是，我们在这里看到一个关于“美国—英国”的二分法是如何具有误导性的例子，它暗示大西洋两岸的贡献者是属于两个分离的极（或世界）的。

仔细审视美国以外的国际政治经济学就会发现，其大部分构成内容是“从特定案例的仔细研究中得出的中程理论，不可预知的命题和以经验为基础的概括性东西”（Frieden and Lake 2005, 137）。源自美国以外的贡献突出地见于有关区域主义（特别是但不限于欧盟）、全球化对国家的影响、发展问题以及关于经济政策的国内资源的卡赞斯坦—古雷维奇传统。如果这个领域变得更科学化，这方面的作为可能无法构成弗雷登（Frieden）和莱克（Lake）所称的前进方向，但是它仍然坚定地植根于可能遭到篡改的实证分析中。

在原生态的二分法中显然有一个“缺失的中间体”，它是为调和神秘的大西洋两岸的分歧提供基础条件的一片中间地带。粗略地瞥一眼所谓的英国国际政治经济期刊，便可发现很多大西洋两岸学者的著作存在重叠的情况。当然，美国之外的学者与他们的美国同行一道致力于国际政治经济学各个领域的合作项目，有着悠久的传统（一些值得注意的最近的例子包括Andrews, Henning, and Pauly 2002; Odell 2006）。

位于方法谱系中间的、另一个可能作为沟通桥梁的是日益增长的对规范性议题的兴趣，尤其是就美国新制度主义学者而言。特别是对一种笼统地与全球治理有关的合法性问题的新关注，包括非政府组织和其他私人行为体的作用。过去二十年来，主要由对国际关系感兴趣的政治哲学家如托马斯·博格（Thomas Pogge 2002）等人操心的东西正在重新融入国际政治经济学主流［进一步讨论，参见Dickins 2006；海伦·米尔纳（Helen Milner）2005年的一篇评论文章将一种明确的规范方法和国际金融机构对欠发达经济体的影响的分析结合在一起］。

自20世纪90年代初以来，国际关系理论化中唯一最重要的发展当属建构主义理论的出现。直到最近，该理论在国际政治经济学研究中还没有产生什么反响。然而，在过去几年中，新研究，特别是国际金融方面的新研究，凸显了国际政治经济学的不确定性和模糊性的重要性，正如某行为是否“合适”取决于他人的行为。建构主义的方法解决了许多人对“缺失的中间体”关注的一个中心问题：思想和规范何时是重要的以及 550
如何重要（国际政治经济学中新建构主义的例子包括Best 2005; Sinclair 2005; Seabrooke 2006; Seabrooke 2007是一篇有关对经济建构主义最新贡献的评论文章）。

5　二者永远合不到一起吗?

国际政治经济学的大多数学者对一件事情的看法是一致的：迄今为止，该领域所涵盖的主题范围过窄。其大部分研究集中在国际贸易问题上；全球金融一直是第二重要的问题领域，但受到的关注与贸易相比较少，尽管金融在一个全球化经济体中很重要，但是与外国直接投资有关的问题和生产重组有关的问题主要留给了管理研究和社会学家（例如，Gereffi 1996; Gereffi, Humphrey, and Sturgeon 2005; Rugman 2005）。认为该领域主题范围过窄的观点不仅仅是指有关研究的主题的范围，而且还涉及研究重点关注的行为体。尽管国际政治经济学的起源拒绝了以国家为中心的现实主义本体论，但国家仍旧是大多数国际政治经济学分析的中心。也就是说，国家占据了有限的空间。自20世纪70年代末有关国际经济新秩序的辩论结束以来，除了作为国际金融机构或工业化经济体政策的对象外，欠发达的经济体很少出现，这是对拉丁美洲和东亚地区遭遇金融危机后经历的困难及冷战结束后西方必胜心态的一种反映（Narlikar 2003提供了一个少见的例外）。

拓展国际政治经济学作为一个研究领域的努力包括将国际政治经济学理论应用于欠发达经济体和更广泛的发展方面的工作（Payne 2005;

Phillips 2005)。大多数评论家都同意：需要更多地关注私人行为体。但是关注哪些行为体是个有争论的话题。对于理性选择理论家而言，这是一个将用于获取贸易政策形成中行为体偏好的方法扩展到其他领域（例如外国直接投资）的问题（Frieden and Martin 2003）。对其他人而言，重点应放在私人行为体在重要治理领域中的作用上，并建立在国际关系其他领域的已有工作基础之上[例如Cutler, Haufler, and Porter 1999; Halland Biersteker 2002; Underhill 1995几乎是国际政治经济学领域内著作的典范，它专注于私人行为体在全球经济治理中的作用；蒂莫西·辛克莱（Timothy Sinclair）对信用评级机构的研究（2005）提供了一个新近
551 的例子]。对于另一些人而言，以类似于许多女权主义学者倡导的方式来拓宽议程则是目标——以审视以前被忽视的“日常”行为（例如，Hobson and Seabrooke 2007）。这些关注点的差异影响了分析者寻求参与的文献/学科的选择。对于“硬”理性选择理论家来说，寻求参与其他国际关系领域比参与美国国内政治文献要少，寻求参与经济学科当然也要少。对许多其他人而言，前方的道路并不一定在于更密切地接触国际关系其他领域而是政治经济学方法，或者是政治科学的其他分支中的方法，特别是比较政治学或者是古典经济学中的方法。没有人会自以为现今国际政治经济学研究中方法的多样性能轻易地被统一，而且很多人不会相信这是一个理想的发展。

在国际政治经济学诞生以来的三十五年里，在理解全球政治经济方面取得了哪些进展？科恩的答案是明确的。他写道：“如果知识是以我们能够做出明确陈述的能力来衡量，或者概括知识而不用担心产生争议，那么这个领域的成功可以说是少之又少。”（见即将出版的Cohen著作的第六章）该领域已经见证许多有失偏颇的东西在理论上是行不通的——无论是霸权稳定理论还是有关相对收益的争论。但正如科恩自己所说，通过学者是否得出了一种普适理论来判断国际政治经济学取得的进展是把门槛设置得过高了。即便在理论上是行不通的，有失偏颇的东西也引发了新的理解。例如，在各国考虑是否合作时，有关相对收益的考虑何时更

有可能出现。例如，我们可能不会用一种方法可以使我们在任何情况下都能推断行为体将对贸易或金融自由化展现的偏好，但是我们确实对替代性的施托尔珀—萨缪尔森和李嘉图—维纳模型何时更可能被应用有更好的理解（Hiscox 2002）。正是这样一个中间范围，基于特定情境的理论化在国际政治经济学的发展中是最具成果的。 552

参考文献

Aggarwal, V. K. 1985. *Liberal Protectionism: The International Politics of Organized Textile Trade*. Berkeley: University of California Press.

—— 1996. *Debt Games: Strategic Interaction in International Debt Rescheduling*. Cambridge: Cambridge University Press.

Andrews, D. M., Henning, C. R., and Pauly, L. W. (eds.) 2002. *Governing the World's Money*. Ithaca, NY: Cornell University Press.

Axelrod, R. 1981. The emergence of cooperation among egoists. *American Political Science Review*, 75: 306–18.

—— 1984. *The Evolution of Cooperation*. New York: Basic Books.

Bagwell, K., and Staiger, R. W. 1999. An economic theory of GATT. *American Economic Review*, 89: 215–48.

Bergsten, C. F. 1974*a*. The threat from the Third World. *Foreign Policy*, 11: 102–24.

—— 1974*b*. The threat is real. *Foreign Policy*, 14: 84–90.

Best, J. 2005. *The Limits of Transparency: Ambiguity and the History of International Finance*. Ithaca, NY: Cornell University Press.

Brown, C. 2001. "Our side?" Critical theory and international relations. Pp. 191–203 in *Critical Theory and World Politics*, ed. R. W. Jones. Boulder, Colo.: Lynne Rienner.

Broz, J. L., and Frieden, J. A. 2001. The political economy of international monetary relations. *Annual Review of Political Science*, 4: 317–43.

Cardoso, F. H., and Faletto, E. 1979. *Dependency and Development in Latin America*. Berkeley: University of California Press.

Castles, F. G. 1988. *Australian Public Policy and Economic Vulnerability: A Comparative and Historical Perspective*. Sydney: Allen and Unwin.

Cohen, B. J. 1974. *The Question of Imperialism: The Political Economy of Dominance and Dependence*. London: Macmillan.

—— 1977. *Organizing the World's Money: The Political Economy of International Monetary Relations*. New York: Basic Books.

—— forthcoming. *Building Bridges: The Construction of International Political Economy*. Princeton, NJ: Princeton University Press.

Cooper, R. N. 1968. *The Economics of Interdependence: Economic Policy in the Atlantic Community*. New York: Columbia University Press.

Cutler, A. C., Haufler, V., and Porter, T. (eds.) 1999. *Private Authority and International Affairs*. Albany, NY: State University of New York Press.

Deutsch, K. W., Burrell, S. A., Kann, R. A., Lee, M., Lichterman, M., Lindgren, R. E., Lowenheim, F. L., and Wagenen, R. W. V. 1957. *Political Community and the North Atlantic Area: International Organization in the Light of Historical Experience*. Princeton, NJ: Princeton University Press.

Dickins, A. 2006. The evolution of international political economy. *International Affairs*, 82: 479–92.

Doxey, M. P. 1971. *Economic Sanctions and International Enforcement*. London: Oxford University Press for the Royal Institute of International Affairs.

Frank, A. G. 1967. *Capitalism and Underdevelopment in Latin America: Historical Studies of Chile and Brazil*. New York: Monthly Review Press.

Frieden, J. A., and Lake, D. A. 2005. International relations as a social science: rigor and relevance. *Annals of the American Academy of Political and Social Science*, 600: 136–56.

—— and Martin, L. L. 2003. International political economy: global and domestic interactions. Pp. 118–46 in *Political Science: The State of the Discipline*, ed. I. Katznelson and H. V. Milner. New York: W. W. Norton.

Gamble, A., Payne, A., Dietrich, M., Hoogvelt, A., and Kenny, M. 1996. Editorial: new political economy. *New Political Economy*, 1: 1–12.

Gereffi, G. 1996. Global commodity chains: new forms of coordination and control among nations and firms in international industries. *Competition and Change*, 4: 427–39.

—— Humphrey, J., and Sturgeon, T. 2005. The governance of global value chains. *Review of International Political Economy*, 12: 78–104.

Gill, S. 2003. *Power and Resistance in the New World Order*. Basingstoke: Palgrave Macmillan.

Gilpin, R. 1975. *US Power and the Multinational Corporation: The Political Economy of Foreign Direct Investment*. New York: Basic Books.

—— 1981. *War and Change in World Politics*. Cambridge: Cambridge University Press.

—— 1987. *The Political Economy of International Relations*. Princeton, NJ: Princeton University Press.

—— 2001. *Global Political Economy: Understanding the International Economic Order*. Princeton, NJ: Princeton University Press.

Gourevitch, P. 1978. The second image reversed: the international sources of domestic politics. *International Organization*, 32: 881–912.

—— 1986. *Politics in Hard Times: Comparative Responses to International Economic Crises*. Ithaca, NY: Cornell University Press.

Grieco, J. M. 1988. Realist theory and the problem of international cooperation: analysis with an amended Prisoner's Dilemma model. *Journal of Politics*, 50: 600–24.

—— 1993. The relative-gains problem for international cooperation: comment. *American Political Science Review*, 87: 729–35.

—— and Ikenberry, G. J. 2003. *State Power and World Markets: The International Political Economy*, 1st edn. New York: W. W. Norton.

Grossman, G. M., and Helpman, E. 1995. The politics of free-trade agreements. *American Economic Review*, 85: 667–90.

Haas, E. B. 1958. *The Uniting of Europe: Political, Social, and Economic Forces, 1950–1957*. Stanford, Calif.: Stanford University Press.

—— 1964. *Beyond the Nation-State: Functionalism and International Organization*. Stanford, Calif.: Stanford University Press.

—— 1975. *The Obsolescence of Regional Integration Theory*. Berkeley: Institute of International Studies, University of California.

Hall, R. B., and Biersteker, T. J. (eds.) 2002. *The Emergence of Private Authority in Global Governance*. Cambridge: Cambridge University Press.

Hasenclever, A., Mayer, P., and Rittberger, V. 1997. *Theories of International Regimes*. Cambridge: Cambridge University Press.

Hirsch, F., and Goldthorpe, J. H. (eds.) 1978. *The Political Economy of Inflation*. Cambridge, Mass.: Harvard University Press.

Hirschman, A. O. 1945. *National Power and the Structure of Foreign Trade*. Berkeley: University of California Press.

Hiscox, M. J. 2002. *International Trade and Political Conflict: Commerce, Coalitions, and Mobility*. Princeton, NJ: Princeton University Press.
Hobson, J. M., and Seabrooke, L. (eds.) 2007. *Everyday Politics of the World Economy*. Cambridge: Cambridge University Press.
Hoffmann, S. 1966. Obstinate or obsolete? The fate of the nation-state in Europe. *Daedalus*, 95: 862–915.
Holsti, K. J. 1985. *The Dividing Discipline: Hegemony and Diversity in International Theory*. Boston: Allen and Unwin.
Hufbauer, G. C., Schott, J. J., and Elliott, K. A. 1983. *Economic Sanctions in Support of Foreign Policy Goals*. Washington, DC: Institute for International Economics.
Hymer, S. H. 1976. *The International Operations of National Firms: A Study of Direct Foreign Investment*. Cambridge, Mass.: MIT Press.
Irwin, D., and Kroszner, R. 1999. Interests, institutions, and ideology in securing policy change: the Republican conversion to trade liberalization after Smoot–Hawley. *Journal of Law and Economics*, 42: 643–73.
Jervis, R. 1998. Realism in the study of world politics. *International Organization*, 52: 971–91.
Katzenstein, P. J. 1985. *Small States in World Markets: Industrial Policy in Europe*. Ithaca, NY: Cornell University Press.
Keohane, R. O. 1984. *After Hegemony: Cooperation and Discord in the World Political Economy*. Princeton, NJ: Princeton University Press.
—— 1997. Problematic lucidity: Stephen Krasner's "State power and the structure of international trade." *World Politics*, 50: 150–70.
—— and Nye, J. S. (eds.) 1972. *Transnational Relations and World Politics*. Cambridge, Mass.: Harvard University Press.
—— —— 1975. International interdependence and integration. Pp. 363–414 in *Handbook of Political Science*, vol. viii. *International Politics*, ed. F. I. Greenstein and N. W. Polsby. Reading, Mass.: Addison-Wesley.
—— —— 1977. *Power and Interdependence: World Politics in Transition*. Boston: Little, Brown.
Kindleberger, C. P. 1951. Bretton Woods reappraised. *International Organization*, 5: 32–47.
—— 1969. *American Business Abroad: Six Lectures on Direct Investment*. New Haven, Conn.: Yale University Press.
—— (ed.) 1970. *The International Corporation: A Symposium*. Cambridge, Mass.: MIT Press.
—— 1973. *The World in Depression, 1929–1939*. Berkeley: University of California Press.
Knorr, K. E. 1973. *Power and Wealth: The Political Economy of International Power*. New York: Basic Books.
—— 1975. *The Power of Nations: The Political Economy of International Relations*. New York: Basic Books.
Krasner, S. D. 1974. Oil is the exception. *Foreign Policy*, 14: 68–84.
—— 1976. State power and the structure of international trade. *World Politics*, 28: 317–47.
—— 1985. *Structural Conflict: The Third World against Global Liberalism*. Berkeley: University of California Press.
Lindberg, L. N., Maier, C. S., and Barry, B. M. (eds.) 1985. *The Politics of Inflation and Economic Stagnation: Theoretical Approaches and International Case Studies*. Washington, DC: Brookings Institution.
Ling, L. H. M. 2000. Global passions within global interests: race, gender, and culture in our postcolonial order. Pp. 242–55 in *Global Political Economy: Contemporary Theories*, ed. R. Palan. London: Routledge.
Mikdashi, Z. 1974. Collusion could work. *Foreign Policy*, 14: 57–68.
Milner, H. 2002. Reflections on the field of international political economy. Pp. 207–23 in *Conflict, Security, Foreign Policy, and International Political Economy: Past Paths and Future*

Directions in International Studies, ed. M. Brecher and F. P. Harvey. Ann Arbor: University of Michigan Press.
—— 2005. Globalization, development, and international institutions: normative and positive perspectives. *Perspectives on Politics*, 3: 833–54.
MURPHY, C. N. 2005. *Global Institutions, Marginalization, and Development.* London: Routledge.
—— and NELSON, D. R. 2001. International political economy: a tale of two heterodoxies. *British Journal of Politics and International Relations*, 3: 393–412.
—— and TOOZE, R. 1991. Getting beyond the "common sense" of the IPE orthodoxy. Pp. 11–31 in *The New International Political Economy*, ed. C. N. Murphy and R. Tooze. Boulder, Colo.: Lynne Rienner.
NARLIKAR, A. 2003. *International Trade and Developing Countries: Bargaining Coalitions in the GATT and WTO.* London: Routledge.
ODELL, J. S. (ed.) 2006. *Negotiating Trade: Developing Countries in the WTO and NAFTA.* Cambridge: Cambridge University Press.
PAYNE, A. 2005. *The Global Politics of Unequal Development.* Basingstoke: Palgrave Macmillan.
PENROSE, E. T. 1959. *The Theory of the Growth of the Firm.* Oxford: Blackwell.
PHILLIPS, N. (ed.) 2005. *Globalizing International Political Economy.* Basingstoke: Palgrave.
POGGE, T. W. M. 2002. *World Poverty and Human Rights: Cosmopolitan Responsibilities and Reforms.* Cambridge: Polity.
POWELL, R. 1991. Absolute and relative gains in international relations theory. *American Political Science Review*, 85: 1303–20.
—— 1993. The relative-gains problem for international cooperation: response. *American Political Science Review*, 87: 735–7.
RAVENHILL, J. 1985. *Collective Clientelism: The Lomé Conventions and North–South Relations.* New York: Columbia University Press.
RITTBERGER, V., with the assistance of MAYER, P. (eds.) 1993. *Regime Theory and International Relations.* Oxford: Clarendon Press.
ROTHSTEIN, R. L. 1979. *Global Bargaining: UNCTAD and the Quest for a New International Economic Order.* Princeton, NJ: Princeton University Press.
RUGGIE, J. G. 1975. International responses to technology: concepts and trends. *International Organization*, 29: 557–83.
—— 1998. What makes the world hang together? Neo-utilitarianism and the social constructivist challenge. *International Organization*, 52: 855–85.
RUGMAN, A. M. 2005. *The Regional Multinationals: MNEs and "Global" Strategic Management.* Cambridge: Cambridge University Press.
SEABROOKE, L. 2006. *The Social Sources of Financial Power: Domestic Legitimacy and International Financial Orders.* Ithaca, NY: Cornell University Press.
—— 2007. Varieties of economic constructivism in political economy: uncertain times call for disparate measures. *Review of International Political Economy*, 14: 371–85.
SINCLAIR, T. J. 2005. *The New Masters of Capital: American Bond Rating Agencies and the Politics of Creditworthiness.* Ithaca, NY: Cornell University Press.
SMITH, S. 2000. The discipline of international relations: still an American social science? *British Journal of Politics and International Relations*, 2: 374–402.
SNIDAL, D. 1991*a*. International cooperation among relative gains maximizers. *International Studies Quarterly*, 35: 387–402.
—— 1991*b*. Relative gains and the pattern of international cooperation. *American Political Science Review*, 85: 701–26.
—— 1993. The relative-gains problem for international cooperation: response. *American Political Science Review*, 87: 738–42.

Strange, S. 1970. International economics and international relations: a case of mutual neglect. *International Affairs*, 46: 304–15.
——1976. *International Monetary Relations*. London: Oxford University Press for the Royal Institute of International Affairs.
——1982. *Cave! hic dragones*: a critique of regime analysis. *International Organization*, 36: 479–96.
——1988. *States and Markets*. London: Pinter.
——1994. Wake up, Krasner! The world *has* changed. *Review of International Political Economy*, 1: 209–19.
Underhill, G. R. D. 1995. Keeping governments out of politics: transnational securities markets, regulatory cooperation, and political legitimacy. *Review of International Studies*, 21: 251–78.
——2000. State, market, and global political economy: genealogy of an (inter-?) discipline. *International Affairs*, 76: 805–24.
van der Pijl, K. 1998. *Transnational Classes and International Relations*. London: Routledge.
Vernon, R. 1966. International investment and international trade in the product cycle. *Quarterly Journal of Economics*, 80: 190–207.
——1971. *Sovereignty at Bay: The Multinational Spread of US Enterprises*. New York: Basic Books.
Viner, J. 1948. Power versus plenty as objectives of foreign policy in the seventeenth and eighteenth centuries. *World Politics*, 1: 1–29.
Wæver, O. 1996. The rise and fall of the inter-paradigm debate. Pp. 149–85 in *International Theory: Positivism and Beyond*, ed. S. Smith, K. Booth, and M. Zalewski. Cambridge: Cambridge University Press.
——1998. The sociology of a not so international discipline: American and European developments in international relations. *International Organization*, 52: 687–727.
Wallerstein, I. M. 1974. *The Modern World-System*. New York: Academic Press.
Waltz, K. N. 1979. *Theory of International Politics*. Reading, Mass.: Addison-Wesley.
Watson, M. 2005. *Foundations of International Political Economy*. Basingstoke: Palgrave Macmillan.
Whitworth, S. 2000. Theory and exclusion: gender, masculinity, and international political economy. Pp. 91–101 in *Political Economy and the Changing Global Order*, 2nd edn., ed. R. Stubbs and G. R. D. Underhill. Oxford: Oxford University Press.
Zysman, J. 1977. *Political Strategies for Industrial Order: State, Market, and Industry in France*. Berkeley: University of California Press.

第三十二章
战略研究

罗伯特·艾森

将战略研究视为国际关系分支的学者不妨仔细考虑一下是否要将这个很可能难以驾驭的学科分支纳入进来。这样的说法或许听起来很奇怪，因为战略研究重点关注的是武力在国际政治中的作用。而且，战争与和平的问题在国际关系成为成熟的学科之前，便占据了中心地位。第一次世界大战后坐落于阿伯里斯特维斯的威尔士大学学院伍德罗·威尔逊国际政治系主席席位的设置象征着国际关系成为一个成熟的学科。

某些先入之见将战略研究包装成颇具魅力的学科，比如各国和其他政治行为体如何利用武力推进他们更广泛的目的，他们之间的互动如何频繁或深入，以及此类暴力对抗可能如何被塑造。但这些先入之见有可能令国际关系专业的学生颇感迷茫。让战略研究看似生机勃勃的种种问题折射出对实践而非理论的过分兴趣，而且背离了某些国际关系学者可能觉得有疑问的、未经深思熟虑的假定。战略研究中难处理的非道德性似乎也与当代国际关系思想中对理念重视的趋势相悖。

因为战略研究关注对国际体系提出最严峻挑战的问题，即有可能对国际体系主要单元或体系整体造成威胁的武装冲突，所以，国际关系专业学者无法忽略战略研究。然而，正如后文分析指出的那样，将战略研究视为与国际关系存在一些竞争的兄弟学科而非其分支或许是最好的。二者都是我们称之为政治科学这一大家庭的成员。近年来，被视为国际关系 558 分支学科的安全研究不断壮大，纳入了诸如人的安全和环境安全等更广泛的视角，战略研究在这个广纳众议之处或许可以找到安身之所。但是，战略研究本身仍应被视为单独的学科。战略研究关注行为体之间的互动，力图理解全球恐怖主义、核扩散及失能国家时代的所谓新挑战。

1 理解战略研究

显而易见，战略研究涉及对战略的研究，但这样的论述不一定有助于我们确定战略研究作为有自身概念属性基础的一门学科的起源。西方思想中的战略一词源自希腊语strategos，意为用兵之道。但对战争本身的关注及其被视为一种可学习掌握的艺术形式，并非现代战略研究的真正灵魂。相反，现代战略研究的主题由战争与和平时期内有组织暴力的政治源头、应用与影响构成。

对战略的现代理解可能首先是与十九世纪初普鲁士战争哲学家卡尔·冯·克劳塞维茨（Carl von Clausewitz）的思想联系在一起的。克氏对于战争的永久性政治本质的论述有助于我们将战略作为战争与政治的纽带予以理解（Gray 1999, 17）。克氏的一部主要著述（Clausewitz 1976），在其去世后的1832年首次出版，该著认为对武力的运用从属于政策利益（学者们在成书于公元前的中国的《孙子兵法》中也可发现这一观念）。如果将战争视为达成政治目的的军事手段，则战争本身不太可能被看作是最终目的，亦不是一种危险。这种对军事过于乐观的思想对1914年爆发大战的欧洲来说是具有吸引力的。

克劳塞维茨的目的—手段论可应用于除拿破仑时代基于陆地的战争以外的各类环境。在19世纪最后十年里的阿尔弗雷德·赛耶·马汉（Alfred Thayer Mahan）关于海上战略的论述和20世纪20年代朱利奥·杜埃(Giulio Douhet)有关空中轰炸的政治影响的夸大预测中，亦可推及为国家目的而进行的全套军事和非军事资源之中，这一看法含于“大战略”思想之中。这种包含“经济、心理、道德、政治和技术”因素的
559 “大战略”思想(Earle 1943, viii)，尤其是与第二次世界大战各种冲突相关的因素，加深了战略与国际政治间的关系。但是它产生了一种将军事力量过于工具化的观点，这种观点认为有组织的暴力常被特定政府用于达到某种限制性的目标。这一趋势不时见于国防参谋学院的战略教学当中，在那里，军事力量被视为国家工具箱中的众多工具之一，它似乎可被机械师或木匠轻易、精准地拿起和放下。

克劳塞维茨(Clausewitz 1976, 87)本人对此过分简化的逻辑做出了矫正:“战争不仅是一种政策行为，亦是一种真正的政治工具，一种政治交往的延续。”战争在根本上是政治性的，既能反映又能加深往往是混乱而激烈的权力关系。由于第二次世界大战是以最令人震惊的暴力使用武力——对广岛和长崎的原子弹轰炸——达到政治目的结束的，前述特征由此变得极为重要。目前的大挑战在于如何处理这一极具毁灭性的力量，它显然可以超越所有合理的政治疆界。

总体而言，需要塑造一个新的学科。大量现有的战争研究都包含了军事史，以及武力使用的法则和哲学。此外，在西方的很多圈子中，第一次世界大战的创伤阻碍了人们将战争视为需要了解的政治行为，相反，他们将其看作需要根除的恶疾。正如法国战略思想家安德烈·博弗尔(André Beaufre 1965, 20)日后所写，“1914—1918年间的静态战争被视为‘战略破产’的佐证，而事实上，它仅仅证明了某个特定战略的破产”。这一倾向不仅对战时国际关系思想产生了影响，而且对一些专门从事战略写作的人们的视角产生了困扰，英国战略家、前陆军军官巴泽尔·利德尔·哈特(Basil Liddell Hart)即是受此影响者。他将克劳塞维茨视为“灭绝”的先知。

与利德尔·哈特及其同时代的很多人不同，新冷战时代的战略学者大部分是平民知识分子(Bull 1968, 594)。他们所使用的方法在工业发

展进程中受到蓬勃发展的人文科学、军事艺术、社会科学和决策科学的影响,将武力运用到20世纪第二次全球冲突中。一些像伯纳德·布罗迪(Bernard Brodie)一样极具影响力的人士,能够利用政治学与历史的背景,另一些人则是托马斯·谢林这样的经济学家和阿尔伯特·沃尔斯泰特(Albert Wohlstetter)一类的数学家(Baylis and Wirtz 2002, 4)。他们中的很多人在加利福尼亚的兰德公司待过,那里是研究核时代战略问题给予人启发性的地方,那儿的研究通常会从不同寻常的跨学科角度切入。1948年兰德公司这一由政府资助的、进行知识创新的开创性"智库"的创建,标志着战略研究作为可识别的学科的肇始。

但这些学者和他们的同事们并不倾向于建立此类从事战略研究一
类的大学院系(Betts 1997, 23),而是帮助成立新的研究机构,如1951年 560
成立的哥伦比亚大学战争与和平研究所,及七年之后成立的哈佛大学国际事务中心也带着强烈的战略色彩。1958年战略研究所(后增加前缀"国际"一词而成为国际战略研究所)在伦敦成立,使"战略研究"一词更为直观地出现在人们眼中。伦敦国王学院倾向使用易于理解的"战争研究"一词,于1953年成立由研究欧洲武装冲突的杰出历史学家迈克尔·霍华德(Michael Howard)领衔的战争研究系。到20世纪60年代中期,澳大利亚国立大学已成立自己的战略与防务研究中心,成为亚太地区首个致力于战略挑战的研究中心。

尽管国际社会对战略研究的关注日益增多,但是毫无疑问,美国思想家仍是这一新领域的元老。随着战略问题在更具杀伤性的热核武器(出现于20世纪50年代初)时代成为牵扯全部精力的紧迫要务,美国思想家们的工作成果已然显现。这导致了20世纪50年代中期至60年代中期的一个被称为核战略黄金时代的产生(Gray 1982, 15)。在布罗迪的《导弹时代的战略》(*Strategy in the Missile Age*, 1959)和谢林的《冲突的战略》(*The Strategy of Conflict*, 1961)等现代经典中提出的思想与理念,对这重要的主题其标准操作流程大书特书。战略是一种由核问题界定和主导的门类,而核问题的特殊挑战也支配着国际关系思想。

2　战略研究的先入之见

核时代最初数十年内赋予战略研究特征的主要先入之见、概念和疏忽，如今很多在这一学科中仍然可见。一个重要的特征即为就使用武力做出的几乎任何决策的影响都具有高度敏感性，其外延比战争本身的界限要宽泛得多。特别是在核时代，通过传播迫不得已而采取的军事行动的可信威胁，来发掘武力的威慑潜力可能更可取（Schelling 1966）。仅仅是对武力的宣扬或许就能够表明重要的意图，而且有望不诉诸暴力本身即可左右对方的反应。

正如赫德利·布尔（Hedley Bull 1968, 593）在其冷战期间有关战
561 略研究的精彩评论中特别指出，“关注点已从战争作为实际政策的工具转移到了战争的威胁之上”。威慑成为中心概念（Freedman 2004, 1），格伦·斯奈德（Glenn Snyder 1961, 3）对此有经典的定义：“通过向敌人传达弊大于利的思想，阻止其采取军事行动。”理论上这一定义已延伸至防止先期使用核武器后事态升级和对任何核用途形成威慑。但是，亨利·基辛格（Henry Kissinger 1957）在某著名研究中提出：一旦核战争爆发，对控制事态的能力的一切信心被证明都是难以为继的。20世纪80年代初期，美国政府重拾对局部核战争的兴趣，被视为即便不是绝对的危险之举，也是颇为不切实际的空想；此时，（有关控核的）争论重新开始（Ball 1981）。

威慑思想认为政府出于国家利益的考虑，会希望避免过度伤害。这种论调将战略行为纳入理性活动的范畴予以对待。这种观点并非认为战略行为体不会做出糟糕的决策（Garnett 1987, 18）或者威慑可以万无一失。但是，用谢林（1960，4）的话来说，这一观点“对理论生产相当有效”。有关理性的、目标明确的活动的假定也反映在这一学科的目标之中。比如，劳伦斯·弗里德曼（Lawrence Freedman 1998, 15）将战略定义为“寻求政治目的与达成这些目的的可用手段间的最佳关系”。若战略

行为体被视为非理性的行为体，则寻求最佳关系就无从谈起。不过，战略研究无法摆脱双重属性的悖论，即军事力量的使用受制于审慎理性，而同时其本质上又是反复无常、容易触发的事物。某些战略思想家提出可以对武力的反复无常导致的风险本身加以利用，达成威吓目的；这一论断将武力的双重属性悖论推向了极致。

此类考虑同样折射出对于战略行动相互依存性的强烈关注，这是对克劳塞维茨理论的另一重新发现。战略并非目的与手段间的简单关系，而应该被视为两个或多个目的明确的行为体间的互动，他们的"最佳行动方案"取决于"其他各方的行动"(Schelling 1960, 3n)。这一点在全球的灾难脆弱性逐渐增强的时代中尤为明显，此时，战略行动会带来洲际影响。

有时候，这导致了将战略互动简单视为行动—反行动的粗略过程，尤见于对军备竞赛及其影响的关注之上。然而，对战略互动更加精到的理解则暴露出对于军事技术变革对战略决策的可能影响的密切关注。如此，它并非全无问题。霍华德(1979, 982)指出"有关核战争与威慑的著作通常都是将此话题作为纯技术范畴内的活动予以探讨"。

然而，战略思想家需要了解自己同时代的武器体系，留意新的发展 562
及其对潜在对手间军事平衡的影响。[国际战略研究所自20世纪50年代末以来的旗舰出版物是名为《军事平衡》(*The Military Balance*)的年度评论。]军备控制理论作为对军事技术变革所致危险的某种提前防御，产生于20世纪60年代初期，它本质上是战略研究的副产品。相关经典著述(Bull 1961; Schelling and Halperin 1961)具有明显的实用主义色彩。相较于裁军理论更激进的目的，军备控制理论旨在限制军备竞赛中更为危险的因素，而非彻底消除军备竞赛，以便使威慑战略臻于稳定，而不是将其非法化。对文官统治的认可也体现出管理军事部门的需求。考虑到军事领导人对自由行事的渴求，此种平民—军队关系的处理方法并非没有争议(Cohen 2002, 3)。这也是平民分析家对其自身位置认识的一种反思，谦逊并非战略研究的主要特性之一。

在战略研究内部，还产生了理解危机动态的热忱。危机发生时，政治领导人平日沉着、理性的判断或许会在危机的压力下毁于一旦。在可用的案例研究中，1962年古巴导弹危机被用以强调有影响力的官僚政治决策模式（Allison 1971）。这种模式对单一行为体理性行为模式提出了严肃疑问。同时也有人指出各国可能选择在光天化日之下动用武力。1941年日本偷袭珍珠港即为经典案例。由此，有战略思想家强调使用战略突袭的可能性（Wohlstetter 1962）。1967年以色列对埃及发动先发制人的打击为我们提供了一个介于上述二者之间的案例。

不过，核战略家基本上没有实例可以着手研究，对此，我们应该深感欣慰。这助长了战略具有推测性一面，有时这一点还会变得相当丰富多彩，比如与众不同的赫曼·卡恩（Herman Kahn 1960）做出的超现实推断。同时，这也揭示出战略中不确定性的重要地位，无论多少军事史也改变不了这一点。克劳塞维茨的阻力概念即为一个理由，即在战争中可能出现问题的任何事物通常确实会出现问题（Luttwak 1987, 11）。如科林·格雷（Colin Gray 1999, 5）所说，“和平时期的政治家们，甚至是和平时期的将领们，很少能对他们的军事武器在战争中可能发挥的实际作用信心十足”。这同样适用于在和平时期使用暴力威胁。

这样的不确定性产生了一些有趣的概念性问题，文人分析家对解决它们颇感兴趣。在美国学界，出现了用以检验战略行为的形式化方法，颇引人注目。其中就有博弈理论，该理论的灵感源自目的明确的行为体之间的相互依存关系，如邓肯·斯尼达尔（Duncan Snidal 1985, 25）所说，
563 博弈理论强调合作的可能性也强调冲突的可能性。被有效利用的形式化方法还包括各类系统分析法和运筹学，它们将战略问题量化的做法兼有利弊。约翰·加尼特（John Garnett 1987, 27）对此做出回应，指出很多战略思想家（尤其是英国分析性描述派）一直刻意避免将自己的研究课题作为一门科学对待。布罗迪（Brodie 1973, 474）曾经主张在战略学中运用经济学方法，转而认为系统分析法格外有问题，因为该方法会为了成本效益的小树，而忽视了政治考量的整片森林。

然而，在一个对国防力量结果和资源分配进行决策动辄花费数十亿的时代，这些形式化方法找到了用武之地。平民战略家似乎拥有能够改变公共政策面貌的分析工具。20世纪60年代初期，平民战略家们在约翰·F.肯尼迪任内首次进入政府任职，他们的众多理论在随后的越南战争中一败涂地。精心计算的暴力应用在越南战争中明显没有发挥作用，显示出战略研究作为一门应用学科不堪一击。战略研究中的种种假定与结论似乎在一场原本无论如何都该轻松取胜的较小冲突中搁浅。

3 深陷重围？新的挑战与机遇

越战的经历引发了对战略研究的信心危机，在美国尤甚。这似乎坐实了对平民分析家的夸大批评：他们被自己的假定危险地误导，他们在形式化理论的应用上毫无道德考量（Rapoport 1964; Green 1966）。此种攻击最具价值的一点或许在于西方战略思想家将自己的假设映射到对冷战敌对方的战略推理之上。认为平民分析家或许对不同的战略文化视而不见的观点，后见于“战略种族中心主义”（Booth 1979）的有力主张之中。

然而，此类自省并没有阻止战略研究的发展脚步。如理查德·贝茨（Richard Betts 1997, 8）所说，20世纪70、80年代见证了战略研究对情报和传统（非核）战略等问题开展的重要实证工作。在斯蒂芬·沃尔特（Stephen Walt 1991）看来，这一归纳性学术成就激发了名副其实的复兴，绝不仅仅是填补了20世纪50、60年代演绎理论留下的空白。它为理解战略危机以及关于引发危机的共同看法、军事准则的源头、大国决策过程等 564
增加了新的层次。但是这一学术成就是否有助于回答列宁提出的著名的战略问题“怎么办？”，仍有待商榷。

每个阶段内的国际动荡亦自有其影响。比如，20世纪70年代民族主义运动对恐怖主义的利用触发了对次国家行为体出于政治目的而采取的暴力进行研究的小高潮（Wardlaw 1982）。然而，战略研究圈子以国家为中心的倾向性限制了其厘清混乱的国内冲突的能力。随着昙花一现的局势缓和被重新出现的冷战紧张局势所取代，此类倾向性进一步增强。而再次出现的紧张局势重新燃起了学界对战略研究（Baldwin 1995, 125）以及中央核平衡的兴趣。然而，平民战略家此时不再如从前那样高调，他们的威慑逻辑背后的假定受到更为严密的审查（Jervis, Lebow, and Stein 1985）。核阴影不再像此前看起来那样浓厚，这一事实提升了武装力量作为战略行为体本身的形象，重新平衡了目的—手段关系（Summers 1982），为重新发现克劳塞维茨传统战争理论家的地位助力。

有关战略研究的最主要问题是随着冷战结束而出现的。当重大的国家间战争风险看似如此之低的时候，专注于武力使用的学科是否有意义？至少有两种此类疑问。首先，有观点指出在威胁与挑战更加宽泛的世界中，武力使用问题正在不断地被边缘化。20世纪90年代，环境恶化与疾病（实际上是久已有之的关切）等非传统安全问题、地缘经济而非地缘政治观念，似乎随之准备主导议事日程。一些人认为此类挑战不应包含在内，因为它们并非产生于另一行为体有意识的决策，因此不涉及战略互动。而另有一些人将此类挑战视为战略研究学科不断自我拓展的生命线——从学术上讲，是有依据的。因为此类挑战可能会对民族国家的生存带来威胁。

如艾伦·杜邦（Alan Dupont 2001, 14–15）提到的那样，中程定位显示，如果非军事挑战增加了武装冲突的可能，则应被纳入考虑之中。具体实例包括清洁水源等逐渐稀缺的自然资源引发的邻国间武装冲突，或者环境破坏引发的国内冲突升级。当然，20世纪90年代初期的事件表明，资源与武装暴力间久已有之、更加直接的联系仍然存在。1990年伊拉克入侵科威特以及美国牵头应对，能源方面的考量便是一个因素。

后冷战时代的另一种评论声音为即便武力使用问题得以继续主导
565 战略研究，国家间对称性战争的模式也已经过时。以色列军事史学家马丁·范·克里韦尔德（Martin van Creveld 1991）指出，在由非国家行为体发动的非传统战争的时代，他所认为的克劳塞维茨式的大规模国家武装力量范畴基本不复存在。这一观点颇具吸引力，但2001年9月对美国发动的袭击将对非国家集团与网络的分析推到了战略研究的前沿。

此类突发事件引发了对随时准备使用武力的非国家行为体假定的合理性质疑和对这些行为体按照合理的政治抱负限制武力的意愿的质疑。尽管一些研究强调恐怖主义可能的灾难性影响范围（Allison 2004），然而，包括罗伯特·佩普（Robert Pape 2005）有关自杀性恐怖主义的研究在内的另一些研究表明，将战略视为与特定的（有时是非常有限的）政治抱负相联系的暴力，一直具有意义。此外，恐怖主义问题显然挑战了有关威胁具体根源的主要假定，但它在某种程度上强化了对武力使用问题由来已久的偏见。越来越多的观点认为，在全球化世界中，作为战略行为体国家的消亡是被夸大的，视威慑战略无关紧要的观点亦如此（Morgan 2006, xix）。

随着美国及其盟友迎战“流氓国家”和表达对大规模杀伤武器扩散的关切，国家战略这些所谓的过时特征便被强化。鉴于在思想上武力被使用时已带有此类目标，军事技术变革的重要性便再次凸显，尽管结果未必尽如人意。比如，虽然一些学者长期对军事技术能够增强战斗力和战略影响力的程度持审慎态度（Biddle 2004），另一些学者却更乐意支持“在军务中开展信息时代革命”这样的想法。在有关战略研究危害的一个例子中，其中更为乐观的看法是提供五角大楼有关防务转型的理念，2003年美国入侵伊拉克后，该理念遭遇挫折。这一事件激发了对非对称性冲突进行分析的兴趣。在此类冲突中，弱势一方似乎通常比强势一方占优，但这一结果更多地强调了不同行为体群组间的硬实力关系，对革新战略所起的作用甚少。

总之，战略研究不断演变的焦点是威胁产生和被处理的政治条件及其物质基础塑造的结果。在克劳塞维茨所处的时代，拿破仑未能获取欧洲霸权使战略研究将注意力聚焦当时大国对武力的政治运用。第二次世界大战之后，随着美苏两国成为超级大国又增加了对在危险重重的核时代中管控这两个国家间的竞争的关注。冷战较量的结束，国际社会有暇考虑出于更加人道目的的武力使用，这在大量有关和平行动的文献中得

566 到反映。这为处于主导地位的美国做出军事干涉提供了空间，对“弱势国家已成为主要对手”的担心刺激美国做出了这一举动。这样的权力失衡也为弱势国家提供了宣泄其挫败感的明确靶向。随着政治条件的变化，战略研究的焦点也在发生变化。随着新的多极秩序形成，全球平衡转向亚洲，新组合的大国间的对抗对战略研究议程的塑造将日渐增强。

4 经验性、规范性与理论性要素

很难否认战略研究中强有力的经验性、实证主义要素。彼得·帕雷特（Peter Paret 1986, 3）指出，“战略思想必然是高度实用主义的，它取决于地理、社会、经济和政治现实以及其他会引发需依靠战争解决的问题与冲突的因素，这样的因素通常是转瞬即逝的”。这与对国际政治中权力的物质理解存在的明显偏见有关，主要原因是物质军事能力的重要性在不同的陆、海、空环境下对军事能力的操作性有不同要求。战略研究的受众也应予以考虑。本学科内的很多学者受邀为政治家提供战略建议或是对正在发生的危机做出媒体评论，他们会发现受众圈子对于错综复杂的自省性理论问题并不太感兴趣。

研究战略的学生通常将武装冲突视为国际体系中根本的，有时还是无法避免的现实（Garnett 1987, 10）。悲观者或许会说战略研究的生路系于这一有争议的立场：战争之于战略研究，如同犯罪之于电视剧《法庭上的鲁波尔》中的主角。但武力已经过时这样的看法，在风险可以管控却鲜能超越的世界中确实被视为不切实际的空想。这使得强调物质基础和在广泛的无政府状态的国际体系中力争影响力和安全的现实主义成为战略研究的天然伙伴。现实主义假定为战略研究的学者提供了一种通用语言并使得他们的成果尤其易为政策界接触到。但是他们也会生成某种自我强化的逻辑，夸大武力在国际政治中的作用。

这并不是说战略研究与国际关系思想中的其他流派完全缺乏联系。比如，20世纪60年代初期，战略研究界有观点指出核武器催生了超级大

国之间的一种非零和关系，通过发掘超级大国间的共同利益，这种关系是 567
可以得到管理的。该观点类似于自由制度学派对合作的强调，而谢林这样的学者或许会被视为提出了后来用于制度理论的某些观点的先驱。研究特定民族偏好对战略决策影响的战略文化文献（Johnston 1995），与建构主义著述惊人的相似后者主要关注国际关系领域中理念和文化在塑造国家安全政治中的作用。弗里德曼（Freedman 2007, 365）提出，如果“务实的战略家”是建构主义者，这可能有帮助，因为“有效的战略需要对目的和手段间的动态关系有清晰的认识，一开始就知晓目的是如何定义的，对可用手段是否充足至关重要”。类似地，通过理解战略决策（Sagan 1993），凸显了现实主义阐释的局限性，这种局限性在对大战略的国内根源的研究中也得到体现（Rosecrance and Stein 1993）。

除了与国际关系理论本身的联系之外，亦有与独特的战略理论相似的东西存在，尤见于克劳塞维茨体系之内。然而，战略研究本身并没有各类“主义”。这就是格雷（Gray 1982, 13）所说的该学科内在理论与实际正确关系方面存在的“矛盾”。对于战略研究界的大部分人尤其是对与决策最接近的那部分人而言，这些争论都极具实用性：国际社会是否应该使用武力移除某个特定国家的核武器项目；何种武力使用方法在干预中最为有效（无效）；某个特定国家政府是否应为了在地区的使命或在全球的角色进行规划；或者，美国在越南战争中的失利，是否是因为那是场无法获胜的战争，抑或因为军事将领被他们的政治上司束缚了手脚。

这种思维模式招来了批评。巴里·布赞（Barry Buzan 1991, 10）指出，“战略研究……受到经验的约束和束缚，它不能肆意超越国家政策层面的要务”。但这或许是战略研究的一大长处，而非弱点。正如帕雷特（Paret 1986, 3）所称，“战略思想史不是纯粹理性的历史，而是一部应用理性的历史”。然而，由于战略研究界的很多成果以提出政府应做什么的建议而告终，前述观点引发了进一步争论。多年以来，这令战略研究这一学科中的一些人士对战略研究的学术可信度颇感不适，圈外人对此的疑问更甚。相较于学术，研究战略的学者是否对政治站队和新闻标题更感兴趣？格雷（Gray 1982, 106）观察到“大部分战略家无法克服从战略分析转向提供战略建议”。

这是战略研究内部重要的**规范性**传统的佐证。但这种规范性特征并不经常涉及道德关切。正如加尼特（Garnett 1987, 12）所言，“很多当代
568 战略家未能对战略政策的道德方面给予优先考虑，因此，很多有关战略政策的当代战略论述呈现出某种道德中立特征”。战略研究暗示可以通过蓄意的暴力使用来推进政治利益，因此，有批评人士认为战略研究针对人类事务采纳了某种危险的非道德（即便不是彻底不道德的）方法。

这种批评更加适用于疯狂的冷战时代。但仍然可以说战略研究偏向于强调各国可以相互（以及对非国家行为体）采取何种物理与心理行动，而非强调国家的道德或法律义务。后来提到的这些考量可能是需要认清的（有时需要探寻的）局限性，但其本身并不一定被视为最终目的。此处可以看到克劳塞维茨的二元论观点：战争服从于政策，但有其自身逻辑（Howard 1983, 59）。重要的战争伦理学家迈克尔·沃尔泽（Michael Walzer 1977, 24）将前述观点的第二点分离出来，指出“‘改变’战争的社会与历史条件不应被视为是偶然的或战争之外的东西，因为战争是一种社会产物”。战略研究学者所检视、假定，有时还对其持赞同态度的武力治国之道，与在国内社会中通常被列为不合法的做法非常相似。由此，战略研究学者尤为容易被控采纳双重标准，这样的指控一直是针对很多现实主义者提出的。

尽管战略研究界的很多人强调与武力使用相关的各类问题，但将其视为治国之道的针对性工具予以对待，仍然冒犯了良心之士。在一些人看来，正如加尼特（Garnett 1987, 14）注意到的，这种看法证明武力是可接受的，甚至是必要的。贝茨（Betts 1997, 8）认为，战略研究“关注克劳塞维茨式的关键问题：如何使武力成为政策的理性工具，而非盲目的谋杀”。贝茨的这种观点对那些认为任何武力使用都是错误的人没有丝毫影响。爱德华·卢图瓦克（Edward Luttwak 1987, 3）引用的悖论格言“想要和平，先打仗”，或许是在做类似的批评战争研究学者试图冒险推

进这一存争议的议题的相关研究，这招致了学界的批评。而“和平研究”可以说是战略和战争研究假定的对症良药，为上述批评提供了佐证。因此，部分学术界人士不愿在学术机构内设立战略研究，若相关学者从事军事问题（或者他们的工作由国防组织出资），则情形尤甚。

必须承认，战略研究学者并非总能够最先理解将权力关系研究人性化的种种尝试。他们多少有些抵触关注人的安全的传统的趋势，这一传统强调作为公民的个人安全的利益，同时也激发了对人道主义干涉的更多关注。而且，战略专业的学生对批判性理论的魅力也不十分青睐。尽管人们对布拉德利·克莱因（Bradley Klein 1994）的某些影响已习以为 569
常，这一方法对于研究行为的学科来说，可能看似自省意味太浓厚，而且可能会引发有关大国交往方面无法回答的问题；而战略专业的学生或许恰是从大国交往中获益。带有性别色彩的安全问题以及性别化的战略研究批评，虽然在20世纪80年代引发了相当程度的争论，但现在看来，或许只是昙花一现。

通常来讲，越是讨论远离武力使用问题，在战略研究内部的舒适程度就越低。但在安全研究中却看不到这种抵抗，尽管安全研究作为国际关系的一个分支，被视为战略研究的母题，且战略研究是其下最棘手的部分。战略研究提供了行为理论，强调国家能够做什么，而非应该做什么；与此相比，安全研究趋向于关注国际体系内的存在条件。安全研究关注对阿诺德·沃尔弗斯（Arnold Wolfers 1952）所说的“获得性价值”提出的挑战。较近的学术研究强调，此类价值的主体可以是某个特定的国家，或国家集合体，或某种非国家实体。这构成了范围广泛的“指涉对象”，安全研究用“指涉对象”普遍反映在不同安全领域中受到威胁的各类不同群体（Buzan 1991, 116–134; Terriff et al. 1999, 18–22）。

安全研究充分调动了这样一种隐含的规范性假定，即更大的安全（由此也就是很少的威胁）优于较少的安全，即使这可能会以其他利益为代价（C. A. Snyder 1999, 8）。在安全研究学者间还有某种内在的责任感，他们要去发现能够改善生存的安全条件的东西，或者至少要坚信安全属于积极因素。战略研究则不具备相同特征。战略的多少并不明显与生活好坏有关。鉴于战略通常涉及武力使用，一些人或许会认为战略还是少一些为妙。确实，在绝对安全的环境中，战略可能不再必不可少。既然国际关系作为一门正式的学科，其源头大部分植根于战争间歇期内对于废除武装冲突的探求，那么安全研究的追求要比战略研究的悲观更加符合这一探求。战略研究对于投身于解放事业的人来说，是格外令人不快的猎场。

5　战略研究、安全研究与国际关系

570 现在，应该清楚地看到，战略研究与国际关系以及国际关系学科中的安全研究有着错综复杂的关系。长期以来，对该关系的质疑声不绝于耳。在布尔（Bull 1968, 596）这位少有的横跨两大领域的学者看来，“将战略研究从国际关系的广泛研究中分离出来是不可取的”。大部分原因在于战略研究自身的政治性质：一旦将二者分离，战略研究本身就有沦为军事目的风险。加尼特（Garnett 1987, 5）也提出了类似的警告，“战略思想与国际政治的关系盘根错节，试图将二者剥离的做法会误入歧途，而且危险重重”。

但是，近期更常见的观点不是说战略研究和国际关系可以相互分离，而是认为战略研究是国际关系的一个分支。本《手册》中包含了当前章节或许可以看作是这一观点的进一步证明。二者的这种联系不乏支持。贝利斯与沃茨（Baylis and Wirtz 2002, 12）以及贝茨（Betts 1997, 9）认为战略研究是安全研究的一个专业领域，而安全研究本身是国际关系的一个分支。国际关系则是政治科学这一涵盖面更广泛的学科的一个研究领域。布赞（Buzan 1987, 2–3）是这一观点的热忱支持者，将战略研究视为“宽泛的国际关系研究领域的内在组成部分……类似于一具活体内的一个重要脏器”。作为专门研究“国际关系中军事方面”的分支，相较于安全研究，战略研究是“狭义得多的学科”（Buzan 1991, 23, 25）。

这种简练的分类法看似很有道理。首先，可以说战略研究涉及安全关切中比较特殊的一个**子集**，即通常由国家使用武力或可能使用武力造成的威胁。安全研究成为包含所有有害挑战的较宽泛的学科，这些有害挑战包括，但远远不止是国家军事活动。其次，安全研究无疑是国际关系中不可或缺的部分，因为其主要内容高度依赖国际关系理论。正如特里·特里夫等人所说（Terry Terriff et al. 1999, 12），将安全研究“视为国际关系的分支学科……意味着安全研究路径应是由现行国际关系核心理论界定的”。再次，国际关系属于政治科学的国际范畴，这在将国际关系视为国际政治的同义概念的趋势中已有所体现。综上所述，我们可以说政治关系的国际体系属性引发安全挑战，战略研究主要关注在安全挑战的背景下武装力量的作用。

然而，战略研究实际上应被视为政治科学中与国际关系并列的一个分支。首先，战略并不像与其互动的合作伙伴那样是安全的一个子集。战略研究学者关注国家和其他行为体对国际安全环境的反应：若安 571
全为条件，则战略为反应（Ayson 2006, 18）。反过来，战略行为影响着其他行为体所面临的安全条件；而且，安全为条件，但战略也可以是导因，可以作为自变量出现。使用武力通常对其他行为体（以及武力使用方本身）面临的安全条件具有重大意义；比如，很容易引发罗伯特·杰维斯（Robert Jervis 1978）巧妙分析过的安全困境。战略研究和安全研究之间起码有一种相互作用的关系。

安全研究有时是硬币中比较被动的一面，它是对国际安全体系条件及有关该体系本质的理论的研究。战略研究更关注行动与决策——国家和其他行为体在战略互动中有何行动？他们面临何选择？又应做何选择？正如布罗迪（Brodie 1973, 452）曾特别指出的：“战略思维，或者有人喜欢称的战略‘理论’，如果不实用则别无价值。战略就是研究‘怎么做’，指导完成某事以及有效地实施……最重要的是，战略理论是关乎行动的理论。”战略研究，与其说它是安全研究的一个子集，不如说它更像是与安全研究具有某种共同基础但有其自身议程的一个有趣的合集。

战略研究独特的议程强调推动有组织暴力的政治目的。对武力的强调使得战略研究比安全研究“更加狭义”；鉴于几乎每种对于人类福祉的挑战都要经过布赞、奥利·维夫(Ole Wæver)和亚普·迪·怀尔德(Jaap de Wilde)指称的“安全化”(1998)，安全研究已经涵盖了方方面面。但是在政治语境中理解武力，使战略研究和政治科学直接联系在一起，这或许是不断扩容的安全研究所缺乏的。有人试图要将安全研究限于“对战争本质、诱因、影响以及预防的研究”，并未明确提及战略中武力与政治的联系，却嘲讽地称“由于安全研究有可能将战争研究从政治生活研究中剥离出来，因此不应再被视为国际关系的分支”(Baldwin 1995, 119, 136)。

布尔(Bull 1968, 596)明确指明了战略研究与政治学间更为自然的联系：战略研究“在其道德与社会意义方面，并且作为一门知识学科，与政治学的某些其他分支相比要有利得多”。对战略决策所处的压倒性政治语境的强调，仍然是战略研究的核心。克劳塞维茨是此类关系方面的哲人，在某种意义上，他是战略研究领域里的托马斯·霍布斯。战略研究的一些部分可以被视为政治哲学与理论的一个分支。

因此，战略研究仅有一部分适合国际关系这个大标题。战略研究中不适合国际关系的部分(尤其是研究战略决策的部分)应被视为政治学
572 的更直接的组成部分，无须经由国际关系或其分支学科安全研究进入政治学视野。实际上，当战略研究在20世纪50、60年代获得重视时，人们并未立即认识到战略研究其实源自国际关系。至少有几年的时间，如霍华德(Howard 1983, 36)所说，“国际关系的战略研究进路”更像是国际关
573 系的母体，而非后代。

参考文献

ALLISON, G. 1971. *Essence of Decision: Explaining the Cuban Missile Crisis*. Boston: Little, Brown.

—— 2004. *Nuclear Terrorism: The Ultimate Preventable Catastrophe*. New York: Owl Books.

AYSON, R. 2006. Concepts for strategy and security. Pp. 10–24 in *Strategy and Security in the Asia Pacific*, ed. R. Ayson and D. Ball. Crows Nest: Allen and Unwin.

BALDWIN, D. A. 1995. Security studies and the end of the Cold War. *World Politics*, 48: 117–41.

BALL, D. 1981. Can nuclear war be controlled? *Adelphi Papers*, No. 169. London: International

Institute for Strategic Studies.
Baylis, J., and Wirtz, J. J. 2002. Introduction. Pp. 1–14 in *Strategy in the Contemporary World: An Introduction to Strategic Studies*, ed. J. Baylis, J. Wirtz, E. Cohen, and C. S. Gray. Oxford: Oxford University Press.
Beaufre, A. 1965. *An Introduction to Strategy*, trans R. H. Barry. London: Faber and Faber.
Betts, R. K. 1997. Should strategic studies survive? *World Politics*, 50: 7–33.
Biddle, S. 2004. *Military Power: Explaining Victory and Defeat in Modern Battle*. Princeton, NJ: Princeton University Press.
Booth, K. 1979. *Strategy and Ethnocentrism*. London: Croom Helm.
Brodie, B. 1959. *Strategy in the Missile Age*. Princeton, NJ: Princeton University Press.
—— 1973. *War and Politics*. New York: Macmillan.
Bull, H. 1961. *The Control of the Arms Race: Disarmament and Arms Control in the Missile Age*. London: Weidenfeld and Nicolson for the Institute for Strategic Studies.
—— 1968. Strategic studies and its critics. *World Politics*, 20: 593–605.
Buzan, B. 1987. *An Introduction to Strategic Studies: Military Technology and International Relations*. Basingstoke: Macmillan.
—— 1991. *People, States and Fear: An Agenda for International Security Studies in the Post-Cold War Era*, 2nd edn. New York: Harvester Wheatsheaf.
—— Wæver, O., and de Wilde, J. 1998. *Security: A New Framework for Analysis*. Boulder, Colo.: Lynne Rienner.
Clausewitz, C. von 1976. *On War*, ed. and trans. M. Howard and P. Paret. Princeton, NJ: Princeton University Press; originally published 1832.
Cohen, E. A. 2002. *Supreme Command: Soldiers, Statesmen, and Leadership in Wartime*. New York: Free Press.
Dupont, A. 2001. *East Asia Imperilled: Transnational Challenges to Security*. Cambridge: Cambridge University Press.
Earle, E. M. 1943. Introduction. Pp. v–xi in *Makers of Modern Strategy: Military Thought from Machiavelli to Hitler*, ed. E. M. Earle with G. A. Craig and F. Gilbert. Princeton, NJ: Princeton University Press.
Freedman, L. 1998. Strategic coercion. Pp. 15–38 in *Strategic Coercion: Concepts and Cases*, ed. L. Freedman. Oxford: Oxford University Press.
—— 2004. *Deterrence*. Cambridge: Polity.
—— 2007. The future of strategic studies. Pp. 356–70 in *Strategy in the Contemporary World: An Introduction to Strategic Studies*, 2nd edn, ed. J. Baylis, J. Wirtz, C. S. Gray, and E. Cohen. Oxford: Oxford University Press.
Garnett, J. 1987. Strategic studies and its assumptions. Pp. 3–29 in *Contemporary Strategy I: Theories and Concepts*, 2nd edn, ed. J. Baylis, K. Booth, J. Garnett, and P. Williams. London: Croom Helm.
Gray, C. S. 1982. *Strategic Studies: A Critical Assessment*. Westport, Conn.: Greenwood Press.
—— 1999. *Modern Strategy*. Oxford: Oxford University Press.
Green, P. 1966. *Deadly Logic: The Theory of Nuclear Deterrence*. Columbus: Ohio State University Press.
Howard, M. 1979. The forgotten dimensions of strategy. *Foreign Affairs*, 57: 975–86.
—— 1983. *The Causes of War and Other Essays*. Cambridge, Mass.: Harvard University Press.
Jervis, R. 1978. Cooperation under the security dilemma. *World Politics*, 30: 167–214.
—— Lebow, R. N., and Stein, J. G. 1985. *Psychology and Deterrence*. Baltimore: Johns Hopkins University Press.
Johnston, A. I. 1995. Thinking about strategic culture. *International Security*, 19: 32–64.
Kahn, H. 1960. *On Thermonuclear War*. Princeton, NJ: Princeton University Press.
Katzenstein, P. J. 1996. *The Culture of National Security: Norms and Identity in World Politics*. New York: Columbia University Press.

KISSINGER, H. 1957. *Nuclear Weapons and Foreign Policy*. New York: Harper and Brothers.
KLEIN, B. S. 1994. *Strategic Studies and World Order: The Global Politics of Deterrence*. Cambridge: Cambridge University Press.
LUTTWAK, E. N. 1987. *Strategy: The Logic of War and Peace*. Cambridge, Mass.: Belknap Press.
MORGAN, P. M. 2006. *Deterrence Now*. Cambridge: Cambridge University Press.
PAPE, R. A. 2005. *Dying to Win: The Strategic Logic of Suicide Terrorism*. New York: Random House.
PARET, P. 1986. Introduction. Pp. 3–8 in *Makers of Modern Strategy from Machiavelli to the Nuclear Age*, ed. P. Paret. Princeton, NJ: Princeton University Press.
PARIS, R. 2001. Human security: paradigm shift or hot air? *International Security*, 26: 87–102.
RAPOPORT, A. 1964. *Strategy and Conscience*. New York: Harper and Row.
ROSECRANCE, R., and STEIN, A. A. (eds.) 1993. *The Domestic Bases of Grand Strategy*. Ithaca, NY: Cornell University Press.
SAGAN, S. 1993. *The Limits of Safety: Organizations, Accidents, and Nuclear Weapons*. Princeton, NJ: Princeton University Press.
SCHELLING, T. C. 1960. *The Strategy of Conflict*. Cambridge, Mass.: Harvard University Press.
—— 1966. *Arms and Influence*. London: Yale University Press.
—— and HALPERIN, M. H. 1961. *Strategy and Arms Control*. New York: Twentieth Century Fund.
SNIDAL, D. 1985. The game theory of international politics. *World Politics*, 38: 25–57.
SNYDER, C. A. 1999. Contemporary security and strategy. Pp. 1–12 in *Contemporary Security and Strategy*, ed. C. A. Snyder. Basingstoke: Macmillan.
SNYDER, G. 1961. *Deterrence and Defense: Toward a Theory of National Security*. Princeton, NJ: Princeton University Press.
SUMMERS, H. 1982. *On Strategy: The Vietnam War in Context*. Novato, Calif.: Presidio.
TERRIFF, T., CROFT, S., JAMES, L., and MORGAN, P. M. 1999. *Security Studies Today*. Cambridge: Polity.
VAN CREVELD, M. 1991. *On Future War*. London: Brassey's.
WALT, S. M. 1991. The renaissance of security studies. *International Studies Quarterly*, 35: 211–39.
WALZER, M. 1977. *Just and Unjust Wars: A Moral Argument with Historical Illustrations*. New York: Basic Books.
WARDLAW, G. 1982. *Political Terrorism: Theory, Tactics, and Countermeasures*. Cambridge: Cambridge University Press.
WOHLSTETTER, R. 1962. *Pearl Harbor: Warning and Decision*. Stanford, Calif.: Stanford University Press.
WOLFERS, A. 1952. "National security" as an ambiguous symbol. *Political Science Quarterly*, 67: 481–502.

第三十三章
外交决策

道格拉斯·T.斯图尔特

外交决策这一分支领域将因变量——国际社会的某个行为体所采取的特定的政策选择——作为出发点，然后试图对参与决策过程中的施动者(个人、团体、组织)如何达成这一选择做出解释。由于外交决策明确聚焦人类决策性行为的全部复杂性与偶然性，故其研究是国际关系中要求最高且最具多面性的分支领域。外交决策研究也是最热门的国际关系分支，具体而言有以下五点原因。

首先，外交决策本身便是令人感兴趣的事情。学生们之所以会被外交决策所吸引，是因为希望了解那些(或至少曾经是)怪异奇特的决策是如何做出的，原因又是什么。当然，在许多情形下决策者本人极具魅力这一事实也是外交决策吸引人的原因所在。

相较于国际关系中的其他分支，外交决策的第二点优势是其明确的跨学科属性。它既受到社会科学诸多学科的滋养，同时又反过来滋养了这些学科。对于研究外交决策的学者来说，四大社会科学领域已成为对他们特别重要的见解之源：政治科学(权力)、社会学(官僚和权威)、公共行政学(计划、实施、机构)以及心理学(动机、人格类型、群体动力学、知

576 觉和认知)。外交决策还为研究者们提供了有效接触诸如神经系统学和演化心理学等新领域的大量机会。

外交决策的第三点优势在于其会引导研究者去研究“中程理论”。在社会学家罗伯特·默顿(Robert Merton)看来,中程理论具有植根于经验现实中可控部分的优势。中程理论既避免了过分抽象同时也避免了狭隘经验论。中程理论还通过在系统观测到的现象群之间搭建桥梁促进理论建构(Sztompka 1996)。

外交决策的第四点优势在于,它是国际关系研究中一个特别变化无常的分支。事实证明,这一点与国际体系和国际关系学科中发生的变化非常相适应。第一代对外交决策感兴趣的研究者们认识到他们的研究主题处在国内政治与国际关系的交汇处(Hill 2003, 23)。因此,在理念上,外交决策非常适合用肯尼思·沃尔兹著名的三层次分析法(个体、国家与国际体系)来进行研究。尽管随着时间的推移,世界政治变得愈发复杂,以国家为中心的模式开始失去在国际关系领域中的卓越地位,但是从事外交决策研究的学者们并未经历认同危机。因为决策的概念具有普适性,所以这些学者能够将他们的方法论与理论假定应用到对非国家、次国家和国际行为体的研究之中且无须放弃他们对主权国家国际行为的传统兴趣。

最后,外交决策研究为研究者提供了大量的机会来弥合学术界和决策界之间的鸿沟(George 1993)。国际关系的大多数分支都是从学术界发展起来的,并且一直受到决策者的质疑或鄙弃,与之形成对比的是,外交决策这一分支事实上在学术界和政策界中都存有立足之地,且两者从那之后一直保持着交流。我在本章接下来的部分中会讨论这一关系的演进与影响。

对外交政策分析这一领域感兴趣的学者还应事先了解外交决策研究所特有的三个研究问题。首先,正是由于前面提到的原因,外交决策研究是国际关系中最不成熟的分支,并且从研究设计的角度来看也是最具挑战性的。有时,可能在学者们看来,外交决策情境复杂多变的特征,似乎既像“无法摆脱之物”又像是“荆棘地”,即一个容易陷入但无法在其中

自由施展的研究领域。因此，对外交决策感兴趣的学者们在研究设计中应 577
首先就变量的相对效力做出经得起检验的假定并对此做出清晰的阐述。

其次，与外交决策有关的研究还异乎寻常地易受到歧视问题的影响。对系统研究外交决策感兴趣的学者而言，最大的挑战之一是区分前政治圈内人所撰写的自我满足型回忆录与关于高层决策的可靠信息来源。研究者最好将奥托·冯·俾斯麦(Otto von Bismarck)的传记作者之一所展示出的那种怀疑运用到对此类个体的研究之中。该传记作者曾讽刺俾斯麦："坚信这样一个上帝，他具备时时认同自己的超凡能力。"(引自Craig and George 1983, 259)

最后，在当代重大问题上，研究外交决策常常使学界与决策界的成员能够经常接触，所以这一分支的研究者们也特别容易受到与权威接触的诱惑。当他们往返于学术界、决策界和智库界之间的时候，还有可能沦为他们共同反对的受害者，或者至少会对自身角色和职责产生困惑。发现自己处于这种情况之下时所面临的挑战：要对缩小差距和越界之间的差异保持清醒的认识。

本章首先对有关外交决策这一分支发展的一些背景信息进行介绍，着重阐述其在两次大战期间在美国扎根的原因和方式。然后，我会概述该领域先驱们的一些重要的具有指向性的观点。接下来，我会重点关注近五十年来最受学术界关注的一些自变量、中介变量和因变量。最后，我将就该领域的现状及对这一领域感兴趣的学者在未来数年里很可能面临的机遇和挑战做些评论。

1 背景：政府与学术界间的互动

虽然马克斯·韦伯、赫伯特·斯宾塞和埃米尔·涂尔干等欧洲专家在发展社会科学学科上起到了不可或缺的作用，这些社会科学学科让人们知晓了有关外交决策的研究，但这一领域的文献却一直是由美国人主导的。本节将对这一领域的文献的发展进行追溯，并重点关注政府与学 578

术界之间的互动。

传统上，外交决策是属于外交史学家和政治传记作家关注的领域。在大多数情况下，这些学者之所以选择研究政治领袖们的决策，恰恰是因为这些领导人看起来显见的异质性且难以比较。不过，在19世纪晚期，伍德罗·威尔逊等美国学者开始推动对决策与政策执行进行科学研究，以之作为应对现代性挑战的方式（Wilson 1887, 201）。20世纪30年代中期，由于华盛顿政策界在努力让美国摆脱看似棘手的经济萧条并使美国保持对不断增多的极权主义政权的竞争力，美国政府对“管理科学”的兴趣开始表现出前所未有的紧迫感。

在第二次世界大战之后的数年里，随着美国人对“巴克·罗杰斯武器”（核弹、远程飞机和导弹）存在的适应，理性决策和对外交政策行为的管控被视为国家安全不可或缺的组成部分。早在1946年，伯纳德·布罗迪（Bernard Brodie 1946）等学者就在研究这样的情况，即在核对抗的处境下，理性决策会带来什么样可预测的政策选择与结果。与核威慑有关的文献因其在研究特定类型的外交决策方面表现出的简约、简练且看似理性的方法，在此后数年中变得备受欢迎和极具影响力。然而，这些核战略家不可避免地受到了国际关系学者的批评，理由是：这些战略家太远离核对抗的现实，以至于他们常常想象核对抗对他人产生误导性的危险，且在道德方面是沦丧的。阿拉托尔·拉波波特（Anatol Rapoport 1964, xxi–xxii）甚至将核威慑文献的基本假定比作乔纳森·斯威夫特（Jonathan Swift）在18世纪所著具有讽刺意味的作品《一个小小的建议》（*A Modest Proposal*）中所抨击的经济假定。斯威夫特依据这些经济论据，得出了看似合乎逻辑的论断——爱尔兰农民应该把他们的孩子当成经济作物去卖。

随着冷战的发展，有关核战略家在道德和智识上远离核对抗现实的描述（Rapoport 1964, xviii）和对核威慑基本假定的抨击，成为流行文化中人们熟悉的主题[《奇爱博士》（*Dr Strangelove*）、《核战爆发令》（*Failsafe*）]。尽管如此，战略研究的分支仍在不断拓展，这部分是因为有政府积极提供持续的赞助，部分是因为通信与自动化信息处理领域的发展，使得预见边缘政策日益复杂的事态和管理核传统冲突成为可能。极具影响力的核威慑文献中有关理性、控制和可预测性的假定也促进了外交决策研究其他方法的发展，其中包括博弈论、情境模拟和理性选择。 579

随着冷战决策者对危机管理与控制的需求日益明显，为帮助本国决策者为未来的对抗做好准备，美国政府也开始资助对外国领导人心理与人格特征进行研究。20世纪60年代中期，一个重大的倡议是在中央情报局（Central Intelligence Agency, CIA）内成立人格与政治行为分析中心（the Center for the Analysis of Personality and Political Behavior, CAPPB）。基于从社会科学和心理学与精神病学多个领域得出的见解，这些研究人员对国家首脑进行了深入研究，并着重指出了他们在国际谈判与危机情况下可能会出现的决策行为（Post 2003, 51-61）。

在学者和决策者们正在设想愈加复杂的核态势并发展系统地研究政治领导人的新方法时，学术文献对布罗迪的一些基本假定也带来挑战，尤其对“外交决策是由单一、理性行为体做出的”这一假定形成挑战。由此，不足为奇的是，从20世纪60年代晚期到70年代初期，美国研究人员对这些问题开始感兴趣，这一时期，美国正深陷越南的“泥潭”且在寻找可归咎责任的对象。在面对“五角大楼文件案”（*The Pentagon Papers*）所反映的政府文件泄密的情形下，研究人员开始关注官僚政治、组织文化和角色社会化等概念，大体上视它们为外交决策，尤其是次优外交决策的决定因素。

2 引导性叙述

对外交决策的研究十分复杂且涉及领域较多，故此类研究特别依赖一般的引导性叙述，并以此来指导学者们决定在调研过程中所涉及的范围与方法。所幸，有些不错的指导可供参考。早在1954年，理查德·斯奈德（Richard Snyder）、H.W.布鲁克（H. W. Bruck）与伯顿·萨潘

(Burton Sapin)就针对他们称之为国际关系研究的“决策制定方法”阐述了一些基础性见解。他们最重要的贡献或许是他们提出的具有说服力的观点，即国际关系研究的焦点应从具体化的民族国家转向“那些实施权威行为即国家行为的国家。国家行为是以国家名义行动的、国家实施的行为。因此，国家是国家行为的决策者”(Snyder, Bruck, and Sapin 1954, 36–37)。他们还明确提出了大量假定，这些假定对过去50年里许多有关
580 外交决策的研究提供了指导。其中，非常重要的假定有：

- 需要把重点放在“决策单元”上，这样做是在追求特定的目标；
- 决策是一个受到内部与外部环境影响的过程(“有计划的行为”)，因为这些决策会被决策者“选择性地感知与评估”；
- 多方面因素对决策施加了限制；这些因素包括不确定性、时间限制和竞争性目标与动机。

不久前，作为给有兴趣系统研究外交决策的学者的一份指南，斯奈德、布鲁克与萨潘的专著得以再版，这证明了他们著作的持久价值(Snyder, Bruck, and Sapin 2002)。

20世纪60年代，詹姆斯·罗西瑙(James Rosenau)继承了他们三人的开创性工作，提出了指导外交决策研究的“先于理论”的概念。罗西瑙(1971)认为，在缺少被广泛认可的外交政策因果理论的情况下，学者们在对一种决策情境进行决策研究时，至少应该明确表述他们的初始假定。这意味着，不仅要罗列出某个人认为具有决定性的变量，还要根据这些变量被假定的对特定决策情境具有的“相对效力”，对这些变量进行排序。罗西瑙还就某一变量很可能比其他变量具备更强效力的情形给学者提供了一些初步指导。他认为这取决于“问题区域”(决策情境的类型)和所研究国家受外部影响“渗透的”程度。

罗西瑙的先于理论观点在学者之间引起了相当大的反响，并成为研究外交决策的新路径的基础。它被称为“比较外交政策分析”

（Comparative Foreign-Policy，CFP）。与中程理论的前提一致，CFP明确地接受了这样一个事实，即外交决策是诸多变量之间相互作用的产物。不过，CFP同时假定这些变量应该是可检验和可复制的，并且被用来检验这些变量的中程理论最终可以（且应该）为发展一种外交政策因果关系普适理论做出贡献。CFP的批评者是正确的，因为这种方法野心太大，而且在许多情况下，最重要的自变量、中介变量和因变量都不宜量化（参见Hudson and Vore 1995; Hudson 2005）。但另一方面，对20世纪70、80年代CFP在激发和保持学者们对系统研究外交决策的决定因素的兴趣方面所起的作用，这些批评人士并未给予足够的信任。

此外，CFP通过明确地将个体、社会与系统变量整合进其研究之中，并非依据这三个不同的且具竞争性的分析层次，而是依据它们之间的互 581
动来构想国际关系。这样做的时候，CFP方法的贡献者们就开创了大量更新的国际关系研究方法（建构主义、多元启发理论）的先例，这些方法试图在对外交决策保持关注的同时，与上述所有三个分析层次建立联系（Wendt 1992; Mintz 2005）。

一般认为，一项外交决策涉及的各种变量（即自变量）的相对效力及达成决策过程中的各种变量（即中介变量）会因决策情境的类型而不同。有几位学者已发展了决策情境类型学。戴维·布雷布鲁克（David Braybrooke）与查尔斯·林德布卢姆（Charles Lindblom 1963）根据决策的重要性程度（定义为变化）与决策的不确定性程度的不同，对决策情境进行了区分。他们还引入“离散渐进主义”的概念来阐释“小变化”情境所特有的适应性行为。查尔斯·赫尔曼（Charles Hermann 1969）还为学者们提供了一种有用的决策情境类型学，这些情境的范围从危机情境到行政情境。该决策情境类型学以对国家价值观威胁的高低、决策时间的长短以及决策者对事件感到惊讶的程度为基础。

在此值得提醒大家注意，哈罗德和玛格瑞特·斯普劳特（Harold and Margaret Sprout）对心理和操作环境做出的区分。斯普劳特夫妇所提出的重要见解是：一项特定决策的施动者和最终导致决策的过程将由心理环境决定,即情境由关键决策者所决定的情况。另一方面,决策过程的结果——一项外交政策成功或失败,将由客观现实(即斯普劳特夫妇所指的“操作环境”)决定(Sprout and Sprout 1965)。

关于决策情境的大多数文献都是根据这两种路径进行划分的。针对操作环境有几项重要的研究。特别值得一提的一种方法是,查尔斯·麦克莱兰(Charles McClelland)和他的同事们系统地用事件数据,对从全面友好到全面战争的连续体中的双边和多边互动努力进行分类。该方法为有关外交决策的国际情境的后续研究奠定了基础(McClelland and Hoggard 1969)。事件数据一直被包括国防部和国家安全委员会在内的各级政府机构用于帮助决策者应对国际危机做准备。事件数据集也不断地被学者们以富有想象力的方式用来生成和检验假设(Schrodt 1995)。

一个由学者组成的更大的共同体一直沿着斯普劳特夫妇所设想的另
582 一种路径在做研究,即对心理环境进行研究。这些研究者们已经就“决策者或决策集团倾向于以一种特定方式理解某一国际事件”的情境做了一些引导性的阐述。这方面的文献把注意力放在情境的界定上,视之为后续决策行为的一个决定性因素,它们大量借用了认知心理学的知识。在这方面,罗伯特·杰维斯(Robert Jervis 1976; 1985)关于领导者的认知倾向(诱发设定、知觉准备等)对其解释性行为和决策行为的研究特别值得一提。

领导人的认知偏见可能对其在界定情境方面产生影响,最著名的例子当属奥利·霍尔斯蒂(Ole Holsti)展示的“内在邪恶的信念”(inherent bad faith)模式。霍尔斯蒂对国务卿约翰·福斯特·杜勒斯(John Foster Dulles)信仰体系进行大力研究后认为(1962):由于杜勒斯从根本上怀疑苏联的意图,以致其无法接受苏联表露出的不具威胁性的行为。相反,他辩称这些行为是莫斯科虚弱的体现。这一逻辑导致杜勒斯在面对显然不具威胁性的苏联行动时,建议美国做出了向克里姆林宫加大施压力度的回应。

另一些学者把关注点放在国家社会作为整体倾向于以何种方式定义和回应国际事件上。根据系统理论的观点,罗西瑙(1981)认为,国家社会可以根据四种适应模式分为：默许型、不妥协型、助长型以及防护型。这四种模式依据国家社会与其内外环境要求一致的优先事项而不同。罗西瑙主要对“与上述每种适应性定位有关的特有的行为及每种适用模式有无效力的情形”提出假设感兴趣。

研究者还利用意识形态的概念来解释国家社会的优先事项与倾向性。迈克尔·亨特（Michael Hunt 1987）在其关于意识形态在美国外交政策中角色的研究中证明：随着时间的推移，关键的意识形态因素会持续存在且它们在决定历届美国政府界定复杂的国际形势的方式方面非常重要。他还展示出了一位历史学家对事实的敏感性，即领导者为兜售特定的政策将意识形态既当认识论、启发式指南又当修辞手段来使用。

一小群有影响力的研究者试图通过将有关国际体系因果影响的现实主义假定，与参与外交决策的个人和集团的信仰与偏好结合起来，调和斯普劳特夫妇提出“操作环境”与“心理环境”的观点。吉迪恩·罗斯断言，这些学者（他称之为新古典现实主义者）认为体系压力一直是重要的，但这些压力“既非霍布斯式，也非良性的，而是隐晦的且难以解读的”。在这种情况下，新古典现实主义者认识到，他们需要将注意力转移到参与决策的个人与团体，以探知他们对国际形势的具体看法。罗斯称 583
赞这些新古典现实主义作家为我们理解外交政策做出了贡献，说他们占据着“纯粹的结构理论家和建构主义者之间的一片中间地带”。不过他承认，时至今日，新古典现实主义者的大部分研究采取的是案例研究的形式，并总结道：“因此，该领域未来的研究工作应继续明确说明：中介性单元层次变量可能使外交决策不再来自纯粹的结构理论家的预测的方式。”（Rose 1998, 152, 166, 168）

3　自变量：机构

瓦莱丽·赫德森（Valerie Hudson 2005，1）在其重要调查中谈道：不仅外交决策分析这一分支的“根基是单独或集团式行动的人类决策者”，社会科学大体也如此。本节将首先对有关个体决策者的研究做些评论，然后讨论在经年累月里通过整合集团和组织变量使机构这一概念更趋复杂的方式。当代大多数国际关系学者都是通过格雷厄姆·阿利森（Graham Allison）的开创性研究——《决策的本质》（1971）——知悉这三种变量的。阿利森在解释古巴导弹危机中运用的“三种政策模型”不仅是理论上为人所知的案例，也是先于理论指南的来源，它解释了：研究者或含蓄或明确地应用至某一特定决策情境的概念模型，将决定“分析者感到困惑的东西，他如何表述问题，他到哪里寻找证据，以及他得出什么答案”（Allison 1971, 245）。

有关领导人在外交决策中居于核心地位的明确观点，可以追溯到人们熟悉的托马斯·卡莱尔（Thomas Carlyle）的论断（1995，1）：“人类在这个世界上取得成就的历史，从根本上讲是伟人们创造的历史。”卡莱尔有关领导者不可或缺性的假定已由当代研究外交决策的学者进行了完善。玛格瑞特·赫尔曼（Margaret Hermann）提出了三种很可能增强领导者个人对政策施加影响的情境：决策情境模棱两可、决策情境需要权威行动（危机、个人外交的情形等）和“政治领导人凭借戏剧性手段就职”（Hermann and Milburn 1977, 20–21）。相关的概念经由詹姆斯·麦格雷戈·伯恩斯（James MacGregor Burns 1978）（对互动型领导人和变革型领
584 导人的简单而有用的区分）和琼·勃朗德尔（Jean Blondel 1987）（权威和世俗作为领导人权力的来源）得到发展。

领导者在外交决策中起决定性作用的概率也是其“权力意志”的一种行使结果。早在1948年，哈罗德·拉斯韦尔（Harold Lasswell 1948, 57）就提出了基于权力需要的政治人格概念。从那时起，人们就对领导者行为的动机（即基于需求的）来源进行了广泛的研究。另一些学者根据人格特质的相关概念对领导者进行了分类与比较，戴维·温特（David Winter 2003，31）将这些特质定义为“人格特征中公共的、可见的、风格方面（或修饰方面）的东西”。他已经指出了人格心理学家们广泛地认为非常重要的五大特质：“外向性……亲和性、责任心、情绪稳定性和对体验

的开放性。”这些及其他人格特质被国际关系学者用于预测和解释领导人定义国际形势、管理谈判和做出决策的方式。

建议对全面和综合理解领导人人格感兴趣的学者最好从阅读亚历山大·乔治(Alexander George)和朱丽叶·乔治(Juliette George)对威尔逊总统深入的心理分析入手。这一研究是学术敏感性和同理心的典范,它从未忽视其主体中的人性。乔治夫妇很好地为学者们指出了精神分析理论应用于政治领导人相关研究时出现的风险与回报(George and George 1956; 1998)。

亚历山大·乔治也必须因其在发展一种对领导人声明和讲话内容进行分析的系统性程序方面所做的开创性工作而享有盛誉。大多数有关个体决策者的研究都依赖这些类型的历史文献,但这些研究在系统编码和对某一主体的书面、口头语言进行比较时,往往没有遵循清楚阐述的指南方针。乔治与他的同事们对这一问题进行了回应,开发“操作码”的方法,该方法旨在根据某些政治方面突出的信念对个体进行分类和比较,这些信念被认为对个体看待世界和进行外交决策的方式有着直接的影响(George 1969)。在过去的40年里,有几位学者为丰富有关肯尼迪、基辛格、布什和克林顿(Stuart and Starr 1981–1982; Schafer and Walker 2006)等个人操作码的指令表做出了贡献。操作码方法论也正被学者们用于检验与国际冲突行为及自由主义或现实主义能更好预测国家行为的情况(Schafer, Robison, and Robison 2006)。

对领导者集团的研究既是对单个领导人研究的丰富,也是研究单个领导人的另一种办法。外交决策往往是一小群政治圈内人深思熟虑的产物,他们当中许多人之前都是政府机构的代表。莫顿·霍尔珀林 585
(Morton Halperin)有关官僚政治的多篇论述(1974),对这种情况中所固有的紧张关系做出了有趣的解释。霍尔珀林认为,官僚机构及代表它们的个人会高度优先重视保护和提升四种制度性利益:使命、能力、影响力和要素。

角色社会化是指:个体成为某一特定机构的发言人时其行为和态度

改变的过程。罗西瑙(1968)是强调外交决策中角色因素重要性的首批国际关系学者之一。角色社会化的后续研究试图不仅对特定角色相关的信仰所获取的过程做出解释,还要对个人管理双重身份——作为特定机构的前发言人和作为有责任在当时情况下为领导提供最佳建议的个体——的方式做出解释。

有理由认为,几乎每位领导者为控制和/或利用团队内部的竞争,都会寻求对其咨询系统进行设计。理查德·约翰逊(Richard Johnson 1974)指出:三种管理类型(形式主义型、共同掌权型和竞争型)被美国总统们达成这一目标。总统管理类型研究的指导前提是:领导者要调整他们的咨询和管理机制,以使它们与其对外交事务的兴趣水平及其在外交事务方面的专业知识相匹配。

正如阿利森、霍尔珀林等人所观察到的,组织也通过他们标准的运作程序、信息处理习惯、制度化的世界观及其不同且具竞争性的优先事项影响决策。在制度形成独特的身份与特有的行为特征的过程中,无论是经验上还是理论上,仍有大量的工作需要做。在这方面,公共管理中的新制度主义文献是一个有价值的见解来源(Powell and DiMaggio 1991)。学者们还可以参考有关对美国国家安全局中关键部门的创建及运作方面的晚近研究(Zegart 1999; 2005; Stuart 2008)。

正如本章前面所提到的,许多学者都关注其他行为体与因素,视它们为外交决策中具有影响力的自变量。霍尔斯蒂(1996)已经对大众和精英的观点进行了富于想象力的研究。其他研究者强调了媒体所扮演的角色:既是公众舆论的一个决定因素,也是决策过程中一个直接影响因素(Strobel 1997)。研究者必须制定出他们清楚阐述的指南,凭之判断这些及其他自变量的相对效力。一般而言,从理解情境是如何由关键决策者进行定义开始是行得通的,因为这会影响到决策集团的参与者的资格及其相对重要性。它还将有助于确定最终决策达成的过
586 程。我们现在来看这个过程的概念,此处视其为外交决策研究中的中介变量。

4 中介变量：过程

研究外交决策的学者在确定特定决策情境中的施动者，并根据假定的相对效力对这些施动者进行排序后，往往会遇到研究中最严重的问题。这时，他们必须利用任何合适的方法，获取有关方面的可靠信息：谁说了或做了什么，在何时做的且造成了什么影响。记录高层决策情况的副本鲜能获得，而且假使能获得也极少展现完整的情况。而在小集团决策的情境中，引导讨论的常常是关键个体的非语言交流。领导方的沉默可能被某一决策单元的某一成员理解为同意或被其他某成员理解为缺乏集团内其他人的支持。“真正的”决定可能是在休会之后做出的，或者在会议开始之前就已经完成了。

从自变量转向中介变量的过程中，研究者还不得不面对更直接的“时间和变化”问题。决策过程从定义上看是动态的，它通常要求研究者将决策作为一系列特定的阶段来进行探讨。一个有趣的研究路径是多元启发理论，它将外交决策视为“两阶段”的过程，该理论假定领导者“首先会用认知捷径（启发式）简化决策问题。然后再用分析计算法来评估余下的替代性方案”（Mintz 2005, 94）。正如我将在本章后面讨论的，另一些专家质疑一切假定外交决策是线性或累积性的方法。

得益于为系统分析小集团决策过程提供指导和程序的学者，研究设计和因果推论方面的问题在一定程度上变得更易于管理。乔治（1979）引入了“结构化和聚焦比较”的概念，为外交决策案例研究的选择提供了指导。他还为学者们提供了一份外交决策过程中“程序失灵”的清单（George 1980, 121–136）。

欧文·贾尼斯（Irving Janis）的《小集团思维的牺牲品》（*Victims of Groupthink*）（1972）仍然是一个“小集团决策过程的系统研究怎样用于检验一个重要的理论见解——寻求一致的行为，可能对小而具凝聚力的集 587
团决策质量有害”的最佳范例。小集团思维假定一直是大量学术辩论的主题和众多实证研究的来源。然而，在某种特定决策情境下，集团凝聚力从资产变成债务的情形，还需做更多的研究。保罗·泰哈特（Paul t'Hart 1990, 282）还建议，对集团思维的研究应该放在一个"综合性更强的模型中，同时运用社会心理学和政治管理学的概念以及理论和研究成果"。

国际关系专家们一直对国际危机发生期间领导人及其顾问管理决策过程的方式特别感兴趣。某一特定危机的深度案例研究何以产生可检验的假设，对此感兴趣的学者应参考格林·佩奇（Glenn Paige）有关杜鲁门政府决定发动朝鲜战争的开创性分析。他的诸多发现，以及其他几个与高烈度威胁、短时间和压力的系统效应有关的假设，随后在迈克尔·布雷彻（Michael Brecher 1975, 518–581）有关以色列决策的研究中得到验证。理查德·内德·勒博（Richard Ned Lebow）也以有效区分三种类型的危机（敌对状态危机、继起性危机、战争边缘政策引起的危机）对这一领域的文献做出了贡献。他验证了大量的历史案例，以评估每种类型的危机导致战争的可能性。他得出的结论是："成功的危机管理是……在危机爆发前很久就已建立的文化、组织和个人行为模式共同发挥作用的结果。"（Lebow 1981, 335）

许多与危机决策有关的文献，都是作为对前述核威慑文献的反应而出现的，它们对有关危机的稳定性及边缘政策的假设都保持着高度的乐观。勒博一向是这方面文献颇有影响力的批评家，他引用不当沟通与压力会导致国际危机情境失控的方式来开展批评。他由此得出的结论是："旨在预防战争的最终与最重要的政策目标，一定是全面防止发生严重的危机。"（Lebow 1987, 167）勒博和同事们通过警示人们在国际危机期间管理不善带来的风险，为学界和政策界做出了贡献。

5 因变量

本章以因变量——外交决策作为开头和结尾并非巧合。正如布雷彻
588 等人所观察到的，大部分决策只有作为一国与其环境互动的连续周期的

组成部分时，才能得到恰当的理解。布雷彻（1975）通过运用一种系统方法阐释了特定的以色列外交决策如何触发反应，而这些行为反过来又成为需要理解和决策的新问题。布雷彻对“许多外交决策情境具有动态和迭代属性”的强调，鼓舞了新一代国际关系学者们对外交决策进行研究。宾努尔·奥兹凯西-塔内尔（Binnur Ozkececi-Taner 2006, 545）认为“就算不是全部，大部分外交决策问题在很长一段时间内会继续存在，并且在最终得到解决之前会经历过无数次重新研究”。拉南·库珀曼（Ranan Kuperman 2006, 539）赞同这一观点，并建议：“分析外交决策首先应确定围绕具体问题的系列决策情节，然后确定每段情节是否为孤立的事件，或者某一情节是否依附其他情节。”这一对诸多外交决策情境动态特性的强调，对我们理解许多例子中外交决策实际上是如何运作的是一种宝贵的充实。但这一强调也将这个已极其复杂和具有挑战性研究领域中的研究设计和操作化的新问题呈现在学者面前。

布雷彻还提醒我们，大多数外交政策的决定是不能与政策的执行过程分离的。而这正是心理环境（决策者所看到的世界）与操作环境（世界本来的样子）相抵触之处，其结果要么令人满意，要么令人失望。这也是赫伯特·西蒙（Herbert Simon）著名的“存在性理性与程序性理性”区别（1976）发挥作用之处。一个经过精心管理的决策过程，即使通过了亚历山大·乔治关于获取和管理信息、有效协商和移情的程序性检验，仍不能保证会出现好结果。而另一方面，不遵守这些程序性指南很可能得不到想要的结果。

菲利普·泰特洛克（Philip Tetlock 2005, 230）也提醒我们：在任何决策情境下，“总有探讨孰是孰非的余地”。然而，研究者若从一开始便清楚地判知决策者的意图，就可以减少这种“余地”。阿诺德·沃尔弗斯（Arnold Wolfers 1962, 67, 80）有关“环境目标和占有目标”、“中期目标和终极目标”和“直接利益和间接利益”的区分可以作为减少这种“余地”的起点。

对特定决策成败的评判，也应考虑到施加在决策者身上的束缚。乔治(1980,2–3)提醒我们：决策者在寻求高质量的决策、审慎地管理实践、精力和人员及协商一致的需要之间，经常面临“权衡困境”。在国际危机中，这些及其他“有限理性”的来源可能会变得尤为严重。不幸的是，正
589 如勒博等许多人所提醒的那样，“在一个决策错误可能导致破坏性巨大的冲突的时代，没有什么是可以接受的错误”。

6 结语

赫德森(2005, 21)在《外交政策分析》(*Foreign-Policy Analysis*)创刊号发表的文章中指出：“由于外交决策分析与国际事务相关，因此它渗透于社会科学和政策领域的方方面面。”这一阐述同时凸显了外交决策分析领域所具备的巨大优势与弊端。理解外交决策形成的方式及原因，对于发展一种综合性的国际关系理论具有无可争议的重要性。但是，这一主题可能会极其抵制系统分析，借用卡尔·波普尔(Karl Popper)广为人知的话来说——与其说它们像“钟”一样运行有序，不如说它们像“云”一样飘忽不定(Almond and Genco 1977, 489–490)。此外，由于受到借用和组合国际关系或其他社会科学子领域的理论的间接的影响，研究者可能很容易失去关注的焦点。不过，本章已努力展示出，自斯奈德、布鲁克和萨潘40多年前向研究者们引介他们的基本假定以来，外交决策领域已取得实质性进展。

本章也显示：在冷战结束前，外交决策的分支是由研究美国外交决策制定的美国学者主导的。好消息是，为丰富我们对其他国家和文化中的外交决策的实证和理论理解，下一代国际关系学者已经接受了这一显而易见的挑战。一些学者通过研究不同“知识制度”(Jin 2001)代表之间的相互作用，也取得了进展。

外交决策的研究正变得越来越国际化、跨文化和跨学科化的事实，当然是好消息。另一方面，这些趋势使一个日益复杂和可渗透的研究领域中重要的研究设计问题进一步恶化。国际体系中的变化，进一步凸显跨

国家、次国家和非政府机构的作用，我们必须将它们的决定和行动考虑进来，这使得上述情况更具挑战性。

之所以说对研究外交决策感兴趣的下一代专家而言，做出与21世纪形势变化相适应的新的导向性阐述和先于理论指南是他们面临的最大挑战，原因即在此。尽管罗西瑙等人为发展比较外交政策分析这一分支尝 590
试地做了些批评，下一代学者不能忽视系统分析、累积和理论建构的必要性（Neack, Hey, and Haney 1995）。与此同时，国际关系学者应继续发展有关外交决策的新的中程理论，如果考虑到亚里士多德那句耳熟能详的名言："在事物本质允许的情况下，要精益求精"，这样做就不会受害于"狭隘的经验论"。 591

参考文献

ALMOND, G., and GENCO, S. 1977. Clouds, clocks, and the study of politics. *World Politics*, 29: 489–522.

ALLISON, G. 1971. *Essence of Decision: Explaining the Cuban Missile Crisis*. Boston: Little, Brown.

BLONDEL, J. 1987. *Political Leadership: Towards a General Analysis*. London: Sage.

BRAYBROOKE, D., and LINDBLOM, C. 1963. *A Strategy of Decision: Policy Evaluation as a Social Process*. New York: Free Press.

BRECHER, M. 1975. *Decisions in Israel's Foreign Policy*. New York: Free Press.

BRODIE, B. (ed.) 1946. *The Absolute Weapon: Atomic Power and World Order*. New York: Harcourt, Brace.

BURNS, J. M. 1978. *Leadership*. New York: Harper and Row.

CARLYLE, T. 1995. *On Great Men*. New York: Penguin; originally published 1841.

CRAIG, G., and GEORGE, A. 1983. *Force and Statecraft: Diplomatic Problems of our Time*. New York: Oxford University Press.

GEORGE, A. 1969. The "operational code:" a neglected approach to the study of political leaders and decision-making. *International Studies Quarterly*, 13: 190–222.

—— 1979. Case studies and theory development: the method of structured, focused comparison. Pp. 43–68 in *Diplomacy: New Approaches in History, Theory, and Policy*, ed. P. Lauren. New York: Free Press.

—— 1980. *Presidential Decisionmaking in Foreign-Policy: The Effective Use of Information and Advice*. Boulder, Colo.: Westview.

—— 1993. *Bridging the Gap: Theory and Practice in Foreign Policy*. Washington, DC: United States Institute of Peace Press.

—— and GEORGE, J. 1956. *Woodrow Wilson and Colonel House: A Personality Study*. New York: John Day.

—— —— 1998. *Presidential Personality and Performance*. Boulder, Colo.: Westview.

HALPERIN, M. 1974. *Bureaucratic Politics and Foreign Policy*. Washington, DC: Brookings Institution.

Hermann, C. 1969. International crisis as a situational variable. Pp. 409–21 in *International Politics and Foreign Policy: A Reader in Research and Policy*, ed. J. Rosenau. New York: Free Press.

Hermann, M., and Milburn, T. (eds.) 1977. *A Psychological Examination of Political Leaders*. New York: Free Press.

Hill, C. 2003. *The Changing Politics of Foreign Policy*. Basingstoke: Palgrave Macmillan.

Holsti, O. 1962. The belief system and national images: a case study. *Journal of Conflict Resolution*, 6: 244–52.

—— 1996. *Public Opinion and American Foreign Policy*. Ann Arbor: University of Michigan Press.

Hudson, V. 2005. Foreign policy analysis: actor-specific theory and the ground of international relations. *Foreign Policy Analysis*, 1: 1–30.

—— and Vore, C. 1995. Foreign policy analysis yesterday, today, and tomorrow. *Mershon International Studies Review*, 39: 209–38.

Hunt, M. 1987. *Ideology and US Foreign Policy*. New Haven, Conn.: Yale University Press.

Janis, I. 1972. *Victims of Groupthink: A Psychological Study of Foreign Policy Decisions and Fiascoes*. Boston: Houghton-Mifflin.

Jervis, R. 1976. *Perception and Misperception in International Politics*. Princeton, NJ: Princeton University Press.

—— 1985. Perceiving and coping with threat. Pp. 13–33 in *Psychology and Deterrence*, ed. R. Jervis, R. N. Lebow, and J. Stein. Baltimore: Johns Hopkins University Press.

Jin, D. 2001. *The Dynamics of Knowledge Regimes: Technology, Culture and National Competitiveness in the USA and Japan*. New York: Continuum.

Johnson, R. 1974. *Managing the White House: An Intimate Study of the Presidency*. New York: Harper and Row.

Kuperman, R. 2006. Making research on foreign policy decision making more dynamic: a dynamic framework for analyzing foreign policy decision making. *International Studies Review*, 8: 537–44.

Lasswell, H. 1948. *Power and Personality*. New York: Viking.

Lebow, R. N. 1981. *Between Peace and War: The Nature of International Crises*. Baltimore: Johns Hopkins University Press.

—— 1987. *Nuclear Crisis Management: A Dangerous Illusion*. Ithaca, NY: Cornell University Press.

McClelland, C., and Hoggard, G. D. 1969. Conflict patterns in the interactions among nations. Pp. 711–24 in *International Politics and Foreign Policy: A Reader in Research and Theory*, ed. J. Rosenau. New York: Free Press.

Mintz, A. 2005. Applied decision analysis: utilizing poliheuristic theory to explain and predict foreign policy and national security decisions. *International Studies Perspectives*, 6: 94–8.

Neack, L., Hey, J., and Haney, P. (eds.) 1995. *Foreign Policy Analysis: Continuity and Change in its Second Generation*. Englewood Cliffs, NJ: Prentice Hall.

Ozkececi-Taner, B. 2006. Reviewing the literature on sequential/dynamic foreign policy decision making. *International Studies Review*, 8: 545–54.

Paige, G. 1968. *The Korean Decision, June 24–30, 1950*. New York: Free Press.

Post, J. (ed.) 2003. *The Psychological Assessment of Political Leaders: With Profiles of Saddam Hussein and Bill Clinton*. Ann Arbor: University of Michigan Press.

Powell, W., and DiMaggio, P. (eds.) 1991. *The New Institutionalism in Organizational Analysis*. Chicago: University of Chicago Press.

Rapoport, A. 1964. *Strategy and Conscience*. New York: Schocken.

Rose, G. 1998. Neoclassical realism and theories of foreign policy. *World Politics*, 51: 144–72.

Rosenau, J. 1968. Private preferences and political responsibilities: the relative potency of individual and role variables in the behavior of US senators. Pp. 17–50 in *Quantitative International Politics: Insights and Evidence*, ed. J. D. Singer. New York: Free Press.

—— 1971. Pre-theories and theories of foreign policy. Pp. 95–149 in *The Scientific Study of Foreign Policy*, ed. J. Rosenau. New York: Free Press.

—— 1981. *The Study of Political Adaptation*. London: Frances Pinter.

SCHAFER, M., ROBISON, S., and ALDRICH, B. 2006. Operational codes and the 1916 Easter rising in Ireland: a test of the frustration–aggression hypothesis. *Foreign Policy Analysis*, 2: 63–82.

—— and WALKER, S. (eds.) 2006. *Beliefs and Leadership in World Politics: Methods and Applications of Operational Code Analysis*. New York: Palgrave.

SCHRODT, P. 1995. Event data in foreign policy analysis. Pp. 145–66 in Neack, Hey, and Haney 1995.

SIMON, H. 1976. From substantive to procedural rationality. Pp. 129–48 in *Method and Appraisal in Economics*, ed. S. J. Latsis. Cambridge: Cambridge University Press.

SNYDER, R., BRUCK, H. W., and SAPIN, B. (eds.) 1954. *Decision-Making as an Approach to the Study of International Politics*. Princeton, NJ: Princeton University, Foreign Policy Analysis Project, Foreign Policy Analysis Series No. 3.

—— —— —— (eds.) 2002. *Foreign Policy Decision-Making (Revisited)*. New York: Palgrave Macmillan.

SPROUT, H., and SPROUT, M. 1965. *The Ecological Perspective on Human Affairs, with Special Reference to International Politics*. Princeton, NJ: Princeton University Press.

STROBEL, W. 1997. *Late-Breaking Foreign-Policy: The News Media's Influence on Peace Operations*. Washington, DC: US Institute of Peace Press.

STUART, D. 2008. *Creating the National Security State: A History of the Law that Transformed America*. Princeton, NJ: Princeton University Press.

—— and STARR, H. 1981–2. The "inherent bad faith model" reconsidered: Dulles, Kennedy and Kissinger. *Political Psychology*, 3: 1–33.

SZTOMPKA, P. (ed.) 1996. *On Social Structure and Science*. Chicago: University of Chicago Press.

TETLOCK, P. 2005. *Expert Political Judgment: How Good is it? How Can We Know?* Princeton, NJ: Princeton University Press.

T'HART, P. 1990. *Groupthink in Government: A Study of Small Groups and Policy Failure*. Baltimore: Johns Hopkins University Press.

WENDT, A. 1992. Anarchy is what states make of it: the social construction of power politics. *International Organization*, 46: 391–425.

WILSON, W. 1887. The study of administration. *Political Science Quarterly*, 2: 197–222.

WINTER, D. 2003. Assessing leaders' personalities: a historical survey of academic research studies. Pp. 11–38 in Post 2003.

WOLFERS, A. 1962. *Discord and Collaboration: Essays on International Politics*. Baltimore: Johns Hopkins University Press.

ZEGART, A. 1999. *Flawed by Design: The Evolution of the CIA, the JCS, and NSC*. Stanford, Calif.: Stanford University Press.

—— 2005. September 11 and the adaptation failure of US intelligence agencies. *International Security*, 29: 78–111.

第三十四章
国际伦理学

特里·纳尔丁

本章旨在对国际伦理学学科做一概述,并提出应对其定位和基础做出再思考。在开篇部分,笔者指出了其当前作为应用伦理学的一个子学科的定位后对该定位的若干不足进行了考量。该定位致使从个人道德领域到政治领域的转换太过随意,诸如“全球”或“世界”伦理学等其他标签并不能轻易实现这一转换(第一部分)。继而,笔者对其依托问题进行了探讨。笔者认为,一个认同政治学学说、合乎逻辑的国际伦理学理论必须基于以正义这一理念为合理的可实施职责。为阐明这一观点,笔者以利益、合意、权利和道德等理念作为正义在国际领域的替代项并加以审视(第二部分)。接下来,笔者利用正义这一概念对国际伦理学中的若干关键议题进行了说明:多元性,当今世界不仅分化为某些合法的自治国家而且也因循宗教、民族等其他原因而分化;不平等,当今世界因贫富而分化;不安全,当今世界战事频仍且避无可避(第三、第四和第五部分)。最后(第六部分),笔者就人们对政治思想史和比较伦理学的重视如何使国际伦理学研究变得更具批判性、更为自觉提出了建议。聚焦于以正义为可实施职责或可促使该学科跨越那些围绕世界主

义的毫无结果的争论，从而获得一个关涉正义、强制、法律和政治的合乎逻辑的定位。 594

1 定义问题

相对而言，国际伦理学是国际关系学科内的一个新来者。第一本有影响力的以国际伦理学为题的著作是一本以《哲学和公共事务》(Beitz et al. 1985)为来源刊的文集；其后一系列以类似表述为题的著作接踵而至(Nardin and Mapel 1992; Frost 1996; Graham 1997; Amstutz 1999)。此前，为了回应某些非学术问题，比如越南战争和非洲饥荒(Wasserstrom 1970; Cohen, Nagel, and Scanlon 1974; Held, Morgenbesser, and Nagel 1974)，有关文献的积累已经开始并最终使有关战争的道义性、对外援助等其他问题(Walzer 1977; Shue 1980; O'Neill 1986)的研究汇集成册，上述书籍则丰富了此类文献。此前几十年专注于概念分析的道德哲学再次提出许多实质性问题。《哲学和公共事务》期刊在其首期(1971)中宣称其使命在于阐明和解决大众所关心的问题，而卡内基伦理与国际事务委员会(Carnegie Council on Ethics and International Affairs)近来则选择以"国际政策中的伦理之声"为其座右铭，而其旗下期刊《伦理与国际事务》促进了该领域的体系化。国际伦理学已经变得与医学伦理学或商业伦理学十分相像，成为"应用伦理学"的一个子学科。不过，这一国际伦理学观尚有若干不足。

首先，应用伦理学认为应该采用与驾驭个人行为的那些原则相同的原则对公共政策加以引导和判断。过去的哲学家可能会觉得该观点匪夷所思。例如，亚里士多德对事关个人行为的关切与事关公共事务的关切进行了区分，其《伦理学》专注于前者而其《政治学》则专注于后者。康德的政治学理论的立足点与伦理理论的立足点相去甚远：他认为政治学基于公权原则("正义")而非个人品德原则("伦理")。如果我们承认伦理与政治有别，我们或可将该子学科称为"国际政治理论"而非"国际伦理学”，而后者事实上恰恰为该子学科一个常用的别称（Beitz 1979; Brown 2002）。

其次，应用伦理学表明被施加了道德原则的活动本身缺乏适当的原则。它没有将国际关系的伦理立足于民主原则、正义战争原则和国际法原则之上，相反，它利用该领域之外的原则来回答该领域内的问题。这强化了下列印象：伦理学割裂于这些原则之外而且本来就与这些原则相悖。它将国际伦理学变成了一个技术性科目而且优先将哲学家作为相关专业知识的拥有者。其结果就是伯纳德·威廉姆斯（Bernard Williams 2005）所说的“政治道德主义”，即认为政治哲学仅仅是道德哲学的延伸，其本身
595 没有什么明确的关注点。

再次，该应用伦理学模型具有误导性，因为它暗示在国际伦理学中学术的目的在于立言而非理解。将该学科本身而不仅是其论题作为“规范性的”，使某个探究的主题与探究本身被混为一谈，从而使实践与理论之间的区分变得模糊。将国际伦理学视为应用伦理学，使旨在理解而非行动的探究被排除在外并否认了其理论超然性的优势。

“全球伦理学”这一短语带来了更多的问题，按照流行的说法它已经成为全球化话语的组成部分（Dower 1998; Singer 2002）。青睐于它的人认为全球化正在侵蚀国际关系的自主性，对于国际伦理学的研究必须从专注于国家间关系拓展至个人与国内外群体之间的关系。但在该定义中，人们很难明白“全球伦理学”与不带修饰性形容词的“伦理学”本身有何区别。同样地，我们也可以说“全球正义”或“全球政治理论”（Shapiro and Brilmayer 1999; Pogge 2001; Caney 2005）等。此类表述不会使国际伦理学得以扩展，它们使国际伦理学走向湮灭。例如，玛莎·纳斯鲍姆（Martha Nussbaum 2006, 92）用“全球正义”指代正义的范畴向外国人以及残疾人和动物的延伸。对她而言，“全球”意味着普世性的或全体性的而非本地的或特定的。但普世性伦理学问题就其本身而言就是伦理学问题，不会因被指定为全球性的就有所助益。

正义必须是普世性的而非国际性的这一观点至少在两个方面是言过

其实的。首先,"普世性的"和"国际性的"并非是彼此排斥的两个词语:某些国际义务可能具有普世性而其他的并非如此,反之亦然。其次,即便世界正在走向全球化,各国仍然持续存在而且彼此发生关系。因而,全球正义理论仍然必须承载其权利和义务。只有在声明各国并非有关正义的讨论的不二焦点后,全球正义才能够代替国际正义。但人们对这一主张的认可又会将对外政策排除在道德判断领域之外。在这里,针对该全球正义问题有一种更为慎重的方法,即以全球和国际之间的关系为待研究问题,首先对在世界范围内正义可能具有什么含义提出疑问。按照这种方法,如果人们想要提出国家层面之上的综合性的正义理论,这里的全球正义所关切的人权、全球不平等、跨国民主、环境正义等问题都要加入国际正义的传统关切之中。

另外一个制造的问题比其解决的问题还要多的词语是"世界主义"。正常情况下,世界主义者被用来指一个不带地方性偏见因而对道德差异持容忍态度的人。如今,很多世界主义道德家与上述用法正好相反,因为他们对所有人假定了一个单一的是非标准(Moellendorf 2002; Hayden 2005)。该词汇的词源kosmos(世界)和polis(城邦)暗示了一个单一的世界法律体系,但在其今天的用法中其效力是伦理上的而不是法律上的:世界主义者认为有一部道德法对来自任何国家、持任何信仰 596
的人类都具有束缚力。包括传统(天主教的)和现代(新教的)自然法、康德伦理学、功利主义以至伊斯兰教、基督教及其他面向全人类的宗教的布道在内的许多伦理体系都做出了这一主张。因此,"世界主义"这一形容词并未甄选出某套特定的解决方案,如果其范畴是普世性的,任何此类方案都称得上是世界主义的。某个世界主义伦理可能立足于理性或天启;它或许是目的论的,预设了有待追求的目的,它或许是义务论的,为这一追求预设了限度;它或许宣称对生活中各个领域或某些领域具有管辖权。因此,哲学家们能够区分不同的世界主义:道德对制度,弱(或弱式)对强(或强式),极端(排他的)对温和(非排他性的),等等(Tan 2004, 10-12)。简而言之,世界主义本身并非一个伦理学体系而是一个体系的门类。为此，在近来有关国际伦理学的讨论中该词汇被赋予了过大的权重。至于那些关键问题：伦理是利益问题、权利问题还是义务问题？人们是否对外国人负有某些义务，这些义务是否与对本国人民的义务相同？这一标签是模棱两可的，它往往使该论争更为模糊而不是推动该论争。

总结起来：考虑到其不足之处，“国际伦理学”作为该学科之名已经胜过了其实。它使个人行为和公共政策之间的区分变得模糊。同时，它以哲学家为道德专家，从而使他们如同官老爷一般，别人只能听其发号施令。它将理解与解决方案混为一谈，暗指一个人对规范话语的任何看法本身就是规范性的。以此而为，那些旨在理解而非提出解决方案的人就近乎无从着手了。诸如“全球”或“世界主义”伦理学之类的表述在引入其自身的新问题时很少会对上述不足之处加以校正。

2　正义的中心性

以正义作为一个基本理念，其优势在于它连接了伦理学与政治学和法律。笔者希望提出若干理由以说明它为何比理论家们所采用的使该议题保持其连贯性的其他理念更为重要，这些理念包括利益、合意、权利和道德。

2.1　利益

597 在柏拉图的《理想国》第一卷中，色拉叙马库斯将正义定义为强者的利益，其要义在于，如果认为权利与力量无关，就等于信奉假象或虚伪。许多认为其现实主义主张在国家内部实属夸大其词的人认为该主张在国家之间的确适用——至少对外政策取决于利益和实力而非正义、道德、权利或任何其他“伦理学”理念。不过，在现实主义内部，伦理怀疑论与政策受利益决定这一观点之间相互矛盾，前者完全否认伦理而后者本身就近似于某种伦理学观点。在提出该主张之时，现实主义招致了一个挑战，即国家理性几乎不能算作某种伦理。某个在寻求道德指引时以谨慎为其铭言的人可能被指斥为并不了解自己正在寻求什么。

对于那些希望以利益为根本的人来说，可以用功利主义来代替现实主义。功利主义者认为如果追求的利益是所有人的利益，那么追求利益就是合乎伦理的。不过，他们建议以功利性作为道德的基础时，其境况就与现实主义者并无二致了。批评人士抨击他们将正确与良善混为一谈、不认真对待人与人之间的区别、拥有伦理学理论但不具备可识别观念体系意义上的伦理以及判断是否依据愉悦或其他美好之物或事实上的偏好或理性偏好对功利性下定义，而他们对此类攻击一直在做最后的顽抗。批评人士认为，像现实主义一样，功利主义将为利益诉求预设限度的道德与该诉求中的审慎混为一谈。

有些理论家援引亚里士多德和圣托马斯·阿奎那的观点，通过将道德（“自然法”）与某种人类利益（“基本善”）连接为两个界限对此类异议加以考量，认为这些善应该被理解为行动中需要加以尊重的价值而不是行动的后果。按照亚里士多德的说法，它们是内在之善而非外来之善。他们没有假设一种无差别的功利性，而是列出了人们在做选择时必须尊重的诸如友谊、知识和宗教等具体的善（Finnis, Boyle, and Grisez 1987, 277–284）。不过，康德主义者则会对“尊重”的这一用法感到费解，康德式伦理依赖于理性存在者的自决而非有关人类善的某个理论。从康德式视角来看，亚里士多德–托马斯式策略的问题并不在于其直言不讳的结果主义而在于其目的论的特征掩盖了善与约束之间的区别。利用其他价值对道德内容的丰富使道德得以扩张，由此而生的道德体现了某种特定的生活方式，而非一种为遵循不同生活方式的人们预设义务的道德。然而，自弗朗西斯科·德·维多利亚和弗朗西斯科·苏亚雷斯以降的天主教哲学家们为国际关系尤其是战争与和平问题带来了一个微妙而又充满活力的道德原则体系（Anscombe 1901; Finnis 1996; Boyle 2006）。坚守自然法理念的托马斯主义者在有关公正的国际秩序方面的原则上与康德主义者共识良多而同时在有关这些原则的基础问题上分歧不断，前者

以一个有关善的实质理论为基础而后者以一个有关正确的形式理论为
598 基础。

2.2 合意

道德家们常常从不同的前提下得出类似的结果，这一现象促使某些理论家提出基础不如合意重要，或者，用更激进一些的话来讲，合意本身就是伦理真正的基石所在。从理论上来说合意可能被看作主观意愿的一种明示的或默示的行为，社会契约论即为一例，或者可能被看作某种生活方式的内在之物，黑格尔、社群主义和实用主义理论即为一例。但是，合意所带来的东西比其似可提供的东西要少。从现实主义或功利主义的立场来看，合意是具有缺陷的，因为人们所达成合意的东西在道德上是站不住脚的。几千年来他们达成了合意，认为奴隶制是可以被允许的，但奴隶制不论是今天还是有史以来在道德上都是错误的。道德真理这一理念暗示出传统道德观与批判性道德观之间是有区别的。批判性道德家的初衷是为了从某个道德信念体中抽取出真实无误、放之四海而皆准的信念来，然而该信念体中很多信念都是错误的。合意对该议题的贡献在于它提供了一份想象中的合同：如果我们知悉在理性状态下人们愿意就哪些东西达成合意，那我们知道哪些东西在道德上是正确的。合意的条件应该能够保证公正无私从而确保人们所合意内容的伦理学特征。约翰·罗尔斯的正义论就是采用该方法的一个例子。然而，令其声名狼藉的是，根据其实施方式的不同，它所依赖的思想实验带来的不是一套原则而是很多套原则，而且该问题在国际层面上更加复杂化。罗尔斯的失败不足为奇：从社会契约到审议民主（deliberate democracy）等所有的程序性理念都天生存在实质性的不确定性。

2.3 权利

一般人们对功利主义的反对理由在于功利主义为违反人们权利的行为张目。再加上其对于社会契约理论的摒弃，致使有些人将权利作为国际伦理的基础(Shue 1980; Jones 1999)。该策略的一个优势是它与人权在有关国际事务的日常话语中的凸显是吻合的,但该凸显并未匹配对于具体义务的清晰规划。例如,据说各国必须尊重人权。这意味着不仅各个政府必须尽力避免违反人权的行为而且它们也负有保护人权的义务。继而,人们根据这一点认为各国具有一种集体义务,应当保护任何地方人民的人权免受侵犯甚至应当保证他们的物质福祉。但是,在行动中尊重人权的义务与推动人权使之成为行动的结果的义务这二者之间是有区别的。此外,如果人权提供了对现有法律进行批评的基础,尽管将这些权利整合进法律之中有助于保障这些权利,这些权利必须是合乎道德的而不 599
仅只是合法的。违反基本权利的法律和政策都是非正义的。

但是,哪些权利才是基本权利呢?当利益被升华为权利时,权利的语言非常易于膨胀。如果对该语言的解释要保持首尾一致,它就会将来自义务范畴的一系列解决方案逼入自由裁量权的范畴(Hart 1955; O'Neill 1996)。在不具备道德原则的情况下,权利话语也无法提供一种在相互对立的权利主张之间左右逢源的可靠方式。不过,如果权利这一理念需要一个基础,它自身就不能是基础性的——权利和义务都源于一系列道德原则。

2.4 道德观

那么,看起来国际伦理学是离不开道德观理论的。我们需要这样一个理论以对善、权利以及正义做出一种连贯性的陈述。它将使权利与利益相区别,而合法性与道德权利相区别。它将能够解释为什么有些权利优于其他权利以及权利与义务的关联。如今,人权语言中提出的道德关怀也见于自然法以及其他提供了一个理性的、普世性观念体系(一个约束一切的"共同道德观")的道德传统的语言之中(Donagan 1977, 1–9)。此类传统为每个人都预设了义务的原则,与基于特定共同体的传统、仅对其成员具有约束力的原则相区分。在此意义上,共同道德观的原则是全球性的或世界主义的。它们隶属于国际关系,因为它们既适用于法人也适用于自然人。各国能够背离道德行事这一前提在整个现代时期都对有关国际事务的道德话语起到了塑造作用。这一话语并不排斥对于集体利益的诉求，但它的确要求对这些利益的诉求应当像对所有利益的诉求那样以合乎道德的方式来进行。共同的道德原则是国内法和国际法的基础所在。它们阐释了为什么诸如家庭、合同、财产和“市民社会”等制度具有正当性；有助于区分正义政府与非正义政府；并为通过革命、战争或干预抵抗极其非正义的政府的行为提供根据。

为了使国际伦理学的这一折中领域具有一致性，道德观理论必须对利益、权利、义务和法律的彼此互联加以说明。它也必须对道德考量并非始终适于纳入某个法律秩序之中的原因加以解释。法律的强制性在于在必要时其义务能够得以强制执行。但是，如果强迫人们履行有违道德或事实上无法执行，就不得采用强制手段来执行有关法律义务。道德观理论必须对国内和国际法律秩序的相关要求保持敏感。它必须是一种**正义**
600 理论。

2.5 正义

通常，“正义的”(just)一词仅仅被用作“道德上正义的”一词的同义词。但是，“正义”(justice)可能具有一个狭义的意义，只关乎对他人的可执行的义务，并因而将因故无法执行的对自身的以及对他人的义务排除在外。正义原则包含从属的一系列道德原则。根据这一正义的定义，正义与行善是有区别的。行善是一种义务，但它并不总是一种可强制执行的义务，因而也不是一种正义义务。正义义务指人们不得不遵守的合理义务。他们负有道德义务并不意味着就不得不履行那些义务。有些道德义务因须有正当的动机而无法执行。其他一些义务因其执行不具现实性而无法转换为法律义务。那么，正义话语即指在不存在道德不端、不会招致某种失败或引发额外成本情况下可履行的义务。该话语关注的不是在既定的法律秩序中事实上合法的东西，它关注的是赋予哪些道德规范合法性才是正当的。该话语还关注在法律不公或无效情况下能够对超法律的胁迫行为做出恰当解释的规范。国际正义原则指支配国际关系层面上强制的根据和局限的原则。从这些原则的角度来看，人们通常分别对待的事物，如主权及其局限性、国际法的道德观、文化多元性、经济不平等和使用武力等，都可以纳入一个统一的理论框架当中（Nardin 2005; 2006）。如此，以合乎道德的强制为正义这一理念就能够使国际伦理领域达成一致。笔者将在以下三个部分对此加以简述。

3 正义与多元性

不论怎样，许多有关全球正义的论争都集中于罗尔斯的那些理念。其著作《正义论》出版（1971）后，罗尔斯主要关注于如何清晰地为一个多元文化社会阐述正义原则。属于不同的宗教或其他共同体的人，秉持不同的“整全道德原则”的人，必须在广泛的范围内接受他们之间的差异是合法的。如果他们要在公正法律的管辖之下共同生活，那些法律必须与尊重他们之间差异的“公共理性”原则保持一致。罗尔斯的《万民法》的目的就是对这些理念在国际层面的影响加以探究。 601

如果公共理性这一理念要求我们接受自由社会内部合理的多元性，它也应该适用于自由社会之间。因而，由不同的自由民主国家组成的国际社会应该允许在人民之间存在多样性，允许人民拥有自己的价值观和传统。正如《正义论》所说，自由国家内部的基本正义原则受到了一种理想的社会契约的塑造。但国际正义的原则受到了另外一种理想契约的塑造，在该契约中自由人民的代表为自由国家社会选择一部“万民法”。这些代表不知道自己国家的身份、其规模或财富情况。他们知道自己的国家具有各种自由制度，但他们对自己公民的整全道德义理视而不见，因为，在一个自由国家，只有公民而不是国家本身才具有这种义理（Rawls 1999, 34）。被选中的原则对自由国家之间以及自由国家与非自由国家之间绝大多数情况下的交易进行监管。各国必须尊重彼此的独立、履行条约义务、仅在自卫时使用武力、遵守战争约束并尊重人权。此外，它们有义务协助那些因其经济状况而无法享有公正制度的社会。像笛卡尔从“我思”中得出天主教正统思想一样，罗尔斯利用两阶段契约来生成国际道德观的传统原则。

将罗尔斯的思想稍事简化后，我们可以将各国分为三类：自由的、准自由的和反自由的。自由国家和准自由国家能够在一个国家社会内部共存，但反自由国家表现不同，不得不区别对待。通过与准自由国家的和平共处，自由国家能够培育一个不断扩大的联盟，其成员即便并非都是自由民主国家也是爱好和平的遵纪守法国家。但反自由（“法外”）国家无法参加这一联盟，因其对内或对外实行暴力。如有必要，自由国家和准自由国家可以使用武力对抗侵略以自保。它们有权乃至有义务对种族灭绝和种族清洗等粗暴的违犯人权的行为进行干涉或阻止。当侵略者被驱逐、压迫者被推翻后，仍存在的多元性就是一个即使在道德方面不够完美但也足够公正的国际社会的多元性。

上述结论似乎明显偏于老生常谈，但它们不受世界主义理论家们的欢迎，他们反对的理由是，因为准自由国家并非自由国家，“万民法”要求自由国家容忍非自由国家。他们认为，如果自由民主的原则合情合理，每个国家都应该成为自由民主国家。自由国家可能出于现实原因不得不容忍准自由国家，但正如罗尔斯所坚持认为的那样，它们不应该在原则上也容忍准自由国家。要容忍准自由社会就是要承认它们是万民社会的平等成员。对这一认可加以拓展，自由主义者就违反了自己对自由主义原则的承诺（Tan 2004, 79-80）。罗尔斯认为此类反对观点将作为一种整全义理的自由主义与基于公共理性原则的自由主义（“政治自由主义”）混
602 为一谈。正如自由社会的公民必须尊重彼此得出自己结论的权利一样，作为国家社会成员的各国也必须如此。只要非自由国家不对外侵略或不对内实行压迫，自由主义者对自由国家与非自由国家共处的支持对于其自身原则的违犯，不会比把自己国家的非自由主义者当作普通公民时对自身原则的违犯更甚。容忍是一种自由主义价值观而不是一种非自由主义价值观。

正如很多批评罗尔斯的人士所提议的，人们为什么不想象会有一个全球契约呢？原因在于，坚持有这样一个契约就是坚持所有人都必须“拥有与宪制民主国家的公民平等的自由权利”（Rawls 1999, 82）。这也就是坚持所有人都应该根据相同的整全道德义理而生活。这一观点不尊重国内或全球范围的多样性。它假定只有自由社会才有权存在，对于是否存在非西方宪制民主国家的合乎道德的国家做出了预先判定。很多自称的有关全球正义的“世界主义”理论存在的问题在于它们完全与世界主义相反。他们不重视多元性。它们背离了自己的前提，因为多元性是个人主义造成的后果，世界主义者认为这是不言而喻的，他们声称个人是人们关注的基本单位。对于个人来说，其真正的关注意味着对其个性、其做出自己选择的能力和权利的关注。这一关注排除了在不同种类的共同体中人们会联想到的选项，从而唯一合乎道德的共同体就是自由主义民主国家。上述观点显示出人们未能理解世界主义者认为自己支持的人的理念的影响。

如果上述结论是合理的，它们更加认可对以要求各国在共同的国际法框架内共存作为国际秩序的道德基础进行探究（Nardin 1983; Koskenniemi 2001; Cohen 2004）。国际法对各国可执行自由的限度的设定即便不会始终有效，但的确是恰当的。对于那些对理解或改造我们实际居住的这个世界比提倡某种理想的世界秩序更感兴趣的人来说，这种探究会显得尤其适合，这些人主要是一些国际主义者而不是现实主义者或世界主义者。

4 正义与不平等

在《正义论》中，罗尔斯曾提议过一条分配正义原则：一个社会中的经济不平等，除非它有利于包括最少受惠者在内的每个人，否则就是不公的（“差别原则”）。不过，他并未在国际范围应用这一原则。该书的批评人士反对的理由在于，国际差别原则的缺失使国际再分配成了慈善或

603 人道问题而非正义，并使极端的全球不平等得以出现（Barry 1991）。他们认为，对罗尔斯理论的正确阐释将划定一个普世性的分配正义体系，划定一个全球性的差别原则，而不是一个国际性差别原则（Barry 1973; Hayden 2002, 111-113）。国家不类似于个体的人，不是道德关切的基本单位。而且，一个规定在各国之间实现更为平等的财富分配的原则根本不会提及在每个国家内部应该怎样分配财富。因此，批评人士坚称分配正义的有关原则是全球性的而非国际性的。唯一的能够称为国家间律法的原则是那些互相尊重原则和有限互助原则。

作为回应，罗尔斯在《万民法》中提出，在理想契约条件下的自由国家的代表不会选择分配正义的全球性原则，因为公共理性要求他们尊重那些使自由国家区别于准自由国家的差异。国际层面的公共理性要求各个人民按照共同原则而不是整全道德义理互称人民，在任何情况下都不会将对方称为自由人民，即便个体公民非常拥戴这种义理也是如此。尽管罗尔斯并未明言，其观点背后存在一种以正义为正当的可执行方案的理论。一个全球性差别原则将不合时宜地把自由主义学说强加给非自由国家。自由主义者有理由要求那些粗暴践踏人权的国家做出改变，但很多非自由国家并未严苛如斯。坚持它们应该接受某些特定的再分配原则将是一种偏狭行为：这是一种拒绝承认其他人民依据其自身原则而生活的权利的行为，尽管这些原则是非自由主义的。不过，这些原则绝不能放任对最基本的人权的违反。

当代顶尖的正义理论家与其批评人士之间的这一分歧体现了我们对分配正义理解方面的无序。现代时期之前，分配正义指按劳分配或按德分配，只是近来分配才逐渐无关德行（Fleischacker 2004）。18世纪之前，诸如不论出于什么原因，经济不平等可能都是非正义的以及各国政府应该对财富进行再分配以纠正非正义的不平等等，上述人们认为理所当然的观念在当时并不引人注目。人们认为早期的现代国家并不是一个其国民共享相同命运的单一社会而是一个彼此几乎没有共性、各不相同的社群——族群、信仰和社会阶层——的集合体。在任何情况下各国政府既没有资源可分配也没有能力进行分配。国家是由单一社会还是多个社会组成及其对我们如何理解经济不平等有何意义这一问题如今正在全球层面重现，从而将国家边界的道德意义这一问题推到了舆论争议的最前沿。

道德哲学家们在其有关全球不平等的著述中提出的建议往往都是理想主义的。有时此类著述的口吻与社会名流谈论非洲贫困时的口吻非常相像："不管有没有用处，必须做些什么，做什么都是必要的。"（Easterly 2006, 17）似乎发展援助的意义在于减轻罪恶感而不是缓解贫困。倡导全球再分配的人可能回应说，对于援助是否有用的不确定性，并不是不愿 604
帮忙的理由。此言不虚，但援助的责任的确依赖于对效力与成本的评估。如果应该意味着可行，不确定性会削弱职责。如果对发展援助心存怀疑的学者被指斥为无情的反动派（Tucker 1977; Bauer 1981），研究就无法推进。因为哲学理应关注原则而非偶然性，出于体谅，我们或可得出如下结论，即赞成外援的哲学家们假定外援是有效的而把具体问题留给别人。彼得·辛格（Peter Singer 1972）提出过一个广为流传的建议，即全球富人应该捐出自己的绝大部分资产以消除饥馑，其前提是这一财产转移的确能够带来改变。对经济不平等定义的努力不应与对其改善的具体建议相混淆。

国际伦理学的问题不在于经济不平等能否得以纠正而在于其是否公正。全球贫困真正引发了正义问题吗？如果是这样的话，我们应该关注绝对贫困还是相对贫困呢？饥荒赈济的前提是一个绝对标准：如果有人挨饿，就存在做出回应的道德义务。这里的义务是慈善性的：如果无须付出不相称的成本，我们就应该给予援助。但是，有时有关经济正义的主张以相对标准为前提。道德家们谴责贫富差别不公时，他们谴责的是不平等而不是贫困。如果每个人都一样富有或一样贫穷，就不会存在不公。正如很多人已经观察到的，辛格的功利主义不仅要求富人放弃其奢华而使穷人能够活命，而且要求财富再分配后每个人的财富都大致相同，即便他们一样贫穷也应如此。它并不考虑财产从何而来、用于何处、它所导致的人类活动的多样性，也不做除了边际效用之外的任何其他考量。罗尔斯的差别原则为那些改善最小受惠者福祉的不平等做出了解释，为功利主义的平等添加了一个合理的限定。但它也失于武断，对历史的反应迟钝而且与多元性互不相容。

这样说不意味着摒弃全球分配正义这一理念，只是说当下主流理论——罗尔斯的“万民法”——的批评人士必须对罗尔斯的“公正的全球秩序的原则是那些并不排斥国际社会的原则”这一结论做出决定性的驳斥。这些原则为改革国际法以使各国人民免受暴虐和剥削之苦提供了基础。因为必要的政策离不开资助，有关分配正义的论争将逐渐成为有关税收政策的论争，继而成为有关正义的强制和非正义的强制的论争。最有希望替代罗尔斯式的理论化的主张，如正义与实现人类的能力有关（Sen 1999）等，不可能抹杀有关国际正义的传统认识。由于它们都突出自由这一理念，这些传统认识允许存在一个人们重视群体忠诚的世界。这一世界要求为了自由而为自由加上一些强制限度，并使人们提出一种能够定义这些限度的有关正义的主张。正义战争理论表明了这一主张的
605 可能走向。

5　正义与战争

正义战争理论是国际伦理学中最系统最稳定的分支理论，它比分配正义话语更清晰地对“正义即正当的可执行的职责”这一理念进行了阐述。由于它直接关涉的是正当强制的基础，它就成了国际正义理论的核心。

13世纪中叶，阿奎那提出了一个非常著名的综合论断，将一系列正义战争标准提炼为三个：正义的理由、合法的权威以及正当的意图。迈克尔·沃尔泽的《正义与非正义战争》（1977）是现代时期至关重要的有关著述，关于该书争议颇多但仍无可替代。沃尔泽将对于武装力量的辩护，即开战正义，立足于一个国家享受政治主权和领土完整的权利，并通过将其类比为有关个人独立和身体健全的人权，进而对该权利进行

了阐述。一些批评人士认为这一做法具有误导性。其中一种不满声称：由于它赋予了各国自治权，从而将对外政策凌驾于道德批评之上。但是，这实为一种谬误：如果人们可以对个人行为加以指责，人们也可以对国家行为进行鞭笞。自治这一观念指的是能动者可以进行选择而非不能对选择进行批评。上诉也是一种谬误：人们可以认为任何有组织进行决策的群体都可以做出行动并为其行动负有责任。拿国内情形做类比的偏颇之处在于，人们误以为国际事务与人际关系具有某种相似性，又据此对国际事务做出论断：例如，由于一个人可能有责任对某个罪行加以干预或阻止，或拯救一个落水儿童，那么一个国家则必须进行干预以终止一场屠杀或终结饥荒。上诉推论忽视了个人与集体责任之间的事实上的和道德上的不可类比性，可能会扭曲人们针对国际层面的要求做出的结论（Graham 1997, 41）。用本章所采用的词汇来说，它们忽视了政治。

戴维·罗丹（David Rodin 2002）在其有关自卫的探讨中强调了这些不可类比性。在人际交往层面，强制使用权的立足点在于只要强制不被滥用、自由能够得以守护这一原则。如果某个人因滥用自己的自由而侵犯了另外一个人的权利，他就成了一个“侵犯者”，而失去了其侵犯受害者等实施强制的豁免权，后者则可自行开展强制性的抵抗。但是，国家自卫并非这一个人抵抗侵犯之权利的直接延伸，因为保卫其权利的国家与组成该国家的个人并不完全相同。显然，对士兵们而言可称为自卫的行为与对国家而言可称为自卫的行为是不同的。因此，罗丹认为我们需要一种超越国内类别的正义战争理论，一种重视各国与个人之间关系的多层次的正义战争理论。为此，我们必须对有关战争行为的交战正义相关考量与开战正义相关考量无关这一（沃尔泽所支持的）传统观念发 606
起挑战。我们或可原谅为某个侵略性国家而战的士兵，认为其不应负责或受到指责，但我们不能将其暴力行为视为合乎道德（McMahan 2004, 79）。这种推理会导致一种吊诡的结论：在一场侵略战争中参战的士兵可能是无辜的攻击者，如果他们无可指责，那么他们可能被杀就难以找到依据了。一种答案就是：虽然他们在道德意义上无可指责，从客观非正义或实质性损害的角度来看他们并非无辜（Finnis 1996, 26–27; Mapel 2004, 82–83）。

罗丹发现正义战争理论缺乏一致性，因为它将传统与各不相同的原理结合在了一起：开战正义系律师和空谈理论家针对思谋战争的统治者而提出，而交战正义则产生自军事荣誉准则。其结果是吊诡的，因为第一种传统是非对称的（只有一方能够拥有正义的动机），第二种传统则是对称的（如果双方士兵遵守战争定律就可以打响正义之战）。国家可能会违反开战正义而其代理人即士兵忠实地尊重交战正义（Rodin 2002, 167），或者国家可能会迎合开战正义标准而其士兵则犯下战争罪。根据人们的视角，由此而来的战争既是正义的又是非正义的。不过，这确实令人一头雾水。战争的代理人是国家而非其士兵。而且，其参与的战争必须符合开战和交战两条标准。如果其士兵无恶不作，该国参与的就是一场非正义战争，即便其拥有正义的理由也是如此。与此相关的原则就是绝不能以禁止的手段追求好的目的。

罗丹的著作引发了又一轮有关战争道德基础的论争。但是，尽管人们在这场论争中不时援引“传统的”正义战争理论，如果“传统的”意指某种不变的共识，以下情况就是不存在的：我们在以往能找到的是一场与当前的论争一样包罗万象且充满活力的论争，而非盖棺论定的学说。在今天以及以往备受质疑的主张当中，其中一条就是自卫是正义战争理论的核心问题。根据以下观点，它并非其核心问题：重要的是人们应当免受暴力侵害而且施暴者应当受到抵抗。自卫是一个抵抗暴力的特例，其中进攻者是为了保护自己。不过，某个国家可能代表其他国家抵抗暴力。此外，一个国家可以在另一个国家领土内实施干预，前提是后者对自己的人民施暴或纵容对其人民的暴行。在某些情况下，阻止暴力可能既是一种义务又是一种权利，此种情况下，人们可以对那些不加干预的旁观者加以指责。这种“人道主义”干预向来充满争议，但数百年来它一直是正义战争理论中的一个议题。

当前有关正义战争理论的研究对上述问题以及许多其他问题进行了探讨，后者包括战后正义问题（投降、问责和妥协），以及恐怖主义和宗教暴力引发的问题等。如果，正如某些可能短视的观察家所认为的，即恐怖主义和内战正在取代国家间战争，这绝不会对正义战争理论继续保持其
重要地位有所削弱，因为该理论走在国家体系之前。重视正义战争理论 607
的历史并使其原则在理论上实现一致性有助于我们将其基本原则从当前若干意外情况中剥离开来。

6　问题与议程

强制伦理是正义战争理论的核心问题，但是，如果本章观点正确无误，它也是多元性理论和分配正义理论的核心问题（尚待充分论证），后两种理论必须在对自由的要求以及可允许的强制保持敏感的同时对全球范围的差异予以探究。国际伦理学不能对政治视而不见。从一个方面来讲，这意味着，尽管全球化、跨国意识形态和忠诚危机以及其他挑战使传承而来的国际关系模式发生了很多变化，国际法在世界事务中仍占据一席之地。即使目前存在一个由经济和其他联合体塑造而成的全球“市民社会”或一个基于跨国治理网络的世界新秩序，对国家间关系进行管理的规则仍有其立足之地。笔者此言并非意指这一国际法律秩序已然令人满意，而只是为了表明国际秩序与全球秩序之间的二分法是一种抽象，它没有掌握事物的实际进展。对于国际关系的摒弃无根据地预测一件大事即将发生，即一个单一的世界法律体系即将问世，而事实上该事件也许并不会发生。

国际伦理学被视为一个学术子学科，它提供了一种时兴话语的概貌。将它视为一种历史传统，一段及时的对话，做出了一种修正，提醒我们过去是现在的背景所在。那些对较早时期的论争所知寥寥的人论述颇多但纯属重复，但他们造成了一种不断进步的假象。历史也是针对教条主义的一剂良药，促使我们想象我们的后代像我们质疑我们的先人那样对我

们的想法加以质疑。不过，重视过去意味着要付诸行动而不仅仅是翻看修昔底德、马基雅维利以及康德的作品。它涉及对那些不那么显赫的人物以及为那些理念提供背景的话语的探究。重新挖掘那些被人遗忘的论争，能够为不断变化的道德观念和恒久的道德原则之间的关系带来新的启示。背景探究可能会颠覆已有解读，揭示出（例如）格劳秀斯与霍布斯之间令人吃惊的延续性，而通常人们认为他们截然相反：一个是道德家而另一个是现实主义者（Tuck 1999）。从阿奎那到苏亚雷斯，再从格劳秀斯到康德，这些哲学家们已经明确地提出了系统的、细致入微的国际正义理论。当然，这些理论的确存在某些问题，但它们具有近几代人因无知
608 和现时观念而忽略的资源。

该领域也可以借鉴比较伦理学。比较研究可能会使西方学者们变得不那么狭隘并使其理论认识得以深化。比较需要以求同作为其推动力。异与同一样重要。对于相同的问题，不同的传统并未给出不同的回答；它们提出的是不同的问题。要理解某个论断，人们必须首先理解它声称试图回答的问题。其意义取决于对既定的问题和回答话语进行塑造的那些假设（Collingwood 1939, 36–40）。只有此时我们才能判断某人的回答是否是针对它们问题的合理回答。被用来回答我们的问题时看似错误的主张也许可用于回答他人的问题。比较研究可能在一定程度上总是兼具历史性和跨文化性，因而它提供了一条理解这种区别的途径。

历史研究和比较研究有助于人们获得有关当前问题的认识。但无论这些问题有多么重要的现实意义，对这些问题进行探究无法替代对那些具有理论意义的问题的考量。与应用研究一样，基础研究也有其正当要求而这些要求并不局限于其长期效用。伦理学理论与应用伦理学相伴，而政治理论与政治学相伴。我们应该承认理论的自主性，避免将一切都还原为倡导。我们还应当抵制夸大当前事务重要性的行为并意识到，尽管问题变来变去，原则大多难以出新。而且，我们还应当记住，只有将道德考量与经济学、战略和审慎考量区别开，伦理学才能独自对政策论争做
609 出贡献。

参考文献

Amstutz, M. R. 1999. *International Ethics: Concepts, Theories, and Cases in Global Politics.* Lanham, Md.: Rowman and Littlefield.

Anscombe, G. E. M. 1981. *Ethics, Religion, and Politics.* Minneapolis: University of Minnesota Press.

Barry, B. 1973. *The Liberal Theory of Justice: A Critical Examination of the Principal Doctrines in* A Theory of Justice *by John Rawls.* Oxford: Oxford University Press.

—— 1991. Humanity and justice in global perspective. Pp. 182–210 in *Liberty and Justice*, B. Barry. Oxford: Oxford University Press.

Bauer, P. T. 1981. *Equality, the Third World, and Economic Delusion.* London: Weidenfeld and Nicolson.

Beitz, C. R. 1979. *Political Theory and International Relations.* Princeton, NJ: Princeton University Press.

—— Cohen, M., Scanlon, T., and Simmons, A. J. (eds.) 1985. *International Ethics.* Princeton, NJ: Princeton University Press.

Boyle, J. 2006. Traditional just war theory and humanitarian intervention. Pp. 31–57 in *Humanitarian Intervention*, ed. T. Nardin and M. S. Williams. New York: New York University Press.

Brown, C. 2002. *Sovereignty, Rights, and Justice: International Political Theory Today.* Cambridge: Polity.

Caney, S. 2005. *Justice beyond Borders: A Global Political Theory.* Oxford: Oxford University Press.

Cohen, J. L. 2004. Whose sovereignty? Empire versus international law. *Ethics and International Affairs*, 18: 1–24.

Cohen, M., Nagel, T., and Scanlon, T. (eds.) 1974. *War and Moral Responsibility.* Princeton, NJ: Princeton University Press.

Collingwood, R. G. 1939. *An Autobiography.* Oxford: Oxford University Press.

Donagan, A. 1977. *The Theory of Morality.* Chicago: University of Chicago Press.

Dower, N. 1998. *World Ethics: The New Agenda.* Edinburgh: Edinburgh University Press.

Easterly, W. 2006. *The White Man's Burden: Why the West's Efforts to Aid the Rest Have Done So Much Ill and So Little Good.* New York: Penguin.

Finnis, J. 1996. The ethics of war and peace in the Catholic natural law tradition. Pp. 15–39 in *The Ethics of War and Peace: Religious and Secular Perspectives*, ed. T. Nardin. Princeton, NJ: Princeton University Press.

—— Boyle, J. M., and Grisez, G. 1987. *Nuclear Deterrence, Morality, and Realism.* Oxford: Oxford University Press.

Fleischacker, S. 2004. *A Short History of Distributive Justice.* Cambridge, Mass.: Harvard University Press.

Frost, M. 1996. *Ethics in International Relations: A Constitutive Theory.* Cambridge: Cambridge University Press.

Graham, G. 1997. *Ethics and International Relations.* Oxford: Blackwell.

Hart, H. L. A. 1955. Are there any natural rights? *Philosophical Review*, 64: 175–91.

Hayden, P. 2002. *John Rawls: Towards a Just World Order.* Cardiff: University of Wales Press.

—— 2005. *Cosmopolitan Global Politics.* Aldershot: Ashgate.

Held, V., Morgenbesser, S., and Nagel, T. (eds.) 1974. *Philosophy, Morality, and International Affairs.* New York: Oxford University Press.

Jones, C. 1999. *Global Justice: Defending Cosmopolitanism.* Oxford: Oxford University Press.

Koskenniemi, M. 2001. *The Gentle Civilizer of Nations: The Rise and Fall of International Law, 1870–1960*. Cambridge: Cambridge University Press.
McMahan, J. 2004. War as self-defense. *Ethics and International Affairs*, 18: 75–80.
Mapel, D. 2004. Innocent attackers and rights of self-defense. *Ethics and International Affairs*, 18: 81–6.
Moellendorf, D. 2002. *Cosmopolitan Justice*. Boulder, Colo.: Westview.
Nagel, T. 2005. The problem of global justice. *Philosophy and Public Affairs*, 33: 113–47.
Nardin, T. 1983. *Law, Morality, and the Relations of States*. Princeton, NJ: Princeton University Press.
—— 2005. Justice and coercion. Pp. 247–63 in *International Society and its Critics*, ed. A. J. Bellamy. Oxford: Oxford University Press.
—— 2006. International political theory and the question of justice. *International Affairs*, 82: 449–65.
—— and Mapel, D. R. 1992. *Traditions of International Ethics*. Cambridge: Cambridge University Press.
Nussbaum, M. C. 2006. *Frontiers of Justice: Disability, Nationality, Species Membership*. Cambridge, Mass.: Harvard University Press.
O'Neill, O. 1986. *Faces of Hunger: An Essay on Poverty, Justice, and Development*. London: Allen and Unwin.
—— 1996. *Towards Justice and Virtue: A Constructive Account of Practical Reasoning*. Cambridge: Cambridge University Press.
Pogge, T. W. (ed.) 2001. *Global Justice*. Oxford: Blackwell.
Rawls, J. 1971. *A Theory of Justice*. Cambridge, Mass.: Harvard University Press.
—— 1999. *The Law of Peoples: With, the Idea of Public Reason Revisited*. Cambridge, Mass.: Harvard University Press.
Rodin, D. 2002. *War and Self-Defense*. Oxford: Oxford University Press.
Sen, A. 1999. *Development as Freedom*. New York: Random House.
Shapiro, I., and Brilmayer, L. (eds.) 1999. *Global Justice*. New York: New York University Press.
Shue, H. 1980. *Basic Rights: Subsistence, Affluence, and US Foreign Policy*. Princeton, NJ: Princeton University Press.
Singer, P. 1972. Famine, affluence, and morality. *Philosophy and Public Affairs*, 1: 229–43.
—— 2002. *One World: The Ethics of Globalization*. New Haven, Conn.: Yale University Press.
Tan, K.-C. 2004. *Justice without Borders: Cosmopolitanism, Nationalism, and Patriotism*. Cambridge: Cambridge University Press.
Tuck, R. 1999. *The Rights of War and Peace: Political Thought and the International Order from Grotius to Kant*. Oxford: Oxford University Press.
Tucker, R. W. 1977. *The Inequality of Nations*. New York: Basic Books.
Walzer, M. 1977. *Just and Unjust Wars: A Moral Argument with Historical Illustrations*. New York: Basic Books.
Wasserstrom, R. A. (ed.) 1970. *War and Morality*. Belmont, Calif.: Wadsworth.
Williams, B. 2005. *In the Beginning Was the Deed: Realism and Moralism in Political Argument*. Princeton, NJ: Princeton University Press.

第三十五章
国际法

迈克尔·拜尔斯

现有国际法体系具有数百年的历史，是诸多条约、惯例、一般原则、判例和学术观念的母体。无论在联合国、经济交往还是环境保护方面的外交，国际法都是其重要组成部分。国际规则及其所代表的对承诺的尊重，使人们能够发送电子邮件，乘坐航班飞越国境，品尝异国他乡的美食以及分享科技创新等。它们保护人权并有助于领土的分配。

我们称政治家为“立法者”，因为政治和法律本质上是互相关联的。在国际层面，政治家和外交官是主要的立法者，国际组织、跨国合作和非政府组织则扮演次要角色。在某些领域，比如战争与和平，国际法可能看似无足轻重。在其他领域，比如外国投资、专利和知识产权的保护等领域，毋庸讳言国际法都是重中之重。像冰山一样，国际法体系中只有那些经历过最多风雨的部分才会常常受到严密审视。

尽管国际法无处不在，相对而言国际关系学者们对国际法不甚关注。而且，尽管政治与法律之间存在本质上的关联，国际法学者们对于国际政治投入的关注也相对较少。二者之间的和解正在慢慢地出现但仍远远不够。本章将按照时间的顺序对国际法和国际关系交界处的理论化的进程 612

进行一番追溯。本章结论指出国际立法这一特定领域为新的分析提供了广阔空间。

1 现实主义VS实证主义

国际关系发端于20世纪30、40年代英美国际法法律人两大阵营的分裂。站在国际关系一边的是“现实主义者”，他们目睹了各国为争夺权力而从事利己的斗争。他们认为国际法的出现是一种附带现象，它受制于因追逐权力的各国的意志而发生的短期变化。E. H. 卡尔的评论（1946，170）具有代表性：“国际法不同于现代国家的国内法，因为国际法是未完全形成的、未充分一体化的社会中的法律。国际法缺乏三种机构，而这三种机构恰恰是成熟的国内法体系不可或缺的部分，即司法机构、执法机构和立法机构。”

站在国际法一边的是“实证主义者”，他们试图根据对国际法“来源”的慎重评估来识别规则。渐渐地，实证主义方法由于国际法院判例法的扩编、联合国国际法委员会的“法典化”工作以及成千上万个条约的签订而得以强化。

今天，实证主义仍在国际法之中占据支配地位。担任辩护律师、法官和仲裁人的国际法法律人士可做出的选择寥寥无几。国际法院的原型是国内法院：它们听到了基于传统资源的互相争鸣的观点以先例为重。实证主义者否认其方法是理论性的，不过对于理论的否定本身就是一种理论——以此而论，它将国际法定义为一系列不含道德内容的、客观上可判定的规则，仅在获得各国同意的基础上才适用于各国（Ago 1984）。

2 功能主义与纽黑文学派

并非所有的国际执业律师都聚焦诉讼。他们当中有很多人都为各国政府建言献策，其建议不仅与规则的存在和内容有关，而且也关乎规则的
613 应用、违规的后果、新的解释的范畴，以及规则的订立和改变（可能是最

重要的）等方面。20世纪60年代早期，理查德·比尔德（Richard Bilder）（1962，638）解释说在外交部任职的绝大部分律师都“深度参与了具有法律意义的高层决策问题”。后来，艾布拉姆·蔡斯（Abram Chayes）回顾了国际法在古巴导弹危机中的功能性作用，促使美国决策者采取封锁而不是空袭，并影响了他们的正当性的理由（Chayes 1974）。弗朗西斯·鲍伊尔（Francis Boyle）有关国际法与危机的关联以及危机能够促进法制变化的作品是功能主义方法的最佳代表。他认为律师的角色在于“对国际法的能力进行分析……为国际危机的成功管理以及潜在争端的和平解决做出贡献”（Boyle 1985, 131）。

大约在同一个时间，哈罗德·拉斯韦尔（Harold Lasswell）和迈尔斯·麦克道格尔（Myres McDougal）采用了拉斯韦尔针对国内政治而提出的社会学方法论并将其应用于国际法。法律程序理论中的“纽黑文学派”摒弃了“法律仅指规则的公正应用这一观念”并将其重塑为“整个的决策过程”（Reisman 1992）。国际规则仅为决策的成果，而决策者指的是那些其决策具有“授权性和控制力”的个人。如果拉斯韦尔和麦克道格尔就此止步，该方法或许就会被贴上法律现实主义的标签。然而，他们坚持决策应以各种价值（权力、权益、财富、技能、福利、情感、尊重、正直）为基础，带来了诸如人类尊严的改进等共同利益或目标的出现。无论纽黑文学派什么时候对真实世界的状况进行探讨，这些标准都会引入一种主观性因素。例如，甚至在未考虑其他国家行为的观点的情况下，麦克道格尔（1955，361）就断言美国能够合法地开展大气层核试验“为保卫自身及其盟友以及自由世界社会的所有价值观而做好准备”。尽管国际法有利于为美国外交政策提供正当性，国际法并没有被赋予独立的影响力。为了扩展分析的范围以容纳数量众多的非法律元素，拉斯韦尔和麦克道格尔将国际法的特异性抛在了脑后。

3　机制理论与制度主义

“机制理论家”是率先接受规范结构对各国影响的一些国际关系学

者。理性选择理论是一种基于经济学的方法，它提出个人着眼于实现其目标而对自身的行动估算。通过借鉴理性选择理论，上述理论家将机制
614 定义为“一系列隐含或明确的原则、规范、规则以及决策程序，各行为体的预期围绕它们汇聚于某个特定的国际关系领域之内”（Krasner 1983, 2）。意识到不可能仅以权力和短期的利益算计为基础对所有国家行为加以解释后，他们宣称各种机制能够获得自己的生命力，对于国家权力的运用加以控制或至少予以限定。20世纪70年代晚期至80年代，机制理论一派繁荣景象，随后嬗变为“制度主义”。

在罗伯特·基欧汉（1989，3）看来，制度包括所有“规定行为角色、限制行为体活动并塑造行为体预期的一整套相互关联并持久存在的（正式的和非正式的）约束规则”。对于奥兰·扬（Oran Young 1989，81）来说，包括国际制度在内的所有社会制度都是“行为规律性与趋同预期相互关联的结晶”。“通常情况下这一关联都会养成清晰可辨的社会传统，各行为体都遵守这些传统而不会对其逐一加以深思熟虑。”（Young 1989, 82）不过，尽管这些定义表明制度具有独立的影响力，基欧汉和扬还是将它们当作因变量来对待。扬（1989，205）认为制度“因应一系列政治、经济、科技、社会文化乃至道德等方面的发展”而变化，简而言之，会发生一些影响不同国家的利益和相对权力的变化。基欧汉（1988，381）则支持一种持续的对于理性主义的依赖：“尽管实质理性这一观念并不会使人们不得不做出有关国际制度本质或嬗变的结论，人们业已运用它对国际关系中包括制度化行为在内的行为进行解释而且成果累累。”

权力可能会以压力的形式在制度中实现合作，但这并未导致人们对理性主义的摒弃。丹尼尔·华纳（Daniel Warner 1998，322）对此解释说：

> 基欧汉关注的是各国在联合国或世界银行如何进行互动。在此意义上，作为一名新制度主义者，他专注于为什么各国在某些情况下会开展合作以及制度如何能够独立迫使各国依照特定方式行事。基欧汉本人并不

是一个反思主义者，因为他专注于合作并将其视为一种有待解释的单独现象而非一种自然的、有机的关系。通过对于合作的隔离，基欧汉暗示国际关系中不存在自然而然的合作。

在基欧汉有关国际法的著述中，理想主义者对于刻意构建的合作的专注显而易见。乍看之下，下面一段文字赋予了规范性影响相当大的权重。细读过后，显然这些影响发端于制度内部并受到制度的塑造，人们通过理性设计出这些制度，通过次等的、看似非理性的方式促进权力和利益：

> 利益因应描述性信息、因果信念和原则信念的变化而变化。如此，规范对利益而言非常重要。有关他人信念的信念，即名誉，也是如此。对于
> 名誉的担忧可能成为使工具主义规制与规范性规制相协调的一种手段。 615
> 不过，这一协调的发生只有以极受重视的、物质动机和物质外动机并举的制度为背景才可靠。制度改变信念，有时对我们所思所想或所做的事情产生影响以及具有如此影响的制度对他人的行为始终施加影响的方式尤其重要。若此言不假，世界政治中有很多东西都将不仅有赖于物质利益和规范观点而且也有赖于制度的设计。（Keohane 1997, 501）

规范性结构从根本上来讲还是权力以及利益算计这一主张有助于解释为什么上述学者对于制度的形成的兴趣相对不大。他们认为制度的产生出自强者的意志，因而他们的注意力专注于这些结构的韧性及其限制性效果以及如何设计出更好的结构。

4 自由主义理论

安德鲁·莫拉维斯克（1997）以及其他“自由主义”理论家认为民主选民们的利益和要求生成了国家偏好，而这一点在国际上一目了然，这一观点进一步扩大了有关讨论的背景。例如，莫拉维斯克（2000，219）对

《欧洲人权公约》加以审视后发现“将国际人权承诺凝聚在一起的主要支撑”是那些新建民主国家的政府而不是那些大国(“正如现实主义理论所说的那样”)或基于老牌自由民主国家的政府和跨国集团(“正如观念主义所说的那样”)。他得出结论:“创设一个准独立的司法机关是各政府用于‘锁定’并巩固其民主制度的一种策略,从而提高其可信度和稳定性以应付那些非民主的政治威胁。”(Moravcsik 2000, 220)

安妮–玛丽·斯劳特(Anne-Marie Slaughter)援引莫拉维斯克的著作,倡导一种有关国际法的研究方法,它专注于由国家、次国家和非国家行为体组成的“跨国网络”的规范性活动(Slaughter Burley 1993; Slaughter 2000; 2004)。她认为包括国内法院在内的国内制度是(而且应该是)人们制定和应用国际规则的主要手段。如今,没有人怀疑跨国网络发挥了一定作用。有关斯劳特的分析的分歧集中在以下方面:(1)早期(从无人发声起)她提出,既然这些网络在西方自由民主国家最为常见,国际法大多局限于该领域(Simpson 2001);(2)她不愿承认在这些网络中应用权力的可能性(Marks 2000, 87–92; Alvarez 2001; Mills and Stephens
616 2005, 28)。

马尔蒂·科斯肯涅米(Martti Koskenniemi)的评论则更为深刻,将斯劳特的著述描述为对“有效的”、非功能主义的国际法的一种威胁:

> 安妮–玛丽·斯劳特描绘了一幅(真正的)有关世界新秩序的宏伟图景,其中各主权国家正在崩塌,而正式外交和正式国际组织正被“跨国网络”所取代……其中的法官、政府官员、公司主管、政府和非政府组织成员和利益集团聚在一起共同协调其政策并以一种与正式的政府间合作相比“快捷、灵活、有效”的方式完善各种法律的执行。虽然她对于“国家终结”社会学的展望细致入微而且不温不火,但仍将国家地位和主权平等视为“真实生活”中无孔不入的动态变化得以实现过程中形式上的障碍。该社会学中至为核心的一面在于其略带规范性色彩这一事实。[它]消除了有效法律的这一形象,从而引领律师们对学术界向他们提出的议

> 程详加审视，而该学术界一向全力致力于为霸主铺平道路。(Koskenniemi 2000, 33–34，援引 Slaughter 1997, 193–197)

显而易见，如果出现任何有关新的立法形式的建议，人们必须对其潜在的政治后果予以考量。新的立法形式可能对于某些行为体的利益反应灵敏而削弱其他行为体的影响力。如果新的立法形式对某些行为体更有利，无可否认人们推崇这些形式可能是出于战略方面的考虑。

5 理性选择理论

自20世纪90年代中叶以降，有些学者开始公开将理性选择理论应用于国际法。约翰·赛蒂尔(John Setear 1996)以“游戏”的多人模式为基础，对在条约签订的不同阶段有时十分明显的承诺程度的加深进行了解释。他得出的结论是：各种条约都基于各国的算计，对于规范结构的合作性创造最有利于它们的长远利益。

安德鲁·古斯曼(Andrew Guzman)对于发展中国家为何在后来与发达国家就双边投资条约进行谈判时接受这一标准进行了解释(Guzman 1998)，而此前这些发展中国家在联合国大会上合力拒绝了一个要求对没收的外国资产予以“迅速、充分、有效”赔偿的规则。答案在于囚徒困境，因为一个进行双边谈判的国家发现自身所处的位置与自己跟其他国家一起投票时的位置不同。如果其他国家同意签署某个包含“迅速、充分、有效”标准的条约，任何一个拒绝签署该条约的发展中国家都将面临处于不利境地的风险，绝大多数双边谈判的含糊性使该风险更加严重，这使该 617
国家难以判定其他发展中国家是否谨守此前的团结立场。

后来，古斯曼(2002)试图对于整个国际法律体系的运作方式加以解释。其观点的核心之处在于，古斯曼断言各国的自身利益主要表现为声誉。严守国际法的回报在于其他国家与其开展合作的意愿越来越大。结果：“我们再也不能满足于‘条约是用来遵守的’这种简单的结论。”

(Guzman 2002, 1887)反之，各国刻意建立自己的声誉并利用它来追求自己的目的。

杰克·戈德史密斯(Jack Goldsmith)和埃里克·波斯纳(Eric Posner)采纳了理性选择理论以求将“惯例”国际法(海洋法、外交豁免权)和“现代”国际法(人权、国际刑法)相区分；随后他们宣称只有前者所涉领域才算得上真正的国际法，对美国也有约束力。后来，在一部专著中，他们提出“国际法来自各个国家，它们依据自己对其他国家利益的认识以及国家权力的分配以理性的方式寻求其利益的最大化”(Goldsmith and Posner 2005, 3)。与此同时，他们摒弃了一种在众多国家偏好中遵守国际法的偏好，他们借此推导相关利益，其依据是这一偏好对于解释这些术语中的服从“毫无启发作用”，因为对于服从的偏好有赖于公民和领导人“就他们所在意的其他东西愿意付出什么”，这些东西包括安全、经济发展等。戈德史密斯和波斯纳(2005，10)断言，人们“相比其对国际法服从的关注而言，他们更为紧密地关注上述公益”。

有关这些理性选择理论在国际法中的应用，人们可以做出若干批评。其一，有些结论，比如赛蒂尔的结论，只是对既定认知的巩固。其二，人们应用这一方法时将国家作为国际事务中的唯一行为体。正如简·克拉布斯(Jan Klabbers 2004–2005，40)所指出的，这一做法“坚决地将立法定性为国际社会之中各国的特权而且是各国仅有的特权”。“无疑强国比弱国更能从这一对主权和国家地位的支持中获益。”其三，这些理性选择理论家对于根植于义务之中的国际法的明确性视而不见。某个国家同意某个条约或国际惯例法规则后就要约束自己按照特定方式行事，即便后来该国变更了有关该行为的意愿也要如此。此外，各国不仅同意这些具体的规则，也同意制定和变更这些规则所需要的一般程序。最后，那些将理性选择理论应用于国际法的学者认为理性的决策者都是一些自私的决策者。他们不指望而且也表明自己对其他国家人民的福祉并不关心。不过，正如乔恩·埃尔斯特(Jon Elster 1989，23–

618 24)所指出的那样，我们只能说某个人“采取行动以实现效用的最大化，只是我们要记住这只是对于他做了自己最希望做的事情的一种方便的说法。不存在任何享乐主义的意味”。

6 理性设计理论

有些国际关系学者采用理性选择方法来解释各国制定包括条约和其他规则在内的特定形式的国际制度的原因。“理性设计理论”的倡导者，芭芭拉·凯里迈诺斯(Barbara Koremenos)、查尔斯·利普森(Charles Lipson)以及邓肯·斯尼达尔(2001，762)等，认为国际制度的设计是“各国及其他国际行为体之间为解决具体问题而开展的理性的有目的的互动”的结果。这一理性是“前瞻性的，因为各国通过制定新制度、调整现有制度，利用外交和各种会议来挑选某些制度特征从而推进其个体和集体目标的实现”(Koremenos, Lipson, and Snidal 2001, 766)。

虽然凯里迈诺斯等人并未声称所有的制度性变革都是有意设计的成果，他们都将其视为“引导国际制度发展的最重要的机制”(Koremenos, Lipson, and Snidal 2001, 766–767)。他们发现各种制度主要在五个关键维度存在差异，即成员资格、涵盖问题的范畴、集中化程度、制度监控规则和安排的灵活性，并在此基础上做出一系列推测，比如“限制性成员资格随着执行问题的严重性而增加”(Koremenos, Lipson, and Snidal 2001, 783)以及“灵活性随着对于世界状态不确定性的增加而增加”(Koremenos, Lipson, and Snidal 2001, 793)。

虽然理性设计理论提供了很多重要见解，到目前为止该理论的倡导者在设计各种制度时很少关注各国彼此之间为了在战略意义上智胜对方、操纵对方或开展合作所采取的方式。既然各种制度的创立是一个政治进程，几乎可以肯定竞争行为势在必行。此外，亚历山大·温特(2001，1025–1025)暗示“规范逻辑”可能会与制度设计的理性解释展开竞争。例如，“为结果主义层面上意义不大的一些制度提供其迫切必需物”，这些制度包括普遍性成员资格的规范以及在许多国际制度中运作的民主控制等。适当性逻辑“将或具功利性的设计选项弃为‘规范禁忌’、影响人们用于制度设计的模式以使其具有历史明确性”后，情况可能会变得复杂（Wendt 2001, 1026）。如果上述制度指的是一些国际法规
619 则，这些考量可能看起来特别中肯。

7 建构主义

以温特和弗里德里希·克拉托奇维尔为首的另外一群国际关系学者发展了一种叫作“建构主义”的研究方法（Kratochwil 1989; Wendt 1995; 1999）。正如罗伊-斯米特（2004，3）所解释的那样，他们认为：

> 与所有政治一样，国际政治天生就是一种社会活动。各国以及其他行为体通过政治构成其社会生活和物质生活，不仅对“各人的所得及其时间和方式”进行判定，也对人们会以谁为合法的行为体以及什么行为能够被称为正当行为进行判定。国际政治发生于一个规则和规范框架之内，各国及其他行为体通过其话语实践对上述认识进行定义和再定义。

许多研究国际法与国际关系交叉的学者已经开始运用建构主义方法，比如对各不断演化的身份如何注入规则的构成以及成为其一部分进行考量等。建构主义方法非常适合用于解释富有规范意义的发展，如《渥太华禁雷公约》（the Ottawa Landmines Convention）（Price 1998）或那些无关约束性义务的“软法”形式（Brunnee and Toope 1997; Abbot and Snidal 2000）等。

理查德·普赖斯（Richard Price 1997）对19世纪以来有关禁用化学武器的情况进行了追踪研究。人们逐渐认为这些武器与其他具有同等威力或更具威力的武器不同，并逐渐认为它们带有一种特别的不道德性，最终将其视为一种“禁忌”。普赖斯（1997，7–8）认为，人们必须从一种“谱

系”视角来理解这一发展,这一视角认为所有的道德结构都根植于“偶然事件、偶然关联和再次解读的联姻”。其中,关键因素包括化武禁令与一种更广义的有关“文明”的话语之间的早期关联、第一次世界大战期间不存在针对平民诉诸这种武器的行为(这使各个社会没有“习惯于”这些武器)以及战后各化学公司“过于热心的”游说等。这些游说“固化了公众对化武的重视,他们认为是一种对平民的特殊威胁因而必须加以应对”(Price 1997, 12)。

艾伦·卢茨(Ellen Lutz)和凯瑟琳·辛金克(Kathryn Sikkink 2001)采用了一种类似的方法对拉丁美洲人权的传播进行了研究。人们找到了很多国际规则的起源,它们“不仅存在于先前存在的国家利益或社会利益之中而且也存在于人们强烈坚持的原则性观念(是非观念)之中”。这些观念对于一个国家有关其身份和利益看法的塑造发挥了核心作用,因此对其政策的塑造来说也有这种作用。卢茨和辛金克(2001, 5-6)将国际体系看作一个“社会”,该社会包括那些“可能具有跨国身份和重叠式忠诚”的非国家行为体。与国家行为体一起,它们经由一系列
包括国际法在内的“运载工具”带来了必须承担的政治压力、传达共同体 620
规范并授予集体合法性。在这一复杂的社会世界中法律标准既是结果又是原因。

这一建构主义运动与有些领域尤其相关,在这些领域共有观念与各规则以及其他规范性结构捆绑在一起并明显居于核心地位。如果不诉诸与建构主义思想(Haggenmacher 1986; Byers 1999)近似的那些概念,很难对法律确信(opinio juris)这一国际习惯法道德主观因素进行解释。对于受到“马尔顿斯条款”及其所提及的“公众良知的要求”(Skordas 2003, 317)的启发的国际人道法来说情况同样如此。

再者,正如华纳(Warner)(1998,323)解释的:

> 今天我们正在目睹国际关系理论中走向社会建构主义的一场运动,其原因就在于理性主义立场使国际关系脱离了所有的历史学和社会学基

> 础。国际关系研究正向国际关系回归。然而,国际法从未离开过国际关系,因为其主要来源之一(即便不是最主要的来源),就是惯例。究其本质而言,国际法存在于国际关系实践之中,因为它描述并限定了各种来自社会实践或体现社会实践的规范、规则和程序。

有些建构主义者已经开始思考如何“通过有关制度自治的话语、正当性的语言和实践、立法的多边形式和义务结构”等将国际法“回归”到政治之中(Reus-Smit 2004, 5)。尼古拉斯·惠勒(Nicholas Wheeler)对国际人道法在1999年科索沃战争中人们做出目标选择决定时发挥的作用进行了探究。他对北大西洋公约组织如何被迫因应国内国际舆情而对其行动加以限制和说明进行了解释。“北约及其批评人士之间开展对话是最有可能的,因为各方都使用一种构成该法律话语的既定的规范性语言。”(Wheeler 2004)

8　理性主义和建构主义的交汇

近来,有些学者基于理性主义和建构主义这两种方法的解释力具有互补性将它们融合了起来。肯尼斯·阿伯特(Kenneth Abbott)和斯尼达尔(2002, S142)认为“国际法和法律制度依赖于‘价值’与‘利益’的深度互动”,“因此人们必须将规范性叙述和理性主义叙述结合起来以了
621 解合法安排的设立和影响”。此外,价值和利益“随着合法化的深化更加紧密地纠缠在一起”,其后果就是“在高度发达的法律安排中”人们很难对这两种动机单独识别。这使阿伯特和斯尼达尔(2002, S143)专注于为了提供一个“更清晰地了解合法化背后动机的窗口并为法律机制的运行提出相关见解”而“对国际法律安排的制定和发展”。他们研究1997年《经合组织反贿赂公约》(OECD Anti-Bribery Conrention)的签订之后发现有关腐败的不断变化的态度与美国的单边行动和公民社会激进主义是结合在一起的而且受到了后者的刻意推动。这些因素的综合促成了最有

可能的一种结果：一个要求签署国的国内法将腐败进行刑事定罪的多边条约。

卡罗琳·费尔（Caroline Fehl 2004，360）结合了理性主义和建构主义方法对国际刑事法院（ICC）的发展进行了解释：

> 从理性主义者的观点来说，国际刑事法院的建立可以用各国法院刑事司法中的合作问题以及现有的联合国法庭的高成本来解释。第一种观点可以根据人权领域有关规范性发展的一种建构主义分析得以“深化”，这一分析解释了国际社会对国际刑事司法领域中这一问题的共识。一种专注于联合国法庭立法缺陷的另外一种建构主义解释能够对第二种观点进行补充。就制度设计而言，理性设计理论提出的有关假说有助于解释罗马会议的参与者当时面对的独立法院与美国的支持之间关键的制度设计的取舍。然而强调“规范倡议者”和订约国际规范作用的建构主义观点是一种必要的补充，它对这一取舍曲线上最终哪个特定的点会被挑中进行了解释。

如今基欧汉（2002，S314）表达了对“深嵌于一种复杂的背景和历史分析之中，将战略算计和其他有关情况都考虑在内的理性选择理论”的青睐。他认为，一种更深刻更广义的考量能使我们更好地解释对“现实理解”的社会建构的作用，后者如几张纸就带有货币价值这一事实等。他得出如下结论：“社会进程带来的共识为试图对共识或共同猜想加以解释的建构主义思维与依赖该共识解决战略互动博弈的博弈［即理性选择］理论之间提供了一个互补点。”（Keohane 2002, S316）

但是为什么要将这一理论综合局限于理性主义与建构主义呢？其他的一些方法，诸如官僚政治和批评性法律研究等，可能间或提供解释价值。例如，阿伯特（2004–2005，27–28）已经开始拓展其理论研究，他提出，我们需要一种“更为丰富的制度主义”，该制度主义“将自由主义见解施加于非国家行为体、政府机构和国内政治的角色之上，将建构主义见

622 解施加于价值、规范和身份的角色之上，并将羞辱、说服和社交等进程以及现实主义（等）见解施加于权力的角色之上”。

彼得·卡赞斯坦和大河原伸夫（Nobuo Okawara）倡导一种“折中的”分析方法，该方法对于借鉴任何不同的理论持开放立场。他们排斥“简约优先，而简约与否已经成为范式之争的标志”，其根据在于：

> 为了分析的纯粹性，现实主义、自由主义和建构主义严谨的阐述牺牲了其解释力。然而，在理解政治问题时，我们往往需要衡量不同类型因素——如物质因素和观念因素、国际因素和国内因素等——的因果意义。折中理论化而非对于既有范式的坚持才有助于我们理解本就非常复杂的社会进程和政治进程。（Katzenstein and Okawara 2001–2002, 167；另见本书 Katzenstein and Rudra Sil）

就国际法而言，关键的一点在于结构与施动者或物质与观念之间不存在一种先验的关系。在某些情况下，法律可能会影响政治；在另外一些情况下，政治可能会影响法律。在绝大多数情况下，它们可能往往以极其复杂的方式影响彼此。

例如，一种折中的方法可能有助于校正以下事实，即某些将运用建构主义方法进行国际法研究的学者并未考虑观念因素是否出于国家行为体的蓄意使用和操纵。换句话说，人们对于规则及其他规范性结构是否以及如何可能从战略的高度通过国家力量、有原则的说服以及道德说教的结合加以“构建”所进行的研究相对较少。这就引发了一个问题：国际关系中的社会、非理性主义因素，如建构主义者所描述的不断变化的身份、利益和共识等，比传统上理性主义者所探究的那些国际关系因素对于政治操纵更具免疫力吗？如果是的话，能达到多大程度呢？

尤塔·布鲁内（Jutta Brunnée）和斯蒂芬·图普（Stephen Toope 2000, 65）利用建构主义提出了一种“国际法互动理论”，根据该理论，“法律构建于修辞学活动，这种活动使各行为体对彼此的期待或达成的共识的影响力日益增强”。如果“大致上按照内部进程价值观,该法律被视为合法以及由于基本社会认识的存在,该法律能以理由充分的论点尤其是类推证明其进程及其广泛的实质目的的正当性,进而创造共有的修辞学知识”,那么该法律就是“令人信服的”(Brunnée and Toope 2000, 65)。他们的论述非常乐观:“虽然法律的创立是出于一种愿望的精神,从部分意义上法律通过一种义务道德来说实施对于人类行为的塑造。法律存在的主要考验不在于等级制度或来源,而在于对内部价值观和修辞惯例的忠实以及对使立法和守法成为可能的原因的广泛接受。”(2000,69) 623

布鲁内和图普认为,国际法的根源大体上与国家权力不同,也不受后者的影响。在一篇单独撰写的文章中,图普(2003)认为建构主义因素非常重要,可能能够阻止任何国家“持续地反对”新的国际习惯法规则(从而也避免了强加于它们的义务)。这样,布鲁内和图普就未能对韦恩·桑德霍尔兹(Wayne Sandholtz)和亚力克·斯通·斯威特(Alec Stone Sweet 2004, 242)所列出的建构主义方法提出的“基本认识论问题”进行探讨:“按照制度环境中某些可观测的变化,在任何一个行为体或一系列行为体可观测行为中是否存在一种能够以(1)这些行为体的偏好或身份的变化,或(2)行为体战略(偏好不变情况下)的变化来解释的、既定的、稳定的变化?”

差不多30年前,布里吉特·斯特恩(Brigitte Stern 1981, 479)就提出,根据每个国家“在国际秩序中的权力地位”,法律确信与两种意愿有关。有些国家意愿受到约束,因为它们可以自行决定是否受此约束而其他国家“意愿受到约束因为它们无法自行决定是否受此约束,原因是规则是强加于它们的”;结果,“人们认为国际惯例规则就是由那些有能力将其观点强加于他人的国家依其意愿强加于他国的”。斯特恩(1981, 479)得出结论,认为法律确信“因而代表了国际社会全体接受的主流意识形态,尽管有些国家愿意接受这一意识形态,而有些国家则苦于无法摆脱这一意识形态”。如果她的分析没错,并适用于其他一些共有观念、视角和身份,有些建构主义者可能正在忽略一种国家权力影响国际法的重要方式。

说句公道话，建构主义者非常谨慎，避免做出大而全的解释，斯特恩的分析行得通是因为它在如今人们所说的建构主义背景下对权力的作用进行了探究。笔者这里要说的只是，涉及国际法时，要对建构主义的涉及面加以拓宽、深化并在一定程度上打消幻想。

9 义务的起源

有些国际关系学者通过对国际法最底层的基础进行探究，进而对建构主义的涉及面进行了拓宽。雪莉·斯科特（Shirley Scott 2004–2005，49）根据“一系列有关国际法本质的、相互关联的主张对国际法的权力”进行了定位（另见Scott 1994）。斯科特将其方法称为“作为意识形态的国际法”，在该方法中，斯科特援引了这一主张，即“权力的每一种社会政治结构中都有一个原则或一系列为数不多的互相关联的原则，而这些原
624 则可以被称为权力分配必不可少的一种意识形态”这一主张。这一系列观点“在该社会政治结构中发挥了关键作用，使这一系列权力关系实现稳定，决定谁是该社会政治秩序的成员以及为什么其他人不是其成员”。斯科特（2004–2005，54）认为国际法的政治权力源自一个核心观点：“究其根本而言，国际法与政治不同而且高于政治。国际法的这一形象体现于法律实证主义著述之中，它们避开了那些基于哲学、神学、科学或道德观的主张而倾向于一种基于国际法正式来源内容的主张。”

罗伊–斯米特（2003，591）对于国际法如何深深地扎根于其社会背景之中进行了考量。他承认，各国遵守国际规则的原因很多，其中包括自我利益的考量、对本国声誉的关切、在其他领域追逐利益的能力以及越来越多的正式制裁机制。同时：

> 绝大多数国家都承认有义务遵守国际法规则，也就是说，它们认为遵守那些合法的规则和规范是正确的。将国际法的吸引力解释为一种监管

制度以及某些国家为了避免法律纠纷必须经历的波折时，这一义务观是一个核心因素。(Reus-Smit 2003, 592)

理性主义主张可能有助于解释为什么各国会承担法律义务，但它们“对于为什么各国认为有义务遵守法律规则这一更深层的问题语焉不详”。罗伊-斯米特(2003,592)解释说，这一问题是一个“内部性”问题，“如果义务的源头位于某个特定的规范体系之内，但有关理论又缺少能对该体系作为一个整体的存在或合法性予以说明的理论资源”，该问题就出现了。作为回应，他提出一个“间隙性”概念，“将政治置于具体的、有目的的、伦理的和工具性形式的理性和行为的交叉点”，从而“为理解各国及其他行为体赋予包括国际法现代体系在内的特定的制度形式合法性的原因打开了一扇窗”。该方法“暗示对于国际法律义务令人满意的阐述最终在本质上必须是一种历史学—社会学意义上的阐述”(Reus-Smit 2003, 594)。这使国际律师们已经坚持了几个世纪的观点得以增强，即规则具有一种有别于国际事务中其他的、非法律因素的特异性。

10 国际立法

国际立法是一种近乎持续的活动，其部分原因就是桑德霍尔兹和斯通·斯威特(2004,258)所说的“规范变化循环”： 625

在既定的规范结构中，行动引发争端。基于对先例的类推，争议就接踵而至。这些话语的结果(也包括权力的部署)会对这些规则加以改进，使它们更强或更弱，更清晰或更模糊。这一循环重新回到其起点即规范结构时，该规范结构已经发生变化。改变后的规范会为随后的行动、争端和话语确立其背景。

结果，无论何时各国(及各非国家行为体)开展某个行动(或面对其他人的行动而无动于衷),他们可能都会对制定、改变、加强或弱化国际法规则的后果加以考量。

阿伯特和斯尼达尔(2002,S143)都承认立法决策必定具有战略潜能:“有些行为体寻求或抵制国际法制化,因为它们了解国际法和法律制度对行为的影响。对这些影响的预期既塑造了行为体的政治策略也塑造了它们所寻求的特定法制化形式。”此后不久:“反腐败这一案例尤其能够说明价值观和利益并非仅仅是单个行为体的动机,而且对法制化过程中它们所选择的策略以及法律机制的设计也具有重要影响。”(Abbott and Snidal 2002, S144)

如果人们认可建构的身份和共有观念的作用,并且又能意识到它们具有社会性的同时在某种程度上也具有一定政治性,那么就会发现,权力、规范性结构、身份、利益和认知的复合体会以一种或然的方式发生变化,且易受操控。

那些有意寻求建立或变更国际法的人正在开展一场“博弈”,这种博弈在现有国际法律体系中根深蒂固。正如戴维·维佩曼(David Wippman 2004,158-159)所指出的:

> 新的法律规定和司法机构不会在真空中建立,所有的东西都可以讨价还价而所有的结果都受到倡导者之间权力分配的控制。相反,立法是在现有法律规范和制度的背景之下发生的,这一背景规定并限制了该进程的参与者视为可能存在的一系列选项,同时也对该进程加以塑造。

国际行为体基于自己对现有法律体系已有的或潜在的约束性和促进性影响的理解采取战略举措。例如,对某个国际法领域中推定规则进行设计时或可采取某种方式,以使人们能够在他处利用现有规则进行类推。人们可能通过弱化诉求或夸大诉求推出新的国际惯例法规则以实施互惠原则从而获取更为广泛的支持(Byers 1999, 88-105)。有时候,立法者会诉诸某些有关合法性和公平的概念,并推进那些为了与这些概念相关联的推定规则——因为他们知道国际法制体系至少在某些程度上是以那些根深蒂固的有关正义的共识为基础的(Anghie 2004, 232-233)。

虽然即存的规则、制度和认识往往非常抵触变更,它们本身也并非一成不变。因而,那些老谋深算的、战略导向型的国际行为体有时会试图调整“博弈规则”。现有规则、制度及相关认识的可变性及其对新规则建构的意义意味着有关国际立法的战略思维不能简单地类推成一局桌球或国际象棋比赛,至少,除非人们将桌子或棋盘的设计视为博弈的一部分,而且将博弈本身以及选手们的偏好视为变化不定(或者至少接受变化)的东西。

那些代表各国制定战略的个人具有不同的动机这一事实让情况更为复杂。外交部的每一个律师都有不同需求和身份,为不同的客户服务(外交部长、政府、国家、国际社会),同时也是一个拥有自己的专业语言、共识、回报、国际及国内制裁的,紧密结合的认知共同体的组成部分(Schachter 1977)。有关立法的战略思维是一种蔑视简单解释的游戏:玩好这场游戏既需要知识和思想,也需要不断的适应能力,需要一种“游戏的感觉”。足球游戏富有创造性和流动性,虽然也不够充分,但它也许是一种可以用作比喻的最好运动。

马丁·霍利斯(Martin Hollis)和史蒂夫·史密斯(Steve Smith 1990, 179)曾经指出对国际关系进行解释时常常会遇到“个人主义”与“整体论”之间的一种张力。个人主义适用于国际象棋这种“不受他人影响的”游戏或修道院里面的生活。另一方面,整体论则适用于将国际关系视为一种“社会建构”游戏的观点。差不多20年前,他们认同这样的观点,即国际社会各行为体间的游戏是完整的、不受他人影响的游戏,而国际无政府状态则是游戏进行的基础(Hollis and Smith 1990, 179-180)。不过,他们也认为存在一些“有意义的相似点”:

除非人们已经构建了某种类型的国际社会,否则联合国就不会存在,不会有联合国大会和联合国那些脆弱而又往往有效的机构。国际外交构

> 建的舞台对于各国能为和不能为的重要性越大，将这一舞台视为那些维特根斯坦式游戏的场地就越有价值。(1990, 179–180)

有些国际关系领域的社会建构性比其他领域大。国际法制体系就是这样一个领域，如今在21世纪之初，貌似该体系已经获得了足够的规范
627 性深度和宽度以用于这种社会建构游戏。

不过，话说回来，对这一复杂的游戏事实上如何运作进行解释需要借助于一系列理论方法。有些战略决策，比如那些不同的立法论坛、机制和法律文书类型之间的决策，始终适用于理性选择理论。其他一些决策，诸如对专门法庭或法院决策权的分配或以既存的规则和制度做类比或模型等，运用来自制度主义的某些见解可能对其做出最好的解释。不过，更进一步的决策，比如对某些有关正义和合法性的共有概念的蓄意使用，人们通常采用建构主义的视角来进行考量。由于国际立法所涉及的工具具有多样性而且法律和政治之间的互动非常复杂，研究该领域中这种从不同的学科以及学科内部来讲都具有跨学科性的理论时需要采取一种“折中”方法。

要让该“折中”方法在这里发挥作用并不容易，但其回报可能非常丰厚。当然，四十多年前斯坦利·霍夫曼(Stanley Hoffmann 1963, 33)就是这样想的：“既然每个大国都想将自己的利益、观念和收益变成法律，对于政治科学家来说，对于各种不同单元体的‘法律战略’的研究，即关注它们试图倡导哪种规范以及通过哪些技巧，能获得与单纯的外交、军事或经济战略相关研究同样丰硕的成果。”历经几十年的努力，国际法和国际关系学者对于这两门学科广泛交叉的研究仍然非常肤浅。前路依然
628 漫漫。

参考文献

Abbott, K. 2004–5. Toward a richer institutionalism for international law and policy. *Journal of International Law and International Relations*, 1: 9–34.

—— and SNIDAL, D. 2000. Hard and soft law in international governance. *International Organization*, 54: 421–56.
—— —— 2002. Values and interests: international legalization in the fight against corruption. *Journal of Legal Studies*, 31: S141–78.
AGO, R. 1984. Positivism. Pp. 385–93 in *Encyclopedia of Public International Law*, vol. vii, ed. R. Bernhardt. Amsterdam: North-Holland.
ALVAREZ, J. 2001. Do liberal states behave better? A critique of Slaughter's liberal theory. *European Journal of International Law*, 12: 183–246.
ANGHIE, A. 2004. International financial institutions. Pp. 217–37 in Reus-Smit 2004.
BILDER, R. 1962. The office of the legal adviser: the state department lawyer and foreign affairs. *American Journal of International Law*, 56: 633–84.
BOYLE, F. 1985. *World Politics and International Law*. Durham, NC: Duke University Press.
BRUNNÉE, J., and TOOPE, S. 1997. Environmental security and freshwater resources: ecosystem regime building. *American Journal of International Law*, 91: 26–59.
—— —— 2000. International law and constructivism: elements of an interactional theory of international law. *Columbia Journal of Transnational Law*, 39: 19–74.
BYERS, M. 1999. *Custom, Power and the Power of Rules: International Relations and Customary International Law*. Cambridge: Cambridge University Press.
CARR, E. H. 1946. *The Twenty Years' Crisis, 1919–1939: An Introduction to the Study of International Relations*. London: Macmillan.
CHAYES, A. 1974. *The Cuban Missile Crisis*. London: Oxford University Press.
ELSTER, J. 1989. *Nuts and Bolts for the Social Sciences*. Cambridge: Cambridge University Press.
FEHL, C. 2004. Explaining the International Criminal Court: a "practice test" for rationalist and constructivist approaches. *European Journal of International Relations*, 10: 357–94.
GOLDSMITH, J., and POSNER, E. 1999. A theory of customary international law. *University of Chicago Law Review*, 66: 1113–77.
—— —— 2005. *The Limits of International Law*. Oxford: Oxford University Press.
GUZMAN, A. 1998. Why LDCs sign treaties that hurt them: explaining the popularity of bilateral investment treaties. *Virginia Journal of International Law*, 38: 639–88.
—— 2002. A compliance-based theory of international law. *California Law Review*, 90: 1823–87.
HAGGENMACHER, P. 1986. La doctrine des deux éléments du droit coutumier dans la pratique de la cour internationale. *Revue générale de droit international public*, 90: 5–125.
HOFFMANN, S. 1963. The study of international law and the theory of international relations. *American Society of International Law Proceedings*, 57: 26–35.
HOLLIS, M., and SMITH, S. 1990. *Explaining and Understanding International Relations*. Oxford: Clarendon Press.
KATZENSTEIN, P., and OKAWARA, N. 2001–2. Japan, Asian-Pacific Security, and the case for analytical eclecticism. *International Security*, 26: 153–85.
KEOHANE, R. O. 1988. International institutions: two approaches. *International Studies Quarterly*, 32: 379–96.
—— 1989. Neoliberal institutionalism: a perspective on world politics. Pp. 1–20 in *International Institutions and State Power*, R. O. Keohane. Boulder, Colo.: Westview.
—— 1997. International relations and international law: two optics. *Harvard International Law Journal*, 38: 487–502.
—— 2002. Rational choice theory and international law: insights and limitations. *Journal of Legal Studies*, 31: S307–19.
KLABBERS, J. 2004–5. The relative autonomy of international law or the forgotten politics of interdisciplinarity. *Journal of International Law and International Relations*, 1: 35–48.
KOREMENOS, B., LIPSON, C., and SNIDAL, D. 2001. The rational design of international institutions. *International Organization*, 55: 761–99.

KOSKENNIEMI, M. 2000. Carl Schmitt, Hans Morgenthau, and the image of law in international relations. Pp. 17–34 in *The Role of Law in International Politics*, ed. M. Byers. Oxford: Oxford University Press.

KRASNER, S. 1983. Structural causes and regime consequences: regimes as intervening variables. Pp. 1–22 in *International Regimes*, ed. S. Krasner. Ithaca, NY: Cornell University Press.

KRATOCHWIL, F. 1989. *Rules, Norms, and Decisions: On the Conditions of Practical and Legal Reasoning in International Relations and Domestic Affairs.* Cambridge: Cambridge University Press.

LUTZ, E., and SIKKINK, K. 2001. The justice cascade: the evolution and impact of foreign human rights trials in Latin America. *Chicago Journal of International Law*, 2: 1–34.

McDOUGAL, M. 1955. The hydrogen bomb tests and the international law of the sea. *American Journal of International Law*, 49: 356–61.

MARKS, S. 2000. *The Riddle of All Constitutions: International Law, Democracy, and the Critique of Ideology.* Oxford: Oxford University Press.

MILLS, A., and STEPHENS, T. 2005. Challenging the role of judges in Slaughter's liberal theory of international law. *Leiden Journal of International Law*, 18: 1–30.

MORAVCSIK, A. 1997. Taking preferences seriously: a liberal theory of international politics. *International Organization*, 51: 513–53.

—— 2000. The origins of human rights regimes: democratic delegation in postwar Europe. *International Organization*, 54: 217–52.

PRICE, R. 1997. *The Chemical Weapons Taboo.* Ithaca, NY: Cornell University Press.

—— 1998. Reversing the gun sights: transnational civil society targets land mines. *International Organization*, 52: 613–44.

REISMAN, M. 1992. The view from the New Haven School of International Law. *American Society of International Law Proceedings*, 86: 118–24.

REUS-SMIT, C. 2003. Politics and international legal obligation. *European Journal of International Relations*, 9: 591–625.

—— (ed.) 2004. *The Politics of International Law.* Cambridge: Cambridge University Press.

SANDHOLTZ, W., and STONE SWEET, A. 2004. Law, politics, and international governance. Pp. 238–71 in Reus-Smit 2004.

SCHACHTER, O. 1977. The invisible college of international lawyers. *Northwestern University Law Review*, 72: 217–26.

SCOTT, S. 1994. International law as ideology: theorizing the relationship between international law and international politics. *European Journal of International Law*, 5: 313–27.

—— 2004–5. Identifying the source and nature of a state's political obligation towards international law. *Journal of International Law and International Relations*, 1: 49–60.

SETEAR, J. 1996. An iterative perspective on treaties: a synthesis of international relations theory and international law. *Harvard International Law Journal*, 37: 139–229.

SIMPSON, G. 2001. Two liberalisms. *European Journal of International Law*, 12: 537–71.

SKORDAS, A. 2003. Hegemonic custom? Pp. 317–47 in *United States Hegemony and the Foundations of International Law*, ed. M. Byers and G. Nolte. Cambridge: Cambridge University Press.

SLAUGHTER, A.-M. 1997. The real new world order. *Foreign Affairs*, 76: 183–97.

—— 2000. Governing the global economy through government networks. Pp. 177–206 in *The Role of Law in International Politics*, ed. M. Byers. Oxford: Oxford University Press.

—— 2004. *A New World Order.* Princeton, NJ: Princeton University Press.

SLAUGHTER BURLEY, A.-M. 1993. International law and international relations theory: a dual agenda. *American Journal of International Law*, 87: 205–39.

STERN, B. 1981. La coutume au coeur du droit international. Pp. 479–99 in *Mélanges offerts à Paul Reuter*, B. Stern. Paris: Pedone. Approved English translation in *Duke Journal of Comparative and International Law*, 11 (2001): 89–109.

Toope, S. 2003. Powerful but unpersuasive? The role of the USA in the evolution of customary international law. Pp. 287–316 in *United States Hegemony and the Foundations of International Law*, ed. M. Byers and G. Nolte. Cambridge: Cambridge University Press.

Warner, D. 1998. The nuclear weapons decision by the International Court of Justice: locating the *raison* behind *raison d'état*. *Millennium: Journal of International Studies*, 27: 299–324.

Wendt, A. 1995. Constructing international politics. *International Security*, 20: 71–81.

—— 1999. *Social Theory of International Politics*. Cambridge: Cambridge University Press.

—— 2001. Driving with the rearview mirror: on the rational science of institutional design. *International Organization*, 55: 1019–49.

Wheeler, N. 2004. The Kosovo bombing campaign. Pp. 189–216 in Reus-Smit 2004.

Wippman, D. 2004. The International Criminal Court. Pp. 151–88 in Reus-Smit 2004.

Young, O. 1989. *International Cooperation: Building Regimes for Natural Resources and the Environment*. Ithaca, NY: Cornell University Press.

第六部分

学者与决策者

第三十六章
学术与政策制定：谁在向谁诉说真相

亨利·R.诺

能否在政策制定领域发挥作用，是不是学术成果面临的真正考验呢？简单说来，答案是否定的。此外，学术成果是否“向权力诉说真相”，并且像传统的贵格派所表达的那样，认为学术成果最终决定政策制定呢？答案也是否定的。太多的学者囿于这样一种思考，认为学术研究是对政策决定的最终检测或批判。这种观点不仅自私，而且掩盖了学术背后的社会和历史背景，进而损害了好的学术。新的学术思想来自公共服务，而学术思想也影响着政策制定，出现这两种情况的概率几乎相同。想想战后那一代的外交政策学者、经济学家和政治学家，他们在二战期间为美国和英国政府服务，并随即掌握了战后的学术话语权。另一方面，我们也要记住英国经济学家、政府谈判代表约翰·梅纳德·凯恩斯的名言：“实践家自以为不受任何学术的影响，但往往成为某个已故经济学家思想的奴隶。”（Keynes 1936, 383）学术与政治、理论与实践、学术界与政策界尽管存在不同之处，但却又是紧密关联的；缺乏任何一方，另一方（即使 635
是在其自身领域）都不会成功。

二战以后，学术与政治之间的分歧逐渐扩大。在今天，我们很少见到或者很难想象，主流学术孕育于政府服务中，正如许多战后学者那样，或者高层的政府官员领导了学术界，正如伍德罗·威尔逊在担任普林斯顿大学校长时所做的那样。约翰·肯尼迪并不是学者，但是在他当政期间可能是学者与政府良好互动的一段“蜜月期”。在越战期间，美国进入保守时期，总统和国会均由保守派而非自由派政治领导担任（即便是民主党总统，如卡特和克林顿，也更加趋于中立），一种更具有竞争和政党特征的政治进程破坏了这种友好关系。大多数的自由派学者（见下文）谴责美国政治的这种转向，而近段时间以来的保守派政府轻视自由派学者的建议，青睐智库和其他政策机构；他们提出了学术界所忽视的一些问题。[1]

学术与政策制定渐行渐远，甚至于到了不可想象的程度。[2]在后面的内容里，我就学术与政策制定实际上相辅相成提出了三个观点。首先，任何一种职业（profession）均不能超越社会知识。社会知识并非是客观的，以至于学者能够向权力诉说真相；社会知识也并非是主体间的，以至于共识或政策的成功决定了真理。社会知识是逐渐演进的，是政策学习和政策制定之间互动的结果，随着时间的推移产生了学者们可以理解并据此争论的社会变革。第二，尽管学者和政策制定者追求不同种类的知识，但这些不同种类的知识均为进步所必须，尤其是在我们认为社会知识是不断进化的时候。学者致力于理解事件为何发生，从政策过程中获得一般性解释。政策制定者寻求理解事件如何发生，追求政策制定过程所需的特定知识。这是因为，与自然世界不同，社会世界既是创造出来的，也是被发现出来的，学者和政策制定者均为知识做出了必要的贡献。第三，学者和政策制定者在追求各自目标时均会做出政治承诺。相比其他目
636 标，学者选择追求学术目标，以期通过自己研究的知识间接地改变世界；政策制定者放弃了党派政治而产生的政治疏离（political detachment），为了直接改变世界并创造历史。他们的政治承诺类型相异，但是结果却

1 关于学术界远离保守派政治，参见Tickner (2006)。关于保守主义在学术界的边缘化，参见Bauerlein (2006)。

2 其他学者也表达了相同的观点，参见Jentleson (2002) 和Anderson (2003)。

并非如此。评价历史的学者对于结果有其政治偏好；而创造历史的政策制定者所取得的结果中蕴含着政治风险。一方需要另一方来平衡判断(judgments)。不断演进的社会知识是学术和政策制定之间不可避免的合作产生的结果。

1　真理和知识的本质

如果向权力讲述真理是学术界的义务，那我们不禁要问，就像大希律王曾经提出的那个问题："什么是真理？"知识是真理，抑或知识只是真的？如果它只是真的，那么它是相对的吗？简而言之，我们有选择性地提出一些问题并在特定的时间、空间和特定的群体中寻求答案而产生了知识，并且知识并非有可能而是必定会在不同群体、时间和空间内发生变化吗？以自然科学中的物理学为例：牛顿力学在大规模的行星现象上是有效的，量子力学在解释亚原子现象上是有效的。但是这两种理论所设想的世界完全与现实不同。一种是以固定的时间和空间的物体为基础，而另一种是以概率与时间和空间的相对性为基础。或许第三种版本的现实包含这两者。爱因斯坦终其一生也未能发现一种"统一"场论。一些科学家认为弦论或许就是这种统一场论的答案。但是，即便弦论成功，它也不可能解释未来更多的异常现象。我们也不知道哪种关于宇宙的学说是真的，哪些是假的。

我们来看一下对真理三种不同的理解：客观、主观和演化的。[1]

大多数学者，尤其是社会学家和政治科学家，坚持认为学者是客观的或应当努力保持客观。正如加布里埃尔·阿尔蒙德(Gabriel Almond 1990, 29)所说："我们应当毫不动摇地坚信我们对寻求客观性的承诺。"这种对客观性的承诺意味着社会学家与爱因斯坦这样的自然科学家一

1　我在此处过度简化了。所有对于真理的理解都包含这三个特征，但是侧重点不同。实证主义强调客观性，建构主义和批判主义侧重主体间性，马克思主义和其他目的论重视历史唯物主义和社会学。具体可参见Smith, Booth, and Zalewski (1996)。

样，坚信上帝不会掷骰子。社会世界应当像自然世界那样是有序的，而学术界的目的应当是找到这种秩序。如果果然如此，那么学术界将成为
637 决策界的老师。正如摩根索（1970，17）在他与美国政府就越南问题上激烈针锋时告诉我们的，不仅仅可以而且“必须向权力讲述真理”。[1]因为学术界寻求客观真理，俯视政策界，而政策界经常操控真理以达成政治目的。[2]正如摩根索（1970，14，5）补充说道：“知识分子寻求真理；政治家寻求权力……”“权力不会向人们的观点低头，只会向更高的权力低头……”最终，学术界生产的知识将使政策界和社会符合社会和自然世界的潜在秩序。这种寻求客观真理的承诺令人敬仰，但是也过于雄心勃勃和自利，轻视了政策的制定，也掩盖了真理固有的不确定性。[3]它只是理解真理本质的手段之一。

在肯定对客观性的承诺时，阿尔蒙德（1990，29）反对两种真理的理解，一种是主观的，另一种是进化论的。在他看来，“批判学派和马克思主义学派沉浸在专业的海绵（professional sponge）中”。批判学派或历史学派认为所有的知识都限于社会和历史现实。知识不是客观的，而是主观的；更准确地说，知识是主体间性的。知识是一定的社会和历史时期一群认识论学者建构出来的，不是穿越时间和空间、客观存在的社会本质秩序的产物。相反，知识是偶然的、相对的。托马斯·库恩（Thomas Kuhn, 1970, 3）在《科学革命的结构》（*The Structure of Scientific Revolutions*）里做出一番研究后总结认为，“在一段确定的时间内，一个科学共同体所

1 在这本书里，摩根索放弃了他之前的观点（1946，参见更多的上述讨论），即他认为真理是观察者眼中的真理，并不会告诉我们为何知识分子作为唯一的观察者突然宣称掌握了真理。

2 诺姆·乔姆斯基是摩根索在越南问题上的同盟，他（1967，325）认为“说出真理、揭示谎言是知识分子的责任所在”。即使在一个知识不确定的世俗世界里，让学者披上“真理”的外衣十分令人困惑。正如爱德华·希尔斯（Edward Shils，1969，41）告诉我们，这种想法可能来源于神学院的学术：“顶礼膜拜和渴望与神联系的传统……或思想和经验的最终理由……可能是知识分子最早、最全面的和最重要的传统。”

3 一本流行的关于社会学科研究的当代启蒙书做出了对客观知识的承诺，但是强调了它的许多假定和不确定性：“我们回避了科学哲学中的许多问题……并且……认为我们有可能获得外部世界的知识，但是这种知识总是不确定的。”（King，Keohane，and Verba 1994，6）

信奉的信念之诸组成部分中，总有一种明显的随意因素，其中包含着个人与历史的偶然事件在内”（Kuhn 1970, 3）。

根据这种真理观，即便是物理科学也不能逃脱所处时代的社会和政治背景。真实的世界或许仍然是客观的，但我们永远也不知道这一点。只有从可观察数据上获取的推断或解释与真实世界一致时，我们才知道这一点。简而言之，如果我们的推断并非错误，而不是如果我们的推断是真的，我们才知道这种客观。其原因正如库恩所说，“科学哲学家们已 638
经一再论证过，对于任何一组已知的资料，总可以建构出一个以上的理论”。因此，占据主导的真理或理论视角是一种社会共识的建构，而非物理现实的刻画（Katzenstein 1996; Wendt 1999）。

有人认为，这种建构主义的真理观自然适用于社会科学；社会科学不仅仅作用于自然科学这样的认知群体，还研究不断变化的社会和人的境况，而不是一成不变的物理现象。自然科学家无法改变物理现实，而社会科学家可以改变社会现实。赫德利·布尔（Hedley Bull 1972, 263）抓住了这种区别，认为，“政治学的学生不仅仅是作为客观与主观的关系与其研究主题相联系，也是一种因果关系”。[1]社会科学家的干预改变了他们的主题，这一点是自然科学家所做不到的。在物理学中，海森堡测不准原理是指任何试图测量粒子位置的行为都会干扰到粒子。但是，这一原理并没有说这种行为会导致粒子在未来有不同的表现。相反，人类的主题既具有教育意义，又具有创造性。他们吸收社会科学家创造的知识，并以不可预知的方式改变他们的行为。

那么，是不是所有的真理在社会意义上都是相对的？如果答案是肯定的，那么学术界本身就是政策过程的一部分，那就不能宣称可以向权力讲述真理。“社会科学的真理，”摩根索（1946，167）在其与美国政府对峙前告诉我们，“只有在特定观察者的视角下方成真理。”社会背景决定了

---

1 丽萨·安德森（Lisa Anderson 2003, 12）提出了一个类似的公示：“社会科学家研究的内容是他们自己想象的建构。”

学术研究的任意程度（按照库恩的观点，即个人与历史的偶然事件）不比政策制定的随意程度低。面对权力，学术界并非中立的，而是证明权力合法性并批判权力是社会和政治结构的一部分。基于此，摩根索（1970, 434）将大学称为“巨大的、不可或缺的公共和私人权力的服务站”（也可见Parsons 1969）。如今，学术界被贬低了。美国的政治学为美国政治和社会精英服务（Oren 2003, 5）。肯尼斯·普尼维特（Kenneth Prewitt）（2002, 6）在承担一项社会科学研究委员会（Social Science Research Council, SSRC）项目中说道，“从经验上来说，我们对普遍真理的主张很大程度上是关于这一时期的社会经验”。

然而，马克思主义学派提出了第三种可能性。如果真理根植于历史并随着历史的进程逐渐显现呢？尽管知识是时间性的，它还是以某些方式进化，最终累积导致跨越时间维度的结果。此外，由于社会知识不仅仅涉及无生命的物体，而且也与具有创造性的人类关联，政策制定和社会行
639 为将会有助于这一进化过程。马克思等学者发现了历史模式。但是，诸如列宁等政策制定者加快甚至于创造了历史模式。现在问题来了：这些模式演化的目的是什么或追求什么样的真理？在这里，社会科学家受到了政治偏好的影响，而自然科学家却没有（因为后者不能改变自然世界）。马克思认为历史的发展方向是共产主义，而西方自由主义人士认为是多元主义或民主制度。西方保守主义人士，例如列奥·施特劳斯，认为是通过经典智慧更加完整地揭示已知事实（Melzer 2006）。在末世论看来，神学家看到了历史的方向是基督的第二次降临。现代主义者认为历史是朝着一个更加富裕、教育水平更高、技术程度更高的世界发展，在这样的世界里自然科学家和社会科学家更加积极地学习他们所生活的宇宙。[1]

如果真理是逐渐进化的，而不是客观或相对的，那么学术界与政策

1 厄恩斯特·哈斯（Ernst Haas 1990, 190）提出了一种现代主义的范例：“我确信人类在大约1 600年之后所做出的努力收获了大量新的内容……（并且）为了改善医疗条件、增加财富和福利以及促进和平所做出的集体决策变得十分可行。而在200年后，这些才普遍起来。”

界之间或许就不可分离。政策制定者创造历史，历史循着学者们发现并坚定维护的方向前进。正如西奥多·罗斯福所强调的，身处政策领域是一种寻求真理的主要方式。如果学术界从客观角度理解真理，那么就会身处政策过程之外，也将不再比政策制定更加高级。两者是互补的。学者们发现历史模式，展开辩论，并受到社会条件和所处学科领域偏好的限制，而政策制定者通过更加明确的政党参与塑造事件的发生。

奇怪的是，几乎所有的美国和西方社会科学家都接受知识进化这样一种观念，即便他们坚持认为社会知识本来是或应当是客观的。[1]他们相信，学者们发现的客观知识可以也应当用于创造一个更好的世界——如果不是民主的话，一般来说就是更加繁荣、和平和人道。阿尔蒙德写道，政治学“不能暗示对某个特殊行动方针的政治承诺”，在第三段，他接着写道，“为了将知识的力量影响政治世界的悲剧性困境，我们已经做出了长久的、全球性的重要贡献”。如果利用知识解决悲惨的世界问题没有涉及政治参与，那么还有什么可以涉及？社会科学并不仅仅是发现，也是社会变革。约翰·贡内利（John Gunnell 2005，608）强调了这一点，“对科学的追求以及对这种追求的批评从来没有与对民主标准和实现的探索相分离”。 640

2　学术知识和政策知识的关系

如果社会知识是进化的，学者和政策制定者对此做出贡献，那么各自创造了什么样的知识以及这些不同种类的知识之间有什么样的关联？

人们说，科学家寻求解释事件的法则，而决策者利用法则来塑造事件。科学家们需要验证和证明来解释重复的结果，而决策者及时提出建议以获得新的结果。从这个角度来看，两者利用知识的目标完全相反。

1　正如安德森所观察到的（2003，15），“自一开始，美国的社会科学之所以被认为可行并且得到拥护，是因为它……致力于提高道德和实现自由主义目标，而这两者是美国公共政策的特征”。

学者追求超越直观的一般知识，[1]决策者追求帮助他们获得从未观察到的具体知识。例如，他们需要在核时代促成和平，寻找他们不熟悉且不至于挑起战争的武力威慑政策。

对于学者来说，随着知识不断成熟（或科学变得平常），各种法则和理论变得越来越抽象和深奥。学者们应该在学术期刊发表文章，吸引各自领域的专家，而不是在政策杂志发表文章吸引决策者的注意。学术研究从政策世界脱离出来。

相反，如果抽象知识不能帮助决策者达成政策共识、满足政策需要，那么对决策者就没有用处。例如，克林顿利用民主和平论来确立他的外交决策的广泛前提，"扩大民主、经济参与"。但是，当这项政策过度消耗资源、削弱了共识时，克林顿退却了——例如，从索马里到卢旺达。仅有知识（假设这个例子中的民主和平论是知识）是不够的；知识必须对决策者有用，并且在一个民主国家必须得到大多数的支持。正如亚历山大·乔治（Alexander George 1993）告诉我们，决策者需要不一样的信息——获得共识所必需的实质权衡、不同政策决策的副作用或机会成本以及政策决策的风险和时机。

正如学者们看到的那样，学术不能向政治屈膝。我们不能投票决定太阳是否升起（尽管在2006年国际天文联合会投票决定冥王星不再是一颗行星——但是并不是作为一项事实）。但是，正如决策者认为的，政治也不能向科学屈服。如果科学进入政策领域，提出的建议并不能接受人们的议论，那么科学将会缩小其发展所依赖的质疑和自由的范围。例如，
641 有关全球变暖的科学并不能主导政策的结果，因为所有的知识都是不确定的，尤其是当科学与富有创造力的人类打交道时；民主依赖于说服大多数人，也没有任何实际有效的机制拥有规避所有风险的资源。另一方面，政治并不能免受大自然造成的结果的影响。无论我们是否做了预测和准备，风暴都会发生。

---

1 实证主义从观察转向描述性和因果推断，而建构主义从叙述转向构成性和解释性意义。

同时，可预测的（学术的）和实际有效的（政策的）知识在很多方面相互依赖。罗伯特·罗斯坦（Robert Rothstein 1972，121）认为，“参与实践问题的解决会在理论上有诸多益处”。用库恩的话来说，实践催生了令普通科学困惑的疑问，产生新的学科分支或革命性科学。工程师会遭遇自然科学无法解释的异常现象。决策者会遭遇社会科学家无法解释的真实世界的问题。实践为学术的自我吸收设定了限制。

另一方面，若非经过理论和实质性知识（substantive knowledge）（Renshon and Larson 2003）的引导，经验和判断只是纯粹的偏见。决策者通常不会从理论的角度思考他们的认知技巧，但是他们一直决定着哪些事实和政策选择可以予以考虑，因为他们从来不会考虑所有的事实和政策选择。在决策者收集事实和评估前，他们需要一些视角来确定并选择一个问题。为何某事物构成一个问题？为何这个问题重要？以及哪些政策选择可能会影响这个问题？如果没有理论，那么他们采用的视角将会引导这些政策选择。[1]罗斯坦和乔治认为，学术知识在诊断政策问题时是最有用，或许也是十分必要的。政策知识或判断在政策选择时可能更加有用。

3 学术和政策知识受到的政治约束

如果社会知识是进化的，那么就不存在受到社会因素制约的知识了。学者并不是独立的和不受约束的，决策者也并不会免疫于某个更加独立的学术群体发现的历史模式的主观判断的影响。

不论学者是否与政府部门有直接的关联，他/她参与政治的所有途
径也不过这些。贡内利曾指出，我们大多数人致力于实现民主制这种特 642
定的政治意识形态，因为没有民主我们的学术自由将会受限。我们没有选择从商或信教，而是选择从事教育；那么，大多数学者对宗教信仰和市场经济提出了尖锐的批评也就不那么令人惊讶了（参见 Lipset 1996，第6

1 诺（2006）研究了理论在解释历史上的和当下的学者与政策制定者之间产生争议时的作用。即便他们在考虑相同的事实，争议也会产生。

章)。我们选择了一个特殊的行业,具体而言就是政治科学;相比物理学或医学,政治科学很显然更多地与政治相关。我们选择研究的主题是基于那些我们认为最重要的话题,这种选择也极大地受到了我们的政治偏好的影响。[1]我们创造了其他人在政治中使用的思想,自然我们也应当对由这些思想产生的政策负起一定的责任。最后,作为公民,我们积极参与政党的政治活动,加入政党,为活动捐资,为候选人提供建议,等等。

此外,学者在支持党派活动中绝对不是中立的或保持平衡。为了保持中立,人们可能期望自然科学家和社会科学家以独立人士的身份参与到政治进程中。学者可以以公民的身份履行义务,但与此同时可以在他所处的社会里独立于政治组织。如果不能达到这种完美状态,人们可能期待他们保持平衡——也就是,在他们所处的社会里在政党之间保持不偏不倚。然而,美国的学术界绝对不是独立的,在两大政党间也不是保持中立的。在社会科学领域,支持民主党的学者人数与支持共和党的学者人数之比为7 ∶ 1,在自然科学领域这一比例更高(Tierney 2004; Young 2005)。[2]社会科学领域的比例比30年前增加了两倍,预计在未来这一数字将继续增加,因为拥有教职的年轻学者更多支持民主党,而老一辈支持共和党的学者逐渐退休。不论这种政治多样性缺乏的理由是什么(自我筛查、有意或无意的歧视等),美国的学术界无法宣称自己在对待政党政治方面保持了公正的姿态。[3]

请记住,所有这些形式的政治参与均先于任何积极参与政府的行为。由于大多数的学者认为做好研究需要尽可能远离政策世界,人们可能期
643 待学者们清楚地意识到自身作为公民所做出的承诺的党派性质。但是,坦白说,很少有人(或者说很多人不会)有这样的意识。大多数人只是简

1 正如安德森(2003, 12)所指出的,“即便是社会科学中最超脱的技术人员,他们在选择研究领域和问题时,也表现出社会世界对他们的影响”。

2 2004年,加州大学和哈佛大学的职工捐献给科里和布什的金额比为19 ∶ 1。

3 美国媒体也是如此:85%以上的记者是民主党。正如约翰·蒂尔尼指出,“问题并不是媒体上的故事,而是没有人考虑去做的事情”(《纽约时报》,2005年10月23日)。在学术界,相比考虑管理市场,很少有学者问过如何利用市场,或者如何加强个人的自主而不是加强社区机构,因此,保守派政治家转而向智库和其他机构寻找答案。

单地认为，学者们的党派政治活动并非直接为政府服务，这并不影响他们的研究。他们可以将政治与研究分离开来。实际上，他们向大众说的是，“相信我们”。在学术群体中，我们中的大多数人确实相信我们的同事，因为我们了解他们，也仔细研究他们的工作。但是大众需要的不仅仅是“相信我们”这个口号。至少，学者应该参与“通过学术宣传揭示政治真理”。我们应该向大众公开和揭示我们的政治偏好，这样读者和我们所创造知识的使用者可以就我们的客观性做出评判。[1]

一旦学者越界并直接参与政府部门，政治联系就变得愈加明显，学者们就丧失了学术纯洁。其理由似乎有两方面：首先，学者型的决策者放弃了倾听和批判所有的政策选择。相对于大学的独立氛围，决策过程力求禁止人们讨论、缩小政策选择的范围并压制反对的声音。党派性加快而不是破坏政策制定的进程。通过审查选举和日常的公开辩论，决策者获得了制定议程的权利，排除了某些政策上的猜想和选择。学者可以批判这种党派性，但是他们也应该意识到，没有党派性就没有历史。

其次，当学者进入政府，他们就获得了解释他们创造的历史的权利。当他们返回学术界，他们并不是与同行站在同一角度评价这种历史。那么，为他们的自利分析打个折扣是合适的。[2]但是，当曾经在政府最高层服务的学者重返学术界时，人们并不欢迎，这种做法就太过了。民主派的学者型决策者［如麦克乔治·邦迪（McGeorge Bundy）、沃尔特·罗斯托（Walt Rostow）和兹比格涅夫·布热津斯基（Zbigniew Brzezinski）］和共和派学者［如基辛格和珍妮·柯克帕特里克（Jeane Kirkpatrick）］就遭遇过这种情况。[3]他们在进入政府之前同样是合格的学者，并且他们为学术

1 塞缪尔·亨廷顿 (2004, xvii) 为这种政治的诚实提供了蓝本：“爱国主义和学术的动机……可能会发生冲突。认识到这个问题后，我试图尽可能中立和分析证据，警告读者我对证据的选择和展示可能受到我的爱国主义的影响，因为这种爱国主义驱动着我在美国的历史和可能的未来中寻求意义。”

2 基于这一理由，我在关于里根政府的书中明确表示“学者可能认为我的思考已经丧失了客观性” (Nau 1990, ix)。

3 历史学家阿瑟·施莱辛格 (Arthur Schlesinger) 是为数不多的例外。他在肯尼迪政府担任政策顾问，在重返学术界之后写了大量赞扬肯尼迪政府的文章，而他的学界同事也广泛认可。

644 界解了燃眉之急，即更好地理解党派性如何塑造历史、深化社会知识。

4 结语

学术与政策制定之间的关系取决于人们如何理解知识或真理的本质、不同知识类型之间的关系以及同时影响学术和政策制定的政治约束。

如果知识绝大多数是客观的，学术就是政策制定的试金石。如果知识大多数是主体间性的，那么学术和政策制定都依赖于社会境况，任何一方也无法向另一方讲述真理。如果知识是进化的，那么学术和政策制定共同地追求真理。学术发现了为政策制定的行为和选择提供信息的模式，而政策制定遭遇异常现象并创造了出乎意料的历史结果。历史沿着不同的方向演进，但是由于这些方向取决于人们不同的解释，学术和实践又以独特的方式相互依存。学术告诉我们可以通过严格的科学研究方法了解到什么；政策制定告诉我们需要了解什么方可以影响历史的进程。

如果知识是进化的，那么我们不必放弃我们的政治承诺（政策制定）或科学（真理）。布尔（Bull 1972，262–263）为此做出了一个永恒的综合推断：

> 我……会捍卫政治客观性或疏离的观点，至少作为我们的一项目标……但是……当然，并不存在“价值中立”的国际关系研究或其他社会学科。人们最希望做到的事情就是意识到自己的道德和政治的前提、明确地表达出来（如果一个人采纳由这些前提推导出的观点），加以批判并将研究这些道德和政治前提作为学科的一部分……我也不愿意认为承诺（从坚信某些道德和政治目标的角度）和为实现这些目标而奋斗的意愿与政治学的学术研究是一致的。毕竟，一个人可能会批判或欢迎道德和政治前提，或许可能会得出某些结论并据此展开行动。我甚至认为，在某些情况下，在政治冲突中向一方表达的强烈的承诺为理解另一方的特质提供了观察的视角；缺少另一方就不可能做到。

在最后一段话，布尔肯定了政治承诺在政策制定过程中的积极作用，正如他在第一句中肯定了疏离在社会科学研究中的积极作用。布尔呼吁学者和决策者应该和平共处。此外，他告诫学者，应该意识到他们的道德和政治前提并加以批判，在观点里明确表达出来。太多的学者忘记了知识的不确定性，未加思考就谈及真理。[1]一边倒地偏向政治光谱的其中一端，就像美国这样，这样的学术界谈不上公正。这种一边倒的政治偏见至 645
少应该受到质疑，不应该因为其是“客观的”学术研究就认为无关紧要。正如布尔（1972，263）进一步指出的那样：“一个不太容易被察觉的危险（相比学术的价值观屈从于政治价值观这一危险）正是人们应该如何遵守学术价值观，如何展现智识上的严谨；然而，在道德和政治的框架内，这些尚未受到人们的质疑。”

参考文献

Almond, G. A., 1990. *A Discipline Divided: Schools and Sects in Political Science*. New York: Sage.

Anderson, L. 2003. *Pursuing Truth, Exercising Power: Social Science and Public Policy in the Twenty-First Century*. New York: Columbia University Press.

Bauerlein, M. 2006. How academe shortchanges conservative thinking. *Chronicle Review*, 53, 15 Dec.: B6.

Bull, H. 1972. International relations as an academic pursuit. *Australian Outlook*, 26: 251–65.

Chomsky, N. 1967. *American Power and the New Mandarins*. New York: Pantheon.

George, A. L. 1993. *Bridging the Gap: Theory and Practice in Foreign Policy*. Washington, DC: United States Institute of Peace Press.

Gunnell, J. G. 2005. Political science on the cusp: recovering a discipline's past. *American Political Science Review*, 99: 597–609.

Haas, E. B. 1990. *When Knowledge is Power: Three Models of Change in International Organizations*. Berkeley: University of California Press.

Huntington, S. 2004. *Who Are We? The Challenges to America's National Identity*. New York: Simon and Schuster.

Jentleson, B. W. 2002. The need for praxis: bringing policy relevance back in. *International Security*, 26: 169–83.

Katzenstein, P. (ed.) 1996. *The Culture of National Security: Norms and Identity in World Politics*. New York: Columbia University Press.

Keynes, J. M. 1936. *The General Theory of Employment, Interest and Money*. London:

1 马克斯·韦伯（1949，54）指出了在他所处的时代出现的这种倾向性：“毫无疑问，在我们科学中，个人的价值判断倾向于影响科学，但却没有人公开承认这一点。”

Macmillan.
King, G., Keohane, R. O., and Verba, S. 1994. *Designing Social Inquiry: Scientific Inference in Qualitative Research*. Princeton, NJ: Princeton University Press.
Kuhn, T. S. 1970. *The Structure of Scientific Revolutions*, 2nd enl. edn. Chicago: University of Chicago Press.
Lipset, S. M. 1996. *American Exceptionalism: A Double-Edged Sword*. New York: W. W. Norton.
Melzer, A. M. 2006. Esotericism and the critique of historicism. *American Political Science Review*, 100: 279–95.
Morgenthau, H. J. 1946. *Scientific Man vs. Power Politics*. Chicago: University of Chicago Press.
—— 1970. *Truth and Power: Essays of a Decade, 1960–70*. New York: Praeger.
Nau, H. R. 1990. *The Myth of America's Decline: Leading the World Economy into the 1990s*. New York: Oxford University Press.
—— 2006. *Perspectives on International Relations: Power, Institutions, and Ideas*. Washington, DC: CQ Press.
Oren, I. 2003. *Our Enemies and US: America's Rivalries and the Making of Political Science*. Ithaca, NY: Cornell University Press.
Parsons, T. 1969. "The intellectual:" a social role category. Pp. 3–25 in *On Intellectuals: Theoretical Studies, Case Studies*, ed. P. Rieff. New York: Doubleday.
Prewitt, K. 2002. The social science project: then, now and next. *Items and Issues*, 3: 5–9.
Renshon, S. A., and Larson, D. W. (eds.) 2003. *Good Judgment in Foreign Policy: Theory and Application*. Lanham, Md.: Rowman and Littlefield.
Rothstein, R. L. 1972. *Planning, Prediction, and Policymaking in Foreign Affairs: Theory and Practice*. Boston: Little, Brown.
Shils, E. 1969. The intellectuals and the powers: some perspectives for comparative analysis. Pp. 25–48 in *On Intellectuals: Theoretical Studies, Case Studies*, ed. P. Rieff. New York: Doubleday.
Smith, S., Booth, K., and Zalewski, M. (eds.) 1996. *International Theory: Positivism and Beyond*. Cambridge: Cambridge University Press.
Tickner, J. A. 2006. On the frontlines or sidelines of knowledge and power? Feminist practices of responsible scholarship. *International Studies Review*, 8: 383–95.
Tierney, J. 2004. Republicans outnumbered in academia, studies find. *New York Times*, 18 Nov.: 23.
Weber, M. 1949. *The Methodology of the Social Sciences*, trans. and ed. E. A. Shils and H. A. Finch. Glencoe, Ill.: Free Press.
Wendt, A. 1999. *Social Theory of International Politics*. Cambridge: Cambridge University Press.
Young, C. 2005. Liberal bias in the ivory tower. *Boston Globe*, 11 Apr.: A–15.

第三十七章

国际关系：理论与实践的相关性[1]

约瑟夫·奈

在实践中，理论不可避免。为了完成目标，人们至少需要一种原始的因果认知，还需要一种简化和解读现实的手段。如果我要求你描述过去一个小时发生的事情，你必须加以简化，否则你就得重述过去一个小时每一分钟的细节。如果我要求你做某件事情，那么你就需要关于采取何种行动以达成某种目的的想法。这是一种基本智慧，也是构成约翰·M.凯恩斯那句经常被人引用的话的基础："认为自己在相当程度上不受任何知识影响的实务界人士通常都是某个已故经济学家的思想奴隶。"（1936，383）问题并不是理论是否与实践相关，而是哪些理论与实践相关，以及实务界人士如何意识到他们不可避免使用的理论的来源和存在的局限。

理论被理解为一整套可以概括使用的因果关系命题，其在适用范围、简约法则、解释价值以及规范性和描述性的内涵上存在着巨大不同。一 648
些理论关注国际体系，一些理论着眼于国家，还有一些理论则关注个人

1 感谢布鲁斯·詹特森 (Bruce Jentleson)、彼得·卡赞斯坦 (Peter Katzenstein)、罗伯特·O. 基欧汉 (Robert O. Keohane)、约翰·欧文 (John Owen)、邓肯·斯尼达尔 (Duncan Snidal) 以及斯蒂芬·沃尔特 (Stephen Walt) 等学者对本章做出富有建设性的评论。

层面。一些理论关注实质,而另一些则注重过程。一些理论十分抽象和概括,一些理论则提供中观层面的解释(mid-level explanations),还有一些理论的范围相当狭窄(George 1993, Walt 2005,第26页及以后,另请参见Lepgold 2000, 363)。由于简化难以避免,在选择哪些理论具有相关性、哪些需要放弃时,偏见也就无法避免。意识到我们的这种偏见是很重要的。

正如斯坦利·霍夫曼(2006,4)在三十年前指出,当代国际关系理论具有非常强的美国化倾向。"这个学科仍然深受美国科学主义的影响,只有英国学派是个例外,因为该学派建立在一种国际关系的观念之上,而该观念重视政治哲学、历史和规范化考虑,还整合了现实主义和格劳秀斯自由主义的因素。"例如,国际关系学科中前10名的期刊中有9份出版于美国;最近一项针对1 084名学者的调查也发现,在25位最具影响力的学者中,来自美国东海岸学术机构的男性学者占据了绝大多数(Peterson, Tierney, and Maliniak 2005, 62;另请参见Wæver 1998)。

考虑到上述数据,人们可能以为至少美国的政策制定者乐于与理论家互动,但是这种互动却十分罕见。正如亚历山大·乔治(1993)指出,一提到理论,政策制定者就目光呆滞了。保罗·尼采(Paul Nitze 1993, 3)是一名学者型决策者,他曾经指出"自二战以来,美国人以'政治科学'为题所撰写和教授的内容,大多与经验和常识相悖。作为实际执行政策指南,这些内容即使没有产生反作用,其价值也很有限"。其他国家的情况也没有比美国好多少,理论与实践的差距常常更大。很多观察家已经注意到理论家和实务界人士之间的鸿沟正在日益扩大。约瑟夫·雷普戈德(Joseph Lepgold)和米洛斯拉夫·宁契奇(Miroslav Nincic)认为"学术界和实务界之间的职业鸿沟在最近几年里不断扩大,许多学者不再试图关注象牙塔以外的事情,而官员似乎越来越乐意于忽略这一现象"。或者,就像布鲁斯·詹特森(Bruce Jentleson 2002, 169)指出的那样,"问题不仅是理论和政策间存在着鸿沟,而且近几年在不断扩大"(另请参见Kruzel 1994; Newsom 1995–1996)。

美国素来的政治任命传统比具有强大文官传统的欧洲、日本或其他国家更适合理查德·诺伊斯塔特(Richard Neustadt)所称的政府与学术界的“旋转门”制度。尽管“英国学派”与政策制定有关联,但英国传统中的理论家与政策制定之间的关联比美国还少。过去,一些重要的美国学者,如亨利·基辛格和兹比格涅夫·布热津斯基等,都曾担任高层外交政策岗位,但这条路径渐渐变成了一条单行道。现在没有几个一流学者 649
进入政府部门工作,也很少有人重新返回学术界进行理论研究。在《外交政策》列出的25位最具影响力的学者中,只有四位身居决策层,其中两位在美国政府,两位在联合国。也许理论在实践中是不可避免的,但无论在美国还是在其他地方,大多数实务界人士似乎避免与理论界发生直接接触。

1　理论与实务之间的鸿沟有问题吗?

有些学者赞成理论与实践之间存在适当的鸿沟。毕竟,理论家和决策者所扮演的社会角色是不同的。英国学者克里斯托弗·希尔(Christopher Hill)认为,如果学者寻求“理论与政策的相关性,即使只是为了向社会证明我们存在的正当性,那么维护知识一体性就会变得更加困难”(1994, 16)。正如马基雅维利在四个世纪前所发现的,当你置身于权力斗争的中心时,试图向当权者说真话是危险的。这里不仅存在着理论家为迎合政治流行风气而在政治上见风使舵的风险(即“学术腐败—相关性权衡”[corruption-relevance trade-off]),而且还存在一种更微妙的风险:寻求短期相关性会使理论家们放弃抽象和高雅这些有时对于学术进步来说十分根本的东西(学术严谨—相关性权衡)(感谢沃尔特就上述两种权衡做了区分)。从这个角度看,象牙塔的与世隔绝可以起到抵御这些诱惑的缓冲作用,并且鼓励一种有益的劳动分工。

我们还可以就大学是独特机构的观点阐发很多看法,但却没必要对想象中的学术腐败与关联性之间的取舍做这样非此即彼的界分。在理论与实践的关系问题上坚持一种“居间立场”，就是我称之为的“平衡组合法”(balanced portfolio approach)。但是，只有当一些人在不同时期能够在学术与实务这两个不同的专业领域工作，并能够担当理论与实务之间的桥梁时，这种组合法才能发挥最佳效果。然而，正如前文引证的材料所表明的，同时对理论和实践都有所贡献的“进出者”越来越少了。

过去，学术界对政策的制定做出了直接或间接的有益贡献。几十年前，诸如阿诺德·沃尔弗斯、卡尔·弗雷德里希、麦克乔治·邦迪、托马斯·谢林这样的学者和其他学者都认为，学者参与政策制定过程是可取的。正如兰多夫·西沃森(Randolph Siverson 2000)业已指出的，一些学术观点对政策的制定有着颇为重要的意义。通过将撰写学术论著与进行实务咨询结合起来的方式，谢林、伯纳德·布罗迪(Bernard Brodie)、阿尔伯特·沃尔斯泰特(Albert Wohlstetter)、威廉·考夫曼(William Kaufman)和其他学者提出并完善了各种有关核战略和武器控制的理论，这些理论在冷战时期得到了实务工作者的广泛使用。最近，在迈克尔·多伊尔(Michael Doyle)、鲁道夫·鲁梅尔(Rudolph Rummel)、安托
650 尼·莱克(Anthony Lake)、布鲁斯·拉西特(Bruce Russett)和其他学者的推动下，康德(Kant)的民主和平理论(“自由民主国家之间不易爆发冲突”)得到了更新，并已进入大众政治话语和政府政策之中。

除了上述那些宏大理念之外，学者们还提出了很多中程理论(middle-level theories)以及基于具体的功能知识或区域知识的一般性观点，而这些理论和观点的作用也已经为决策者所证实(关于区域专业知识的事例，请参见Lieberthal 2006)。有关威慑、恐怖平衡、相互依存和两极体系等理论，也帮助形成了决策者们赖以使用的词汇。历史类比法是决策者们常用的一种阐发思想的形式，但他们采用的方式却常常是粗陋和误导的。学者们可以帮助他们对这些历史类比法的使用和误用进行规范(Neustadt and May 1986)。正如厄内斯特·J. 威尔逊三世(Ernetst J. Wilson III 2000, 122)所指出的，学者们即使在自己无法做出回答时也可以通过框定、厘清和提出问题的方式来帮助公众和决策者。

从一种规范的角度来看，上述观点也可以用来支持如下论点：作为公民，学者有义务尽其所能去帮助完善政策理念。再者，参与政策辩论也能提升和丰富学者的学术工作，进而提升学者教授下一代人的能力。戴维·D. 纽瑟姆(David D. Newsom 1995–1996, 64–65)写道：

> 大学学者日益退缩到理论与模型建构的幕后，如果他们不关注新一代的培养问题，如果学术共同体未能影响公众和官方对国际问题和事件的认识，那么这种退缩就不会有更广泛的意义。老师们播下塑造每一代新人思想的种子，而这很可能是学术界最持久的贡献。

另外，人们还可以争辩说：虽然理论与政策之间的鸿沟在最近几十年中一直在扩大，并可能伤及政策，但是日益扩大的鸿沟却产生了更好的政治理论，而这要比理论是否与政策相关重要得多。

2　现实世界对学术理论的影响

姑且不论人们对学术界与政策的正确关系持有何种规范性看法，国际关系这一学术领域，并不像一些学者倾向于认为的那样，远离现实世界的影响。我们可以改写前述凯恩斯的那句名言，自以为可以在相当程度上免受任何实践影响的学院派理论家，通常都是那些隐而不见的更大的世界事件的奴隶。学术思潮或趋势被证明不时地受到各种事件的深刻影响。 651

国际关系学术领域的理论趋势总是受到外部世界的强烈影响。根据史蒂夫·史密斯(Steve Smith)和约翰·贝利斯(John Baylis 2005, 4)的观点，“国际政治作为独立的学科始于1919年，当时阿伯里斯特维斯(Aberystwyth)大学创建了国际政治系”。该系由一名威尔士实业家创建，而其目的则是为了防止欧洲刚刚经历的战争再次发生。在一战与二战的间歇期间，很多论著都在自由主义法律传统和理想主义的氛围中受到了伍德罗·威尔逊的影响，也受到了为维持国际联盟所做的各种努力的影响。到了第二次世界大战和冷战时期，诸如E. H. 卡尔和汉斯·摩根索这样的理论家所代表的古典现实主义占据了主导地位。在此之前，很多在美国最具影响力的理论家都有欧洲背景，而且反映的也是欧洲的观点。实际上，在摩根索主张"国家依据由权力定义的利益而行动"是一种近乎自然法的理论以后，他不得不因为美国人未能遵循其理论的各种假定而对他们进行指责。

20世纪60年代和70年代初期发生的若干事件，暂时废黜了现实主义理论的统治地位。欧洲共同市场的进展，使得诸如厄恩斯特·哈斯（Ernst Haas）和卡尔·W. 多伊奇（Karl W. Deutsch）这样的学者提出了各种一体化理论，开始重点关注功能主义和各种沟通理论。与此同时，跨国关系也正在日渐增多。全球贸易和金融的复苏给美元造成了压力，而且美国也不再有能力履行美元兑换黄金的承诺。越南战争越来越不得人心，在美国和世界其他国家都引起了抗议活动。最引人注目的是，1973年石油输出国组织（OPEC）的石油禁运导致了能源领域中充满戏剧性的权力再分配和富裕国家严重的经济混乱（"滞胀"）。贫穷国家呼吁建立"一种新的世界经济秩序"。摩根索（1974，56）把上述这些变化称为"政治、军事和经济权力间功能关系上所出现的一次前所未有的断裂"。上述情势引发了新一轮有关经济关系政治学的理论浪潮，更一般化的是有关权力与相互依存的理论思考（参见Keohane and Nye 1977）。比如说，国际组织（及同名杂志）这个领域开始减少对联合国集体安全角色的关注，而对跨国关系、国际政治经济学中的新分支领域和各种新自由主义理论的关注越来越多。

国际关系缓和的弱化、苏联入侵阿富汗以及罗纳德·里根当选美国总统，使得人们在20世纪80年代的"小冷战"（the little cold war）时期中又开始重新关注安全议程。人们对爆发核战的恐惧逐步升级，世界各地的民众抗议活动都要求"核冻结"。基金会开始资助安全研究与和平研究的项目，学术杂志也希望发表更多有关安全问题而非国际政治经济问题的文章。理论家也分裂成两个分支派别，其中以安全研究的一派占据支配地位。肯尼思·沃尔兹在其《国际政治理论》(*Theory of International Politics*)一书中提出了一种偏重结构的新现实主义，摒弃了许多古典现实主义的内容。诸如罗伯特·基欧汉(1986)这样的新自由主义者以一种自由主义的变异形式展开回应：为了能够在新现实主义者的理性主义基础上对新现实主义者做出回应，新自由主义者摒弃了古典 652
自由主义的很多背景(另请参见Nye 1988)。正如迈尔斯·卡勒(Miles Kahler 1997, 38)所指出的，随着20世纪80年代“新(现实主义)—新(自由主义)”论辩的展开，“原本可能发生的大规模理论论战被缩减到相当狭窄的范围，因为这两派观点只是在一种以国家为中心的理性主义国际关系模式内部发生分歧”。

冷战结束时，国家关系理论所关注的焦点又发生了变化。学者们对新现实主义和新自由主义展开批评，认为它们是静态的理论，无法对晚近国际关系史中最重要的变化之一做出预测或解释。一些观察家质疑道，这些业已发生的事件是否证明了国际关系理论与现实无关。一群被笼统地称为建构主义者的理论家们，着重研究思想或观念在塑造国际政治现实和国际政治话语中的重要性。他们拒绝把既有的各种理论偏好视为当然。相反，他们提出了一些重要的问题，如身份(或认同)、规范、文化、国家利益和治理是如何被塑造和如何被改变的。尽管建构主义有时被称作一种研究进路，而不是一种因果关系的理论，但它已成为现实主义和自由主义这两大理论的重要补充(参见Finnemore and Sikkink 2001)。

理论与现实之间总是存在一种辩证关系。国际关系学不是一门实验室性质的科学，历史学与其最为接近，但当然并没有对照标准。因此，即便日常政治中没有变化趋势，基金会资助没有倾向，或者学术刊物主编在论题偏好上的习惯思维也没有改变，理论也是注定要变化和发展的。于是，沃尔兹一书所用的书名“国际政治理论”，在今天看来似乎是一种狂妄，因为他实际上只是对现在已成过去的两极时代做了一种偏重结构的分析而已。今天，所有试图根据结构极化对后冷战时代进行描述的努力，都必须考虑军事单极性、国家间经济关系上的多极性以及跨国层面上权力分配的无序性。结构现实主义者曾经将跨国关系视为由大国构成的世界中的一种附带现象而不予理会，但是他们现在面对的却是这样一个世界：一个非国家形态的网络组织在2001年发动的一次突然袭击中杀害的人，比日本政府在1941年发动的珍珠港袭击杀死的人还要多。正如历史学家早就知道的那样，每个时代都会重写历史，因为世界看上去是不同的，而且每一代人都会提出新的问题。外部世界与国际关系理论之间的关系在很大程度上也可以作如是观。在这个意义上，我要把本章的开篇语“在实践中，理论是无从避免的”重新表述如下：在理论中，实践是无从避免的。

3　对日益扩大的鸿沟的解释

那种认为在学术界与政界之间存在鸿沟既是自然的，同时在一定程
653 度上也是不无益处的观点，乃是以我们努力在此鸿沟上架设桥梁为前设
的。但是近年来，鸿沟却日益增大，而且架设桥梁的努力也变得更为困难。知识专门化的日益发展，学科日益以科学方法论为导向，以及新的制度性的传送带（transmission belts）的发展，都有助于说明上述变化。

然而，学术界与实务界间鸿沟的某些方面并不是新近出现的。学院派理论家的世界与政策实务工作者的世界始终有着非常不同的文化。30年前，当我以学者身份进入美国国务院的决策层时，我对这样的情况感到震惊：这个官僚机构是一架生产大量纸本文件的庞大机器，但最高决策层实际上却是一个信奉口头文化的世界。一如我在描述那种经验时所指出的，“那种工作节奏不允许人们广泛阅读或深入思考。我常常被那些给我送来他们认为对我有帮助的三四十页论文的同事们弄得不知所措。我所能做的也只是浏览一下我的各种特别助手圈出来供我在一天中的一两个小时内可能读完的一部分情报简报和政府文件，而这已经是很好的情况了”（Nye 1989, 206）。结果，有效的政策备忘录通常只有一两页长，而

且简明扼要的口头汇报也常常比书面备忘录更有影响力。正如傅高义(Ezra Vogel)(2006, 33)根据他于20世纪90年代以学者身份在政府部门工作的经验所指出的那样,“一般而言……学术著作和论文对决策者来说是没有用的。即便它们并不充斥着决策者所认为的,只是写给其他学者看的各种神秘理论和深奥细节,这些出版物对于决策者来说也是太冗长了,他们根本就无法像大海捞针一般从中找到有用的东西”。

这两种文化之间的一个主要差别乃是它们对时间的重视程度不同。对学者来说,时间是次要因素,而精准和高雅则是首要因素。对实务工作者来说,适时就是一切。如果总统在下午三点会见外国政要,那么一份写给总统关于此次会面的备忘录简报即使是B等的备忘录,只要及时送达总统,它就是一份成功的备忘录;如果这一备忘录四点才送达总统,那么即使它是一份A等的备忘录,它也是彻头彻尾的失败。在大学里,考虑的优先顺序(正好)相反。这两种文化之间的另一个差别是与个人原创性相对立的团队作业的重要性。在大学里,剽窃是一种重罪;在政府决策工作中,思想或点子是一种公共物品,而且不分你我也常常是最有效的。这两种文化之间的最后一个差别是,在学术界,最高的价值是无视具体政治,向掌权者陈述真相,而在决策部门,搞点权谋和对“实用真理”的认可也许对政策有效制定和实施来说才是至关重要的。横跨这两种文化并不总是轻而易举的。我在《权力游戏:华府的故事》一书中,以虚构的方式戏剧性地表现了其间所存在的一些道德困境(Nye 2004)。

然而近年来,理论界与决策界间固有的文化鸿沟越来越大,其主要原因是各学科思潮以及外交决策机构的倾向发生了变化。正如斯蒂芬·沃尔特(2005, 26, 38)所解释的那样,学术界的激励结构和专业道德观(ethos)发生了变化,而且连接理论和政策的“涓滴”(trickle-down)模式作为一种传送带也弱化了。按照他的观点,“学术生活中的主导规范已越来越不鼓励学者从事直接与决策者相关的工作”。诸如结构现实主义和 654
自由制度主义这样的一般理论已变得更为抽象,而一些理性选择模型虽然会刺激理论家,反映的却经常是霍夫曼(Hoffmann 2006, 4)所谓“经济学艳羡”(economics envy)的东西。中程理论的概括、历史案例和区域性专门知识——这些理论类型最易进入实践并对实践最为有用——在学科声誉排序中名落孙山。方法论强化了上述趋势。正如詹特森(2002,178)所指出的:“那些占支配地位的方法论路径对政策分析漠不关心,即对提出战略问题和评估政策选择方案的分析技巧漠不关心。培养今后主要为了从事学术事业的博士是一回事,而在实际上把这当作绝大多数国际关系/政治科学博士项目的唯一目的又是另外一回事。就业市场对新毕业博士的需要,也促进了这种激励结构的运转。”(另请参见Zelikow 1994)现在的教授们将他们的大部分精力都花在了再生产“小教授”之上。

学术行话的使用以及学者没有兴趣用简单明了的语言向与政策相关的群体传递思想,使得上述问题变得更为严重了。正如乔治(George 1993, 7)所指出的:“不少阅读学术文献的政策专家得出结论认为,多数大学教授似乎在很大程度上都是在为他们彼此写作,而且他们很少有意愿或有能力用易于理解的语言把他们的知识传递给决策者。”对年轻学者的评价和晋升,根据的是他们在匿名评审学术杂志上发表文章的数量以及他们的文章在同类杂志上被其他学者的引证数,而那些杂志并不怎么看重作者是否用清楚明白和易于理解的英语写作。如果年轻学者把文章投给面向更广泛受众的政策性杂志,那么他们是很难获得什么学术声誉的。

在研究机构方面,学术界与政府间的传送带也发生了变化。与过去相比,大学现在已不再是政策思想或理念的主导来源。在传统模式中,教授生产理论,而这些理论则将通过他们撰写的文章和他们培养的学生而逐渐“涓滴”进政策界。正如沃尔特(2005,40)所指出的:“涓滴模式的假设是,新思想先从学术‘象牙塔’中涌现(也就是抽象理论),尔后逐渐渗透到应用分析家(尤其是那些在公共政策‘智库’中工作的人)的工作中,最后达致决策者的认知和行动之中……但是在实践中,思想理念形成政策的过程要远比上述假设特殊和随意得多。”或者,正如詹特森(2002,

181)所指出的:“三四十年前,学者是政府和国际机构以外主要的(如果不是唯一的)国际事务专家群,但当下的世界却是一个思想理念和专门知识竞争更加激烈的市场。”

甚至当学者通过在政策性杂志上发表论文,在报纸和博客上发表专栏文章,以及给候选人或官员提供咨询等方式来补充上述涓滴模式时,他们也发现,在吸引关注力方面存在着较多的竞争对手。这些传送带中的 655
一些起到了普及学术思想之额外输出通道的作用,但是很多传送带都带有其创始人和资金赞助者的偏见。仅美国一国就有超过1 200家智库,它们在研究范围、资金来源、意识形态和地理位置上都迥然不同,但是一般而言,大学所提供的是更为中立的观点。智库不仅提供思想,而且也提供随时可以发表评论和咨询意见的专家(Haass 2002)。此外,新闻记者、公共知识分子、非政府组织、贸易协会、私人承包商和其他人士也都参与提供政策理念。正如威尔逊三世(2007)所指出的,尽管参与决策的机构多元化有益于民主,但是很多非大学机构却都具有狭隘的利益,它们会裁剪其政策建议以符合某种特定的议程。由于学术共同体的退出,民主国家中的决策过程日益缩减,而我们知道,学术共同体有着更宽泛的议程和更严格的学术标准。

将思想从学术界传送到政府最有效的传动带之一,也许可以被称作往返学界和政界的精英们心智中的“嵌入式资本”(embedded capital)(亦即沃尔特在很大程度上所忽略的那种机制)。正如基辛格曾经指出的,施加给决策者的时间压力意味着,他们所依凭的思想和知识资本乃是在他们进入政治领域之前就被创造出来了。从我自己的经验来看,我认为基辛格的上述说法是有道理的。下面我用两个例子来说明这个问题。

20世纪70年代,我负责卡特政府核武器不扩散政策的制定工作。当时,我们那些不鼓励建设核反应堆或反对将钚用于商业用途的政策在各次国际会议上都遭到了其他国家的谴责,如1977年在伊朗波斯波利斯召开的那次国际会议。由于我的学术理论背景是跨国关系,所以我并不认为这次会议是一场代表性会议,而是一次跨国结盟的会议,它赋予一种特定的、传统的、支持核武器的观点以力量。因此，提出另一个可以让更多的外交官员和安全官员参与讨论的焦点议题就显得非常重要了（这种做法可以被认为是“建构主义”这个术语还远未被发明出来之前的一次建构主义实践）。通过创建一个多年期的国际核燃料的循环评估体系，美国能够创建另一个信息交流论坛，连同一个由诸多安全官员组成的跨政府网络（对这个问题更详尽的说明，请参见Nye 1981）。

第二个例子是我在20世纪90年代担任助理国防部长的经验，当时我负责设计东亚安全战略。那时有很多人都担忧中国力量的崛起，因此一些人主张在中国变得太强大之前就先对它采取遏制政策。在我看来，这种做法肯定会招致中国的敌意，并不必要地令两国可能良好的未来关系打折扣。然而，将中国视为朋友也不能保证带来友谊。于是，我们设计了一种既有现实主义考虑又有自由主义考虑的战略。通过与日本重建安全关系，我们能确保中国不会打“日本牌”来反对我们。该项战略的第二
656 部分依凭的是自由主义。我们避免使用遏制这样的语言，与中国相互开放市场，并支持中国加入世贸组织（关于这个问题的更为详尽的描述，请参见Nye, Jr. 1995; Funabashi 1999）。我把这个政策称之为“拢而隔之”（integrate, but hedge）。如果中国随着实力增强而变得具有攻击性，那么日本将成为我们构建遏制政策的关键伙伴，但如果中国随着繁荣以及与美国相互依赖关系日益加深而变得成熟稳健，那么整个世界将会有一个更加美好的前景。未来仍有各种不确定因素，但这项政策活力十足，不致失败，并且得到了两党的支持（另外有种与之对立的观点则是以进攻性的现实主义学术理论为基础的，请参见Mearsheimer 2001）。

上述两个例子的要点乃在于说明，在大学中产生并储存起来的知识资本和理论思想在改变华盛顿政策时是多么有用。政治科学理论对我以何种方式框定和提出解决实际政策问题的方案起到了至关重要的作用。这种方式较少来自外界文章和咨询意见（尽管它们都起到了一定的作用），而更多是以根深蒂固的知识资本的形式存在的。就前面的讨论而言，一些评论家可能会说这种机制成本太高，我还不如待在大学里提出更

多的学术思想，那样可能会更好。也许是吧，因为选择涉及权衡，而且机会成本总是存在的。但是，我很高兴我为此有所付出。我不仅能够就我关注的重要问题建言献策，而且我相信，当重返大学后，这样的经验使我的写作和教学变得更加丰富，而不是枯燥乏味。

在政府部门的工作实践是一种日益深入但日渐窄化的经验，因为在政府部门里，很少有时间，也不允许进行大学中那样的自由探索。例如，在处理核不扩散问题时，当外国官员问及为什么美国在拥有核武器的同时却要努力阻止其他国家拥有核武器时，我就没有时间去研究涉及范围极广的伦理问题。在重返大学后，我在没有时间压力和政治压力的情况下开设了一门有关核伦理的课程，随后撰写了一本名为《核伦理学》（*Nuclear Ethics*）的书（Nye, Jr. 1986）。此后，当我从五角大楼和东亚问题的工作中抽身又回到大学以后，我把注意力转向了写作一本有关未来权力分配的书，这就是《美国权力的悖论》（*The Paradox of American Power*, Nye, Jr. 2002）。不论好坏，这两本著作都深受我在政府部门工作经验的影响。

我在理论与实践之间富有成效的互动经验可能是主观的，但它也具有典型的意义。正如傅高义（2006，34）所指出的：

> 当我去华盛顿工作并第一次不得不写一页纸长度的简报时，我对用只言片语的套话来代替真正的思考深感绝望。但我逐渐认识到，写这些一页纸的简报可以强化知识规训。这种篇幅上的限制不仅迫使我们去思考什么是我们想传达的绝对最重要的一个或两个想法，而且也迫使我们去决定如何以最有效的方式将这些思想传达给他人。因此，当我重返大学后，我也开始鼓励学生花更多的时间去压缩他们的想法，更努力地用简练而准确的方式表达他们的想法。

威尔逊三世（2000）、詹特森（2000）和其他学者也都坦言有类似的经验。 657

4 结语：我们应该做些什么？

如果上述经验是学院派理论与政策实践之间可以产生良性双向互动的明证，那么我们能够做些什么来增进这种互动并缩小两者间日益扩大的鸿沟呢？在实务这一方面，前大使戴维·纽瑟姆（David Newsom, 1995–1996）建议他的同事们扩大国务院的科研资助范围，增加学者—外交官项目，鼓励高级官员参加学术会议。情报部门，尤其是国家情报委员会，与学者举行定期的公开研讨会和会议。如由美国外交关系委员会资助的外事奖学金这样的实习和交换项目，在把年轻的美国学者介绍到政策部门工作的方面也起到了帮助作用，尽管在十多个年度奖学金中来自大学的比例已逐年下降。从侧面进入政府中层的人数增加，既对政府有好处，也对学术界有好处，但是这在具有强大文官传统的国家里却尤其困难。互联网和博客也为学者们参与全球范围的政策讨论提供了各种新机会。从大学这一方来说，沃尔特（2005，41）主张，"要有意识地努力改变学科的主流规范"。各院系在决定聘用和晋升教职人员时应该更加重视他们与现实世界的相关性和影响，而且学术杂志在评审投稿的文章时也可以更加重视它们与现实世界的相关性。大学可以更多地激励资历尚浅的教员参与现实世界的活动来激发他们对现实世界的兴趣（Walt, 2005）。由于很多年轻学者都不愿意冒险（这可以理解），所以我们需要对那些不受欢迎的政策立场给予更大的宽容。

人们还可以提出很多类似的有益建议，但是年轻人却不应该坐等它们实施。不管如何，学术生活的趋势似乎正在朝着与此相反的方向发展。当年轻学者问我如何把理论兴趣与政策实践结合起来时，我会提出如下建议：

第一，首先建立你的学术资历。稳妥工作直至获得终身教职。学术界与实务界之间的联系乃是一条单行道，所以你必须切实地完成你的学术资历。从学术界进入实务界要相对容易些，反之则困难得多。

第二，学会用清晰的英文和尽可能少的学术行话撰写文章。这容易使你的思想为决策者所理解，为你的学术论著赢得更多的读者，同时使你成为一个更好的老师。

第三，选择那些在内容和方法上都令你感兴趣的研究问题。在选择论题方面要谨慎，不要选择那些太易于驾驭以至你会对越来越细小的内容说越来越多的话的论题（这是目前的一个学术通病）。“对一个重要问题给出大体上的回答，要好过对一个无关紧要的问题给出精准的回答”（Putnam 2003, 251）。 658

第四，参与公共政策辩论。偶尔写写时评专栏、博客和政论短文，但不要过多地占用你撰写学术论文的时间。

第五，参与政策网络和专业的政治科学协会。这样的交往很有用处，你能从中学到一些可以增进你学术工作的东西。

第六，理解联结理论与政策的传送带以及它们各自在时间和声誉方面所需要付出的代价。

第七，明确把握那些使你生活有意义的东西。

第八，付诸行动。 659

参考文献

Bok, D. 2003. Government personnel policy in comparative perspective. Pp. 255–72 in *For the People: Can We Fix Public Service?*, ed. J. D. Donahue and J. S. Nye. Washington, DC: Brookings Institution Press.

Finnemore, M., and Sikkink, K. 2001. Taking stock: the constructivist research program in international relations and comparative politics. *Annual Review of Political Science*, 4: 391–416.

Funabashi, Y. 1999. *Alliance Adrift*. New York: Council on Foreign Relations Press.

George, A. L. 1993. *Bridging the Gap: Theory and Practice in Foreign Policy*. Washington, DC: United States Institute of Peace Press.

Haass, R. N. 2002. Think tanks and US foreign policy: a policy-maker's perspective. *US Foreign Policy Agenda*, 7: 5–8.

Hill, C. 1994. Academic international relations: the siren song of policy relevance. Pp. 3–28 in *Two Worlds of International Relations: Academics, Practitioners and the Trade in Ideas*, ed. C. Hill and P. Beshoff. London: Routledge.

Hoffmann, S. 2006. *Chaos and Violence: What Globalization, Failed States, and Terrorism Mean for US Foreign Policy*. Lanham, Md.: Rowman and Littlefield.

JENTLESON, B. 2002. The need for praxis: bringing policy relevance back in. *International Security*, 26: 169–83.

KAHLER, M. 1997. Inventing international relations: international relations theory after 1945. Pp. 20–53 in *New Thinking in International Relations Theory*, ed. M. W. Doyle and G. J. Ikenberry. Boulder, Colo.: Westview.

KEOHANE, R. O. (ed.) 1986. *Neorealism and its Critics*. New York: Columbia University Press.

—— and NYE, J. S. 1977. *Power and Interdependence: World Politics in Transition*. Boston: Little, Brown.

KEYNES, J. M. 1936. *The General Theory of Employment, Interest and Money*. London: Macmillan.

KRUZEL, J. 1994. More a chasm than a gap, but do scholars want to bridge it? *Mershon International Studies Review*, 38: 179–81.

LEPGOLD, J. 2000. Policy relevance and theoretical development in international relations: what have we learned? Pp. 363–80 in *Being Useful: Policy Relevance and International Relations Theory*, ed. M. Nincic and J. Lepgold. Ann Arbor: University of Michigan Press.

LEPGOLD, J., and NINCIC, M. 2001. *Beyond the Ivory Tower: International Relations Theory and the Issue of Policy Relevance*. New York: Columbia University Press.

LIEBERTHAL, K. 2006. Initiatives to bridge the gap. *Asia Policy*, 1: 7–15.

MEARSHEIMER, J. 2001. *The Tragedy of Great Power Politics*. New York: Norton.

MORGENTHAU, H. J. 1974. The new diplomacy of movement. *Encounter*, 3: 52–7.

NEUSTADT, R. E. and MAY, E. R. 1986. *Thinking in Time: The Uses of History for Decision-Makers*. New York: Free Press.

NEWSOM, D. 1995–6. Foreign policy and academia. *Foreign Policy*, 101: 52–67.

NITZE, P. H. 1993. *Tension between Opposites: Reflections on the Practice and Theory of Politics*. New York: Scribner.

NYE, J. S., JR. 1981. Maintaining a nonproliferation regime. *International Organization*, 35: 15–38.

—— 1986. *Nuclear Ethics*. New York: Free Press.

—— 1988. Neorealism and neoliberalism. *World Politics*, 40: 235–51.

—— 1989. Studying world politics. Pp. 199–212 in *Journeys through World Politics: Autobiographical Reflections of Thirty-Four Academic Travelers*, ed. J. Kruzel and J. N. Rosenau. Lexington, Mass.: Lexington Books.

—— 1995. The case for deep engagement. *Foreign Affairs*, 74: 90–102.

—— 2002. *The Paradox of American Power: Why the World's Only Superpower Can't Go It Alone*. Oxford: Oxford University Press.

—— 2004. *The Power Game: A Washington Novel*. New York: Public Affairs.

PETERSON, S., TIERNEY, M. J., and MALINIAK, D. 2005. Inside the ivory tower. *Foreign Policy*, 151: 58–64.

PUTNAM, R. D. 2003. APSA presidential address: the public role of political science. *Perspectives on Politics*, 1: 249–55.

SIVERSON, R. M. 2000. A glass half-full? No, but perhaps a glass filling: the contributions of international politics research to policy. *PS: Political Science and Politics*, 33: 59–64.

SMITH, S. and BAYLIS, J. 2005. Introduction. Pp. 1–14 in *The Globalization of World Politics: An Introduction to International Relations*, 3rd edn, ed. J. Baylis and S. Smith. Oxford: Oxford University Press.

VOGEL, E. 2006. Some reflections on policy and academics. *Asia Policy*, 1: 31–4.

WŒVER, O. 1998. The sociology of a not so international discipline: American and European developments in international relations. *International Organization*, 52: 687–727.

WALT, S. M. 2005. The relationship between theory and policy in international relations. *Annual Review of Political Science*, 8: 23–48.

WALTZ, K. 1979. *Theory of International Politics*. Reading, Mass.: Addison-Wesley.

Wilson III, E. J. 2000. How social science can help policymakers: the relevance of theory. Pp. 109–28 in *Being Useful: Policy Relevance and International Relations Theory*, ed. M. Nincic and J. Lepgold. Ann Arbor: University of Michigan Press.
—— 2007. Is there really a scholar—practitioner gap? An institutional analysis. *PS: Political Science and Politics*, 40: 147–51.
Zelikow, P. 1994. Foreign policy engineering: from theory to practice and back again. *International Security*, 18: 143–71.

第七部分

多样性问题

第三十八章

自下的国际关系[1]

戴维·布莱尼/纳伊姆·伊纳亚图拉

批判理论家揭示当前社会秩序中潜在的未被“解放的”潜力以此驳斥现代性已耗尽的观点。由此，批判理论学说将其自身置于现代性话语内。相反，“自下的国际关系”(international relations from below)既要将其置于“自上的国际关系”(international relations from above)之中，也有必要跳出这一范畴。“自下”既暗示了一种地缘政治空间，也是一种评价阈值：空间可以指南半球国家，也可以指第三世界；而阈值一词指某种文明或物质基础水平之下，尤其指达不到根据自身愿景来改变世界这一重要能力。[2]那些想象自己生活在“自下”的世界中的人们怀有一种复杂的批判愿景：他们生活在一个大体由这些“自上”的世界所创

1 感谢塔拉克·巴卡维 (Tarak Barkawi)、古明德·布汉布拉 (Gurminder Bhambra)、珊帕·比斯瓦斯 (Shampa Biswas)、马特·戴维斯 (Matt Davies)、凯文·邓恩 (Kevin Dunn)、泽维尔·纪尧姆 (Xavier Guillaume)、桑卡兰·克里希纳 (Sankaran Krishna)、马克·拉菲 (Mark Laffey)、西达尔特·马拉瓦拉普 (Siddharth Mallavarapu)、希马迪普·姆皮蒂 (Himadeep Muppidi)、克里斯蒂安·罗伊-斯米特 (Christian Reus-Smit) 和阿琳·蒂克纳 (Arlene Tickner) 等学者对本章做出的富有建设性的评论。

2 空间也可以指日常生活或女性主义，在下文作为国际或政治的阈值。女性主义的批判和参与到日常生活均可以视作与“自下的国际关系”同质。

造的理论和实践中，同时也生活在批判实践（critique praxis）的“自上”
663 的替代愿景所定义的世界中。从这一批判角度讨论会招致自上的轻视，使得“自下的国际关系”置于该学科之外。有趣的是，这种“自下的国际关系”的错置构成了国际关系学科的整体。在被置于国际关系之外，成为构成其他国际关系理论的必要要素之时，“自下的国际关系”挑战了主流现代/西方的本体论和原子论观点，强调了当代机构和进程（包括“上层”和“下层”的相互交融）在历史上的共同构建，提出了另一种未来的可能，而现代性对潜在的或已实现的进步的关注导致这种可能性通常被禁止。

1　预言中的教训：抛弃依存理论

20世纪60年代的依存关系理论学者预言了“自下的国际关系”的地位。依存理论为国际体系的运作提供了一种反向分析：国际体系的起源可以追溯到帝国周边小国作为帝国附庸的经历（Slater 2004 118–120）或追溯到不结盟运动的“新殖民主义”政治语言（Young 2001 44–45, 51）。尽管最初依存理论主要是与拉美作者相关，其中最突出的学者包括费尔南多·卡多佐（Fernando Cardoso 1972; 1977, Cardoso and Falleto 1979）、奥斯瓦尔多·桑克尔（Osvaldo Sunkel 1969; 1973）和特奥托尼奥·多斯·桑托斯（Theotonio Dos Santos 1970），其原因并非仅仅因为他们用英语写作。依存理论家和其他有涉发展不平等的理论家，如萨米尔·阿明（Samir Amin 1974; 1976），认为国际体系——国家体系的多种结构以及资本主义在全球的劳动分工——的历史发展导致了多种形式的系统性的欠发达状况（一些地方发展停滞，其他地方的发展进程扭曲）。[1]不同的依存机制，包括外部军事占领、跨国投资、不平等的贸易关系、全球金融安排以及将周边国家置于体系中心的主导之下以此限制国家的发

1　依存理论的总结性研究数量丰富。参见奇尔科特（Chilcote 1984）；瓦伦苏埃拉和瓦伦苏埃拉（Valenzuela and Valenzuela 1981）和斯莱特（Slater 2004, 118–127）。

展。尽管是一种全球体系，其活跃场所、社会结构和随之而来的阶级关系却是跨国的，同时存在于与周围国家和地区的内部和外部。尽管如此，这些依存和主导（domination）的结构将大范围区域排斥在外。周边国家的经历不能复制发达区域，因为后者已经将前者非对称地融合到了这个 664
更为广泛的生产和治理体系。认为周边国家是传统的或欠发达的观点是意识形态上的偏差，传统的政策建议确保了这些周边国家不断被边缘化。其他方式或许可以促进建立独特的国家经济一体化或有选择性地脱离全球资本主义结构，尽管任何有效的回应要求重新联合周边国家内部不同阶级的力量，最终达到转变全球结构的结果。

北美主要学者以学术术语证明了依存理论的短暂摇摆，尽管这可能与第三世界运动的对立政治衰落的关联性更强。[1]正如加布里埃尔·阿尔蒙德（Gabriel Almond 1990, 229–230, 233）认为，依存理论“不可避免地具有意识形态特征”——与传统社会科学相比，是“退步”。类似地，罗伯特·帕克南（Robert Pakenham 1992, 29–30, 43, 103–104）强调依存理论不科学，因为它的批判地位使得它不可被证伪。在确认了依存理论的起源来自“落后的”区域后，帕克南（1992, 255–260）并没有将依存理论的支持者与科学或理性联系起来，而是与“电影院”、“戏剧”或“符号和仪式”联系起来。由此可见，依存理论家忽视了合理性，回避了从相互依存中双方可获得的明显益处（Pakenham 1992, 306），这也就毫不令人惊讶了。

其他人更加审慎，但仍然将依存理论置于学科讨论之外。在一篇回顾文章中，詹姆斯·卡普拉索（James Caporaso 1980, 622–623）承认了卡多佐和恩佐·法莱图（Enzo Faletto）对待历史的不同态度；他们拒绝了牛顿式的时间观念——同质、无限可分、纯粹，这种观念会陷入一般化；他们采纳了一种“笨拙的”或“定性的”时间观念，限制我们在超出

1 尽管如此，依存理论对拉丁美洲的兴趣一直存在。阿琳·蒂克纳（2003, 317–318）认为“自主”仍然处于拉丁美洲国际关系的中心位置，这与当代北美的国际关系完全相反。

特定时空之外的一般化。[1]卡普拉索并非以依存理论自身的概念去评价这一理论，他（1980，615）坚持“可证伪和可核实”的学科标准，不这样的话“科学事业就不能成功”。即便是如此大度的文章，依存理论仍然被置于国际关系之外——作为一种非学科的理论，它的科学上的不成熟和政治上的不谨慎（非理性）的地位有助于确保国际关系在认识论上的优越性。卡多佐（1977，15-16）认识到了这种危险。为了获得学科上的尊重，依存理论被纳入统一的、静态的并且可证实的命题中；根据具体情境所做的动态和辩证分析，这些命题歪曲了依存理论的历史方法。这种“稻草人谬误”很容易被击破。在最近发表的反思文章中，卡普拉索（1993，470）提道，“依存理论的死亡，更多是由于忽视，而不是正面批评”。

依存理论的建构被置于可接受的知识生产和政策影响之外，这揭示
665 了国际关系的一个关键特征：对替代性和相互竞争主体的打压与奉为圭臬的进步性理论相对立。现代生活的政治和道德的可能性存在于进步理论中的全体和部分之间的张力。一方面，有人认为，政治和经济发展与现代西方文明扩张到包含全球的文化空间是同构的。另一方面，自早期在欧洲普及共同的发展蓝图失败后，政治和经济发展也与主权联系起来，成为一项原则以推定各个国家寻找属于自己的有意义的发展。“正统的”国际关系理论通常支持一种一元的愿景来引导这种张力，并假设现代性的承诺（即政治和经济发展）只有在国家内部才有可能遵守。这种自我限制的理解压制了一元的愿景所依赖的广泛的社会理论。

与此相反，依存理论家通过探索主权国家的首要任务和全球资本主义的首要任务之间产生的紧张关系，从而恢复了整体和部分以及国际关系及其更广泛背景之间的张力（Blaney 1996）。通过强调资本主义全球逻辑核心的主导关系，他们揭示了这样一个谎言，即发展是一系列独立的国家计划。但是，发展是在全球体系的进程中推进的，一些国家受益

1 卡多佐和法莱图（1979，x–xiv，xxiii）坚持强调分析具体情形。也可参见加布里埃尔·帕尔玛（Gabriel Palma 1978）。

而另一些国家就被排斥在外了。因此，依存理论是一种强大的内部批评形式，根植于当前的全球政治经济。对不同第三世界国家的野心的聚焦和对追求发展和自决的民族的关注，不应当掩盖这一深层次的观察：周边国家的境况体现了在现代国际社会的价值观念和愿景中存在的内在张力。

卡多佐认为无论从方法论还是从批判的目的来看依存理论研究并不是什么新事物。但是，这些研究“成为重新建立一种经济框架和主导(domination)框架的分析传统所付出的努力中的一部分”(Cardoso 1977, 10)。区别在于，“在拉美被认为是陈旧的思想潮流，而在那些靠近拉美的地方，这一潮流竭力使自己能够在这些地方的机构展开的讨论中发声”，包括各种不同的官方机构和“北美的学术圈”(Cardoso 1977, 9)。卡多佐在这里强调了比拉美那一阶段批判思考更多的东西；他将这项工作置于对现代性的激烈回应的漫长历史之中(Cardoso 1977, 8–9)。他暗示，在现代社会和政治生活的理解框架下，依存理论重新唤起了一股思想潮流。果真如此，那么尽管依存理论作为内在的“自上”的传统，这一合法地位却被排除在知识生产和理性的政治实践之外了。

尽管如此，零星的依存分析依然不断涌现。例如，我们发现有人认为第三世界的地位有必要改变我们对国家安全的理解。对于穆罕默德·阿约伯(Mohammed Ayoob 1989; 1995)来说，采用暴力方式将这 666
些地区纳入国际社会让这些第三世界国家成为入侵者，但同时也建构了一种认知，即建立国家成为第三世界国家政治精英的主要任务。对于这些国家的领导人来说，现代化的挑战似乎成为一个核心的安全议题。因此，在20世纪六七十年代依存理论的繁荣时期，我们可以从中读出第三世界联合的“经济”需求及其对国家安全和精英地位的关心。第三世界的联合最终被强制演变为屈服(submission)，而现实主义和自由派国际关系也分别退回为大国的阴谋(并将第三世界国家的“内部”问题边缘化)和建立自由的全球秩序(认为这些国家是激进现代化的对象)。但是，在那时候，我们没有准确理解冲突的本质和国际社会结构中内在的危险。如果沿着依存理论隐含的观点，我们可能探究得更深入。塔拉克·巴卡维和马克·拉菲（2006，333，344–352）将安全问题研究的失败归结为没能“共同研究强弱两方，而正是这两方共同创造历史”。本体论个人主义根植于自然神话或类似于新古典经济学，导致了安全研究的结论认为没有缘起于非西方的冲突，因为非西方尚未现代化。这种本体论个人主义没有看到“世界政治的建构特征”，也忽视了这一观点：当代冲突的源头并不是国际关系所想象的“独立的客体”，而是西方和非西方之间的“关系”。

2　被建构的他性

如果依存理论将我们的注意力放在国际体系中第三世界空间的差异化体验，那么这种差异被有限地表达出来，并且经常受到现代主义的限制。正如迪佩什·查卡拉巴提（Dipesh Chakrabarty 2000a, 41）所说，“欧洲帝国主义和第三世界的民族主义”共同完成了“民族国家作为最理想的政治社区形式的普遍化”。在追求国家自主的过程中，依存理论模糊了身份和空间的多样性，而身份和空间表达并塑造了统治的不同体验，以及社会体验的另一种表达（Manzo 1991, 8–9; Slater 2004，第6章）。一项近期对“不同伪装之下的政治”的探索是南北关系从世界政治议程中消失的结果，同时也是由于依存理论家提出的政治经济话题已经通过构建一项关于自由贸易和良好治理的自由主义“共识”而得以解决（Darby
667 2004, 2, 5–6）。尽管到20世纪70年代末，一项旨在表达身份和差异的后殖民主义运动在社会学理论内部崛起，但菲利普·达比（Phillip Darby）和阿尔伯特·保利尼（Albert Paolini 1994）后来指出，这项运动对国际关系的影响相对较小。吉塔·乔杜里（Geeta Chowdhry）和茜拉·奈尔（Sheila Nair 2002，1）也认为后殖民主义在很大程度上依然被国际关系边缘化。

后殖民主义立场的支持者经常将他们的工作视为对国际关系基本

概念和方法的正面攻击。[1]保利尼(1999,5)认为该学科对国家和主权的执着导致学者忽视了有关"身份、主体性和现代性"的问题,而这些概念适用于全球。他暗示,国际关系没有深入挖掘"基本的人类文化和身份领域",因为正是在这一领域(而不是国际关系作为一门科学的地位)国际关系才拥有特权般的优势。就这一点而言,后殖民学者的担忧与国际关系中出现的解构主义作品相吻合。例如,戴维·坎贝尔(1996,164–165)认为国际关系由一种"解决"身份问题的国家话语构成;国家的"中心性"(centrality)被视为"简单反映了一个事实"(这个事实可以被客观理解),而不是作为一种忽略其他可能性的权威宣示。可能与后殖民主义的学术精神更为接近,罗克珊·林恩·多蒂(Roxanne Lynn Doty 1996, 3, 8)将我们的注意力转移至国际关系核心的"帝国的相遇"(imperial encounters):"在非对称的'相遇'中,一方实体能够构建'现实'(realities),这些现实被认真对待并成为认知的基础,而另一方实体则被剥夺了同等程度或同种类的施为(agency)。"即便是在最关键的时刻,国际关系仍然看起来是"表象实践"(representational practices),在这些实践中,西方帝国建构出了另一方,将普通人和学者所"理解"的身份种类固定下来。

"后殖民分析敏感性"的任务关注"差异、施为、主体和反抗",它从根本上挑战了"西方关于进步、文明、现代化、发展和全球化的话语"(Slater 2004, 163–164)。对蒂克纳(2003,302–307)而言,普遍主义和非线性概念是国际关系的中心议题,如果破坏这些议题,那么不同文化空间和时间里的知识将会重新被发现,而这一任务一直是国际关系无法达成的。说得更加尖锐一点,查卡拉巴提(2000a,29)宣称,被误以为是社会科学的那些东西"一直以来是在绝大多数人类——生活在非西方的国家——的相对或绝对无知中产生的"。正如希马迪普·姆皮蒂(2004,3)隐晦地指出,国际关系在全球处于文盲的状态(global illiteracy)。因

---

1 后殖民主义思想在更广阔的范围里对西方的表象模式提出了挑战。参见帕德米尼·蒙吉尔(Padmini Mongia 1996)和里拉·甘地(Leela Gandhi 1998)。

此，后殖民主义的学术研究代表了一种对抗性的“殖民遭遇（colonial encounter）之中、之间和之外勾画身份的参考框架（frame of reference）”，
668 鼓吹“特殊性和边缘性”，希望看到“第三世界各民族在一个去欧洲化的复苏和差异的空间里勾勒出独立的身份”（Paolini 1999，6）。这一过程一直都被称作“想象力的去殖民化”和“文化多元性的重新评价”（Pieterse and Parekh 1995, 4, 14）。

然而，乔杜里和奈尔（2002，1）宣称，后殖民主义的立场远不止于此。后殖民性突出“权力的运行”而忽略了“为各种全球等级制度背书的种族、性别和阶级的进程”，关注“全球不平等和正义”问题。[1]类似地，桑卡兰·克里希纳（1999，xviii）也呼吁“后殖民主义参与的政治”，推动我们超越“所有（国家的、民族的、语言的和宗教的）身份”去自然化的过程，转而加入抗争之中，不是为了超越身份，而是“为了我们生存的世界的正义和公平而奋斗”。进入后殖民主义语境，斯莱特（2004，199–200）表示我们加入了一场抗争，为全球的确切含义（可参见Muppidi 2004）、不平衡的全球化结果（可参见Biswas 2002）和安全要务的当代定义（可参见Barkawi and Laffey 2006）而抗争。后殖民国际关系可能包括但也超越了依存理论家的担忧。

后殖民国际关系（以及其他批判理论，如挑战现代主义的某些女性主义或后结构主义理论）很少在描述该学科状况时被提到（Walt 1998; Snyder 2004）。这丝毫不令人感到奇怪，因为正如基欧汉（1989，162，173）所说，对认识论和本体论的反思性强调只会使学者偏离“世界政治”研究这一项真实的任务；如果不采用合适的“研究项目”模型，对国际关系的各种批判“将仍然处于该领域的边缘，在很大程度上得不到占据主导的实证研究人员的重视”。这种观点几乎没有为拒绝正统观点的那些人留有余地。

1 性别在全球结构构成中的作用为国际关系留下了更多的遗产。民族的作用在很大程度上是随着后殖民主义国际关系理论的发展而兴起的，也是内在于这一理论［参见曼佐（Manzo）1996；佩尔绍德和沃克（Persaud and Walker）2001］。

在认识到这一点的同时，达比和保利尼（1994，371）呼吁从后殖民主义“自下的国际关系”的视角改变（bridging）国际关系“外交孤立”的现象。但是，这种“改变”的说法可能并不是很合适，因为后殖民主义的对抗性姿态从内到外都是一种“自上的国际关系”的视角。更准确地说，后殖民主义的表象实践和身份建构的过程构成了国际关系本身：正确的国际关系“研究计划”实际上已经预设了殖民权。我们认为依存理论分析家转变了我们的视野，坚持认为我们更加全面地认识到各个部分——各个国家——由整个国家体系和资本主义的劳动分工（以及资本主义的帝国史）所决定，这样一来，我们一直都在整体之中。后殖民主义分析呼吁采用类似的转变，但是，更为重要的是，它坚持排除他性（otherness）。也就是说，后殖民主义的愿景也要求扩大社会理论的范围，将我们的注意力转移到“自下”的行为体和身份是如何被西化和现代化这些更为庞大 669
的体系所决定的。与依存理论不同，后殖民主义的转向借鉴了后结构主义的论证方式（Young 2001, 418），不仅仅将非西方和非现代视为外在的，而且看作西方和现代定义之外的他者。蒂莫西·米切尔（Timothy Mitchell 2000, 4–5, 12–13）将后殖民主义的这种立场视为“被建构的外在”（constitutive outside）。他认为，独特的欧洲身份是对差异采用殖民管理的结果——通过“区分种族、性别、文化和阶级”制造的结果。对米切尔来说，现代性“取决于脱离其控制的先祖和力量，尽管现代性并不承认这一点”。

拒绝承认非西方和非现代已经是西方和现代内部融为一体的构成要素，这正是殖民主义如何被外部化的原因。就像依存理论家一样，多数后殖民主义理论家的工作是内向性的，在国际关系内部揭示了他者的压制。但是，与依存理论家要求实现现代性承诺不同，后殖民主义批评的积极一面是希望这些揭示被压制的他者可以帮助我们寻找其他资源以思考这个世界（Chakrabarty 2002, xx, 第3章）。例如，阿图罗·埃斯科巴尔（Arturo Escobar 1995）认为发展的话语去自然化为社会生活被压制的、本土化的想象创造了空间。但是，我们并不清楚后殖民主义立场本身是否可以立即找到其他的资源。国际关系可能需诉诸不同于以往的来源，例如检索人类学或历史学的档案中有关生活方式的叙述和之前被压制或如今被认为无关紧要的复杂的跨文化关系组织（参见Manzo 1999; Euben 2002）。

那么，我们可以通过国际关系的这种否认来理解国际关系（Inayatullah and Blaney 2004，尤其是第一部分）。"现代性/无政府主义"的二元性在这种压制中起着关键作用：无政府主义失调成为现代化这个"解决方案"的迫切"问题"，在文明的话语逻辑下，似乎成为唯一的解药。系统性的无政府主义逐渐被认为必须要通过全球关系的现代化加以驯服，即国际经济相互依存、自由政治社区和全球范围内的"市民社会"。通过这种方式，"自上的国际关系"，包括那些看似批判并且依赖于渐进展开现代性的方法，将其置身于现代和野蛮之间想象的界限之中。相反，"自下的国际关系"由于其试图代表、教化和恢复野蛮人的声音似乎看起来已经超过国际关系范畴，也凸显了它的构成要素。如果将达比和保利尼的隐喻展开，那么我们需要的并不是缩小，而是挖掘；深入挖掘国际关系文化以此揭示深藏国际关系内核的表象实践，这样我们方可寻找到重
670 新思考国际关系的资源。

3 政治经济学的回归和挑战

尽管后殖民主义宣称对抗全球权力结构，但是关于后殖民主义转向的文化分析并没有充分介入政治经济学领域。达比（2004，16-17）为国际关系中的后殖民主义思想家出现的这种令人惊讶的忽视感到痛心，认为正是一种普遍的自满文化才让人们认为全球化没有替代性方案。保利尼（1999，204）指出后殖民主义思想出现了一种抛开"物质条件辩论"的普遍倾向。两人都从后殖民主义忽视的地方觉察出了异样。

米切尔（1998，84）指出，"经济"被认为是指"先于并独立于其表象而存在，因此与社会理论的话语建构相对立"。经济与在同质时间内展开的自然固定的法则有关。相反，后殖民主义运行于人类文化领域，揭示

哪些被去历史化和自然化了。正如斯里福特(2000,692,698–699)警告,对文化的强调已经导致许多思想家“几乎不关注经济学”,认为这种对立本身构成了文化转向,“文化之所以是文化,是因为它身上经济的污点已经被洗净了”。庶民运动(subaltern movement)的近期发展史暗示着这种区分已经构成了文化研究(Chakrabarty 2000b; Chaturvedi 2000)。苏米特·萨卡尔(Sumit Sarkar 2000, 304–305)解释认为,对跌入经济还原主义的恐惧导致后殖民主义学者在“自治”的精神世界和“主导”(domination)的社会经济世界面临“分歧”。阿里夫·德里克(Arif Dirlik 1994, 331)的观点更为尖锐:后殖民主义批评家“否定资本主义在历史中的基础性作用”,从而将他们从直面“当代资本主义”的境地中解脱出来。

但是,利用这种方式来限制后殖民主义研究是毫无理由的。与米切尔一样,德里克(1994,350)也认为欧洲中心主义“正是建构于资本主义文化之中”,因此,我们很难想象出任何无须直面政治经济学挑战的严肃的西方去中心化或地方化(provincializing)。这就意味着,依存理论的经济学观点很难与后殖民主义的文化工具结合起来,而更多的与后殖民主义思想家已经运用在“自上的国际关系”之上的经济学和政治经济结合。如果资本主义、经济学和政治经济学通过“自上的国际关系”而由他性所建构,那么自下的国际关系可以进一步揭示其作为“被建构的他者”是如何内在地包含政治经济的其他文化。 671

4　结语

“自下的国际关系”提醒我们,传统的国际关系理论——无论是结构现实主义、自由制度主义还是结构主义——将各个国家和集体看作是逻辑上独立于资本主义或现代性的各种庞大体系的部分,而这种方法论有着政治目的。在“科学”的面具之下,本体论个人主义将我们的注意力从时间和空间的同构转移。这种方法论一方面斩断所有其他线索,将国家视作一元实体,在另一方面教条式地断言当前的发达国家是欠发达国家的模范。其狡猾之处在于，“自下的国际关系”认为当代国际关系体现了西方进步理论。它使得我们关注整体和部分之间的关系——各个国家是否可以自主或作为一个整体体系实现发展；经济学和资本主义分析以及表象战略和文化分析的分离均无任何成效。与此同时，“自下的国际关系”利用其作为“被建构的他者”的优势，凸显了国际关系作为社会理论成员之一的潜力，并致力于研究自身和他者之间的关系。此外，它还为我
672 们思考一种超越传统和批判的“自上的国际关系”的未来提供了资源。

参考文献

Almond, G. 1990. *A Discipline Divided: Schools and Sects in Political Science*. Newbury Park, Calif.: Sage.

Amin S. 1974. Accumulation and development: a theoretical model. *Review of African Political Economy*, 1: 9–26.

—— 1976. *Unequal Development: An Essay on the Social Formations of Peripheral Capitalism*. New York: Monthly Review Press.

Ayoob, M. 1989. The third world in the system of states: acute schizophrenia or growing pains? *International Studies Quarterly*, 33: 67–79.

—— 1995. *The Third World Security Predicament: State Making, Regional Conflict, and the International System*. Boulder, Colo.: Lynne Rienner.

Barkawi, T., and Laffey, M. 2006. The postcolonial movement in security studies. *Review of International Studies*, 32: 329–52.

Blaney, D. L. 1996. Reconceptualizing autonomy: the difference dependency theory makes. *Review of International Political Economy*, 3: 459–97.

Biswas, S. 2002. W(h)ither the nation-state? National and state identity in the face of fragmentation and globalisation. *Global Society*, 16: 175–98.

Campbell, D. 1996. Violent performances: identity, sovereignty, responsibility. Pp. 163–80 in *The Return of Culture and Identity in IR Theory*, ed. Y. Lapid and F. Kratochwil. Boulder, Colo.: Lynne Rienner.

Caporaso, J. A. 1980. Dependency theory: continuities and discontinuities in development studies. *International Organization*, 34: 605–28.

—— 1993. Global political economy. Pp. 451–81 in *Political Science: The State of the Discipline II*, ed. A. Finifter. Washington, DC: APSA.

Cardoso, F. H. 1972. Dependent capitalist development in Latin America. *New Left Review*, 74: 83–94.

—— 1977. The consumption of dependency theory in the United States. *Latin American Research Review*, 12: 7–24.

—— and Faletto, E. 1979. *Dependency and Development in Latin America*, trans. M. M. Urquidi. Berkeley: University of California Press.

Chakrabarty, D. 2000*a*. *Provincializing Europe: Postcolonial Thought and Historical Difference*. Princeton, NJ: Princeton University Press.

—— 2000*b*. *Subaltern Studies* and postcolonial historiography. *Nepantla: Views from the South*, 1: 9–32.

—— 2002. *Habitations of Modernity: Essays in the Wake of Subaltern Studies*. Chicago: University of Chicago Press.

CHATURVEDI, V. 2000. Introduction. Pp. vii–xix in *Mapping Subaltern Studies and the Postcolonial*, ed. V. Chatuvedi. London: Verso.

CHILCOTE, R. H. 1984. *Theories of Development and Underdevelopment*. New York: Sage.

CHOWDHRY, G., and NAIR, S. 2002. Introduction: power in a postcolonial world. Pp. 1–32 in *Power, Postcolonialism, and International Relations: Reading Race, Gender, and Class*, ed. G. Chowdhry and S. Nair. New York: Routledge.

DARBY, P. 2004. Pursuing the political: a postcolonial rethinking of relations international. *Millennium: Journal of International Studies*, 33: 1–32.

—— and PAOLINI, A. J. 1994. Bridging international relations and postcolonialism. *Alternatives*, 19: 371–97.

DIRLIK, A. 1994. The postcolonial aura: third world criticism in an age of global capitalism. *Critical Inquiry*, 20: 328–56.

DOS SANTOS, T. 1970. The structure of dependence. *American Economic Review*, 60: 231–6.

DOTY, R. L. 1996. *Imperial Encounters: The Politics of Representation in North–South Relations*. Minneapolis: University of Minnesota.

ESCOBAR, A. 1995. *Encountering Development: The Making and Unmaking of the Third World*. Princeton, NJ: Princeton University Press.

EUBEN, R. L. 2002. Contingent borders, syncretic perspectives: globalization, political theory, and Islamizing knowledge. *International Studies Review*, 4: 23–48.

GANDHI, L. 1998. *Postcolonial Theory: A Critical Introduction*. New York: Columbia University Press.

INAYATULLAH, N., and BLANEY, D. L. 2004. *International Relations and the Problem of Difference*. London: Routledge.

KEOHANE, R. O. 1989. *International Institutions and State Power: Essays in International Relations Theory*. Boulder, Colo.: Westview.

KRISHNA, S. 1999. *Postcolonial Insecurities: India, Sri Lanka, and the Question of Nationhood*. Minneapolis: University of Minnesota Press.

MANZO, K. 1991. Modernist discourse and the crisis of development theory. *Studies in Comparative International Development*, 26: 3–36.

—— 1996. *Creating Boundaries: The Politics of Race and Nation*. Boulder, Colo.: Lynne Rienner.

—— 1999. The international imagination: themes and arguments in international studies. *Review of International Studies*, 25: 493–506.

MITCHELL, T. 1998. Fixing the economy. *Cultural Studies*, 12: 82–101.

—— 2000. The stage of modernity. Pp. 1–34 in *Questions of Modernity*, ed. T. Mitchell. Minneapolis: University of Minnesota.

MONGIA, P. 1996. *Contemporary Postcolonial Theory: A Reader*. Oxford: Oxford University Press.

MUPPIDI, H. 2004. *The Politics of the Global*. Minneapolis: University of Minnesota Press.

MURPHY, C. 1984. *The Emergence of the NIEO Ideology*. Boulder, Colo.: Westview.

PAKENHAM, R. A. 1992. *The Dependency Movement: Scholarship and Politics in Development Studies*. Cambridge, Mass.: Harvard University Press.

PALMA, G. 1978. Dependency: a formal theory of underdevelopment or a methodology for the analysis of concrete situations of underdevelopment? *World Development*, 6: 881–924.

PAOLINI, A. J. 1999. *Navigating Modernity: Postcolonialism, Identity, and International Relations*. Boulder, Colo.: Lynne Rienner.

PERSAUD, R. B., and WALKER, R. B. J. (eds.) 2001. Race in international relations, special issue. *Alternatives*, 26: 373–543.

PIETERSE, J. N., and PAREKH, B. 1995. Shifting imaginaries: decolonization, internal decolonization, postcoloniality. Pp. 1–9 in *The Decolonization of Imagination: Culture, Knowledge and Power*, ed. J. N. Pieterse and B. Parekh. London: Zed.

Sarkar, S. 2000. The decline of the subaltern in *Subaltern Studies*. Pp. 300–23 in *Mapping Subaltern Studies and the Postcolonial*, ed. V. Chaturvedi. London: Verso.

Slater, D. 2004. *Geopolitics and the Post-Colonial: Rethinking North–South Relations*. Oxford: Blackwell.

Snyder, J. 2004. One world, rival theories. *Foreign Policy*, 145: 52–62.

Sunkel, O. 1969. National development policy and external dependence in Latin America. *Journal of Development Studies*, 6: 23–48.

—— 1973. Transnational capitalism and national disintegration in Latin America. *Social and Economic Studies*, 22: 132–76.

Thrift, N. 2000. Pandora's box? Cultural geographies or economies. Pp. 689–704 in *The Oxford Handbook of Economic Geography*, ed. G. L. Clark, M. P. Feldman, and M. S. Gertler. New York: Oxford.

Tickner, A. 2003. Seeing IR differently: notes from the third world. *Millennium: Journal of International Studies*, 32: 295–324.

Valenzuela, J. S., and Valenzuela, A. 1981. Modernization and dependency: alternative perspectives in the study of Latin American underdevelopment. Pp. 15–42 in *From Dependency to Development: Strategies to Overcome Underdevelopment and Inequality*. Boulder, Colo.: Westview.

Walt, S. M. 1998. International relations: one world, many theories. *Foreign Policy*, 110: 29–46.

Young, R. J. C. 2001. *Postcolonialism: An Historical Introduction*. Oxford: Blackwell.

第三十九章

前霸权国家的国际关系理论[1]

理查德·利特尔

本章主要考察前欧洲大国，特别是英国，其过去和现在的地位是否影响了理论学家的国际关系研究。目前，人们对该话题的关注较少；一方面，这是因为实证主义认为社会科学的目的是发展出一种独立于时间和空间之外的关于现实的观点，即托马斯·内格尔（Thomas Nagel 1986）的“本然的观点”（view from nowhere），而这种观点也广为人所接受。但是，另一方面，这同样是因为人们普遍相信美国的学术界在学科上占据了统治地位，因此削弱了国际关系理论在美国之外自主发展的潜力。

本章驳斥了上述观点。首先，本章承认后实证主义的观点，即我们没有其他的道路，只能采用了一种“从某处看”（view from somewhere）的视角，因此我们的分析也必然包含主观维度。尽管实证主义者坚持认为对知识的求索必须超越国界，但后实证主义者却意识到对知识社会学的 675
需要，因为知识社会学突出了理论家提出问题和解决问题的方式，而这些方式反映了他们自身的历史经验及其独特的智识和体制的基础。大多数

1　非常感谢克里斯蒂安·罗伊-斯米特对本章做出富有建设性的评论。

学科肯定有其国家的思想发展史，但是后实证主义者坚称，这些“从某处看”得出的观点没有理由不是客观的。第二，本章质疑了霸权的观点，认为即使我们仅仅关注英国也很快发现，即英国的国际关系理论也存在自主发展的因素，而这一理论的发展也与英国作为大国的兴衰有关。

本章第一个部分探讨霸权观点，并将前欧洲大国纳入讨论范围后指出其存在的反常之处。在第二部分，作者将重新评价这些反常现象，并提出观点，认为不仅承认在美国之外理论发展的重要性是必要的，而且一旦这些理论的发展被凸显，那么这些反常现象均可得到解决，但前提是重构国际关系理论如何发展的传统论述。

1 当美国霸权遭遇欧洲反常

1.1 作为学科霸主的美国

按照斯坦利·霍夫曼（1977）的观点，国际关系作为一个独立的学科是在1945年之后崛起的，当时美国成为全球大国，领导人也认识到“智识指南针”对指导未来行为的必要性。但是，霍夫曼坚持认为，美国依靠并且也取得了建立一门新学科的独特的体制优势。首先，需要美国学者和政策制定者之间保持紧密关系；其次，美国各种基金会为满足政府需求和利益的研究提供了资金；最后，美国的高等教育体系要求有足够的灵活性来开辟新的研究和教学领域。霍夫曼认为，与此相反，欧洲并没有这些制度优势的特点，因此国际关系理论的演变一直以来都是一项美国人的事业。

尽管美国人并没有对国际关系的发明拥有知识产权，但是，人们一直认为美国在全球享有学科霸权，掌控着该领域的研究议程。尽管英国和其他前欧洲大国可以在国际关系中发挥作用，但至多也不过被看作亦步
676 亦趋，遵循着霸权国家设定的策略。所以，国际关系并没有提供“中立的观点”，而仅仅是美国的观点。

在承认霍夫曼的“天才般的洞察力”的同时，奥利·维夫（Ole Wæver

1998）认为，至今为止尚无严肃考察国际关系作为一门全球学科的社会发展史的研究，他将致力于纠正这一现象，通过采用一种精巧的模型来获取允许国家间比较的国家“画像”。这一模型不仅揭示了国际关系中可感知—可解释的国家间的差异，也展现了美国和欧洲之间存在的理论和方法论上的鸿沟。

奥利·维夫（1998）将这一模型应用到德国、法国、英国和美国，证明这一模型的关键特征远早于国际关系作为一门独立的学科出现之前。但是，他仍然认为一门学科并不仅仅是那些用于组织知识的种类，更关键是组织学者和大学的种类。奥利·维夫认为知识经常是流动的，而制度往往是抵制变化的。所以，我们可以将国际关系追溯至很久以前这一观点可能是正确的，奥利·维夫同意霍夫曼的观点，认为只有在1945年后的美国，国际关系才以一门独立的学科出现，尽管其组织架构开始缓慢地被其他地方复制。随着国际关系学科扩张，在该学科的全球舞台上，美国有效地取得了霸权地位。但是，尽管欧洲人最初非常乐意接受美国的国际关系学科的发展以此复制美国的地位，但是维夫的预测认为，随着理性选择理论在美国的影响力提高，这些欧洲人越来越敌视美国的理论，开始开辟自己独特的理论。维夫在总结中提出，这一发展最终提前结束了美国在国际关系中的霸权地位。

维夫的社会学方法毫无疑问为识别国家发展轨迹的存在创造了空间，有效证明了前欧洲大国之中的三个国家现在发展出独特的研究路径。所以，维夫可以向人们展示在19世纪的德国国际关系，尤其是现实主义观点潜藏于历史学之中，因此抑制了国际关系作为一门独立的学科出现。不过，在随后的世纪里，这些移民美国并对国际关系感兴趣的欧洲人发现他们的学科在这里属于政治学范畴，这可能是因为受到了自19世纪以来日耳曼思想对美国政治学的影响。

维夫的整个观点（1998，689）强调了美国现在的霸权地位，而其他国家现在与美国之间“巨大的贸易差”也说明了这一点，而“出版、引用，特别是理论借用的模式”也给予印证。当然，美国的重要性是无可辩驳的，

677 但是将霸权地位归结为美国的学术界催生了一系列的反常现象，因为这低估了在前欧洲大国间国际关系发展中所观察到的自主程度以及这些国家的理论发展在美国产生的影响。

1.2 欧洲移民的反常现象

尽管霍夫曼提出了国际关系是一门美国的社会科学，但是作为一名移民美国前在法国接受学术训练的奥地利人，他承认促使美国国际关系发展的诸多重要因素之一就是欧洲移民的拥入。威廉和安妮特·福克斯(William and Annette Fox 1961, 339)将美国国际关系学科中的“暗流涌动、活力和多样性”归功于那些“在很多情况下来自欧洲并且学术训练同样在欧洲完成”的学者。这就意味着，在美国国际关系学科的崛起具备更多的世界性基础，而不是“一门美国社会科学”这种说法最初所描绘的纯粹图景。

但是这些欧洲移民一直以来都被视为“特洛伊木马”，因为他们将新方法渗透至国际关系学，而这门学科长久以来与前欧洲大国密不可分。斯蒂法诺·古奇尼(Stefano Guzzini 1998)认为，现实主义就是这些移民成功引入美国的，其目的十分明确，就是为了让美国的领导人熟悉19世纪欧洲的外交准则。这些自封的现实主义者认为美国的外交传统并不包含强权政治的粗暴手段。但古奇尼认为，随着新的学科研究的崛起，国际事件很快就将现实主义从主导地位拉下马来。同时，他也观察到，现实主义从一开始为了扩大在美国的影响力，只能尝试赋予这些欧洲的外交准则以社会科学的光环，除此别无选择。当经典现实主义逐渐失去科学的光环，实证主义在美国受到追捧，此时经典现实主义让位于语言更加科学的新现实主义。在古奇尼看来，这只不过是为了保护现实主义的主导地位而做的无谓挣扎。

1.3 英国的反常现象

维夫的模型清晰地展现了任何国家的政治和社会现实显著影响着

这个国家社会学家的研究路径。这并不是一种新的观点。在E. H. 卡尔(E. H. Carr)的英国国际关系研究中,这个观点占据着主导地位。在卡尔看来,两次世界大战之间的英国采取了一种他称为“乌托邦方法”的国际关系实践,尽管这种方法出现的时间更为久远。此外,约翰·米尔斯海默 678
(John Mearsheimer 2005, 143)坚持认为这种方法一直都存在于英国的学术界和知识分子身上,一直延续到理想主义者那里,而理想主义者在思考国际政治时一直忽视了权力的关键地位。所以,尽管卡尔给予理想主义以“毁灭性的打击”,但是理想主义“出人意料地回来了”。约翰·米尔斯海默(2005, 143)认为,在当代社会“几乎所有的英国国际关系的理论家都是理想主义者”。约翰·哈斯拉姆(John Haslam 2002, 210)也认为,自卡尔以来,英国“一直试图培养出一位具有现实主义传统的思想家”。哈斯拉姆还认为,英国大国地位衰落阻止了理论家们进一步发展卡尔的观点。尽管哈斯拉姆(2002, 210)承认知识分子很少有意识地回应1945年后英国权力的根本性转变,但是“很难忽略这种下意识觉察到工作环境的变化”以及“随着英国国际地位下降,权力和国际关系的原创性学说的影响力也在下降”。

克里斯·布朗(Chris Brown 2006, 677)做了一项范围广泛的评估。随着英国衰落,理论家现在“几乎”发出了英国国际关系话语的“主流声音”。这是布朗的出发点,尽管发出这样的声音是以牺牲理论家与更具实质性的话语研究领域脱离为代价。正如他所看到的那样,三十年前,英国学者是从国际关系上的一系列具体问题来解读理论的。根据布朗(2006, 677)的观点,赫德利·布尔(Hedley Bull)开始“将熟悉的实践问题理论化”,他的理论所探讨的问题也是“任何一个关注国际关系的人应该考虑的”。相反地,布朗(2006, 680)认为,当代英国学派的理论家有责任“将他们的研究置入政治哲学和社会理论的传统之中,而布尔几乎没有给予关注”。因此,理论学家和国际关系领域的其他人员之间产生了隔阂。但是布朗也认为,之所以产生隔阂,其中很大一部分在于英国的理论家已经抛弃了对解释性理论(explanatory theory)的追求而转向解读性理论(interpretive theory),而这一点正是区分英国和美国在国际关系理论化的特点。在布朗(2006,683)看来,出现这种发展状况,“英国作为世界大国地位的衰落”,并且理论家现在已经假定试图改变一个已经不再具有世界影响力的国家是没有意义的,这两点也是其中的原因。

1.4 英美的反常现象

当代和日益扩大的英美理论的鸿沟表现出双重异象,如果我们认为存在一种长久的、反映一个群体共享的国际关系的思想传统。阿诺
679 德·沃尔弗斯(Arnold Wolfers 1956, x)也是一位欧洲移民,他观察到盎格鲁美国和欧洲大陆学者之间的鸿沟,认为这种鸿沟并非偶然,其“根植于英国和美国的政治经验之中,而这种经验为知识界所吸收”。沃尔弗斯关注英国和美国的“战略孤立”(strategic insularity),认为在大多数时候,这两个“岛国”出现外部入侵的风险十分低。由此,沃尔弗斯得出结论,认为盎格鲁美国理论家发展出一种与欧洲大陆理论家十分不同的国际关系研究方法。由于欧洲大陆国家一直受到外部的威胁,这些国家的理论家们认为“几乎没有任何余地从巨大的需求中拯救道德价值”(Wolfers 1956, xx)。与之形成对比的是,国家必然性或国家理性的观念“对英语世界的政治哲学家来说仍然是陌生的”,相反,这些政治哲学家认为政治家享有同等的自由“选择正确的外部行为的道路,正如他们在内部政策上所做的那样”。沃尔弗斯坚定地认为,尽管如托马斯·霍布斯和亚历山大·汉密尔顿等一些盎格鲁美国理论家长久以来被视作现实主义者,但是他们也会强调“政治选择中的道德层面”以及温和和自律的必要性,而欧洲大陆理论家往往强调道德和国家利益高于一切之间的冲突(*raison d'état*)(Wolfers 1956, xx)。

但是沃尔弗斯承认,到20世纪中期,英国和美国失去了各自的“岛国”地位,“从外部施加的危险冲击的角度来看成为‘大陆国家’”。结果,两国长久以来建立的思维传统很容易走向两个极端。一方面,带着怀疑的态度接受欧洲大陆的“必然哲学”(philosophy of necessity); 另一方

面，采用纯粹的基于权力的政策，而这些政策的基础并不是必然哲学，而是一种可以带来“合适的道德标签从而迎合自我的正义感”的虚伪理论。形成对照的是，沃尔弗斯（1956，xxvi）提出一种不与传统决裂的新方法，这种方法基于这样一种判断，即所有国家拥有“不同程度的节制中的选择自由”。

卡尔（2001，74–75）也承认存在一种“操英语语言”的思想传统，尽管他视这种传统具有两面性，他认为“说英语的人们主导着国际社会的道德观且这些人都是极端虚伪的人。可见的事实是当前国际道德（international virtue）的准则主要由这些人经过一个自然且无法回避的过程建立起来的”。因此，从卡尔的角度来看，盎格鲁美国的传统建立在一个比简单的共同地缘政治现状更为广泛的基础之上，体现了一种为增进两国利益而创建的体系。因此，在发现1919年之后的盎格鲁美国传统包含着乌托邦主义时，卡尔（2001，65）一点都不感到惊讶，因为他坚持认为“乌托邦主义的学术理论和伦理标准远不是绝对的和先验的原则的表达， 680
在历史上受到诸多限制，是环境、利益和为攫取利益而使用的武器的产物”。基于相同的原因，卡尔（2001，97）指出，当利益没有受到挑战时，乌托邦主义者自身也没有认识到“政治权力在持续而静默地运作”。

2　英国衰落和英国学派的兴起

1936年，卡尔从其供职20年的英国外交部离职，成为威尔士大学阿伯里斯特维斯国际政治威尔逊讲席教授，在二战爆发后开始写作。因此，他的履历集中体现了霍夫曼所指的建立一门学科相关的关键特征。讽刺的是，卡尔几乎很快就离开了这门学科，他在1970年代写给霍夫曼的信中说道，对自己在推动国际关系学科形成中发挥的作用并不感到“特别自豪”。卡尔反问“‘被英语国家’称作国际关系的是什么?”，而不是分析如何“从国家实力出发来统治世界”。正如他所看到的，国际关系“只不过是主流国家对弱势国家行使权力的合理化”（Cox 2001, xiii）。而在

1968年苏联入侵捷克斯洛伐克之后，他指出，英国不再是一个大国，他发现“我不喜欢大国”（Haslam 1999, 250）。

从这一点来看，国际关系是在大国之间发展起来的，并且在一个单极化世界里，国际关系学科应该具有霸权色彩，这几乎已经成为一条公理。但是，正如人们指出的，这种观点产生了许多令人疑惑的反常现象。我采用两种方式来解读这些反常现象。首先，这些反常相互抵消，并提供一个逻辑紧密但跨区域的学科发展的叙述。第二，解决反常的方法存疑，因为这种方法没有考虑到欧洲移民和英国学派所倡导的国际关系学科的多面性。关注英国学派，然后才有可能评价英国的国际地位衰落是否是促使英国学派理论发展的因素。

2.1 适应反常

681 上文讨论的反常挑战了人们一直以来所认为的国际关系具有霸权色彩的观点，并推动人们从更加细微的角度来解读国际关系的发展史。根据这种细微角度的解读，国际关系理论可上溯至18世纪的美国和欧洲，尽管主要的分歧并不是美国和欧洲之间的，而是欧洲大陆的现实政治观点与英国和美国提倡的更加规范的立场之间的。这种规范立场显著影响了一战后两国的国际关系研究。但是，在1945年后，随着美国承认其在西方的霸权地位以及对欧亚大陆逐渐产生威胁，美国的国际关系学科受到了一群有影响力学者的观点的影响，他们在欧洲大陆成长并在那里完成学术的训练。他们助推了现实主义理论的宣传，并在一段时期占据了美国国际关系领域，由此导致的结果就是国际关系开始在英国和美国走上不同的发展道路。

2.2 重估反常

因此，如果认真考察这些反常，那么国际关系学科的发展历史就被拉长了，也会将欧洲和美国的发展历程纳入在内。但是，这种转变了的叙述也导致了新的反常。例如，尽管人们一直习惯将欧洲移民与国际政治的现实政治观或大陆观联系起来，但是他们几乎总是与一种更加复杂而又微妙的国际关系学说相联系。如果我们带着同情的心态阅读汉斯·摩根索的著作，我们可以发现，摩根索以国际关系的多面性观点为基础，其理论区别于国际体系、国际社会和世界社会，开创了一条多元主义道路，其后很快为英国学派的理论家所接受（Little 2003）。

摩根索的国际关系解读方法的核心是国际社会概念。由此，他强烈反对试图建立一种“本然的观点”的方法论，这些方法论也没有抓住被调查对象的整体性视角。冷战一开始，摩根索就担心美国和苏联之间缺乏任何共同理念，而正是这些共同的理念在过去创造并维持着国际社会。对于摩根索来说，冷战的真正危险是国际社会可能屈服于一种不受约束的强权政治主导的国际体系。尽管在短期他强调维持一个国际社会的重要性，但他把长期生存的希望寄托在世界社会的发展之上。

但是，摩根索和他的来自欧洲大陆的同行们在美国很快就被人们错误地认为是强硬的现实主义者，在实证主义占据主导地位的时候，他们在方法论之争中败下阵来，对于国际关系的全面理解已经被分散的知 682
识创造方法所取代。人们现在仅把现实主义看作是理性行为者在无政府主义舞台上的竞争，与用于解释合作和跨国主义等竞争理论形成比较——这是现实主义者忽略或没有加以解释的现象。但是，尽管这些欧洲移民提倡的解释性和整体性的方法在美国被边缘化了，相比之下，英国学派却奉行着类似的议程。按照邓恩（2007，127）的观点，该学派的理论家已经逐渐在英国占据中心地位。大西洋两岸已经产生了巨大的分歧，但是为了解释这种分歧，我们不能过于相信欧洲移民在美国的影响力。

2.3 英国学派的崛起

菅波英美（Hidemi Suganami 2003）认为英国学派现在的良好形象也只是近期才出现的现象，在这一点上，他无疑是正确的。英国学派最初是一群理论家在英国日益衰落的背景下试图理解世界。但是，他们强烈地意识到，当代国际舞台是在英国过去作为一个关键大国的基础上搭建起来的。因此，这些理论家并没有考察美国和苏联之间的对抗，而是试图理解英国打下的基础，关注欧洲的国家体系是如何演变的。国际社会这个概念是在几个国家之间发展起来的，对此他们抱有同样的兴趣。尽管布尔（2002）为澄清英国学派的国际社会方法做出了最多的努力，但是查尔斯·曼宁（C. A. W. Manning 1957; 1976）才是奠定基础的那个人，他强调了国际社会的独特“结构”的重要性，并且与活生生的个人所组成的世界社会比较，国际社会是如何成为一个由虚构实体构成的“类社会”（quasi-society）（Wilson 2004）。但是，正如布朗（2006，683–684）清晰指出的那样，这些理论家也认识到为了理解这个社会，他们需要一个“外交文化的民族方法研究”，必须进入解释性理论的圈子才能搞明白实践家们如何理解这一世界。在那个时候，他们还是比较容易地达到这些目标，因为彼时理论家和实践家之间还存在一种“俱乐部式关系”（clubbable relationship）。1950年代末成立的英国国际政治理论委员会里既有外交官也有学者（Dunne 1998）。

沃尔弗斯将英国的学术思想与盎格鲁美国的传统联系起来，这种传统是与大陆传统相悖的，但是英国学派斩断了这些联系，而是找到了一系列补充的欧洲理论传统：第一种与国际体系关联（沃尔弗斯的大陆传统），第二种与国际社会关联（沃尔弗斯的盎格鲁美国传统，尽管主要的英国学派理论家毫无疑问都是欧洲大陆人），第三种与个人而不
683 是国家构成的世界社会。英国学派认可了这三种传统的重要性（Little 2003），尽管世界社会这种传统近期受到诸多抨击（Buzan 2004; Clark 2007）。但在最初，由于冷战潜在的启示性后果，人们认为对国际社会的关注是十分重要的。卡尔（2001，87）在二战前曾承认，纯粹的现实主义“无法为我们提供任何东西，除了赤裸裸的权力争夺，而权力争夺是不可能构建国际社会的”。因此，与摩根索的理论一致，新兴的英国学派关注四分五裂的欧洲如何推动建立一个保证一定程度社会秩序的国际社会。

2.4 未来的国际社会研究：更加隐秘更加广阔

尽管类似于米尔斯海默(2005)这样的美国新现实主义者理所当然地认为国际社会的说法具有理想主义色彩，从一开始英国学派的学者就认识到国际社会存在着隐秘的一面。马丁·怀特(Martin Wight 1966, 93)曾指出，国际社会的“类社会”性质“隐藏、阻碍并且压制了一个个男性和女性构成的现实社会”。尽管已经认识到国际社会的这种潜在的压制性，第一代的英国学派理论家还是没有突出这个视角。国际秩序崩溃将会带来可怕的后果，鉴于此，布尔(2002)开始考察秩序的问题而不是正义。例如，他强调，随着国家权力的侵蚀和新中世纪世界(neomedieval world)的兴起，可能出现反乌托邦的元素。

国际社会的黑暗面之所以没有浮现出来，部分原因是第一代理论家的视野十分狭小地限制在欧洲中心论里。当然，他们承认欧洲之外还有一个世界，但是他们关注欧洲是因为他们认为支撑欧洲国际社会的权力体制仍将继续为冷战后的存续带来希望。但是，在冷战后，我们更难以忽略第一代理论家所回避的内容。尤其是有一种批评将目光投向了帝国主义和国际关系之间的关联，发现“英国学派著名的历史方法竟然忽略了这一历史事实，这一点十分令人感兴趣”(Callahan 2004, 310)。巴里·布赞(Barry Buzan 2004)同意这一看法，并认为我们必须承认殖民主义是定义欧洲的国际社会传统的主要体制之一。但是威廉·卡拉汉(William Callahan 2004, 307)也认为，英国学派的崛起及其对国际社会的重视“构成了帝国主义从积极的目标向消极的耻辱这种道德转变的一部分”。这种评价是不符合时代特征的。在建立英国学派的那些学者和外交官那一代，他们总体上对日不落帝国是持积极态度的。 684

但是，在冷战后，新一代的英国学派理论家兴起，他们同意有必要重新评估欧洲大国的行为。爱德华·基恩(2002, xii)认为布尔陷入了大国已经鼓吹200多年的国际秩序这一概念中。既然英国已经丧失了大国地位，那么我们应该更加容易地跳出这种解释性的圈子，承认这些大国在殖民时代欧洲之外的疆土上建立了一种与欧洲大陆十分不同的秩序。进一步地，这种双重秩序依赖于种族主义假定；约翰·霍布森和杰森·沙曼(John Hobson and Jason Sharman, 2005)认为国际律师在宣传种族等级上发挥了至关重要的作用。更进一步地，铃木章悟(Shogo Suzuki 2005)指出了日本如何成功地利用欧洲的双重秩序，运用欧洲国际法去宣扬自己的主权，与此同时还采用文明的标准来证明从"未开化的"亚洲国家攫取领土是合理的。但是，为了理解种族对国际关系的复杂影响，我们有必要采用一种整体方法，同时接纳世界社会和国际社会这两种传统。伊恩·克拉克(Ian Clark 2007)曾证实，如果我们不去探究世界社会和国际社会这两种思想传统之间的相互作用，那我们不可能理解奴隶制如何在19世纪初就在国际舞台上被取缔。同样地，为了进一步认识国际关系的黑暗面，英国学派理论家需要扩大他们的参照系，更加有效地运用他们的整体理论框架。

3 结语

英国学派不是英国唯一的理论学派。尽管如此，英国学派遵循了一种理论导向，这种导向触及了欧洲内部互有分歧但长期存在的思想传统。第一代英国学派理论家主要关注国际社会的角色，为此，在英国还是一个大国时，他们强烈依赖英国决策者的决策倾向。他们常常对这些倾向感到满意，以至于他们未能走出解释学圈子，并发出卡尔认为对客观理解国际关系至关重要的关键性声音。新一代的理论家如今发出了这样的声音，开始为英国学派的理论带来一个更具批判性的优势。英国学派思想的这种演变与美国的知识分子群体的发展没有关系，相反，可以被看作是
685 对英国丧失帝国和世界地位迟到的回应。尽管如此，本章传递的中心思想认为，我们轻易地夸大了美国的霸权思想在国际关系学科和国际关系
686 的现实世界中的作用。

参考文献

Brown, C. 2006. IR theory in Britain—the new black? *Review of International Studies*, 32: 677–87.

Bull, H. 2002. *The Anarchical Society: A Study of Order in World Politics*, 3rd edn. London: Palgrave.

Buzan, B. 2004. *From International to World Society? English School Theory and the Social Structure of Globalisation*. Cambridge: Cambridge University Press.

Callahan, W. A. 2004. Nationalising international theory: race, class and the English School. *Global Society*, 18: 305–23.

Carr, E. H. 2001. *The Twenty Years' Crisis 1919–1939: An Introduction to the Study of International Relations*, 3rd edn. Basingstoke: Palgrave.

Clark, I. 2007. *International Legitimacy and World Society*. Oxford: Oxford University Press.

Cox, M. 2001. Introduction. Pp. i–cviii in *The Twenty Years' Crisis 1919–1939: An Introduction to the Study of International Relations*, 3rd edn., E. H. Carr. Basingstoke: Palgrave.

Dunne, T. 1998. *Inventing International Society: A History of the English School*. Basingstoke: Macmillan.

—— 2007. The English School. Pp. 127–47 in *International Relations Theories: Discipline and Diversity*, ed. T. Dunne, M. Kurki, and S. Smith. Oxford: Oxford University Press.

Fox, W. T. R., and Fox, A. B. 1961. The teaching of international relations in the United States. *World Politics*, 13: 339–59.

Guzzini, S. 1998. *Realism in International Relations and International Political Economy: The Continuing Story of a Death Foretold*. London: Routledge.

Haslam, J. 1999. *The Vices of Integrity: E. H. Carr, 1892–1982*. London: Verso.

—— 2002. *No Virtue like Necessity: Realist Thought in International Relations since Machiavelli*. New Haven, Conn.: Yale University Press.

Hobson, J. M., and Sharman, J. C. 2005. The enduring place of hierarchy in world politics: tracing the social logics of hierarchy and political change. *European Journal of International Relations*, 11: 63–98.

Hoffmann, S. 1977. An American social science: international relations. *Daedalus*, 106: 41–60.

Keene, E. 2002. *Beyond the Anarchical Society: Grotius, Colonialism and Order in World Politics*. Cambridge: Cambridge University Press.

Little, R. 2003. The English School vs. American realism: a meeting of minds or divided by a common language? *Review of International Studies*, 29: 443–60.

Manning, C. A. W. 1957. Varieties of worldly wisdom. *World Politics*, 9: 149–65.

—— 1976. *The Nature of International Society*. London: London School of Economics/ Macmillan.

Mearsheimer, J. 2005. E. H. Carr vs. idealism: the battle rages on. *International Relations*, 19: 139–52.

Nagel, T. 1986. *The View from Nowhere*. Oxford: Clarendon Press.

Suganami, H. 2003. British institutionalists, or the English School, 20 years on. *International Relations*, 17: 253–71.

Suzuki, S. 2005. Japan's socialization into Janus-faced European international society. *European Journal of International Relations*, 11: 137–64.

Wæver, O. 1998. The sociology of a not so international discipline: American and European developments in international relations. *International Organization*, 52: 687–727.

Wight, M. 1966. Western values in international relations. Pp. 89–131 in *Diplomatic Investigations: Essays in the Theory of International Politics*, ed. H. Butterfield and M. Wight. London: Allen and Unwin.

Wilson, P. 2004. Mannings's quasi-masterpiece: *The Nature of International Society* revisited. *Round Table*, 93: 755–69.

Wolfers, A. 1956. Introduction: political theory and international relations. Pp. i–xxvii in *The Anglo-American Tradition in Foreign Affairs: Readings from Thomas More to Woodrow Wilson*, ed. A. Wolfers and L. W. Martin. New Haven, Conn.: Yale University Press.

第八部分

旧言与新说

第四十章

国际关系(非)学科中的权力概念

贾尼丝·彼埃里·马特恩

有政治的地方就有权力。因而,权力概念之于世界政治研究乃其根本所在,这实在不足为奇,而其令人惊奇之处仅在于其根本性的程度如何。权力,或者更为确切地说,任何时期人们所设想的以特定形式存在的权力,一直是一股对国际关系学科进行定义的重要构成力量。作为一个"本质上有争议的概念",多年来权力的含义已经得到了极大的扩充,有关权力的概念性思维的种种发展日渐要求人们将新的实证研究焦点、研究方法和规范逻辑纳入国际关系的词汇之中(Connolly 1974)。于是,围绕权力概念的争鸣使该学科得以不断拓展。

然而,如果某个关涉广泛的学科顺应其所推动的那种"参与的多元主义",那么这种受益看起来似乎已经脱离了国际关系(Lapid 2003)。事实上,通过限定其有关权力及实证、方法论和规范图式的主张,国际关系学者们已经对该学科的广泛性予以了回应。不幸的是,其结果表 691
明,与其说国际关系是一门学科,还不如说它是某些孤立的研究团体的集合,即一个(非)学科。如果国际关系要走出这一片有关世界政治的、互不关联的嘈杂声,各有所长的学者们就需要进行沟通。对此,一个能够揭示权力的各个方面之间关系的框架可能会有所裨益。这种框架既不需要强迫学者个人采用一种内涵更加广泛的权力概念也不需要这些学者在自己的研究中纳入更多的实证性、方法论和规范性视角。为了推动贯穿整个（非）学科的富有成果的对话，该框架只需对这些可能性予以放行即可。

1　该学科中的权力

如果说权力的使用方式塑造了世界政治，那么人们对权力的认知方式就塑造了国际关系。国际政治学学者中对权力的最初概念是随着该学科的出现而出现的。此概念由像汉斯·摩根索（1948）这样的早期现实主义者提出，其后又受到了像肯尼思·沃尔兹（1979）和约翰·米尔斯海默（1990）这样的现实主义者的青睐，它视权力为一种实体，是像军队、财富和地理这种有形之物内在的东西。基于该概念，国际关系发展成了一个专注于物质资源和控制资源的国家的学科；从方法论意义上则专注于有形措施（Claude 1962）；而规范意义上则与军事化和暴力沆瀣一气（Brown 1992, 77）。反过来，国际关系将小国（实为非国家行为体）定为基本无关的一方（Wight 1946）；明确宣称那些探讨“无形之物”的理论和方法都值得怀疑（Frey 1971）而且还宣布国家间存在道德这一观点本身就是危险的（Morgenthau 1948）。

然而，在20世纪后半期，上述部分指摘开始蔓延。随着社会科学的潮流，国际关系学者们逐渐开始认可对潜在权力与实际权力的区分，其中实际权力是根源于甲行为体促使乙行为体做本不愿为之事能力的“一种因果关系”（Baldwin 2000, 178）。在物质资源被视为这种影响力的一种潜在来源的同时，诸如各国关系的范围和规范等“更为模糊的”变量也被考量在内。这有助于减少该学科对于有形措施的专注度。将权力视为一种影响关系也缓和了国际关系与军事化在规范意义上的勾连。由于在精心打造影响力方面“没有一个［权力］基础……是决定性的”，人们建议各国驾驭各种权力资源，而不仅仅是武器（Guzzini 1993, 454）。

然而，很多情况依然故我。例如，以权力为影响力关系的概念强化了该学科对物质性的信奉，因为它依据某个行为体改变遵约的物质成本和 692 收益的能力来看待影响力（Guzzini 1993）。这使该学科更为坚定地专注于国家（其丰富的物质资源令其能够有效操纵各种物质激励措施），在方法论上则更坚定地采用行为主义（通过甲乙之间公开的冲突人们能够观察到作为一种物质现象的影响力）。最后，该概念完全没有挑战世界政治不适合道德这一现实主义假设。

这一行为主义的、物质性的以权力为某种影响力关系的概念大致上与现实主义者对国际关系的概述一拍即合，不过其他的概念则发起了强大的挑战。政治理论中有关“权力的多张面孔”的辩论为国际关系学者们提供了三种不同的以权力为影响力关系的方式，而每一种都超越了当初的“第一张面孔”。“权力的第二张面孔”通过凸显各行为体利用其建制地位来压制异议（Bachrach and Baratz 1962），将权力与公开冲突脱钩。凭借有关国际建制中的议程设置、决策以及遵约的一些自由制度主义著述进入国际关系后，这一权力观表明了许多无趣事物的重要性（Chayes and Chayes 1993）。相应地，它有助于揭示方法论行为主义的局限性，支持向科学现实主义的转向（Bueno de Mesquita 1985）；它有助于体现学术界对国际合作的政治相关性（继而合法性）（Kratochwil and Ruggie 1986）；而且它有助于表明，对于至少包括国家之间正式的合作关系等的规范维度的明确反映是正当的（Meunier 2005）。

权力的第三张面孔有过之而无不及。它提出，人们无法通过专注于各行为体在物质和制度安排方面的相对地位而充分理解它们之间的权力关系。人们还必须考虑它们在不同社会结构中的地位。它认为社会地位高的行为体能够利用其声望诱骗那些地位较低的行为体与之合谋而自己保持统治地位，这一观点表明某些扫兴之事能够反映出弱者的心理教化情况（Lukes 2005）。这一葛兰西式的权力概念促使国际关系学者们将眼光从大国转向物质力量弱小的国家，因为当时全球经济中统治阶级的拥护也塑造了世界政治（Chase-Dunn 1989）的动态变化。此外，通过在市场和阶级间的关系（而非各国间关系）中定位权力，这一概念对该学科的国家中心主义（Strange 1996）也发起了挑战。最后，这一概念要求人们使用一个具有明确规范的、系统的国际关系理论去应对压迫问题和从结构性力量中实现解放的问题（Linklater 1998）。

权力的第四张面孔对国际关系的影响最为深刻。由于植根于非本质主义的认识论之中，这一观点提出权力的零星表现依靠的是创造社会意义并使各社会的存在成为可能的那些话语之中。于是，权力不再是那些
693 感兴趣的能动者所做的一种操练而是一个话语过程，能动者及其兴趣通过该过程率先出现（Digeser 1992）。相应地，世界政治的发生不在特定类型的行为体以特定方式行事之地，而在于社会过程赋予特定行为体和行为意义之处。那么，要研究世界政治就意味着要研究那些意义过程——不论它们在何种类型的行为体之间，在任何地点发生，都要采用能够对意义过程进行评估的诠释性研究方法；而且刻意关注相对主义所触发的规范性问题（Campbell 1998）。这一建构主义式的权力概念以这种方式直接质疑了与作为该学科基石的现实主义概念有关的实证主义、方法论和规范边界。

最终，该有关权力的辩论被弃如敝屣，不了了之。问题在于权力的第一、第二张面孔有赖于社会现实的元理论概念，这些概念与同样难以测量的权力的第三、第四张面孔（Paolini 1993）所引起的概念无法进行比较。不过，这一僵局为“第三次辩论”提供了支持，这一辩论是对国际关系“科学努力”（Lapid 1989, 236）的“本体论、认识论和价值论基础”的严格审查。在该学科中，检验未被承认的假定不具备可能性，这一元理论焦点迫使国际关系（不论人们有多么不情愿）在理论上变得更加多元化，因而也会容纳种类更加多样化的实证研究焦点、方法论要求以及规范性安排。有关权力的争鸣以这种方式促使国际关系转变为一个多元的、广阔的研究领域。

2 (非)学科中的权力

由于国际关系的理论多元主义及其实质跨度激励着学者们与他们自己的研究模式中内在的偏差做斗争，人们应该对其不吝赞美之词。然而，如今的情况看起来几乎完全不同。由于国际关系内部一大批人普遍接受的理论、实证研究焦点、方法论途径和规范立场范畴的扩大，绝大部分国际关系学者的知识范围实际上已经变窄了（Kratochwil 2003）。绝大部分学者并未针对通过不同的视角研究类似问题的成果对自己的研究予以“检查”，相反地，他们安坐于围绕特定理论或方法而组织起来的排外性研究团体之中（Smith 2000）。这些领域变得如此狭窄以至于人们基本无法就该学科的目标在全学科范围内达成共识，也谈不上能够以建设性的方式向彼此学习（Tickner 1997）。如今国际关系是一门（非）学科。 694

国际关系各研究领域的碎片化和沉默反过来也塑造了国关学者在自己的研究中处理权力的方式。学者们没有直面逼迫先前的研究对权力进行概念化的那些棘手的元理论问题，如今他们倾向于以有关该现象的大理论替换对其中各种世界事件中表现的研究。如此，当冷战结束以及2001年“9·11”事件令霸权引人担忧之时，国际关系学者们使人们开始注意有关软权力、军事与经济权力以及霸权体系中的保障权力等方面的著述（Robinson 1999; Brooks and Wohlforth 2002; Nye, Jr. 2004）。类似地，随着跨国行为体、国际制度设计以及联合国变得越来越重要，有关“对话”权力的研究已经变得司空见惯（Crawford 2002）。

在当前背景下这一对权力样式进行研究的趋势显而易见，因为它来自国际关系（非）学科的鼓舞而且也是对该（非）学科的强化。具体而言，绝大部分此类研究主要来自在很大程度上孤立存在的知识领域，他们不太在意与不同知识领域中的此类研究建立关联。相应地，对于彼此差异巨大的经济地位和保障等方面如何成了权力不可缺少的部分，人们语焉不详。尽管有些人试图按照这些样式之间的彼此关联对其进行安置，但它们都被淹没于那些主要关注点另在他处的课题之中（Reus-Smit 2004; Bially Mattern 2005）。其结果就是国际关系不仅缺乏一个共同的权力概念而且也缺乏一个可以安置各种概念及其表述的共同框架。继而，由于国际关系的扩展，经过一种古怪的扭曲后，权力从一个本质上充满争议的概念变成了一个因缺少共同的词汇而使国际关系学者们甚至无法开展讨论的概念。对一个权力具有如此核心地位的领域来说，这的确充满了讽刺。

为了纠正这一问题，虽然该领域目前境况不佳，它还是能够寻求一个共同基础，以便这些各个不同的研究领域能够在此基础之上确立有关各种权力概念之间关系的集体理解。在这一方面，迈克尔·巴奈特（Michael Barnett）和雷蒙德·杜瓦尔（Raymond Duvall）迈出了勇敢的步伐。他们认为，更精确地说，权力的不同概念是权力更加不同的形式，它们被认为是"**在社会关系中并经由社会关系**，对各行为体决定自己的处境和命运的能力加以塑造的影响的产生形式"（Barnett and Duvall 2005, 3，强调部分为笔者添加）。鉴于此，我们面临的挑战就是根据带来这些影响的社会关系对各种权力形式加以系统化。经过对行为主义社会关系与构成性社会关系以及直接社会关系与发散性社会关系的集中研究，这些作者构建了一种将权力的四张面孔重塑为强制性、制度性、结构性和生产性权力形式的分类法。这使对每种权力形式可能性的社会关系条件的分析得以明晰，因而也使人们获得了有关多种形式如何才能以互补的
695 方式运作方面的见解（如Johnstone 2005）。的确，正如巴奈特和杜瓦尔（2005）所说，他们的框架能够促进跨越整个（非）学科的"交叉受益"。

然而，这种乐观主义低估了与支撑该框架的社会关系主义相关联的复杂性。问题在于，作为一种元理论，社会关系主义（与物质关系主义相对而言）对社会现实假设了一种非本质主义观点（White 2006, 47–48）。这样它就避开了前社会能动者或利益存在的可能性，继而避开了行为与构成以及直接关系与分散关系之间任何有意义的区分。其结果是，尽管这些作者们言之凿凿，他们的框架无法前后一贯地容纳行为主义的以及/或直接形式的权力，而且，令人尴尬的是，对四种权力形式中的三种

权力——强制性、制度性和结构性权力——也不具备分析价值。这一框架无意确定整个(非)学科的学者们可据以安置其各不相同的权力概念的共同基础,因为它显然是一个建构主义框架,它仅适合于生产性权力。

那么,如要推进有关跨越整个(非)学科的权力的对话,出路在哪里呢?尽管巴奈特和杜瓦尔的框架存在很多局限,对于共同基础的追求仍然令人神往。希望就在于,从目前来看,在元理论逻辑中巧妙地打造一个足够广泛、足够中立的权力概念以容纳各种不同的观点仍是可能的。但是,不管一个概念多么广泛,它都必然需要一些元理论前提。那么,基于共同基础的定义就无法保持中立;其定义排斥了那些取决于不同前提的观点(Guzzini 2005)。这使其追求的多元包容的目的无法实现,因为共同基础途径总是(如果是不经意的话)排外性的。这一动态可能会使各种"主义"不屑一顾的沉默背后存在的"学科身份政治"更加根深蒂固(White 2006, 1)。

出于上述认识,笔者建议:不要试图"分割"那些无法解决的元理论差异来追求贯穿整个(非)学科的对话,或许国际关系正面面对这些困难会更好。我们提出回归元理论将非常有利于开展有关贯穿整个国际关系(非)学科的权力的对话,并不代表我们倡导回归到第三次大辩论。尽管那次大讨论承认了所有的元理论逻辑及其所引发的各种理论、方法和规范立场从而对本体论和认识论这一不可避免而又不可知的特征予以了回应,笔者所建议的探讨将从实用主义的角度对元理论的这一难题予以回应。它不会问"社会现实的本质是什么?"或"我们如何在那个基础之上对世界政治加以理论化、研究和判断呢?",而会问"什么样的社会现实概念能够带来国际关系学者们用以理论化的各种进程、采用的方法以及提出的规范问题?"。该探讨不会成为一场对于"正确的"基础的形而上探索,它会成为一场对于实用的单元论元理论的求索,一番旨在辨识一系列特定的基础性假定的努力,而此种假定能够始终如一地、自发地维系作为国际关系特征的多元主义。这种基础提供了一个包容的和清晰的框架, 696
当前不可能实现的有关权力的"全局"对话可以其为基础。

如何才能找到一个单一的能够放任各种多元主义理论、方法和价值观的元理论是一个明显的挑战。首先，该探讨不应该像权力面孔大辩论以及巴奈特和杜瓦尔的再阐释那样纠结于权力到底是什么，它应该专注于是否存在一个能够清晰地对全部四种面孔当中的每一张面孔所描述的动态变化进行建模的社会现实概念。由于反本质主义“基础”能够以一种本质主义基础所不能的方式容纳话语动态和行为主义动态，这样一场对话最终可能会倾向于巴奈特和杜瓦尔的框架背后的社会关系主义。不过，尽管后者私下里给予元逻辑优先地位而且自诩不偏不倚，前者既不假装中性也不把自己所采用的社会关系主义自称为“真理”。这样，实用的元理论单元论对国际关系中的学科认同就都能一视同仁。它不会煽动排外性和沉默，反而会因此鼓励开展贯穿整个(非)学科的富有成果的
697 对话。

参考文献

Bachrach, P., and Baratz, M. S. 1962. Two faces of power. *American Political Science Review*, 56: 947–52.

Baldwin, D. 2000. Power and international relations. Pp. 177–91 in *Handbook of International Relations*, ed. W. Carlsnaes, T. Risse, and B. Simmons. Thousand Oaks, Calif.: Sage.

Barnett, M., and Duvall, R. 2005. Power in global governance. Pp. 1–32 in *Power in Global Governance*, ed. M. Barnett and R. Duvall. Cambridge: Cambridge University Press.

Bially Mattern, J. 2005. *Ordering International Politics: Identity, Crisis, and Representational Force*. New York: Routledge.

Brooks, S. G., and Wohlforth, W. C. 2002. American primacy in perspective. *Foreign Affairs*, 81: 20–33.

Brown, C. 1992. *International Relations Theory: New Normative Approaches*. New York: Columbia University Press.

Bueno de Mesquita, B. 1985. Toward a scientific understanding of international conflict: a personal view. *International Studies Quarterly*, 29: 121–36.

Campbell, D. 1998. Why fight: humanitarianism, principles, and post-structuralism. *Millennium: Journal of International Studies*, 27: 497–521.

Chase-Dunn, C. 1989. *Global Formation: Structures of the World-Economy*. Oxford: Blackwell.

Chayes, A., and Chayes, A. H. 1993. On compliance. *International Organization*, 47: 175–205.

Claude, I. L. 1962. *Power and International Relations*. New York: Random House.

Connolly, W. 1974. *The Terms of Political Discourse*. Princeton, NJ: Princeton University Press.

CRAWFORD, N. C. 2002. *Argument and Change in World Politics: Ethics, Decolonization, and Humanitarian Intervention*. Cambridge: Cambridge University Press.

DAHL, R. 1961. *Who Governs? Democracy and Power in an American City*. New Haven, Conn.: Yale University Press.

DIGESER, P. 1992. The fourth face of power. *Journal of Politics*, 54: 977–1007.

FREY, F. W. 1971. Comment: on issues and nonissues in the study of power. *American Political Science Review*, 65: 1081–101.

GUZZINI, S. 1993. Structural power: the limits of neorealist power analysis. *International Organization*, 47: 443–78.

—— 2005. The concept of power: a constructivist analysis. *Millennium: Journal of International Studies*, 33: 495–521.

JOHNSTONE, I. 2005. The power of interpretive communities. Pp. 185–204 in *Power in Global Governance*, ed. M. Barnett and R. Duvall. Cambridge: Cambridge University Press.

KRATOCHWIL, F. 2003. The monologue of "science." *International Studies Review*, 5: 124–8.

—— and RUGGIE, J. G. 1986. International organization: a state of the art on an art of the state. *International Organization*, 40: 753–75.

LAPID, Y. 1989. The third debate: on the prospects of international theory in a post-positivist era. *International Studies Quarterly*, 33: 235–54.

—— 2003. Through dialogue to engaged pluralism: the unfinished business of the third debate. *International Studies Review*, 5: 128–31.

LINKLATER, A. 1998. *The Transformation of Political Community: Ethical Foundations of the Post-Westphalian Era*. Cambridge: Polity.

LUKES, S. 2005. *Power: A Radical View*, 2nd edn. New York: Palgrave Macmillan.

MEARSHEIMER, J. J. 1990. Back to the future: instability in Europe after the cold war. *International Security*, 15: 5–56.

MEUNIER, S. 2005. *Trading Voices: The European Union in International Commercial Negotiations*. Princeton, NJ: Princeton University Press.

MORGENTHAU, H. J. 1948. *Politics among Nations: The Struggle for Power and Peace*. New York: Alfred A. Knopf.

NYE, JR., J. S. 2004. *Soft Power: The Means to Success in World Politics*. New York: Public Affairs.

PAOLINI, A. J. 1993. Foucault, realism, and the power discourse in international relations. *Australian Journal of Political Science*, 28: 98–117.

REUS-SMIT, C. 2004. *American Power and World Order*. Cambridge: Polity.

ROBINSON, F. 1999. *Globalizing Care: Ethics, Feminist Theory, and International Relations*. Boulder, Colo.: Westview.

SMITH, S. 2000. The discipline of international relations: still an American social science? *British Journal of Politics and International Relations*, 2: 374–402.

STRANGE, S. 1996. *The Retreat of the State: The Diffusion of Power in the World Economy*. New York: Cambridge University Press.

TICKNER, J. A. 1997. You just don't understand: troubled engagements between feminists and IR theorists. *International Studies Quarterly*, 41: 611–32.

WALTZ, K. N. 1979. *Theory of International Politics*. Reading, Mass.: Addison-Wesley.

WHITE, C. 2006. *Agents, Structures and International Relations: Politics as Ontology*. Cambridge: Cambridge University Press.

WIGHT, M. 1946. *Power Politics*. London: Royal Institute of International Affairs.

第四十一章

定位责任：国际关系中的道德能动性问题[1]

托妮·厄斯金

对于世界政治学研究来说，道德能动性问题至关重要。谁或什么能够承担与具体行为和结果的责任相关的道德负担及指责，这对实践和理论都有着深刻影响。我们（作为政治家、决策者、公民或学者）努力明确及分配，但有时也会拒绝或转移对饥荒、环境恶化、种族灭绝以及全球资源与财富分配带来的差距等危机做出应对的义务。面对因我们的作为或不作为而催生这些危机以及未能对它们加以妥善解决，我们也会推卸责
699 任。因此，将国家从贫困和债务中解救出来是一种“重大的、无条件的道德责任”，[2]“发达国家负有应对气候变化的道德责任”，[3]对于卢旺达的种族大屠杀，“国际社会犯有疏忽之罪”。[4]

---

1 非常感谢以下各位给予本章初稿的宝贵书面意见：克里斯·布朗、伊恩·克拉克（Ian Clark）、内塔·克劳福德（Neta Crawford），苏珊娜·凯尔森（Susanna Karlsson）、安德鲁·林克莱特、奇安·奥德里斯科尔（Cian O'Driscoll）、克里斯蒂安·罗伊-斯米特、柯林·怀特（Colin Wight）及迈克尔·威廉姆斯。

2 源自教宗本笃十六世致德国总理默克尔的信，2006年12月16日。

3 出自英国总理戈登·布朗，英国广播公司新闻，2006年4月22日。

4 出自秘书长科菲·安南（Kofi Annan）在1994年卢旺达种族大屠杀纪念会上的致辞，2004年3月26日。

然而，问题在于，人们在发起这些行动呼吁、责任要求以及谴责的呼声之前并未考虑哪些相关机构能够对这些问题做出应对。此外，国际关系学科在解决这一分歧方面所给予的指导着实有限。[1]即使我们的直觉提醒着我们诸如联合国、跨国公司和国家等实体应该可以承担相关道德责任，但国际关系学科坚称不可能承担这种道德责任。这种拒绝使得如下不争的事实愈发醒目：鉴于该学科历经艰辛才最终提出了一些很有价值的反正统的能动性主张，承认了这些实体的道德能动性，这一拒绝愈发显得令人震惊。毕竟许多研究途径都将国家假定为能动者。这个举措虽然从本质上讲并无不妥，但未让我们得以深入探析。迄今为止，被忽视的有关道德能动性和责任的立场在逻辑上与此种对能动性的大胆假定是相伴相生的。在这一点得到承认和探究之前，国际关系将陷入内部矛盾之中，饱受“规范性”和“经验性”研究之间不必要分歧的困扰，对我们有效探讨目前最迫切的全球性问题没多少帮助。

1　道德能动性与责任

道德能动者有能力仔细研究可能的行动方针及其后果，并根据该研究而采取行动。该能力使得道德能动者容易受到以下二者的影响：责任的分配和对具体行动和有利条件下在道德层面所获的赞美与指责的分摊。换言之，道德能动性与道德责任这两个概念之间有着非常重要的联系。

道德责任指能够对符合人们所理解的道德要件的特定行为或结果负责。（相比之下，因果责任的重点在于特定结果的产生方式而无须与目的性行动相关。）当然，不同的道德要件，尤其是国际层面上的道德要件的
基础和构想是不同的。然而，该现实并不妨碍人们在世界政治活动中发 700
表关于道德责任的激情且有力的言论。这些言论采用了有关责任的两种

1　在本章中，我将依照惯例使用国际关系来指称该研究领域。

不同但密切相关的理解。第一种理解涉及对应行为或必须加以克制的行为的事前判断。第二种理解涉及对特定事件或一系列情况的事后评估，某个能动者在这些情况下的作为和不作为会使该能动者成为被赞扬或责备的对象。对道德责任的前瞻性声明与有关责任和义务的主张息息相关。保守落后的言论则与怪罪和追责密不可分。重要的是，为了保持其意义，任何一种类型的言论都必须指向那些能够应对伦理要件的实体。简而言之，它们必须导向道德能动者。

这就使我们直面这一重大问题：把道德责任定位在世界政治中的什么位置才合理？对于"个人主义者"而言，对这个问题的任何解答都必须归结到个人（Popper 1966, 98; Brodbeck 1968, 240, 283; Weber 1968, 14）。从这个角度来看，集体（无论是公司、国家或政府间组织）成为道德责任言论的对象这一普遍做法，要么是对集合体在其个人构成层面的义务或问责性漫不经心的轻描淡写，要么就是一些胡言乱语。不幸的是，对被认为是道德能动者的机构进行如此严格的界定远远超出了批判性审查的范围。它也未能支撑那些对我们在世界政治活动的期待和失败所做出的令人信服的描述。个人自身缺乏实现许多人心所向的目标（如防止种族大屠杀）所必需的权力、协调能力和资源。同样，如果我们把对某些危害的（如全球变暖）的解释完全简化，将其归咎于那些与相关实践和政策有关机构的个人构成，就可能会忽略其中非常重要的部分原因。看起来，该承担责任与指责的另有他人。

值得注意的是，尽管个人被普遍理解为典型的道德能动者，但上述关于道德能动性的定义特征并不排除某些集体也合乎这一资格。一个集体若具有企业身份（或大于其组成部分总和的身份）、沿袭已久的身份、决策结构以及允许其落实决定的执行功能，它可能也是个道德能动者（Erskine 2001; 2003; 2004）。[1]根据此种解释，壳牌石油、美国陆军、中国、微软、罗马天主教会、欧盟、联合国、哈马斯及大赦国际都能以整体而非

1 在提出这些标准时，我借鉴了彼得·弗伦奇 (Peter French) (1984) 和奥诺拉·奥尼尔 (Onora O'Neill) (1986) 的研究成果。

成员个体的形式承担相应的责任和指责。从这个意义上说，国际关系中通过将某些集合体描绘成具有利益、目标和决策能力的能动者而非人们 701 普遍认为的个人主义者的大胆趋势是最有前途的，但也是最令人失望的。失望源于该学科不愿反思其带给个人主义的明显挑战，不愿通过考虑世界政治中更多可能的集体能动者使其更具一致性，不愿通过将该挑战与有关具有特定道德能动性的问题相结合的方式使该挑战得以圆满结束。这种可能性和缺点都值得关注。

2　国际关系中对道德能动性的假定：被误导和掩盖的责任

国际关系中为数众多的原本十分不同的研究途径有一些相同的关于道德能动性的隐含的重要假定。以下三种趋势尤其能够反映该学科中那些能用以探讨复杂道德责任问题的有限理论资源。每一种都有效地避开了对集体的可能道德能动性的考量，不过它们做出了鼓励这种考量的姿态。

首先，国际关系中有一个让人着迷的倾向，即认可国家是有着明确目的但非道德的行为体。因此，通过假定某一类集体的能动性，国际关系不假思索地对人们传统上理解的“个人主义”加以嘲弄。尽管如此，除了现实主义、新现实主义、新自由制度主义及一些建构主义的研究途径依赖于国家的能动性，国家可能担负着道德负担这一观点，要么被排除在外，要么（古典现实主义的立场可能最惹人注目）是在未经审查的情况下获得许可的。不加批判地接受国家是能动者的做法加上对其作为道德能动者角色的摒弃或回避，是许多国际关系研究中一个令人费解的特征。通过维护国家作为施动者的地位而想当然地认定国家的这一地位，温特提供了一个重要的例外。然而，即使在他的研究中引入“实践伦理”动机的时候，温特（1999，21–22）仍坚持在他的分析中不会解决伦理问题。国家可能“也是人民”（Wendt 1999, 194），但国家具有一种异常的非道德准人格。

其次，虽然国家一般只被赋予一种严格划定的、非道德的能动性概念，但国际关系倾向于不把可能具有相似能力的其他类型的组织当作能动者或道德能动者。非国家实体本身作为有目的性的行为体而被人们
702 普遍忽略。而且，诸如联合国等政府间组织被不同程度地理解为是各国的“工具”以及各国赖以谋利的“结构”。正如迈克尔·巴奈特（Michael Barnett）和玛莎·芬尼莫尔（Martha Finnemore 1999, 704）所观察到的那样，新现实主义者和新自由制度主义者们都坚信政府间组织“没有本体的独立性”。重要的是，他们的有些观点对超出国家之外的能动性进行了探讨。对跨国关系的审视把很多非国家机构，如跨国公司、非政府组织、倡议网络和认知共同体等，都作为值得关注的能动者（Keohane and Nye 1972; Haas 1992; Risse-Kappen 1995; Keck and Sikkink 1998）。此外，形形色色的理论家将政府间组织作为独立行为体，而不仅仅是为服务国家利益而设立的工具（Ness and Brechin 1988; Cox 1992; Hurrell and Woods 1995; Finnemore 1996; Snidal 1996; Barnett and Finnemore 1999）。然而，即使做出了承认更多集体具有能动性这一重大举措，这些观点并没有冒险尝试对它们可能的道德能动性进行探索。

最后，当伦理问题真的占据了国际关系的中心位置时，个人就倾向于对所有相关行为体加以探究。在一系列被称为“规范性国际关系理论”和“国际政治理论”等不同理论的立场中，很显然其重点被放在了作为有血有肉的个体的道德能动者之上，最近世界主义主张的凸显更是强化了这一做法（Jones 1999; Pogge 2002; Caney 2005）。[1]值得注意的是，这一系列研究并未探讨许多国际关系研究途径中组织层面的能动性那些不失挑衅但可能很有价值的属性，也未探索它们与有关特定道德能动性的假定相匹配的程度。相反，它摆脱了普遍出现于国际关系研究中的反个人主义姿态，这样也强调了自我“规范的”理论和非自我“规范的”理论之间这一明显的分歧。这对该明显分野两边的那些立场来说都是一种损

1 西蒙·卡尼 (Simon Caney 2005, 2) 早些时候提出的组织可能负有责任但并不追求这种可能性的观点是一句题外话。

失。结合其对边界意义的批判性思考以及与之同步的从国内政治理论到全球范围的拓展论证来看，所谓的规范理论化，保持了一种狭隘的只有个人才负有道德义务的看法。[1]虽然国际关系学术研究的其余部分对某种集体具有能动性的观念持开放态度，它们在方法论上对伦理分析具有一种先天的戒备心理。

国际关系采取了一种完全忽视道德能动性或仅将个人视为道德能动者的理论视角，透过该视角，世界政治中的责任问题要么被极大地扭曲 703
了，要么彻底看不到了。结果就是，该学科对界定责任的大小和过错的严重程度并无多少帮助。“必须要有所行动”以及“永远别再”是世界政治中的口头禅。但是，如若把它们与相关的道德能动者的任何迹象相分割，它们就毫无意义。或者说，如若把对行为的期待及对不道德行为的指控仅推给个人，则一些行为和结果的责任肯定依然处于无处归属的状态。例如，造成人道主义和环境危机及应对这些危机既需要制度的能动性也需要个体的能动性。因此，在世界政治中对照集体对道德责任加以探讨这一倾向是非常有意义的。然而，即使人们接受了该命题，仍需通过大量的研究来探索道德责任应被归因于哪种类型的集体、其前提条件是什么以及将产生何种影响。可悲的是，目前国际关系缺乏处理这些问题的理论框架。所以，我们将何去何从呢？

3 前方之路

我们至少可以采取四个步骤来改善国际关系在处理道德责任问题方面的不足。每个步骤都将挑战现有的理论假定，都承诺将提升该领域理解、解释和回应世界政治中实际问题的能力。

第一，国际关系中的能动者问题需要被当作明确的道德问题。对道德能动性的探究直接面对的是很多国际关系中经久不衰的理论假定

---

1 通过假定国家的道德能动性，约翰·罗尔斯（John Rawls 1999）提供了这一趋势中一个单一的例外。

以及那些指称该学科对能动性的理论化不足的重大指控(Wolfers 1962; Wendt 1999; Wight 2006)。如果集体可以是道德能动者,那么将国家作为本来就是行为体的实体来对待,这在逻辑上就说得通了。另一方面,若那些通常被描述为国际关系中能动者的集体也不能被当作道德能动者,那么把它们视为目的性行为体也值得怀疑了。换言之,专注于世界政治活动中的集体是否为道德能动者的研究将导致两种结果,要么是编织一个比人们目前在该学科所看到更厚实、内容更丰富的能动性“挂毯”,要么使劲拉其中的一根线,一行一行地解开一系列假定,从而使一幅曾经精致的(就算不完美的)织物因为脱线而需要补线。然而,忽视这样的一项
704 工作可能会造成大量理论上的矛盾和相互抵牾。

第二,即使集体作为道德能动者的可能性已经显而易见,依然存在着确定特定机构能力和界定其特征的难题。例如,某个组织会因其缺乏推理和达成意图的能力而被指控无法对其作为和不作为承担道德责任,而这个集体正式的决策结构若具备明显的协商能力,则会针对该指控进行反驳。然而,对于某些组织,如美军,是否具有统一且周密的决策功能来体现这一能力仍有争议——仍需要详细的经验研究。基于上述原因人们会对很多机构进行考察。特别困难的案例包括“基地”组织,一个“意愿联盟”(Brown 2003, 60-66; Erskine 2004, 31, 39)、跨国倡议网络甚至是“国际社会”(Brown 2003)等不太正式的组织。从事伦理及经验的研究,即面对世界政治中的特定问题时确定相关的道德能动者所需要的研究,提高了对这些问题连贯表述及对其有效解决的可能性。

第三,认真对待道德责任问题不仅要求对能动性进行认真而持续的分析,而且要密切关注能动者在执行某些行动时的背景情况。如若道德能动者享有能充分履行可能责任的条件,则它们只能被合理地分配责任或因逃避责任而被指责。因此,探讨道德能动者所处的结构与特定行为的关系十分重要。并非道德能动者的结构(例如全球资本主义制度)不能被赋予职责或承担作为或不作为后果的道德责任——尽管它们可能被认为对某些结果负有因果责任。然而,可以就结构位于其内的责任人所

产生的限制性或释放性影响进行评估。

第四，在世界政治活动中，具有不同内部能力、经历过不平等外部环境的不同行为体的伦理影响值得关注。这两组因素在（甚至名义上无法区分的）实体之间的差别很大。对道德责任的处理办法和评估方式必定会受到相应的影响。但这在实践中意味着什么呢？一些巨头跨国公司是否会因其所拥有的巨大能力及获得资源的途径而要比一些国家还要承担更大的责任呢（例如保护人权）？世界上剩下的唯一超级大国是否应承担弱小国家及刚起步的政府间组织所不肩负的职责？随之而来的问题涉及如何顾及那些无法承担道德负担的组织。我们是否有责任去设计及重组一个如联合国这样的组织，使其拥有必要的内部能力以更有力及更连贯的方式采取行动来应对人们所理解的伦理要件？我们是否也同样有义务去转变阻止能动者们履行具体职责的结构？ 705

要纠正我们对世界政治责任概念一贯的倨傲态度以及我们在国际关系学术研究中对能动性概念同样仓促的研究途径，我们还要在未来很长一段时间内直面道德能动性的问题。此外，它将进一步缩小该学科中“规范性”和“经验性”研究途径之间的人为划分（以及劳动分工）。最重要的是，或许它能够反击那种在很多国际关系学术研究中伦理考量都处于边缘地位的误导性观念并展示伦理考量在实践和理论中不可避免的中心地位。 706

参考文献

Barnett, M. N., and Finnemore, M. 1999. The politics, power, and pathologies of international organizations. *International Organization*, 53: 699–732.

Brodbeck, M. (ed.) 1968. *Readings in the Philosophy of the Social Sciences*. New York: Macmillan.

Brown, C. 2003. Moral agency and international society: reflections on norms, the UN, the Gulf War, and the Kosovo campaign. Pp. 51–65 in *Can Institutions Have Responsibilities? Collective Moral Agency and International Relations*, ed. T. Erskine. New York: Palgrave Macmillan.

Caney, S. 2005. *Justice beyond Borders: A Global Political Theory*. Oxford: Oxford University Press.

Cox, R. W. 1992. Multilateralism and world order. *Review of International Studies*, 18:

161–80.

ERSKINE, T. 2001. Assigning responsibilities to institutional moral agents: the case of states and quasi-states. *Ethics and International Affairs*, 15: 67–85.

—— 2003. Making sense of "responsibility" in international relations: key questions and concepts. Pp. 1–16 in *Can Institutions Have Responsibilities? Collective Moral Agency and International Relations*, ed. T. Erskine. New York: Palgrave Macmillan.

—— 2004. "Blood on the UN's hands?" Assigning duties and apportioning blame to an intergovernmental organisation. *Global Society*, 18: 21–42.

FINNEMORE, M. 1996. *National Interests in International Society*. Ithaca, NY: Cornell University Press.

FRENCH, P. A. 1984. *Collective and Corporate Responsibility*. New York: Columbia University Press.

HAAS, P. M. 1992. Introduction: epistemic communities and international policy coordination. *International Organization*, 46: 1–35.

HURRELL, A., and WOODS, N. 1995. Globalisation and inequality. *Millennium: Journal of International Studies*, 24: 447–70.

JONES, C. 1999. *Global Justice: Defending Cosmopolitanism*. Oxford: Oxford University Press.

KECK, M. E., and SIKKINK, K. 1998. *Activists beyond Borders: Advocacy Networks in International Politics*. Ithaca, NY: Cornell University Press.

KEOHANE, R., and NYE, J. (eds.) 1972. *Transnational Relations and World Politics*. Cambridge, Mass.: Harvard University Press.

NESS, G. D, and BRECHIN, S. R. 1988. Bridging the gap: international organizations as organizations. *International Organizations*, 42: 245–73.

O'NEILL, O. 1986. Who can endeavour peace? *Canadian Journal of Philosophy*, supp. vol., 12: 41–73.

POGGE, T. W. 2002. *World Poverty and Human Rights: Cosmopolitan Responsibilities and Reforms*. Cambridge: Polity.

POPPER, K. 1966. *The Open Society and its Enemies*, vol. ii. London: Routledge and Kegan Paul.

RAWLS, J. 1999. *The Law of Peoples*. Cambridge, Mass.: Harvard University Press.

RISSE-KAPPEN, T. (ed.) 1995. *Bringing Transnational Relations Back In: Non-State Actors, Domestic Structures, and International Institutions*. Cambridge: Cambridge University Press.

SNIDAL, D. 1996. Political economy and international institutions. *International Review of Law and Economics*, 16: 121–37.

WEBER, M. 1968. *Economy and Society: An Outline of Interpretive Sociology*, ed. G. Roth and C. Wittich. New York: Bedminster Press.

WENDT, A. 1999. *Social Theory of International Politics*. Cambridge: Cambridge University Press.

WIGHT, C. 2006. *Agents, Structures and International Relations: Politics as Ontology*. Cambridge: Cambridge University Press.

WOLFERS, A. 1962. The actors in international politics. Pp. 3–24 in *Discord and Collaboration: Essays on International Politics*, A. Wolfers. Baltimore: Johns Hopkins University Press.

第四十二章
世界政治研究中的大问题

罗伯特·基欧汉

我们研究国际关系的目的并不是为了美学,因为世界政治并不优美。若我们追求科学严谨性,我们将在实验性学科中穷尽职业生涯。相反,我们总是受规范性问题的驱动,因为从修昔底德记录的西西里远征(公元前416)到英美军队入侵伊拉克(2003),每每发生灾难后,这些规范性问题总会逼问我们。重复上演的失败使我们试图了解国家和其他行为体在何种条件下能够实现其集体目的,而非实施破坏性、往往导致自我毁灭的行为。[1]我们的实证分析充满了规范性的目的。20世纪70年代的经济危机让人不禁回想起20世纪30年代的经济大萧条,而危机过后,政治经济成为一个逐渐活跃起来的领域。第二次世界大战后,冷战最紧张时期,安全研究成为创新的荟萃点。后冷战时代的国内冲突后,对内战根源的研究迅速增加。可以预见的是,在2001年“9·11”袭击事件之后,将出现新一轮的围绕恐怖主义问题研究。

世界政治的研究者有义务帮助民主制度下的公众了解当今最紧迫

1 在此我用的是“世界政治”一词,而非“国际关系”,因为“国际关系”的措辞会导致我们只考虑国家,而对所有有趣的世界政治问题来说国家并非其核心所在。

708 的问题。然而这种道德义务并不意味着我们应把重点放在时下热门话题上，或者采用政府能够接受的话语从事狭义上的“政策相关”研究。我们的任务在于探索世界政治中更深层次的行动根源，而且只要我们能够分辨何为真相，便要向权力说实话。

对世界政治的研究始于对战争的研究。为什么战争是国际社会中长期存在的制度，又是哪些可变因素促使它发生呢？现实主义理论在理解这一问题及世界政治中的其他问题上发挥了核心作用，因为它认为权力和利益是理性国家行为的核心力量（Morgenthau 1967），尽管至今它仍未厘清为什么遵从理性的国家会进行相互破坏的战争这一问题。最近，学者们在这个问题上取得了实质性的进展，值得注意的是，在托马斯·谢林的带领下，他们把重点放在了信息和可信度的作用上（Fearon 1995），并将制度研究与战争研究联系起来（Fortna 2004）。

对战争的分析与更广义的冲突与合作问题直接相关。在过去25年里，就这些问题进行的研究一直强调，合作更多地是来自冲突而不是和谐，而且当存在互补利益时，多边机制能够促成合作（Keohane 1984）。一系列富有成效的研究强调互惠对于合作行为的激励作用（Axelrod 1984）。人们开始把这些理论成果与有关民主和平的文献相联系，对此笔者无暇展开论述。

主权的作用是当代的一个重大的难题，同样也是一个历史难题。在何种条件下，它能通过限制干预和明确世界政治中的行为体来推动合作，在什么条件下，它能提供一个保护罩，使国家能躲在后面欺凌某些社会群体以致激发国内冲突？近来有关主权的研究（Krasner 1999）对这一概念的各种含义进行了明确阐述。随着人们对内战和干涉问题的日益重视，对这一概念的分析重新变得重要起来。

这些问题背后都隐藏着权力概念。物质资源不仅对于战争和威胁非常重要，而且对于经济关系的政治学同样非常重要。对于政治经济学的研究可视作“追求财富及权力的国际关系的动态互动”（Gilpin 1975, 43）。但是，我们需要用怀疑的眼光看待将权力资源等同于物质资源的做法。约瑟夫·奈（Joseph Nye）（2004）强调“软实力”在世界政治中的作用，所谓“软实力”指能激发效仿、促进说服的吸引力。软实力取决于人类所拥有的信仰以及他们处理信息的方式；因此，对软实力系统性的研究需要对认知心理学和社会心理学进行探讨，近来这方面的研究取得了很大进展。在未经大机构调停的情况下，随着社会动员以及人们直接沟通彼此能力的逐渐增强，对于世界政治的研究者而言，了解信仰的来源可能会愈发迫切。709

关于战争与合作、权力和利益等概念的问题仍然是世界政治中的核心问题。不过，近来该领域愈发意识到国际关系研究者容易犯的推论偏差。战争和危机均是罕见的事件。自然而然的，想要弄清它们的学者们更多关注的是这些事件本身而非实现和平尤其是免除危机的条件。只要我们的目的是描述性的，该侧重点便没有问题。然而，当我们试图提出解释性建议时，我们陷入靠因变量选择案例的危险之中，这将导致我们的推论出现偏差（Achen and Snidal 1989; King, Keohane, and Verba 1994）。我们需要始终清楚自己推论中的不确定性——因为我们的数据不是由实验得来的，而且相关事件的区别度通常很小，且并非彼此独立——我们还需要尽力解释偏见的来源。

近几十年来世界政治的研究者们在战争、合作、多边制度的角色等问题上取得了不少理论层面的进展，在主权问题上也取得了概念层面的进展。由于技术进步及方法论的日趋老练，人们针对包括战争在内的各种问题做出了令人印象深刻的经验研究。不过，这些进步大多都集中于寻求进行静态的有条件的概括。虽然我们处在一个经历着空前变革的时期，但我们对变革的理解却远不如我们对基础的长期规律的理解。

1 历史变化中的六大问题

与文明史相比，已知的世界政治史的确非常短暂，与人类史相比更为短暂，具有相对可信数据的时期甚至不足200年。其间，人的本性没有发生改变，不存在世界性政府这一事实也没有改变。当世界政治的学者试图以过去两个世纪中各个国家的行为为基础进行概括时，他们默认19世纪初的行为体和进程与现在的行为体和进程在本质上并无二致。然而，这200年中发生了很多很多事情，它们改变了一些发挥作用的基本因素，包括武力的实质、经济生活的结构等。此外，变化似乎正在提速，这又带来了若干新问题或新的紧迫问题。

(1) 技术变革带来的武力扩张和扩散对政治有何影响？

学者们深入探讨了几个世纪以来武力技术变革对西方国际关系的影
710 响。全球定位系统和各种电子技术使近期战争发生一些变革，也使美国与其他国家的军事力量之间出现了巨大差距。但是，那些为美国强大的军事力量欢呼雀跃的人可能已经忘记了善于发明创造的对手能造出有效的像恐怖主义这样的“弱者的武器”，忘记了手握高人一等的资源反而可能会促使各国过度使用资源，或试图把资源用于不恰当的目标。

(2) 资本主义的变化对世界政治有何影响？

卡尔·马克思和约瑟夫·熊彼特这两位最著名的理论家认为资本主义发展的本质对世界政治具有根本性的影响。马克思、列宁及其追随者们认为资本主义对市场和投资机会无止境的需求导致了战争。相比之下，熊彼特认为，资本主义有促进和平的效果，因为它对重视利润高于荣耀和征服，从而对帝国主义有所限制。但他也把资本主义视为一个无情的“创造性破坏”进程，意味着社会的破坏性变革。马克思和熊彼特都认为资本主义的本质就是变化，这意味着经济结构影响全球的冲突与合作的方式必将随着时间的推移而发生变化。他们两位都不会接受当前国际关系领域的许多统计性研究之中默认的世界政治运作方式的静态设想。

(3) 国际关系中出现的进展是否具有合理意义？若有，该进展是源于人类思想的智力进步，抑或道德进步？

自启蒙运动以来，许多西方思想家都注意到人类实践发生了根本性变化，并得出结论或者说至少敢于期望人类的道德和科技都在进步。这些希望在第一次世界大战前的几年中达到顶峰，当时的政论家和实用主义者都希望经济的相互依存能够遏制甚至阻止战争，他们还寻求通过仲裁和军备限制条约来推进良性变革并使其制度化。两次世界大战和犹太人大屠杀让人们的幻想几乎彻底破灭，但是到了20世纪八九十年代，因为学习或是某些基本观念的改变又重燃了人们对于进步的期望。正如核武器及近来伊斯兰宗教激进主义的穷兵黩武向我们表明的，人们信仰观念的变化所带来的影响有时不一定是良性的。我们不应该期待对发展问题有一言以蔽之的回答，但这些问题仍然是需要回答的重要问题。

(4) 世界最强社会的社会结构的日益多样化和复杂化对世界政治有何影响？

说句老生常谈的话，当代民主资本主义社会变得日益复杂，由于跨国联系的日益紧密使各社会之间的界限日益模糊，这一复杂性也随之增大。政府本身以及“市民社会”日趋多样化，而“市民社会”在跨国非政府组 711
织和社会运动中得以大幅增长（Keck and Sikkink 1998）。西方社会中传统的性别角色一直在发生变化，这一点对决策和领导行为都有潜在的影响。安妮-玛丽·斯劳特最近提出了“分解的世界秩序”这一愿景；大致由于社会的复杂性，在这一愿景中等级制度已经淡化而形成了社会个体和群体间联结的网络化（Slaughter 2004）。从会计和证券监管等和平活动到恐怖主义等暴力活动中人们都可以找到相当多证据来证明斯劳特的观点，但这种证据基本就是些趣闻轶事。我们需要更系统地了解这些变化。

(5) 电子技术，尤其是互联网，对世界政治有何影响？

为了发挥影响力，拥有共同价值观或利益的个人需要能够相互沟通、组成团体以及集体行动。历史上，除非通过包括国家在内的正式组织，否则这种沟通一向是非常困难的；除非国家施以援手，否则跨国沟通完全是不可能的。过去20年来，这种此前历来如此的现实以不可思议的速度发生了变化，我们基本上尚未着手来理解这一重大事实的影响。一个可能的影响是，跨国甚至全球范围内的集体行动，不论好坏，都比以往要更容易些。

(6) 什么样的行为模式能够有效应对人类对全球环境造成的前所未有的压力？

尽管围绕气候变化速度、严重性以及相关技术创新的前景还有诸多不确定性，人类引发了气候变化却已是无可否认的现实。不论就世界各地的公众和政府是否有意愿付出巨大的代价以缓和气候变化或适应气候变化而言，还是就现有或可行机制是否有能力实施全球征税或可交易的许可计划而言，相关政治的不确定性都可能会更大（Aldy and Stavins 2007）。

2　制度设计问题

在本章开篇，笔者提出，尽管在实证研究中我们有义务遵循科学推论这一原则，如今的世界政治研究在很大程度上是由规范性问题驱动的。如果我们认真对待这些规范性问题，我们就不能仅仅自以为是地认为：我们需要对这些问题进行深入思考，这样我们才能够精准地表达一致的
712 规范性观点，继而将这些规范性问题与实际问题联系起来。对我这样一个制度的研究者来说，最紧迫的现实问题与制度设计有关。

基本的规范性问题可能表现为下面几种形式：若跨越政治和文化的藩篱，一个人在多大程度上和深度上对其他人负有义务？仅仅因为我们共有的人性，欧洲和北美的人们就对非洲人负有义务？道德义务在多大程度上受制于共同的历史经验和社群纽带呢？道德哲学家深刻地反思过这些问题。我们对这个问题的回答受制于我们对另一个由此问题衍生出的相关问题的回答：我们应该如何看待民主、自由、平等（包括性别平

等）和经济福利等价值观之间的权衡？富裕的民主国家所做的权衡并不明显完全适用于发展中国家或是具有不同文化习俗的社会；然而，对于自由世界主义者来说，人权中的不可更改核心内容必须得到尊重（Okin 1999）。这些权利又应该包括什么呢？

我们对制度设计等实际问题的思考方式必然源于我们对这些基本的规范性问题的回答。我是一个世界主义的自由民主人士：我是一个世界主义者，因为我认为基本人权是普遍性的，不依赖于某个特定共同体的成员资格；我是一个自由主义者，因为我把自由优先列为美好社会的一个核心价值；我是一个民主人士，因为我认为，精英们不仅应该服务于公共事业，而对通过公众权力高于领导权力的制度所形成的协商公众意见，精英们也应对此负责。我所提出的关于制度设计的两个基本问题反映了我的这些价值观。

我提出的第一个有关制度设计的问题与有效性有关。如何设计或修改世界政治机制，才能使其更有效地实现从被战争蹂躏的社会恢复和平到促进非歧视性贸易、保护人权和防止破坏全球环境等集体目的？过去20年来，关于制度设计的理论研究和经验研究都指出对达成和遵守国际协议的激励措施具有重要意义（Koremenos, Lipson, and Snidal 2001）。由于不同制度促成的激励措施各不相同，所以全面厘清如何获得创建制度时的激励权，根据潜在成员国的激励措施及其国内和多边制度在各种问题领域的处理能力，全球制度应该具有怎样的视野是一项有价值的规范性研究工作。

为了使民主人士发挥其价值，机构必须有效，而且也必须负责任。所以对第二个问题可做如下描述：在没有一个全球政府的前提下，如何设计多边制度，才能让更有资格和恪尽职守的领导人更有可能当选而那些当选者对受他们行为影响的人民负责？问责制是一项民主的基本原则。 713
多边机构无法做到完全民主，因为它们始终依存于国家。许多国家并不民主，即使在民主国家，多边制度和公众之间的联系也非常脆弱。不过，人们已经设计出了能问责多边制度的机制而且还可以对这些机制加以巩固。

我强调的问题肯定是经过筛选的。对某些问题略而不谈纯粹是因为空间有限。但是，我特意省略了对有人所说现实主义、制度主义和建构主义等广义的研究途径不适于国际关系研究的相关讨论，因为我认为这些研究途径彼此互补而不是彼此的替代物。真正相关的问题是要弄清这些研究方法如何组合起来，解决理论上或实际上的相关问题。我也没有强调在如今的研究中影响力越来越大的分析工具或统计工具，尽管这些工具在理论和经验上都很有价值。与我看法一致的是，近来人们认为有些研究过分重视工具而没有对哪些问题是对人类和生态系统最为重要进行反思。对主要问题的关注可以帮助我们厘清广义的研究途径中哪些见解是有价值的，哪些分析工具有助于形成见识或证据。若我们之后着眼于发展可验证的理论，我们可以研究它们在经验层面的影响。但是，若我们
714 无法提出正确的问题，就无望获得我们所需的答案。

参考文献

Achen, C. H., and Snidal, D. 1989. Rational deterrence theory and comparative case studies. *World Politics*, 41: 143–69.

Aldy, J., and Stavins, R. (eds.) 2007. *Architectures for Agreement: Addressing Global Climate Change in the Post-Kyoto World*. Cambridge: Cambridge University Press.

Axelrod, R. 1984. *The Evolution of Cooperation*. New York: Basic Books.

Fearon, J. D. 1995. Rationalist explanations for war. *International Organization*, 49: 379–414.

Fortna, V. P. 2004. *Peace Time: Cease-Fire Agreements and the Durability of Peace*. Princeton, NJ: Princeton University Press.

Gilpin, R. 1975. *US Power and the Multinational Corporation: The Political Economy of Foreign Direct Investment*. New York: Basic Books.

Keck, M., and Sikkink, K. 1998. *Activists beyond Borders: Advocacy Networks in International Politics*. Ithaca, NY: Cornell University Press.

Keohane, R. O. 1984. *After Hegemony: Cooperation and Discord in the World Political Economy*. Princeton, NJ: Princeton University Press.

King, G., Keohane, R. O., and Verba, S. 1994. *Designing Social Inquiry: Scientific Inference in Qualitative Research*. Princeton, NJ: Princeton University Press.

Koremenos, B., Lipson, C., and Snidal, D. 2001. The rational design of international institutions. *International Organization*, special issue, 55: 761–1102.

Krasner, S. D. 1999. *Sovereignty: Organized Hypocrisy*. Princeton, NJ: Princeton University Press.

Morgenthau, H. J. 1967. *Politics among Nations: The Struggle for Power and Peace*, 4th edn. New York: Knopf.

NYE, J. S., JR. 2004. *Soft Power: The Means to Success in World Politics.* New York: Public Affairs Press.
OKIN, S. M. 1999. *Is Multiculturalism Bad for Women?* Princeton, NJ: Princeton University Press.
SCHELLING, T. C. 1960. *The Strategy of Conflict.* Cambridge, Mass.: Harvard University Press.
SLAUGHTER, A.-M. 2004. *A New World Order.* Princeton, NJ: Princeton University Press.

第四十三章

国际关系中静态研究途径的失败与动态研究途径的需求

理查德·罗斯克兰斯

国际关系研究长期以来的困难在于一些静态的通用理论是差强人意的。强调单一概念的主要理论（“现实主义”“建构主义”“自由主义”等）本身要么是不可证伪的，要么虽可证伪但失之偏颇。几乎没有任何理论命题既是可证伪的又是正确的。因此，业内人士只能将就着使用暂时能站得住脚的经验概括——或然适用的概括。为了找到一种研究各国如何行为的合理静态途径，必须把国际和国内两个因素都考虑进来。
716 使用（1）国际约束和可利用性；（2）领导层的先入之见；（3）国内约束和压力这三个变量构成的概要比只用任何单一变量能更全面地解释某些国际现象。简而言之，回归方程是有必要的。然而，这个方程的系数可能会随着时间的推移而改变，其中国际部分系数占比下降而国内部分系数占比日益增强（特别参见Reus-Smit 1999）。我将在本章前半部分阐述这些观点。

在本章的后半部分我将集中探讨国际体系的一些动态特征。随着这些因素的影响力和内容的变化，这些动态特征可能会在未来几年带来十分不同但更具合作性的结果。

1 静态理论

1.1 不可证伪的理论或研究途径

现实主义和建构主义理论均是不可证伪的。现实主义理论的困境在于不得不准确说出其在何种条件无法立足。例如，假设国家面对侵略并未加以制衡——他们过早投降——或者他们把主权让渡给了超国家机构。这些将被视作现实主义理论的“例外”。然而现实主义者一直在为此种可能性事件寻求解释。通过重新定义非正常的案例，现实主义者们能够扩展其关键术语的意义而安然无恙。例如，在战略层面上，当某些国家面临正开疆拓土的强大侵略势力时，人们通常认为这些国家会抗衡侵略者（见 Snyder 1997, 51）。然而，从经验和理论层面上讲，它们通常不会这样做。通常在这种情况下，比起“制衡”，“追随”或“观望”才是首选之策（见 Powell 1999, ch.5）。公共产品问题也为所谓的均势理论的一般运作带来了巨大的难度。除非均势假说被限制在抵抗实际遭受的或受威胁的攻击情形下，否则均势理论的运用站不住脚。两次世界大战之间，捷克斯洛伐克、丹麦、奥地利和荷兰就是这样的例子，有些国家根本不抵抗。即使偶尔有所抵抗，国家经常“制衡不足”，这是由兰德尔·施韦勒（Randall Schweller）（2006）提出的一个令人信服的概念。

然而，这些例子在技术层面上并未反驳现实主义的研究途径。因此，据说，即使有些国家被打败了，也要想办法自我维系。若国家能（通过妥协）保住其人口，即使短期内丧失自主权，它们或能保持长期的社会和民族认同。这样即便那些“绥靖国”或已经投降的国家也是出于对长远权 717
力的考量。因此，权力和现实主义理论通过更改定义以免遭驳斥。人们讲不出来需要证伪的具体案例，只有一个可能的例外，即国家体系本身被废弃。同样，现实主义者也会宣称其学说将在这一关系中得以实现而且将继续存在于世界体系的下级单位之中。

“建构主义”同样也未能明确可证伪性的条件。或许各国建构了它们自己的“自我”和“他者”的实在。然而，自我和他者的关系可能发生巨大的变化，这取决于每个人的观念。它可能代表了一种霍布斯式冲突关系，一种洛克式竞争关系或一种康德式“友谊”关系。经典的“建构主义”不要求非此即彼。由于“观念”对于利益的定义至关重要，各国持有的“观念”可能不同，它们的关系总是不够明确(尤其见Wendt 1999)。一些建构主义者认为国际体系正在朝康德式方向发生变化，友谊关系取代了先前的竞争关系。但是，若真如此，并不存在对友谊程度的系统性衡量，也没有宣布战争会被避免的坚实基础。毕竟，第一次世界大战爆发的时候当事方应该存在经济上的依赖关系而各方本应展开通力合作。

因此，通过承认不同观念存在操纵结果的可能性，建构主义放弃了对国际行为中“建构性”概念进行预测或证伪的任何可能性。

1.2 同样错误的可证伪理论

新自由主义大胆地得出以下结论，即经济和制度因素将会影响一些国际现象。据说，在相互依赖和国际制度主义日益发展的情况下，各国将会限制各自的利益。但各种机构未能解决重大国际问题。联合国未能阻止卢旺达大屠杀和达尔富尔大屠杀。国际货币基金组织未能迅速解决1997—1998年远东危机，甚至还有可能恶化了有关国家的困境。世界贸易组织(WTO)在促成多哈谈判方面踟蹰不前。另一方面，虽然美国新现实主义者对欧盟的崛起轻描淡写(见Kagan 2004)，但欧盟的实力的确在日益增强。欧盟接纳新成员，并通过创建共同货币欧元，提升了整体实力。欧元成为高价值的货币。在短期内，区域性机构实际上可能比全球性机构更为强大，因为西半球也开始创建新机构(见Hufbauer and Schott
718 2005; Katzenstein 2005)。

至于经济因素的决策力，一些较发达社会欢迎并融入全球化，接受自由贸易和资本流动。其他一些还未融入全球化的社会则坚持收取关税，守护农业，限制资本流动。在WTO谈判中，印度、中国、巴西和阿根廷未能降低其工业税，而法国、德国、日本和美国拒绝放弃农业补贴(见

Cordero and Rosecrance 2006)。自由制度主义并没有为这些不同类别国家的政策开出药方。虽然新自由主义预言制度的作用将更为强大，但其结论必须受到质疑，因为不存在任何能够证实新自由主义命题的一般模式。

还有一些可证伪的权力理论，但一经推敲即错误百出。例如，大国政治理论暗示各国总是按照它们所拥有的权力多少行事。国家始终遵守"理性"的准线（Mearsheimer 2001），既不会莽莽撞撞（高于准线）也不会谨小慎微（低于准线）地行事。

然而，历史上令人惊讶的事实是很多国家经常在合理的"权力准线"之上或之下行事。这是因为领导层战略、意识形态以及国内政治的制约都在该方程式之内并最终决定了结果。例如，20世纪30年代美国和英国本该早点有所反应以阻止纳粹德国，但由于国内政治的制约，它们并未这样做。就英国的情况而言，当（1939年）国内对参战的支持增加时，英国维持这场战争的经济能力已经下降，而若非美国的帮助其已几近枯竭（见 Rosecrance and Steiner 1993）。不过，英国终究还是参战了。相反，在19世纪40年代，英国不仅是第一个工业国家，而且几乎可以说是唯一的工业国家。然而，它并没有试图利用其权力在欧洲大陆上夺取新的领土。从根本上来说英国采取了一种和平的经济增长战略，而非通过获得新的欧洲领土来证明其权力。英国的所作所为比其权力准线所允许的程度更为温和。后来，相对而言，美国在第一次世界大战后所获的权力与其在第二次世界大战后所获权力同样强大，但除了偶尔运用其经济权力外，美国几乎未动用过该权力。这是一种实际存在的欧洲式权力，但运用仅限于字面上。

举一个有类似结果的例子。二战后日本和德国改变了其国家政策从而朝着良性的方向发展。伴随其显著经济成果而来的并非同样扩张性的军事政策。两国原本都可能对美国发起挑战，至少也能在其所在区域发起挑战，然而两国都没有试图这样做。20世纪60年代，两国在技术上都可能发展核武器时，两国都正式宣布放弃核武器的研发。当然，美国不会因此而心花怒放，不过日本和德国也没有染指核武器，尽管它们尝试研发

核武器可能有助于增加其地区威慑力。对现实主义者而言，日本和德国
719 的忍耐是难以理解的。而按照权力理论，哈萨克斯坦和乌克兰1991年后放弃核武库就更难理解。很多国家的所作所为超过了理论的预期，因而严格意义上的现实主义理论被证伪。

如果较强的国家有时候后退一步，那些较弱的国家就前进了一步，而且有时还对此全然无知。普鲁士的腓特烈二世对当时中欧的现状发起了具有深远影响的挑战，即便他为把普鲁士打造为一个现代而开明的国家所做的努力也不例外。他的胜利不是凭借先进的火力或强大的经济实力，而是因为其更出色的组织能力。他非常幸运。日本的明治天皇也是一位挑战者。日本明治时期的部分成功并非源自整体实力的增强，而是由于国内政治催生的有力政策（见J. L. Snyder 1991）。从相对弱者的角度来看，普鲁士和后来的日本都是有意挑战当时的秩序。

关于静态的研究方法，以上对我们有何启示？它暗示我们，预测结果需要至少三个变量：（1）国际体系所允许的制裁或许可；（2）领导层政策/意识形态；和（3）国内政治的制约和要求。从摘要中可以衍生出八个案例（见表43.1）。

表43.1　对外政策决定因素

		八个案例							
		1	2	3	4	5	6	7	8
变量	国际关系	+	−	−	−	+	+	−	+
	领导层	+	+	−	−	−	−	+	+
	国内政治	+	+	+	−	+	−	−	−

根据权力理论，人们预计（在国际关系允许扩张的情况下）第1、5、6和8号案例将会出现军事扩张。事实上，纵观历史，国内政治或领导层变量超越外部力量因素的情况有很多，而预期的扩张却并未发生。同样，根据权力理论，人们会预计第2、3、4和7号案例会出现静止状态。然而，

例如，在案例2（在国内政治支持的情况下）条件下，希特勒和日本发动了对外扩张，但希特勒的德国在案例7（没有国内政治的支持的情况下）条件下发动了扩张。这是否意味着国内领导层是导致行动的唯一决定性原因呢？并不一定。1939年9月3日，面对议会的抗议，内维尔·张伯伦（Neville Chamberlain）不得不仓促宣布参战。与上文不同的是，这是否意味着国内政治总是起作用呢？答案还是否定的。领导层有时会在缺乏国内支持的情况下冒险。案例3、4和6是最有可能出现和平的案例，其中一个或两个内部变量（领导层政策/意识形态和国内政治）都倾向于反对扩张。第1、2、5和8号案例中很有可能出现扩张的情况，其中两个内部变 720
量都倾向于支持扩张，或是国际体系明确允许其扩张。

根据这一简明的概要我们可以得出以下结论，即第二和第三种意象必须相互作用才能实现和平或引发战争。其中任何一种意象单枪匹马不可能产生预想的理论结果。尽管肯尼思·沃尔兹的言论与之恰恰相反，但只有包含国内和国际两个层面分析的理论才有可能是恰当的（Waltz 1979）。

2　动态的研究方法

动态研究途径表明该体系随着时间推移而发展。国内因素的影响力可能在提升。我们所说的“权力”这一术语的组成部分或许正处于转型之中。随着国内因素对军事行动的限制日益增多，军事行动的时间范围可能已开始由短而长。国家不再试图通过短时间入侵来达成结果（因为成本—收益不佳），而学习如何通过经济增长、长期竞争以及软实力影响来获得影响力。这样，短期视野可能会变得更长远，领土方面的目标可能演变为经济方面的目标，有形的权力资源也可能变为不太能够触摸到的等价资源。规范也可能已经发生了转型。上述情况使国家（如欧盟的例子）能够从各体制之间的合作中获取好处，而这种好处离开了某种制度是不会产生的。这种体制的参与国能够节省国防和安全成本，保持经济增长率和较低的通货膨胀率，而那些穷兵黩武又负债累累的国家是无法获得这些好处的。

世界政治、经济以及技术中发生的变化有可能以世俗的方式改变了权力的通货。过去的权力，如领土或不动产，可能已经变成了除观念以外的其他东西，如资本、劳动或技术等。果真如此的话，各国需要调整它们的权力观以顺应新的现实。这就需要领导层在观念/意图以及国内的政治观念和限制方面做出转变。如果各国不明白这一点，他们将做出不适当的回应。举例来说，比如事实证明高科技是“权力”中唯一的最重要因素，它使人们对能源的提取和使用发生巨大的变化。在这种情况下，一个拥有大量高学历人口的国家可能成为世界上最强大的国家，而其教育体
721 制的质量会成为其强大程度的一个衡量标准。在其他条件都相同的情况下，国家会努力改善学校体制以及招收更多学生来该国就读，以此增加其国内生产总值。由于学生往往会在他们受教育的国家工作，这将为该国增加一个高技术因素，为其带来经济力量和潜在的军事力量。在这种情况下，允许电脑替代人脑的人工智能领域的新创新可以部分补偿人口的不足。

还有一个可能的有关世俗变化的例子。欧盟开创性地将“和平力量”的概念作为西欧和中欧部分一体化国家的目标[该术语由弗兰克斯·迪歇纳(François Duchêne)创造；见 Zielonka 2000]。伴随着欧洲的一体化和扩张，欧洲试图创造新的规范，不仅用以指导自己的实践，而且还能指导他人(Katzenstein 1997)。试图加入欧元区的国家被迫所接受的规范如今正被应用于东亚，以评估那里的国家实践。在极端情况下，可能会出现“规范性权力”，遵循特定规范的国家将受益而忽略这些规范国家将受苦。博弈理论家用模型证明，经过一段时间，坚定的合作者可能在成本—收益结果中胜过冲突倡导者。这是因为合作会带来帕累托最优，冲突只会带来纳什平衡。

这些合作机制及其做法的影响力可见于更广泛的范畴。有人认为，“权威结构”已经开始出现于严格的无政府状态或冲突状态中(Lake

2007)。按现实主义理论的说法,比起强国、大国,较弱国家应该在技术层面上加大对安全和防御的投入。但任何定量分析都表明弱国并未这样行动;事实上,它们的军费占国内生产总值的比例要小于各大国。这要如何解释?这些弱小国家靠的是国际体系(如科威特、哥斯达黎加)或盟国的保护。即使没有正式的盟国来保护它们,一些国家也会在经济上减少开支(如瑞士、瑞典)。在经济和金融领域,"霸权稳定理论"认为,霸权的式微将导致主要参与者之间合作的失败。然而,这一情况并未发生(Snidal 1985)。如果或随着霸权在经济上日渐衰弱,崛起大国的支持者们就会开始收拾残局。

公共产品问题并未阻碍合作。而且,较弱的国家已经找到方法来影响它们更强大的老大哥的国内政治,从而获取特定利益。以色列、印度、澳大利亚和沙特阿拉伯的大量投资已对美国国会产生了影响力,并且大获成功(见 Mearsheimer and Walt 2007)。以这种方式获得的国内成功能让这些国家节约军事上的准备。在这些情况下,正在上演的是两个层面的博弈,其结果取决于国内政治也取决于国际政策(见 Putnam 1988; Tsebelis 1990)。 722

3 结语

如果人们期望那些仅含单一因素的国际理论能够得到验证(既可证伪而且显然也是正确的理论),这种理论是找不到的。"现实主义"和"建构主义"的概念太过广泛,因而无法证伪。"新自由主义"更为狭隘,在有些特殊情况下还可能是错误的。然而,这并不意味着包括国内变量、国际变量以及领导层变量在内的中程理论是不恰当的,就概率而言是站不住脚的。从动态角度来看,权力的概念以及(权力)最大化的时间范围正在发生着变化。权力可能变得越来越抽象,(权力)最大化将耗时更长。在这些情况下,军事力量效果较差,因为短期的胜利无法产生长期的收益。结果就是合作的可能性更大。 723

参考文献

Cordero, L., and Rosecrance, R. 2006. The "acceptance" of globalization. Pp. 23–33 in *No More States? Globalization, National Self-Determination, and Terrorism*, ed. R. Rosecrance and A. A. Stein. Lanham, Md.: Rowman and Littlefield.

Hufbauer, G. C., and Schott, J. J. 2005. *NAFTA Revisited: Achievements and Challenges*. Washington, DC: Institute for International Economics.

Kagan, R. 2004. *Paradise and Power: America and Europe in the New World Order*. London: Atlantic.

Katzenstein, P. J. 1997. United Germany in an integrating Europe. *Current History*, 96: 116–23.

——2005. *A World of Regions: Asia and Europe in the American Imperium*. Ithaca, NY: Cornell University Press.

Lake, D. 2007. Escape from the state of nature: authority and hierarchy in world politics. *International Security*, 32: 47–79.

Mearsheimer, J. J. 2001. *The Tragedy of Great Power Politics*. New York: Norton.

—— and Walt, S. M. 2007. *The Israel Lobby and US Foreign Policy*. New York: Farrar, Straus and Giroux.

Powell, R. 1999. *In the Shadow of Power: States and Strategies in International Politics*. Princeton, NJ: Princeton University Press.

Putnam, R. D. 1988. Diplomacy and domestic politics: the logic of two-level games. *International Organization*, 42: 427–60.

Reus-Smit, C. 1999. *The Moral Purpose of the State: Culture, Social Identity, and Institutional Rationality in International Relations*. Princeton, NJ: Princeton University Press.

Rosecrance, R., and Steiner, Z. 1993. British grand strategy and the origins of World War II. Pp. 124–53 in *The Domestic Bases of Grand Strategy*, ed. R. Rosecrance and A. A. Stein. Ithaca, NY: Cornell University Press.

Schweller, R. L. 2006. *Unanswered Threats: Political Constraints on the Balance of Power*. Princeton, NJ: Princeton University Press.

Snidal, D. 1985. The limits of hegemonic stability theory. *International Organization*, 39: 579–614.

Snyder, G. 1997. *Alliance Politics*. Ithaca, NY: Cornell University Press.

Snyder, J. L. 1991. *Myths of Empire: Domestic Politics and International Ambition*. Ithaca, NY: Cornell University Press.

Tsebelis, G. 1990. *Nested Games: Rational Choice in Comparative Politics*. Berkeley: University of California Press.

Waltz, K. 1979. *Theory of International Politics*. Reading, Mass.: Addison-Wesley.

Wendt, A. 1999. *Social Theory of International Politics*. Cambridge: Cambridge University Press.

Zielonka, J. 2000. Should Europe become a state? Pp. 101–11 in *The Future Shape of Europe*, ed. M. Leonard. London: BSMG Worldwide.

第四十四章

对创立更有意义的国际关系学科的六点希望[1]

史蒂夫·史密斯

本章将对未来二十年国际关系学科应该如何发展略做探讨。首先，笔者将就过去二十年间该学科的主要特征发表一些看法。有关该话题笔者已有论述，在此不愿赘述（见 Smith 2000; 2002; 2004; 2007）。我完全赞同奥利·维夫（2007）关于国际关系发展的观点；同他一样，我也认同斯坦利·霍夫曼（1977）的看法，认为国际关系是一个美国的学科，因为美国拥有规模最大、资金最为雄厚的学术共同体、主导期刊以及可以不必正视美国以外学者研究工作的资本（Wæver 2007, 296）。在国际关系中，核心期刊几乎都是美国的，而且相比发展新的理论它们更喜欢对已有理论进行验证（Wæver 2007, 297）。这导致了该领域的学者 725
出于晋升和学术地位的原因更看重在核心期刊上发文，专心于对主导理论的验证和修正而非在争论中直面这些理论。尽管我们可以做出如是总结，国际关系中的大部分理论发展都源自美国学界；这在一定程度上反映了美国学术界的规模之大，不过这一多而杂的美国的学术共同体为

1 感谢朱迪·安斯蒂 (Jodie Anstee) 为本章的研究予以的帮助。

该学科贡献了大部分的创新。然而，美国的绝大多数研究都侧重于发展现有的研究范式，而主要的创新往往并非来自国际政治学主流派别的学者。

尽管该学科非常喜欢所谓的大辩论，相关的大辩论还是寥寥无几；总的来说，不同的立场都完全无视对方。这并不意味着学科内不存在强烈对立的立场。因此，从弱式的“辩论”意义上来看，相互竞争的理论框架之间的确存在一种敌对关系；真正缺少的强式“辩论”意义上的那种争鸣（即通过公开的辩论证明己方观点优于另一方的观点）。

在20世纪80年代后期到90年代后期，该学科表现出两个主要特征：第一，新现实主义和新自由主义研究方法综合（也非辩论）之后转化为新—新合成体；第二，该领域的理性主义核心与一组研究路径（女性主义、后建构主义、批评理论、后殖民理论及生态绿色理论）之间出现一种更为一般性的纷争（亦非辩论），人们将其统称为反思主义。但这些研究路径从未与理性主义展开辩论，也从未组合成另一个一致性的途径。当下的局面是：众多理论立场内部存在一系列的辩论，但不存在为该领域定性的大辩论。在这个意义上，这个领域空有一系列强有力的理论，但这些理论在主流期刊上几乎从无交涉或对峙。国际关系中的核心对话要么指这些理论立场内部的辩论（例如进攻现实主义和防御现实主义间或构成新自由主义的诸理论之间的辩论），要么指主要理论立场具体方面的进展。

重要的是，人们时不时说起的对于理论与经验材料脱节的担忧（即国际关系理论对“现实世界”问题不感兴趣的说法）似乎并无必要。无论是采用主流的研究路径还是反思主义的研究路径，文章中最常见的就是通过具体的理论视角对某个单独的实证领域加以探究；后建构主义研究及性别研究是这样，新现实主义、新自由主义或建构主义同样如此。因此，该领域并未专注于元理论的辩论，相反，它试图建立理论与经验范畴的联系。正如过去四次“大争论”中所涉及的争论范围被夸大那样，在现有文献中难以找到有关第五次“大争论”的任何概念。

1 国际关系在未来二十年将如何发展?

(1) 所有的研究路径都应视作具有规范性承诺

既然本书各位编者都明确秉持这一立场,笔者仅略做评析。国际关系必然是规范性,相关原因有二:其一,“事实”和“价值”之间不能进行简单的分割;其二,国际关系是一门实践性学科,与我们应该如何作为密切相关。国际关系从一开始就是一门与众不同的学科,这两种理由都不被广泛接受;的确,这两种相对的立场主宰了国际关系。在实证主义还是主导方法论时,这些理由就显得尤为有力。但接受所有理论都含有规范性承诺并不一定会创造一个更加平衡的学术圈,因为一些规范性承诺可能被认为比其他承诺更加“自然”或更容易接受。其原因可能是人们会认为一些实用的解决之道对世界政治常识现实的适应更加“精准”。或者可能是因为人们在分析过程中需要将“事实”与“价值”分离的观点占据了主导地位;当然,其前提是假设如此的区分确实是可能的,但我认为,按照福柯的观点,学科和理论构成了有助于我们获取社会世界中“事实”的标准。就像永远不可能存在一种理论中立的对“现实”的解释,所以说完全杜绝规范性承诺和假设的理论解释也是不存在的。最近有两篇文章,其中就有关于该问题的特别精彩的例子:一是史蒂芬·埃尔伯(Stefan Elbe)是否应该对艾滋病进行安全化的分析(2006)。这种疾病每天导致的死亡人数是“9·11”事件中死亡人数的三倍。埃尔伯指出,虽然话语安全化可能有其优势——例如通过提高防范意识增加专门用于应对流行病的资源——它也存在着伦理方面的危险;艾滋病患者可能被视为祸患,“市民社会”的功能可能逐渐被军事和情报部门取代。同样,皮西·伊什-沙罗姆(Piki Ish-Shalom 2006)也展示了国际关系理论如何通过塑造其研究的现实来发挥政治和规范的作用,因为理论家有能动性,因而自然有了道德责任。对伊什-沙罗姆而言,这种道德伦理应该取代主导的客观性的学术伦理。所有的理论都含有规范性假定,这些假定在它们被隐藏、否认或者回避时才更显强大。

(2) 国际关系学科等于美国的一门学科的局面必须改变

任何学科都会特别关注其主要课题的政策问题，但在国际关系中，美国的政策议程及其主导方法论一直有着巨大的影响力，以至于其他
727 声音被忽视，或者处于一种不受重视的地位：只有在这些声音与主要议程有关的情况下，它们才会具有些许研究价值或关联度。美国的学术期刊为该学科设定议程，而美国政策议程构建了国际关系理论“眼中”的世界。然而这并不意味着该学科对美国的对外政策不加批评（实际上，许多重要期刊是批评美国外交政策的主要阵地），这意味着国际关系一直无法解决世界上绝大多数人忧心忡忡的政策问题。应对这一问题需要有更多的美国之外的学界人士创建他们自己的学术共同体和出版机构，但是除非美国学术共同体已经准备好阅读用其他语言发表的材料，并且愿意在除了少数几本主导顶尖高校晋升过程的期刊之外的其他期刊上著文立说，否则上述努力都将毫无意义。如果国际关系仍然囿于这一狭隘的美国社会科学，那么就有国际关系与世界大部分人口的关注点无关的危险，更成问题的是，它可能越来越成为美国称霸过程的一部分。

(3) 国际关系必须摆脱历史上形成的对特定的、具有文化意义的社会科学研究路径的偏爱

过去五十年中，国际关系一直过多地集中于某一个版本的社会科学。实证主义使得国际关系合法化，并充当了相关研究是否可以接受的基准。这与世界上其他大多数学术界中更为折中的知识环境形成了对照；但是，由于国际关系仍是一个美国的学科，这就意味着只有一系列非常具体的有关方法和知识生成问题的回答才会被视为具有科学的合法性。另一方面，一直以来，极少有人正视实证主义的不足和局限性。弗里德里希·克拉托奇维尔（2006），米尔加·库尔基（Milja Kurki 2006）和柯林·

怀特(Colin Wight 2007)近期的文章均揭示了实证主义背后的核心假设的局限性和历史特殊性。然而,美国主流学术期刊中的大部分文章继续在这一范式内钻研,既没有意识到其他社科研究路径的存在也没有意识到实证主义的重大局限。对它们而言,似乎整个后实证主义运动从未发生过。除非该学科接受还有各种合理的研究路径可用以研究世界政治,不然它与其他学科相关联的能力将会越来越有限,最终成为一个只能在内部得到验证及合法化的封闭的学术堡垒。

(4) 国际关系学者需要反思自己与权力的关系以及自身的社会定位

在2003年的国际研究学会的主席致辞中,我提到了这个问题(Smith 2004)。最近《千禧年:国际研究杂志》(2006,35)对这一问题也进行了专题讨论。凯伦娜·萧(Karena Shaw)和R. B. J. 沃克(R. B. 728
J. Walker 2006)在其引言中提出了有关学者的研究与教学职责与其政治责任之间关系的基本问题。教授国际关系学科史上公认的智慧本身绝非一种中立的行为,因为它引导学生把争论的种类当作自然而然或既定的事实。因此,我们研究和教学的内容是我们作为学者所做出的选择;这些选择可以被解释为对世界政治的"主要特征"的简单研究,但这只是掩盖了其政治和伦理选择的本质。当我们从事研究或教学时,我们直接或间接地赋予一个主题某种地位,把它置于反映我们文化/社会/经济和政治定位的世界观中。除非我们对自己在教学和研究方面所做的假定保持质疑,否则我们只会强化现有的权力配置,加速推进强权的议程。

(5) 国际关系需要专注于物质与观念之间的关系

由于观念建构和物质建构之间的联系十分复杂,国际关系需要多发展注重于解释两者之间联系的理论。理性主义假定利益构建了认同,反思主义者正好相反(然而认为两者是独立领域的想法是有问题的)。途径之一就是让更多的物质主义阐述回归到国际关系中，尽管有些对物质与观念之间关系的阐述要比物质主义阐述（因为他们认为观念是物质的功能之一）更为完善。正如克里斯·布朗（2007）所言，过去二十年中，大部分国际关系研究都忽视了马克思主义；马克思主义对物质和观念性的世界是如何相互关联具有一种虽有争议但明确的理论立场。尽管人们一向倾向于在国际关系中有关认识论问题中讨论批判性现实主义，它其实就是马克思主义的一种阐述。

(6) 国际关系不应该把最强权者的核心关切作为该学科的主要研究问题

历史上国际关系对人类活动的大部分内容一向熟视无睹。当国际关系研究只关注美国的政策利益而又遵循了该学科的运行所依托的国际关系的定义的时候，这一点上最为明显。相较于由经济原因导致的死亡，国际关系更重视政治原因导致的死亡（每天死于贫困和预防难度并不大的疾病的孩童人数是“9·11”事件中死亡总人数的十倍）。同样，女性在很大程度上也被忽视，正如艾莉森·沃森（Alison Watson 2006）最近所说，孩童的处境也是如此。该学科的核心假定直接造成了这些情况，这些假定决定了我们所看到的和我们所认为的国际关系应解释的内容。在最近的一篇文章中，塔拉克·巴卡维（Tarak Barkawi）和马克·拉菲（Mark Laffey 2006）认为，很多安全研究都坚持欧洲中心论，因此无法充分理解
729 后殖民世界的安全考量。他们认为，安全问题包含了一种“理所当然的”政治，这种政治事实上认可“弱肉强食”。因此，与后殖民时代各国真正相关的安全研究将对强国是如何剥削弱国进行阐述而且也会将重点放在抵抗政治学之上。除非国际关系能够处理大国之外的议程，否则它完全无法解释那些全面拒绝西方发展模式、人权和“市民社会”的人所怀的动机。

下文将以针对四个问题所做的直接思考作为笔者观点的小结。这四个问题也是本书主编要求撰写总结部分名章节学者们思考的问题。

2　此领域未来走向何方?

这个领域原本应该没有任何特定的方向,因为这样做会假定有一样事物名为国际关系。相反,国际关系应当是多元化的,而且是非常强调不同知识研究途径的多样化;不是“怎么都行”的弱势的多元化。国际关系应该发展成一个真正的国际性领域,而不是专为某个占主导地位的部分人而存在的领域。它应该拒绝国内/国际、经济/政治、公共/私人等简单化的二分法,它也不应接受人类正在走向共同身份和共同政治的说法。

(1) 国际关系究竟指什么?

国际关系应该指国际和国内权力的模式,它并不认为对支配性大国最为适用的那些模式对世界其他国家也同样重要。国际关系应有助于处于任何社会地位和任何身份的人理解政治,而不是成为一门从阿基米德式中性支点谈起的学科。它必须是扎根于真实人类的真实生活的一门学科。

(2) 能让学术焕发活力的重大问题有哪些?

这些问题与下列方面有关:认同及其与物质利益的关系如何;如何建立认同;它们与社会之间及社会内部的政治、经济和社会权力模式的关系如何。我们如何归类我们的想法?我们如何构建内外或公私领域?我们进而如何发展国际关系的门类,然后在这些门类下“做”国际关系?

(3) 这些问题对我们的研究方式有何影响?

国际关系应该侧重于理解,而非假定一种人类共有的可通过基于利益的选择模型加以解释的认同。它需要了解强国的世界也需要了解弱国 730
的世界,对我们的学术、我们所称的道德标准以及我们作为学者的自身定位之间的关系进行自我反思。简单来说，我们的研究是否会在学界和学术的名义下成为某些利益凌驾于另外一些利益的支配模式的一部分？

总而言之，上述阐述使我们得出一个简单的结论：由于许多强大的理论组织、因具体的有缺陷的认识论而实现的合法化以及学科自身结构的“约束”，如今国际关系面临成为只适用于世界某一部分的一种话语的危险。为了改变此现状，国际关系需要更加适用于支配性大国的世界之外的政治，对弱小国家的安全问题给予更多的关注，以及更好地阐明我们关注某些政治而非其他政治的原因。当我们研究国际关系时，我们会做出选择：在国际关系史的绝大部分时间内，它都选择了对大国政治的研究。然而这些强国并非是“自然而然”或“本应如此”的焦点；它们都是人为的选择。在今后的二十年中，该学科应该做出一些更为合理的选择，
731 从而让“国际关系”变得名副其实。

参考文献

Barkawi, T., and Laffey, M. 2006. The postcolonial moment in security studies. *Review of International Studies*, 32: 329–52.

Brown, C. 2007. Situating critical realism. *Millennium: Journal of International Studies*, 35: 409–16.

Elbe, S. 2006. Should HIV/AIDS be securitized? The ethical dilemmas of linking HIV/AIDS and security. *International Studies Quarterly*, 50: 119–44.

Hoffmann, S. 1977. An American social science: international relations. *Daedalus*, 106: 41–60.

Ish-Shalom, P. 2006. Theory gets real, and the case for a normative ethic: Rostow, modernization theory, and the alliance for progress. *International Studies Quarterly*, 50: 287–311.

Kratochwil, F. 2006. History, action and identity: revisiting the "second" great debate and assessing its importance for social theory. *European Journal of International Relations*, 12: 5–29.

Kurki, M. 2006. Causes of a divided discipline: rethinking the concept of cause in international relations theory. *Review of International Studies*, 32: 189–216.

Shaw, K., and Walker, R. B. J. 2006. Situating academic practice: pedagogy, critique and responsibility. *Millennium: Journal of International Studies*, 35: 155–65.

Smith, S. 2000. The discipline of international relations: still an American social science? *British Journal of Politics and International Relations*, 2: 374–402.

—— 2002. The United States and the discipline of international relations: "hegemonic country, hegemonic discipline." *International Studies Review*, 4: 67–86.

Smith, S. 2004. Singing our world into existence: international relations theory and September 11. *International Studies Quarterly*, 48: 499–515.

—— 2007. Introduction: diversity and disciplinarity in international relations theory. Pp. 1–12 in *International Relations Theories: Discipline and Diversity*, ed. T. Dunne, M. Kurki, and S. Smith. Oxford: Oxford University Press.

Watson, A. 2006. Children and international relations: a new site of knowledge? *Review of International Studies*, 32: 237–50.

Wæver, O. 2007. Still a discipline after all these debates? Pp. 288–308 in *International Relations Theories: Discipline and Diversity*, ed. T. Dunne, M. Kurki, and S. Smith. Oxford: Oxford University Press.

Wight, C. 2007. A manifesto for scientific realism in IR: assuming the can-opener won't work! *Millennium: Journal of International Studies*, 35: 379–98.

人名索引

注：人名索引、主题索引中数字为本书边码。

主题索引

译后记

本书的翻译是集体智慧的结晶。就我个人而言，这一过程也是对专业知识的深化学习过程。在我攻读国际关系专业博士学位之前，对国际关系学的认知可能仅限于国际社会发生的一些重大事件及基于此对大国格局的一些宏观认识。在备考和博士学习期间，我曾阅读部分西方国际关系理论的代表著作。十年之后，当我在2016年看到这本《牛津国际关系手册》的英文原版电子稿时，仍深切地感受到自己在国际关系理论方面学识的粗浅，这也在很大程度上使我认识到参与本书翻译工作的重要意义，并增强了通过这一工作进一步丰富专业知识的决心。

由于本书内容全面、体量厚重，我们在翻译的过程中，深切地体会到其中的艰辛。当晦涩语言嵌入深奥理论时，准确理解已成为高难度的目标。在此情况下，我们根据自身在翻译过程中对内容的领会，适当添加译者注，仅作方便读者理解之用。在校译时，为了避免语言西化，我们对段落中的句式做了适当调整，以求符合中文读者的阅读习惯。由于每位译者的表达习惯和行文风格不尽相同，因此在校译时，我们会尽量使用中立、规范的语言表述以符合学术巨著的严谨表达。

本书得以出版，要感谢这套“牛津学术前沿译丛”的主编屈文生教授。他是一位公正、威严又不失亲和力的领导，亦是一位智慧、坚毅、勤勉的学者。我们同年进入华东政法大学外语学院工作，共事十余年，交流算不得频繁，但他总能在我需要的时候给予我指点。他对我成长的提携和包容，我一直心存感激。当他询问我是否可以接受这份任务时，我感受到那份信任和期望。我“诚惶诚恐”地接受了这份艰巨的任务，并在两年的时间里以“如履薄冰”的谨慎态度来完成这一任务。

当中译稿的初稿完成之后，一次偶然的机会，我有幸将其带去请倪世雄教授斧正。倪教授的《当代西方国际关系理论》可谓是国际关系学子的案头书，也是我当初考博的重要复习资料。倪老对我们翻译团队的付出表示肯定，这于我们而言是莫大的鼓励，亦是我们在校对译文中将其不断完善的动力。当我表示能否邀请倪老为本书作序推荐时，他欣然应允了。那天我来到世雄国际关系研究中心，倪老把我带到他办公室的一个书架前，站在我身旁展示与学生们的合影，翻阅学生们的力作，讲述他们的学习和工作经历。我看到倪老嘴角的微笑，感受到他为师的自豪。那一刻，我的眼眶是湿润的，内心是感动的，我对大学教师这份职业的崇敬和认同感从未如此强烈。倪老的坚毅、勇敢、亲和以及对年轻人的支持将会一直激励我在学术道路上不断前行。

本书的翻译是团队成员通力合作的成果。我们的团队成员来自华东政法大学外语学院，并得到了复旦大学和上海国际问题研究院等单位的学界同仁的鼎力支持。其中，范鹏老师校译的章节最多，他翻译了本书共18章节并校对了10章的译稿，詹继续老师完成了共11章的翻译，詹朱宁同学完成了7章的翻译，我负责了本书8章的翻译工作和全书的校对。戴禅忆和李罡分别为本书第31和33章提供了初稿。文伯书院的强楚薇参与了部分章节的排版工作。同时，北外的老同学王健卿和萧潇、上外的博士同学张卫婷、华师大的同门蒋旭栋和刘波、上海国际问题研究院的好友郑英琴博士、复旦大学刘树才博士以及德国图宾根大学李舒扬都为译稿质量的提升提供了智力支持，他们和我一道对原文反复琢磨并在百思不解时“吐槽”为快，让我在领教译事之苦的同时收获了思考和友谊。本书的顺利出版离不开译林出版社张远帆、王笑红、刘免、潘梦琦四位编辑的大力支持。若不是他们及时的鞭策和投入的审校工作，本书也许不会如此顺利得以出版。对以上团队成员和学界同仁的支持和帮助，再次一并致以衷心的感谢。

这本《牛津国际关系手册》由全球多所著名大学的近50位国际关系领域的专家合著而成，所涉议题宽泛，加之原著的每位作者的书写风格迥异，故翻译难度非常大。因此，本书的译文可能存在错漏与不妥之处。对此，作为参与翻译及负责校阅的我，当负主要责任，并盼学界同仁及各位读者不吝指正！我们希望本书的整个翻译团队所付出的大量时间和精力不会白费！它对更多人士了解国际关系学科的概貌和深入该学科领域从事研究等不无裨益，而我们仅希望能为推动国际关系学科的发展贡献绵薄之力。

方　芳
于华东政法大学外语学院

图书在版编目（CIP）数据

牛津国际关系手册 / （澳）克里斯蒂安·罗伊–斯米特（Christian Reus-Smit），（英）邓肯·斯尼达尔（Duncan Snidal）编；方芳等译．—南京：译林出版社，2019.3（2022.9重印）
（牛津学术前沿译丛 / 屈文生主编）
书名原文：The Oxford Handbook of International Relations
ISBN 978-7-5447-7696-7

I.①牛… II.①克… ②邓… ③方… III.①国际关系学－手册 IV.①D80-62

中国版本图书馆 CIP 数据核字（2019）第 053961 号

牛津国际关系手册　［澳］克里斯蒂安·罗伊–斯米特［英］邓肯·斯尼达尔 / 编
方芳　范鹏　詹继续　詹朱宁　译

责任编辑　张远帆
特约编辑　黄　洁
装帧设计　韦　枫
校　　对　蒋　燕　孙玉兰
责任印制　单　莉

原文出版　Oxford University Press, 2008
出版发行　译林出版社
地　　址　南京市湖南路 1 号 A 楼
邮　　箱　yilin@yilin.com
网　　址　www.yilin.com
市场热线　025-86633278
排　　版　南京展望文化发展有限公司
印　　刷　南京爱德印刷有限公司
开　　本　718 毫米 × 1000 毫米　1/16
印　　张　57
插　　页　4
版　　次　2019 年 3 月第 1 版
印　　次　2022 年 9 月第 4 次印刷
书　　号　ISBN 978-7-5447-7696-7
定　　价　188.00元